LE GUIDE VERT

Ch. Bastin – J. Evrard/MICHELIN

Belgique Grand-Duché de Luxembourg

Direction Hervé Deguine
Rédaction en chef Nadia Bosquès
Mise à jour Sandra Darbé
Informations pratiques Jean-Pierre Clapham, Jérôme Bockiau
Cartographie Alain Baldet, Geneviève Corbic, Virginie Bruno, Fabienne Renard, Gaëlle Wachs
Iconographie Catherine Guégan
Secrétariat de rédaction Mathilde Vergnault
Correction Agnès Jeanjean
Mise en pages Marie-Pierre Renier, Michel Moulin, Jean-Paul Josset
Conception graphique Christiane Beylier
Maquette de couverture Agence Carré Noir
Fabrication Pierre Ballochard, Renaud Leblanc
Marketing Cécile Petiau
Ventes Antoine Baron (France), Robert Van Keerberghen (Belgique), Christian Verdon (Suisse), Nadine Naudet (Canada), Sylvaine Cuniberti (grand export)
Relations publiques Gonzague de Jarnac

Pour nous contacter
Le Guide Vert
Michelin – Éditions des Voyages
46, avenue de Breteuil
75324 Paris Cedex 07
France
☎ 01 45 66 12 34
Fax : 01 45 66 13 75
www.ViaMichelin.fr
LeGuideVert@fr.michelin.com
ou
Brusselsesteenweg 494
1731 Zellik
Belgique
LeGuideVert@be.michelin.com

Note au lecteur

Ce guide tient compte des conditions de tourisme connues au moment de sa rédaction. Certains renseignements (prix, adresses, numéros de téléphone, horaires) peuvent perdre de leur actualité, de même que des établissements ou des curiosités peuvent fermer. Michelin Éditions des Voyages ne saurait être tenu responsable des conséquences dues à ces éventuels changements.

À la découverte de la Belgique et du Luxembourg

Nous voilà chez les Méridionaux du Nord, à la découverte de deux petits pays où l'on sait vivre et rire, une chope de bière à la main. En Flandres, les villes d'art se bousculent, la Wallonie et le Luxembourg surprennent par la beauté de leur paysage et leurs beaux petits villages fleuris. Partout, le folklore est encore très vivant et, dès le printemps, tout le monde afflue sur la côte dans un brassage de culture et de langue surprenant.

Quels que soient vos projets, tout au long de votre voyage, ce Guide Vert « Belgique Grand-Duché de Luxembourg » sera un compagnon fiable et fidèle à la hauteur de vos attentes. Nadia Bosquès, rédactrice en chef des Guides Verts a dirigé les travaux de mise à jour effectués sur place par Sandra Darbé, membre de la rédaction bruxelloise des guides Michelin.

Cette édition 2003 a été spécialement soignée. La maquette a été entièrement revue afin d'accroître le confort de lecture des textes. Comme dans chacun des 70 titres que compte aujourd'hui la collection des Guides Verts, les cartes et les plans de villes ont été exécutés avec précision par notre équipe de dessinateurs et de cartographes à partir d'observations de première main recueillies sur le terrain, afin de faciliter au mieux vos déplacements.

Plusieurs centaines d'adresses d'hôtels, de restaurants, de magasins ou de distractions ont été ajoutées afin de faciliter votre séjour. Malgré nos efforts, il se peut que des erreurs ou des oublis se soient glissés ici ou là ; si tel était le cas, signalez-le nous ! Car depuis plus de cent ans notre souci est de vous offrir le meilleur des guides.

Merci d'avoir choisi Le Guide Vert et bon voyage en Belgique et au Grand-Duché de Luxembourg !

Hervé Deguine
Directeur des Guides Verts
directeur.guidevert@fr.michelin.com

Sommaire

Informations pratiques

Invitation au voyage

B. Régent/PHOTONONSTOP

Un Gille de Binche.

B. Pérousse/MICHELIN

Les quais à Liège.

Belgique

Grand-Duché de Luxembourg

J.-D. Sudres/PHOTONONSTOP

Chimay : fromage à la bière.

M. Gurfinkel/MICHELIN

Façade d'une maison ancienne à Louvain.

Cartes et plans

Les cartes routières qu'il vous faut

Les produits Michelin sont complémentaires. Chaque site présenté dans ce guide est accompagné, dans la rubrique « la situation » de ses références cartographiques sur les différentes gammes de cartes que nous proposons :

la Carte Michelin nº 716 Belgique – Luxembourg, à l'échelle 1/350 000, avec un index des localités et des agrandissements d'Anvers, de Bruxelles, de Liège et de Luxembourg.

la Carte Michelin nº 717 Luxembourg, à l'échelle 1/150 000, avec un index des localités et un agrandissement de la ville de Luxembourg.

la Carte Michelin nº 533 Belgique (Nord), à l'échelle 1/200 000, avec un répertoire des localités et des agrandissements d'Anvers et de Bruxelles.

la Carte Michelin nº 534 Belgique (Sud), à l'échelle 1/200 000, avec un répertoire des localités et des agrandissements de Charleroi et Liège.

Cartes thématiques

Plans de villes

Belgique

Grand-Duché de Luxembourg

Plans de sites

Cartes des circuits décrits

Belgique

Grand-Duché de Luxembourg

Légende

Monuments et sites

- Itinéraire décrit, départ de la visite
- Église
- Temple
- Synagogue - Mosquée
- Bâtiment
- Statue, petit bâtiment
- Calvaire
- Fontaine
- Rempart - Tour - Porte
- Château
- Ruine
- Barrage
- Usine
- Fort
- Grotte
- Habitat troglodytique
- Monument mégalithique
- Table d'orientation
- Vue
- Autre lieu d'intérêt

Sports et loisirs

- Hippodrome
- Patinoire
- Piscine : de plein air, couverte
- Cinéma Multiplex
- Port de plaisance
- Refuge
- Téléphérique, télécabine
- Funiculaire, voie à crémaillère
- Chemin de fer touristique
- Base de loisirs
- Parc d'attractions
- Parc animalier, zoo
- Parc floral, arboretum
- Parc ornithologique, réserve d'oiseaux
- Promenade à pied
- Intéressant pour les enfants

Signe particulier

- Parking Relais

Abréviations

G, POL.	Police fédérale (Federale Politie)
H	Hôtel de ville ou maison communale (Stad- of gemeentehuis)
J	Palais de justice (Gerechtshof)
M	Musée (Museum)
P (encadré)	Chef-lieu de province (Hoofdplaats provincie)
P	Gouvernement provincial (Provinciehuis)
T	Théâtre (Schouwburg)
U	Université (Universiteit)

	site	station balnéaire	station de sports d'hiver	station thermale
vaut le voyage	★★★			
mérite un détour	★★			
intéressant	★			

Autres symboles

- Information touristique
- Autoroute ou assimilée
- Échangeur : complet ou partiel
- Rue piétonne
- Rue impraticable, réglementée
- Escalier - Sentier
- Gare - Gare auto-train
- Gare routière
- Tramway
- Métro
- Parking-relais
- Facilité d'accès pour les handicapés
- Poste restante
- Téléphone
- Marché couvert
- Caserne
- Pont mobile
- Carrière
- Mine
- Bac passant voitures et passagers
- Transport des voitures et des passagers
- Transport des passagers
- ③ Sortie de ville identique sur les plans et les cartes Michelin
- Bert (R.)... Rue commerçante
- **AZ B** Localisation sur le plan
- ►► Si vous le pouvez : voyez encore...

Carnet pratique

20 ch. : 38,57/57,17 €	Nombre de chambres : prix de la chambre pour une personne/chambre pour deux personnes
demi-pension ou pension : 42,62 €	Prix par personne, sur la base d'une chambre occupée par deux clients
6,85 €	Prix du petit déjeuner; lorsqu'il n'est pas indiqué, il est inclus dans le prix de la chambre (en général dans les chambres d'hôte)
12,18 € déj. - 16,74/38,05 €	Restaurant : prix menu servi au déjeuner uniquement – prix mini/maxi : menus (servis midi et soir) ou à la carte
rest. 16,74/38,05 €	Restaurant dans un lieu d'hébergement, prix mini/maxi : menus (servis midi et soir) ou à la carte
réserv.	Réservation recommandée
	Cartes bancaires non acceptées
P	Parking réservé à la clientèle de l'hôtel

Les prix sont indiqués pour la haute saison

Les plus beaux sites

BRUGGE	★★★	Vaut le voyage
Namur	★★	Mérite un détour
Echternach	★	Intéressant
Poperinge		Autre site décrit dans ce guide.

La cotation des stations (balnéaires ♨ et thermales ⚕) répond à des critères liés à leur activité.

Itinéraire décrit dans ce guide: rechercher dans l'index en fin de guide un des sites du parcours pour retrouver la description détaillée de l'ensemble du circuit.

0 20 km

BREDA, ROTTERDAM
AMSTERDAM
AMSTERDAM
NIJMEGEN
EINDHOVEN
DUISBURG
RHEIN
DÜSSELDORF
NEDERLAND
Baarle-Hertog
Kalmthoutse Heide
Hoogstraten
Turnhout
Brasschaat
ANTWERPEN
Postel
Kasterlee
Zilvermeer
Lommel
Kattenbos
ANTWERPEN
Herentals
Mol
Geel
Sint-Niklaas
Lier
Albertkanaal
Tongerlo
Maaseik
Oude Schelde
Molenheide
St-Amands
Breendonk
Averbode
Tessenderlo
Kelchterhoef
Natuurreservaat De Mechelse Heide
Mechelen
Dendermonde
Tremelo
Aarschot
Diest
Heusden-Zolder
Bokrijk
Genk
De Maten
Planckendael
Grimbergen
Scherpenheuvel
Hasselt
Aalst
Nationale Plantentuin
Vilvoorde
Horst
MAAS
VLAAMS BRABANT
Leuven
LIMBURG
Alden Biesen
Maastricht
Ninove
BRUXELLES BRUSSEL
Zoutleeuw
Tervuren
Tienen
Sint-Truiden
Kolen
AACHEN
Dender
Gaasbeek
Zoniënwoud Fôret de Soignes
Hakendover
Tongeren
De Voerstreek
Les Trois Bornes
Visé
Halle
Beersel
Wavre
Jodoigne
Blégny Trembleur
Val-Dieu
Henri-Chapelle
Enghien
Waterloo
Six Flags Belgium
BRABANT-WALLON
Eupen
Rixensart
LIÈGE
Barrage de la Vesdre
Rebecq
Bois Seigneur-Isaac
Louvain-la-Neuve
Limbourg
Verviers
Plan incliné de Ronquières
Abbaye de Villers-la-Ville
LIÈGE
Aigremont
Chaudfontaine
Barrage de la Gileppe
Horrues
Nivelles
Tilff
Vesdre
Soignies
Gembloux
Jehay
Neuville-en-Condroz
Tancrémont
Theux
Hautes Fagnes
Ecaussinnes-Lalaing
Amay
Franc-Waret
Seneffe
Meuse
St-Séverin
Sougné-Remouchamps
Reinhardstein
le Rœulx
Corroy-le-Château
Huy
Spa
HAINAUT
Namur
Andenne
Comblain-au-Pont
La Louvière
Malmédy
Vallée du Samson
Modave
Vallée
Vallée de l'Amblève
Bütgenbach
Mons
Canal du Centre
Charleroi
Domaine de Mariemont
Stavelot
Cuesmes
Faulx-les-Tombes
Coo
Fosses-la-Ville
Bois-et-Borsu
Amblève
Binche
Sambre
Bomal
Trois-Ponts
Bonne-Espérance
Profondeville
Meuse Namuroise
Durbuy
Vallée de l'Aisne
Lienne
Lobbes
Abbaye d'Aulne
de
NAMUR
Our
Annevoie-Rouillon
Spontin
Erezée
Thuin
Furnaux
Anhée
Jannée
DEUTSCHLAND
Dinant
Hotton
Vallée de la Molignée
Valéry Cousin
l'Ourthe
Reuland
Beaumont
Walcourt
Celles
Marche-en-Famenne
Freÿr
Hastière-Lavaux
Chevetogne
Waha
Belvédère des 6 Ourthe
Barrages de l'Eau d'Heure
Anseremme
Vêves
Philippeville
Vallée de la Lesse
La Roche-en-Ardenne
Rochefort
Houffalize
Troisvierges
Rance
Lavaux-Ste-Anne
Han-s-Lesse
Hachiville
HAN
Mariembourg
Beauraing
Clervaux
Étang de Virelles
Fourneau-St-Michel
Dasburg
Grottes de Neptune
Couvin
Vallée de l'Our
Redu-Transinne
St-Hubert
Bastogne
Chimay
Euro Space Center
Wiltz
Bivels
Brûly-de-Pesche
Lesse
Grenglay
Vianden
LUXEMBOURG
Esch-s-Sûre
Gorges du Petit Fays
Diekirch
Vallée de la Sûre
Vresse
Ettelbrück
Hochfels
Rindschleiden
Chau de Beaufort
Berdorf
Rochehaut
Vallée de la Semois
Mosel
Bohan
GRAND-DUCHÉ
Larochette
Echternach
Botassart
Herbeumont
Mersch
PETITE SUISSE LUXEMBOURGEOISE
Trier
Bouillon
Charleville-Mézières
Vallée de l'Eisch
Wasserbillig
Chiny
Arlon
Semois
Grevenmacher
Koerich
Alzette
Vallée de la Moselle luxembourgeoise
Florenville
Orval
Saar
Montauban
Meuse
Bascharage
LUXEMBOURG
Virton
Montquintin
Rodange
Bettembourg
Mondorf-les-Bains
Schwebsange
Esch-s-A.
Rumelange
Schengen
Torgny
REIMS
VERDUN
METZ, THIONVILLE
SAARBRÜCKEN
KÖLN
KOBLENZ
SAARBRÜCKEN

Circuits de découverte

Pour de plus amples explications, consulter la rubrique du même nom dans la partie "Informations pratiques" en début de guide

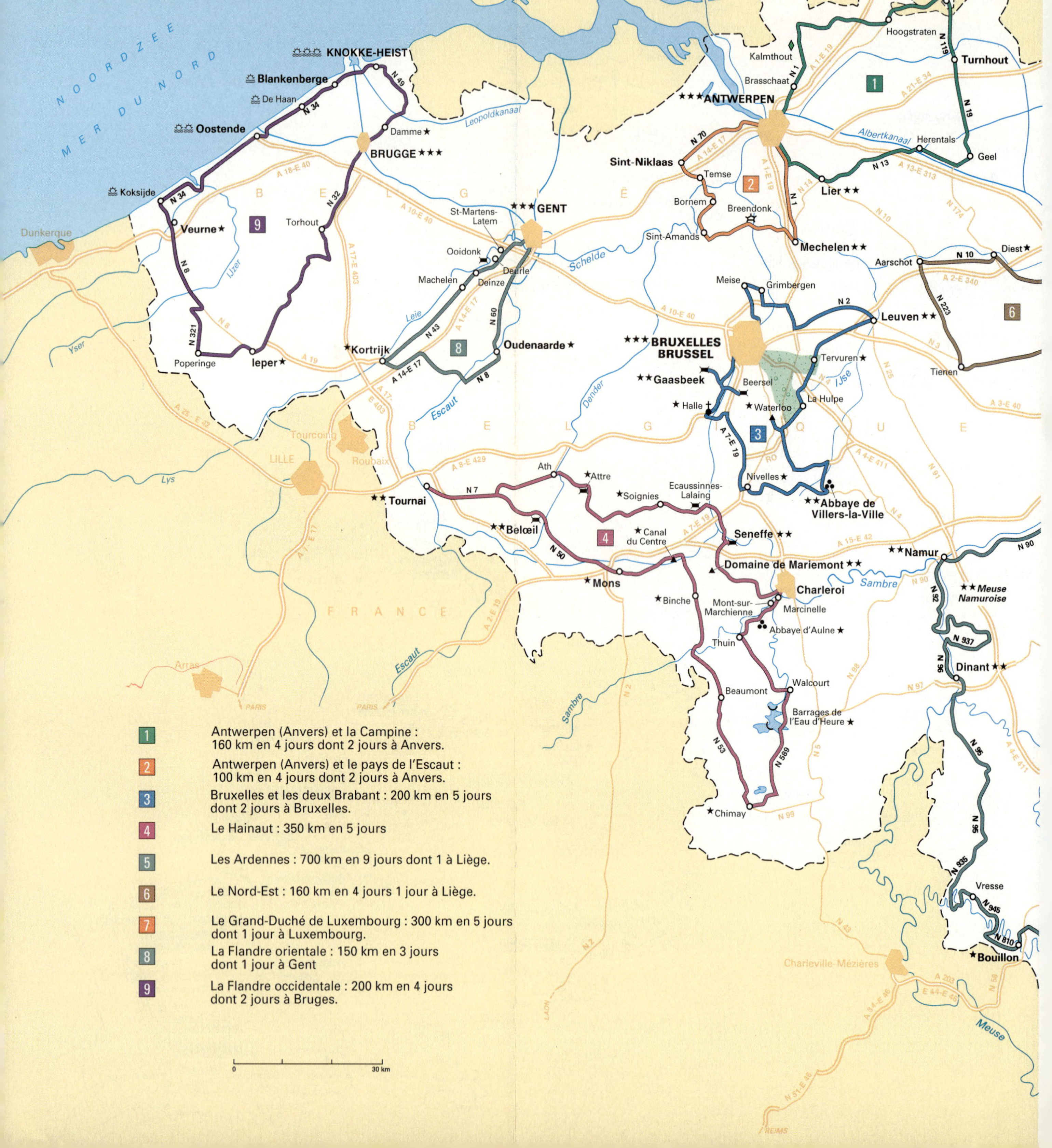

1 Antwerpen (Anvers) et la Campine : 160 km en 4 jours dont 2 jours à Anvers.

2 Antwerpen (Anvers) et le pays de l'Escaut : 100 km en 4 jours dont 2 jours à Anvers.

3 Bruxelles et les deux Brabant : 200 km en 5 jours dont 2 jours à Bruxelles.

4 Le Hainaut : 350 km en 5 jours

5 Les Ardennes : 700 km en 9 jours dont 1 à Liège.

6 Le Nord-Est : 160 km en 4 jours 1 jour à Liège.

7 Le Grand-Duché de Luxembourg : 300 km en 5 jours dont 1 jour à Luxembourg.

8 La Flandre orientale : 150 km en 3 jours dont 1 jour à Gent

9 La Flandre occidentale : 200 km en 4 jours dont 2 jours à Bruges.

AMSTERDAM
NIJMEGEN
EINDHOVEN
DUISBURG
A 67-E 35
A 21-E 34
A 57-E 31
RHEIN
NEDERLAND
DÜSSELDORF
A 2-E 25
MAAS
KÖLN
DEUTSCHLAND
Bokrijk
A 2-E 314
Hasselt
A 44
A 76-E 314
Maastricht
A 4-E 40
N 20
Sint-Truiden
A 13-E 313
AACHEN
Tongeren
N 3
Blégny-Trembleur
A 3-E 40
A 15-E 42
N 642
Vesdre
Jehay
Meuse
LIÈGE
Hautes Fagnes
N 90
N 629
N 672
A 1-E 29
Theux
Huy
N 62
Spa
N 676
N 633
Vallée de l'Ourthe
Vallée de l'Amblève
Malmédy
N 633
Stavelot
N 86
Lienne
Amblève
5
A 26-E 25
Aisne
A 27-E 421
Our
Ourthe
N 62
La Roche-en-Ardenne
N 836
N 888
N 860
N 834
A 60-E 29-E 42
N 7
Han-s-Lesse
HAN
Clervaux
N 846
N 18
Vallée de l'Our
N 849
St-Hubert
N 4
CR 325
Euro Space Center
Wiltz
N 10
Vianden
Lesse
A 26-E 25
N 15
Esch-s-Sûre
Sûre
N 17
N 89
CR 310
N 27
Vallée de la Sûre
Diekirch
Echternach
CR 364
Vallée de la Semois
N 40
CR 121
CR 118
GRAND
DUCHÉ
N 23
N 965
Semois
Vallée de l'Eisch
PETITE SUISSE LUXEMBOURGEOISE
N 85
Trier
7
CR 105
CR 101
N 11-E 29
A 11-E 44
CR 106
Florenville
A 4-E 25-E 411
Koerich
Vallée de la Moselle luxembourgeoise
Orval
N 88
LUXEMBOURG
N 5
Mondorf-les-Bains
Alzette
N 3
N 13
Saar
N 18
A 13
KOBLENZ
SAARBRÜCKEN
VERDUN
METZ
N 153
A 8-E 29

Le temple égyptien dans le Jardin zoologique d'Anvers

Informations pratiques

Avant le départ

adresses utiles

Ceux qui aiment préparer leur voyage dans le détail peuvent rassembler la documentation utile auprès des professionnels du tourisme des deux pays. Outre les adresses indiquées ci-dessous, sachez que les coordonnées des Offices de tourisme ou syndicats d'initiative des villes et sites décrits dans le corps du guide sont données systématiquement au début de chaque chapitre (« la situation »).

Offices belges de tourisme :

à Paris : 21 bd des Capucines, ☎ 01 47 42 41 18.
en Belgique :
– **Office de promotion du tourisme Wallonie-Bruxelles** (OPT), r. du Marché-aux-Herbes 63, 1000 Bruxelles, ☎ 02 504 03 90, fax 02 504 02 70 ; www.belgique-tourisme.net
– **Commissariat général au tourisme Région Wallonne-C.G.T.**, pl. de Wallonie, 1 -Bât. III, 5100 Jambes, ☎ 081 33 40 70, fax 081 33 40 77.
– **Toerisme Vlaanderen**, Grasmarkt 63, 1000 Bruxelles, ☎ 02 504 03 90, fax 02 504 02 70 ; www.toerismevlaanderen.be

Office national du tourisme luxembourgeois :

à Paris : 21 bd des Capucines, 75002 Paris, ☎ 01 47 42 90 56, fax 01 40 07 00 43.
à Luxembourg : Boîte postale 1001, 1010 Luxembourg, ☎ 42 82 82-1, fax 42 82 82-38 ; www.ont.lu
à Bruxelles : av. Louise 104, 1050 Bruxelles, ☎ 02 646 03 70, fax 02 648 61 00.

Fédérations belges de tourisme :

– **Antwerpen** : Koningin Elisabethlei 16, 2018 Antwerpen, ☎ 03 240 63 73, fax 03 240 63 83 ; www.tourprovantwerp.be
– **Brabant wallon** : chaussée des Nerviens 25, 1300 Wavre, ☎ 02 351 12 00 ; www.brabantwallon.be
– **Hainaut** : r. des Clercs 31, 7000 Mons, ☎ 065 36 04 64, fax 065 33 57 32 ; www.hainaut.be
– **Liège** : bd de la Sauvenière 77, 4000 Liège, ☎ 04 232 65 10, fax 04 232 65 11 ; www.ftpl.be
– **Limburg** : Willekensmolenlaan 140, 3500 Hasselt, ☎ 011 23 74 50, fax 011 23 74 66 ; www.toerismelimburg.be
– **Luxembourg** : quai de l'Ourthe 9, 6980 La Roche-en-Ardenne, ☎ 084 41 10 11, fax 084 41 24 39 ; www.ftlb.be
– **Namur** : av. Reine Astrid 22/2, 5000 Namur, ☎ 081 74 99 00, fax 081 74 99 29 ; www.ftpn.be
– **Oost-Vlaanderen** : Woodrow Wilsonplein 3, 9000 Gent, ☎ 09 267 70 20, fax 09 267 71 99 ; www.oost-vlaanderen.be/toerisme
– **Vlaams-Brabant** : Diestsesteenweg 52, 3010 Leuven, ☎ 016 26 76 20, fax 016 26 76 76 ; www.vl-brabant.be
– **West-Vlaanderen** : Westtoer, Koning Albert I-laan 120, 8200 Brugge, ☎ 050 30 55 00, fax 050 30 55 90 ; www.westtoerisme.be
En Belgique et au Luxembourg, les Offices de tourisme et syndicats d'initiative sont signalés par **i** (information). En néerlandais, ils sont nommés Dienst voor Toerisme ou VVV (Vereniging voor Vreemdelingen Verkeer).

formalités

Papiers d'identité

Pour un voyage de moins de trois mois, il suffit aux citoyens de l'Union européenne d'être en possession d'un passeport en cours de validité ou d'une carte d'identité. Pour les mineurs, se renseigner auprès de la mairie ou du commissariat de police.

Conducteurs

Permis de conduire français à 3 volets ou permis international.

Documents pour la voiture

Outre les papiers du véhicule, il est recommandé de se munir d'une carte internationale d'assurance automobile, dite « carte verte ». Se renseigner auprès de sa propre compagnie d'assurances.

Santé

Afin de profiter d'une assistance médicale en Belgique ou au Grand-Duché au même coût que dans leur pays d'origine, les citoyens de l'UE doivent se procurer le formulaire E 111. Les Français doivent s'adresser auprès de leur centre de paiement de Sécurité sociale (obtention possible par Internet : www.cerfa.gouv.fr).

Animaux domestiques

Se munir d'un certificat de vaccination prouvant que son animal a été vacciné contre la rage depuis plus de 30 jours et moins d'un an.

quand partir ?

La bonne période

Les meilleurs moments pour partir sont les mois de juin, juillet, août et septembre quand il fait doux. Pour les inconditionnels de la plage, qui longe la

mer du Nord de La Panne à Knokke, juillet et août sont les meilleurs moments. Mais ce sont également les vacances d'été et il est alors difficile de se loger. Prenez donc soin de réserver vos billets d'avion ou de train ainsi que les hôtels longtemps à l'avance.
Au printemps et en automne, les forêts d'Ardenne et du Luxembourg prennent des couleurs magnifiques. C'est la période des randonnées dans les vallées de la Semois, de la Meuse, de la Sûre, de l'Eisch, parsemées de petits villages de charme, de châteaux et d'abbayes. L'hiver est la période par excellence pour découvrir les villes d'art : Bruxelles, Anvers, Gand, Bruges...

Les jours fériés

Sont fériés en Belgique : le 1er janvier, lundi de Pâques, 1er mai, Ascension, lundi de Pentecôte, 21 juillet (fête nationale), 15 août, 1er novembre, 11 novembre et 25 décembre. La célébration d'une fête locale peut avoir pour conséquence la fermeture de certains services publics. Au Luxembourg, les jours fériés sont les mêmes qu'en Belgique, sauf le jour de la fête nationale (23 juin) et le 11 novembre qui n'est pas férié.

tourisme et handicapés

Un certain nombre de curiosités décrites dans le guide (musées, châteaux, abbayes, etc.) sont accessibles aux handicapés et signalées à votre attention par le signe ♿. Pour plus de renseignements concernant l'accessibilité aux handicapés des musées en Flandre et à Bruxelles, consultez le site Web www.museumsite.be. Vous pouvez également contacter les différentes fédérations belges de tourisme *(voir adresses ci-dessus)* qui disposent d'informations sur l'accessibilité aux monuments et sites et aux infrastructures de logement.
Pour de plus amples renseignements sur les conditions d'accessibilité, nous vous conseillons toutefois de téléphoner préalablement au musée que vous souhaitez visiter.

Transports

comment arriver ?

En voiture

Grands axes – Situés au cœur de l'Europe, la Belgique et le Grand-Duché bénéficient de très bonnes liaisons avec les réseaux routiers et autoroutiers nationaux et internationaux. L'autoroute E 40 dessert Bruges, Gand, Bruxelles et Liège. À Courtrai, l'autoroute E 17 file vers Gand et Anvers. L'autoroute E 411 dessert Namur et Arlon et poursuit par l'A 6 vers Luxembourg. L'E 19 relie Anvers à Mons en passant par Bruxelles.

Informations sur Internet et Minitel – Le site Internet www.ViaMichelin.fr offre une multitude de services et d'informations pratiques : calcul d'itinéraires, cartes du pays, plans de villes, sélection des hôtels et restaurants du Guide Rouge Michelin. Les calculs d'itinéraires sont également accessibles sur Minitel (3615 ViaMichelin) et peuvent être envoyés par fax (3617 ou 3623 Michelin). Pour définir l'itinéraire entre votre point de départ en France et votre destination en Belgique ou au Grand-Duché, consultez également les cartes Michelin nº 721 France, nº 717 Grand-Duché de Luxembourg, nº 716 Belgique, et les cartes détaillées nºs 533 et 534 sur la Belgique.

En train

Au départ de la gare du Nord de Paris, le Thalys (TGV) relie plusieurs fois par jour la gare du Midi de Bruxelles. Le trajet dure environ une heure et demie. Pour tout renseignement et toute réservation, contacter le centre téléphonique Thalys au ☎ 08 92 35 35 36 ou la Ligne Directe au ☎ 08 92 35 35 35.

La gare centrale à Anvers.

Ch. Bastin – J Evrard/MICHELIN

Il est également possible de consulter le site Web www.thalys.com.
Les autres grandes villes en France sont également reliées par le chemin de fer à la Belgique et au Grand-Duché. Pour obtenir des réductions, penser à se renseigner auprès de la SNCF en France et la SNCB en Belgique.

En autocar

De Paris, plusieurs liaisons journalières sont assurées par la compagnie Eurolines ; se renseigner au 28 av. du Général-de-Gaulle, BP 313, 93541 Bagnolet Cedex, ☎ 08 36 69 52 52 ; www.eurolines.fr

En avion

La plupart des compagnies aériennes desservent l'aéroport de Bruxelles-National à Zaventem. Se renseigner auprès de son agence de voyages afin de connaître les conditions en vigueur, les vols charters et les vols à prix réduits.
Air France, 119 av. des Champs-Élysées, 75008 Paris, renseignements et réservations : ☎ 0820 820 820 ; bv.airfrance.fr
SN Brussels Airlines, Aéroport de Bruxelles-National, 1930 Zaventem, réservations : ☎ 070 35 11 11 ; www.brussels-airlines.com

sur place

Code de la route

Le réseau routier comprend des routes régionales et autoroutières. Les régionales sont généralement balisées par des panneaux de signalisation routière bleus avec des inscriptions en blanc, les autoroutes par des panneaux verts avec des inscriptions en blanc.

En Belgique comme au Luxembourg, la **vitesse** est limitée à 120 km/h sur les autoroutes, à 90 km/h sur les autres routes, à 50 km/h dans les agglomérations.
Dans les deux pays, le port de la ceinture de sécurité à l'avant et à l'arrière du véhicule est obligatoire, y compris dans les villes.

Autoroutes

Elles sont gratuites.
Leurs échangeurs portent un numéro qui est mentionné sur les cartes Michelin. Il existe en Belgique un tunnel à péage (Liefkenshoektunnel près d'Anvers).

Accidents

En cas d'accident grave, téléphoner de jour ou de nuit au 100 (ambulance) ou 101 (police fédérale) en Belgique ou au 112 au Luxembourg. Des postes d'appel téléphonique, signalés par des panonceaux, sont à la disposition des automobilistes en détresse sur les grands axes.

Dépannage

En Belgique, en cas de panne ou d'accident, on peut faire appel aux services de Touring-Secours. Sur les autoroutes, vous pouvez utiliser les postes d'appel téléphonique. Sur les autres routes, appelez le ☎ 070 344 777.
Le Royal Automobile Club de Belgique porte également assistance en cas de panne : ☎ 02 287 09 00.
En Flandre, vous pouvez aussi contacter le VTB-VAB, ☎ 03 253 63 63.
Au Grand-Duché de Luxembourg, s'adresser à l'Automobile Club du Grand-Duché de Luxembourg, ☎ 45 00 45-1.

Hébergement, restauration

les adresses du guide

Pour la réussite de votre séjour, nous avons sillonné la Belgique et le Luxembourg pour repérer les chambres d'hôte, les hôtels et les restaurants les plus représentatifs des deux pays, que ce soit par leur position remarquable ou par leur cuisine traditionnelle. Nous avons pris en compte tous les types de budget. Toutes les maisons ont été visitées avec le plus grand soin. Toutefois, il peut arriver que des modifications aient eu lieu depuis notre dernier passage : faites-nous le savoir. Vos remarques et suggestions seront les bienvenues ! Les prix que nous indiquons sont ceux pratiqués en haute saison ; hors saison, de nombreux établissements proposent des tarifs plus avantageux. Renseignez-vous !

Mode d'emploi

Au fil des pages, vous découvrirez nos « carnets pratiques » : ils proposent une sélection d'adresses à proximité des villes ou des sites touristiques auxquels ils sont rattachés dans le guide. Lorsque cela était nécessaire, nous avons clairement indiqué la route à suivre pour vous y rendre. Dans chaque carnet, les hôtels et restaurants sont classés en trois catégories de prix pour répondre à toutes les attentes.

Dans la catégorie « **À bon compte** », vous trouverez des hôtels et des chambres d'hôte sobres et bien tenus qui proposent des chambres simples pour moins de 75€ et des restaurants où, sans renoncer à la qualité, vous dépenserez moins de 25€ (sans la boisson) pour un repas comprenant une entrée, un plat et un dessert.
Si votre budget est un peu plus large, piochez dans la catégorie « **Valeur sûre** », vous y trouverez des hôtels plus confortables, souvent pleins de charmes, et des restaurants plus traditionnels. Les tarifs vont de 75 à 110€ pour l'hébergement, toujours pour une chambre simple, et de 25 à 40€ pour le repas.
Pour ceux, enfin, qui souhaitent se faire plaisir le temps d'un repas ou d'une nuit, ou veulent rendre leur séjour inoubliable, la catégorie « **Une petite folie !** » signale de grandes maisons et des chambres d'hôte offrant un confort maximal dans une atmosphère luxueuse qu'agrémente très souvent l'originalité des lieux, ainsi que des restaurants qui raviront les palais les plus délicats. Les prix pratiqués sont, bien entendu, à la hauteur des lieux.

L'hébergement

Nous vous conseillons vivement d'effectuer vos réservations longtemps à l'avance, notamment lors d'un week-end si vous devez vous rendre à Bruges ou lorsque une fête a lieu dans la localité. Sachez que de nombreux établissements pratiquent des tarifs intéressants ou proposent des forfaits économiques pour des week-ends ou des séjours prolongés.

Les hôtels

Pour chaque établissement, le premier prix indiqué est celui d'une chambre simple et le second celui d'une chambre double. Le petit déjeuner est généralement compris, mais il arrive que les petits établissements ne pratiquent pas cette formule.
Dans ce cas, le prix du petit déjeuner est indiqué immédiatement après celui des chambres.
Pour des séjours courts dans les grandes villes, ne pas hésiter à consulter une agence de voyages pour obtenir un forfait train + hôtel, ou avion + hôtel.

Les chambres d'hôte

Vous êtes reçu directement par les habitants qui vous ouvrent leur maison. Sachez qu'une durée minimum de séjour est souvent demandée, et que les cartes de crédit sont rarement acceptées. Cependant, les chambres d'hôte vous offrent une ambiance plus intime et plus familiale qu'un hôtel, à des prix compétitifs. Pour plus de renseignements, vous pouvez contacter **Taxistop**, r. Fossé-aux-Loups 28/1, 1000 Bruxelles, ☎ 02 223 22 31 ; www.taxistop.be ou **Bed & Brussels**, r. Kindermans 9, 1050 Bruxelles, ☎ 02 646 07 37 ; www.bnb-brussels.be

Les campings

La Belgique possède plus de 500 terrains aménagés répartis en 4 catégories. Ils sont très chargés en juillet et août. Au Grand-Duché, il existe plus de 100 terrains aménagés. Les campings permettent de se loger, pour un prix abordable, dans un cadre souvent verdoyant. Ils disposent généralement d'un restaurant, d'un bar et d'un petit magasin d'alimentation, et parfois même d'une piscine. Certains mettent à disposition des bungalows ou des mobile homes d'un confort moins spartiate. Pour toute information, adressez-vous à la Fédération internationale de Camping et de Caravanning, r. Arenberg 44, 1000 Bruxelles, ☎ 02 513 87 83.

LES AUBERGES DE JEUNESSE

Réservées aux membres. La carte peut être facilement obtenue auprès de n'importe quelle auberge associée à la Fédération. Il n'y a pas de limité d'âge et la carte est valable un an. Pour plus d'informations, renseignez vous auprès des Auberges de Jeunesse, r. de la Sablonnière 28, 1000 Bruxelles, ☎ 02 219 56 76 ; www.laj.be ou de la Vlaamse Jeugdherbergcentrale, Van Stralenstraat 40, 2060 Antwerpen, ☎ 03 232 72 18 ; vjh.be. Pour le Grand-Duché, contactez la Centrale des Auberges de Jeunesse Luxembourgeoises, pl. de la Gare 24, 1616 Luxembourg, ☎ 26 29 35 00 ; www.youthhostels.lu

HÉBERGEMENT RURAL

Agritourisme, Fetourag, r. de la Science 23-25, 1040 Bruxelles, ☎ 02 230 72 95, UTRA-UPA Tourisme Rural, chaussée de Namur 47, 5030 Gembloux, ☎ 081 60 00 60, Vlaamse Federatie voor Hoeve- en Plattelandstoerisme, Minderbroedersstraat 8, 3000 Leuven, ☎ 016 24 21 58 ; www.plattelandstoerisme.be ou www.hoevetoerisme.be et l'Association pour la Promotion du Tourisme rural au Grand-Duché de Luxembourg, c/o Centrale Paysanne, 2980 Luxembourg, ☎ 48 81 61-1 vous renseignent sur les différentes possibilités d'hébergement (gîte rural, chambre d'hôte, camping) en milieu rural.

LA RESTAURATION

Pour répondre à toutes les envies, nous avons sélectionné des restaurants typiques, mais aussi classiques ou exotiques. Et des lieux plus simples, où vous pouvez grignoter une salade composée, une tarte salée, une pâtisserie ou déguster des produits régionaux sur le pouce.

...et aussi

Si d'aventure vous n'avez pas trouvé votre bonheur parmi toutes nos adresses, vous pouvez consulter Le Guide Rouge Benelux. Il recommande de nombreux hôtels et restaurants sur la Belgique et le Grand-Duché. Pour chaque établissement, le niveau de confort et de prix est indiqué, outre de nombreux renseignements pratiques. Les bonnes tables, étoilées pour la qualité de leur cuisine, sont très prisées par les gastronomes. Le symbole « **Bib Gourmand** » sélectionne les restaurants qui proposent une cuisine soignée à moins de 33€.

La Belgique et le Luxembourg au quotidien

bon à savoir

URGENCES

Quelques numéros de téléphone toujours valables en cas d'urgence : Police : ☎ 101 en Belgique ; ☎ 113 au Luxembourg.
Pompiers et ambulance : ☎ 100 en Belgique ; ☎ 112 au Luxembourg.

SANTÉ

Les pharmacies (apotheek en pays flamand) sont généralement ouvertes de 8h30 à 18h30. Les jours de fermeture, on y trouve affiché les noms des pharmaciens de garde.

ARGENT

DEVISES

Depuis le 1er janvier 2002, le franc a laissé place à l'euro. Pour les Français, aucun change n'est à prévoir.

BANQUES

En Belgique, elles sont généralement ouvertes de 9h à 12h30 et de 14h à 15h30 (vendredi jusqu'à 16h ou 18h près des grands centres commerciaux) ; en centre-ville, elles sont ouvertes entre 8h30 et 15h30 (vendredi jusqu'à 16h), certaines sont ouvertes le samedi matin.
Au Luxembourg, les banques sont ouvertes de 8h30 à 12h30 et de 13h30 à 16h30 ; elles sont fermées le samedi et le dimanche.

CARTES DE CRÉDIT

Les principales cartes de crédit internationales (Visa, Eurocard, American Express, Diners Club) sont acceptées dans presque tous les commerces, hôtels et restaurants. Le Guide Rouge Benelux signale les cartes de crédit acceptées par les hôtels et les restaurants sélectionnés par ses soins, lorsque ces établissements permettent ce genre de paiement. La délivrance de billets dans les distributeurs automatiques (nombreux dans les grandes villes) se fait par le système Bancontact qui exige de taper son code personnel.

Poste

Les bureaux de poste sont ouverts de 9h à 12h et de 14h à 17h ; au centre des grandes villes, ils sont ouverts de 9h à 17h ; ils sont fermés le samedi et le dimanche.
Les timbres sont en vente dans les bureaux de poste et auprès des marchands de tabac.

Téléphone

Outre des cabines à pièces (de plus en plus rares), vous trouverez des cabines à cartes. On peut se procurer des télécartes dans les agences Belgacom, dans les bureaux de poste, les gares et auprès des marchands de journaux.

Renseignements nationaux : ☎ 1307 (Belgique) et ☎ 017 (Luxembourg).

Appels internationaux

Appels depuis la Belgique et le Luxembourg :
- vers la France : 00 + 33 + le numéro de l'abonné sans le 0 initial.
- vers la Suisse : 00 + 41 + le numéro de la zone sans le 0 + le numéro de l'abonné.

Appels vers la Belgique : depuis la France, la Suisse et le Luxembourg : 00 + 32 + le numéro de l'abonné sans le 0 initial.
Appels vers le Grand-Duché : depuis la France, la Suisse et la Belgique : 00 + 352 + le numéro de l'abonné.
Les communications sont moins chères le week-end et les jours fériés ainsi qu'en semaine entre 18h et 8h.

Shopping

Dans les grandes villes, les magasins restent généralement ouverts à l'heure du déjeuner. Les autres adoptent l'horaire suivant : 9h-12h(30) et 14h-18h(30). Ils sont fermés le dimanche ; au Luxembourg, ils sont souvent fermés le lundi matin.

horaires de visites

Dans la partie descriptive du guide, les conditions de visite des monuments sont précisées. Ces informations sont données à titre indicatif dans la mesure où les prix peuvent varier et les horaires être modifiés. Il est donc conseillé de téléphoner auparavant. Ces indications sont valables pour les touristes voyageant seuls et ne bénéficiant d'aucune réduction.

Symboles et abréviations

Le symbole ♿ indique l'accessibilité totale ou partielle aux personnes handicapées.
Les jours de la semaine : lun., mar., mer., jeu., ven., sam., dim.
Les mois : janv., fév., mars, avr., mai, juin, juil., août, sept., oct., nov., déc.

Musées et monuments

La plupart des musées ferment leur billetterie une demi-heure, voire une heure avant la fermeture même. En général, les musées sont fermés le lundi. Dans de nombreux musées, les sacs doivent être déposés au vestiaire. En outre, l'usage du flash est généralement interdit.

Propositions de séjour

circuits de découverte

Consultez la carte des circuits de découverte pour avoir une vue d'ensemble des circuits proposés.

1 Antwerpen (Anvers) et la Campine

Ce tour débute à Anvers, « métropole de la Flandre », ville dynamique et attachante. Après la découverte du vieux centre, ce circuit se faufile vers Brasschaat, aux villas cossues, et la réserve naturelle de Kalmthout. Remontez dans le temps au béguinage de Hoogstraten superbement restauré, puis longez la frontière belgo-hollandaise en passant par Baarle-Hertog, petite enclave belge aux Pays-Bas. Il est alors temps de faire une halte à Turnhout, capitale de la carte à jouer. Pour la suite, deux petites villes agréables au cœur de la Campine anversoise : Geel et Herentals. Le périple se termine à Lierre, charmante petite ville connue pour ses délicieuses tartelettes.

2 Antwerpen (Anvers) et le pays de l'Escaut

Au départ d'Anvers, capitale des jeunes créateurs belges, ce circuit vous conduit à St-Nicolas, au centre du pays de Waas. Il mène à Tamise, qui possède le plus long pont métallique de Belgique, et à Bornem, couronné de son imposant château. Situé sur l'Escaut, on découvre à St-Amands la personnalité d'Émile Verhaeren.

Avant d'atteindre Malines, ville chargée d'histoire, on passe par le Fort de Breendonk, camp de concentration de l'époque nazie.

3 Bruxelles et les deux Brabant

L'itinéraire part de Bruxelles, ville encore trop souvent méconnue du grand public. Pour la découverte de la capitale belge de l'Europe, nous vous renvoyons au *Guide Vert* du même nom. Le trajet vous fera traverser le Brabant Flamand et le Brabant Wallon aux doux paysages vallonnés. On s'arrête d'abord au Jardin botanique de Meise. Par Grimbergen, on arrive à Louvain, un des points forts de ce circuit. Après une étape au musée royal de l'Afrique centrale à Tervuren, les amateurs d'art s'arrêtent à la Fondation Folon à La Hulpe. Qui ne connaît pas Waterloo avec sa butte du Lion et son musée Wellington ? Côté monuments, le circuit n'est pas en reste : les ruines de l'abbaye de Villers-la-Ville, la collégiale Ste-Gertrude à Nivelles, la Basilique de Halle, fleuron du gothique brabançon, et pour terminer les châteaux de Beersel et de Gaasbeek.

4 Le Hainaut

Tournai, fleuron du patrimoine belge, est le point de départ de ce trajet. Puis la route passe par Ath, cité des Géants, par Attre, et Soignies, capitale de la pierre bleue. Arrêtez-vous à Ecaussinnes-Lalaing et son impressionnant château fort, puis au château de Seneffe qui vous présente sa belle collection d'argenterie.
La route se dirige vers La Louvière, capitale de la région du Centre, et le domaine de Mariemont. On arrive au cœur du pays des « gueules noires » : Charleroi, Marcinelle et son ancien charbonnage du Bois du Cazier, et Mont-sur-Marchienne avec son musée de la Photographie, situé dans un ancien couvent. Ensuite, vous partez à la découverte de la Thudinie avec l'abbaye d'Aulne et la charmante petite ville de Thuin. La route descend vers Walcourt, ancienne place forte et les Barrages de l'Eau d'Heure où vous pouvez vous adonner à quelques activités sportives. Aux confins de la France, le magnifique petit théâtre rococo du château de Chimay accueille des concerts. La route remonte vers Beaumont et Binche, la cité du carnaval. Pour terminer en beauté, on visite le canal du Centre, joyau d'architecture industrielle, la ville de Mons, dominée par son beffroi, et le château de Belœil, entouré de douves.

5 Les Ardennes

Partons de Liège, ville chaleureuse et accueillante, témoignant d'un riche passé historique. À Blégny-Trembleur, vous visitez l'ancien charbonnage avant de filer vers le village de Theux. Ensuite, vous gagnez Spa, la seule ville thermale que compte la Belgique.
Si vous voulez prendre un bol d'air, rendez-vous au parc naturel des Hautes Fagnes avant de prendre la direction de Malmédy formant jadis avec Stavelot une principauté ecclésiastique. Taillé sur mesure pour les amateurs de la nature, le trajet suit la vallée de l'Amblève, puis la vallée de l'Ourthe pour atteindre La Roche-en-Ardenne, haut lieu du tourisme estival. Vous partez à la découverte du monde mystérieux de la grotte de Han et de la ville de St-Hubert, capitale de la chasse. La route descend vers l'Euro Space Center, consacré à la navigation spatiale, puis vers Florenville.
On arrive à Orval, connu pour ses ruines et sa célèbre bière d'abbaye, puis à Bouillon, dominé par son château médiéval. Gagnez ensuite la petite localité de Vresse-sur-Semois, jadis un important centre de la culture du tabac. L'itinéraire remonte vers Dinant où vous visitez la citadelle. La route longe la Meuse pour atteindre Namur, capitale politique de la Wallonie et ville natale de Félicien Rops. Puis on remonte vers Liège en passant par Huy et le château de Jehay.

6 Le Nord-Est

Au départ de Liège, cité ardente et ville natale de Simenon, le trajet mène à Tongres, ville d'Ambiorix. Puis on s'arrête à Hasselt, chef-lieu de la province du Limbourg et connu pour son excellent genièvre. Le musée de plein air de Bokrijk évoque la vie d'antan en Flandre. La ville de Diest, ancien fief de la dynastie des Orange, possède un des plus beaux béguinages du pays. Avant de gagner Tirlemont, ville sucrière par excellence, on passe par Aarschot, petite ville du Hageland. Le trajet s'achève par St-Trond que l'on visite de préférence au printemps lors de la floraison des arbres fruitiers.

7 Le Grand-Duché de Luxembourg

Le circuit commence par la ville de Luxembourg dont les vieux quartiers et les fortifications figurent sur la liste du patrimoine mondial de l'Unesco. On s'attarde à Mondorf-les-Bains, réputé pour ses eaux bienfaisantes. Vous traversez la vallée de la Moselle où vous pouvez déguster quelques crus de qualité. Puis le paysage change : on arrive à Echternach, bon point de départ pour découvrir la Petite Suisse luxembourgeoise au paysage accidenté. Par Diekirch, réputé pour sa bière, on gagne Vianden, où séjourna Victor Hugo. La route remonte la pittoresque vallée de l'Our, puis on s'arrête à Clervaux pour visiter le château. Au cœur des Ardennes luxembourgeoises, vous découvrez Wiltz, puis le petit village pittoresque d'Esch-sur-Sûre, blotti au milieu de collines boisées. Par la vallée de l'Eisch, parsemée de petits villages paisibles, on regagne la capitale.

8 La Flandre orientale

La visite de la vieille ville de Gand ne saura vous laisser indifférent. Avant de prendre la direction de Courtrai, on passe par Audenarde, renommé pour ses verdures.
La Lys parcourt un paysage verdoyant et idyllique, parsemé de petits villages charmants : Machelen et son musée Raveel, Deinze, Ooidonk avec son château de style hispano-flamand, Deurle et Laethem-St-Martin qui ont inspiré de nombreux artistes.

9 La Flandre occidentale

Bruges est une ville charmante dont le vieux centre a vraiment tout pour vous séduire : monuments historiques, musées renommés et canaux romantiques. Ne ratez pas non plus la petite ville de Damme, cité d'Uylenspiegel, avant d'aborder le littoral. Les inconditionnels de la plage auront l'embarras du choix entre Knokke-Heist, Blankenberge, Le Coq, Ostende et Coxyde.

Ch. Bastin – J. Evrard/MICHELIN

La plage à Koksijde.

Prenez le temps de découvrir la région du Westhoek avec Furnes et sa superbe Grand-Place, et Poperinge, cité du houblon. Avant de remonter vers Bruges, on fait une halte à Ypres, fortement touché par la Grande Guerre, et Torhout, dominé par son église St-Pierre.

Sports et loisirs

les parcs

Les réserves naturelles

Il s'agit de territoires strictement protégés par les régions ou gérés par des associations privées comme les RNOB (les réserves naturelles et ornithologiques de Belgique).
Quelques-unes de ces réserves sont ouvertes au public, du moins en partie. Dans certaines, la visite n'est possible que sous la conduite d'un guide.

En pays flamand, on peut citer :
- **De Kalmthoutse Heide** *(voir « alentours » dans Anvers).* On y arrive depuis Anvers par le R 1 (périphérique d'Anvers). Prendre la sortie 5, puis, la N 11 en direction de Kapellen. Un peu avant la frontière belgo-hollandaise, vous prenez la N 111.
- **Le Zwin** *(voir Knokke-Heist).* On y accède depuis Bruges par la N 376, puis par la N 49 en direction de Knokke-Heist et la N 384 qui longe la côte.

En Wallonie, citons :
- **Les Hautes Fagnes** *(voir Hautes Fagnes).* On y parvient depuis Spa par la N 629.
- **La réserve naturelles de Lesse et Lomme.** Accès depuis l'autoroute A 4/E 411 (sortie 23).
- **La réserve naturelle de Furfooz** *(voir Dinant).* Accès depuis Dinant par la N 95, puis la N 910.
- **L'étang de Virelles** *(voir Chimay).* Accès depuis Chimay par la N 53, puis la N 589.

Les parcs naturels

Ces parcs englobent vallées, forêts et villages, dont on veut assurer la protection. On distingue les parcs naturels nationaux, créés à l'initiative de l'État, et les parcs régionaux dont la création relève d'un autre pouvoir public.
En Belgique, citons :
- **Le parc naturel national des Hautes Fagnes-Eifel.** Accès depuis Sankt-Vith par la N 676.

Au Luxembourg :
- **Le parc naturel germano-luxembourgeois.** Accès depuis Vianden par la route n°50.

sports

Pour toute information sur la pratique des activités sportives, vous pouvez contacter les Offices de tourisme locaux dont les adresses figurent pour chaque chapitre sous la rubrique « la situation ».

Ch. Bastin – J. Evrard/MICHELIN

Planche à voile à Knokke.

Alpinisme

Quelques rochers surplombant la Meuse et l'Ourthe sont assez escarpés pour permettre la pratique de l'escalade. Informations : Club alpin belge, av. Albert Ier 129, 5000 Namur, ☎ 081 22 40 84 ; www.clubalpin.be

Chasse

On trouve le petit gibier et le gibier d'eau principalement au Nord du sillon Sambre et Meuse, le gros gibier (sanglier, cerf, chevreuil) en Ardenne. Il faut posséder, soit un permis de chasse, soit une licence de chasse. Pour plus de renseignements, s'adresser au Royal St-Hubert Club, av. Lambermont 410, 1030 Bruxelles, ☎ 02 248 25 85.

Équitation

On la pratique dans tout le pays. Certaines agences organisent des week-ends d'équitation. Des courses hippiques ont lieu à Ostende, Groenendael, Watermael-Boitsfort, Kuurne et Sterrebeek (trotteurs), Waregem (steeple-chase). Fédération royale belge des sports équestres : av. Houba de Strooper 156, 1020 Bruxelles, ☎ 02 478 50 56. Toute information concernant les courses peut être obtenue auprès du Jockey Club de Belgique, chaussée de La Hulpe 53, 1180 Bruxelles, ☎ 02 672 72 48.

Cavaliers sur la plage.

Ch. Bastin – J. Evrard/MICHELIN

Kayak

Plusieurs rivières se prêtent, sur une partie de leur parcours, à la descente en kayak ou en canoë. Sur l'Ourthe la Semois, la Sûre et l'Amblève, des organisations louent des kayaks. La descente de la Lesse en barque ou en kayak est une excursion classique. Fédération royale belge de canoë : Geerdegemvaart 79, 2800 Mechelen, ☎ 015 41 54 59.

Pêche

On pratique en Belgique toutes sortes de pêches. Il faut posséder un permis valable un an, que l'on se procure dans un bureau de poste. Renseignements : Service de la Pêche du Ministère de la Région Wallonne, av. Gouverneur Bovesse 100, 5100 Jambes, ☎ 081 32 74 88 ; www.wallonie.be. Une brochure *La Pêche en Luxembourg belge* peut être obtenue à l'Office belge de tourisme à Paris *(voir ci-dessus)*.

Plaisance

La côte possède quelques ports de plaisance : Zeebrugge, Blankenberge, Ostende, Nieuport. Ligue Régionale Yachting Belge, av. du Parc d'Amée 90, 5100 Jambes, ☎ 081 30 49 79. Landelijke Bond van Watersportverenigingen in België, IJzerweglaan 72, 9050 Ledeberg, ☎ 09 232 36 24. Vlaamse Vereniging voor Watersport, Beatrijslaan 25, 2050 Antwerpen, ☎ 03 219 69 67.

Ski Nautique

On le pratique notamment sur la haute Meuse (à Wépion, Profondeville, Yvoir et Waulsort), à Liège, Mons, Manage et Ronquières, sur le lac de l'Eau d'Heure et sur le canal Albert. Fédération francophone du ski nautique belge, r. de Tervaete 11, 1040 Bruxelles, ☎ 02 734 93 73.

Sports d'hiver

Le climat ardennais est suffisamment rigoureux pour qu'à faible altitude se produisent parfois d'abondantes chutes de neige entre décembre et mars. Dans les provinces de Liège et de Luxembourg, des pistes ont été aménagées pour la luge ou le ski. On trouve alors à proximité le matériel nécessaire en location. Pour tout renseignement, s'adresser à la Fédération du tourisme de la province de Liège ou de Luxembourg *(voir adresses ci-dessus)*. Vous pouvez également consulter le site Web www.catpw.be ou appelez le téléphone de neige, ☏ 084 41 19 82, ☏ 080 22 74 74 ou ☏ 04 232 65 65.

AUTRES SPORTS

La renommée du cyclisme belge n'est plus à faire. Parmi d'autres sports couramment pratiqués en Belgique, citons la natation, le tennis, le bowling, le tir aux pigeons d'argile nommé tir aux clays, et la **balle-pelote**, jeu fréquent en Wallonie.
Pour le Grand-Duché, une brochure éditée par l'O.N.T. (Office national de tourisme) donne tous les renseignements utiles.

Souvenirs

Vous n'aurez pas de mal à trouver vous-même les rues commerçantes des villes que vous parcourrez. Si vous ne trouvez toujours pas votre bonheur, testez les bonnes adresses qui vous sont proposées dans les « carnets pratiques » des villes et sites décrits dans le guide.
Par province ou région, nous vous proposons une petite liste de produits locaux :
Flandre Occidentale : kletskoppen (galettes fines au beurre, amandes et noisettes), potjesvlees (genre de terrine de veau, lapin, poulet), babeluttes (caramels durs au beurre), spéculoos (petit biscuit sec à la cassonade), mastellen (pains biscottés à l'anis) et nœuds (biscuits au beurre et cassonade).
Flandre Orientale : craquelins (brioches fourrées de sucre), tartes au maton (tarte au fromage blanc, lait battu et amandes), mokken (sorte de macarons à la cannelle ou à l'anis), mastellen (pains biscottés à l'anis).
Anvers : Antwerpse handjes (petits chocolats fourrés), élixir d'Anvers (liqueur douce aux herbes), Lierse vlaaikens (tartelettes aux prunes).
Bruxelles : cramiques (pains briochés aux raisins secs), craquelins (brioches fourrées de sucre), manons (chocolats fourrés à la crème fraîche), kriek, gueuze, lambic (bières spéciales).
Limbourg : prunes au sirop, genièvre.
Hainaut : tarte al djote (tarte au fromage aux bettes, fines herbes et oignons), spantôles (biscuit de dessert), macarons.
Namur : couques (pain d'épice dur), flamiche (tarte au fromage).
Liège : potkès (fromage blanc salé), péket (genièvre), pain d'épice, élixir de Spa (sorte de chartreuse), baisers de Malmédy (meringues fourrées à la crème fraîche).
Luxembourg : maitrank (apéritif arlonais).
Grand-Duché : Veianer Kränzercher (petites couronnes de pâtes à choux), cassis.
Et bien sûr, les autres spécialités culinaires : pralines, bières d'abbaye, vins luxembourgeois...
Pour plus de détails, reportez-vous aux chapitres consacrés à la gastronomie et à la bière.

Kiosque

Ouvrages généraux

Belgique, R. Hanrion (Paris, Seuil, coll. Petite Planète)

L'économie des pays du Benelux, F. Gay et P. Wagret (Paris, PUF, coll. Que Sais-je ?)

Le siècle de la Belgique, Marc Reynebeau (Bruxelles, Racine)

Histoire

Charles Quint, Otto de Habsbourg (Bruxelles, Racine)

Histoire des Belges, H. Dorchy (Bruxelles, De Boeck)

Histoire de la Belgique, G.-H. Dumont (Bruxelles, Le Cri)

Les racines de la Belgique, Jean Stengers (Bruxelles, Racine)

Waterloo 1815, l'Europe face à Napoléon, A. Bruylants, Ph. de Callatay, E. Évrard, J. Logie et J.-H. Pirenne (Liège, Du Perron)

Art et architecture

Le Guide de l'Architecture en Belgique, Linda Van Santvoort, Michiel Heirman (Bruxelles, Racine)

Belgique romane (coll. Zodiaque)

Architecture romane, Mathieu Piavaux, Albert Lemeunier, Marie-Christine Laleman, Johnny Demeulemeester, Laurent Deléhouzée (Bruxelles, Racine)

Architecture gothique en Belgique, Marjan Buyle, Jan Esther, Thomas Coomans, Luc-Francis Génicot (Bruxelles, Racine)

Architecture Renaissance et Baroque en Belgique, Rutger Tijs (Bruxelles, Racine)

Architecture du XVIIIe siècle en Belgique, Marie Fredericq-Lilar, Dirk Van de Vijver, Jean Van Cleven, Jean-Christophe Hubert, Christophe Vachaudez, Luc Dhondt (Bruxelles, Lannoo)

Le XIXe siècle en Belgique, Jos Vandenbreeden, Françoise Dierkens-Aubry (Bruxelles, Racine)

Bruxelles, Capitale de l'Art nouveau, F. Borsi, H. Wiener (Bruxelles, Racine).

Art nouveau en Belgique, Jos Vandenbreeden, Françoise Dierkens-Aubry (Bruxelles, Racine)

Art déco et modernisme en Belgique, Jos Vandenbreeden, France Vanlaethem (Bruxelles, Racine)

Architecture contemporaine en Belgique, Geert Bekaert (Bruxelles, Racine)

L'Art en Belgique, 1975-2000, s.l.d. Flor Bex (Fonds Mercator)

Bruegel, Philippe et Françoise Robert-Jones, (Snoeck-Ducaju, Gand)

D'Ensor à Magritte, Michael Palmer (Bruxelles, Racine)

Magritte, Jacques Meuris, (Taschen, Cologne)

Pierre Alechinsky, D. Abadie, W. Van den Bussche (Fonds Mercator)

Sculpture en Belgique, Michel Lefftz (Bruxelles, Racine)

Ouvrages régionaux

Éditions Du Perron (Liège) : collection Ville aux Cent Visages (Bruxelles, Liège, Anvers, Namur).

Le patrimoine majeur de Wallonie (Éd. du Perron, Alleur-Liège)

Le patrimoine civil public de Wallonie (Éd. du Perron, Alleur-Liège)

Le patrimoine industriel de Wallonie (Éd. du Perron, Alleur-Liège)

Littérature

La littérature belge d'expression française, R. Burniaux et R. Frickx (Paris, PUF, coll. Que Sais-je ?)

À travers la Belgique, Alexandre Dumas (Paris, Entente)

Le Chagrin des Belges, H. Claus (Paris, Robert Laffont)

Les Éblouissements, Pierre Mertens, (Seuil, Paris)

Œuvre intégrale, de Jacques Brel (Paris, Robert Laffont)

Simenon, biographie, P. Assouline (Paris, Julliard)

Une enfance gantoise, Suzanne Lilar

Calendrier festif

Parmi de très nombreuses manifestations, nous citons les plus importantes. D'autres figurent au texte des localités. Enfin, des listes détaillées sont diffusées par les Offices de tourisme belges et luxembourgeois.

Belgique

Samedi, dimanche et lundi après Épiphanie	
Fête des fous	**Renaix**
Jeudi, vendredi, samedi, dimanche, lundi, Mardi gras	
Carnaval et Rosenmontag	**Eupen**
Samedi, dimanche, lundi, Mardi gras	
Carnaval	**Blankenberge**
Carnaval	**Malmédy**
Dimanche, lundi, Mardi gras	
Carnaval	**Alost**
Carnaval	**Binche**
Tous les dimanches de Carême	
Représentation de la Passion à 15h30	**Ligny**
Dimanche de la Mi-Carême	
Carnaval	**Hal**
Cortège carnavalesque avec les « Chinels »	**Fosses-la-Ville**
Cortège carnavalesque	**Maaseik**
Cortège carnavalesque avec les Blancs Moussis	**Stavelot**
Dernier dimanche de février	
Cortège folklorique et jet des craquelins	**Grammont**
1er samedi de mars	
Bal du Rat mort	**Ostende**
Vendredi saint	
Procession des Pénitents à 20h	**Lessines**
Lundi de Pâques	
Procession du Divin Rédempteur à 11h	**Hakendover**
2e dimanche de mai	
Fête des Chats (tous les trois ans : 2003)	**Ypres**
Dimanche précédant l'Ascension	
Procession Notre-Dame de Hanswijk	**Malines**
Ascension	
Procession du Saint-Sang	**Bruges**
Jeudi, vendredi, sam. et dim. après Ascension	
Fêtes du port	**Blankenberge**
3e dimanche de mai	
Marche militaire St-Roch	**Thuin**
Mai : dernier week-end	
Fêtes du Maitrank	**Arlon**
Samedi, dimanche et lundi de Pentecôte	
Goûter matrimonial	**Écaussines-Lalaing**
Dimanche de Pentecôte	
Procession à 15h	**Hal**
Lundi de Pentecôte	
Marche militaire	**Gerpinnes**
Le Grand Tour et cortège historique	**Soignies**
Dim. après Pentecôte (Trinité)	
Le Grand Tour et marche militaire	**Walcourt**
Le « Lumeçon » et procession du Car d'or	**Mons**
Le Fiertel	**Renaix**
Premier week-end de juin	
Marche commémorant la dernière victoire de Napoléon	**Ligny**

Ch. Bastin – J. Evrard/MICHELIN

Le Lumeçon à Mons.

2e week-end de juin	
Journées des quatre cortèges	**Tournai**
Dernier week-end de juin	
Fête folklorique des pêcheurs	**Coxyde**
Fête de la crevette	**Oostduinkerke**
Juillet	
Juillet musical et Académie d'été (stages)	**St-Hubert**
Bénédiction de la mer	**Blankenberge**
Procession (tous les sept ans : 2009)	**Tongeren**
Juillet-août	
Représentations théâtrales dans l'abbaye	**Villers-la-Ville**
Vacances-Théâtre, puis Festival de musique de chambre	**Stavelot**
1er jeudi de juillet	
Cortège de l'Ommegang à 21h	**Bruxelles**
Premiers vendredi, samedi, dimanche de juillet	
Festival international de plein air « pop » et « rock »	**Torhout-Werchter**
Dimanche suivant le 5 juillet	
Procession de sainte Godelième	**Gistel**
Mi-juillet	
Festival mondial de folklore	**Schoten**
Les Francofolies de Spa	**Spa**
3e semaine de juillet	
Fêtes gantoises	**Gand**
Dimanche le plus rapproché du 22 juillet	
Marche militaire	**Jumet**
Dernier dimanche de juillet	
Procession des Pénitents à 15 h 30	**Furnes**
Août	
Festival de Spa	**Spa**
Procession de la Madone Virga Jesse (tous les sept ans : 2003)	**Hasselt**
1er ou 2e dimanche d'août	
Cortège « Hommage à la peinture flamande »	**Coxyde**
14, 15 et 16 août	
Le Tapis de fleurs sur la Grand-Place (les années paires)	**Bruxelles**

15 août

Fête « Anno 1900 » — **Furnes**

Dimanche après le 15 août

Marche militaire — **Ham-sur-Heure**

4e dimanche d'août

Ducasse — **Ath**

Jeudi après 4e dimanche d'août

Cortège de géants à 20h — **Termonde**

Dernier dimanche d'août

Fêtes bruegeliennes : défilé costumé dont une partie illustre des tableaux de Pieter Bruegel, suivi d'un repas bruegelien — **Wingene**

Corso fleuri — **Blankenberge**

Fin août

Fêtes du raisin — **Overijse**

Mardi suivant le dernier dimanche d'août

Course d'obstacles des Flandres — **Waregem**

1er week-end de septembre

Journées internationales de la Chasse et de la Nature — **St-Hubert**

3e week-end de septembre

Fêtes de Wallonie : échasseurs — **Namur**

Fête du houblon (tous les trois ans : 2005) — **Poperinge**

29 septembre ou le dimanche suivant

Tour de sainte Gertrude — **Nivelles**

Dimanche après le 11 octobre

Procession — **Lier**

3 novembre

Fête de la St-Hubert — **St-Hubert**

Dimanche après la Toussaint

Procession aux chandelles à 14h30 — **Montaigu**

Dimanche avant le 14 novembre

Pèlerinage — **Tongerlo**

Décembre

Marchés de Noël — **Bruges, Bruxelles, Liège, Cantons de l'Est, Anvers**

Foire aux noix — **Bastogne**

Luxembourg

Lundi de Pâques

Fête de l'Emais'chen — **Luxembourg**

Mardi de Pentecôte

Procession dansante à 9h30 — **Echternach**

Mai-Juin

Festival international de musique classique — **Echternach**

Juillet (vendredi, samedi, dimanche)

Festival de théâtre et de musique — **Wiltz**

Septembre

Fête du vin, à Grevenmacher, Schwebsange — **Vallée de la Moselle**

Paysage des Ardennes.

K. Straiton/EXPLORER

Invitation au voyage

De petits pays... mais tellement attachants !

La Belgique et le Grand-Duché de Luxembourg sont deux pays fascinants au cœur de l'Europe. Authentiques, car encore relativement peu connus du grand public, ils valent tous les deux la peine de s'y arrêter. En effet, qui prend le temps d'en faire la visite découvre avec étonnement une nature intacte, de magnifiques villes d'art et une savoureuse gastronomie.

Ch. Bastin-J. Evrard/MICHELIN

Entre le Nord et le Sud

Situés en plein cœur de l'Europe, la Belgique et le Luxembourg constituent un point de rencontre entre les cultures germanique et romane. Ces deux pays sont en effet caractérisés par une symbiose entre différents parlers comme en témoignent les trois langues nationales officielles (le néerlandais, le français et l'allemand en Belgique ; le luxembourgeois, l'allemand et le français dans le Grand-Duché). Si la Belgique a su instaurer un « compromis à la belge » entre communautés linguistiques, le Luxembourg, lui, puise le caractère propre de sa langue, le « Lëtzebuergesch », dans le mélange du français et de l'allemand. Cette diversité est le signe d'une indéniable ouverture de la population aux autres langues et aux autres cultures. La décision de faire de Bruxelles la capitale de l'Europe et d'héberger au Luxembourg la Cour de justice des Communautés européennes et la Cour des comptes européenne, est un choix qui se justifie donc pleinement.

De jeunes pays au passé glorieux

Bien que la Belgique et le Luxembourg n'aient acquis leur indépendance qu'au 19e s., ces territoires ont connu une histoire extraordinairement féconde marquée par d'illustres personnages tels Ambiorix, Godefroy de Bouillon qui partit en croisade à Jérusalem, et Charles Quint qui se targuait de régner sur « un empire où le soleil ne se couche jamais ». Des villes opulentes comme Tournai, Bruxelles, Gand et Bruges faisaient au 14e s. l'orgueil des Pays-Bas bourguignons, et leur lin, leur dentelle et leurs tapisseries étaient convoités dans toute l'Europe. Leur situation stratégique et leur commerce florissant furent l'objet d'incessantes disputes entre les grandes puissances européennes. Et bien que César déclarât que « de tous les peuples de la Gaule, les Belges sont les plus braves », les occupants se succédèrent régulièrement sur leur territoire. Après les Bourguignons et les Habsbourg, vinrent les Espagnols puis les Autrichiens, les Français et les Hollandais qui, en fin de compte, durent bien reconnaître l'indépendance des deux pays. Un passé mouvementé donc, source d'une culture et d'un patrimoine des plus riches.

Art et culture en abondance

Les villes d'art, Bruges avec son paisible béguinage et ses canaux romantiques, Gand et ses tours impressionnantes, Anvers avec son élégante cathédrale gothique et sa vieille ville pittoresque, Bruxelles et sa prestigieuse Grand-Place ainsi que ses magnifiques bâtiments Art nouveau, sont une véritable révélation. Les nombreux monuments restaurés avec soin témoignent d'un passé lointain et glorieux, lorsque des artistes tels que Van Eyck, Bruegel et Rubens jouissaient d'une grande renommée et que rois et empereurs étaient fascinés par le raffinement et la richesse de la culture flamande.

Détente sur la Grand-Place de Bruxelles.

Aujourd'hui encore, le visiteur tombe sous le charme des villes médiévales et des fabuleux trésors que renferment les nombreux musées. Mais il serait dommage de se cantonner aux villes d'art flamandes, car la Belgique et le Luxembourg comptent bien d'autres localités et curiosités qui méritent le détour, tels le centre historique de Liège, les citadelles de Namur et de Dinant, la célèbre cathédrale de Tournai, les ruines de l'abbaye de Villers-la-Ville, le Gründ luxembourgeois et le magnifique château de Vianden.
En matière d'architecture et de peinture modernes et contemporaines, la Belgique n'est pas en reste. À côté de grands courants tels que l'Art nouveau, l'Art déco et le modernisme, apparaissent des noms célèbres comme René Magritte, James Ensor, Paul Delvaux, Jan Fabre et Panamarenko.

Sport et nature en parfait accord

Blottis entre la mer du Nord et le massif de l'Eifel, ces deux petits pays recèlent, outre l'histoire et la culture, bien d'autres trésors. Les amoureux de la nature seront charmés par la variété des paysages, des polders du plat pays chanté avec tant d'émotion par Jacques Brel, à la pittoresque Petite Suisse luxembour geoise, en passant par les paysages vallonnés du Pajottenland et de la Hesbaye, et les vallées encore bien préservées de Wallonie parsemées de petits villages pittoresques.
Les sportifs aussi peuvent s'en donner à cœur joie : se balader à vélo sur les rives de l'Escaut, les digues de la mer du Nord ou les routes du Limbourg, escalader les rochers de Marche-les-Dames, pratiquer le ski de fond dans les Hautes Fagnes, pêcher dans les lacs et rivières du Luxembourg et, bien entendu, faire d'agréables randonnées pédestres sur les nombreux sentiers balisés.

La bonne chère

La richesse culturelle de la Belgique et du Luxembourg se dévoile également à travers une délicieuse cuisine se déclinant en d'innombrables spécialités régionales. Partez à la rencontre de ce patrimoine culinaire et vous découvrez la raison pour laquelle les Belges restent si volontiers et si longtemps à table.
Laissez-vous donc tenter par les célèbres gaufres de Bruxelles ou de Liège, les succulentes pralines ou petits chocolats fourrés, une rafraîchissante bière d'abbaye, un verre de genièvre ou un bon vin de Moselle. Et prenez aussi le temps de goûter les fameuses moules et de vous arrêter à une « friterie » – véritable institution nationale en Belgique – pour déguster l'incontournable cornet de frites accompagnées de mayonnaise !

Multilinguisme et complexité des institutions

Le trilinguisme de la Belgique et du Grand-Duché de Luxembourg a des conséquences importantes sur l'organisation politique et administrative des deux pays.

La Belgique

Un pays trilingue

Trois langues sont employées en Belgique : le néerlandais en Flandre (parlé par environ 60 % de la population belge), le français en Wallonie (parlé par près de 39 % des Belges) et l'allemand dans la région d'Eupen (la minorité germanophone représente un peu moins de 1 % de la population). La frontière linguistique correspond à peu près aux limites des provinces. Bruxelles, sorte d'enclave en pays flamand, est bilingue avec une majorité francophone.

La querelle linguistique

L'existence de la frontière linguistique remonte au 4e ou 5e s., époque où Rome abandonne aux Germains la partie Nord du pays ; dans le Sud, plus fortement latinisé, le langage gallo-romain résiste à la germanisation malgré l'occupation par les Francs Saliens. Pour les Francs, « Walha » (d'où vient le mot « wallon ») signifiait étranger.
En Flandre, une littérature d'expression néerlandaise se développe dès le 12e s., mais connaît une éclipse quasi totale après la scission des Pays-Bas à la fin du 16e s. C'est seulement sous le gouvernement de Guillaume Ier, de 1814 à 1830, qu'est favorisée une certaine renaissance du néerlandais. Par réaction, les constituants de 1831 imposent le français comme seule langue officielle. Depuis, l'antagonisme parfois violent qui oppose Flamands et francophones domine considérablement la politique intérieure du pays. Afin de mieux comprendre cette matière extrêmement difficile et compliquée, nous vous proposons ci-dessous quelques dates-clés.
La « loi de l'égalité » (aussi appelée loi Coremans-De Vriendt) de 1898 prévoit que toutes les lois soient promulguées à la fois en français, et en néerlandais qui devient alors la seconde langue officielle du pays.
En 1930, l'université de Gand est flamandisée ; en 1932, l'unilinguisme régional dans le domaine de l'administration est substitué au bilinguisme, sauf à Bruxelles.
Les lois linguistiques des années 1962-1963 fixent la frontière linguistique. La Belgique est divisée en quatre régions linguistiques : la Flandre, la Wallonie, la région de langue allemande et l'arrondissement bilingue de Bruxelles-Capitale comprenant les 19 communes bruxelloises. Les communes de Comines et de Mouscron situées en Flandre Occidentale font désormais partie de la province du Hainaut ; les communes des Fourons en pays liégeois sont rattachées à la province du Limbourg. Les francophones jouissent de « facilités linguistiques » dans six communes de la périphérie bruxelloise.
De violentes manifestations (symbolisées par le slogan *Walen buiten* ou les Wallons dehors) entraînent en 1968 la scission de l'université de Louvain et provoquent la chute du gouvernement de l'époque.
La réforme de l'état de 1970 confirme l'existence de quatre régions linguistiques et reconnaît l'existence de trois communautés culturelles, notamment les communautés culturelles néerlandaise, française et allemande. Les réformes de l'état consécutives (1980, 1988 et 1993) ont transformé l'état unitaire belge en un état fédéral.

Ministère de la Communauté flamande

Ministère de la Communauté germanophone

Organisation politique et administrative au niveau fédéral

La Belgique est une monarchie constitutionnelle, parlementaire et représentative. Sa Constitution date de 1831 et a connu plusieurs révisions dont la dernière remonte à 1993.
Le roi choisit le Premier ministre qui constitue son gouvernement. Le pouvoir législatif est exercé par les 2 Chambres : le Sénat (71 sénateurs) et la Chambre des représentants (150 députés). Les élections législatives se déroulent tous les quatre ans au suffrage universel direct. L'état fédéral exerce des compétences dans les matières suivantes : les finances, la politique étrangère, la défense nationale, la justice, la police fédérale, la sécurité sociale, etc.

Organisations politiques et administratives liées aux communautés et régions

D'une part, il existe 3 **communautés** : la communauté flamande, la communauté française et la communauté germanophone. Elles ont en charge les affaires culturelles, l'emploi des langues, l'enseignement et la coopération entre les communautés. Les communautés sont également compétentes pour les matières « personnalisables », c'est-à-dire la politique de la santé et l'aide aux personnes. À part la communauté germanophone, les communautés ne disposent pas vraiment d'un territoire.

Ministère de la Communauté française

D'autre part, le pays est partagé en 3 **régions** : la région bilingue de Bruxelles-Capitale, la région flamande et la région wallonne, qui sont responsables en matière d'économie, de logement, d'emploi, d'environnement, de la rénovation rurale et de la conservation de la nature, d'agriculture, d'aménagement du territoire, de travaux publics, etc.
Le territoire de la région de Bruxelles-Capitale se limite aux 19 communes bruxelloises. La région wallonne comprend les cinq provinces wallonnes : le Hainaut, Namur, Liège, le Brabant Wallon et le Luxembourg ; les cinq provinces qui composent la région flamande sont Anvers, le Brabant Flamand, la Flandre Occidentale, la Flandre Orientale et le Limbourg.
Chacune des communautés et des régions disposent d'un conseil (assemblée législative) et d'un gouvernement (pouvoir exécutif) à l'exception de la région flamande, dont les compétences sont exercées par le conseil et le gouvernement de la communauté flamande. Les mandataires des conseils régionaux sont élus tous les cinq ans au suffrage universel.

Divisions administratives

La Belgique est divisée en 10 provinces. Chaque province a un chef-lieu où est installé le conseil provincial.

Le Luxembourg

Trilinguisme

Dans le Grand-Duché situé entre l'Allemagne, la France et la Belgique, trois langues sont parlées. Le luxembourgeois ou Lëtzebuergesch, dialecte francique-mosellan, est depuis 1984 la langue nationale. L'allemand, proche du luxembourgeois, est utilisé comme langue de base à l'école. Le français est la langue culturelle et administrative ; il est enseigné dans toutes les écoles et à tous les niveaux.

Organisation politique

La Constitution date du 17 octobre 1868 et a été révisée à plusieurs reprises (la dernière modification remonte à 1999). Le pouvoir exécutif est détenu par le grand-duc qui choisit le Premier ministre. Ce dernier désigne alors ses ministres afin d'organiser son gouvernement. Le pouvoir législatif appartient à la Chambre des députés dont les 60 membres sont élus tous les cinq ans au suffrage universel direct.

Le charme envoûtant des villes

Ch. Bastin – J. Evrard/MICHELIN

Symboles de l'autonomie municipale et de la fierté médiévale des villes belges et surtout flamandes, le beffroi, l'hôtel de ville et les halles sont d'imposants monuments, et pourtant, ils ne créent pas à eux seuls l'atmosphère de ces villes qui émane tout autant du charme des canaux, de la musique allègre des carillons, de la tranquillité des béguinages, de l'ambiance chaleureuse des cafés et des « estaminets ».

Grands-Places

La Grand-Place, appelée « Grote Markt » en pays flamand, est encadrée par les principaux monuments de la cité, dont l'hôtel de ville, les halles et le beffroi, et par les maisons de corporations. Elle était autrefois le centre d'activités de la ville. C'est sur la Grand-Place qu'avaient lieu les mises au pilori, les exécutions, les marchés, et que les principales réjouissances, représentations théâtrales, cortèges, processions, cavalcades, kermesses et foires déroulaient leurs fastes. Les Grands-Places les plus célèbres sont celles de Bruxelles, de Bruges, d'Anvers et de Malines. D'une superficie de 3,19 ha, la Grand-Place de Saint-Nicolas (Sint-Niklaas) est la plus grande en Belgique.

Carillons

Depuis des siècles, les carillons égrènent leurs notes mélodieuses aux heures de répit de la vie trépidante des villes. Quand par une après-midi ensoleillée, l'on flâne le long des terrasses aux alentours de la cathédrale d'Anvers, on n'est pas surpris d'observer les nombreux amateurs de musique se laisser bercer par ces concerts « célestes » tout en dégustant une bière fraîche. Le carillon n'est pas toujours installé dans le clocher de l'église (comme à Anvers et à Malines), mais il se trouve aussi parfois dans le beffroi (comme à Gand et à Bruges). Le mot carillon vient de « carignon » qui désigne un ensemble de quatre cloches. Ces cloches de ton différent étaient toujours reliées à une horloge (la première horloge publique apparaît en 1370) et on les faisait jouer avant la sonnerie de l'heure. Longtemps, elles furent frappées à la main au moyen d'un marteau, mais à la fin du 15e s. fut créé le premier carillon mécanique qui était actionné par le mécanisme de l'horloge. La découverte du clavier joué avec les poings, utilisé pour la première fois en 1510 à Audenarde, permit d'augmenter le nombre de cloches, tandis que l'invention du pédalier, en 1583 à Malines, autorisa l'emploi de bourdons. L'art de fondre les cloches s'étant remarquablement perfectionné, la plupart des carillons importants comptent de nos jours au moins 47 cloches. Les plus célèbres en Belgique se trouvent à Malines (49 cloches), Bruges et Anvers (47 cloches), Nieuport (67 cloches), Gand (52 cloches) et Florenville (48 cloches). Malines possède une école de carillonneurs de renommée internationale.

Jaquemarts

À partir du 14e s., certains beffrois s'ornent d'une horloge animée de jaquemarts. Ces personnages en métal frappant les heures avec un marteau sur une petite cloche sont une curiosité que l'on trouve entre autres à Courtrai, Nivelles, Bruxelles (Mont des Arts), Virton, Lierre et St-Trond.

Le béguinage de Courtrai.

Béguinages

Les béguinages sont aujourd'hui des lieux de quiétude et de silence, mais ce n'était pas toujours le cas autrefois. Bien que souvent situés un peu à l'écart et entourés de murs, la plupart des béguinages bruissaient d'activités dans le passé. Les béguines formaient d'ailleurs une communauté florissante de femmes non mariées et de veuves au sein de la ville. Celles qui s'y retiraient étaient tenues à certaines observances, comme le port du costume, la présence aux offices et l'exercice de travaux manuels. Contrairement aux ordres religieux, les béguines ne prononçaient pas des vœux éternels de pauvreté et de chasteté et elles étaient libres de quitter la communauté à tout moment. C'est ce qui explique la popularité de la vie de béguine, surtout parmi les femmes seules qui y trouvaient refuge et sécurité en période de troubles. Pendant la journée, les béguines vaquaient librement à leurs occupations : soigner les malades, faire de la dentelle, filer et tisser. À la nuit tombante, le béguinage fermait ses portes et toutes les béguines devaient être rentrées. La « grande demoiselle » était à la tête de la communauté et chacune lui devait obéissance.

On ignore l'origine exacte des béguinages. Selon certains, la première institution de ce genre aurait été créée à la fin du 12e s. par Lambert le Bègue à Liège. Cependant, la tradition attribue la fondation des béguinages à sainte Begge qui fut la supérieure d'un couvent à Andenne où elle mourut en 694. Au 13e s., les béguinages prirent leur forme définitive de maisonnettes serrées autour de leur église dans des enclos indépendants avec plusieurs portes d'entrée. Beaucoup de béguinages ont été détruits lors des mises à sac iconoclastes en 1566 et reconstruits à la fin du 16e et du 17e s.

De la centaine de béguinages que comptaient les Pays-Bas méridionaux au 14e s., il en subsiste 25 de nos jours. Les communautés de béguines se sont éteintes au fil du temps. Aujourd'hui, il ne reste plus que quelques béguines et les béguinages sont occupés par des congrégations religieuses (les bénédictines à Bruges), des personnes âgées, des associations culturelles et parfois même des étudiants et des professeurs d'université comme à Louvain. Depuis 1998, treize béguinages flamands figurent sur la liste du Patrimoine mondial de l'Unesco. Ce sont les béguinages de Hoogstraten, Lierre, Malines (Grand Béguinage), Turnhout, Saint-Trond, Tongres, Termonde, Gand (Petit Béguinage), Sint-Amandsberg, Diest, Louvain (Grand Béguinage), Bruges et Courtrai.

Maisons-Dieu

C'étaient des sortes d'asiles pour vieillards ou miséreux, financés par des corporations. Ils formaient des rangées de maisonnettes basses en brique, blanchies à la chaux, avec une porte et une fenêtre surmontées d'une haute lucarne et d'une cheminée.

On trouve encore des maisons-Dieu à Bruges et au musée du Folklore à Gand qui a été aménagé dans l'ancien hospice des Enfants Alyn du 14e s.

Le béguinage de Bruges.

Estaminets

Estaminet est un mot wallon qui désigne le café. C'est le lieu où l'on se rencontre pour boire une chope de bière, jouer aux cartes, discuter, et où se réunissent les colombophiles, les « coulonneux ». Bien entendu, on peut venir y boire une simple tasse de café. Quelques estaminets célèbres à Bruxelles sont *In 't Spinnekopke*, *La Grande Porte* et *À la Bécasse*.

Ch. Bastin – J. Evrard/MICHELIN

Une multitude de paysages

De la mer du Nord en terre flamande aux forêts profondes des Ardennes, des paysages variés se succèdent dans ce pays relativement petit qu'est la Belgique. Plages de sable fin, dunes, polders, régions vallonnées, terres de bruyère, vallées et plateaux se fondent harmonieusement. Tout comme au Grand-Duché de Luxembourg où forêts, vallons, vignobles et « côtes » dessinent un ensemble très pittoresque.

Le territoire belge

Il s'étend sur une superficie de 30 513 km^2 et compte 10 263 414 d'habitants (janvier 2001). Avec 336 habitants au km^2, la Belgique est l'un des pays les plus densément peuplés d'Europe. La circulation des personnes et des marchandises bénéficie d'une infrastructure remarquable (nombreuses voies navigables et un réseau routier très dense) et les déplacements entre domicile et lieu de travail y trouvent une ampleur gigantesque.
Le pays se divise en trois régions.

La Basse Belgique *(jusqu'à 100 m d'altitude)*

La Basse Belgique est formée par les provinces d'**Anvers** (1 645 652 habitants), du **Limbourg** (794 785 habitants), de **Flandre Orientale** (1 363 672 habitants) et de **Flandre Occidentale** (1 130 040 habitants) dont les chefs-lieux sont respectivement Anvers, Hasselt, Gand et Bruges.

La côte

Elle s'étend sur 66 km de front rectiligne. De belles plages de sable fin en ont fait un grand lieu de villégiature, mais elles n'ont guère favorisé l'implantation de ports. La côte ne possède qu'un lieu abrité, l'embouchure de l'Yser où est situé Nieuport. Zeebrugge est un port de pêche artificiel.
Actuellement bordé par des digues, ou par un épais cordon de **dunes**, le littoral a beaucoup évolué depuis le Moyen Âge. C'était jadis une terre amphibie parcourue d'innombrables voies d'eau qui ont connu un envasement progressif comme celui de l'estuaire du Zwin, à l'origine de la ruine du commerce de Bruges. D'autre part, le travail de l'homme a complété les transformations naturelles en créant, au-delà des dunes, une région de polders.

Les polders

S'ils n'ont pas l'ampleur des polders des Pays-Bas, ils ont été aménagés de la même manière. Ce sont d'anciens marais asséchés et drainés que des écluses protègent des fortes marées. La vaste étendue des polders possède une terre très fertile qui se prête parfaitement à l'agriculture.

La Campine

Cette plaine entre l'Escaut, la Meuse et le Demer s'étale sur les provinces d'Anvers, du Brabant et du Limbourg et se prolonge aux Pays-Bas. Les sables et les cailloux charriés en masse par les fleuves ont fait de la Campine une terre pauvre et

Ch. Bastin – J. Evrard

La côte belge.

Le petit village de Mesnil-Église en Famenne.

marécageuse où ne croissent que de la bruyère et des pins sylvestres. Peu peuplée, elle était jadis le lieu de prédilection des monastères (Postel, Westmalle et Tongerlo) ; quelques terres ont été défrichées au 19e s. ; d'autres reçurent une fonction militaire (Leopoldsburg, fondé en 1850). Au 20e s., la région a accueilli le Centre d'études nucléaires de Mol (1952) et quelques industries favorisées par la présence du canal Albert, creusé en 1939. Sa seule richesse naturelle est la houille dont les gisements, découverts à la fin du 19e s., près de Genk, ont été abandonnés car ils ne satisfaisaient plus aux exigences actuelles de rentabilité.

Une autre région sablonneuse

Vallonnée par endroits, cette région sablonneuse s'étend entre les polders de la côte, la Lys et l'Escaut. Plusieurs collines pointues sont le résidu de terrains plus résistants : les monts **Kemmel**, **Kluisberg** et **St-Aubert**. L'agriculture est pratiquée plus intensivement que dans la Campine et la population est beaucoup plus dense. Les champs cultivés sont bordés de rideaux de peupliers.
Le sol ancien, d'accès aisé, permet l'exploitation de nombreuses carrières (le porphyre de Lessines et Tournai). D'autres régions sont densément boisées comme le **Houtland** près de Torhout.
Au Moyen Âge, la présence de cours d'eau a favorisé le développement de l'industrie drapière qui perdure encore de nos jours dans l'industrie textile aux alentours de Courtrai, Tournai et Gand.

La Moyenne Belgique *(de 100 à 200 m d'altitude)*

Les provinces du **Brabant Flamand** (chef-lieu : Louvain 1 018 403 habitants), du **Brabant Wallon** (chef-lieu : Wavre, 352 018 habitants) et du **Hainaut** (chef-lieu : Mons 1 279 823 habitants) constituent avec la **Région de Bruxelles-Capitale** (964 405 habitants) le cœur du pays. Du point de vue géologique, cette région est formée par un plateau crétacé d'altitude modérée qui s'élève graduellement vers le Sud, en direction du haut massif ardennais, jusqu'à près de 200 m. Son sol relativement fertile permet à la fois la culture et l'élevage.
La **Hesbaye** à l'Est, le **Hainaut** à l'Ouest sont des plateaux couverts de lœss, particulièrement fertiles. Les villages se dissimulent dans le fond des vallées. Les fermes sont grandes et isolées. Les bâtiments, en calcaire, en grès ou en brique souvent blanchies à la chaux, se répartissent autour d'une vaste cour centrale à laquelle on accède par un porche unique, parfois monumental.
Au Sud de la Moyenne Belgique, à la jonction du massif ardennais, une longue vallée a été creusée par la Sambre et la Meuse, de Charleroi à Liège, et se prolonge dans le Borinage (Mons). Cette fracture géologique a fait apparaître des couches carbonifères qui constituent le **bassin houiller**. Sur ce « sillon Sambre-Meuse » (région liégeoise, Charleroi, La Louvière) se situent les plus fortes concentrations d'industrie métallurgique.

Les Ardennes ou la Haute Belgique *(à partir de 200 m d'altitude)*

Namur (445 824 habitants), **Liège** (1 020 042 habitants) et **Luxembourg** (248 750 habitants) sont les trois provinces qui forment la Haute Belgique. Leurs chefs-lieux respectifs sont Namur, Liège et Arlon. Vestiges d'un massif montagneux primaire et usé, les Ardennes sont le prolongement de l'Eifel allemand. Dans cette région, connue pour ses forêts du temps des Romains (le terme Ardenne est dérivé du nom de la déesse Arduinna), on distingue la Basse et la Haute Ardenne.

Basse Ardenne

D'altitude moyenne (200 à 500 m), c'est un ensemble de plateaux situés au Sud de la Meuse : le **Condroz**, une région assez fertile, composée de calcaire et de schiste, ayant pour capitale Ciney, l'**Entre-Sambre-et-Meuse** au sud de Charleroi, les dépressions de la **Famenne** (capitale : Marche-en-Famenne) et de la **Fagne**, des régions de schiste et de grès, marécageuses et boisées. Entre ces plateaux, s'inscrivent des vallées très encaissées, celles de la Lesse, de l'Ourthe et de la Meuse. Le **pays de Herve**, région humide vouée à l'élevage, et la région de Verviers se rattachent à la Basse Ardenne. Le **pays des Rièzes et des Sarts**, au sud de Couvin, à plus de 300 m d'altitude, est une émergence du socle ardennais.

Haute Ardenne

Ce sont des plateaux bombés de plus de 500 m. Les crêtes les plus dures forment la zone inhospitalière des Hautes Fagnes, avec le point culminant du pays, le **Signal de Botrange** (694 m). Sur son sol imperméable, très humide, se sont développées les tourbières. Une partie de ces régions a été reboisée de conifères. Les vallées sinueuses, comme l'Amblève, sont plus avenantes.

Pauvre en ressources, défavorisée par des difficultés de communication et par un climat rigoureux, la Haute Ardenne, restée longtemps à l'écart du développement du pays, s'est ouverte de nos jours au tourisme.

La **Lorraine belge** (Arlon) et la **Gaume** (Virton) appartiennent géologiquement à la partie Sud du Luxembourg.

Le Grand-Duché de Luxembourg

S'étendant sur une superficie de 2586 km^2, le Grand-Duché de Luxembourg compte 441 092 habitants (janvier 2001) dont un cinquième réside dans la capitale, Luxembourg (81 804 habitants). Le pays est constitué de deux régions géographiques très différentes.

Au Nord, l'**Oesling** (les Ardennes luxembourgeoises), plateau qui fait la jonction entre les Ardennes et l'Eifel, culmine à 559 m (Buurgplaatz). Tout comme les Ardennes, cette région peu peuplée en raison de son climat rigoureux se consacre principalement au tourisme.

Ch. Bastin - J. Evrard/MICHELIN

Le prieuré de Godinne.

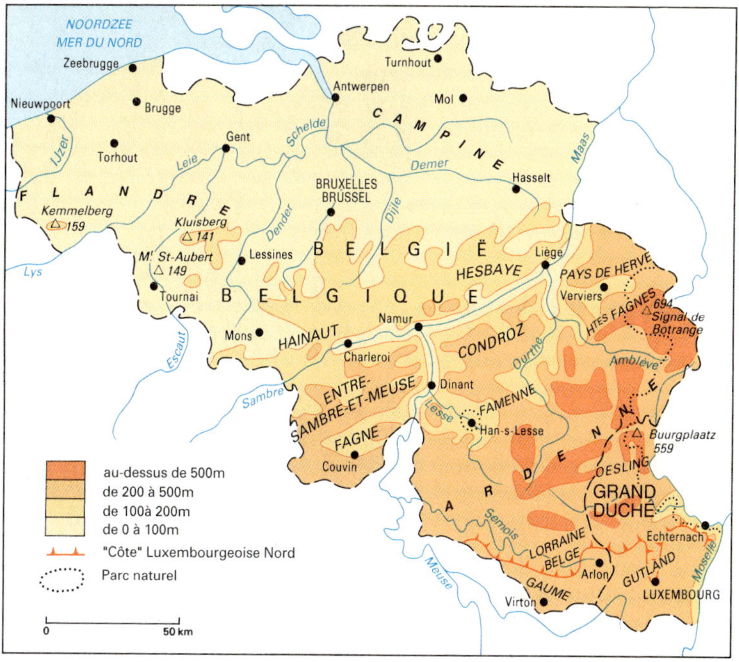

Au Sud, le **Gutland** (ou Bon Pays), de climat plutôt doux, car moins élevé, s'incline légèrement vers la Lorraine française. Formé de couches superposées de grès et de calcaire, alternant avec de l'argile et de la marne, la région se prête à l'agriculture. Le vignoble luxembourgeois se situe dans le Sud-Est du Gutland, sur les coteaux regardant la Moselle. Des industries se sont établies aux alentours de Esch-sur-Alzette.

Entre les roches dures du massif ancien et les roches tendres, l'érosion a créé des **« côtes »**, longues crêtes abruptes, orientées Est-Ouest, de tracé irrégulier et couvertes de forêts de hêtres. Celle du Nord traverse le pays d'Arlon à Echternach en longeant le Nord de la Petite Suisse luxembourgeoise. Celle du Sud s'étend le long de la frontière et se prolonge en Belgique jusqu'au Sud de Virton.

Les grottes

Sur le plateau moyen ardennais, une véritable couronne de rivières circonscrit la région du Condroz. Ce sont la Meuse, l'Ourthe et la Lesse qui, sur le pourtour du plateau, ont creusé de profonds sillons à travers schiste et calcaire. Des gouffres se sont formés, comme le **Fondry des Chiens** à Nismes, ou différents types d'abîmes nommés chantoirs (Vallon des Chantoirs à Sougné-Remouchamps). L'eau pénétrant dans ces gouffres dissout la couche calcaire. Il se forme ainsi des rivières souterraines dont certaines ne sont que le parcours souterrain d'une rivière de surface, telle la Lesse qui disparaît près de Han pour reparaître 10 km plus loin. Elle y traverse la fameuse **grotte de Han**. La Salle du Sabbat dans la **grotte de Rochefort** est également impressionnante. Le plus souvent, la rivière souterraine a tendance à pénétrer plus en profondeur. Ainsi le lit plus ancien, de niveau supérieur, n'est plus inondé qu'en période de forte crue. On peut parfois circuler en bateau dans la galerie inférieure : à **Remouchamps**, le trajet atteint 1 km. Les grottes de Goyet, de Furfooz et de Han étaient habitées à l'époque préhistorique.

La formation de concrétions

Au cours de sa circulation souterraine, l'eau abandonne le calcaire dont elle s'est chargée en pénétrant dans le sol. Ainsi se créent des concrétions aux formes fantastiques dont les représentations les plus connues sont les **stalactites**, colonnes descendant de la voûte. Les **stalagmites** s'élèvent, à l'inverse, du sol vers le plafond. Une juxtaposition de stalactites forme des draperies, une stalactite et une stalagmite réunies constituent un pilier.

Les « excentriques » sont de fines concrétions qui, produites par cristallisation, n'obéissent pas aux lois de la pesanteur et se développent souvent en diagonale. Généralement en calcite, de couleur blanche, les concrétions sont parfois teintées par la présence de minerais, l'oxyde de fer donnant une couleur rouge, le manganèse une couleur marron, etc.

Fêtes et traditions

Archives Théâtre royal de Toone

De la Fête des chats haute en couleur au célèbrissime carnaval de Binche, le folklore est encore extrêmement important et vivace en Belgique. Cortèges, processions et kermesses se déroulent tout au long de l'année. Le moindre prétexte est l'occasion d'un défilé, d'une manifestation, d'une réunion publique.

L'origine religieuse ou profane de ces manifestations folkloriques remonte souvent loin dans le passé et évoque des légendes ou des mystères anciens. Le passage des peuples d'origines diverses sur le territoire belge n'a fait qu'enrichir ce patrimoine. Sans cesse, les fêtes se multiplient et d'anciennes coutumes revivent. Dans les villes flamandes, les corporations ont joué un grand rôle ; en Wallonie, l'influence de la Picardie se fait notoirement sentir.
Tout est organisé longtemps à l'avance par les membres des différentes **sociétés** ou confréries, et la préparation de la fête mobilise les énergies des mois durant. Le jour dit, on se déguise, on se retrouve, on se restaure, et la bière coule à flots. Peu de choses ont changé au fil du temps, si l'on compare les peintures du 16e s. de Pieter Bruegel l'Ancien avec les fêtes populaires actuelles.

Ch. Bastin – J. Evrard/MICHELIN

Le carnaval et le Carême

Le carnaval

Le carnaval est fêté un peu partout en Belgique. Probablement de source païenne, cette manifestation qui se déroule le jour du Mardi gras a été présentée par l'église catholique comme symbole des réjouissances précédant le Carême.
Les trois carnavals les plus célèbres de Belgique se déroulent à Binche, Eupen et Malmédy. À **Binche**, les festivités durent trois jours et les célèbres **Gilles** n'apparaissent que le jour du Mardi gras. Seuls les hommes binchois de naissance ont le privilège d'endosser le costume aux couleurs éclatantes. Au rythme du tambour, ils parcourent les rues de la ville. Pendant l'immense cortège qui a lieu l'après-midi, les Gilles lancent des oranges dans le public, et la fête se termine par le rondeau devant l'hôtel de ville.
Eupen est connu pour son carnaval de type rhénan qui commence le Lundi gras, le **Rosenmontag**. Tout comme dans beaucoup d'autres villes, défile un joyeux cortège de groupes costumés et dansants, le Prince Carnaval et sa suite fermant la marche.
Quant à **Malmédy**, son « **Cwarmê** » se distingue du carnaval des autres villes par ses représentations satiriques qui ont lieu le lundi dans le patois local. Les fameuses **Haguètes** – plutôt de mauvaise fréquentation – prennent un malin plaisir à enserrer les chevilles des spectateurs à l'aide de leur « happe-chair », sorte de pince articulée en bois.

Les marionnettes traditionnelles du Théâtre royal de Toone à Bruxelles.

Parmi les carnavals les plus renommés en Flandre, citons ceux d'Alost et d'Ostende. À **Alost**, le dimanche précédant le mercredi des Cendres, a lieu un cortège de géants et de chars, à caractère satirique, mettant en scène les événements de l'année écoulée. Le lundi est organisé le jet d'oignons, **Ajuinworp**, et le Mardi gras est le jour des travestis grotesques, les **Voil Jeannetten.**
Le carnaval d'**Ostende** a lieu le premier week-end de mars et comprend un cortège de mille feux et de masques (Cimateirelichtstoet), un bal de charité costumé **(Bal du Rat Mort)** et le jet des sabots (Kloefenworp).

Le Carême

La mi-carême, le jeudi de la 3e semaine du carême, constitue un moment de répit dans cette période d'austérité. Elle est particulièrement fêtée à **Stavelot** avec les **Blancs-Moussis**, amusants personnages portant un masque au nez rouge et revêtus d'un habit blanc à capuchon qui évoquent l'époque où les moines de l'abbaye de Stavelot participaient au carnaval. Pendant le cortège, ils lancent des confettis et frappent les spectateurs avec des vessies de porc gonflées.
À **Fosses-la-Ville** défilent les élégants **Chinels** (du nom de polichinelle). Ces irrésistibles farceurs ne ratent pas une occasion de caresser de leur sabre les mollets des filles et d'arracher les cigarettes des hommes. À Maaseik également, la mi-carême est une fête très animée.
À **Ligny**, tous les dimanches du carême, se déroule le **Jeu de la Passion**, série de tableaux évangéliques faisant allusion au monde moderne. Le Vendredi saint, à **Lessines**, a lieu la célèbre **procession des Pénitents** : ceux-ci en cagoule, portent à travers les rues les instruments de la Passion et le corps du Christ.
Un autre usage pratiqué pendant le carême est la **décapitation de l'oie** par des cavaliers dans les provinces d'Anvers et de Liège. Dans d'autres villes, on allume de grands **feux de carême** où l'on brûle parfois un mannequin. Le plus célèbre est celui de Grammont, « le Tonnekensbrand », où l'on met le feu à un tonneau après le jet de craquelins.

Ch. Bastin – J. Evrard/MICHELIN

Les géants et marionnettes

Géants

En Belgique, beaucoup de cortèges folkloriques et carnavalesques comportent des géants. Si les géants se sont multipliés depuis le début du 20e s., il semble pourtant qu'il s'agisse d'une coutume qui remonte au 15e s. Née en Belgique, elle a été transmise à l'Espagne par le biais de l'occupation espagnole.
Le premier personnage gigantesque est probablement apparu lors d'une procession religieuse ou d'un « Ommegang » où il symbolisait Goliath ou saint Christophe. Goliath est d'ailleurs toujours présent à la **ducasse d'Ath** où il est surnommé monsieur Gouyasse.
Peu à peu interviennent des personnages profanes et même le cheval Bayard, chevauché par les quatre fils Aymon (à Termonde, Ath et Bruxelles). Les géants sortent aussi à Nivelles (Argayon, Argayonne, leur fils Lolo et le cheval Godet), Grammont, Lierre et Arlon.
Parmi les géants les plus connus, citons : Polydor, Polydra et le petit Polysorke à Alost, Cagène et sa compagne Florentine à Beloeil, Pie, Wanne et leur fils Jommeke à Tervuren, Baudouin IV le bâtisseur et Alix de Namur à Braine-le-Comte.

Marionnettes

Le théâtre de marionnettes apparaît à **Liège** au 19e s. et connaît un grand succès avec son fameux **Tchantchès**. La marionnette liégeoise est mue par une tringle fixée au sommet de la tête ; elle est sculptée en bois, peinte et couverte d'étoffes. Le répertoire fait appel aussi bien à l'histoire qu'à la légende ou à la vie moderne ; il est plutôt destiné aux adultes. De la même époque date le théâtre fondé par **Toone** à **Bruxelles** dont le héros actuel est Woltje qui parle un savoureux patois bruxellois. Le répertoire conserve ses classiques *(Les Quatre fils Aymon, Thyl Uylenspiegel)* tout en s'enrichissant de pièces nouvelles. Il existe aussi des théâtres de marionnettes à Anvers, Gand et Malines, où le répertoire est joué dans le patois local.

Les processions, jeux et drames

Processions

L'homme du Moyen Âge savait rarement lire et les processions devinrent un instrument didactique sur le thème de la Bible. En plus des personnages habituels qui évoquaient les apôtres, les prophètes ou les anges, on vit apparaître des chars sur lesquels étaient représentés des tableaux vivants illustrant des épisodes de l'histoire religieuse. Aujourd'hui, ces processions sont souvent accompagnées de cortèges historiques hauts en couleur et perdent en conséquence quelque peu de leur caractère religieux.

La procession la plus impressionnante est celle du **Saint-Sang** à **Bruges**. Tout aussi importantes sont les fêtes de la Madone **Virga Jesse** à **Hasselt** qui n'ont lieu que tous les sept ans. D'autres présentent un caractère champêtre. Les fidèles, derrière la statue ou la châsse du saint, parcourent plusieurs kilomètres à travers champs – plus de 30 à Renaix – en priant et en chantant.

La **procession des Pénitents** qui a lieu à **Furnes** est une survivance de l'occupation espagnole. Coiffés d'une cagoule, les pénitents portent chacun une croix et participent au fameux chemin de croix.

Jeux et drames

Un peu à l'image des mystères d'autrefois, les jeux d'origine religieuse et médiévale sont la reconstitution d'événements légendaires. L'un des plus connus est celui de **Rutten** (Russon) qui évoque le meurtre de **saint Évermeire** au 7e s. Chaque année, au cours d'un cortège costumé, la vie de **saint Hubert** est commémorée dans la ville du même nom.

À **Mons**, se déroule la procession du **Car d'Or** à laquelle participent des confréries de métiers portant leur patron et la statue de la Vierge. Le Car d'Or contenant les reliques de sainte Waudru clôture le cortège. Après la procession, un spectacle historique, dit **Lumeçon**, représente le combat entre le bien et le mal. À **Ellezelles**, le **sabbat des sorcières** évoque chaque année l'exécution de cinq sorcières en 1610. À **Vielsalm**, les « **Macrâlles** », sorcières jeteuses de sort, sont les vedettes d'une réjouissance comique. En revanche, pendant la **Fête des chats** à **Ypres**, ce sont les félins, complices des sorcières, qui jouent le premier rôle. Des chats en peluche sont jetés du haut du beffroi pour conjurer le diable et la sorcellerie. À **Wingene**, les **fêtes bruegeliennes** illustrent des tableaux de l'illustre peintre.

Tchantchès.

Les Blancs-Moussis.

B. Foubert/GLOBAL PICTURES

Ducasses, kermesses et arbres de mai

Ducasse et kermesse

Le mot ducasse vient du mot dédicace ; en wallon, c'est l'équivalent du mot kermesse qui en néerlandais signifie « foire à l'occasion d'une messe solennelle ». Les deux termes désignent la fête patronale de la ville ou du village. Cette fête, où les joies profanes se mêlent aux cérémonies religieuses, a conservé quelques aspects de son origine religieuse : la messe et la procession, mais aussi des jeux traditionnels, des concours, parfois un marché et une kermesse classique viennent s'y ajouter. Les ducasses les plus connues sont celles d'Ath et de Mons.

Arbre de mai

Le 30 avril, le 1er mai ou dans le courant du mois de mai, certaines villes plantent avec solennité un arbre de mai, symbole du renouveau : c'est le cas à Hasselt, Genk et Tongres. À Bruxelles, cet arbre s'appelle le « Meyboom » ou « Arbre de Joie » (plantation en août).

Défilés et marches

Défilés historiques

Merveilleusement reconstitués, de fastueux défilés font revivre les grandes heures d'antan : ainsi, chaque année, **l'Ommegang** à Bruxelles, présidé pour la première fois en 1549 par Charles Quint et sa cour, ou, à Bruges, le **Cortège de l'Arbre d'Or**, évoquant tous les cinq ans le règne des souverains bourguignons.

Marches militaires

Les premières marches militaires de l'Entre-Sambre-et-Meuse qui commencent fin mai datent du 17e s. On suppose qu'elles trouvent leur origine dans la nécessité de protéger les processions en périodes de troubles. Le cérémonial strict et le port d'uniformes napoléoniens sont remarquables. Les marches les plus connues sont celles de **Gerpinnes** (35 km), **Ham-sur-Heure** et **Thuin**.

Fêtes et coutumes populaires

Outre les processions, cortèges, défilés et drames cités ci-dessus, la Belgique compte bien d'autres fêtes et coutumes populaires, telles par exemple les **Fêtes gantoises** à Gand, les **Fêtes de Wallonie** à Namur et les **Fêtes d'Outremeuse** à Liège. Pendant plusieurs jours, la ville est sens dessus dessous : artistes ambulants, concerts, marchés, cortèges, théâtre de marionnettes, stands de toutes sortes créent une animation inhabituelle. Dans différentes stations balnéaires ont lieu des bénédictions de la mer, et **Coxyde** organise tous les ans la **Fête de la Crevette** où l'on peut voir les traditionnels pêcheurs de crevettes à cheval.

Il existe des sports populaires tels la **colombophilie** et les concours de **pinsons** et de coqs. Parmi les sports villageois traditionnels, citons le jeu de quilles, la balle pelote et le tir à l'arc. Les jeux de drapeaux et les combats d'échasseurs se déroulent surtout lors des cortèges historiques et des fêtes folkloriques. Enfin, la plus grande fête des enfants est celle de la **Saint-Nicolas** qui, accompagné du Père Fouettard, leur apporte des cadeaux le 6 décembre.

Les délices de la table

T. Leduc/MICHELIN

Waterzooi.

Bon vivant, le Belge sait apprécier les mérites d'une table bien garnie. En effet, la gastronomie belge ne se limite pas au traditionnel « moules-frites », mais vous propose de nombreuses spécialités régionales à la fois succulentes et raffinées : le savoureux hochepot, le fameux jambon d'Ardenne, les délicieuses asperges à la flamande, le fromage de Herve piquant, les divines « pralines », les gaufres de Liège ou de Bruxelles... qui ne se laisserait pas tenter ?

La Belgique

Pour les connaisseurs, la diversité et la qualité de la cuisine belge ne sont plus un secret. Après la France, la Belgique est considérée, à juste titre, comme le pays ayant la meilleure tradition culinaire d'Europe. Les cuisines des deux pays sont très proches l'une de l'autre par leur style, mais les spécialités régionales ajoutent une gamme de variétés inouïe.

Le repas belge

Les potages aux légumes, les bouillons de viande ou de volaille sont servis au début des repas, avec du pain et du beurre qui, en Belgique, accompagnent plutôt le potage que les autres plats.
À la place du potage, vous pouvez prendre une entrée : du jambon ou du saucisson d'Ardenne, des fruits de mer, des crevettes fraîches, des croquettes de crevettes ou de fromage.
Comme plat de résistance, les spécialités du terroir sont nombreuses : le **waterzooi gantois** (soupe de poulet ou de poisson), le **hochepot flamand** (pot-au-feu de morceaux de porc, bœuf et mouton), l'**oie à la mode de Visé** ou, si la chasse est ouverte, un morceau de gibier dont l'Ardenne abonde. Si vous préférez du poisson ou des crustacés, il y a au menu des **moules**, de **l'anguille au vert**, (revenue au beurre avec une sauce au persil, cerfeuil, oseille, sauge, citronnelle et estragon, finement hachés), une sole ou une truite. Les **frites**, dont raffolent les Belges, accompagnent pratiquement tous les plats de résistance.
Pour clôturer le repas d'une petite touche sucrée, laissez-vous tenter par un délicieux morceau de tarte aux fruits, au sucre ou à la rhubarbe.

Viande, poisson et volaille

La bière est aussi un ingrédient de la cuisine belge et s'utilise dans la préparation de certains plats, comme les **carbonades flamandes** (bœuf braisé aux oignons, épices, vinaigre et sucre mouillé de bière ou d'eau) et le **lapin aux pruneaux**. D'autres spécialités de viande sont les **choesels** (abats avec sauce au madère et aux champignons), **le filet américain** (steak tartare), le **filet d'Anvers** (viande de bœuf ou de cheval fumée) et la **potjesvlees** (terrine de veau, de lapin ou de poulet). Le **coucou de Malines** est une variété de poulet. L'**escavèche** (poisson frit conservé dans une marinade aux aromates) et la **friture de la Moselle** (poisson à chair blanche frit) comptent aussi parmi les spécialités.

T. Leduc/MICHELIN

Légumes

Parmi les savoureux plats de légumes, citons les jets de houblon à la sauce mousseline (en mars), les chicons ou witloof de Bruxelles (endives) au jambon, gratinés ou étuvés, les choux de Bruxelles et les asperges à la

flamande (avec du persil et un œuf dur écrasé).

Fromages

L'amateur de fromage aura l'embarras du choix. En effet, il existe en Belgique pas moins de 80 sortes de fromages. Les fromages les plus connus sont le Herve bénéficiant d'une Appellation d'Origine Protégée (AOP) depuis 1996, le Maredsous, le Passendale, le Chimay, le Nazareth, l'Orval et le fromage de Bruxelles. Les **doubles** (deux crêpes fourrées de fromage de Herve ou de Maredsous) sont délicieuses ainsi que les **potkès** ou **boulettes de Huy** (fromage blanc salé de Huy).

Pain et sucreries

La réputation des chocolats et des pralines (chocolats fourrés) belges n'est plus à faire ; les gaufres de Bruxelles et de Liège sont également très appréciées.
Les boulangeries en Belgique présentent non seulement une grande diversité de pains, mais aussi des spécialités de la région : la **couque** (pain sucré et aromatisé à Bruxelles, pain d'épice dur au miel à Dinant), le **craquelin** (brioche fourrée de sucre), le **nœud** (biscuit au beurre et à la cassonade), le **cramique** (pain brioché aux raisins), le **pistolet** (petit pain rond) et le **mastel** (pain biscotté à l'anis). Les **Lierse vlaaikens** (tartelettes de Lierre), la **tarte au maton** (tarte au fromage blanc, lait battu et aux amandes), la **flamiche** (tarte au romedenne, fromage local, servie chaude), la **tarte al djote** (tarte aux bettes, fromage, œufs, lardons et crème, servie chaude) et la **tarte au stofé** (tarte au fromage blanc, œufs, amandes et pâte de pommes) sont délicieuses !
En accompagnement du café, on sert souvent un **speculoos** (biscuit sec à la cassonade), des **kletskoppen** (galettes fines au beurre, aux amandes et noisettes), des **mokken** (macarons à la cannelle ou à l'anis), des **spantôles** (biscuit de dessert dont le nom est celui d'un canon célèbre) ou des **lukken** (gaufrettes au beurre de forme ovale). Goûtez aussi les **manons** (chocolats fourrés de crème fraîche), les **babeluttes** (caramels durs au beurre) et les **baisers de Malmédy** (meringues fourrées à la crème chantilly).

Boissons

La bière est, en Belgique, la boisson nationale. Mais dans la plupart des restaurants, on sert surtout du vin. La Belgique produit également des alcools et des liqueurs, notamment l'**élixir d'Anvers** (une liqueur aromatisée sucrée) et l'élixir de Spa (une sorte de chartreuse). Le **genièvre** que l'on boit pur ou fruité (citron, pomme, groseille, ...) est distillé surtout à Hasselt. À Liège, le genièvre s'appelle **péket**. Le **Maitrank** arlonais est un apéritif original.

Le Luxembourg

Quelques spécialités sont à signaler : le cochon de lait en gelée, le jambon d'Ardenne fumé ou cru, les viandes fumées. Le plat national est le **Judd mat Gaardebounen**, collet de porc fumé aux fèves des marais. En saison, on peut manger du gibier.
Tout cela s'arrose de **vin de Moselle** ou de bière qui est de consommation très courante. Les **liqueurs** luxembourgeoises (mirabelle, quetsche, cassis, prune, poire, sureau et marc) sont renommées.
On déguste la tarte aux quetsches en septembre et, en saison, les **Veianer Kränzercher,** petites couronnes de pâte à choux. Le **kachkéis** est un fromage

Asperges à la flamande.
Cornet de frites.

Au pays de la bière

Ch. Bastin – J. Evrard/MICHELIN

Cuves de la brasserie du Bocq à Purnode.

De fermentation basse ou haute, blonde ou brune, douce ou amère, aigrelette ou sucrée, légère ou corsée, fruitée ou épicée, filtrée ou trouble... nulle part ailleurs, il n'existe autant de variétés de bière qu'en Belgique.

La bière est la boisson nationale belge. Le Belge en consomme en moyenne 98 l par an. Le pays compte plus de 100 brasseries dont la plupart est située en Flandres (le mot bière dérive du néerlandais « bier »). Les principaux producteurs de bière sont Stella Artois, Jupiler (groupe Interbrew) et Alken-Maes. La production de la bière n'est pas seulement l'apanage des brasseries, les abbayes en perpétuent la tradition séculaire depuis le Moyen Âge.
La bière était déjà connue dans l'Antiquité, puis chez les Gaulois qui l'appelaient « **cervoise** ». Au Moyen Âge, le brassage de la bière était le privilège des monastères. Tout comme le vin, la bière a été pendant longtemps une boisson plus potable que l'eau.

Le processus de fabrication

Le malt

Le malt est obtenu à partir de l'orge, céréale cultivée dans de grandes parties de l'Europe du Nord. Les grains d'orge sont trempés dans l'eau, ce qui provoque leur germination. L'orge germée est ensuite séchée, placée dans une touraille, puis réduite en farine : c'est le **maltage** ; le malt constitue la matière première de la bière. Selon les différents processus de séchage, l'on obtient différentes sortes de malt qui donneront à la bière sa couleur définitive après le brassage.

Le brassage

Le **brassage** consiste à transformer le malt, finement moulu, en jus sucré : le **moût**. C'est la partie la plus importante de la fabrication de la bière qui consiste à faire tremper le moût dans de l'eau chaude, opération pendant laquelle l'amidon contenu dans le moût est transformé en sucre maltose. La variété de bière ainsi obtenue dépend de la durée d'infusion et des paliers de température choisis. Dans la plupart des brasseries, on utilise encore à cet effet des cuves en cuivre. L'ajout de houblon pendant l'ébullition donne à la bière sa saveur et son amertume.

Le houblon

Le houblon est une plante grimpante qui peut atteindre 5 à 7 m de haut. La cueillette a lieu en septembre. Seul les cônes sont utilisés pour la préparation de la bière. Les principales régions productrices de houblon en Belgique sont Alost et Poperinge.

Brasserie Cantillon

La fermentation

Une fois le moût refroidi, la fermentation commence sous l'action de la levure dont on a ensemencé les grandes cuves. Cette opération dure quelques jours, pendant lesquels le moût se change en alcool et gaz carbonique. Selon la température et la durée de fermentation, on obtient trois types de bières.

Les différents types de bière

Les bières de fermentation basse

Ce sont des bières blondes du type « Pilsener » appelées couramment « pils ». La fermentation et surtout la garde ou maturation se font à basse température, notamment à 9 °C et 0 °C. Les pils les plus connues sont la Stella Artois, la Jupiler et la Maes.

Les bières de fermentation haute

Leur fermentation s'opère à une température « haute » de 24-28 °C à laquelle succède généralement une maturation à 13-16 °C, sorte de deuxième fermentation en tonneau ou en bouteille. La plupart des bières dites « spéciales » en font partie.

Les bières de fermentation spontanée

Leur méthode de fabrication consiste à laisser la fermentation se développer spontanément, sans apport de levure. Après un temps de conservation assez long, de 2 à 3 ans dans de vieux tonneaux à vin, la bière porte le nom de **« Lambic »**. Ce procédé ne se pratique qu'en Belgique. Selon les spécialistes, c'est la bière la plus pure et la plus naturelle, une bière unique au monde...

À votre santé...

La Belgique compte plus de 400 bières différentes commercialisées sous plus de 800 noms. Ne vous contentez pas de demander une « bière », mais faites votre choix parmi l'assortiment infini de bières « spéciales ».

Le Lambic

Le Lambic sert au brassage de différentes autres bières. Après une période de conservation assez longue, la bière est soutirée en bouteilles où se produit une deuxième fermentation. Elle devient ce qu'on appelle la **Gueuze**, une bière pétillante et acide. La **Kriek** doit sa couleur rouge et son goût fruité aux cerises que l'on a fait macérer dans du Lambic. La **Framboise** est fabriquée selon le même procédé, mais avec des... framboises. Les producteurs les plus connus de Lambic sont Belle Vue, St-Louis et Gambrinus.

Les trappistes et bières d'abbaye

La réputation de la bière trappiste belge, encore toujours brassée dans des abbayes, n'est plus à faire. Parmi les cinq abbayes qui fabriquent de la trappiste, Orval, Chimay et Westmalle jouissent d'une grande renommée, d'autres bières trappistes sont brassées à Rochefort et Westvleteren. Parmi les bières d'abbaye, citons celles de Corsendonk, Leffe, Maredsous, Grimbergen et Affligem.

Les autres bières spéciales

Les bières blanches (Hoegaarden, Brugs Tarwebier) ont une couleur pâle et sont troubles. Les bières rouges (Rodenbach, Petrus) sont typiques de la Flandre Occidentale et ont un goût âpre. Les bières brunes (Liefmans) sont plutôt sucrées et s'emploient surtout en cuisine. Les Saisons de Wallonie sont des bières artisanales locales qui sont généralement soutirées dans des bouteilles de vin. La Palm et la De Koninck sont des ales ambrées ; l'ale la plus connue en Wallonie est la Vieux Temps. Parmi les bières les plus fortes, citons, la Duvel, la Hapkin et la Delirium Tremens. Et l'on ne compte plus les bières locales : Brigand, Kasteelbier et Kwak en Flandres, Bush Beer et La Chouffe en Wallonie, pour n'en citer que quelques-unes.

La littérature

Peu connues hors des frontières, les lettres belges sont prolifiques, marquées par le terroir, surtout chez les Flamands, et d'une incontestable originalité.

Office de tourisme de Liège

Georges Simenon.

Belgique d'expression française

Dans les siècles passés, le pays eut des chroniqueurs célèbres : au 14e s., Froissart, né à Valenciennes et mort à Chimay ; Philippe de Commines, au 15e s. ; Jean Lemaire de Belges, né à Bavay au 16e s.
Au 18e s., un mémorialiste, le prince de Ligne, se distingua par son cosmopolitisme.
Depuis plus de 100 ans s'est développé en Belgique un mouvement littéraire original et vivant.
Après le grand précurseur **Charles De Coster**, auteur du célèbre *Uylenspiegel* (1867), l'époque du groupe « La Jeune Belgique » (1881) vit surgir des romanciers comme l'Anversois Georges Eekhoud (1854-1927), **Camille Lemonnier** (1844-1913) (*Un Mâle*, 1881), des poètes comme le Gantois Van Lerberghe (1861-1907), qui écrivit en 1904 l'exquise *Chanson d'Ève*, l'Anversois Max Elskamp (1862-1931), **Georges Rodenbach** (1855-1898) connu pour son recueil des *Vies encloses* et son roman *Bruges la Morte* (1892). Certains ont acquis la gloire universelle, tels le grand poète **Émile Verhaeren** (1855-1916) et le Gantois **Maurice Maeterlinck** (1862-1949), dramaturge mystérieux et triste de *Pelléas et Mélisande*, mais aussi essayiste de *La Vie des abeilles* et prix Nobel en 1911.
Parmi les générations qui ont suivi, citons les poètes **Maurice Carême** (1899-1978), Robert Goffin (1898-1984), Jean de Boschère (1878-1953), **Marcel Thiry** (1897-1977), auteur de *Toi qui pâlis au nom de Vancouver*, Marie Gevers (1883-1975) qu'on a comparée à Colette, le Bruxellois Franz Hellens (1881-1972), également romancier, tourné vers le fantastique, Pierre Nothomb (1887-1966), à qui l'on doit aussi quelques romans *(La Vie d'Adam)*.
Le Montois **Charles Plisnier** (1896-1952) est un romancier célèbre (prix Goncourt pour *Faux Passeports*). **Fernand Crommelynck** (1886-1970) est connu pour sa pièce pleine de truculence, *Le Cocu magnifique* (1921). **Michel De Ghelderode** (1898-1962) est un dramaturge fécond et audacieux.
Il faut rendre hommage à **Maurice Grevisse** (1895-1980), auteur du *Bon Usage* (1936), et à M. Joseph Hanse (1902-1992), auteur du *Nouveau Dictionnaire des difficultés du français moderne*, ouvrages de référence grammaticale et linguistique.
Ont acquis une renommée internationale : le Namurois **Henri Michaux** (1899-1984) qui a adopté la nationalité française, le Liégeois **Georges Simenon** (1903-1989), père du fameux inspecteur Maigret, lancé en 1930, et auteur de nombreux romans d'analyse, l'essayiste **Suzanne Lilar** (1901-1992) à qui l'on doit des œuvres comme *Le Journal de l'Analogiste*, *Le Couple* et *Une enfance gantoise*, l'historien **Carlo Bronne** (1901-1987), ou la romancière **Françoise Mallet-Joris** (née en 1930), pseudonyme de Françoise Lilar, auteur de romans et d'essais.
L'auteur-compositeur de chansons *(Le Plat Pays, Ne me quitte pas, Quand on n'a que l'amour)*, **Jacques Brel** (1929-1978) peut prendre rang parmi les poètes de Belgique.
Il faut également citer l'auteur bruxellois **Pierre Mertens** (né en 1939) qui reçoit en 1987 le Prix Médicis pour son roman *Les Éblouissements*. En 1996, ce même prix prestigieux est attribué à la romancière, scénariste et psychanalyste **Jacqueline Harpman** (née en 1929) pour *Orlanda*. D'origine flamande, **Liliane Wouters** (née en 1930) publie des pièces de théâtre et des essais. Auteur de *La Place du mort*, **Jean-Luc Outers** (né en 1949) est responsable du Service général des Lettres et du Livre auprès du ministère de la Culture de la Communauté française. Les romans d'**Amélie Nothomb** (née au Japon en 1967) se caractérisent par un style simple et direct.
Plusieurs institutions défendent la littérature d'expression française : l'Académie royale de langue et de littérature françaises de Belgique (1921) et l'Association des Écrivains belges.

Belgique flamande

Née au 12e s., la littérature flamande s'affirme au 13e s. avec la poétesse Hadewijch et **Jacob van Maerlant**, poète et moraliste, et, au 14e s., avec le mystique **Ruusbroec l'Admirable**, considéré comme le père de la prose néerlandaise.
Au 19e s. se signalent l'Anversois **Hendrik Conscience**, auteur romantique de romans et de nouvelles, et le grand poète catholique **Guido Gezelle**.
Au 20e s. apparaissent de nombreux poètes parmi lesquels **Karel Van de Woestijne** (1878-1929), sensuel et mystique et le moderniste expressionniste **Paul Van Ostaijen** (1896-1928). Au nombre des romanciers figurent Cyriel Buysse (1859-1932), **Stijn Streuvels** (1871-1969) qui puise son inspiration dans le plat pays du Sud-Ouest *(Le Champ de lin)*, **Herman Teirlinck** (1879-1967), fécond romancier et aussi dramaturge, Willem Elsschot (1882-1960), **Ernest Claes**, aux récits malicieux, **Félix Timmermans** et Gérard Walschap (1898-1989).
Après 1930, la poésie est dominée par **Jan Van Nijlen** (1884-1965), **Richard Minne** (1891-1965), **Karel Jonckheere** (1906-1993), **Anton Van Wilderode** (1918-1998) et **Christine D'Haen** (née en 1923).
Vers 1948 apparaît une seconde vague moderniste où se distinguent le Brugeois **Hugo Claus** (né en 1929), également dramaturge (*Andréa ou la Fiancée du matin*, 1955 ; *Vendredi*, 1970), romancier (*La Canicule*, 1952 ; *L'Étonnement*, 1962 ; *Le Chagrin des Belges*, 1983) et poète, Paul Snoek (1933-1983) et **Hugues Pernath** (1931-1976).
Le roman flamand compte **Marnix Gijsen** (1899-1984), révélé par un conte philosophique (*Joachim van Babylon*, 1948) ; **Louis Paul Boon** (1912-1979), prosateur réaliste passionné (*Route de la Chapelle*, 1953 ; *Menuet*, 1955) et peintre de surcroît ; **Johan Daisne** (1912-1978), auteur de *L'Homme au crâne rasé* (1947) et de *Un soir, un train* (1950) dont André Delvaux a tiré des films (1965 et 1968) ; **André Demedts** (1906-1992) ; **Hubert Lampo** (né en 1920) ; Ward Ruyslinck (né en 1929) ; Jef Geeraerts, né en 1930, qui s'intéresse au problème congolais (*Je ne suis qu'un nègre*, 1961 ; *Gangrène I-IV*, 1968-1977) ; **Ivo Michiels** (né en 1923), dont les recherches formelles s'inscrivent dans le contexte de l'avant-garde européenne (*Le Livre Alpha*, 1963).
Parmi la jeune génération, citons **Leo Pleysier** (né en 1945), **Walter van den Broeck** (né en 1941), **Eriek Verpaele** (né en 1952), **Erik de Kuyper** (né en 1942), **Monica van Paemel** (née en 1945), **Kristien Hemmerechts** (née en 1955), **Herman Brusselmans** (né en 1957), **Tom Lanoye** (né en 1958) ainsi que les poètes **Leonard Nolens** (né en 1947) et **Herman de Coninck** (1944-1997), disparu trop jeune.

M. Renders/GLOBAL PICTURES
Hugo Claus.

Jean Ray (1887-1964), né à Gand, publia sous le nom de John Flanders des contes noirs en néerlandais et, en français, des romans fantastiques parmi lesquels *Malpertuis* (1943) adapté au cinéma en 1972.

Luxembourg

Le Luxembourg a quelques écrivains de langue française tel Marcel Noppeney (1877-1966).
Un poète d'expression luxembourgeoise, **Michel Rodange** (1827-1876), a écrit une version du *Roman de Renert*.

Extrait d'une vignette
de l'*album* Bill est baboul *de Roba.*

La bande dessinée

Qui ne connaît les aventures de Tintin, les exploits de Lucky Luke, les frimousses bleues des Schtroumpfs, les péripéties de Blake et Mortimer et les gaffes de Gaston ? Nés sous la plume d'innombrables auteurs belges de bandes dessinées, ces héros de papier ont conquis le cœur du public dans le monde entier.

Le Neuvième Art en Belgique

Éditant chaque année près de 40 millions de BD, la Belgique fait figure de proue ! La plupart des ouvrages paraît en français, seulement un cinquième des albums est publié en néerlandais. Cette différence s'explique par l'évolution de la BD dans les années 1930-1940. À cette époque, les bandes dessinées étaient incluses dans les quotidiens. En Wallonie, cela prit la forme d'un supplément hebdomadaire, tandis qu'en Flandres, la BD prenait place chaque jour parmi les articles du journal (*Nero* de Marc Sleen, 1944). La BD évolua donc plus rapidement en Wallonie au point de devenir un média indépendant à part entière, à la différence de la Flandre où les auteurs de bandes dessinées continuaient de dépendre des journaux.
Si vous voulez en savoir plus sur l'histoire de la BD belge, une visite s'impose au **Centre belge de la Bande Dessinée** à Bruxelles où l'on peut admirer non seulement les dessins originaux des maîtres classiques, mais aussi les ouvrages des auteurs de BD de la nouvelle génération.

Les différentes étapes

Scénariste et dessinateur

La bande dessinée naît d'une étroite collaboration entre un scénariste et un dessinateur. Le **scénariste** invente l'histoire, rédige les dialogues, choisit le découpage des cases et la position des personnages, et décrit les décors. Le **dessinateur** met le scénario en images. Après le crayonné des personnages, viennent le montage des vignettes et de la planche, et le croquis à l'encre de Chine. Un **lettreur** calligraphie le texte. Ensuite, les originaux en noir et blanc sont envoyés chez l'éditeur qui, après approbation, en reproduit un « bleu » sur lequel le **coloriste** apporte les couleurs. La bande dessinée est alors prête pour l'impression.

Studios de BD

Certains auteurs de BD allient les tâches de scénariste et de dessinateur, composant eux-mêmes l'histoire et le dessin. C'était le cas de Hergé. Son succès grandissant le contraignit à engager des collaborateurs et il créa les **Studios Hergé**, inspirés du modèle américain : une équipe composée de documentalistes, de coloristes, de dessinateurs spécialisés dans les décors, vêtements et véhicules, de spécialistes en encres, etc. Ce système devait permettre de poursuivre l'œuvre du père spirituel du héros (comme c'est le cas pour les personnages de Willy Vandersteen). Mais, à l'instar de bien d'autres créateurs, Hergé eut un avis différent et décida d'emmener ses héros avec lui dans la tombe.

Extrait d'une vignette de l'album Le Cosmoschtroumpf *de Peyo.*

Extrait de l'album La Gardienne des clés *de Thorgal.*

Deux écoles, deux courants

La Belgique connaît deux écoles de bandes dessinées, l'une à Bruxelles et l'autre à Marcinelle. Toutes deux publiaient dans un journal et mettaient en scène un héros ou un leader autour duquel gravitaient les autres personnages.

L'école de Bruxelles

Bruxelles est indissociable du fameux **Tintin** ; il vit le jour le 10 janvier 1929 dans *Le Petit Vingtième*, supplément hebdomadaire pour enfants du quotidien bruxellois *Le XX*^e^ *Siècle*. Ce jeune reporter est la création géniale de Georges Rémi (1907-1983), dit **Hergé** (nom composé des initiales de son nom R.G.). Le fidèle Milou, l'irascible capitaine Haddock et le lunatique Tournesol l'accompagnent dans ses multiples aventures autour de la planète. 17 ans plus tard, le 26 septembre 1946, parut, sous la direction de Hergé, le *Journal de Tintin*. Tout auteur de la légendaire bande dessinée bruxelloise a été édité par ce journal : **E.P. Jacobs** qui allait se rendre célèbre avec ses héros *Blake & Mortimer* (1946), **Jacques Martin** et sa série historique *Alix l'Intrépide*, (1948) et *Lefranc* (1952), **Willy Vandersteen** qui, parmi de nombreuses autres BD, se tailla un franc succès avec *Bob et Bobette* (1945), et **Bob De Moor** qui fut le principal collaborateur de Hergé pendant plus de trente ans.

L'école bruxelloise se caractérise par son réalisme, tant au niveau du récit et des héros que des décors. Les textes relativement longs sont placés dans des bulles rectangulaires tandis que le dessin au graphisme particulièrement soigné et les personnages sans ombre se conforment à ce qu'on appelle la « ligne claire ».

Extrait de l'album La Route d'Armilia *de Schuiten et Peeters.*

L'école de Marcinelle

Spirou était le héros de l'école de Marcinelle (un faubourg de Charleroi). Né le 21 avril 1938 sous la plume de Rob-Vel pour le *Journal de Spirou*, ce groom espiègle fut repris en 1941 par Jijé et en 1946 par Franquin. Le pivot et l'inspirateur de cette école fut **Joseph Gillain** (1914-1980), alias **Jijé** qui en plus de *Spirou* créa d'autres séries telles que *Jerry Spring, Tanguy et Laverdure*. Parmi ses élèves et collaborateurs les plus renommés, citons **Franquin**, le père spirituel du *Marsupilami* (1952) et de l'antihéros *Gaston Lagaffe* (1957), **Morris** dont le cow-boy *Lucky Luke* (1947) conquit la sympathie du monde entier, **Peyo** qui inventa les *Schtroumpfs* en 1958, **Roba**, le père de *Boule et Bil* (1959) et le scénariste **Charlier**.

À l'encontre des dessinateurs de BD de Bruxelles, l'école de Marcinelle est caractérisée par un dessin souple, faisant usage d'ombres. Les textes sont en général caricaturaux et humoristiques et placés dans des bulles arrondies. Les décors sont très simplifiés ou n'existent pas.

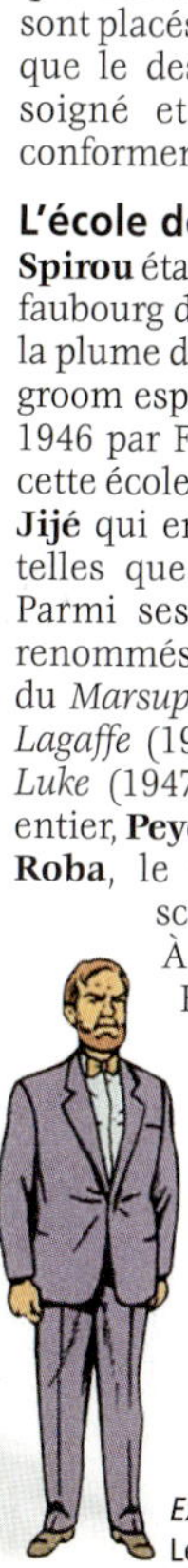

Extrait d'une vignette de l'album Les 3 formules du professeur Sato *de E.P. Jacobs.*

Ch. Bastin – J. Evrard/MICHELIN

Une histoire mouvementée

Celtes et Romains

- **Avant J.-C.** – Les Belges, d'origine celtique, résistent vainement à Jules César, qui les soumet en 57. Trois ans plus tard, une révolte des Éburons, conduits par Ambiorix, est réprimée.
- **1er au 3e s. – Paix romaine** : la Belgique actuelle est partagée en 3 provinces romaines : Belgique Première (capitale Trèves), Belgique Seconde (Reims), Germanie Seconde (Cologne). Tongres et Tournai sont des villes importantes.
- **4e -5e s.** – Invasions barbares : des Francs s'installent en Toxandrie (Campine) et au Luxembourg. C'est la première évangélisation.

Des Mérovingiens à la féodalité

- **5e s.** – Tournai passe sous la domination des Francs Saliens. Childéric, père de Clovis, donne naissance à la dynastie mérovingienne. Clovis, après sa conversion, fait de Tournai le siège d'un évêché.
- **7e s.** – Seconde évangélisation. Éclosion de grandes abbayes.
- **843 – Traité de Verdun** : partage de l'Empire carolingien entre la France à l'Ouest de l'Escaut, la Germanie et, entre les deux, un territoire étroit allant de la mer du Nord à la Méditerranée attribué à Lothaire Ier. À la mort de ce dernier, son territoire est partagé en trois : Italie, Bourgogne et **Lotharingie** dont les limites correspondent à peu près à la Belgique actuelle sans la Flandre (qui dépend de la couronne de France).
- **862** – Baudouin Bras-de-Fer devient premier comte de **Flandre**.
- **962** – La Lotharingie est rattachée au Saint Empire romain germanique.
- **963** – Un seigneur mosellan, Sigefroi, fonde le comté de Luxembourg.
- **980** – **Notger**, prince-évêque de **Liège**, acquiert le pouvoir temporel sur son territoire.
- **Début 11e s.** – La Flandre s'agrandit aux dépens des territoires de l'Empire : c'est la Flandre impériale. Le comte de Flandre est à la fois vassal du roi de France et de l'empereur.
- **12e-13e s. – Émancipation des villes flamandes** : du 12e au 14e s., le fait marquant est l'essor du commerce, notamment dû au tissage de la laine. La richesse des cités donne naissance à une autonomie communale. C'est l'âge d'or de Bruges. Bien que vassale du roi de France, la Flandre a partie liée dans son activité économique avec l'Angleterre et l'Empire germanique et il y a scission entre le peuple qui voit son intérêt économique, et les nobles soutenus par les Français. Le roi de France **Philippe Auguste** a de grandes prétentions sur les États du Nord et une coalition se forme contre lui : les Flamands sont soutenus par le roi anglais Jean sans Terre et l'empereur germanique Othon IV, mais en 1214 Philippe Auguste sort vainqueur de la **bataille de Bouvines** dont le grand perdant est le comte de Flandre Ferrand.
- **1300 – Philippe le Bel** annexe la Flandre, mais la population se révolte et le 11 juillet 1302 la **bataille des Éperons d'or** se termine par la victoire du peuple flamand sur la chevalerie française de Philippe le Bel.
- **1308 – Henri VII de Luxembourg** devient empereur germanique.
- **1337** – La **guerre de Cent Ans** éclate entre la France et l'Angleterre. Révolte à Gand.
- **1354** – Le comté de Luxembourg est érigé en duché.
- **1369** – Le duc de Bourgogne **Philippe le Hardi** épouse Marguerite de Male, fille du comte de Flandre Louis de Male.

Buste de Charles Quint, attribué à Konrad Meit, musée Gruuthuse, Bruges.

Tutelle étrangère

Les ducs de Bourgogne

• **1384** – À la mort de Louis de Male, Philippe le Hardi hérite de ses possessions et la Flandre devient alors partie du duché de Bourgogne.

• **1429-1477** – Règne des ducs de Bourgogne **Philippe le Bon** et **Charles le Téméraire** : une grande période de prospérité. Au moment de son mariage avec Isabelle de Portugal, Philippe le Bon fonde l'**ordre de la Toison d'or**. Par l'acquisition du Luxembourg en 1441, il complète l'unification des « pays de par-deçà » (par opposition avec la Bourgogne, pays de par-delà). Les ducs de Bourgogne sont entourés d'une somptueuse cour, incomparable centre d'art.

En 1468, Charles le Téméraire détruit Liège révoltée et annexe la principauté. À sa mort en 1477, sa fille **Marie de Bourgogne** hérite de ses possessions et se marie avec Maximilien d'Autriche. L'aigle bicéphale prend la place de l'écusson bourguignon.

Les Habsbourg

• **1482-1519** – À la mort de Marie de Bourgogne, **Maximilien** devient régent des Pays-Bas (nom donné par opposition au Pays Haut, haute Allemagne, son pays). En 1494, Maximilien abandonne les Pays-Bas à son fils **Philippe le Beau**. En 1496, celui-ci épouse Jeanne, fille des Rois Catholiques d'Espagne. En 1500 à Gand naît leur fils Charles, le futur **Charles Quint**. Celui-ci est élevé en Flandre en partie par sa tante, **Marguerite d'Autriche**, fille de Maximilien, qui gouverne après la mort de Philippe le Beau en 1506.

• **1519-1555 – Le règne de Charles Quint** : à la mort de Maximilien, Charles Ier roi d'Espagne devient l'empereur Charles Quint. Son empire « où le soleil ne se couche jamais » comprend les possessions bourguignonnes, l'Empire autrichien et l'Espagne avec toutes ses colonies d'Amérique et d'Asie. Il agrandit le territoire des Pays-Bas vers le Nord et vers le Sud. En 1548, Charles Quint érige en « cercle de Bourgogne » avec Bruxelles pour capitale, la Franche-Comté et les Dix-Sept provinces des Pays-Bas.

Le régime espagnol

• **1555-1598 – Règne de Philippe II d'Espagne** : en 1555, Charles Quint renonce aux Pays-Bas en faveur de son fils Philippe II. Autant Charles Quint était attaché à son pays d'origine et l'avait protégé, autant son fils est avant tout espagnol. Ce fervent catholique lutte contre les iconoclastes protestants qui ravagent les églises catholiques. Sous son règne explose le sentiment national des Pays-Bas, et la lutte pour les libertés politiques va de pair avec la lutte des calvinistes pour la tolérance religieuse. En 1567, le **duc d'Albe**, Espagnol qui avait été nommé gouverneur des Pays-Bas, est envoyé par Philippe II pour extirper l'hérésie calviniste et lutter contre la révolte des Pays-Bas. C'est alors que se situe l'exécution des comtes d'Egmont et de Hornes à Bruxelles. En 1576 à Anvers se déchaîne la « furie espagnole », suivie par celle de Gand. Philippe II est alors obligé de concéder la **pacification de Gand** libérant les Dix-Sept provinces des Pays-Bas des troupes espagnoles. En 1579, après que la **confédération d'Arras** eut réuni les provinces catholiques qui ont choisi de demeurer dans l'obédience espagnole, les provinces protestantes forment l'**union d'Utrecht** (sept provinces des actuels Pays-Bas), puis la république des Provinces-Unies.

• **1598-1621** – Règne des **archiducs Albert** et **Isabelle**, fille de Philippe II.

• **1648** – Par le **traité de Münster**, Philippe IV d'Espagne reconnaît l'indépendance des Provinces-Unies et leur cède le Nord du Brabant, le Nord du Limbourg et la Flandre zélandaise. Le cadre territorial de la future Belgique se dessine.

• **1659-1678** – Le **traité des Pyrénées** entre la France et l'Espagne fait passer l'Artois sous la souveraineté française et décide du mariage de Louis XIV et Marie-Thérèse d'Espagne. Celle-ci, d'après une coutume du Brabant favorisant les enfants du premier lit, devrait hériter par sa mère de toute cette région. Louis XIV déclare en 1663 la **guerre de Dévolution** aux Pays-Bas espagnols pour récupérer l'héritage de sa femme. Il annexe alors le Sud de la Flandre (Lille). La Triple-Alliance arrête cette guerre qui se termine par le **traité d'Aix-la-Chapelle**. Mais Louis XIV, en 1672, déclare la **guerre de Hollande**, qui s'achève par le **traité de Nimègue** en 1678 ; la Flandre et le Hainaut sont alors amputés.

Les Pays-Bas autrichiens

• **1701-1713 – Guerre de Succession d'Espagne**. Charles II d'Espagne est mort sans descendance et laisse comme héritier Philippe d'Anjou, petit-fils de sa sœur Marie-Thérèse et de Louis XIV. Mais l'Angleterre, la Hollande, le Danemark et les princes allemands appuient l'archiduc d'Autriche contre la France pour qu'il obtienne la succession.

• **1740-1748** – Guerre de Succession d'Autriche : Louis XV envahit la Belgique et, par le traité d'Aix-la-Chapelle, la Belgique est rendue à l'Autriche.

• **1780-1789** – Le despotisme éclairé de l'**empereur Joseph II** ne tient pas compte des particularismes locaux, ce qui suscite une révolte de la part des populations : le fait national belge devient une réalité. En 1789, la révolution brabançonne chasse les Autrichiens et réunit à Bruxelles les états généraux. Les Autrichiens sont expulsés temporairement.

La domination française

• **1795** – Après les victoires de Jemappes (1792) et de Fleurus (1794), la France républicaine annexe les Pays-Bas autrichiens et la principauté de Liège. Elle institue neuf départements qui deviendront les neuf provinces.

Le royaume des Pays-Bas

• **1814 – Chute de Napoléon**. La Belgique et la Hollande forment le royaume des Pays-Bas dont le souverain Guillaume Ier devient en outre grand-duc du Luxembourg.

• **1815 – Bataille de Waterloo** suivie par le **congrès de Vienne**. Eupen et Malmédy sont alors attribués à la Prusse.

• **1830** – La Belgique va conquérir définitivement son indépendance aux dépens de la Hollande, maîtresse des Belges depuis le congrès de Vienne à la suite de la révolution bruxelloise. La Belgique renonce à la Flandre zélandaise, au Brabant du Nord et à une partie du Limbourg. La partie germanophone du Luxembourg reste à Guillaume Ier.

De l'indépendance à nos jours

• **1831** – La conférence de Londres reconnaît l'indépendance de la Belgique. La Constitution est promulguée et la couronne est remise à Léopold de Saxe-Cobourg-Gotha qui devient roi des Belges sous le nom de **Léopold Ier** (1831-1865). Guerre belgo-hollandaise.

• **1839** – Guillaume Ier reconnaît l'indépendance belge. La Belgique surmonte de graves difficultés économiques (disette en Flandre 1845-1848) et s'engage dans la « révolution industrielle ». Le Luxembourg, uni économiquement à l'Allemagne depuis 1842, connaît un grand essor industriel.

• **1865-1909** – Règne de **Léopold II**.

• **1890** – **Indépendance du Luxembourg**. **Adolphe de Nassau** est grand-duc de 1890 à 1905. **Guillaume IV** lui succède (1905-1912).

• **1894** – Le suffrage universel est établi en Belgique.

• **1908** – Le **Congo**, propriété de Léopold II depuis 1855, devient colonie belge.

Albert II et Paola.

- **1909** – **Albert Ier** devient roi des Belges.
- **1912** – **Marie-Adélaïde** devient grande-duchesse de Luxembourg.
- **1914-1918** – **Première Guerre mondiale**. L'Allemagne occupe le Luxembourg et presque toute la Belgique dont Albert Ier, le Roi-Soldat, dirige la résistance : prise de Liège, de Namur, de Bruxelles, d'Anvers. L'armée belge se replie sur le littoral : bataille de l'Yser à laquelle met un terme l'inondation des polders. Le front se reporte sur le saillant d'Ypres, puis les monts de Flandre.
- **1919** – Au traité de Versailles, la Belgique récupère Eupen, Malmédy, Moresnet, St-Vith. La **grande-duchesse Charlotte de Luxembourg** succède à sa sœur Marie-Adélaïde contrainte d'abdiquer.
- **1922** – Union économique belgo-luxembourgeoise ou UEBL.
- **1934** – Mort accidentelle d'Albert Ier à Marche-les-Dames. **Léopold III** lui succède (1934-1944). L'année suivante, en 1935, la reine Astrid, épouse de Léopold III, meurt dans un accident de voiture à Küssnacht en Suisse.
- **1940-1944** – **Seconde Guerre mondiale.** L'Allemagne occupe la Belgique et le Luxembourg. Bataille des Ardennes et siège de Bastogne.
- **1944-1951** – Après la guerre se déclenchent de violentes manifestations liées à la « question royale ». Charles de Belgique, frère de Léopold II, devient alors régent.
- **1948** – Union douanière Benelux : **Be**lgique-**Ne**derland-**Lux**embourg.
- **1951** – Confronté à la menace d'une véritable guerre civile, Léopold III abdique en faveur de son fils qui devient roi des Belges sous le nom de **Baudouin Ier**.
- **1957** – La Belgique et le Luxembourg sont membres de la C.E.E. (Communauté économique européenne). Bruxelles est la capitale de la C.E.E.
- **1960** – L'Union économique Benelux, instituée en 1958, entre en vigueur. Le gouvernement Eyskens accorde l'indépendance au Congo qui devient le Congo-Kinshasa, puis le Zaïre. Mariage du roi Baudouin avec doña Fabiola de Mora y Aragón.
- **1964** – **Jean de Nassau**, grand-duc de Luxembourg, succède à la grande-duchesse Charlotte.
- **1966** – L'OTAN s'établit à Bruxelles.
- **1977** – Accord prévoyant trois régions fédérées : Bruxelles, Flandre, Wallonie.
- **1980** – Vote de la régionalisation : nouvelles institutions en Flandre et en Wallonie.
- **1989** – La région de Bruxelles-Capitale dispose désormais d'un pouvoir législatif (conseil) et d'un pouvoir exécutif (gouvernement).
- **1993** – Mort de Baudouin Ier. **Albert II** lui succède. La Belgique devient un État fédéral par les accords dit de « la St-Michel ».
- **1996** – Le scandale Dutroux éclate. L'arrestation de Marc Dutroux, inculpé de l'enlèvement, de la séquestration, du viol et de la mort de plusieurs jeunes filles, provoque une grande émotion auprès de la population belge. Quelques mois plus tard, 300 000 personnes participent à la « Marche Blanche », exprimant ainsi leur soutien aux parents des enfants disparus.
- **1999** – Crise de la dioxine. Le gouvernement belge annonce le retrait massif du marché de stocks de viande et d'œufs contaminés par la dioxine.
- **2000** – Jean de Nassau abdique en faveur de son fils, **Henri de Nassau**.
- **2002** – Passage à l'euro.

ABC D'ARCHITECTURE

Architecture religieuse

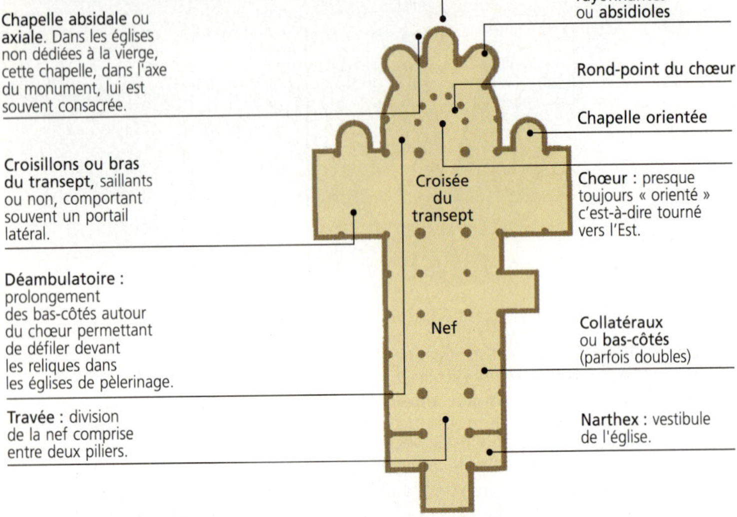

ANVERS – Coupe longitudinale de la cathédrale (14e-16e s.), transept et chœur

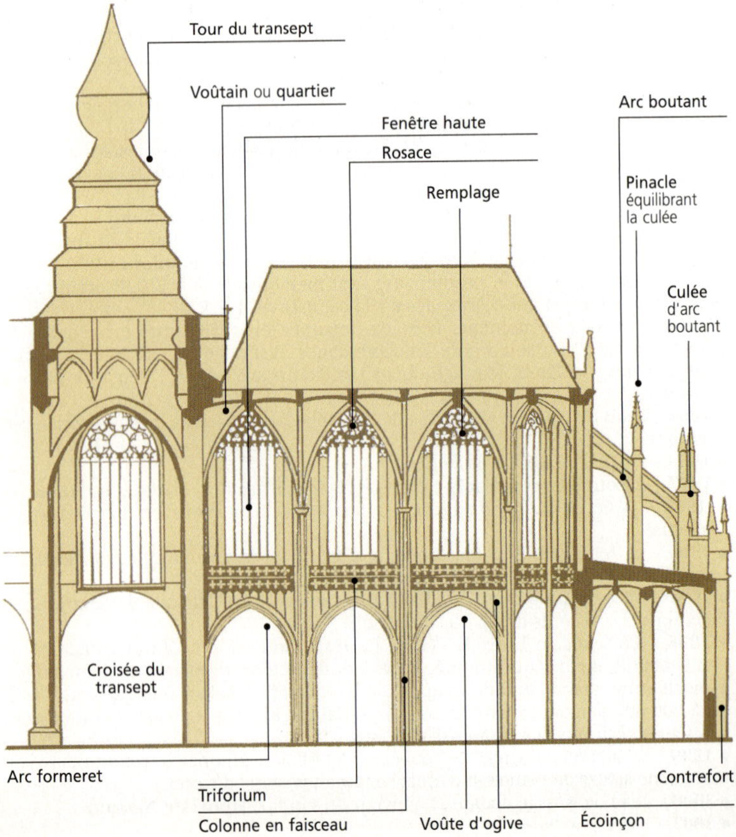

R. Corbel/MICHELIN

BRUXELLES – Façade de la cathédrale des Saints Michel-et-Gudule (14e-15e siècle)

R. Corbel/MICHELIN

L'art jusqu'à la fin du 19e siècle

Au cours des siècles, la Belgique et le Luxembourg ont vu affluer sur leurs territoires des peuples porteurs de grands courants artistiques : Romains, Français, Allemands, Bourguignons, Autrichiens, Espagnols, Hollandais y ont laissé leurs empreintes. Cependant, des styles bien spécifiques et originaux y sont nés et se sont développés : l'art mosan, dans la principauté de Liège, et l'art flamand, particulièrement florissant sous les ducs de Bourgogne, ont donné de véritables chefs-d'œuvre.

De la préhistoire à l'Empire carolingien

Quelques mégalithes (Wéris) subsistent de l'époque préhistorique. Les fouilles pratiquées dans les villes occupées par les Romains ont fourni une multitude d'objets attestant de l'habileté des artisans : poterie, verrerie, monnaies, bronzes, statuettes en terre cuite et bijoux. C'est surtout dans les environs de **Tongres** qu'ont été découverts un grand nombre d'objets antiques. Le **pays des Trévires** (Arlon et Luxembourg) a livré d'innombrables statues, des stèles votives, des monuments funéraires dont des bas-reliefs. Du 5e au 10e s., dans les régions dominées par les Francs Saliens (Tournai) et les Francs Ripuaires (Arlon et Luxembourg), le mobilier funéraire comprenait des armes en fer damasquiné, des bijoux et des broches en bronze ou en or, sertis de verroterie. Peu de monuments architecturaux de cette période ont été conservés. Les seuls exemples qui subsistent encore sont l'église mérovingienne d'Arlon (5e s.) et le complexe abbatial de Nivelles avec ses trois églises du 7e s.
Charlemagne, installé à Aix-la-Chapelle, introduit le christianisme dans son empire. Il est à la source d'un renouveau culturel qui se manifeste dans l'art de la miniature. Les églises carolingiennes de Lobbes et de Theux sont caractéristiques par leur avant-corps, leur plafond en bois, leurs piliers carrés, la tribune située à l'Ouest de la nef.

L'art roman (11e-12e s.)

Cette période voit le développement des villes et des abbayes. La Belgique est divisée en deux parties : à l'Ouest de l'Escaut, la Flandre appartient à la France, tandis que les régions situées à l'Est et traversées par la Meuse relèvent de l'Empire germanique. L'art roman se répand surtout le long des voies commerciales que constituent ces deux vallées. Deux courants se forment, l'art scaldien (de Scaldis : Escaut) et l'art mosan (de Meuse), qui ne manquent pas d'originalité, même si les églises présentent bien des points communs dans leur architecture : plan basilical, transept, chœur à abside, plafond plat en bois.

Art roman scaldien

Dans les régions scaldiennes dévastées par le passage des hordes normandes, l'architecture romane apparaît dans des édifices isolés, telle la collégiale St-Vincent de **Soignies**. Puis, la construction de la **cathédrale de Tournai** entraîne au 12e s.

La cathédrale de Tournai.

celle de plusieurs églises s'inspirant du même style. La tour à la croisée du transept, les tourelles sur la façade Ouest et, à l'intérieur, des tribunes et des galeries de circulation d'influence normande caractérisent ces monuments. Plusieurs édifices civils, notamment le Château des Comtes et la maison de l'Étape à Gand, la Tour Burbant à Ath et quelques habitations à Tournai, appartiennent aussi à l'art scaldien : au-dessus du rez-de-chaussée aux ouvertures en plein cintre, les fenêtres, partagées en deux par une colonnette, s'alignent entre deux cordons de pierre.
Dans la région, dès le 12e s., la sculpture, favorisée par la présence de la pierre tournaisienne, est remarquable : portails et chapiteaux (cathédrale de Tournai), fonts baptismaux (Zedelgem, Termonde).

Art roman mosan

On appelle ainsi l'art qui, au 11e et surtout au 12e s., s'est développé dans le diocèse de Liège, c'est-à-dire dans la vallée de la Meuse et son arrière-pays. Déjà important foyer artistique à l'époque gallo-romaine, la **principauté de Liège**, qui comprenait Aix-la-Chapelle, subit l'influence de l'art carolingien. Plus tard, grâce à des relations particulièrement développées avec l'archevêché de Cologne (dont dépend le diocèse de Liège) et le Rhin, c'est l'influence du style roman rhénan qui se fait sentir. Au 13e s., l'influence française prédomine : c'est la fin de l'art mosan en architecture.

Architecture – L'**architecture romane** de la région mosane conserve un certain nombre de composantes de l'art carolingien dont elle est en quelque sorte le prolongement. Tout d'abord, l'architecture ottonienne, qui se répand en Allemagne au 10e s. et au début du 11e s. sous l'empereur Otton Ier, influence une partie de la **collégiale de Nivelles**. Nivelles appartenait alors à l'évêché de Liège, qui relevait de l'Empire. Au 12e s., l'avant-corps devient plus imposant, il est flanqué de tourelles d'escalier (St-Denis et St-Jean à Liège), ou plus rarement de deux tours carrées (St-Barthélemy de Liège). L'église est décorée à l'extérieur d'arcatures lombardes. L'abside se double parfois d'une galerie extérieure (St-Pierre à St-Trond). L'église possède souvent une crypte, et parfois un beau cloître (Nivelles, Tongres). Plusieurs de ces caractéristiques se retrouvent dans la partie la plus tardive de la collégiale de Nivelles et dans de nombreuses églises rurales (Hastières-par-delà, Celles, Xhignesse).

Dinanderie et orfèvrerie – La **dinanderie** (qui doit son nom à la ville de Dinant), art de fondre et de battre le cuivre ou le laiton, pratiquée dans la vallée de la Meuse, d'abord à **Huy** puis à **Dinant**, est probablement à l'origine d'une importante tradition d'**orfèvrerie liturgique** qui se répand dans tout le pays mosan et produit des châsses, reliquaires, croix et reliures d'une grande richesse. L'orfèvre **Renier de Huy** exécute probablement, de 1107 à 1118, les fameux fonts baptismaux en laiton de St-Barthélemy à Liège, d'une perfection classique exceptionnelle pour l'époque.

Par la suite, les œuvres deviennent plus complexes, plus chargées et les matériaux plus variés. **Godefroy de Huy** emploie l'émail champlevé dans la plupart de ses réalisations, notamment le chef-reliquaire du pape saint Alexandre exposé au musée du Cinquantenaire à Bruxelles. Ce véritable chef-d'œuvre fut réalisé pour l'abbaye de Stavelot, dirigée à l'époque par le célèbre moine bénédictin Wibald. Autre fleuron de l'art mosan, l'autel portatif de Stavelot (également exposé au musée du Cinquantenaire) illustrant des scènes extraites de l'Évangile et de la Bible. **Nicolas de Verdun**, qui marque la transition romano-gothique, exécute la châsse de Notre-Dame pour la cathédrale de Tournai en 1205. Au début du 13e s., le frère **Hugo d'Oignies** cisèle des œuvres délicates et raffinées qui sont visibles à Namur, au couvent d'Oignies. Bien des œuvres anonymes, telles la châsse de Visé (12e s.) ou celle de Stavelot, du 13e s., appartiennent à l'art mosan.

Sculpture – L'art mosan fournit d'excellentes sculptures en bois : le Christ de Tongres, les célèbres Vierges en majesté nommées **Sedes Sapientiae** (Siège de la Sagesse) comme celles de Walcourt du musée d'Art religieux et d'Art mosan.
Les **sculptures en pierre** sont également intéressantes, en particulier les chapiteaux (Tongres), les bas-reliefs (Vierge de Dom Rupert, au musée Curtius à Liège). Beaucoup d'églises mosanes possèdent des fonts baptismaux dont la cuve est sculptée de quatre têtes d'angle (Waha) et le pourtour décoré de rinceaux, d'animaux (St-Séverin).

L'art gothique (13e - 15e s.)

Édifices religieux

Dans les édifices religieux, l'art rhénan s'éclipse au bénéfice du gothique français importé par les communautés monastiques venues de France ou diffusé par l'intermédiaire de Tournai. Cependant, l'art gothique apparaît plus tardivement en Belgique qu'en France. Sa première manifestation est la construction du **chœur de la cathédrale de Tournai** (1243), inspiré de celui de la cathédrale de Soissons. Des variantes propres à la Belgique ou à certaines régions peuvent être observées. L'église gothique est plus large en Belgique qu'en France et souvent moins élevée. Par contre, la tour servant de clocher est très imposante.

Gothique scaldien – Cette variante du gothique perpétue les caractères apparus à l'époque romane sous la forme d'un triforium et d'une tour carrée à la croisée du transept, mais sa principale particularité est la présence de fenêtres à trois lancettes, ou **triplets**. Le plus bel exemple du gothique scaldien est **l'église St-Nicolas** à Gand. Notre-Dame de Pamele (1235-1300) à Audenarde relève aussi de ce style.

Gothique brabançon – Dans le Brabant, le style gothique ne fait son apparition qu'au 14e s. Les architectes, sculpteurs et tailleurs s'inspirent des grandes cathédrales françaises (Sts-Michel-et-Gudule à Bruxelles), mais les modifications qu'ils apportent créent un style particulier qui se répand au-delà de la province (cathédrale d'Anvers). L'église brabançonne, large édifice à trois nefs et déambulatoire à chapelles rayonnantes, se distingue par la présence d'une tour massive formant porche à l'Ouest (la tour de la cathédrale St-Rombaut à Malines en est l'exemple le plus remarquable) et ses chapelles latérales surmontées de pignons triangulaires. Le transept fait souvent défaut (basilique de Hal) ainsi que les rosaces qui sont remplacées par de grandes baies.
L'intérieur est très caractéristique. La nef est portée par de robustes piliers cylindriques, dont les chapiteaux sont ornés, à l'origine, d'une double rangée de feuilles de choux frisés. À ces piliers, s'adosseront par la suite de grandes statues d'apôtres. La voûte est d'un gothique encore peu évolué. Les chapelles des collatéraux communiquent entre elles, formant ainsi de nouvelles nefs. Enfin, le triforium est parfois remplacé par une balustrade très ouvragée, sans galerie de circulation. La basilique de Hal en est un des plus beaux exemples.

Beffrois, halles et hôtels de ville

Dès la fin du 13e s., l'originalité des architectures se manifeste, surtout en Flandre, dans les **édifices communaux** : beffrois, halles et hôtels de ville. L'industrie drapière florissante favorise la création et la croissance des villes. Pour défendre leur

Ch. Bastin - J. Evrard/MICHELIN

Le beffroi de Mons.

prospérité, les habitants obtiennent des privilèges et des chartes urbaines garantissant le libre exercice de leur commerce. Ces précieux documents sont conservés en lieu sûr, notamment au beffroi. Les bourgeois construisent pour leurs réunions et leurs affaires des monuments imposants. Témoignant d'une autonomie locale jalousement défendue et d'une vie communale active, ces édifices s'ordonnent autour de la Grand-Place.

Beffrois – Symbole de la puissance communale (le clocher affichant la puissance ecclésiastique), le beffroi se dresse sur la Grand-Place. Il est parfois isolé, comme à Tournai et à Gand, ou englobé dans un édifice communal, halles (Bruges, Ypres) ou hôtel de ville (Bruxelles). Il est conçu comme un donjon avec échauguettes et mâchicoulis. Dans les fondations, on trouve la prison ; au-dessus, deux salles superposées avec, en saillie, une bretèche ou balcon d'où se font les proclamations. On y conserve aussi les chartes. Au sommet, la salle des cloches composant le carillon et la loge des guetteurs, porteurs de trompes. Enfin, couronnant l'ensemble, une girouette symbolisant la cité : dragon (Gand), lion des Flandres, guerrier, saint (Bruxelles) ou personnage local (Audenarde).

Halles – Le développement de la commune allait de pair avec celui de la draperie : au 15e s., il y avait à Gand 4 000 tisserands sur 50 000 habitants.
Les halles se composent d'un bâtiment rectangulaire scindé à l'intérieur en vaisseaux formant marché couvert ; à l'étage sont disposés des locaux de réunions ou des entrepôts. Les plus belles sont celles de Bruges, commencées à la fin du 13e s., et celles d'Ypres, construites à la même époque et réédifiées après la Première Guerre mondiale. À Bruges comme à Ypres, les halles englobent le beffroi car, jusqu'à la fin du 14e s., elles servent généralement de maison communale.

Hôtels de ville – Les plus beaux hôtels de ville (Bruges, Louvain, Bruxelles, Audenarde) sont édifiés à partir de la fin du 14e s., alors que se fait déjà sentir le déclin du commerce du drap. Bruges donne l'exemple avec son hôtel de ville construit

Détail de la châsse de Saint-Remacle.

en 1376. Il ressemble encore à une chapelle. Après celui-ci, viendra l'hôtel de ville de Bruxelles. Les hôtels de ville de Louvain et de Gand sont achevés sous la Renaissance, et celui d'Audernarde constitue une synthèse des précédents.
À l'extérieur, la façade est ornée de niches abritant les statues des comtes et comtesses de Flandre et des saints patrons de la cité. Au 1er étage, la grande salle des Échevins, faisant office de salle de réunion ou de salle des fêtes, est décorée de tapisseries ou tableaux représentant l'histoire de la ville ou la vie de son saint patron, et comporte toujours une cheminée monumentale. À Damme, le rez-de-chaussée de l'hôtel de ville abrite les halles.

Demeures et maisons des corporations – Le style gothique se manifeste également dans les demeures et maisons de corporations flamandes, notamment à Bruges où se crée un style bien particulier, de tendance flamboyante, qui se perpétue au 16e s. : les fenêtres sont à l'origine surmontées d'un tympan décoré, par la suite fenêtres et tympans sont réunis sous une accolade, ce qu'on appelle la **travée brugeoise**.
Toutes les réunions des corporations avaient lieu en leurs sièges, où les biens de la guilde étaient conservés. Les façades richement décorées, ornées de la statue du saint patron ou d'un animal symbolique, témoignent du rôle de premier plan que les corporations jouaient dans la société. Les plus belles maisons de corporations gothiques se dressent encore sur le quai aux Herbes à Gand.

La beauté des retables en bois et des stalles

Pendant la seconde moitié du 15e s. et au début du 16e s. se développa en Brabant (Bruxelles, Louvain) à Anvers et Malines une école de sculpture qui produisit d'innombrables retables en bois, remarquables pour leur finesse d'exécution et leur réalisme empreint de pittoresque et d'une facture encore gothique. Parmi ces **retables brabançons**, outre celui d'Hakendover (1430), le plus ancien conservé en Belgique et aussi l'un des plus élégants, il faut signaler le magnifique retable de saint Georges (1493) par Jan Borreman exposé au musée du Cinquantenaire à Bruxelles.
La même veine pittoresque se manifeste dans la sculpture des **stalles** dont les accoudoirs et les miséricordes (supports de sièges) s'ornent, dans les églises brabançonnes, de figures satiriques pleines de fantaisie, illustration sans pitié des vices humains. Celles de Diest sont parmi les plus remarquables.

Ch. Bastin - J. Evrard/MICHELIN

Les arts décoratifs

La Belgique gothique fait surtout preuve d'originalité dans la décoration des intérieurs de monuments religieux ou civils. Le travail du bois (retables, statues, stalles, poutres) est remarquable, de même que celui de la pierre, ainsi qu'en témoignent les **jubés** flamboyants de Lierre, Walcourt et Tessenderlo. L'orfèvrerie mosane disparaît après le 13e s. ; en revanche, les dinandiers, répandus dans tout le pays, exécutent de magnifiques chandeliers, fonts baptismaux et lutrins.
La peinture et la tapisserie produisent à cette époque des œuvres exceptionnelles.

La Renaissance (16e s.)

L'influence italienne n'est que superficiellement ressentie en Belgique et seulement à partir de 1530 environ.

Architecture

Alors que les édifices religieux conservent le style gothique, la Renaissance italienne apparaît dans les édifices civils. Bien que l'hôtel de ville d'Audenarde (1526-1530) et la cour intérieure du palais des Princes-Évêques à Liège (1526) restent pour la plupart fidèle à l'esprit gothique, ils annoncent déjà la Renaissance. À Anvers, l'hôtel de ville (1564), construit par **Cornelis Floris de Vriendt** (1514-1575) ainsi que les maisons de corporations de la Grand-Place (fin du 16e s.), traduisent un goût nouveau. Celui-ci touche surtout les façades où apparaissent des colonnes engagées, des pilastres, des statues (hôtel de ville d'Anvers), des frises (ancien greffe à Bruges), des pignons soulignés de volutes et couronnés de statues (hôtel de ville de Furnes). Les fenêtres sont souvent surmontées de tympans moulurés, apport régionaliste hérité du gothique. En fait, l'ampleur et l'exubérance de la décoration ont permis de qualifier de **pré-baroque** le style Renaissance dans les Flandres.
Dans la deuxième partie du 16e s., sous la domination espagnole, un style nommé **hispano-flamand** se développe dans les châteaux. Il se caractérise par la présence de bulbes, comme à Ooidonk, de tourelles, comme à Rumbeke, ou de pignons à redans, comme à Beersel. Ces éléments décoratifs donnent aux édifices une silhouette pittoresque et caractéristique.

Sculpture

La sculpture Renaissance en Belgique s'exprime pour la première fois dans le jubé de la collégiale Ste-Waudru à Mons, œuvre du Montois **Jacques Du Brœucq** (vers 1500-1584), dont seulement quelques reliefs et statues en albâtre ont été conservés. Malgré les représentations iconographiques encore traditionnelles, l'artiste arrive à développer un style personnel. **Cornelis Floris de Vriendt**, architecte de l'hôtel de ville d'Anvers, est aussi le réalisateur du magnifique tabernacle de Léau. Les œuvres de **Jérôme Duquesnoy l'Ancien** (vers 1570-1641), connu pour son Manneken Pis, rappellent celles de Cornelis Floris, notamment dans le tabernacle d'Alost. Sculpteur de Charles Quint, **Jean Mone** (mort vers 1548), originaire de Metz (France), est l'auteur de monuments funéraires (Enghien, Hoogstraten) et de retables (Hal) dans la plus pure ligne italienne.

L'art baroque (17e s.)

Le début du 17e s. correspond à une ère de tranquillité après les guerres de Religion et d'Indépendance. L'Espagne est alors représentée par les archiducs Albert et Isabelle, tenant une cour fastueuse à Bruxelles. Ces souverains catholiques font construire de nombreux édifices religieux. Cependant, jusqu'au milieu du siècle, le grand centre artistique est encore Anvers où Rubens meurt en 1640.

Architecture religieuse

Au début du siècle, la basilique de Montaigu, surmontée d'un dôme, et réalisée par **Cobergher** à la demande des archiducs, marque l'apparition du style baroque en Belgique. Puis, de nombreux édifices religieux de la Compagnie de Jésus, tels St-Charles-Borromée à Anvers, St-Loup à Namur, St-Michel à Louvain, s'inspirent de l'église du Gesù édifiée à Rome au siècle précédent.

À la fin du siècle, plusieurs abbatiales de prémontrés adoptent le style baroque : Grimbergen, Averbode, Ninove. Ce sont des édifices grandioses dont le plan en forme de croix tréflée est prolongé par un chœur particulièrement long ; celui-ci est réservé aux moines. Ces églises sont parfois surmontées d'une coupole comme à Grimbergen.

Architecture civile

Quelques édifices civils sont à signaler, tel le **beffroi de Mons**.

Le plus bel ensemble urbain relevant du style baroque est la **Grand-Place de Bruxelles**. Réédifiée après le bombardement de 1695, elle témoigne d'une verve décorative débridée tout en restant tributaire d'un certain esprit Renaissance encore visible dans l'ordonnance des ordres dorique, ionique et corinthien, qui rythme les façades, et dans les balustrades de certains frontons.

En pays mosan, les maisons du 17e s., très caractéristiques, n'affichent aucune fantaisie, avec leurs murs de brique entrecoupés de rangées de pierre de taille entre lesquelles s'ouvrent de hautes fenêtres à meneaux, comme le musée Curtius à Liège.

Sculpture

Nombre d'églises de l'époque sont ornées à l'intérieur de sculptures de l'Anversois **Artus Quellin le Vieux** (1609-1668), très influencé par Rubens, ou de son cousin **Artus Quellin le Jeune** (1625-1697). Au Malinois **Luc Fayd'herbe** (1617-1697), élève de Rubens, on doit de colossales statues adossées aux colonnes de la nef et des retables. **François Duquesnoy** (1597-1643), fils de Jérôme, travaille surtout à Rome. Il est connu pour ses angelots ou « putti », gracieuses figurines de marbre, de terre cuite ou d'ivoire. Il serait l'auteur, ainsi que son frère **Jérôme Duquesnoy le Jeune** (1602-1654), d'innombrables crucifix d'ivoire tous semblables par leur finesse et leur élégance (château de Spontin).

À Liège, **Jean Delcour** (1627-1707), qui fut collaborateur du Bernin à Rome, sculpte d'élégantes effigies de madones et de saints.

Enfin, l'Anversois **Henri-François Verbruggen** (1655-1724) s'illustre dans le travail du bois : ses confessionnaux de Grimbergen, précédés de personnages grandeur nature, montrent un mouvement et une vigueur remarquables. Ils furent très imités par la suite.

Verbruggen crée aussi, à la cathédrale des Sts-Michel-et-Gudule de Bruxelles, le prototype de ces chaires à prêcher, nommées en Belgique **chaire de vérité**, représentant Adam et Ève chassés du paradis terrestre. Il faut signaler enfin, les stalles d'Averbode, de Floreffe, de Vilvorde, ornées de personnages, qui sont remarquables.

Le 18e siècle

Architecture

Le baroque subsiste dans les édifices religieux, mais à la fin du siècle, sous la domination de Charles de Lorraine (1744-1780), se répand le **style néoclassique**. La **place Royale de Bruxelles** est aménagée dans ce style par les architectes français Guimard et Barré. **Laurent Dewez** (1731-1812), architecte de ce gouverneur, construit dans le même style l'abbatiale d'Orval (1760), aujourd'hui détruite, puis celle de Gembloux (1762-1779) et enfin celle de Bonne-Espérance (1770-1776).

Sculpture
La sculpture baroque prolifère encore dans les églises. Les chaires deviennent **rococo**, comme l'élégant ensemble réalisé en chêne et marbre à St-Bavon de Gand, par **Laurent Delvaux** (1696-1778) qui adoptera par la suite le style néo-classique. **Théodore Verhaegen** (1700-1759), outre plusieurs chaires, exécute à Ninove un exubérant confessionnal aux figures majestueusement sculptées dans le bois. **Michel Vervoort le Vieux** (1667-1737) est l'auteur de chaires et de confessionnaux garnis de statues comme ceux de l'église St-Charles-Borromée à Anvers.

Arts décoratifs
Les arts décoratifs sont à l'honneur au 18e s. : tapisserie, dentelle, céramique de Tournai, ébénisterie de Liège. Les meubles liégeois, inspirés du style français, garnissent de riches intérieurs aux murs tendus de cuirs peints et de tapisseries (musée d'Ansembourg, Liège). Dans la province de Liège, la richesse de l'aménagement intérieur des châteaux contraste avec la sobriété de l'architecture liégeoise (Aigremont).

Le 19e siècle

Architecture
Au début du 19e s., le style néoclassique triomphe à Bruxelles (théâtre royal de la Monnaie, Hospice Pacheco), à Gand (Grand Théâtre, Palais de Justice, Université) et à Anvers (Théâtre Bourla).
La fin du siècle voit le goût pour les pastiches de styles anciens et les **styles néo**, dont le plus bel exemple est le palais de Justice de Bruxelles de style gréco-romain, conçu par **Poelaert** (1817-1879). D'autres exemples de style néo sont l'abbaye néogothique de Maredsous (1872, J.B. Béthune), les Galeries St-Hubert à Bruxelles en style néo-renaissance (1846, J.P. Cluysenaar) et l'église néo-byzantine Ste-Marie à Schaarbeek (1845, L. Van Overstraeten). Les **éclectiques** ne se contentent pas d'un seul style mais combinent des éléments empruntés au vocabulaire historique. La **Gare centrale d'Anvers** (1895-1905, L. De la Censerie) et le quartier Zurenborg avec la Cogels-Osylei à Berchem près d'Anvers en sont les exemples les plus remarquables.
Cependant, à partir de 1890, quelques architectes en révolte contre le plagiat du passé cherchent à renouveler formes et matériaux.

Le Grand Théâtre à Gand.

Sculpture
Guillaume Geefs (1805-1883), représentant du néoclassicisme, est l'auteur de la statue de Léopold Ier au sommet de la colonne du Congrès à Bruxelles. À partir de 1830, le romantisme et le goût pour le quattrocento s'expriment dans les sculptures de **Charles Fraikin** (1817-1893) et de **Julien Dillens** (1849-1904). Celui-ci participe avec Rodin, exilé, à la décoration de la Bourse de Bruxelles. **Thomas Vinçotte** (1850-1925) compose le groupe de chevaux impétueux de l'arc de triomphe du Cinquantenaire. **Jef Lambeaux** (1852-1908) séduit par sa fougue et son élan rappelant Jordaens (fontaine Brabo à Anvers). **Constantin Meunier** (1831-1905), d'abord peintre, se tourne vers la sculpture en 1885 ; il s'accorde à l'ère industrielle nouvelle et s'attache à représenter l'homme au travail, le mineur en plein effort.

L'Art nouveau

Courant artistique typique de la Belle Époque, l'Art nouveau jouit de nos jours encore d'une renommée internationale. Doit-il son succès aux formes florales audacieuses et à la décoration élégante en fer forgé ou plutôt au coup d'œil auquel n'échappe aucun détail et au raffinement du savoir-faire ? Un fait est certain, quiconque visite la maison de Victor Horta à Bruxelles ne peut rester insensible à tant d'harmonie et d'esthétique.

Ch. Bastin - J. Evrard/MICHELIN

La Maison du peintre de St-Cyr à Bruxelles (architecte : G. Strauven).

Les différents courants européens

L'Art nouveau, mouvement artistique international de la période 1893-1914, naît de façon convergente dans plusieurs pays européens où il porte des noms différents. En premier lieu, vient le mouvement franco-belge qui se caractérise par une ligne organique et asymétrique, inspirée par la nature. Le terme Art nouveau est emprunté au nom de la galerie d'art que Samuel Bing ouvrit à Paris à la fin du 19e s. Le terme allemand « Jugendstil », issu de la revue *Die Jugend* publiée à partir de 1896, désigne davantage la tendance géométrique de ce style. En Autriche, l'on parle de « Sezessionsstil » dont les représentants les plus importants sont Josef Hoffmann et les « Wiener Werkstätte » (les ateliers viennois). En Espagne, apparaît le « Modernismo » avec Antonio Gaudí et en Angleterre, enfin, le « Modern Style » (le mouvement « Arts and Crafts » avec William Morris et la Glasgow School of Art avec Charles Rennie Mackintosh). En dépit des caractéristiques propres, le lien qui unit ces mouvements européens est avant tout la volonté de rompre avec l'historicisme dominant.

L'Art nouveau belge

Lorsque à la fin du 19e s., les différents styles néo et l'éclectisme triomphent, quelques jeunes architectes en révolte contre le plagiat du passé cherchent à renouveler formes et matériaux ; ils créent un tout nouveau style. La première maison Art nouveau, l'Hôtel Tassel (1893), est l'œuvre de l'architecte gantois **Victor Horta** (1861-1947). La même année, **Paul Hankar** (1859-1901), appartenant à la tendance plus géométrique de l'Art nouveau, construisit sa propre maison à St-Gilles (Bruxelles). Deux ans plus tard, **Henry Van de Velde** (1863-1957) fit ériger la villa Bloemenwerf à Uccle (Bruxelles) dans un style qui rappelle les cottages anglais.

L'Art nouveau en Belgique n'avait rien d'un style artistique ordinaire. Ses inspirateurs étaient de jeunes intellectuels libres-penseurs et avant-gardistes, qui étaient souvent associés au mouvement socialiste. Ce sont eux qui en 1896 chargèrent l'architecte Horta de la construction de la célèbre **Maison du Peuple** à Bruxelles. Celle-ci fut démolie dans les années 1960 malgré un concert de protestations internationales. Parmi la clientèle de Horta, figurent des personnages progressistes de la vie économique, politique et sociale, tels l'industriel Solvay ou les propriétaires des magasins Waucquez.

Matériaux et formes

Il faut attendre l'Art nouveau pour que le fer, l'acier et le verre, nouveaux matériaux déjà utilisés dans les usines, gares et halles, deviennent apparents dans les habitations et ne soient plus dissimulés sous briques ou plâtrage. D'ailleurs, non contents de renouveler uniquement la forme, les adeptes de l'Art nouveau se mirent en quête d'une nouvelle esthétique des matériaux. Il en fut de même pour la conception de

l'espace où la fonctionnalité prit le dessus. C'est ainsi que Victor Horta révolutionna le plan de l'habitation en créant un puits de lumière autour duquel les pièces sont organisées.

L'Art nouveau se rallie aussi au principe du « Gesamtkunstwerk » (œuvre d'art totale). La construction et le langage des formes de l'habitation étant totalement différents des styles courants, les architectes se virent contraints de concevoir aussi sols de mosaïque, vitraux, clenches, rampes d'escaliers, charnières, lampes, tapis et meubles. Van de Velde poussa le raffinement jusqu'à assortir les tentures, la vaisselle et les toilettes de sa femme à leur intérieur. Tous ces objets aux courbes sinueuses étaient fabriqués par des artisans spécialisés, mais leur coût élevé, dans un climat socio-économique en pleine mutation, ne contribua pas à prolonger l'essor de l'architecture Art nouveau.

L'Art nouveau à Bruxelles

Bruxelles est la capitale de l'Art nouveau par excellence. De la période 1893-1914, on a répertorié plus de 500 façades d'une valeur exceptionnelle, c'est-à-dire plus que dans toute autre ville au monde. La plupart de ces maisons se trouvent dans les faubourgs de la capitale belge. Parmi les bâtiments de Victor Horta subsistant encore de nos jours, citons sa propre maison, l'actuel **Musée Horta** (1898-1901) à Saint-Gilles, les **Magasins Waucquez** (1903-1906) qui abritent aujourd'hui le Centre belge de la Bande Dessinée, et l'**hôtel Van Eetvelde** (1895-1898). D'autres maisons importantes de style Art nouveau à Bruxelles sont : **Old England** (1899), abritant actuellement le musée des Instruments de Musique, de Paul Saintenoy, la **Maison du peintre de St-Cyr** (1900) de Gustave Strauven, remarquable par l'étroitesse de sa façade et son exubérance, la **Maison Cauchie** (1905), habitation de Paul Cauchie, et sa façade-affiche, et l'**hôtel Hannon** (1901) de Jules Brunfaut. Signalons également l'intérieur de la **Maison Cohn-Donnay** (1904, actuellement le café-restaurant « De Ultieme Hallucinatie ») de Paul Hamesse.

Le célèbre **Palais Stoclet** (1905-1911), conçu par l'autrichien Josef Hoffmann et les « Wiener Werkstätte » pour la famille Stoclet, annonce la fin de l'Art nouveau et le début du modernisme.

L'Art nouveau dans le reste du pays

La ville d'Anvers est également réputée pour ses magnifiques maisons Art nouveau, notamment dans le **quartier Zurenborg**, illustrant à merveille la diversité des styles fin de siècle. Les demeures de style Art nouveau, dans ce quartier remarquablement bien préservé, sont de Jos Bascourt, Jules Hofman et Frans Smet-Verhas. C'est à ce dernier que l'on doit aussi l'immeuble **Les Cinq Continents** (1901). La maison du peuple libérale **Help U zelve** (1881) de Van Averbeke et Van Asperen mérite également d'être citée.

À Gand, les adeptes du nouveau style étaient les architectes Geo Henderick et Achiel Van Hoecke-Dessel tandis qu'à Liège, les personnalités les plus importantes étaient Paul Jaspar et Gustave Serrurier-Bovy, ce dernier surtout dans le domaine de l'ébénisterie et des arts décoratifs.

Ch. Bastin - J. Evrard/MICHELIN

Le palais Stoclet à Woluwe-St-Pierre.

De l'Art déco à l'époque contemporaine

Talboom/EUREKA SLIDE

Grands noms de l'architecture belge, Victor Horta et Henry Van de Velde n'ont pas fait d'émules à l'époque moderne et contemporaine. En raison de sa situation au cœur de l'Europe, la Belgique a toutefois réalisé une synthèse parfois unique des styles d'avant-garde nombreux et divergents des pays voisins.

Architecture

Le palais Stoclet (1906-1911, Josef Hoffmann) eut une énorme influence sur l'évolution de l'architecture tant en Belgique qu'à l'étranger. Façades blanches, toits plats et volumes géométriques annoncèrent déjà l'architecture moderne et trouvèrent partout des adeptes. La Première Guerre mondiale mit toutefois un frein à ce développement, car en général la préférence fut donnée à la reconstruction des villes dévastées dans les styles historiques, tentant ainsi de renouer avec les traditions et les certitudes d'avant-guerre. Mais l'évolution se poursuivit. Parmi les mouvements architecturaux en Belgique pendant l'entre-deux-guerres, nous nous limiterons ici aux deux styles les plus importants : l'Art déco et le modernisme.

L'Art déco

L'Art déco (le terme est dérivé de l'« Exposition internationale des Arts décoratifs et industriels modernes » organisée à Paris en 1925) est un mouvement qui s'inscrit entre le modernisme et l'architecture traditionnelle. Les formes cubiques rigoureuses sont encore parées d'éléments traditionnels : colonnes sans chapiteau, frises et plafonds à caissons. Les pavements de mosaïque, les carrelages colorés habillant les sols et les éléments en argent, acier et laiton étaient très en vogue. Tout comme pour l'Art nouveau, la construction et l'intérieur forment un ensemble harmonieux selon le principe sacro-saint du « Gesamtkunstwerk ». Quelques exemples d'édifices de style Art déco à Bruxelles sont la Basilique de Koekelberg (1920-1970, **Albert Van Huffel**), l'hôtel de ville de Forest (1925-1936, **J.B. Dewin**), l'Institut National de Radiodiffusion, place Flagey (1933-1939, **Joseph Diongre**) et le Palais des Beaux-Arts (1919-1928), l'une des dernières œuvres de **Horta**. **Antoine Pompe** et **Jef Huygh** sont d'autres représentants importants de ce courant.

Le modernisme

Tout comme l'acier et la fonte servirent au 19e s. à créer de nouvelles constructions, les modernistes introduisirent l'utilisation du béton armé et le système du vitrage. Les lignes abstraites, la sobriété des ornements et les volumes simples et pures étaient typiques du mouvement moderniste. Les formes mais aussi les techniques étaient nouvelles. La pénurie de logements de l'après-guerre plaça les architectes devant un nouveau défi : construire rapidement des habitations sociales bon marché. Ce fut l'éclosion des cités-jardins dans les années 1920 : « Floréal » et « Le Logis » à Watermael-Boisfort réalisés par les architectes **Jean J. Eggerickx** et **Louis Van der Swaelmen**, « Klein Rusland » à Zelzate et « Kapelleveld » à Woluwé-St-Lambert de **Huib Hoste** et la Cité moderne à Berchem-St-Agathe de **Victor**

Aeromodeller
de Panamarenko.

Bourgeois. D'autres représentants importants du modernisme sont **Henry Van de Velde** (Bibliothèque universitaire de Gand, 1932-1935), **Eduard Van Steenbergen** (Athénée royal de Deurne, 1936), **Louis Herman De Koninck**, **Gaston Eysselinck** et **Marcel Leborgne** construisent des habitations dans le style de Le Corbusier, et **Léon Stynen** (Casino d'Ostende, 1948).

De 1945 à nos jours

Après la Seconde Guerre mondiale, Bruxelles s'attaque à la reconstruction avec acharnement. L'axe Nord-Sud est enfin achevé et plusieurs complexes monumentaux sont érigés, tels le nouvel immeuble de la Banque nationale, la Cité administrative (1958-1984) et le World Trade Center (1969). Le Mont des Arts retrouve un nouveau look et on commence la construction de la Bibliothèque Royale (1949-1964).

Symboles de la modernité, les « tours » dans les années 1950, servent surtout de logements sociaux (ensemble d'habitations, quartier du Kiel, Anvers). L'architecture moderne des années 1960-1970 compte parmi ses représentants les plus importants le militant social **Renaat Braem**, **Roger Bastin** (Musée d'Art moderne à Bruxelles, 1973), **Jacques Dupuis**, **Claude Strebelle** et **Charles Vandenhove** (Campus universitaire du Sart Tilman près de Liège, 1960), **André Jacqmain** (Université Catholique de Louvain à Louvain-la-Neuve, 1972) et **Lucien Kroll** (La Mémé ou Maison Médicale sur le terrain de l'U.C.L. - Université Catholique de Louvain - à Woluwe-St-Lambert, 1975). **Bob Van Reeth** (Café « Zuiderterras » à Anvers, 1987), **Bruno Albert** (École des Hautes Études Commerciales à Liège, 1994), **Jo Crepain**, **Willem-Jan Neutelings** (Caserne Hollain à Gand, 1993-1998), **Xaveer De Geyter**, **Christian Kieckens**, **Stéphane Beel** (Musée Roger Raveel à Machelen-aan-de-Leie, 1999), **Paul Robbrecht** et **Hilde Daem** (Concertgebouw à Bruges, 2002) représentent la jeune génération d'architectes.

Sculpture

La période impressionniste est surtout illustrée par **Rik Wouters** (1882-1916) qui laisse éclater sa spontanéité dans des réalisations très enlevées comme *La Vierge folle*.

George Minne (1866-1941) jette les bases de l'expressionnisme qui a comme principaux représentants **Oscar Jespers** (1887-1970) et **Joseph Cantré** (1890-1957). **Georges Grard** (1901-1984) célèbre l'image sensuelle du corps féminin. Dans les années 1920, l'art abstrait fait déjà une apparition dans les œuvres de **Victor Servranckx**. Parmi les pionniers de l'après-guerre, citons **Maurice Carlier** et **Félix Roulin** (né en 1931) qui martèle dans le cuivre un monde très personnel en insérant des fragments de corps humain (mains, bouches, jambes, etc.) dans des reliefs. **Jacques Moeschal** (né en 1913), architecte et sculpteur, jalonne les autoroutes et les espaces urbains de ses œuvres d'acier ou de béton. **Vic Gentils** (1919-1997) réalise des assemblages avec du matériel de récupération. **Pol Bury** (né en 1922), héritier des surréalistes et proche du groupe COBRA, s'est attaché depuis les années 1950 à concevoir des sculptures où le mouvement est toujours présent. L'Anversois **Panamarenko** (né en 1940) fait l'analyse de la relation entre l'art et la science moderne. Ses aéronefs et autres « avions » sont à la fois ludiques et poétiques.

La peinture

Jan Van Eyck, Pierre-Paul Rubens, Pieter Bruegel, James Ensor et René Magritte sont les grands noms belges de la peinture d'Europe occidentale. Synthèse unique des influences de leur époque, leurs œuvres fascinent encore le spectateur du 21e siècle.

Cussac/Musées royaux des Beaux-Arts, Bruxelles

Les primitifs flamands

Le 15e s. est l'âge d'or de la peinture flamande. Un courant naturaliste est déjà apparu dès la fin du 14e s. avec Hennequin de Bruges ou Jean Bandol, dessinateur des cartons de la tapisserie *L'Apocalypse* d'Angers (France), et Melchior Broederlam, de Ypres, peintre des retables de la chartreuse de Champmol, en Bourgogne. Leur art reste cependant très proche de la **miniature** où les Flamands d'ailleurs excellent, sous l'égide des ducs de Bourgogne. Au début du 15e s., les frères Pol, Jean et Herman de Limbourg, miniaturistes des *Très Riches Heures du duc de Berry* (château de Chantilly, France), montrent un réalisme descriptif étonnant.

L'art des primitifs flamands délaisse le cadre restreint de la miniature pour s'attaquer à de nouveaux supports et formats. Guidés par l'esprit du siècle, ces artistes, qui occupent une place de choix dans la société de leur époque, vont observer le réel avec un souci d'objectivité qui révolutionnera la composition.

Le plus grand peintre innovateur est **Jan Van Eyck** (probablement né vers 1390/1400 à Maaseik dans le Limbourg et mort à Bruges en 1441) dont le retable de *L'Agneau mystique* (église St-Bavon, Gand), par son utilisation de la perspective, du détail réaliste et de couleurs vives adoucies par la lumière, reste une des merveilles de la peinture occidentale. On lui a longtemps attribué, à tort, l'invention de la peinture à l'huile.

À la même époque travaille à Tournai **Robert Campin** (vers 1379-1444) que la plupart identifient avec le maître de Flémalle. Il a pour élève le Tournaisien Rogier de la Pasture, mieux connu sous le nom de **Rogier Van der Weyden** (vers 1400-1464), qui devint le peintre officiel de la ville de Bruxelles en 1436. Ses compositions pathétiques sont imprégnées de mysticisme, tandis que ses portraits sont remarquables par la précision et la netteté du dessin. Ses vierges au doux visage ovale et au large front firent école.

Après avoir étudié dans l'atelier de Van der Weyden, **Dirk Bouts** (1415-1475), originaire de Haarlem (Pays-Bas), s'établit à Louvain en 1468. Si dans ses tableaux, le dépouillement et la sobriété de la composition dénotent l'influence de Van der Weyden, le style est bien caractéristique : l'impassibilité des expressions, tempérée par la finesse de la touche, la richesse des coloris et la minutie du décor donnent à ses peintures un cachet nordique.

Après Van Eyck, l'école de Bruges compte **Petrus Christus** (né à Baarle vers 1420 et mort à Bruges vers 1473), bon portraitiste dont les réalisations se caractérisent par la richesse du coloris, et l'Allemand **Hans Memling** (vers 1435-1494) qui offre dans ses tableaux une séduisante synthèse des caractères picturaux de l'époque, tant dans ses compositions religieuses suaves et recueillies que dans ses admirables portraits d'une maîtrise exceptionnelle. **Gérard David** (vers 1460-1523) en est le continuateur. Ce dernier des grands primitifs réalise d'excellentes compositions aux coloris saturés et aux ombres parfois profondes. À Gand, les tableaux religieux aux personnages populaires réalistes de **Hugo Van der Goes** (vers 1440-1482) apportent un souffle nouveau.

Pietà *de Rogier Van der Weyden.*

La Renaissance et le maniérisme (16e s.)

Au début du 16e s., la Renaissance italienne ne trouve que peu de résonance dans l'art flamand. À cette époque, le gothique flamboyant domine encore, et les rares éléments de style renaissance n'y portent pas ombrage. Anvers, qui sur le plan économique prend le relais de Bruges, devient alors le foyer artistique le plus important des Pays-Bas méridionaux.

Le premier peintre qui s'inspire de la Renaissance est **Quentin Metsys** (1466-1530). Ami d'Érasme, il présente un style teinté d'influence italienne qui annonce le manièrisme anversois. Ses disciples **Patinir** (1485-1524) et **Henri Blès** (mort en 1560), deux artistes mosans, sont d'habiles paysagistes.

Des artistes comme **Jan Gossaert** (vers 1478-1532) et **Barend van Orley** (vers 1492-1542) entreprennent le voyage en Italie et, à leur retour, répandent l'italianisme que poursuivent **Pieter Coecke van Aelst** (1502-1550, œuvrant à Anvers) et **Lambert Lombard** (1505-1566, œuvrant à Liège).

Vers 1550 se développe le maniérisme dont les principaux représentants sont l'Anversois **Frans Floris** (vers 1516-1570), son élève **Maarten de Vos** (1532-1603), et le Brugeois **Pieter Pourbus** (vers 1523-1584). **Pieter Bruegel l'Ancien** (vers 1525-1569) fait également partie de cette génération. Son style unique le hausse toutefois au-dessus de ses contemporains. Ses tableaux où abondent les détails pittoresques sont le reflet de la vie au Brabant au 16e s. Son fils, Pieter Bruegel le Jeune (vers 1564-1638), dit Bruegel d'Enfer, l'imite avec talent.

Les 17e et 18e siècles

Le 17e s. est, comme le 15e s., un âge d'or de la peinture avec Anvers comme principal centre artistique. **Pierre-Paul Rubens** (1577-1640), artiste universel, dont le style baroque exubérant exprime la joie de vivre et la sensualité, réalise l'accord entre le réalisme flamand et l'harmonie italienne. Il peint de nombreux tableaux religieux, mais s'adonne aussi à l'art du portrait et du paysage. **Antoine Van Dyck** (1599-1641), qui vécut en Angleterre à partir de 1632, est sans doute l'élève et le collaborateur le plus talentueux de Rubens. Ce technicien extraordinaire, au style très raffiné, est l'auteur d'œuvres souvent mélancoliques, mais aussi de tableaux religieux et d'élégants portraits.

Autre élève et assistant de Rubens, **Jacob Jordaens** (1593-1678) préfère les scènes populaires truculentes et colorées.

Parmi les autres artistes de la même époque, citons **Frans Snijders** (1579-1657), peintre animalier qui se spécialise également dans les natures mortes, et son élève **Paul de Vos** (vers 1591-1678) dont le frère **Cornelis de Vos** (vers 1584-1651) est un portraitiste exceptionnel. Jan Bruegel, nommé **Bruegel de Velours**, est connu pour ses peintures de fleurs et de paysages. Son gendre, **David Teniers le Jeune**

Koninklijk Museum voor Schone Kunsten, Antwerpen

Koninklijk Museum voor Schone Kunsten, Antwerpen

L'Adoration des mages *de Rubens.*

(1610-1690), met à la mode le genre rustique. **Jan Siberechts** (1627-1703) est un paysagiste important tandis que **Daniel Seghers** (1590-1661) réalise des tableaux de fleurs. **Adriaen Brouwer** (vers 1605-1638), mort jeune, réalise de magnifiques tableaux de genre.
Le 18e s. s'attarde un peu dans les peintures religieuses de **Pieter Jozef Verhaghen** (1728-1811), continuateur de Pierre-Paul Rubens.

Les 19e et 20e siècles

Au début du 19e s., on assiste au plein essor du néoclassicisme dont le principal représentant est le portraitiste **François-Joseph Navez** (1787-1869), élève du Français Jacques-Louis David, en exil à Bruxelles. Le romantisme fait son apparition en 1830 avec **Gustaaf Wappers** (1803-1874), **Nicaise de Keyser** (1813-1887) et **Antoine Wiertz** (1806-1865). Ce dernier, au style visionnaire, est considéré comme un précurseur du symbolisme et du surréalisme en Belgique.
En 1868, la Société libre des Beaux-Arts à Bruxelles réunit les peintres réalistes **Félicien Rops** (1833-1898), qui réalisera ultérieurement des œuvres de caractère érotique, **Alfred Stevens** (1823-1906) un portraitiste de talent et les artistes inspirés par le monde des ouvriers **Charles de Groux** (1867-1930) et **Constantin Meunier** (1831-1905).
À l'exception d'**Émile Claus** (1849-1924) qui dépeint la vie tranquille à la campagne et de **Théo Van Rysselberghe** (1862-1926) qui adopte la technique pointilliste de Seurat, les peintres de la fin du 19e s. ignorent les courants nouveaux et notamment l'impressionnisme. **Henri Evenepoel** (1872-1899) retrace l'existence quotidienne, tandis que **Henri De Braekeleer** (1840-1888) donne une poésie lumineuse aux scènes de la vie bourgeoise. **Jakob Smits** (1855-1928) est le peintre de la Campine. Les œuvres de **William Degouve de Nuncques** (1867-1935), **Xavier Mellery** (1845-1921) et **Fernand Khnopff** (1858-1921), peintre d'étranges femmes sphinx ou méduses, se rattachent au **symbolisme**.
Encore empreintes d'impressionnisme et de symbolisme, les toiles du jeune **Ensor** (1860-1949) font preuve d'un grand talent et d'originalité. Les masques et squelettes qui animent ses œuvres tardives annoncent déjà le surréalisme.
Vers 1900, la peinture belge retrouve un nouvel essor grâce au **groupe de Laethem-St-Martin**, du nom d'un petit village près de Gand. Les artistes les plus importants de la première génération de Laethem sont le paysagiste **Valerius de Saedeleer** (1867-1941) qui peint à la manière de Bruegel, le sculpteur Georges Minne et **Gustaaf van de Woestijne** (1881-1947) qui, avec ses personnages tout simples, rejoint le symbolisme. Entre 1905 et 1910, la seconde vague de Laethem est expressionniste. Parmi les principaux représentants de cette école, citons **Albert Servaes** (1883-1966) qui verse dans le mysticisme, **Gustave de Smet** (1877-1943) et **Frits van den Berghe** (1883-1939) dont les œuvres ont un caractère plutôt surréaliste. Leur chef de file, **Constant Permeke** (1886-1952) réalise des paysages et personnages dotés d'une force tranquille qui expriment, de même que ses sculptures, un lyrisme un peu primitif. Le fauvisme a été dans le Brabant un mouvement aussi important que l'expressionnisme en Flandre. Le chef de file est **Rik Wouters** (1882-1916) dont les tableaux sont teintés de constructivisme (influence de Cézanne). **Jean Brusselmans** (1884-1953) qui puise son inspiration dans ce qui l'entoure (femmes du peuple,

ouvriers, paysages, intérieurs pauvres), **Léon Spilliaert** (1881-1946) qui réalise surtout de paisibles paysages et des natures mortes, et **Edgar Tytgat** (1879-1957) se réclament aussi de l'expressionnisme.

Le surréalisme s'affirme avec **René Magritte** (1898-1967) et ses univers fantastiques où la technique précise est mise au service de l'imaginaire. **Paul Delvaux** (1897-1994) peint des femmes nues errant dans des décors de théâtre.

L'art abstrait eut en Belgique ses représentants et théoriciens avec **Joseph Peeters** (1895-1960) et **Victor Servranckx** (1897-1965) dont les œuvres géométriques rappellent Fernand Léger.

Au lendemain de la Seconde Guerre mondiale, en juillet 1945, naquit une nouvelle vague d'art abstrait avec la création de la **Jeune Peinture Belge** qui réunit Gaston Bertrand, Louis van Lint, **Anne Bonnet**, Antoine Mortier et **Marc Mendelson**. En 1948, le groupe **COBRA (Co**penhague, **Br**uxelles, **A**msterdam) est fondé par le Belge **Christian Dotremont**. Le Danois Asger Jorn, le Néerlandais Karel Appel et le Belge **Pierre Alechinsky** (né en 1927) en sont les principaux représentants. COBRA se veut une manière d'être, une forme d'art ouvertes à toutes les expériences.

Depuis 1960, les peintres belges ont suivi les grands courants internationaux sans perdre leur identité. L'œuvre de **Roger Raveel** (né en 1921) se caractérise par des silhouettes abstraites aux couleurs vives. Avec **Raoul De Keyser** (né en 1930), Raveel est considéré comme l'un des chefs de file du mouvement « Nouvelle Vision », proche du nouveau réalisme. La monochromie domine les compositions de **Marthe Wéry** (née en 1930), tandis qu'**Octave Landuyt** (né en 1922) retrace plutôt un monde magique. Parmi les artistes belges de renommée internationale, figure **Marcel Broodthaers** (1924-1976) dont l'art conceptuel, exprimé dans des assemblages de moules et d'œufs, fait fi des valeurs établies. On retrouve la même d'ironie dans les réalisations de **Jacques Charlier** (né en 1939). La relation entre l'individu et l'univers est au cœur de l'œuvre de **Thierry de Cordier** (né en 1954). **Jan Fabre** (né en 1958) est surtout connu pour ses dessins au bic bleu, ses assemblages et ses productions dramatiques, tandis que **Lili Dujourie** (né en 1941) et **Marie-Jo Lafontaine** (née en 1950) pratiquent l'art de la vidéo. Les pastels poétiques de **Jean-Michel Folon** (né en 1934) méritent également d'être cités.

La repasseuse *de Rik Wouters.*

Koninklijk Museum voor Schone Kunsten, Antwerpen

Au fil des tissus

Si aujourd'hui elle occupe une place plutôt discrète dans le domaine des arts décoratifs, la tapisserie a été autrefois l'un des plus beaux fleurons de la vie artistique dans les Pays-Bas méridionaux. Chaque cour européenne se devait tout simplement de posséder au moins une suite de tapisseries flamandes !

L'art d'habiller les murs

Destinée à l'ornementation des murs des châteaux ou des églises, la tapisserie serait apparue en Europe à la fin du 8e s. Elle s'y développa surtout à partir du 14e s. et prit en Flandre une importance considérable. Au début du 16e s., Bruxelles possède plus de 1 500 artisans tapissiers. Les tapisseries tissées en Flandre sont commandées par les plus grands princes de l'Europe, par les rois d'Espagne et par le pape.

Technique et sujets

La tapisserie est réalisée sur un métier où des fils de trame colorés et des fils de chaîne de couleur neutre s'entrecroisent pour former des motifs. La trame est constituée de fils de laine souvent mêlée de soie, d'or ou d'argent. Les motifs s'inspirent d'un modèle peint ou « carton ». Si la chaîne est horizontale, le métier est dit de **basse lice** ; si elle est verticale, il s'agit d'un métier de **haute lice** (le premier cas est le plus courant en Belgique).

Les premières tapisseries furent surtout des compositions religieuses. Plus tard, apparurent les tableaux historiques, les scènes de chasse, les allégories, les scènes mythologiques. Plusieurs tapisseries illustrant le même thème forment une tenture ou une suite.

Les principaux centres de production

Dans les Pays-Bas méridionaux, Tournai, Bruxelles et Audenarde étaient les trois principaux centres de production.

Tournai

Le principal centre de production est d'abord Arras, sous la domination des ducs de Bourgogne. La prise de la ville par Louis XI, en 1477, entraîne son déclin. Tournai, déjà entrée en concurrence avec Arras, va complètement la supplanter.

Les compositions tournaisiennes sont sans bordure ; l'histoire y est représentée en plusieurs scènes étroitement juxtaposées. On n'y observe pas d'espace vide : entre les personnages aux vêtements somptueux s'inscrivent des végétaux.

L'ensemble est d'ailleurs très stylisé, même lorsque le sujet s'inspire d'un tableau comme la **Justice de Trajan et d'Herkenbald** (musée d'Histoire de Berne), réalisée d'après des œuvres de Van der Weyden, qui aujourd'hui ont malheureusement disparu. On peut citer parmi les plus fameuses réalisations tournaisiennes : *La Tonte des moutons*, *L'Histoire de Gédéon* (disparue) (1449-1453) et *L'Histoire d'Alexandre* (1459), tissées pour Philippe le Bon, et *La Bataille de Roncevaux* (deuxième moitié du 15e s.).

Bruxelles

Dès le 14e s., la tapisserie est en honneur à Bruxelles. Cependant, les plus anciennes tapisseries bruxelloises connues remontent à la seconde moitié du 15e s. : en 1466, les ducs de Bourgogne passent leur première commande. Au début, les compositions de technique très raffinée sont d'esprit encore gothique : **David et Bethsabée** (début du 16e s.).

Van Deuren/MUSÉES ROYAUX DES BEAUX-ARTS, BRUXELLES

La Légende de Notre-Dame-du-Sablon *au musée du Cinquantenaire à Bruxelles.*

La tapisserie bruxelloise atteint son apogée à la fin du 15e s. Un nouveau style se crée sous l'impulsion de **Barend van Orley** (vers 1488-1541) : la composition devient monumentale, les scènes sont désormais présentées avec une grande recherche et ne traitent qu'un seul sujet, soigneusement mis en valeur : personnages vêtus de somptueux costumes, paysages enrichis d'édifices Renaissance, plantes minutieusement reproduites, bordures chargées de fleurs, de fruits et de grotesques, animaux ou arabesques. À partir de 1525, on distingue dans l'encadrement les initiales BB (Bruxelles Brabant). À Van Orley, on doit la série des **Honneurs**, exécutée pour Charles Quint vers 1520, la **Légende de Notre-Dame-du-Sablon** (1515-1518) et les **Chasses de Maximilien**, que réalisa Guillaume de Pannemaker, membre d'une talentueuse famille de tapissiers. Dans ces dernières, la nature est dépeinte d'une façon remarquable. Raphaël exécute les cartons des **Actes des Apôtres** (1515-1519) commandés par le pape Léon X. Le peintre **Pieter Coecke van Aelst** est l'auteur des cartons des *Péchés capitaux* et de *L'Histoire de saint Paul. La Légende d'Herkenbald* (1513) et la série des **Vertus et des Vices** sont également admirables.

En 1662, est créée à Paris la Manufacture Royale des Gobelins. Bien que Bruxelles perde sa suprématie, les commandes continuent à affluer. De nombreuses tapisseries comme *Les Triomphes du St-Sacrement* y sont effectuées d'après des cartons de **Rubens**. Elles se distinguent par leur sens dramatique, leur effet de perspective et l'importance de leur encadrement. **Jordaens** réalise également plusieurs cartons : *Proverbes et Vie à la campagne*. À la même époque, **Anvers**, **Bruges**, **Enghien** et **Grammont** tissent également des tapisseries. À la fin du 17e s. et au 18e s., les cartons de Rubens sont encore utilisés, mais la mode est aux sujets rustiques et les paysages et kermesses de **David Teniers le Jeune** sont fréquemment reproduits.

Audenarde

À Audenarde, où la tapisserie prospère pendant la deuxième moitié du 16e s., les sujets ont toujours été d'un genre plus modeste qu'à Bruxelles. Le 18e s. voit le triomphe des **verdures**, tapisseries où sont représentés plantes et paysages boisés et que confectionnaient déjà depuis le 16e s. d'autres centres comme Enghien et Grammont. Audenarde imite aussi, tout comme Bruxelles, les tableaux rustiques de David Teniers le Jeune.

La tapisserie aujourd'hui

À la fin du 18e s., la mode des cuirs dorés, des étoffes en soie et des papiers peints entraîna le déclin de la tapisserie. Au 20e s., celle-ci connut un renouveau à Malines avec la Manufacture royale de Tapisseries De Wit, à Audenarde et à Tournai où s'est créé en 1945 le groupe Force Murale animé par Roger Somville et Edmond Dubrunfaut.

Le Retour *(détail), René Magritte.*

Belgique

Aalst

Alost

Ayant jadis joué un rôle prépondérant dans la lutte d'émancipation des travailleurs du textile, Alost est de nos jours un important centre commercial et industriel. Mais la ville est avant tout célèbre pour son carnaval haut en couleur.

La situation

76 223 habitants – Cartes Michelin n°s 716 F 3 et 533 J 17 – Plan dans Le Guide Rouge Benelux – Flandre Orientale.

Au bord de la Dendre, Alost est situé à mi-chemin entre Bruxelles et Gand. Accès par l'autoroute E 40 qui relie Bruxelles à Ostende ou par la N 9.

Belfort, Grote Markt, ☎ 053 73 22 70 ; www.aalst.be

carnet pratique

RESTAURATION

• *Valeur sûre*

Borse van Amsterdam – *Grote Markt 26 – ☎ 053 21 15 81 – fermé 2 sem. carnaval, de mi-août à déb. sept., mer. soir, jeu. – 9€ déj. – 27€.* Taverne-restaurant postée à l'ombre du beffroi, dans un bel édifice du 17e s. coiffé d'un campanile. En façade, une rangée d'arcades procure un espace agréable à la terrasse d'été. Cuisine traditionnelle de bon aloi.

HÉBERGEMENT

• *À bon compte*

Host. Bovendael – *Kuilstraat 1 – 9420 Erondegem – ☎ 053 80 53 66 – bovendael@pandora.be – P – 20 ch. : 53/84€.* Blotti au centre du village, ce petit hôtel familial aménagé dans une ancienne ferme est l'adresse idéale pour se mettre au vert. Chambres de mise simple. De la terrasse estivale, vue plaisante sur le jardin agrémenté d'une pièce d'eau.

se promener

Grote Markt (Grand-Place)

Au centre de cette place irrégulière se dresse la statue de **Dirk Martens**, natif d'Alost, introducteur de l'imprimerie en Flandre (1473).

Schepenhuis★ (Maison des Échevins) – Ce beau bâtiment du 15e s., peut-être le plus ancien en son genre des Pays-Bas, a subi une restauration en profondeur au 19e s., suite à un incendie. Il conserve du 13e s. le côté droit et la façade postérieure à pignon à redans et aux arcatures trilobées.

Une charmante **bretèche** flamboyante (16e s.) égaye, à droite, la façade principale. Elle servait de cadre aux proclamations des lois par le bailli. Le **beffroi**, élancé mais un peu grêle, date du 15e s. ; il porte la devise communale « Nec spe nec metu » (ni par l'espoir ni par la crainte) au-dessous de deux niches abritant deux guerriers, symbolisant le comte de Flandre et celui d'Alost.

Beurs van Amsterdam (Bourse d'Amsterdam) – Édifice à arcades du 17e s., montrant une jolie façade de brique et pierre, quatre frontons à volutes et un campanile à bulbe. Jadis, les membres de la **chambre de rhétorique** se réunissaient à la bourse d'Amsterdam.

Stadhuis – L'hôtel de ville de style néoclassique (19e s.) présente au fond de la cour une élégante façade rocaille du 18e s.

St.-Martinuskerk (Collégiale St-Martin)

Cet édifice en grès, gothique flamboyant, a été construit en style brabançon par Herman de Waghemakere et un membre de la famille Keldermans.

La nef est restée inachevée, mais l'**ensemble★** formé par le transept et le chevet à déambulatoire et chapelles rayonnantes a belle allure.

Intérieur – Il est d'une noble simplicité (piliers ronds et chapiteaux feuillus à la manière brabançonne). Remarquer le collatéral du transept et le triforium, limité à une simple balustrade ajourée. Dans le bras droit du transept : grande composition de Rubens, *Saint Roch, patron des pestiférés*, dont le cadre aurait été exécuté d'après un projet de l'artiste.

À NE PAS MANQUER !

Dès le dimanche précédant le mercredi des Cendres, trois jours de fête collective commencent par un grand cortège de géants et de chars, à caractère satirique, s'inspirant des principaux événements politiques de l'année écoulée. Le lundi, le second défilé est précédé du jet d'oignons (ajuinworp) du haut de l'hôtel de ville et des édifices avoisinants. Le mardi, le carnaval connaît son paroxysme avec les « Voil Jeannetten » (ou Sales Jeannettes), travestis aux accoutrements grotesques.

À gauche, des traits rubéniens apparaissent dans la peinture de Gaspar De Crayer. Dans le chœur, à gauche, splendide **tabernacle★** de marbre noir et blanc sculpté en 1604 par Jérôme Duquesnoy l'Ancien ; les trois tourelles juxtaposées sont ornées de charmantes statuettes (Vertus, Évangélistes, Pères de l'Église, anges porteurs des instruments de la Passion).
La première chapelle du déambulatoire à droite renferme une *Adoration des Bergers*, attribuée à Ambroise Francken, qui y manifeste des influences nettement italiennes. On remarque, dans la 4e chapelle, la dalle funéraire de Dirk Martens et, dans la chapelle axiale, des vestiges de fresques de la fin du 15e s., d'un dessin fin et délié.

Quelques Alostois célèbres

Le curé **Adolf Daens** et son frère, l'imprimeur et éditeur **Pieter Daens** dénoncèrent l'injustice sociale qui régnait à Alost à la fin du 19e s. Ils prirent ouvertement parti pour les ouvriers du textile, exploités par les patrons, et se retrouvèrent rapidement en conflit avec les dirigeants catholiques conservateurs de l'époque, placés sous la direction de Charles Woeste. En 1833, ils fondèrent le Christene Volkspartij (parti populaire chrétien), le mouvement politique et social du **daensisme**, qui lutta pour l'émancipation des travailleurs et la flamandisation de la vie publique en Flandre.
Louis-Paul Boon (1912-1979) s'inspira de cette problématique dans son roman *Pieter Daens, of hoe in de negentiende eeuw de arbeiders van Aalst vochten tegen armoede en onrecht* (Pieter Daens, ou la lutte des travailleurs alostois contre la pauvreté et l'injustice au 19e s.). L'histoire sociale du peuple flamand est le thème central de l'œuvre de ce grand écrivain et artiste flamand. Bien que la ville d'Alost occupe une place de choix dans les ouvrages de ce « tendre anarchiste », son œuvre va au-delà de la simple chronique régionale et Boon a même été proposé pour le prix Nobel de littérature.

visiter

Oud-Hospitaal (Ancien Hôpital)

Dans la rue qui part du chevet de la collégiale St-Martin. Tlj sf lun. 10h-12h, 14h-17h (mer. 19h), w.-end 14h-17h. Fermé j. fériés, de Noël au Nouvel An. Gratuit. ☎ 053 73 23 40.
La Dendre qui passait jadis derrière l'édifice en permettait le ravitaillement par bateau. Les bâtiments, autour d'une cour intérieure, abritent un musée consacré à l'archéologie et aux arts décoratifs de la région d'Alost, ainsi qu'à quelques Alostois célèbres. Des photos et des panneaux explicatifs illustrent, d'une façon intéressante, le daensisme. Un espace est réservé plus particulièrement à la personnalité du curé Daens, notamment à l'aide d'images du film *Daens* de Stijn Coninx (1992), couronné par une nomination aux oscars. Une salle est dédiée à l'œuvre de l'écrivain et artiste L.-P. Boon. La salle Dr Sierens comprend de beaux paysages de Valerius de Saedeleer, membre de la première école de Laethem-Saint-Martin.

alentours

Ninove

11 km au Sud par la N 45. 9h-17h. ☎ 054 33 78 57 (Office de tourisme).
Ninove a été illustré par une abbaye de prémontrés, fondée au 12e s. et dont subsiste la belle église abbatiale (17e-18e s.). Elle renferme un remarquable ensemble de **boiseries★**.

Aarschot

Dans la région du Hageland, la petite ville d'Aarschot (prononcer « arskot »), bâtie sur les rives du Demer, est dominée par la haute tour de sa collégiale. Autrichiens et Bourguignons au 15e s., Espagnols au 16e s. se livrèrent au pillage de la ville. En 1782, l'empereur d'Autriche Joseph II en fit raser les fortifications. Né à Aarschot, le peintre Pieter Jozef Verhaghen fut le continuateur des maîtres du 17e s., dont les toiles ornent nombre d'églises, en particulier à Louvain où le peintre finit ses jours.

La situation

27 439 habitants – Cartes Michelin nos 716 H 3 et 533 O 17 – Brabant Flamand.
Aarschot se trouve entre Louvain et Diest. La ville est au croisement de la N 10 et de la N 19. On peut également accéder à la ville par l'E 314 (sortie 22).
Stadsfeestzaal, Demervallei 14, ☎ 016 56 97 05.

LES « BATTEURS DE PAVÉS »

C'est le sobriquet des habitants d'Aarschot. Il leur vient de l'époque où les gardes, au cours de leur ronde, battaient les pieds sur les pavés pour rassurer la population. Près de la Grand-Place, une sculpture amusante de « Kasseistamper », surmontant une fontaine, illustre cette appellation.

se promener

O.-L.-Vrouwkerk (Collégiale Notre-Dame)

Réouverture prévue pour Pâques 2003. ☎ 016 56 97 05 (Office de tourisme).
Le chœur de ce bel édifice en grès ferrugineux local date du 14e s., la nef du début du 15e s. Formant façade, la tour culmine à 85 m de hauteur. Sa partie inférieure est égayée par l'alternance de calcaire et de grès.
En entrant, belle perspective sur la nef aux lignes élancées soulignées par les cannelures des arcs doubleaux. Le chœur où se retrouvent les coloris de la tour est masqué par un jubé flamboyant. Surmonté d'une croix triomphale du 15e s., celui-ci est décoré de scènes de la Passion et de la Résurrection. La chaire et les confessionnaux sont de style baroque flamand (17e s.). Dans le chœur, stalles (1515) aux sculptures satiriques et lustre en fer forgé, de 1500, attribué à Quentin Metsys. Une chapelle à droite du déambulatoire abrite une toile de P.-J. Verhaghen : *Les Disciples d'Emmaüs*. Dans une chapelle à gauche, remarquable peinture sur bois, anonyme, de l'école flamande (16e s.) : **Le Pressoir mystique** ; à la prédelle, les sept Sacrements. La statue miraculeuse de N.-D. d'Aarschot (1596) trône dans le bras gauche du transept.

Begijnhof (Ancien béguinage)

Près de la tour de l'église se dresse une maison Renaissance. Un peu plus loin s'alignent les quelques demeures (17e s.) subsistant du béguinage fondé en 1259. On aperçoit, à droite, les **moulins des Ducs** (16e s.), sur le Demer, et, à gauche, un enclos, charmante reconstitution du béguinage, appartenant à un hospice.

St.-Rochustoren (Tour St-Roch)

Sur la Grand-Place.
Au Moyen Âge, la tour du 14e s. en grès brun faisait office de tribunal.

Point de vue

On a une bonne vue d'ensemble de l'agglomération depuis la **tour d'Orléans** (Orleanstoren), vestige des anciens remparts.

alentours

St.-Pieters-Rode (Rhode-St-Pierre)

8 km au Sud. Sortir par la route de Louvain (Leuven), prendre peu après à gauche en direction de St.-Joris-Winge la N 223, puis à droite.
Jolie construction polygonale entourée d'eau, le **château de Horst** fera bientôt l'objet d'une restauration. Il est flanqué d'un donjon du 14e s. qui est, avec le porche d'entrée, le seul vestige de l'édifice détruit en 1489 par les troupes de l'empereur Maximilien. Le reste de la demeure, en brique à cordons de pierre, date des 16e et 17e s. Les dépendances en face du château abritent un café ainsi qu'un centre d'accueil.

Antwerpen★★★

Anvers

Berceau des jeunes créateurs belges, ville portuaire de premier ordre, plaque tournante du commerce du diamant, Anvers a su conserver le charme typique des cités flamandes. C'est un véritable plaisir de flâner dans les ruelles et sur les vastes places de la vieille ville. Les nombreux monuments historiques, les théâtres, les boutiques à la mode, les restaurants dernier cri et les galeries d'art lui confèrent un charme incomparable.

La situation

447 632 habitants – Cartes Michelin nos 716 G 2, plis 8 et 9 pour l'agrandissement et 533 L 15 – Anvers P.

Accès par l'autoroute E 17 depuis Gand ou par l'E 19 depuis Bruxelles. Située sur l'Escaut, la ville est reliée à la rive gauche (Sint-Anneke) par trois tunnels routiers (Kennedytunnel, Waaslandtunnel et Liefkenshoektunnel). Le St.-Annatunnel à la St.-Jansvliet est uniquement accessible aux piétons et cyclistes.

Grote Markt 13, ☎ 03 232 01 03 ; www.visitantwerpen.be

comprendre

Des origines mystérieuses

La première occupation du site remonterait au 3e s. Le nom de la ville semble dériver du mot « aanwerpen » signifiant « les alluvions ». Cependant, une légende née au 16e s. l'attribue à l'exploit du guerrier romain Silvius Brabo. D'après celle-ci, Brabo avait provoqué le géant Druon Antigon, pilleur des bateaux transitant sur l'Escaut, lui avait coupé la main et l'avait jetée dans le fleuve. Ainsi s'expliquerait la présence sur les armes d'Anvers, à côté d'un château (le Steen), de deux mains coupées (handwerpen : jeter la main).

L'âge d'or (15e et 16e s.)

Au 11e s., la ville s'entoure de ses premiers remparts et au 13e s. débute son essor commercial.

Au 15e s., la ligue hanséatique y fonde un établissement. Anvers concurrence déjà Bruges dont le port commence à s'ensabler.

Le 16e s. décide de la fortune de la ville. Les Portugais, ayant découvert la route des Indes, fondent à Anvers, au début du siècle, un comptoir chargé de distribuer en Europe les épices et objets précieux rapportés des pays lointains. En 1515 y est construite la première bourse du commerce ; la ville est alors protégée par Charles Quint et compte plus de 100 000 habitants. Une nouvelle bourse des valeurs, mise en place en 1531, ainsi que l'utilisation de techniques bancaires modernes (lettres de change et de crédit) font d'Anvers un marché mondial. Au milieu du siècle, l'imprimerie s'y développe : Christophe Plantin en est le principal animateur. Vers 1560, Anvers est la deuxième ville d'Europe après Paris. C'est aussi l'âge d'or sur le plan architectural avec la construction de la cathédrale, de la maison des Bouchers, de celle des Brasseurs, de l'hôtel de ville, ainsi que sur le plan artistique, avec l'école anversoise représentée par Quentin Metsys, Joachim Patinir, Gossaert et Bruegel.

La décadence

Sous Philippe II, catholique intransigeant, l'Inquisition entraîne des guerres de Religion qui mettent un terme à cette prospérité. En 1566, la cathédrale est ravagée et profanée par des calvinistes iconoclastes ; une répression très dure, menée par le duc d'Albe, s'ensuit, et en 1576, la garnison espagnole met la ville à feu et à sang : c'est la « furie espagnole ».

Les calvinistes anversois ayant pris part à la révolte contre les Espagnols, un an de siège sera nécessaire à Alexandre Farnèse, gouverneur des Pays-Bas, pour reprendre la ville en 1585. En 1648, le traité de Münster décrète la fermeture de l'Escaut. La navigation n'y sera rétablie qu'en 1795.

Une place convoitée

La ville reste aux Français en 1794. Napoléon, venu en 1803, reconnaît la position privilégiée d'Anvers, « pistolet braqué sur l'Angleterre ». Il développe le port, dont il fait creuser le premier bassin : c'est le bassin Bonaparte ou Bonapartedok.

En 1914, Anvers résiste à l'armée allemande du 28 septembre au 9 octobre, ce qui permet aux troupes belges de se replier sur l'Yser à Nieuport. Peu après sa libération, en septembre 1944, et malgré les bombardements, le port d'Anvers fonctionne à plein.

carnet pratique

Transports

Voiture – La circulation automobile n'étant jamais simple dans une grande ville, il est conseillé de laisser sa voiture dans un des parkings du centre-ville.

Transport urbain – Le Dagpas Stad (titre de transport valable 1 j.) autorise un nombre illimité de trajets sur tout le réseau urbain anversois (bus, tram, métro). Le ticket s'acquiert auprès du chauffeur ou des points de vente de la société De Lijn. Info : De Lijn, ☎ 03 218 14 11 ; www.delijn.be

Visites

Visites guidées – En été, l'Office de tourisme propose des visites guidées en français pour particuliers. Antwerpen Averechts organise des promenades insolites dans la ville pendant les mois de vacances, Haringrokerij, Kronenburgstraat 34, bus 1, ☎ 03 248 15 77.

Calèches – *Départ Grand-Place de mi-avr. à fin sept. à partir de midi, le reste de l'année par beau temps uniquement.*
Agréable balade en calèche qui permet de découvrir le vieux centre d'Anvers.

Tram touristique – *Départ Groenplaats de mi-avr. à fin oct. toutes les heures 11h-16h ; début et fin de la saison sem. 13h-16h, w.-end 11h-16h – ☎ 03 480 93 88.*
Formule pratique et reposante pour partir à la découverte de la métropole.

Hélicoptère – *Antwerp Aviation, ☎ 03 287 00 52 ou Eurofly, ☎ 03 281 05 85.* Survol de la ville en hélicoptère.

Promenade en bateau sur l'Escaut – *☎ 03 231 31 00 – www.flandriaboat.com – Départ : Steenplein à 13h, 14h, 15h et 16h (mai-sept. et le w.-end en oct.) – 7€.*
Cette excursion de 50mn donne un aperçu intéressant du développement industriel d'Anvers. La rive gauche est dotée d'importantes industries chimiques. On aperçoit aussi la plage Sainte-Anne, le moulin et le port de plaisance.

Visite en bateau des bassins portuaires – *☎ 03 231 31 00 – www.flandriaboat.com – Départ quai n° 13 ou Ponton Steen à 14h30 (mai-août, le w.-end sept.-oct. et Pâques) – 11,50€.* Ces bassins portuaires accueillent cargos et pétroliers. Les complexes industriels, raffineries, élévateurs de grains, ponts transbordeurs, cales sèches et chantiers navals forment un ensemble impressionnant.

Restauration

• ***À bon compte***

Grand Café Le Roy – *Kasteelpleinstraat 49 – ☎ 03 226 11 99 – ⊠ – 13,26€.*
Mobilier de bistrot, lustres modernes, grandes tentures et bougies : la salle de restaurant est des plus intimes. Aux beaux jours, n'hésitez pas à prendre place sur l'agréable terrasse dotée de meubles en teck.

Hungry Henrietta – *Lombardenvest 19 – ☎ 03 232 29 28 – ⊠ – 14,87€.* Déjà vingt-cinq ans de bons et loyaux services pour ce restaurant où vous passerez à table dans un décor résolument « up to date ».
À l'arrière, paisible terrasse estivale offrant la vue sur le palais épiscopal.

Arte – *Suikerrui 24 – ☎ 03 226 29 70 – ⊠ – 15/27,27€.* Au cœur du quartier ancien, « ristorante » proposant des pizzas et d'autres plats typiquement transalpins. Salle à manger habillée de créations artistiques contemporaines. Bonne sélection de vins d'Italie.

Zuiderterras – *E. Van Dijckkaai 37 – ☎ 03 234 12 75 – ⊠ – 17/44€.* Au bord de l'Escaut, architecture contemporaine originale, rappelant vaguement la forme d'un navire. Une mezzanine surplombe la salle à manger, lumineuse et branchée. Aguichante terrasse d'été profitant du panorama fluvial. La carte ratisse large.

Ch. Bastin – J. Evrard/MICHELIN

Le Zuiderterras.

Dock's Café – *Jordaenskaai 7 – ☎ 03 226 63 30 – info@docks.be – fermé Nouvel An, sam. midi – 21/27€.* Cette brasserie-écailler très courue vous accueille dans une ambiance futuriste d'esprit « paquebot ». Un superbe escalier donne accès à une mezzanine où le couvert est également dressé.
Mieux vaut réserver.

• ***Valeur sûre***

De Gulden Beer – *Grote Markt 14 – ☎ 03 226 08 41 – 25€ déj. – 35/62€.*
Préparations franco-italiennes servies dans une ancienne maison de corporation surveillant la Grand-Place. Livre de cave bien rempli, partagé lui aussi entre la Botte et l'Hexagone. Certaines tables ont vue sur l'hôtel de ville et la fontaine Brabo.

Bizzie-Lizzie – *Vlaamse Kaai 16 – ☎ 03 238 61 97 – bizzielizzie@popmail.com – fermé dim. – 22€ déj. – 37€.* Restaurant situé dans un quartier à la mode, non loin de trois musées intéressants. Choix de préparations traditionnelles assez couleur locale et suggestions annoncées à l'écriteau. Ambiance de brasserie décontractée.

Pazzo – *Oude Leeuwenrui 12 – ☎ 03 232 86 82 – pazzo@skynet.be – fermé w.-end, j. fériés – 19€ déj. – 38€.*
Près des docks, ex-entrepôt promu brasserie « tendance ». Agencée comme un loft, la salle à manger conserve ses robustes piliers de bois supportant des poutres massives. Carte actuelle un peu « touche-à-tout » et intéressante cave planétaire.

Panna Cotta – *Kasteelpleinstraat 64 – ☎ 03 237 07 86 – 40€.* Ce restaurant officie dans une ancienne boulangerie, comme l'atteste le vieux four à pain pieusement conservé en salle. Décor intérieur tout de même bien de notre temps. L'assiette, au même titre que les vins proposés, balade vos papilles à travers l'Italie.

• Une petite folie !

p. Zinc – *Veemarkt 9 – ☎ 03 213 19 08 – fermé sam. midi, dim., j. fériés – 20€ déj. – 41/50€.* Sympathique bistrot déployant un éventail de préparations traditionnelles. Lorsque par bonheur la météo est au beau fixe, on dresse la table sur le paisible Veemarkt où s'élance l'église St-Paul.

Hébergement

• À bon compte

Rubenshof – *Amerikalei 115 – ☎ 03 237 07 89 – ⊭ 23,55/52,06€ ☕.* À quelques battements d'ailes du Vogelmarkt (marché aux oiseaux), hôtel nostalgique installé dans une ancienne résidence de cardinal. Décor intérieur parsemé de souvenirs de la « Belle Époque ». Chambres au charme un rien désuet.

Bed & Breakfast Isabella – *Isabella Brantstraat 16 – ☎ 03 237 61 91 – c.s@skynet.be – ⊭ – 2 ch. : 38/50€ ☕.* À proximité du palais de Justice, maison 1900 où vous serez hébergés dans l'une des deux chambres que vous réserve l'accueillante famille Schoonbaert. L'une d'elles possède un balcon avec vue sur le jardin.

Greta Stevens Chambre d'hôte – *Molenstraat 35 – ☎ 03 259 15 90 – greta.stevens@pandora.be – ⊭ – 3 ch. : 40/50€ ☕.* Adresse conseillée, notamment pour l'attention toute particulière que Mme Stevens porte à ses hôtes. L'art contemporain participe au décor des chambres, aménagées sans faute de goût. Courette intérieure et agréable salle de breakfast sous verrière. Petit déj' roboratif.

Koen Ribbens en Marleen Engelen Chambre d'hôte – *Justitiestraat 43 – ☎ 03 248 15 39 – marleen.engelen@yucon.be – ⊭ – 3 ch. : 42/50€ ☕.* Élégant hôtel particulier du 19e s. à dénicher aux abords du palais de Justice. Les chambres, dédiées à ces grandes dames qui marquèrent l'histoire (Sissi, Victoria et Augusta), ne manquent pas d'ampleur, et l'accueil est avenant.

Marijke Vandepitte Chambre d'hôte – *Britselei 49 bte 6 – ☎ 03 288 66 95 – ⊭ – 2 ch. : 55/87€ ☕.* Penthouse agencé avec soin, au sommet d'un immeuble moderne du centre-ville. Les chambres sont vastes et dotées de salles de bains ultramodernes ; la meilleure d'entre elles s'agrandit d'une terrasse offrant une échappée sur les toits d'Anvers.

Cammerpoorte – *Nationalestraat 40 – ☎ 03 231 97 36 – 🅿 – 39 ch. : 73/86€ ☕.* Hôtel mettant à votre disposition des chambres assez sobres mais tout à fait convenables pour l'étape. Après une nuit réparatrice, prenez le temps de visiter le nouveau musée de la Mode, juste en face. Parking privé très commode.

Industrie – *Emiel Banningstraat 52 – ☎ 03 238 66 00 – hotelindustrie@pandora.be – 13 ch. : 75/92€ ☕.* Établissement où vous séjournerez dans des chambres personnalisées avec coquetterie, réparties entre deux maisons patriciennes proches de trois musées consacrés aux Beaux-Arts, à la photographie et à l'art contemporain. Salon chaleureux.

• Valeur sûre

Antigone – *Jordaenskaai 11 – ☎ 03 231 66 77 – 18 ch. : 77/90€ ☕.* Cette petite affaire dont l'enseigne rend hommage au héros de la tragédie de Sophocle est située à deux pas de la forteresse du Steen. Chambres de confort simple, dont certaines jouissent d'une belle vue sur les quais de l'Escaut.

• Une petite folie !

Firean – *Karel Oomsstraat 6 – ☎ 03 237 02 60 – info@hotelfirean.com – 15 ch. : 126/150€ ☕.* Dans une ravissante maison de style Art déco, affaire familiale où l'on se sent directement entre de bonnes mains. Communs stylés, évoquant les fastes des années folles, patio verdoyant et jolies chambres garnies de meubles choisis.

't Sandt – *Het Zand 17 – ☎ 03 232 93 90 – info@hotel-sandt.be – 29 ch. : 130/220€ ☕.* Une ancienne demeure de style rococo sert d'écrin à cet hôtel dont les chambres, claires et agencées avec élégance, promettent un sommeil récupérateur. Adorable cour intérieure italianisante et jolie terrasse estivale perchée sur le toit.

Petite pause

Fritkot Max – *Groenplaats 12 – ☎ 03 234 37 88 – www.fritkotmax.be – 12h-24h – fermé 1er janv., 24 déc.* Friterie de tradition où la spécialité nationale se sert encore comme autrefois, c'est-à-dire en cornets. Aménagé à l'étage, un tout petit musée (photos, lithographies, BD, etc.) rend un hommage croustillant à la « belgitude » et permet de s'initier à la « culture frite ».

Ch. Bastin – J. Evrard/MICHELIN

Terrasses sur la Groenplaats.

L'entrepôt du Congo – *Vlaamse Kaai 42 – ☎ 03 257 16 48 – à partir de 9h.* En compagnie de la « jet-set » anversoise, vous pourrez feuilleter la presse francophone mise à l'honneur dans cette ample salle très haute de plafond. Décor intérieur agréablement suranné.
Pelgrom – *Pelgrimstraat 17 – ☎ 03 234 08 09 – lun.-jeu. 12h-23h, ven.-sam. 12h-24h.* Idéal pour boire un verre et manger un morceau autour de la cathédrale, cet établissement vous accueille dans de monumentales caves voûtées (15e s.). Quelques découvertes archéologiques y font l'objet d'une petite exposition. Ambiance bougie.
Del Rey – *Appelmansstraat 5 – ☎ 03 233 29 37 – www.delrey.be – lun.-sam. 9h-18h30 (dégustation 10h-18h) – fermé 2 sem. en août, j. fériés.* Le paradis des amateurs de friandises, à débusquer près de la gare centrale, côté Keyserlei, derrière une façade couleur… chocolat noir ! La boutique offre un choix étendu de pralines, pâtisseries, gâteaux glacés et autres douceurs faites maison. Salon de thé au cadre chic.
Hoedensalon – *Oude Koornmarkt 62 – ☎ 03 233 59 28 – www.hoedensalon.com – mar.-sam. 10h30-18h.* Tea-room ou chapelier ? À vous de voir ! Un couple hollandais a créé ce concept inattendu associant salon de thé, boutique de chapeaux et librairie modiste. Sur un fond musical classique, tout en savourant votre pâtisserie préférée, vous pourrez admirer une grande collection de couvre-chefs. Dès 14h, on assiste à une exhibition des meilleures réalisations maison.

Ch. Bastin – J. Evrard/MICHELIN

Café Het Elfde Gebod.

Le temps d'un verre

De Groote Witte Arend – *Reyndersstraat 18 – ☎ 03 226 31 90 – lun.-sam. à partir de 10h.* Ce bistrot typique occupant la petite chapelle d'un ancien couvent (18e s.) est devancé par une jolie cour intérieure où l'on dresse quelques tables à la belle saison. Salle dotée d'un robuste mobilier en bois massif, fond musical classique et calme quasi-monastique.
Grand Café Horta – *Hopland 2 – ☎ 03 232 28 15 – www.grandcafehorta.be – lun.-jeu. 11h-23h, ven.-sam. 11h-24h.* Construit en 2000 près de la Rubenshuis, ce vaste café de style composite – éléments architecturaux d'esprit Art nouveau et mobilier design – fait revivre une série de matériaux provenant de l'ancienne Maison du Peuple à Bruxelles, un édifice signé Horta (1895) et démoli dans les années 1960.
De Foyer – *Komedieplaats 18 – ☎ 03 233 55 17 – 12h-24h, sam. 11h-24h, dim. et j. fériés 11h-18h.* Le café du théâtre Bourla est une adresse distinguée, appréciée des adeptes du brunch.
Het Elfde Gebod – *Torfbrug 10 – ☎ 03 232 36 11 – à partir de 12h.* Une ravissante devanture où grimpe le lierre signale ce bar insolite dont le décor intérieur, autant que l'enseigne (Le Onzième Commandement), ne manque assurément pas de spiritualité. On y savoure de bonnes bières, sous le regard bienveillant d'innombrables statues religieuses.
Den Engel – *Grote Markt 3 – à partir de 9h.* La taverne la plus connue de la ville, véritable pilier de la culture anversoise, est fréquentée par une clientèle cosmopolite.

Sorties

De Keyserlei – Le quartier de la gare est animé de jour comme de nuit : restaurants en majorité exotiques, cinémas, brasseries, discothèques, etc. Le long du Keyserlei se succèdent les terrasses de grandes brasseries : le Griffy's, le Fouquets, le Beverly Hill's et le Windsor.
De Muze – *Melkmarkt 15 – 12h-4h.* Ouvert depuis les années 1960, et toujours comble, ce temple du jazz anversois a été aménagé dans un ancien entrepôt. Des musiciens se produisent presque tous les soirs à partir de 22h, surtout le mardi et le jeudi, jours où l'on applaudit le groupe maison. Salle de concert avec mezzanine et briques apparentes.

Achats

Commerce – Anvers est un véritable paradis pour l'amateur de shopping. Dans le quartier des diamantaires autour de la gare centrale (Pelikaanstraat, Appelmansstraat, Vestingstraat) se situent bien entendu de nombreuses bijouteries. La De Keyserlei compte, outre deux galeries commerçantes (Century Center et Antwerp Tower), de nombreuses boutiques de vêtements et des magasins de chaussures.
Par la Quellinstraat et le Quellincenter, l'on peut gagner la Frankrijklei, où l'on trouve surtout des boutiques de mode prestigieuses. Le Meir, grande artère piétonne, est sans aucun doute la plus importante rue commerçante d'Anvers, avec ses splendides façades des 19e et 20e s. Elle accueille plusieurs grands magasins (P & C, C & A, Inno, Esprit).
La Huidevetterstraat et les rues avoisinantes, comme la Wiegstraat, la Groendalstraat et la Korte Gasthuisstraat, surnommée De Wilde Zee (la mer houleuse), sont envahies de boutiques de vêtements de luxe et de petits bistrots.
Quelques stylistes anversois célèbres, tels Chris Mesdagh, Ann De Meulemeester et Dirk Bikkembergs, ont trouvé refuge dans la Lombardenvest et la Steenhouwersvest.

Bateaux au Ponton Steen.

Dries van Noten a élu domicile un peu plus loin, dans le Modepaleis de la Nationalestraat. Les amateurs d'antiquités et de brocante découvriront avec ravissement les boutiques de la Kloosterstraat et de la Steenhouwersvest. Il fait aussi bon musarder dans la Hoogstraat. Le promeneur trouvera encore des magasins d'antiquités haut de gamme et des boutiques de vêtements chic dans les environs du Quartier Latin, près du Bourlatheater, au Hopland et dans la Leopoldstraat.

Diamondland – *Appelmansstraat 33a – ☎ 03 229 29 90 – www.diamondland.com – avr.-oct. : 9h30-17h30, dim. et j. fériés 10h-17h.* La visite de cet établissement vous permettra d'observer le travail des artisans diamantaires et de tout savoir sur la plus précieuse des pierres : taille, couleur, pureté, carats, certification...
Si vous voulez faire une petite folie, sachez que tous les bijoux exposés sont en vente !

Marchés – Le plus connu est incontestablement le **Vogelmarkt** (marché aux oiseaux), qui se tient le dimanche matin sur la Theaterplein. On y trouve absolument de tout. Les amateurs d'objets rares se donneront rendez-vous l es mercredi et vendredi matin au Vrijdagmarkt.

Spécialités anversoises – Anvers n'est pas célèbre que pour ses **diamants**.
Les **Antwerpse handjes**, petits chocolats fourrés, se présentent aussi sous forme de biscuits. L'**élixir d'Anvers** est une liqueur douce aux herbes. Les amateurs de bière pourront déguster un **bolleke**, une vieille spécialité de la brasserie De Koninck. Cette bière tire son nom du verre ballon dans lequel elle est servie. On prend de préférence un « bolleke » ou un « keuninkske » au café De Pelgrim *(Boomgaardstraat 8)*. L'histoire veut que ce café soit relié directement par une canalisation à la brasserie située en face.

Un nouvel essor lié au port

De nos jours, Anvers est le principal débouché de la Belgique, sa métropole commerciale et un important centre industriel. Le port est en pleine expansion et son centre de gravité s'est déplacé vers le Nord jusqu'à la frontière néerlandaise. Il s'étend sur 13 780 ha, comprend 127 km de rives, 949 km de voies ferrées, 1 400 ha de bassins, un important matériel de manutention et d'énormes entrepôts. La création, au Nord du Kanaaldok, d'un important bassin a permis d'augmenter considérablement les possibilités d'amarrage. Sept écluses (sluis) font communiquer l'Escaut avec les bassins. Celle de Berendrecht, inaugurée en 1988, la plus grande du monde avec ses 763 000 m^3, mesure 500 m de long sur 68 m de large ; celle de Zandvliet a une capacité de 613 000 m^3.
Le trafic du port d'Anvers, qui est tributaire de l'économie de la Belgique, dépend aussi de sa fonction de transit vers l'Allemagne, la France, les Pays-Bas, la Suisse et l'Italie. À l'importation, il porte sur les produits pétroliers, les minerais, les charbons, les produits forestiers, les grains, les matières premières chimiques et, à l'exportation, sur les engrais, les ciments, les produits sidérurgiques et chimiques. Pour entreposer les marchandises, Anvers s'est doté d'excellentes installations lui permettant de jouer un rôle essentiel dans le domaine de la distribution. Liées à la présence du port, d'importantes activités industrielles s'exercent dans la zone portuaire : raffineries de pétrole, montage automobile, industries alimentaires, construction et réparation navales.

se promener

LE VIEUX CENTRE***

Dédale de places, de rues étroites et de passages, la vieille ville frappe par la multitude de niches abritant des madones ; il semble qu'il y en a plus de 300. Elles étaient souvent le chef-d'œuvre de sculpteurs candidats à la guilde de St-Luc.
Partir de la Grand-Place.

Grote Markt* (Grand-Place)

Dominée par la flèche élancée de la cathédrale, cette place irrégulière est encadrée par les maisons des corporations (16e et 17e s.) qui montrent une façade très haute, presque entièrement vitrée, surmontée d'un pignon à redents ou à volutes, hérissé souvent de fins pinacles.
En regardant l'hôtel de ville, on admire à droite cinq belles maisons pour la plupart de style Renaissance, fin du 16e s. : l'Ange Blanc, surmonté d'un ange, la maison des Tonneliers (statue de saint Matthieu), celle de la **Vieille Arbalète**, très haute, surmontée de la statue équestre de saint Georges, celle des Jeunes Arbalétriers, de 1500, et la maison des Merciers (aigle).

Stadhuis (Hôtel de ville)

Visite accompagnée tlj sf mer. et dim. 11h, 14h, 15h, sam. 14h, 15h. Fermé j. fériés. 0,75€. ☎ 03 220 82 11.

Construit en 1564 par Cornelis Floris, sa façade longue de 76 m mêle avec bonheur les éléments flamands (lucarnes, pignons) à ceux de la Renaissance italienne (loggia sous le toit, pilastres entre les fenêtres, niches). L'ordonnance austère des hautes fenêtres à meneaux est égayée par le riche décor de la partie centrale. L'intérieur a été complètement remanié au 19ᵉ s.

Brabofontein

Œuvre fougueuse de Jef Lambeaux (1887), la fontaine rappelle le geste légendaire de Silvius Brabo brandissant la main du géant Druon. L'eau s'écoule directement sur les pavés de la place.

Prendre la rue Wisselstraat, traverser la rue Oude Beurs pour prendre la Hofstraat.

Oude Beurs

Tlj sf w.-end 8h-16h30. Fermé j. fériés légaux. ☎ 03 220 85 15.

L'ancienne bourse du commerce date de 1515. Le bâtiment est occupé de nos jours par des services publics. Derrière sa façade classique, on découvre une charmante cour pavée, entourée de portiques et dominée par une tour de guet.

Revenir à la rue Oude Beurs et prendre à droite la Vleeshouwersstraat. On passe devant la maison des Bouchers (voir plus loin dans « visiter »). Poursuivre jusqu'au Veemarkt.

St.-Pauluskerk★

Entrée par le Veemarkt. Mai-sept. : 14h-17h. Gratuit, cabinet d'art : 1€. ☎ 03 232 32 67.

Au cœur du quartier des marins, cette église de style gothique flamboyant faisait à l'époque partie d'un vaste complexe monastique. Commencée au début du 16ᵉ s., achevée en 1639, l'église St-Paul est surmontée d'un clocher baroque (1680). Gravement endommagée par un incendie en 1968, la restauration récente a redonné au bâtiment sa splendeur d'antan. Adossé à l'église, un étonnant calvaire du 18ᵉ s. de style rustique.

L'**intérieur★★** majestueux est richement décoré d'un mobilier baroque. Les belles boiseries aux confessionnaux encadrés de grands personnages expressifs datent du 17ᵉ s. Le bas-côté gauche comprend 15 peintures ayant pour thème les mystères du Rosaire. Cette suite de tableaux a été réalisée par des peintres de l'école anversoise de premier plan, notamment Rubens, Jordaens et Van Dyck. Remarquer la *Flagellation* par Rubens, œuvre témoignant d'une émotion profonde. Le chœur entouré de nombreuses statues, plus étroit que la nef, donne une impression de profondeur accentuée par la surélévation du monumental retable de marbre. Dans le transept, on peut voir deux œuvres de Rubens (1609) : *Adoration des Bergers* (à gauche) et *Dispute au sujet du Saint-Sacrement* (à droite). Le **cabinet d'Art** (Kunstkamer) présente des objets religieux et ornements liturgiques.

Revenir à la Grand-Place.

B. Juge/MICHELIN

Gildekamersstraat
Cette rue étroite derrière l'hôtel de ville, dont le nom signifie rue des Maisons-des-Guildes, est bordée d'une belle rangée de maisons anciennes dont l'une abrite le musée du Folklore *(voir plus loin dans « visiter »)*.

Regagner la Grand-Place et prendre le Oude Koornmarkt.

Vlaaikensgang★
Un porche au n° 16 du **Oude Koornmarkt** donne accès à cette pittoresque ruelle du vieil Anvers, qui a conservé un aspect villageois.

Handschoenmarkt
Devant la façade de la cathédrale, cette place triangulaire, où se tenait le marché aux gants, est cernée de vieilles demeures. Un puits attribué à Quentin Metsys – ferronnier devenu, selon la légende, peintre par amour – dresse son gracieux couronnement de fer forgé dominé par Brabo brandissant la main du géant. Il se trouvait jusqu'en 1565 devant l'hôtel de ville.

Kathedraal★★★ (Cathédrale)
10h-17h (sam. 15h), dim. 13h-16h. Fermé 1er janv., pdt les offices. 2€. ☎ 03 213 99 51.

Le monument le plus admirable de la ville d'Anvers, le plus vaste de Belgique, d'une superficie de près d'un hectare, a été entrepris vers 1352, en commençant par le chevet, et terminé seulement en 1521, l'ensemble restant cependant très homogène. Plusieurs bâtisseurs se succédèrent : Jacob Van Thienen, Jan Appelmans et son fils Peter, Jan Tac, Everaert Spoorwater, Herman et Dominique de Waghemakere et Rombout Keldermans.

La restauration récente a permis de mettre au jour une partie des vestiges de l'église romane, quelques caveaux de l'époque gothique *(archéocrypte dans le chœur)* ainsi que des peintures murales des 15e et 16e s.

La tour★★★ – Miracle de richesse et de légèreté, la tour s'élève à 123 m de hauteur. Construit en un siècle par plusieurs architectes, le magnifique clocher contient un carillon de 47 cloches. La deuxième tour est restée inachevée. Au pied de celle-ci, quatre personnages semblent construire avec ardeur ; cet hommage à l'architecte Peter Appelmans est dû au ciseau de Jef Lambeaux (1914).

Depuis le 16e s., une étrange coupole à bulbe coiffe la croisée du transept.

Intérieur – Il est d'une ampleur exceptionnelle avec ses 7 vaisseaux, ses 125 piliers sans chapiteaux, ses 117 m de longueur pour 65 m de largeur au transept. De nombreuses **œuvres d'art**, remarquables, relèvent la majesté du lieu.

Dans la nef centrale, la **chaire**, sculptée par Michel van der Voort, en 1713, surprend avec ses escaliers aux rampes couronnées d'oiseaux, sa ronde d'angelots turbulents qui planent sous une Renommée tombant du ciel. La cuve repose sur 4 figures féminines représentant les 4 continents (l'Europe, l'Afrique, l'Asie et l'Amérique).

Les toiles de **Rubens** sont nombreuses : au-dessus du maître-autel, une **Assomption** (1626) séduit par son coloris fragmenté de touches lumineuses ; dans le bras gauche du transept, l'**Érection de la Croix** (1610) destinée à l'église Ste-Walburge, est une composition en diagonale, typique du baroque ; dans le bras droit du transept, la **Descente de Croix** (1612) est d'une facture plus classique : le corps du Christ, exsangue, et son linceul blanc s'y détachent sur un fond sombre et sur le rouge du vêtement de saint Jean, tandis que resplendit la blondeur de Marie-Madeleine et que le divin supplicié semble glisser, à peine retenu, vers les bras de Marie d'une pâleur livide.

Fontaine Brabo et maisons des corporations sur la Grand-Place.

Commandé par la corporation des arquebusiers dont le patron était saint Christophe, tous les thèmes illustrés dans ce retable représentent des « porteurs de Christ » : saint Christophe, Marie portant le Christ en son sein pendant la Visitation, le corps du Christ porté pendant sa descente de croix et Jésus porté par Siméon pendant la présentation au temple. À droite, dans la deuxième chapelle du déambulatoire se trouve la **Résurrection** de Rubens (1612). Le **Jugement dernier**, peint par De Backer, reproduisant sur ses volets la famille Plantin, se trouve dans la 4e chapelle du déambulatoire. Parmi les autres œuvres d'art, on remarquera le sarcophage baroque de l'évêque Capelle (1676), par Quellin le Jeune, un triptyque de *Jésus parmi les Docteurs*, par Frans Francken le Vieux (1586), un *Saint François* par Murillo, *La Cène* par Otto Venius et *Les Noces de Cana* par Martin de Vos.

DU QUARTIER LATIN À ST-CHARLES-BORROMÉE

Partir de la Komedieplaats.

Bourlaschouwburg (Théâtre Bourla)

Au cœur du « Quartier Latin », lieu fort agréable où se trouvent de nombreux cafés et restaurants, ce théâtre de style néoclassique est l'œuvre de l'architecte de la ville Pierre Bruno Bourla. La façade présente des colonnes engagées encadrant des bustes d'auteurs et de compositeurs célèbres. Au-dessus de l'attique, les muses accompagnées d'Apollon. Dans le premier hall, le plafond est décoré par l'artiste anversois Jan Vanriet.

Tourner à droite, puis prendre de nouveau à droite la Schuttershofstraat et gagner le Wapper, où se situe la maison de Rubens (voir plus loin dans « visiter »).

Meir

C'est par excellence la rue commerçante de la ville. L'ancien palais royal du 18e s. de style rococo, résidence de nombreux souverains, se dresse à l'angle du Wapper et du Meir. Il abrite actuellement un musée du Cinéma.

Suivre la Lange Klarenstraat, puis prendre à droite la Lange Nieuwstraat.

St.-Jacobskerk (Église St-Jacques)

Avr.-oct. : 14h-17h. 2€. ☎ 03 225 04 14 ou 0498 33 04 05.

L'**intérieur**★ de cette église flamboyante est richement orné dans le goût baroque. Parmi les tableaux, on peut voir, dans le bas-côté droit, une *Vierge* d'Otto Venius ; dans le déambulatoire, à droite, *La Vocation de saint Pierre* par Jordaens.

Derrière le chœur, dans la chapelle funéraire de Rubens, on admire une de ses dernières toiles, *La Vierge et les saints* (1634) ; il s'y serait, paraît-il, représenté sous l'armure de saint Georges, la Vierge étant Isabelle Brant et Marie-Madeleine, Hélène Fourment. La chapelle voisine renferme un tableau de Jordaens, *Saint Charles guérissant les pestiférés de Milan.*

Dans une salle à l'arrière de l'église est exposée l'horloge gothique restaurée dont l'origine se situerait dans la seconde moitié du 15e s.

Qui le souhaite peut faire un crochet jusqu'au béguinage en prenant à gauche la Parochiaanstraat. Traverser le St.-Jacobsmarkt, puis, la Frans Halsplein. Par la Rozenstraat et l'Ossenmarkt gagner le béguinage.

Begijnhof (Béguinage)

Rodestraat 39. 9h-17h. Fermé j. fériés. Gratuit. ☎ 03 232 52 97.

Les maisons se serrent à l'abri de leur clôture de briques. La rue, grossièrement pavée, encadre un verger ceinturé de haies. Une église, reconstruite au 19e s., est ornée de tableaux de Jordaens et de Van Noort. Un oratoire abrite un *Christ aux liens.*

Revenir à l'église St-Jacques et suivre la Lange Nieuwstraat en direction du centre.

Handelsbeurs (Bourse du Commerce)

Visite seulement pdt les manifestations. ☎ 03 544 41 73.

Enclavée dans un pâté de maisons qu'elle domine de son dôme vitré, la bourse du Commerce s'ouvre sur quatre rues en croix.

La première bourse, construite par Dominique de Waghemakere, étant devenue trop étroite, une nouvelle, réalisée par le même architecte, fut inaugurée en 1531. Elle fut très animée au 16e s. Détruite en 1858 par un incendie, elle a été reconstruite en 1872 par l'architecte Schadde, dans le même style, et présente une halle intérieure à galeries superposées coiffée d'une superbe verrière.

Continuer sur la Lange Nieuwstraat.

St.-Niklaaskapel

Derrière la chapelle St-Nicolas du 15e s. qui héberge un théâtre de marionnettes (Poppenschouwburg) se dissimule une charmante petite cour bordée de bâtiments anciens.

Prendre à droite le Sint-Katelijnevest, ensuite tourner à gauche dans la Wolstraat pour gagner la Hendrik Conscienceplein.

Hendrik Conscienceplein★

Cette place tranquille, pavée à l'ancienne, forme un ensemble très homogène avec ses bâtiments des 17e et 19e s. et la façade de l'église St-Charles-Borromée.

RÉPERTOIRE DES RUES ET SITES DE ANTWERPEN

van Aerdtstraat	DT	113
Amsterdamstr.	DT	4
Ankerrui	DT	6
Ballaerstr.	DV	12
Borsbeekbrug	EX	16
van Breestr.	DV	19
Brialmontlei	DV	21
Britselei	DV	22
Broederminstr.	CV	24
Brouwersvliet	DT	25
Brusselstr.	CV	27
Carnotstr.	EU	
Cassiersstr.	DT	31
Charlottalei	DV	33
Cockerillkaai	CV	36
Cogels-Osylei	EV	37
Cuperusstr.	EV	38
Dambruggestr.	ETU	39
Diksmuidelaan	EX	43
Emiel Banningstr.	CV	51
Emiel Vloorsstr.	CX	52
Erwtenstraat	ET	55
Falconplein	DT	58
Franklin Rooseveltpl.	DU	60
Gemeentestr.	DU	63
Gen. Armstrongweg	CX	64
Gen. van Merlenstraat.	EV	65
Gerard Le Grellelaan	DX	66
de Gerlachekaai	CV	67
Gillisplaats	CV	69
Gitschotellei	EX	70
Graaf van Egmontstr.	CV	72
Haantjeslei	CDV	79
Halenstr.	ET	81
Hessenplein	DT	84
Jan de Voslei	CX	90
Jan van Gentstr.	CV	91
Jezusstraat	DU	96
Justitiestraat	DV	97
Kasteelpleinstr.	DV	102
de Keyserlei	DU	103
Kloosterstraat.	CU	105
Kol. Silvertopstr.	CX	106
Koningin Astridplein	DEU	109
Koningin Elisabethlei	DX	110
Korte Winkelstr.	DTU	114
Lambermontplaats	CV	116
Lange Winkelstr.	DT	118
Leopold de Waelplein	CV	120
Leopold de Waelstr.	CV	121
Leysstraat	DU	123
Londenstr.	DT	124
Maria Henriettalei	DV	125
Marnixplaats	CV	129
Mercatorstr.	DEV	130
Namenstr.	CV	133
van den Nestlei	EV	135
Offerandestr.	EU	136
Ommeganckstr.	EU	138
Orteliuskaai	DT	141
Osystraat	DU	142
Oude Leeuwenrui	DT	148
Pelikaanstr.	DU	151
Plantinkaai	CU	153
Ploegstr.	EU	154
Posthofbrug	EX	157
Prins Albertlei	DX	159
Provinciestr.	EUV	162
Pyckestr.	CX	163
Quellinstr.	DU	165
Quinten Matsijslei	DUV	166
Rolwagenstr.	EV	171
Schijnpoortweg	ET	174
van Schoonhovestr.	DEU	175
Simonsstr.	DEV	178
St.-Bernardsesteenweg	CX	180
St.-Gummarusstr.	DT	181
St.-Jansplein	DT	183
St.-Jozefsstr.	DV	186
St.-Michielskaai	CU	187
Turnhoutsebaan (Borgerhout)	EU	
Viaduct Dam	ET	202
Viséstraat	ET	204
Volksstraat	CV	207
Vondelstr.	DT	208
Waterloostr.	EV	210

Antwerpen Miniatuurstad	CV	L	Huis van Roosmalen	CU	K²
Brouwershuis	DT	K¹	Koninklijk Museum voor Schone Kunsten	CV	M⁵
Diamantmuseum Provincie Antwerpen	EU	M⁸	Museum Smidt van Gelder	DV	M⁹

St.-Carolus Borromeuskerk★ (Église St-Charles-Borromée)

Tlj sf dim. 10h-12h30, 14h-17h, sam. 10-18h. ☎ *03 231 37 51.*

Sa belle **façade baroque** de « style jésuite » s'épanouit largement en trois registres classiques avec un médaillon central exécuté d'après un dessin de Rubens et deux lanternons en retrait. À l'arrière, accolé à l'abside, un élégant clocher baroque. Construite par les jésuites Aguillon et Huyssens de 1615 à 1621, sous le vocable de St-Ignace, l'église prit par la suite le nom de St-Charles-Borromée. Malgré l'incendie de 1718 qui détruisit en grande partie le bâtiment, l'intérieur reste remarquable. Les plafonds peints par Pierre-Paul Rubens et Antoine Van Dyck dans les bas-côtés furent malheureusement la proie des flammes. L'édifice, voûté en berceau, possède des tribunes donnant sur la nef par de hautes galeries très lumineuses. Le chœur a conservé sa parure de marbre.

Museum van Hedendaagse Kunst Antwerpen-MuHKA	CV	M7	Volkshuis "Help U Zelve"	CV	S
Museum voor Fotografie	CV	M6	Woonhuizen "De vijf werelddelen"	CV	R
Stadhuis	CTU	H	Zuiderpershuis	CU	K3

L'*Assomption* de Rubens dans la chapelle de la Vierge, et d'autres retables commandés, en 1620, à l'artiste pour orner cette église se trouvent aujourd'hui au musée des Beaux-Arts de Vienne en Autriche. Le maître-autel ne possède pas moins de trois tableaux. Grâce à un système ingénieux qui fonctionne encore de nos jours, il est possible de changer les peintures en fonction du besoin liturgique.

Sous les arcades court une boiserie du 18e s. : entre chaque confessionnal gardé par quatre anges, des médaillons retracent les vies de saint Ignace (au Sud) et de saint François Xavier (au Nord).

Musée – On visite la galerie, la crypte funéraire, la sacristie décorée de hauts-reliefs en stuc de Hansche ainsi que les pièces du musée contenant des collections de dentelles anciennes.

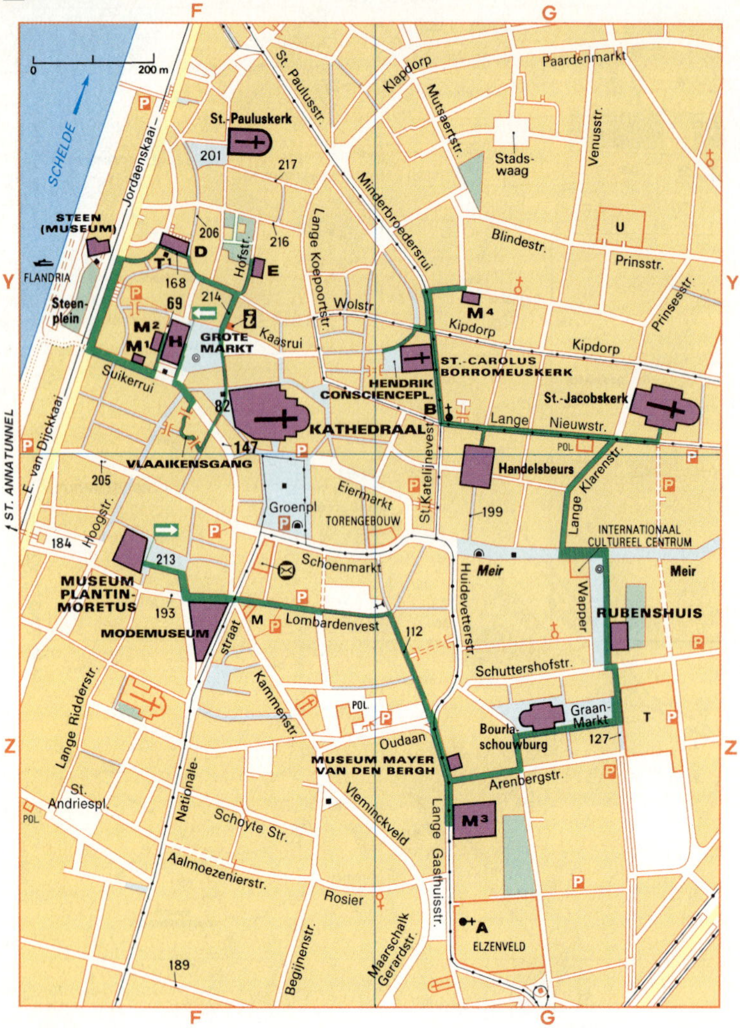

Gildekamerstr. . . . . FY 68	Oude Koornmarkt . . . . . . FYZ 147	Veemarkt . . . . FY 201
Groenplaats . . . . FZ	Paardenmarkt . . . . GY	Vlasmarkt . . . . FYZ 205
Handschoenmarkt . . . . FY 82	Repenstr. . . . . FY 168	Vleeshouwersstr. . . . . FY 206
Klapdorp . . . . GY	Schoenmarkt . . . . FZ	Vrijdagmarkt . . . . FZ 213
Korte Gasthuisstr. . . . . GZ 112	St.-Jansvliet . . . . FZ 184	Wisselstr. . . . . FY 214
Maria Pijpelinckxstr. . . . . . GZ 127	St.-Rochusstr. . . . . FZ 189	Zirkstr. . . . . FY 216
Meir . . . . GZ	Steenhouwersvest . . . . FY 193	Zwartzusterstr. . . . . FY 217
Nationalestr. . . . . FZ	Twaalf Maandenstr. . . . . . . GZ 199	

De Poesje . . . . FY T1	Rockoxhuis . . . . GY M4	Stadhuis . . . . FY H
Etnografisch museum FY M1	Sint-Elisabethgasthuiskapel . GZ A	Vleeshuis . . . . FY D
Maagdenhuis . . . . . . GZ M3	Sint-Niklaaskapel . . . . GY B	Volkskundemuseum . . FY M2
Oude Beurs . . . . FY E		

Revenir à la Wolstraat, puis prendre à gauche le Minderbroedersrui. Tourner immédiatement à droite dans la Keizersstraat.

Rockoxhuis★ (Maison Rockox)

Tlj sf lun. (sf lun. de Pâques et de Pentecôte) 10h-17h. Fermé 1er-2 janv., Ascension. 2,50€, gratuit ven. ☎ 03 201 92 50.

Ami de Rubens, Nicolas Rockox (1560-1640), bourgmestre d'Anvers et humaniste, était un fervent collectionneur d'objets d'art.

Sa demeure patricienne du 17e s., restaurée, a été transformée en musée. (Une projection audiovisuelle en français, néerlandais et anglais retrace l'histoire culturelle d'Anvers entre 1560 et 1640.) On y admire un magnifique mobilier (bahuts dits « ribbanken », cabinets d'ébène finement décorés), de belles pièces de céramique, une riche collection de peinture où figurent en particulier Patinir, Van Dyck (deux études d'une tête d'homme), Jordaens, Teniers le Jeune, Rubens, Momper, Snyders (*Marché aux poissons à Anvers*), Pieter Bruegel le Jeune (copie des *Proverbes* de Bruegel l'Ancien).

LES MUSÉES ET MONUMENTS DU CENTRE

Au Sud du Schoenmarkt et du Meir

Museum Plantin-Moretus***

Tlj sf lun. 10h-17h. Fermé 1er-2 janv., 1er mai, Ascension, 1er-2 nov., 25-26 déc. 4€. ☎ 03 221 14 50 ; www.antwerpen.be/cultuur/museum_plantinmoretus

Ce musée magnifique occupe 34 pièces de la maison et de l'imprimerie construite par le célèbre imprimeur Plantin et agrandie aux 17e et 18e s. par ses descendants, les Moretus. Par sa décoration comprenant un beau mobilier ancien, des tapisseries, des cuirs dorés, des tableaux, par ses riches bibliothèques, sa collection typographique et ses collections de dessins, de gravures, de manuscrits anciens et d'éditions précieuses, ce musée fournit une évocation saisissante de l'histoire de l'humanisme et du livre ancien dans les Pays-Bas aux 16e et 17e s.

LE « PRINCE DES IMPRIMEURS »

Tourangeau venu à Anvers en 1549, Christophe Plantin y devient en 1555 imprimeur à l'enseigne du Compas d'or : ce compas illustre sa devise « Labore et Constantia », la pointe mobile représentant le travail et la pointe fixe la constance.

La perfection des ouvrages sortis de ses seize presses (les Estienne, en France, n'en possédaient que quatre), sa réputation de culture et d'érudition lui valurent l'estime des plus grands hommes de son temps, dont le roi Philippe II, qui fait de lui son imprimeur officiel et lui accorde le monopole de la vente des ouvrages liturgiques en Espagne et dans les colonies espagnoles. Tout en collaborant avec son ami le gouverneur et marchand Jérôme Cook, il a donné naissance à la fameuse école de gravure anversoise dont Rubens sera plus tard le chef. La plus belle réussite typographique de Plantin est sa **Biblia Regia**, imprimée en 5 langues (hébreu, syriaque, grec, latin et araméen). Il meurt en 1589.

Visite du musée – *Suivre la numérotation des salles.* Autour de la magnifique cour intérieure avec ses fenêtres en vitraux sertis de plomb et encadrées de vigne vierge, on parcourt le grand salon décoré de portraits par Rubens, la boutique, la chambre des correcteurs, le bureau de Plantin et celui de Juste Lipse, érudit ami de Plantin.

Dans l'imprimerie, on découvre des presses des 16e, 17e et 18e s. sur lesquelles on imprime encore aujourd'hui *Le Bonheur de ce monde*, sonnet composé par Plantin.

Au 1er étage sont exposées la fameuse *Biblia Regia* ou *Biblia Polyglotta* ainsi que la bible de Gutenberg dont il ne reste que treize exemplaires. On admirera les bibliothèques comprenant plus de 25 000 ouvrages anciens et la salle Max Horn qui possède une collection de littérature française des 16e, 17e et 18e s. dans des éditions originales magnifiquement reliées.

Le 2e étage abrite la fonderie.

La Maison Plantin-Moretus.

B. Juge/MICHELIN

Modemuseum★★ (MOMU)

Tlj sf lun. 10h-18h (jeu. 21h) Fermé 1er-2 janv., 25, 26 et 31 déc. Entrée gratuite ven. 5€. ☎ 03 470 27 70 ; www.momu.be

Au cœur du quartier branché des jeunes stylistes belges, ce musée flambant neuf a élu domicile dans un immeuble du 19e s., joliment réaménagé par l'architecte Marie-Josée Van Hee. Les collections permanentes sont présentées par thèmes régulièrement renouvelés, ce qui permet de découvrir à la fois des pièces historiques (costumes, bel ensemble de dentelle ancienne, accessoires, tissus) et contemporaines, et de suivre l'évolution de la mode à travers le temps. Le bâtiment accueille également la Flanders Fashion Institute et le département Stylisme de l'Académie des Beaux-Arts.

Museum Mayer van den Bergh★★

Tlj sf lun. (sf lun. de Pâques et de Pentecôte) 10h-17h (dernière entrée 16h30). Fermé 1er-2 janv., 1er mai, Ascension, 1er-2 nov., 25-26 déc. 4€, gratuit ven. ☎ 03 232 42 37 ; www.antwerpen.be/cultuur/museum_mvdb

Installé dans une maison de style néogothique du début du 20e s., ce musée possède un remarquable ensemble d'œuvres d'art réunies par le collectionneur Fritz Mayer van den Bergh (1858-1901), qui montra un véritable génie dans ses achats de sculptures médiévales, d'enluminures, d'ivoires, de tapisseries et de peintures.

Au **rez-de-chaussée**, on remarquera quatre beaux portraits de Cornelis de Vos, deux statues-colonnes provenant du cloître de Notre-Dame-en-Vaux à Châlons-sur-Marne (12e s.) et un panneau sur bois de Simeone et Machilone de Spolète (13e s.) représentant des scènes de la vie de la Vierge. Le triptyque du *Christ en Croix avec couple de fondateurs* de Quentin Metsys (15e s.) montre le talent de ce peintre (remarquer la beauté et la sérénité du paysage contrastant avec l'air tourmenté des personnages).

Au **1er étage** sont réunis de très jolis ivoires byzantins et gothiques, mais l'attention se portera sur le groupe sculpté *Jésus et saint Jean* par le maître Heinrich de Constance et sur un diptyque néerlandais de petit format - probablement un autel de voyage - représentant la *Nativité et saint Christophe* (au revers la *Résurrection du Christ*).

La pièce maîtresse du musée est le tableau de Bruegel l'Ancien **Margot l'Enragée★★** *(De Dulle Griet)*, vision apocalyptique de la guerre dans des coloris « incendiaires » remarquables. À côté, *Les 12 proverbes flamands* montrent une autre facette du remarquable talent de Bruegel. De ses fils, le *Dénombrement de Bethléem* et *Paysage d'hiver*.

Maagdenhuis

Tlj sf mar. 10h (w.-e. 13h)-17h. Fermé j. fériés, 2 janv., 11 juil., 26 déc. 2,50€. ☎ 03 223 56 10.

Une partie de cet ancien orphelinat des filles a été transformée en musée. On y voit de nombreuses peintures (Rubens, *Saint Jérôme* par Van Dyck), des sculptures et une belle collection de bols de céramique anversoise du 16e s.

St.-Elisabethgasthuiskapel (Chapelle Sainte-Élisabeth)

Visite uniquement pour groupes sur demande préalable. Se renseigner Lange Gasthuisstraat 45, 2000 Antwerpen, ☎ 03 223 56 20.

Cette chapelle fait partie de l'ancien hôpital Ste-Élisabeth (13e s.) désaffecté en 1986 et restauré pour devenir un centre culturel (Elzenveld). La nef de style gothique brabançon aux chapiteaux ornés de feuilles de choux frisés date du début du 15e s. ; le chœur de la même longueur a été ajouté entre 1442 et 1460. La décoration baroque est dominée par le maître-autel en marbre noir et blanc d'Artus Quellin le Jeune surmonté d'une statue de la Vierge. Parmi les œuvres d'art, on remarquera les tableaux de Godfried Maes et de Frans Francken le Jeune.

La Maison de Rubens.

Ch. Bastin – J. Evrard/MICHELIN

Pierre-Paul Rubens : peintre anversois

Né en exil le 28 juin 1577 près de Cologne où son père, échevin d'Anvers, soupçonné d'hérésie, s'était réfugié, Rubens pénètre pour la première fois dans un Anvers dévasté à l'âge de 12 ans, après la mort de son père. Il est d'abord élève de Verhaecht et de Van Noort, puis de 1594 à 1598, il travaille dans l'atelier du peintre Otto Venius et passe maître de la guilde de St-Luc.

Après un séjour en Italie, il revient en 1608 à Anvers qui connaît une période de paix sous les archiducs Albert et Isabelle. Au fur et à mesure que les commandes affluent, le peintre est poussé à créer un véritable atelier. C'est alors l'apothéose de Rubens et de son école. Flamand et cosmopolite, catholique et humaniste, Rubens incarne le génie de la ville. Diplomate au service des souverains, il unit en peinture les acquisitions de l'italianisme à la tradition flamande.

Ses élèves ou collaborateurs portent des noms prestigieux : Jan Bruegel dit Bruegel de Velours et les trois Anversois Jordaens, Van Dyck et Snyders. Son influence s'étend à la sculpture représentée par les Quellin et Verbruggen et à l'architecture baroque.

Il meurt à Anvers en 1640 ; son corps repose dans l'église St-Jacques.

P. de Franqueville/MICHELIN

Rubenshuis** (Maison de Rubens)

Tlj sf lun. 10h-17h. Fermé 1er-2 janv., 1er mai, 1er-2 nov., 25-26 déc. 5€, gratuit ven. ☎ 03 201 15 55 ; www.antwerpen.be/cultuur/rubenshuis

En 1610, un an après son mariage avec Isabelle Brant, Rubens achète cette maison bourgeoise. Après de nombreux travaux d'agrandissement et la construction d'un immense atelier, Rubens fait de sa demeure un somptueux palais. C'est dans cette maison que le peintre passe la plus grande partie de sa vie et que la plupart de ses œuvres sont créées. Sa femme, dont il a eu trois enfants, étant morte, il se remarie quatre ans plus tard avec la très jeune Hélène Fourment ; cinq enfants naîtront de cette union et seront élevés sous ce toit.

Visite – *Billets en vente au pavillon d'accueil, en face du musée.* Cet ensemble a été reconstitué en 1946. Dans l'aile gauche, les pièces d'habitation de style flamand sont ornées de cuirs dorés, de meubles du 17e s. et de nombreux tableaux. Remarquez dans la salle à manger le célèbre autoportrait de Rubens. Dans l'aile droite, l'atelier est surmonté d'une tribune d'où les amateurs contemplaient ses tableaux.

Dans la cour, on admire la façade baroque de l'atelier avec ses bustes de philosophes et ses évocations mythologiques. Un portique relie les deux pavillons et s'ouvre sur un jardin par trois arches que Rubens a reproduites sur certaines toiles.

Le jardin du 17e s. a été redessiné d'après les tableaux et gravures de l'époque.

Entre l'Escaut et la Grand-Place

Etnografisch museum** (Musée d'Ethnographie)

Suikerrui 19. Tlj sf lun. 10h-17h. Fermé 1er-2 janv., 1er mai, Ascension, 1er-2 nov., 25-26 déc. 4€, gratuit ven. ☎ 03 220 86 00.

Au rez-de-chaussée, le visiteur est accueilli par les statues et masques de la collection d'Afrique noire. Tout comme les objets précieux et les objets usuels, ils ont souvent une signification magique et sont utilisés pour des danses et cérémonies rituelles. Le pouvoir inspirateur de ces objets « primitifs » pour l'art occidental moderne apparaît clairement lorsque l'on observe les masques de Songye (Congo) et les coupes de Mbuun (Congo). La section Pacifique (Océanie) met l'accent sur les peuples de Mélanésie, où le rang social et le culte des ancêtres jouent un rôle important. Le tambour à fente verticale des Nouvelles-Hébrides symbolise le rang social élevé, tandis que les belles statues taillées dans les fougères arborescentes servent à des rites funéraires. Il en va de même pour le poteau d'ancêtre, encore appelé « bis », des Asmats de Nouvelle-Guinée. On observera également les statues ancestrales (coiffées de chapeaux boules anglais) de Nouvelle-Irlande et le macabre panneau de crânes des peuples du Sepik en Nouvelle-Guinée orientale.

Le 1er étage, consacré au continent américain, expose des vêtements et des pipes des Indiens d'Amérique du Nord. On notera aussi avec intérêt un kayak pour enfant des Esquimaux du Groenland et un masque-cimier en forme de saumon du Canada.

L'Amérique du Sud et l'Amérique centrale sont richement représentées par une belle collection de terres cuites, de textiles et de bijoux précolombiens et par des masques et des parures d'Indiens d'Amazonie, ornées de plumes aux couleurs éclatantes. La collection indonésienne comprend des statues ancestrales courbées, des armes aux manches d'ivoire finement ciselés, des batiks et des bijoux.

Le 2e étage est dédié aux grandes religions asiatiques : l'hindouisme, le bouddhisme et le jaïnisme, religion hindoue prônant la délivrance des âmes. Le Japon est évoqué par le grand Kannon Bosatsu (16e-17e s.) et un bouddha japonais en bois laqué or. Du Tibet, on citera en particulier un très beau plan de Lhassa du 19e s. Les deux tours funéraires népalaises du 19e s. ornées de représentations religieuses ont été réalisées par des sherpas tibétains. Elles étaient utilisées pour l'accompagnement des mourants. À voir aussi : un autel domestique tibétain et une collection de remarquables miniatures chinoises représentant une méditation avec mandalas. L'Indonésie est présente avec un ensemble de poupées ajourées pour théâtre d'ombres.

Le 3e étage abrite une collection de porcelaine céladon (12e-17e s.), dont la couleur rappelle celle du jade. Outre des textiles indiens, on découvre également une collection d'objets japonais.

Volkskundemuseum (Musée du Folklore)

♿ Tlj sf lun. 10h-17h (dernière entrée 16h30). Fermé 1er-2 janv., 1er mai, Ascension, 1er-2 nov., 25-26 déc. 2,50€, gratuit ven. ☎ 03 220 86 66 ; www.antwerpen.be/cultuur/volkskundemuseum

Les collections riches et variées du musée du Folklore sont consacrées à l'art populaire flamand. Le rez-de-chaussée évoque la vie extérieure : statues de jardin et décorations de façade, enseignes, jeux de rue, vieilles attractions de kermesse, images anciennes et surtout le grand orgue de barbarie Mortier. L'esprit de fête se poursuit dans l'escalier avec les têtes des géants Druon Antigon et Pallas Athena, qui participent chaque année au cortège traversant la ville. Le 1er étage retrace le cours de la vie de l'homme, de la naissance à la mort, en passant par l'enfance, la scolarité, les fiançailles et le mariage. On remarque également la reconstruction d'une pharmacie-droguerie et des vitrines consacrées à la magie et aux croyances populaires. Le 2e étage illustre la vie de famille et la vie associative, très importante en Belgique (théâtre de marionnettes De Poesje).

Vleeshuis★ (Maison des Bouchers)

Tlj sf lun. 10h-16h45. Fermé 1er-2 janv., 1er mai, Ascension, 1er-2 nov., 25-26 déc. 2,5€. ☎ 03 233 64 04 ; www.antwerpen.be/cultuur/vleeshuis

Dans l'ancien quartier du port se dresse cet imposant édifice gothique. Les murs en brique, rayés de grès blanc, sont flanqués d'élégantes tourelles. La **maison des Bouchers** fut construite dans les années 1501-1504 par Herman de Waghemakere, à la demande de la corporation des bouchers. Depuis 1913, il abrite le musée municipal. Dans la vaste halle recouverte de voûtes d'ogives, les tables de découpe ont été remplacées par une vaste collection d'**instruments de musique★**. Anvers fut un centre de fabrication de clavecins réputé au 17e s. Outre quelques pièces maîtresses de la famille Ruckers, la collection comprend toute une gamme d'instruments à cordes et à vent. Une série d'intérieurs bourgeois ont été reconstitués au 1er étage, ainsi que la salle de conseil des bouchers. On admirera de nombreux objets illustrant l'art des corporations et des métiers anversois à l'âge d'or : monnaies, armes et faïences, dont un tableau à carreaux de faïence représentant la conversion de saint Paul (1547). À noter aussi une maquette du centre urbain d'Anvers en 1860 et une sélection d'objets provenant de fouilles effectuées dans la ville. Le musée possède une petite collection d'objets d'art égyptiens, dont le fleuron est le sarcophage de Nesi-Chonsoe, la « cantatrice d'Amon-Rê », datant de la XXIe dynastie (10e s. avant J.-C.).

Nationaal Scheepvaartmuseum★ (Het Steen)

Tlj sf lun. 10h-16h45. Fermé 1er-2 janv., 1er mai, Ascension, 1er-2 nov., 25-26 déc. 4€, gratuit ven. ☎ 03 201 93 40 ; www.antwerpen.be/cultuur/scheepvaartmuseum

Le musée de la Marine est situé dans la forteresse du Steen construite après 843 sur l'Escaut, pour défendre la nouvelle frontière du traité de Verdun. Prison dès le début du 14e s., le bâtiment fut agrandi vers 1520, sous Charles Quint, et restauré aux 19e et 20e s.

Une intéressante exposition retrace, à l'aide de nombreux tableaux, maquettes, instruments, sculptures et documents, la vie maritime et fluviale, surtout en Belgique, des origines à nos jours. On visite le département d'archéologie industrielle (maritiem park) où l'on peut voir la collection de bateaux.

Devant le Steen se dresse la statue du lutin anversois légendaire **Lange Wapper**.

Des terrasses promenoirs du **Steenplein**, on a un aperçu de l'animation de l'estuaire, qui atteint à cet endroit une largeur de 500 m. C'est de cet endroit que partent les bateaux d'excursion pour la visite du port.

Le long des quais, des maisons de style résolument contemporain (la maison Van Roosmalen, coin Goede Hoopstraat-St-Michielskaai) alternent avec de magnifiques bâtiments anciens.

En poursuivant vers le Nord, on gagne la Maison des Brasseurs.

Brouwershuis (Maison des Brasseurs)

Adriaan Brouwerstraat 20. Visite sur demande préalable uniquement tlj sf lun. 10h-17h. Fermé 1er-2 janv., 1er mai, Ascension, 1er-2 nov., 25-26 déc. 2,50€. ☎ 03 232 65 11 ; www.antwerpen.be/cultuur/brouwershuis

Gilbert van Schoonbeke fit élever vers 1553 cet édifice destiné à ravitailler en eau les nombreuses brasseries qu'il avait créées dans le quartier. La maison hydraulique devint en 1581 le siège de la corporation des brasseurs. On peut voir l'écurie reconstituée, le manège et le système d'élévation d'eau, puis les réservoirs reliés jadis aux canaux ; à l'étage se trouvent l'atelier et surtout la belle salle du Conseil, souvent reproduite sur des tableaux de Henri de Braekeleer, meublée à l'ancienne, tendue au 17e s. de cuir doré de Malines et ornée d'une cheminée à colonnes torses.

LE QUARTIER DU ZUID

Le Zuid ou quartier Sud

À partir de 1875, un tout nouveau quartier fut construit au Sud, à proximité de l'Escaut, là où se dressaient autrefois le Zuiderkasteel, citadelle espagnole datant de l'époque du duc d'Albe, et les anciennes murailles de la ville. Deux Expositions universelles furent organisées à cet endroit en 1885 et en 1894. Le musée des Beaux-Arts fut inauguré en 1890 et le théâtre De Hippodroom en 1903. Après des années difficiles, le quartier connut son heure de gloire pendant l'entre-deux-guerres. Il se composait alors de deux parties bien distinctes : la première, populaire et animée autour des Zuiderdokken et l'autre, plus paisible et plus bourgeoise, autour du musée. Avec le déplacement des activités portuaires vers le Nord de la ville, mais aussi en raison de la piètre qualité des habitations et de l'exode urbain, le quartier dépérit. Le comblement des bassins dans les années 1960 et la démolition de l'Hippodroom au début des années 1970 accélérèrent encore le déclin. Le mouvement s'inversa cependant au début des années 1980. En effet, le quartier connut un renouveau suite à l'implantation du **musée de la Photographie** et du **musée d'Art contemporain** dans deux anciens entrepôts. De nombreuses maisons et monuments furent restaurés grâce à un regain d'intérêt pour l'architecture fin de siècle. Parmi les rénovations les plus marquantes figurent celles de la **maison du peuple libérale Help U Zelve**, de l'**immeuble d'angle De vijf werelddelen** et de la **Zuiderpershuis**, mais aussi d'une série de maisons le long des quais. De belles maisons anciennes côtoient ici de nouvelles constructions résolument contemporaines, comme la **maison Van Roosmalen** (angle St.-Michielskaai et Goede Hoopstraat), un **immeuble noir et blanc** de Bob Van Reeth datant de 1985-1987, et le bâtiment à la façade en bois de Neutelings et de Koning. Le soir, le quartier du Zuid est toujours animé grâce à ses cafés et restaurants. Les nombreuses galeries d'art qui s'y sont établies organisent toutes leurs vernissages le même jour, ce qui permet aux visiteurs d'effectuer une sorte de « circuit » artistique. Valent également le détour la Waterpoort à la Gillisplaats, dont la conception est attribuée à Rubens, le monument de la Lambermontplaats et la statue De Schelde Vrij sur la Marnixplaats.

Koninklijk Museum voor Schone Kunsten★★★ (Musée royal des Beaux-Arts)

♿ *Tlj sf lun. 10h-17h. Fermé 1er-2 janv., 1er mai, Ascension, 25 déc. 5€, gratuit ven. ☎ 03 238 78 09 ; www.antwerpen.be/cultuur/kmska*

Cet édifice du 19e s. présente une façade à colonnade corinthienne, surmontée de chars en bronze de Vinçotte. Les quatre figures allégoriques ornant la façade représentent l'architecture, la peinture, la sculpture et la gravure. L'accès à l'étage supérieur se fait par un escalier monumental orné d'œuvres de Nicaise De Keyser retraçant l'histoire de l'école de peinture anversoise. La collection du musée permet de suivre l'évolution de la peinture occidentale, du 14e s. à nos jours.

Peinture ancienne (1300-1800) – Le musée abrite un ensemble remarquable d'œuvres de primitifs flamands. Remarquez deux chefs-d'œuvre de Jan Van Eyck : *La Sainte Barbe*, devant une tour gothique en construction, au dessin minutieux, et *La Vierge à la fontaine* aux coloris délicats. On note de Van der Weyden le *Portrait de Philippe de Croÿ*, une œuvre pleine de finesse, ainsi que le *Triptyque des sept sacrements*, qui a pour cadre l'intérieur d'une vaste église gothique. Chaque sacrement (baptême, confirmation, confession, ordre, mariage, extrême-onction, eucharistie) est personnifié par un ange tenant une banderole. Les avis divergent quant à l'identité de l'homme représenté sur le *Portrait de l'homme à la médaille* de Hans Memling. Il s'agit soit du médailliste Jean de Candida, soit d'un collectionneur de monnaies italien. On admire quatre petits panneaux de **Simone Martini** (14e s.), dont un représentant *L'Annonciation* d'une délicatesse évoquant les miniatures. La célèbre *Vierge entourée d'anges rouges et bleus* par le Français **Jean Fouquet** est peinte sous les traits gracieux d'Agnès Sorel, maîtresse du roi de France Charles VII. On remarque les ravissants portraits de **Jean Clouet** et, plus particulièrement, celui du fils de François Ier. *L'autoportrait de l'artiste et de sa femme* du Maître de Francfort est l'un des premiers doubles portraits profanes des Pays-Bas du Sud.

La peinture du 16e s. conserve les grands traits des primitifs flamands, mais teintés par l'influence italienne comme on peut le voir dans deux toiles de Quentin Metsys, la *Marie Madeleine* et son fameux *Triptyque de la déploration du Christ*, que l'artiste peignit pour la guilde des menuisiers.

Le tableau de **Joachim Patinir** représentant *La Fuite en Égypte* marque un tournant important dans l'évolution de la peinture paysagiste. Le musée comprend de nombreux portraits (Metsys, Pourbus et le Maître d'Anvers), paysages et natures mortes.

Les quatre splendides petits panneaux, intitulés *Les Quatre Saisons* sont d'Abel Grimmer. La peinture hollandaise du 17e s. est présente avec des œuvres de Frans Hals, Ter Borch et Hobbema.

La salle **Rubens** est entièrement consacrée au maître du baroque anversois. On peut suivre l'évolution de son style. *Le Baptême du Christ*, peint en Italie, et le triptyque de *L'Incrédulité de saint Thomas* sont encore d'inspiration classique ; puis le réalisme s'impose dans *Le Christ à la paille*, tout ensanglanté, le pathétique apparaît dans *La Dernière Communion de saint François*, dans *Le Coup de lance*, dans *La Trinité* au raccourci saisissant ; enfin *L'Adoration des Mages* (1624), aux coloris éclatants et aux personnages expressifs, est un des sommets de la peinture flamande au 17e s.

Les salles Van Dyck et Jordaens présentent, outre des portraits distingués, des œuvres d'inspiration religieuse aux tons nuancés de **Van Dyck**, qui avait déjà son propre atelier et ses élèves à l'âge de 16 ans. Les œuvres de **Jordaens** comme *Le Concert de famille*, sont étonnantes de vie.

Koninklijk Museum voor Schone Kunsten, Antwerpen

La Vierge entourée d'anges rouges et bleus, *Jean Fouquet*.

Peinture moderne (1800-aujourd'hui) – Une salle est consacrée à **James Ensor**, le célèbre peintre, caricaturiste et dessinateur ostendais. On peut suivre son évolution depuis les premières œuvres de ce qu'on appelle sa « période sombre », dominée par des intérieurs et des portraits, dont *Le Salon bourgeois* est un bel exemple. L'amour d'Ensor pour le monde étrange des masques s'exprime dans *L'Intrigue* (1890).

L'impressionnisme et le pointillisme sont représentés avec, entre autres, des œuvres d'Émile Claus. Du grand architecte, Henry Van de Velde, l'on voit la belle toile *Femme à la fenêtre*. Toute l'affection de Meunier pour le monde du travail s'exprime dans ses tableaux et sculptures. L'accent est également mis sur le social dans *L'Aveugle* de Laermans. *Le Bourgeois de Calais*, œuvre très expressive de Rodin, fait partie du célèbre groupe de sculptures *Les Bourgeois de Calais*. Le musée comprend de nombreuses peintures et sculptures du fauviste brabançon **Rik Wouters**, mort prématurément. Sa femme Nel a joué un rôle prépondérant dans son œuvre expressive et inondée de soleil *(La Repasseuse, L'Éducation)*.

Le groupe de Laethem-St-Martin est bien représenté avec l'expressionniste Permeke au style monumental *(Femme de pêcheur)*, les frères De Smet et Van den Berghe. Les deux figures féminines dans la toile *Les Deux Printemps* de Van de Woestijne symbolisent la vie rurale et la vie urbaine. Les toiles de Servrancks et de Peeters appartiennent au constructivisme. Le surréalisme est mis en vedette par Magritte *(Seize septembre)*. Le musée possède également des tableaux d'artistes étrangers de renom comme Modigliani, Zadkine et Grosz. La grande toile de Pierre Alechinsky, *Le Dernier Jour* (1964), peut être considérée comme l'apogée de son évolution parmi les membres du groupe Cobra.

Woonhuizen « De vijf werelddelen »

À deux pas du musée des Beaux-Arts, au coin de la Plaatsnijderstraat et de la Schilderstraat se trouve l'étonnant *immeuble* « **Les Cinq Continents** » datant de 1901. De style Art nouveau, ce bâtiment de l'architecte Frans Smet-Verhas fut construit pour un armateur, d'où la proue de navire en bois. Au-dessus, une belle loggia dont les vitraux portent les noms des cinq parties du monde.

Volkshuis « Help U Zelve »
Qualifié de « Horta anversois », l'architecte Emiel van Averbeke réalise en 1898 avec Jan van Asperen la Maison du peuple libérale « Help U Zelve ». La magnifique façade partiellement décorée de mosaïques présente deux pignons couronnés de sculptures.

Zuiderpershuis
Derrière la façade néobaroque de l'immeuble conçu par Emiel Dieltiens en 1881 se cache une ancienne centrale électrique hydraulique. Les accumulateurs étaient logés dans les deux tours. Abritant la troupe de théâtre *De Internationale Nieuwe Scène*, le bâtiment s'est converti en centre culturel international (concerts, danse, théâtre, expositions).

Ch. Bastin et J. Evrard/MICHELIN

Immeuble Les Cinq Continents.

Museum van Hedendaagse Kunst Antwerpen-MuHKA
Leuvenstraat. ♿ Tlj sf lun. 10h-17h. Fermé 1er janv., 1er mai, Ascension, 25 déc. 4€. ☎ 03 238 59 60 ; www.muhka.be
Occupant l'ancien silo à céréales La Nationale (1926), le **musée d'Art contemporain** fut considérablement agrandi voici quelques années. Il est situé près de l'Escaut et présente une collection intéressante d'art contemporain depuis les années 1970. Des artistes étrangers (T. Cragg, B. Nauman, A. Charlton, Boltanski, D. Flavin) et belges (J. Fabre, Ph. Van Snick, B. Lohaus, J. Deleu, etc.) de grand renom y exposent leurs œuvres. Prendre l'ascenseur qui amène en haut de l'édifice, ce qui permettra d'admirer le *Growing Ladder* de H. Duchateau.
La collection permanente se visite en général uniquement pendant l'été. Le reste de l'année, le MuHKA organise surtout de grandes expositions temporaires.

Antwerpen Miniatuurstad
♿ 10h-18h (lun. 17h). Fermé 1er janv., 25 déc. 6€. ☎ 03 237 03 29 ; www.miniatuurstad.com
Installée dans un ancien hangar sur les quais de l'Escaut, la reconstitution miniature de la ville d'Anvers (en cours de réalisation) s'anime pendant un son et lumière. On remarquera au passage les ateliers où les nouveaux éléments de la maquette voient le jour.

Museum voor Fotografie★ (Musée de la Photographie)
Waalse Kaai 47. Fermé pour cause de travaux ; réouverture prévue pour déb. 2004. ☎ 03 242 93 20 ; www.fotografiemuseum.be
Ce musée a trouvé refuge dans un ancien entrepôt de 1902. La façade en brique cache une construction en béton armé. Deux galeries ont été aménagées au rez-de-chaussée afin d'accueillir des expositions temporaires. Un des espaces porte le nom de Lieven Gevaert, industriel anversois qui s'occupait du développement de papier photographique.
Au 1er étage, toutes les étapes de la photographie depuis la « camera obscura » sont retracées à travers une remarquable collection d'appareils : daguerréotypes, chambres noires, appareils détectives, appareils espions qui se camouflaient dans une canne ou une cravate, appareils panoramiques, lanternes magiques, appareils pliants et appareils plus modernes. Bel exemple de la photographie stéréoscopique, le fleuron de la collection est incontestablement le « Panorama Kaiser », réalisé en 1905 pour la Société zoologique royale.
Le 2e étage présente un aperçu de la photographie artistique. On admirera notamment des tirages des grands de la photo : Sander, Man Ray, Avedon, Irving Penn, Brassaï, Ansel Adams, Cartier-Bresson, Gilbert de Keyser, etc. Autre curiosité : un appareil photo géant (d'environ 1940) pour la réalisation de plaques utilisées par l'Institut géographique national pour la fabrication de cartes d'état-major.

AUX ALENTOURS DE LA GARE CENTRALE

Centraal Station (Gare centrale)

Koningin Astridplein.

À côté du Jardin zoologique, la gare centrale (1900-1905) a été construite d'après les plans de l'architecte L. de La Censerie. Les deux façades monumentales de style néobaroque sont coiffées d'une énorme coupole, haute de 60 m.

Dierentuin (Jardin zoologique)★★

Mars-avr. et oct. : 10h-17h30 ; mai-juin : 10h-18h ; juil.-août : 10h-19h ; sept. et nov.-fév. : 10h-16h30. 13€. ☎ 03 202 45 40 ; www.zooantwerpen.be

Ce parc de 10 ha s'ouvre entre la gare centrale et l'ancien musée d'Histoire naturelle, construit en 1885, surmonté de la statue de son fondateur chevauchant un chameau. Parmi ses 5 000 animaux, le zoo compte des spécimens rares comme les rhinocéros blancs et les okapis (bâtiment maure). Le temple égyptien (1856) aux couleurs vives abrite les éléphants, girafes, autruches et oryx arabes. Dans le bâtiment des oiseaux, rien ne sépare les oiseaux exotiques en pleine lumière du public circulant dans l'obscurité. Le nocturama abrite dans la pénombre les animaux nocturnes dont les terriers sont visibles derrière une vitre. Le « Vriesland » permet de découvrir les manchots et les loutres de mer. Enfin, le planétarium et l'Aquaforum offrent des spectacles supplémentaires.

Diamantmuseum Provincie Antwerpen★ (Musée du Diamant de la Province d'Anvers)

Mai-oct. : 10h (lun. 13h)-18h ; nov.-avr. : 10h (lun. 13h)-17h. Fermé janv., 25-26 déc. 5€. ☎ 03 202 48 90 ; www.diamantmuseum.be

Quelques belles façades du début du 20e s. dissimulent ce nouveau musée situé à un jet de pierre du quartier des diamantaires et de la gare centrale. Le musée explique les propriétés et l'origine de ce cristal formé entre 150 et 200 km de profondeur à une température de 2 000 °C. Le diamant, matière la plus dure, dont on calcule le poids en carats, provenait jusqu'au 18e s. d'Inde. Aujourd'hui, les principaux gisements se trouvent en Afrique du Sud et de l'Ouest et en Australie.

La visite permet de découvrir l'utilisation du diamant dans l'industrie, la transformation de la pierre brute en bijoux (les différentes étapes techniques, les applications les plus modernes) et l'histoire du diamant à Anvers. Un atelier de diamantaire du début du 20e s. a été reconstitué. Le trésor abrite une collection remarquable de bijoux diamantés évoquant l'évolution des formes et du goût depuis le Moyen-Âge à nos jours.

Une industrie et un commerce traditionnels : le diamant

En 1476, le Brugeois Louis de Berken perfectionne la taille du diamant qui devient une industrie anversoise. Au 16e s., l'arrivée de plusieurs familles juives portugaises donne un nouvel élan. Le commerce des diamants, qui alors provenaient surtout des Indes, était quasiment un monopole portugais à la suite de la découverte de la route maritime des Indes par Vasco de Gama. Les artisans d'Anvers sont vite renommés. En 1869 commence le rush diamantaire sud-africain. À la même époque arrive une forte émigration des juifs de l'Est. Aujourd'hui, le commerce se partage entre les familles juives installées depuis des siècles, les Indiens, les Zaïrois et les Libanais, tandis que la taille reste le domaine des Anversois.

Museum Smidt van Gelder

Belgiëlei 91. Fermé pour travaux. ☎ 03 239 06 52.

Ce musée est installé dans un intérieur raffiné du 18e s. orné d'un beau mobilier et de collections de valeur (peinture hollandaise, porcelaine de Chine).

alentours

Openluchtmuseum voor Beeldhouwkunst Middelheim★ (Musée de Sculpture en plein air)

Sortir au Sud par la Karel Oomsstraat. Prendre la Gerard Le Grellelaan, puis la Beukenlaan qui longe le parc (Nachtegalenpark), ensuite à gauche par la Middelheimlaan. ♿ Oct.-mars : tlj sf lun. 10h-17h ; avr. et sept. : tlj sf lun. 10h-19h ; mai et août : tlj sf lun. 10h-20h ; juin-juil. : tlj sf lun. 10h-21h. Fermé 1er-2 janv., 1er mai, Ascension, 1er-2 nov., 25-26 déc. Gratuit. ☎ 03 827 15 34 ; www.antwerpen.be/cultuur/museum_middelheim

Dans le parc Middelheim, de vastes pelouses (12 ha) ombragées de grands arbres servent d'écrin à plus de 400 sculptures, de Rodin à nos jours. La partie « Middelheim-Hoog » est consacrée à la sculpture moderne tant étrangère que belge (Maillol, Bourdelle, Moore, Giacometti, Richier, Calder, Nevelson, Pompon, Jespers, Gentils, etc.). Remarquer la belle envolée du *Roi et Reine* de Henry Moore ainsi que la très dynamique *Vierge folle* par Rik Wouters. S'inspirant de la nature, le pavillon blanc de René Braem abrite les sculptures petites ou fragiles en bois, terre cuite, métal et plâtre. « Middelheim-Laag » présente des sculptures contemporaines. À noter les 2 figures émouvantes de Juan Muñoz, l'œuvre énigmatique de Richard Deacon et le *Poulet préhistorique* de Panamarenko.

Ch. Bastin et J. Evrard/MICHELIN

L'Ours blanc *de F. Pompon au Middelheim.*

Provinciaal Museum Sterckshof★ (Zilvercentrum)

Sortir à l'Est par la Carnotstraat, puis prendre la Turnhoutsebaan à Borgerhout. Accès par la Cornelissenlaan. Tlj sf lun. 10h-17h30. Fermé du 25 déc. au 2 janv. Gratuit. ☎ 03 360 52 50 ; www.sterckshof.be

Dans le parc Rivierenhof, à Deurne, se dresse le beau château du Sterckshof (1938), construit en style néo-Renaissance flamande. Après une importante rénovation, le Zilvercentrum a ouvert ses portes en 1994. Au 1er étage, le visiteur trouvera surtout des informations pratiques sur les différents minerais et les mines d'argent, et l'utilisation de ce métal précieux dans l'industrie. Le musée propose également une vidéo sur le travail de l'argent et possède une grande collection d'outils. Les poinçons et estampilles renseignent sur l'origine de l'objet, la teneur en argent, la date de fabrication et l'identité de l'orfèvre. Les coupes et les plats les plus précieux sont exposés dans le salon d'apparat. Le musée possède aussi une intéressante collection d'objets religieux, dont un splendide bénitier (1833) de l'Anversois Verschuylen, représentant Jésus et la Samaritaine près du puits. La chambre à coucher rassemble une collection de bijoux, d'articles de toilette et d'objets divers. Dans la salle à manger, avec son magnifique plafond à caissons du 16e s., le visiteur pourra se faire une idée de l'évolution des couverts du 14e au 19e s. Le salon réunit quelques jolis services à café et à thé, ainsi qu'une magnifique assiette bruxelloise ornée d'un motif d'iris en style Art nouveau (environ 1900). Le legs Lunden comprend presque exclusivement de l'argenterie domestique. L'atelier se consacre à la fois à la restauration et à la réalisation de nouvelles créations.

La Bataille de Waterloo, quartier Zurenborg.

Ch. Bastin – J. Evrard/MICHELIN

Wijk Zurenborg★★

Près de la gare de Berchem. Ce magnifique quartier remarquablement bien préservé comprend plusieurs rues autour de la **Cogels-Osylei**. Il tire son nom d'un jardin de plaisance du 16e s. Cette véritable merveille de la fin du 19e s. présente des hôtels particuliers de style néo, éclectique et Art nouveau. On fit appel à plusieurs architectes illustres dont **Jos Bascourt**, **Emiel Dieltiens**, **Frans Smet-Verhas** et **Jules Hofman**. Quelques ensembles prennent l'allure d'un véritable palais : les constructions (1897-1899) aux nos 32-36 de la Cogels-Osylei de l'architecte Dieltiens ainsi que les trois maisons de plaisance de style néo-Renaissance flamande aux nos 25-29 de la même avenue, réalisées d'après les plans de J. Bascourt. Toujours dans la même avenue, la **maison « Huize Zonnebloem »** (Le Tournesol) de Jules Hofman étonne par ses lignes sinueuses. La maison particulière au no 80 est presque une copie de la maison du peintre de St-Cyr à Bruxelles. Dans un style beaucoup plus sobre, les quatre maisons d'angle (Generaal Van Merlenstraat et Waterloostraat) illustrent les quatre saisons.

Au no 11 de la Waterloostraat se trouve la **demeure « La Bataille de Waterloo »** de F. Smet-Verhas. Remarquer les portraits de Napoléon et de Wellington, le grand bow-window ainsi que la petite tourelle d'angle.

Brasschaat

15 km au Nord.

Cette commune possède un important centre récréatif dans un grand parc comprenant piscines et jardin zoologique.

De Brasschaat, une agréable **route** mène à Schilde. Elle est bordée en de nombreux endroits de massifs de rhododendrons dont la floraison en mai-juin offre un merveilleux spectacle, en particulier le long du domaine de Botermelk, à la sortie du pont mobile franchissant le canal d'Anvers à Turnhout. Les environs boisés et fleuris de **'s Gravenwezel** abritent des demeures cossues.

Réserve naturelle De Kalmthoutse Heide et Arboretum Kalmthout

25 km au Nord. Sortir par Schijnpoortweg. ♿ De fin janv. à mi-fév. et de mi-mars à mi-nov. : 10h-17h. 4€. ☎ 03 666 67 41.

Dans le Nord de la Campine anversoise, à 2 km du bourg de Kalmthout, la **réserve naturelle** (natuurreservaat) **De Kalmthoutse Heide** offre, près de la frontière, 732 ha de dunes de sable, landes de bruyère (heide), bois de pins, marécages, peuplés de nombreux oiseaux et sillonnés de sentiers de promenade balisés.

L'**Arboretum Kalmthout** *(situé sur la N 111)*, dont les origines remontent à 1857, est aussi bien un lieu de détente pour le promeneur « amateur » qu'un terrain d'étude pour ceux qui s'intéressent à la botanique. L'accès aux pelouses *(il n'y a pas de sentier, s'équiper de chaussures adéquates)* permet d'admirer une grande variété d'arbres et d'arbustes, dont des espèces rares rassemblées sur 10 ha. Outre de nombreux conifères, on y trouve des magnolias, des rhododendrons et des rosacées (prunus, etc.). La présence de plantes sauvages donne un charme particulier à ce parc, aménagé de façon esthétique.

L'Arboretum à Kalmthout.

Ch. Bastin – J. Evrard/MICHELIN

Lillo-Fort

15 km environ en suivant la rive droite de l'Escaut.

L'ancien fort de Lillo, entouré d'eau, dissimule derrière ses retranchements boisés un village paisible, dont l'église préside une charmante place centrale, et un petit port. C'est un des trois derniers villages de cette ancienne zone de polders évoquée par le **musée des Polders** (Polder- en zeemuseum).

De la digue bordant l'Escaut, on aperçoit Doel.

circuit

LE LONG DE L'ESCAUT JUSQU'À DOEL

25 km. Sortir par l'Amerikalei, puis, emprunter le tunnel Kennedy en direction de Hulst, puis de Antwerpen-Linkeroever (rive gauche).

Près du tunnel pour piétons et cyclistes, un petit jardin jonché d'hélices, d'ancres et de bouées de navires offre une **vue** intéressante sur le centre d'Anvers, dominé par sa cathédrale et son gratte-ciel. Plus au Nord se dissimulent le port de plaisance, un petit moulin et la plage Ste-Anne, tandis qu'au Sud a été aménagé un lac de plaisance (Galgenweel).

Reprendre la route vers Hulst, puis vers Doel.

On traverse une zone curieuse où les polders traditionnellement consacrés à l'élevage voisinent avec les grands complexes industriels de Kallo dont l'implantation a exigé le pompage préalable du sol.

Doel

Petit village abrité de l'Escaut par une haute digue, Doel possède un minuscule port de pêche. Au sommet de la digue se dresse un moulin à vent. On peut voir, en face, Lillo, son moulin blanc se détachant derrière les arbres ainsi que les cheminées de la zone industrielle. À proximité de Doel a été installée une centrale nucléaire.

Arlon

Aujourd'hui chef-lieu agréable de la province du Luxembourg belge, Arlon est une très ancienne cité, construite sur une colline appelée Knipchen. C'était, sous la domination romaine, une ville importante (Orolaunum) sur la voie reliant Reims à Trèves. Elle fut fortifiée vers la fin du 3e s. et conserve plusieurs vestiges de l'époque romaine. Sa position exceptionnelle est toujours attestée par la vue que l'on a depuis le sommet de l'église St-Donat, qui couronne la colline. Depuis le Belvédère, on aperçoit les toits d'ardoise de la ville, l'église St-Martin et un panorama sur quatre pays : Belgique, Grand-Duché, France, Allemagne.

La situation

24 685 habitants – Cartes Michelin nos 716 K 6 et 534 T 24 – Plan dans Le Guide Rouge Benelux – Luxembourg P.

Près du Grand-Duché et de la France, la ville est accessible par l'autoroute E 411 reliant Bruxelles à Luxembourg-ville, par la N 81 pour qui vient de Longwy ou par la N 4 (au départ de Bastogne).

R. des Faubourgs 2, ☎ 063 21 63 60 ; www.arlon.be

carnet pratique

RESTAURATION

• ***Une petite folie !***

Au Capucin Gourmet – *R. Capucins 22 – ☎ 063 22 16 63 – fermé sam. midi, dim. soir, lun. – 16€ déj. – 43€.* À deux pas de l'église St-Donat, adresse dont on appréciera l'atmosphère rustique : pierres apparentes, grosses poutres, chaises massives et cheminée. Jolie carte au goût du jour calligraphiée à l'encre de Chine. Petite terrasse estivale.

HÉBERGEMENT

• ***À bon compte***

Les Blés d'Or – *R. Blés d'Or 15 – 6780 Hondelange – ☎ 063 22 52 34 –* P *– 11 ch. : 50/55€* . Étape idéale si l'on recherche la tranquillité d'un village pour poser ses valises le temps d'un séjour en Lorraine belge. Ambiance familiale, chambres au charme un peu suranné et jardin agrémenté d'une pièce d'eau.

SPÉCIALITÉ

Le maitrank ou boisson de mai est un vin blanc sec parfumé de quelques brins de reine des bois (aspérule odorante) cueillis avant floraison, corsé de cognac, sucré et servi frais avec une tranche d'orange. Depuis 1954, se déroulent vers la fin mai de grandes fêtes populaires organisées par la confrérie du Maitrank.

Musée luxembourgeois★

Tlj sf lun. 9h-12h, 13h30-18h, dim. et j. fériés (de mi-avr. à mi-sept.) 14h-18h. Fermé de mi-déc. à mi-janv. 4€. ☎ 063 22 61 92 ; www.ial.be

Ce musée renferme de belles collections d'archéologie et d'ethnographie régionales. La **section lapidaire gallo-romaine★★**, remarquable, comprend notamment un ensemble unique de monuments funéraires. Provenant de la ville ou de la région, ils sont sculptés de bas-reliefs représentant des personnages mythologiques (Bacchus, Hercule) ou allégoriques (danseuses), ou illustrant des scènes qui nous fournissent des renseignements précis sur la vie quotidienne aux trois premiers siècles de notre ère. On remarquera surtout le magnifique **Relief des voyageurs** d'une expressive beauté et le très beau monument de Vervicius, découvert en 1979-1980 (avec, entre autres, une scène de combat entre Achille et Hector). Le musée comprend également une collection mérovingienne (tombes, bijoux), du mobilier médiéval et de la Renaissance ainsi qu'un retable du 16e s.

Musée luxembourgeois, Arlon

Relief des voyageurs.

Tour romaine

Pour visiter, s'adresser au Café d'Alby, Grand Place 1. Fermé lun. 0,50€. ☎ 063 21 64 47.

La **tour romaine** *(Grand-Place)* faisait partie des remparts. Ceux-ci furent édifiés sur une large assise constituée de fragments de monuments démantelés, notamment de magnifiques bas-reliefs qui ont enrichi le Musée luxembourgeois. L'une de ces sculptures, représentant Neptune, est restée en place dans la muraille, sous la tour *(accès par une échelle métallique)*.

On peut voir également une partie du *Relief des voyageurs* conservé au musée.

Thermes

Visite libre. Gratuit. ☎ 063 24 56 00.

Près du **vieux cimetière** *(rue des Thermes romains)* aux belles croix de pierre, subsistent quelques vestiges de **thermes romains** du 4e s. ainsi que les fondations de la plus ancienne **basilique** chrétienne de Belgique (5e s.).

Ath

Au confluent de la Dendre orientale et de la Dendre occidentale, Ath occupait autrefois une situation stratégique sur une grande voie de passage, ce qui lui valut en 1667 d'être assiégée par Louis XIV. Une fois prise, elle fut fortifiée par Vauban dont ce fut la première réalisation. Il en fit établir un plan en relief, le premier du genre (1669). Au cours de la guerre de Succession d'Autriche, en 1745, la ville eut encore à subir de la part des troupes françaises un siège qui détruisit la plupart de ses fortifications.

La situation

25 296 habitants - Cartes Michelin nos 716 E 4 et 533 H 19 - Hainaut.

L'accès au pays d'Ath est facilité par la proximité de l'autoroute E 429 (vers Bruxelles et Tournai).

R. de Pintamont 18, ☎ 068 44 57 24 ; www.ath.be

se promener

Grand-Place

Réaménagée en accord avec la population, la Grand-Place du Pays Vert a été dotée d'un éclairage spécialement conçu afin de créer une atmosphère d'ambiance, de jolis bancs et de deux petites fontaines. Achevé en 1624, l'**hôtel de ville** de style baroque a été construit d'après les plans de **Cobergher** (vers 1561-1634), étonnant personnage, peintre, ingénieur, architecte des archiducs Albert et Isabelle, qui introduisit en Flandre les premiers monts-de-piété. L'hôtel de ville a été presque entièrement reconstruit durant les années 1980. L'immense salle des pas perdus possède une belle cheminée, un portail sculpté et un escalier à balustres en pierre.

On aperçoit également l'**église St-Julien** et sa haute tour du 15e s., tronquée par un incendie en 1817, qui conserve ses tourelles d'angle.

À droite du portail d'entrée de l'**église St-Martin** (16e s.), on peut voir un *Calvaire* extérieur en chêne se composant d'un Christ géant encadré des deux larrons, de la Vierge et de saint Jean. À l'intérieur de l'édifice, une splendide *Mise au tombeau*, un ensemble monumental qui daterait du 16e s.

À proximité de l'hôtel de ville, des panneaux explicatifs et un plan ont été disposés afin de fournir des informations sur les curiosités de la ville et ses environs.

Accès par la rue du Gouvernement, une ruelle qui part de la Grand-Place.

Tour Burbant

Ce donjon carré et massif à contreforts plats fut construit en 1166 par le comte de Hainaut, Baudouin IV le Bâtisseur, afin de servir de base pour défendre la frontière Nord du Hainaut face à la Flandre et de surveiller la noblesse environnante. Cette tour, vestige de l'ancienne seigneurie d'Ath, doit son nom à l'appartenance de la région à l'ancien pays carolingien de Brabant. C'est un véritable complexe militaire aux murs épais de 4 m et dont l'intérieur s'articule sur 4 niveaux. Remarquer l'absence d'ouvertures dans la partie inférieure et l'imposante cheminée. Au 14e s., le donjon servait essentiellement de prison. L'enceinte qui l'entoure, ajoutée aux 15e et 16e s., a été restaurée et transformée en centre culturel.

Cortège des géants

Fin août se déroule la **ducasse** (terme dérivé de « dédicace ») avec, notamment, ses défilés de géants. Les festivités durent plusieurs jours : le samedi, vers 15h, a lieu le mariage du couple Gouyasse (mot patois pour Goliath) béni en l'église St-Julien au cours des vêpres, puis, devant l'hôtel de ville, on assiste au combat de David contre Goliath.

Le dimanche, à 10h et à 15h, les géants, hauts de plus de 4 m et pesant plus de 100 kg, parcourent en dansant la ville en grande liesse. Ce sont principalement M. et Mme Gouyasse, les quatre fils Aymon montés sur leur cheval Bayard, Samson, symbolisant la puissance des corps armés, Ambiorix et Mam'zelle Victoire, personnification de la ville d'Ath.

Madame Gouyasse.

E. Valenne/Geostory

carnet pratique

Restauration

• *À bon compte*

Arts et Terroir – *Marché aux Toiles 5 – ☎ 068 44 59 77 – artsetterroir@busmail.net – fermé lun. – 22/26€.* Nouveau restaurant installé dans deux maisonnettes adossées à l'ancien mur d'enceinte de la ville, visible depuis votre table en pierre bleue. Lumineuse salle à manger de style design. Beau choix de recettes traditionnelles.

Hébergement

• *À bon compte*

Du Parc – *R. de l'Esplanade 13 – ☎ 068 28 69 77 – motel.parc@skynet.be – 11 ch. : 52/62€ – restaurant 21/37€.* Ouvert sur une esplanade herbeuse, cet hôtel familial tout proche du centre-ville bénéficie d'une certaine quiétude. Chambres assez simples, mais bien tenues. À l'heure du repas, préparations classico-bourgeoises de saison.

Specialité

Une des spécialités culinaires de la ville d'Ath est la tarte à mastelles. Cette douceur ne se déguste en principe que pendant la ducasse, accompagnée d'un verre de vin de Bordeaux.

visiter

Maison des Géants

R. de Pintamont 18. Tlj sf lun. 10h-12h, 13h-17h (avr.-sept. 18h), w.-end et j. fériés 14h-18h. Fermé de Noël au Nouvel An. 4€. ☎ 068 44 57 24 ; www.ath.be

Situé dans une belle maison particulière de la fin du 18e s., ce musée évoque le monde captivant des géants : aperçu historique, techniques de fabrication, présentation de la Ducasse et d'autres cortèges européens.

Musée d'Histoire et de Folklore

R. du Bouchain, accès par l'Esplanade. Avr.-sept. : tlj sf sam. 14h-17h (dim. 18h) ; oct.-mars sur demande. 1,75€. ☎ 068 26 92 30.

La 1re salle regorge d'objets divers s'étendant du paléolithique aux âges du bronze et du fer, produits de fouilles locales, alors que la suivante nous plonge de plain-pied dans le Moyen Âge. On peut voir en particulier une intéressante *Mise au tombeau* de la fin du 14e s. provenant de Mainvault, ainsi qu'une très belle collection de chasubles.

Au 2e étage, une pièce est consacrée au folklore athois et à sa célèbre Ducasse. Des plans en relief de la ville retracent les principales étapes de son histoire, dont sa fortification par Vauban.

Espace gallo-romain

R. de Nazareth 2. Tlj sf lun. 10h-12h, 13h-17h, sam. 10h-12, 14h-18h ; dim. (férié et avr.-sept.) 14h-18h. Fermé 4e w.-end d'août, entre Noël et Nouvel An. 4€. ☎ 068 26 92 33 ; www.ath.be/espace.gallo-romain.html

Installé dans une ancienne académie de dessin (1835-1840), la majeure partie de la collection provient des fouilles effectuées en 1975 à Pommerœul, petit village proche de la frontière française. Les pièces maîtresses sont une **barque monoxyle géante★**, datant de la période romaine, et un **chaland★** du 3e s. après J.-C. En outre, le musée présente un bel ensemble de terres cuites, monnaies, poids, outils, fibules et ornements. Divers métiers anciens sont évoqués à l'aide de films vidéo.

alentours

Musée de la Pierre et site des carrières à Maffle

3 km au Sud par la N 56, la route de Mons. Juil.-août : tlj sf w.-end 14h-17h ; avr.-sept. : w.-end et j. fériés 14h30-18h30. 1,75€. ☎ 068 26 92 36.

Le site s'étend sur une dizaine d'hectares dans la vallée de la Dendre orientale. Déserté par l'industrie depuis 1960, il est envahi par la végétation. Devenu une véritable réserve naturelle, il conserve d'importants vestiges des anciennes carrières et de leur activité industrielle. Face à la carrière, un **musée**, installé dans la maison d'habitation du maître de carrière (19e s.) et dans les anciens ateliers, présente une illustration complète de l'histoire du travail de la pierre en Belgique et plus particulièrement dans la région (outils, machines et documents iconographiques). L'évolution des techniques de transport et la condition des ouvriers sont également évoquées.

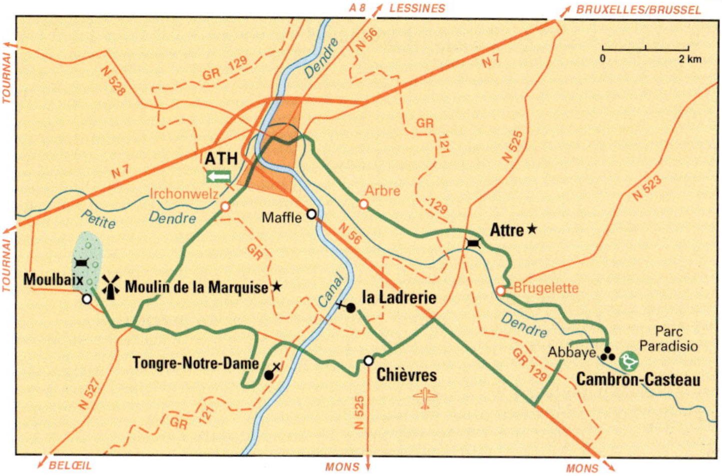

circuit

LE PAYS D'ATH

38 km. Sortir d'Ath par la N 527 au Sud-Ouest, puis tourner à droite vers Moulbaix.

Terre d'agriculture et d'élevage, le pays d'Ath présente un paysage aux larges horizons, interrompus par des rangées de peupliers, de grandes fermes ou des hameaux.

Moulbaix

Sam. 14h-18h. 0,75€. ☎ 068 28 27 91.

Le joli **moulin de la Marquise★** en bois (1752) est le dernier moulin à vent fonctionnant dans le Hainaut. Près de l'église se dissimule dans un grand parc un surprenant château du 19e s., construit dans le style Tudor.

Revenir à la N 527, la traverser et gagner Tongre-Notre-Dame.

Tongre-Notre-Dame

La basilique actuelle de style Renaissance (18e s.) abrite une Vierge en majesté en bois polychromé d'époque romane. Depuis le 17e s., la statue est souvent enveloppée de somptueux vêtements et ornements ne laissant apparaître que le visage de l'Enfant Jésus. Sur un autel situé à l'endroit où elle serait apparue en février 1081, elle est vénérée et liée à un pèlerinage.

Dans cet intérieur homogène, on admire plus particulièrement le chœur et les six bas-reliefs en pierre blanche relatant l'histoire du sanctuaire, ainsi que la très belle chaire de vérité.

Gagner Chièvres.

Chièvres

Cette petite ville appartint au 17e s. à la famille d'Egmont dont un des membres avait été décapité à Bruxelles en 1568.

L'**église St-Martin**, gothique (15e-16e s.), au clocher orné de tourelles d'angle, contient de beaux monuments funéraires et un lutrin du 15e s. *10h-20h (hiver 18h). ☎ 068 65 72 47.* Des anciens remparts subsiste la **tour de Gavre**, du 15e s., dont le pignon de briques est visible depuis l'église.

La **Ladrerie** est une jolie chapelle romane sise aux abords de la ville dans une cour de ferme de la vallée de la Hunelle. Elle faisait partie d'une léproserie ou ladrerie.

Prendre la N 56 en direction de Mons, puis une petite route à gauche.

Cambron-Casteau

Fondée au 12e s. sous la houlette de saint Bernard et d'observance cistercienne, l'**abbaye** de Cambron-Casteau était l'une des plus prospères du pays. Reconstruite au 18e s., elle fut détruite par décret pendant la Révolution française. Il n'en reste que des ruines.

À l'extrémité de l'allée de tilleuls, on franchit la porte d'entrée de style classique du **Parc Paradisio**. On laisse à droite la ferme abbatiale à la curieuse remise à chariots (« charril ») surmontée d'un colombier. Puis, on pénètre dans le parc, dominé par la haute **tour** (54 m) de l'église abbatiale, dont on peut également voir les quatre tombeaux à enfeus abritant des gisants et qui rappelle sa fonction de cimetière pour la noblesse du Hainaut au Moyen Âge. C'est tout autour, dans les jardins aux arbres plusieurs fois centenaires, que se développe le parc ornithologique regroupant plus de 2 500 oiseaux de toutes espèces. Perroquets, grues, cigognes, ibis, manchots, canards, hiboux et bien d'autres encore, évoluent au sein de **grandes volières** (1 500 et 3 000 m^2), au creux de marais reconstitués ou tout simplement sur les trois étangs que l'on découvre du haut d'un imposant **escalier** (18e s.), aux degrés sinueux et bordés de balustres. ♿ *Juil.-août : 10h-19h (de fin mars à déb. nov. 18h). 15€. ☎ 068 25 08 35 ; www. paradisio.be*

Par Brugelette, on gagne Attre.

Attre

Bâti en 1752 par le comte de Gomegnies et aménagé par son fils, chambellan de l'empereur Joseph II, le charmant **château★** d'Attre a gardé intacte sa décoration intérieure d'une homogénéité remarquable. Devant l'entrée ont été remontées quatre colonnes provenant de l'ancienne église abbatiale de Cambron. L'entrée est encadrée de deux sphinx à buste de femme.

Le hall d'entrée tenait lieu aussi de chapelle ; un autel est aménagé dans une encoignure. La rampe de l'escalier du vestibule, très décorative, aurait été exécutée d'après les dessins de l'architecte parisien Blondel (18e s.).

Les pièces sont garnies de nombreuses œuvres d'art et de précieuses collections. D'élégantes peintures décorent les lambris du grand salon où se remarquent des gypseries d'une grande finesse dues à des Italiens, les Ferrari. Le salon des Archiducs est tendu de papiers peints, les premiers importés en Belgique (1760) ; une indienne assortie recouvre les fauteuils. Les murs et sièges du salon chinois sont garnis de tentures en soie de Chine. Traversé par la Dendre, le **parc** est très beau. Près du château se trouve un colombier du 17e s. Le principal intérêt du parc réside dans le rocher artificiel, haut de 24 m, et percé de couloirs souterrains. Il fut élaboré pour l'archiduchesse Marie-Christine de Saxe qui gouvernait les Pays-Bas avec son époux Albert de Saxe-Teschen. Elle se tenait pour chasser dans le pavillon qui couronne le sommet. *Juil.-août : visite accompagnée (1h) tlj sf mer. 10h-12h, 14h18 ; avr.-oct. : w.-end et j. fériés 10h-12h, 14h-18h. 4,50€. ☎ 068 45 44 60.*

Bastogne

Située sur le plateau ardennais, à 515 m d'altitude, Bastogne est une ancienne place forte dont il subsiste une tour du 14e s., la porte de Trèves, près de l'église St-Pierre. La cité est réputée depuis des siècles pour son excellent jambon d'Ardenne, ainsi que pour ses noix. Depuis la célèbre réplique du général McAuliffe, en 1944, la traditionnelle foire aux noix en décembre comprend des cérémonies commémoratives.

La situation

13 246 habitants – Cartes Michelin nos 716 K 5 et 534 T 22 – Luxembourg.

Au cœur des Ardennes, Bastagne se situe dans une région vallonnée. Depuis Liège, l'accès se fait par l'autoroute A 26/E 25 et depuis Namur par la N 4.

ℹ *Pl. Mc Auliffe, ☎ 061 21 27 11 ; www.bastogne.be*

ADRESSE

Léo – *R. Vivier 6 – ☎ 061 21 14 41 – restaurant@wagon-leo.com – fermé lun. et mar. sf j. fériés – 17€ déj. – 25/30€.*
Une devanture en forme de wagon abrite cette table sympathique avoisinant la place McAuliffe. Traditionnelle et d'un rapport qualité-prix assez avantageux, la carte annonce plusieurs menus. Pour les plus pressés, frites et snacks à emporter !

comprendre

La bataille des Ardennes (déc. 1944-janv. 1945) et le siège de Bastogne

Le 16 décembre 1944, les Allemands déclenchent une contre-offensive sur le front allié, sous la direction du général von Rundstedt qui cherche à reprendre Anvers. L'effet de surprise, le mauvais temps persistant (brouillard, neige) assurent à leurs troupes un succès immédiat. Le général von Manteuffel se dirige vers la Meuse, formant dans les lignes adverses un saillant (d'où le nom parfois donné à la bataille) dont Bastogne, tenu par les Américains et encerclé, devient une position clé.

Le 22 décembre, le général **McAuliffe**, commandant la place, est réveillé en sursaut et invité à se rendre. Sa réponse abrupte : « Nuts » (littéralement : « des noix ») à cet ultimatum décide du siège de Bastogne.

Le 23 décembre, le ciel s'est dégagé, permettant à l'aviation de ravitailler Bastogne. Néanmoins, le jour de Noël, l'avance allemande atteint sa pointe maximum. Les Alliés vont mettre tout en œuvre pour reprendre le dessus. La 3e armée, sous les ordres du général Patton, contre-attaque sur le flanc Sud-Est et pénètre dans Bastogne le 26 décembre. L'aviation alliée parvient à empêcher le ravitaillement en carburant des blindés allemands. Début janvier, c'est l'arrivée au Nord de la 1re armée.

Le 25 janvier, le saillant de l'armée allemande est réduit à néant.

se promener

À l'entrée de la ville, sur chaque grand axe, les tourelles de chars exposées indiquent les limites de l'encerclement en 1944.

Grand-Place (place McAuliffe)

Près du buste du général McAuliffe, on peut voir un char d'assaut américain ainsi qu'une borne de la Voie de la Liberté qui, de Ste-Mère-Église, en Normandie, à la sortie de Bastogne, jalonne l'itinéraire des armées américaines.

Église St-Pierre★

Cette église-halle du 15e s., de style gothique flamboyant, est précédée d'une tour carrée (11e-12e s.) surmontée d'un hourd.
L'**intérieur★** est remarquable. Les voûtes ont été peintes en 1536 : scènes de l'Ancien et du Nouveau Testament, effigies des saints patrons des corporations ou des confréries religieuses. On peut voir également une chaire baroque exécutée par le sculpteur Scholtus, une *Mise au tombeau* en bois (16e s.), d'une facture encore gothique, des fonts baptismaux romans aux angles portant quatre têtes sculptées, un beau lustre en fer battu, ou « couronne de lumière » (16e s.).

visiter

Bastogne Historical Center★

♿ *Juil.-août : 9h-18h ; fév.-avr. et oct.-déc. : 10h-16h30 ; mai-juin et sept. : 9h30-17h. Fermé janv., 24, 25 et 31 déc. 7,50€. ☎ 061 21 14 13.*
Cet imposant édifice, construit en forme d'étoile, est consacré à la bataille de Bastogne. Il renferme des collections d'uniformes, de véhicules, et présente deux scènes reconstituées se déroulant l'une parmi les troupes allemandes, l'autre parmi les Américains.
Dans l'amphithéâtre central, la bataille est retracée sur une maquette lumineuse et sur de petits écrans *(commentaire en plusieurs langues)*. Enfin, dans la salle de cinéma est projeté un film constitué de séquences filmées pendant la bataille.

Bastogne Historical Center.

Y. Vezant/GLOBAL PICTURES

Le Mardasson★

3 km à l'Est par la N 874.
Sur une colline a été érigé en 1950 un gigantesque monument en l'honneur des soldats américains ayant péri dans la bataille des Ardennes. À proximité se trouve la dernière borne de la Voie de la Liberté.
Mémorial « Le Mardasson » – En forme d'étoile à 5 branches, il est gravé des noms des différents bataillons et du récit de la bataille.
La terrasse au sommet offre une **vue panoramique** sur Bastogne et ses environs : à l'extrémité de chaque branche de l'étoile, une table d'orientation indique les principaux épisodes de la lutte. La crypte, décorée par Fernand Léger, abrite trois autels.

Beaumont

Commandant l'entrée de la « botte du Hainaut », Beaumont est une petite ville ancienne, perchée sur une colline. On y confectionne de délicieux macarons dont la recette a été léguée par un cuisinier de Napoléon, venu loger ici, le 14 juin 1815, en se rendant à Waterloo. De son enceinte du 12e s., la cité a gardé quelques vestiges, dont la tour Salamandre.

La situation

6 541 habitants – Cartes Michelin nos 716 F 5 et 534 K 21 – Hainaut.

À quelques kilomètres de la frontière franco-belge, Beaumont se situe au centre d'une région verdoyante, où alternent prairies et collines boisées. Venant de Maubeuge, l'on arrive à Beaumont par la D 936 et la N 597. Depuis Mons, accès facile par la N 40, depuis Charleroi par la N 53.

Grand-Place 10, ☎ 071 58 81 91 ; www.beaumont.be

> **LES TROIS AUVERGNATS**
>
> « Ville de Beaumont, ville malheur,
> Arrivés à midi, pendus à une heure. »
>
> Tel fut le sort de ces trois vagabonds auvergnats qui, abordant un cavalier sur la route de Beaumont, lui imposèrent de porter leur lourde charge. Arrivé en ville, celui-ci déclina son identité : c'était Charles Quint, venu visiter les Pays-Bas (1549). Séance tenante, l'empereur fit pendre les vagabonds sur la place publique.

visiter

Tour Salamandre

Juil.-août : visite accompagnée (45mn) 10h-19h ; mai-sept. : 9h-17h ; oct. : dim. 10h-17h. 1,50€. ☎ 071 58 81 91.

Sur un versant de la colline, ce vestige des fortifications du 12e s. a été restauré et renferme un musée d'histoire locale et régionale.

Au-dessus de l'une des portes, l'écusson des Croÿ, seigneurs du lieu, avec leur devise et le collier de la Toison d'Or. De la terrasse au sommet, vue sur Beaumont, la vallée de la Hantes et son vieux moulin, dans un paysage très vallonné. Le parc, aménagé à l'emplacement du château détruit en 1655, appartient à une école.

alentours

Solre-sur-Sambre

10 km au Nord-Ouest. Quitter la ville par la N 40 en direction de Mons. Peu après Montignies, prendre à gauche.

À proximité de l'ancienne chaussée romaine de Bavay à Trèves, un **pont** à 13 arches, en partie romain, formant barrage, franchit la Hantes dans un joli site.

Revenir sur la N 40.

En contrebas du bourg de Solre-sur-Sambre, le **château fort** (13e-14e s.) dissimule, derrière des douves ombragées, sa façade austère formée d'un donjon carré flanqué de deux grosses tours rondes à mâchicoulis et toit en poivrière. *Momentanément fermé. ☎ 065 36 04 64.*

Rance

13 km au Sud par la N 53.

Rance fut célèbre pour sa carrière de marbre rouge d'origine corallienne, aujourd'hui désaffectée, et son industrie marbrière. Installé dans l'ancien hôtel communal, le **musée national du Marbre** permet de se familiariser avec les origines de ce matériau, principalement les variétés de marbre rencontrées en Belgique, et les techniques d'extraction et de polissage *(démonstration de polissage). Fermé pour restauration jusqu'à fin 2003. ☎ 060 41 20 48.*

L'**église** de Rance est ornée de nombreuses pièces de marbre de la région.

Belœil

Depuis le 14e s., le château de Belœil appartient à la famille des princes de Ligne dont le plus illustre personnage fut le maréchal Charles-Joseph de Ligne (1735-1814). Homme de guerre, ce « prince charmant de l'Europe », dont on connaît la fameuse citation : « Chaque homme a deux patries : la sienne et puis la France », fut aussi homme de lettres, auteur de célèbres « Mémoires » et d'un « Coup d'œil sur Belœil », ouvrage dans lequel il décrit avec esprit la demeure et les jardins.

La situation

13 236 habitants - Cartes Michelin nos 716 E 4 et 534 H 19 - Hainaut.

À proximité de la frontière française, Belœil se love dans un environnement verdoyant. 10 km au Sud d'Ath par la N 527, puis la N 526.

ADRESSE

La Cour Carrée – *Chaussée de Tournai 5 – 7900 Leuze-en-Hainaut – ☎ 069 66 48 25 – P – 9 ch. : 43/56€ – restaurant 27/35€.* Ancienne ferme du 19e s. disposée, comme son nom l'indique, autour d'une cour intérieure carrée. Accueil familial affable, chambres où l'on a ses aises, jardin soigné, salle de restaurant un rien désuète et cuisine sagement classique.

découvrir

Château★★

De déb. avr. à mi-oct. : 10h-18h ; vac. de Pâques : uniquement le w.-end pour les visiteurs individuels. Visite complète du domaine (château et parc) : 5€. ☎ 069 68 94 26.

Dès le 12e s., un château fort existait à cet endroit, mais l'édifice actuel fut élevé au début du 16e s. et très remanié aux 17e et 18e s., devenant alors une élégante résidence. Le corps principal, incendié en 1900, a été reconstruit sur les mêmes fondations en 1902. Les ailes et les pavillons d'entrée, aux toits à la Mansart, sont restés intacts et datent de la fin du 17e s. L'intérieur contient de **riches collections★★★** qui en font un véritable musée, tout en lui conservant son caractère d'habitation. Un mobilier précieux, de remarquables tapisseries, des tableaux, des sculptures, des porcelaines garnissent les appartements. De nombreux souvenirs de famille permettent d'évoquer l'histoire de l'Europe aux 17e, 18e et 19e s. Certaines pièces rassemblent des évocations et objets personnels du maréchal de Ligne, en particulier les souvenirs offerts par Marie-Antoinette ou Catherine de Russie, dont il fut l'ami. La **bibliothèque★** contient plus de 20 000 ouvrages principalement consacrés aux diverses sciences. Dans le salon des Ambassadeurs dont le nom évoque les missions diplomatiques confiées à la maison de Ligne, trois grands tableaux illustrent les étapes marquantes de la vie du prince Claude-Lamoral Ier de Ligne, qui fut ambassadeur du roi d'Espagne Philippe IV et vice-roi de Sicile en 1669. Dans une aile précédant le château, la **chapelle** aménagée dans les anciennes écuries rassemble les objets d'art religieux et une collection de sculptures en corail rapportées de Sicile par le prince Claude-Lamoral Ier.

Château de Belœil.

Ph. Gajic/MICHELIN

Parc**

Entrepris dès le 16e s., modifié à maintes reprises, c'est au 18e s. que le prince Claude-Lamoral II en dessina les plans sur les conseils de plusieurs architectes de jardins français. Il fut agrandi d'un jardin anglais par le prince Charles-Joseph. Le parc s'ordonne autour d'une superbe perspective de plusieurs kilomètres, la **Grande Vue****, qui précède la **Grande Pièce d'eau de Neptune**, d'une superficie de 16 ha et ornée d'un groupe dédié au dieu romain des mers (1761). De part et d'autre du bassin, des salles de verdure alternent avec les pièces d'eau et incitent à la flânerie.

alentours

Archéosite d'Aubechies

6 km à l'Ouest par la N 526, puis après Ellignies tourner à droite. ♿ 9h-17h (juil.-août 18h), w.-end et j. fériés 14h-18h (juil.-août 19h). Fermé entre Noël et Nouvel An, w.-end et j. fériés (nov.-mars), 1er nov. 5€. ☎ 069 67 11 16.

Après des années de fouilles fructueuses dans le sol d'Aubechies et ses environs, les archéologues ont reconstitué les différents types d'habitation qui se sont succédé depuis le néolithique ancien jusqu'à la période gauloise. La visite des six maisons en bois et argile avec leur mobilier et leurs ustensiles ménagers permet d'imaginer la vie de nos ancêtres. Les premières, très vastes, étaient des demeures communautaires ; à partir de l'âge du bronze apparaît la maison unifamiliale.

Dans le centre du village d'Aubechies, au-delà de l'**église** de style roman scaldien (fin 11e-début 12e s.), la **maison romaine**, construite sur le plan d'une villa du 2e s., abrite les produits des fouilles gallo-romaines.

Blaton

13,5 km au Sud-Ouest. Dans une vallée encastrée entre deux coteaux de bruyères (la Grande et la Petite Bruyère), Blaton est arrosé par trois canaux. Dominée par une haute tour du 13e s. couronnée par une flèche à bulbe du 17e s., l'**église de Tous-les-Saints** est l'une des plus anciennes églises du Hainaut. Elle conserve de la période romane de gros piliers sur lesquels s'appuie la voûte croisée édifiée sur plan barlong. La nef, sobre, est portée par d'épaisses colonnes à chapiteaux à crochet et feuilles stylisées en pierre de Tournai. Remarquer à droite de l'entrée les niches à statues gothiques.

Bon-Secours

16 km au Sud-Ouest. Bon-Secours est à la fois un centre de villégiature et de pèlerinage dont la basilique néogothique (1885), située au sommet d'une colline à la frontière franco-belge, abrite une Vierge vénérée depuis 1606.

À l'Est et au Sud, en partie sur le territoire français, s'étend une belle forêt qui englobe le château de l'Hermitage *(voir Le Guide Vert Michelin Picardie Flandres Artois).*

Stambruges

5 km au Sud. Au centre de la forêt se trouve la **Mer de Sable**, clairière sablonneuse qui s'ouvre parmi les pins et les bouleaux.

Binche★

Au cœur du Hainaut, Binche, sur son escarpement qu'enserrait jadis une boucle de la Samme, est une jolie petite ville, entourée d'une enceinte impressionnante. En 1554, la ville fut mise à mal par les troupes du roi de France Henri II, adversaire de Charles Quint. La ville cultive également le goût de la gastronomie : les doubles, crêpes fourrées de fromage, et la Binchoise brune ou blonde, bière fabriquée par la brasserie du même nom. Mais Binche est avant tout la cité du carnaval★★★.

La situation

32 185 habitants – Cartes Michelin nos 716 F 4 et 534 J 20 – Plan dans Le Guide Rouge Benelux – Hainaut.

Ceinturée par ses remparts, la ville se trouve au croisement de la N 90 et de la N 55.

Caves « Bette », Parc communal, r. des Promenades 2, ☎ 064 33 67 27 ; www.binche.be

carnet pratique

RESTAURATION

• *À bon compte*

Éric – *Rte de Mons 190 – 7131 Waudrez – ☎ 064 33 25 35 – fermé lun. sf j. fériés – 22/31€.* Aux avant-postes de Binche et de ses remparts médiévaux fraîchement restaurés, sympathique établissement où l'on s'attable dans une salle à manger classiquement aménagée. Carte traditionnelle et cave d'épicurien.

• *Valeur sûre*

La Fermette des Pins – *R. Lustre 39 – 7133 Buvrinnes – ☎ 064 34 17 18 – fermé lun. soir, mar., mer. – 26€ déj. – 32/42€.* Jolie ferme aux murs blanchis. Intérieur aussi rustique que coquet, cheminée en salle, accueillante terrasse d'été et jardin profitant d'un environnement champêtre : voilà pour le décor. Côté bouche : goûteux mets traditionnels.

comprendre

Le Carnaval des carnavals

Dès janvier, les manifestations s'organisent : répétitions de batteries suivies de quatre dimanches de **soumonces** lors desquels les futurs Gilles sortent, ceints de **l'apertintaille** (ceinture de clochettes). Le lundi précédant le Dimanche gras, pendant la nuit, a lieu le bal des **Trouilles de nouilles**. Le **Dimanche gras**, dès 10h, des centaines de travestis dansent au son de la viole, de l'orgue de Barbarie, de l'accordéon, du tambour. L'après-midi est marqué par un cortège de 1 500 danseurs binchois. Le lundi est le jour des groupes de jeunes. Le **Mardi gras** est le seul jour où l'on « fait le Gille » à Binche, seuls les hommes Binchois de naissance ont le privilège d'endosser le costume traditionnel. Dès l'aube, les **Gilles** légendaires font leur apparition. Petits ou grands, ils sont vêtus du costume de lin à lions héraldiques, orné de rubans et de dentelles d'un blanc éclatant et formant deux bosses, une sur la poitrine et une dans le dos. Ceinturés de grelots, chaussés de sabots, ils brandissent le faisceau de baguettes **(« ramon »)** qui conjure les maléfices. Comme les Pierrots, les Marins ou les jeunes Paysans enrubannés, ils sillonnent les rues de la ville, dansant lentement au rythme du tambour, pour rejoindre leur société. Vers 10h sur la Grand-Place, ils dansent, avec des masques de cire à lunettes vertes. L'après-midi, arborant leur magnifique chapeau à plumes d'autruche, ils défilent à travers la ville, puisant dans un panier les oranges qu'ils offrent et lancent aux spectateurs.

Un Gilles.

Ch. Bastin – J. Evrard/MICHELIN

Sur le parcours, les fenêtres ont été grillagées. Puis, sur la Grand-Place, noire de monde, a lieu le **rondeau**. À 19h, à la lueur des feux de Bengale, le même scénario se déroule, terminé par un grandiose feu d'artifice. Les Gilles dansent toute la nuit, escortés par la population. La tradition veut que les Gilles ne boivent que du champagne.
À la fin du 19e s., on a voulu rattacher ces usages aux fêtes données en août 1549 par Marie de Hongrie, gouvernante des Pays-Bas, à son frère Charles Quint venu présenter son fils, le futur Philippe II, à la noblesse du pays : les Gilles descendraient des Indiens couronnés de plumes qu'on aurait fait surgir devant l'empereur en l'honneur de la récente conquête du Pérou.
En réalité, le carnaval binchois existait déjà au 14e s. Le Gille est un personnage rituel dont les coutumes - danse d'hommes masqués (les femmes étant exclues), offrande de l'orange (autrefois du pain, des pommes ou des noix), port du « ramon », de l'apertintaille - ont une origine très lointaine, remontant au temps où la danse avait une valeur religieuse et magique.

se promener

Grand-Place

Là s'élève l'**hôtel de ville** gothique, modifié au 16e s. par le sculpteur architecte montois Jacques Du Brœucq et surmonté par la suite d'un beffroi à bulbe.
Emprunter à pied la rue étroite à droite de l'hôtel de ville.

Remparts*

Longue de 2 100 m, l'enceinte (12e-14e s.) compte encore aujourd'hui 25 tours. Récemment restaurée, elle constitue un très bel exemple d'architecture militaire en Belgique. En arrivant à la tour St-Georges, suivre à droite les remparts qui présentent au Sud de la ville leur aspect le plus saisissant.
Remonter par le Posty (poterne), puis par la rue Haute.
À gauche, la **chapelle St-André** (1537), dans le vieux cimetière, présente à l'intérieur des modillons sculptés évoquant avec verve la Danse macabre. *Visite accompagnée, s'adresser à l'Office de tourisme, ☏ 064 33 67 27.*

Collégiale St-Ursmer

La collégiale renferme un beau jubé Renaissance et une *Mise au tombeau* du 15e s.

Parc communal

À l'entrée, statue en bronze doré représentant un Gille. Le parc a été aménagé dans les ruines du palais construit par Du Brœucq en 1548 pour Marie de Hongrie. Cet imposant édifice, détruit en 1554, couronnait les remparts à l'extrémité Sud de la ville. Du sommet de ceux-ci, on découvre de belles perspectives.

visiter

Musée international du Carnaval et du Masque*

Tlj sf ven. 9h30-12h30, 13h30-18h, sam. 13h30-18h. Fermé mer. des Cendres, 1er nov., de Noël au Nouvel An. 5€. ☏ 064 33 57 41 ; www.museedumasque.be
Installées dans l'ancien collège des Augustins (18e s.), près de la collégiale, les collections de ce musée nous font voyager de carnaval en carnaval, de fête en fête à travers de nombreux pays. La collection de **masques****, provenant du monde entier, montre à quel point l'imaginaire et la créativité de l'homme ont, de tout temps et en tout lieu, été inspirés par cette forme d'art : aux parures de fête des populations d'Océanie et d'Amazonie succèdent les masques étonnants d'Amérique du Nord (Indiens) et d'Afrique, les masques de théâtre d'Asie et ceux souvent macabres d'Amérique latine...
Une autre partie nous entraîne dans les fêtes d'hiver et les carnavals d'Europe en Autriche, Pologne, Roumanie, Suisse, Italie, Espagne, France..., dans les mascarades en Autriche, dans la République tchèque, en Slovaquie et en Bulgarie. Une part importante est laissée aux carnavals traditionnels de Wallonie, plus particulièrement celui de Binche, complété par un spectacle audiovisuel en plusieurs langues et par des explications concernant les origines et la confection de l'étrange costume des Gilles.
Chaque année, une exposition développe un thème plus particulier sur le masque ou le carnaval.

alentours

Domaine de Mariemont**

10 km au Nord-Est. Quitter Binche par la N 55 en direction de Bruxelles, puis prendre à droite la N 563, et à Morlanwelz, tourner à gauche.
En 1546, la gouvernante Marie de Hongrie confia au sculpteur et architecte Jacques Du Brœucq le soin d'édifier, sur une colline boisée, un château

auquel elle donna son nom. Détruit, comme celui de Binche, par Henri II en 1554, il fut presque immédiatement reconstruit, puis agrandi, sous les archiducs Albert et Isabelle, par Wenceslas Coberger. Un second château, dont on voit les ruines dans le parc, fut construit par Charles de Lorraine au 18e s., mais incendié pendant les combats de 1794.

Transformé au 19e s. par les Warocqué, une dynastie d'industriels, le domaine a été légué à l'État en 1917, en même temps qu'une importante collection d'œuvres d'art de Raoul Warocqué. À l'endroit où se dressait le château des Warocqué détruit par un incendie en 1960, s'élève aujourd'hui le musée moderne construit en 1975 par Roger Bastin, architecte du musée d'Art moderne à Bruxelles.

Parc★ – Dans ce beau parc de 45 ha, où l'on voit encore les ruines de l'ancien château, on remarque des sculptures des artistes belges Victor Rousseau, Constantin Meunier et Jef Lambeaux, *Les Bourgeois de Calais* par Rodin, ainsi qu'un gigantesque bouddha du début du siècle. *Janv. et nov.-déc. : 9h-16h ; fév.-mars et oct. : 9h-17h ; de fin avr. à déb. sept. : 9h-18h ; mai-août : dim. et j. fériés 9h-19h. Gratuit. ☎ 064 21 21 93 ; www.musee-mariemont.be*

Musée★★ – Il présente d'une façon passionnante des collections archéologiques et artistiques d'une grande richesse. Le 1er étage est consacré aux grandes civilisations. Sont particulièrement bien représentées les antiquités égyptienne (remarquer la tête colossale d'une reine de la période hellénistique), grecque (une splendide tête de marbre d'Alexandre le Grand datant du 3e s. avant J.-C.), romaine (peintures murales de Boscoreale) et les **arts d'Extrême-Orient** (émaux, laques, jades et porcelaines de Chine).

Le sous-sol abrite une magnifique collection d'archéologie gallo-romaine et mérovingienne provenant des fouilles effectuées dans la province de Hainaut, ainsi qu'une importante **collection de porcelaine de Tournai**. L'histoire du domaine de Mariemont est aussi abondamment illustrée. Le 2e étage est consacré à des expositions temporaires. Le musée possède une **bibliothèque** précieuse : manuscrits, reliures, etc. ♿ *Tlj sf lun. 10h-18h. Fermé 1er janv., 25 déc. Gratuit. ☎ 064 21 21 93 ; www.musee-mariemont.be*

La Louvière

10 km au Nord-Est. Quitter Binche par la N 55, en direction de Bruxelles, puis prendre la N 27 en direction de La Louvière.

Capitale de la région du Centre, cette cité industrielle a connu son apogée au 19e s. grâce à la révolution industrielle et à l'exploitation des mines de charbon. La Louvière a joué un rôle dans le mouvement surréaliste belge avec la création, en 1939, du Groupe surréaliste du Hainaut par le poète Achille Chavée. Haine-St-Pierre, une commune de l'entité de La Louvière, a vu naître en 1922 le célèbre sculpteur Pol Bury. Une fontaine hydraulique de l'artiste orne le parvis du château Gilson. Tout au long de l'année, le **Centre de la Gravure et de l'Image imprimée** *(r. des Amours 1)* organise d'importantes expositions temporaires. *Visite en période d'exposition seulement tlj sf lun. 12h (w.-end et j. fériés 11h)-18h. Fermé 1er janv., de mi-août à mi-sept., 25 déc. 4,50€. ☎ 064 27 87 27.*

Musée Ianchelevici – *Pl. Communale.* L'ancien palais de justice de style néoclassique abrite aujourd'hui un musée consacré à l'artiste d'origine roumaine Idel Ianchelevici (1909-1994). Les dessins et les sculptures donnent un bon aperçu de l'évolution de l'œuvre de l'artiste. *Tlj sf lun. 14h-17h. Fermé j. fériés et de mi-août à fin août. ☎ 064 28 25 30.*

Écomusée régional du Centre – *R. St-Patrice 2 B à Houdeng-Aimeries.* Le musée se trouve sur le site charbonnier du Bois-du-Luc. En exploitation depuis 1685, la dernière mine a fermé ses portes en 1973. 162 maisons ouvrières simples furent érigées tout près du puits St-Emmanuel entre 1838 et 1853. L'une d'entre elles est accessible au public. Les anciens bureaux de l'exploitation – on notera en particulier la très belle verrière de la cour intérieure –, les différents ateliers où étaient fabriqués de nombreux outils, la sous-station électrique et le puits de mine sont toujours empreints de l'atmosphère qui régnait jadis autour de la mine. *Tlj sf lun. 9h-17h, w.-end et j. fériés (de mi-avr. à fin oct.) 10h-18h. 7,44€. ☎ 064 28 20 00 ; www.ecomuseeboisduluc.be*

Possibilité de compléter la promenade par une visite du **musée de la Mine** *(r. St-Patrice 5) 9h-12h, 13h-17h, w.-end et j. fériés 14h-17h. Fermé 1er janv., 25 déc. 3€. ☎ 064 22 54 48.*

Abbaye de Bonne-Espérance

À Estinne. 6 km au Sud par la N 55, direction Merbes-le-Château, puis Vellereille-les-Brayeux. De déb. avr. à mi-oct. : visite accompagnée dim. 15h30, 18h. 1,50€. ☎ 064 31 08 08.

Cette ancienne abbaye de Prémontrés, fondée en 1126, est actuellement occupée par un collège. La façade du 18e s. domine la cour d'honneur. À droite, la tour gothique (15e s.) de l'église abbatiale. *Entrer par le portail gauche, puis tout de suite à droite.* Le **cloître**, modifié au 18e s., conserve des voûtes gothiques ; les peintures du réfectoire présentent des scènes de la vie de saint Norbert. Une belle salle capitulaire complète cet ensemble. L'**église**, du 18e s., a été construite par Laurent Dewez, dans le style néoclassique. La chapelle orientée de gauche abrite une *Vierge à l'Enfant*, statue miraculeuse du 14e s., au sourire plein de bonhomie et au costume raffiné.

Blankenberge

Ce petit port de pêche est devenu une des stations balnéaires les plus fréquentées du littoral belge. Le casino avec sa façade en verre, la jetée (Pier) avec vue sur la mer, la grande plage de sable fin et les rues commerçantes réservées aux piétons en été figurent parmi les principaux atouts de Blankenberge. Le « Paravang », prononciation locale de « paravent », à proximité du port de plaisance, est encore un vestige de la Belle Époque.

La situation

17 458 habitants – Cartes Michelin nos 716 C 2 et 533 D 15 – Plan dans Le Guide Rouge Benelux – Flandre Occidentale.

Cette station balnéaire populaire de la côte Est est desservie par la N 371 ou la N 34 qui longe le bord de mer.

Leopold III-plein, ☎ 050 41 22 27 ; www.blankenberge.be

visiter

St.-Antoniuskerk (Église St-Antoine)

Cette petite église en brique, toute proche de la gare, a été consacrée en 1358. Elle fut construite à l'emplacement de l'église Notre-Dame, sévèrement endommagée par une violente tempête durant l'hiver 1334-1335. L'église a été modifiée à plusieurs reprises et présente un intérieur agrémenté de belles œuvres d'art des 17e et 18e s. : banc de communion, confessionnal, chaire, orgues.

Sea-Life Centre

Koning Albertlaan 116. ♿ 10h-18h (dernière entrée 17h). Fermé 1er janv., 25 déc. 9,50€. ☎ 050 42 43 00.

Le visiteur admirera de nombreuses espèces de poissons et d'animaux aquatiques vivant dans les rivières belges et dans la mer du Nord. À intervalles fixes, des présentations de requins et de raies, élevés dans des bassins spéciaux, sont organisées au laboratoire marin. Le bassin aux raies est peuplé de poissons plats, passés maîtres dans l'art de se dissimuler sur les fonds où ils évoluent, et de quelques raies curieuses, qui viennent souvent nager en surface pour s'y faire caresser. Le tunnel sous-marin permet d'observer les poissons d'en bas, comme si l'on se trouvait au fond de la mer. À côté se trouve un centre de sauvetage des phoques.

alentours

LES STATIONS DE LA CÔTE

Wenduine

4,5 km au Sud-Ouest. La Spioenkop, une des plus hautes dunes, est surmontée d'un **belvédère** : vue intéressante sur les plages, les dunes et la station avec son ancien hôtel de ville reconstruit en style flamand. À remarquer : un petit moulin à vent à pivot.

La jetée de Blankenberge.

Ch. Bastin et J. Evrard/MICHELIN

carnet pratique

Restauration

• À bon compte

Kreeften- en oesterput – *Oude Wenduinsesteenweg 16 – ☎ 050 42 86 35 – piet.devriendt@skynet.be – fermé carnaval, 11 nov. – ⊭ – 25€.* Adresse dédiée aux saveurs littorales : bassins à huîtres, viviers à homards, longues rangées de tables recouvertes de nappes en papier, le tout, dans un hangar proche du port de plaisance. Les plateaux de fruits de mer tiennent la vedette.

Vijfwege – *Brugsebaan 12 (N 9) – 8421 Vlissegem – ☎ 059 23 31 96 – fermé mar., mer. – ⊭ – 25€.* L'anguille, mais aussi la côte à l'os et, en saison, l'asperge s'arrogent la part du lion sur la carte du Vijfwege... de quoi donner les crocs aux amateurs du genre ! Clientèle fidélisée de longue date. Ambiance décontractée.

Hébergement

• À bon compte

Hôtel Corner House – *Casinoplein 12 – ☎ 050 41 93 76 – ⊭ – 16 ch. : 42/62€ ☕.* À un tour de roulette du casino, au pied des escaliers monumentaux par lesquels vous gagnerez la digue, établissement disposant de chambres actuelles correctement tenues et bien insonorisées.

Alfa Inn – *Kerkstraat 92 – ☎ 050 41 81 72 – info@alfa-inn.com – P – 65 ch. : 75€ ☕.* Petit hôtel familial occupant un ancien couvent situé dans une rue commerçante, à mi-chemin de la gare et de la promenade du front de mer. Chambres fonctionnelles progressivement rénovées.

Calendrier

Les festivités ne manquent pas à Blankenberge ! Le **carnaval** y est particulièrement animé. Les **fêtes du port**, en mai, sont marquées par un cortège folklorique suivi d'un spectacle de danses. En juillet a lieu la **bénédiction de la mer**. En août se déroule le célèbre **corso fleuri**.

De Haan (Le Coq)

9 km au Sud-Ouest. Très charmante station fleurie groupant ses villas de style Belle Époque dans un environnement de bois et de dunes que sillonnent des promenades.

Klemskerke

15 km au Sud-Ouest. C'est un plaisant village de polders. **St-Clément**, église-halle à trois nefs d'égale hauteur, renferme des boiseries du 17e s. : bancs, confessionnaux. À proximité se dresse un moulin à vent à pivot.

Blégny-Trembleur★★

Au 16e s., les moines de l'abbaye de Val-Dieu exploitaient déjà le charbon en surface. Mais c'est au cours du 19e s. que furent creusés les puits actuels. À l'époque, femmes et enfants y travaillaient, et des chevaux étaient descendus dans les galeries où ils demeuraient parfois jusqu'à leur mort pour assurer la traction des wagonnets. Dès sa fermeture en 1980, le charbonnage de Blégny-Trembleur, le dernier du bassin de Liège, a été maintenu en état pour être visité comme témoignage de la vie des mineurs.

La situation

Cartes Michelin nos 716 K 3 et 533 T 18 - Liège.

À 12 km de Liège, en pleine campagne, le domaine est desservi par l'autoroute E 40 (sortie 36) ; ensuite suivre les panneaux.

comprendre

Charbonnage et exploitation

Ce charbonnage comprend deux puits pour assurer la ventilation des galeries qui étaient ici sur 8 étages descendant jusqu'à la profondeur de 530 m. À partir de ces galeries, l'exploitation se faisait par la méthode de la « taille chassante » qui consiste à avancer parallèlement à la ligne de la plus grande pente de la veine de charbon. Ces veines pouvaient être exploitées jusqu'à une épaisseur minimum de 30 cm. Les mineurs travaillaient en trois postes de 8 heures. Le poste du matin était chargé de l'abattage qui consiste à arracher le charbon au marteau-piqueur, le poste de l'après-midi effectuait le soutènement avec des rondins en bois ou des étançons métalliques, et enfin le poste de nuit procédait aux opérations de remblai (remplissage du vide par des pierres) ou de foudroyage (faire tomber la voûte pierreuse).

J. Hanssens/GLOBAL PICTURES

Blégny-Mine.

visiter

Compter 2h30. De déb. avr. à mi-sept. : visite accompagnée 10h-16h30 ; mars-nov. : w.-end et j. fériés 10h-16h30. 7,56€. ☎ *04 387 43 33 ; www.blegnymine.be*

La mine

La visite est d'autant plus intéressante et émouvante qu'elle est guidée par d'anciens mineurs évoquant leurs conditions de travail. Un film présente le charbonnage et la vie des mineurs.

Puits Marie - Dans ce puits se visitent les installations de surface telles qu'elles servaient encore en 1980. Il comprend la lampisterie, les vestiaires bains-douches, la station des compresseurs où était produit l'air comprimé qui servait pour la ventilation et les marteaux-piqueurs, la scierie pour préparer les étais.

Le puits n° 1 - La tour en béton haute de 45 m a été reconstruite pendant la guerre. Les wagonnets remontaient jusqu'à mi-hauteur pour parvenir à la station de triage, et les pierres étaient déposées sur le terril.

Par ce puits s'effectue la descente pour la **visite des installations souterraines**. La cage de mine s'arrête dans une galerie à – 30 m, et par des escaliers métalliques aménagés pour suivre une taille, on parvient à la galerie suivante à – 60 m. Le simple fait d'entendre le bruit assourdissant de la ventilation et d'un marteau-piqueur actionnés par le guide, de voir l'exiguïté de la taille ruisselante d'eau dans laquelle les mineurs étaient couchés permet d'imaginer les conditions pénibles dans lesquelles travaillaient les « gueules noires » sans interruption pendant 8 heures.

Très jeunes, ils pouvaient être atteints de silicose, de rhumatismes, de surdité. À cela s'ajoutaient les risques du coup de grisou, des chutes de pierres ou de la poche d'eau qui pouvait tout noyer.

Tortillard

Circulant à travers les vallons et les vergers du pays d'Herve, ce petit train atteint **Mortroux** et son **musée de la Vie régionale** où sont montrées les techniques de fabrication artisanales des spécialités du pays d'Herve : le sirop de poire et de pomme, le fromage et le beurre. *De déb. avr. à mi-sept. : départs (45mn) 14h30, 15h30, 16h30 (juil.-août 17h30), w.-end et j. fériés (aux mêmes heures) jusqu'à déb. nov. 2,50€.* ☎ *04 387 43 33.*

Provinciaal domein van Bokrijk★

Domaine provincial de Bokrijk

Ancienne propriété de l'abbaye d'Herckenrode, ce domaine, aménagé autour d'un château de la fin du 19e s., s'étend sur 550 ha dont 150 ha de bois et 40 ha d'étangs.

La situation

Cartes Michelin nos 716 J 3 et 533 R 17 - Limbourg.
À 6,5 km au Nord de Hasselt. Venant de Bruxelles accès par l'E 314 (sortie 30 Park Midden Limburg), puis par la N 726. Accès depuis Hasselt par la N 75.

visiter

Domaine récréatif★

Outre son **parc d'attractions**, situé au centre et comprenant une plaine de jeux, un complexe sportif et un mini-golf, le domaine englobe une **réserve naturelle** (Natuurreservaat Het Wik), créée autour d'un chapelet d'étangs, un **arboretum★** de 12 ha, remarquablement entretenu, ainsi que plusieurs restaurants. Un petit train (Bokrijk-shuttle) permet de traverser l'ensemble du domaine.

Openluchtmuseum★★ (Musée de plein air)

De fin mars à fin sept. : 10h-18h. 5€ en sem., 7€ dim. et j. fériés. ☎ 011 26 53 00 ; www.bokrijk.be
C'est, sur 60 ha, la reconstitution d'une centaine de bâtiments, montrant la vie d'autrefois dans les provinces flamandes. On distingue quatre secteurs, dont trois à caractère rural et un secteur urbain. Chaque secteur rural correspond à une région. Les bruyères peu fertiles de la **Campine** (Kempen) sont représentées par un village reconstruit ; autour de la place triangulaire se situent les bâtiments publics (église, auberge). Un village du Sud de la province du Limbourg a servi de modèle pour le secteur consacré à la région vallonnée et fertile de la **Hesbaye** et du **pays de la Meuse** (Haspengouw et het Maasland) ; il a un aspect plus fermé que le village campinois. Les fermes de la **basse Belgique** (Oost-Vlaanderen, West-Vlaanderen), région fertile, n'ont pas été regroupées sous forme de village ; elles proviennent de différentes régions de la Flandre-Orientale et la Flandre-Occidentale, ce qui explique leur grande variété. Dans le secteur urbain (De Oude Stad), des façades de quelques demeures historiques anversoises (15e-18e s.) ont été reconstituées ou reconstruites.

Ph. Gajic/MICHELIN

Le musée de plein air.

Bouillon★

La petite capitale de la vallée de la Semois, dont les vieux toits d'ardoise se pressent au bord de la rivière formant ici une large boucle, se situe près de la frontière française. Très animé en saison et pendant les week-ends, Bouillon est dominé par la masse sévère de sa forteresse, dressée sur une arête rocheuse.

La situation

5 463 habitants - Cartes Michelin n°s 716 I 6 et 534 P 24 - Schéma voir Vallée de la Semois - Plan dans Le Guide Rouge Benelux - Luxembourg.

Situé près de la frontière française dans un cadre de verdure, Bouillon est accessible depuis Sedan par la N 58 et la N 89.

Château fort, ☎ 061 46 62 57 ; www.bouillon.be ou www.sedan-bouillon.org

comprendre

Le duché de Bouillon

Bouillon doit sa naissance à son château fort qui occupait une position-clé sur une des grandes voies de pénétration de Belgique.

Son nom évoque la figure de **Godefroy de Bouillon** qui assura, par la prise de Jérusalem, la réussite de la première croisade (1096-1099). Avant de partir en 1096, il avait vendu son duché au prince-évêque de Liège. Au 15e s., l'un des gouverneurs du duché de Bouillon est Évrard de La Marck, prince de Sedan. Usurpé par ses descendants, le titre ducal revient en 1594, par héritage, au vicomte Henri de La Tour d'Auvergne, père du grand Turenne. Confisqué par Louis XIV, le château est rendu ensuite à cette famille, mais Vauban est chargé de le fortifier. Au 18e s., la ville devient un centre de tendances libérales se réclamant des Encyclopédistes ; l'imprimeur Pierre Rousseau divulgue un grand nombre d'œuvres de Voltaire et de Diderot.

carnet pratique

Restauration

• *À bon compte*

La Vieille Ardenne – *Grand-rue 9 – ☎ 061 46 62 77 – fermé mer. hors saison – ⊠ – 13/23€.* Sympathique adresse estimée des habitants de la cité de Godefroy de Bouillon. Le plafond de la salle à manger s'anime d'une intéressante collection de chopes de bière. Carte avouant un petit faible pour les produits du terroir.

• *Valeur sûre*

Le Feuillantin – *R. au-dessus de la Ville 25 – ☎ 061 46 61 38 – panorama@panoramahotels.be – fermé mer. et jeu. sf j. fériés, vac. scolaires – 19€ déj. – 38€.* Ce restaurant des hauteurs de la ville profite d'un beau coup d'œil sur le plus célèbre château fort du royaume et sur le méandre de la Semois enlaçant le cœur de Bouillon. Recettes en phase avec l'époque.

Hébergement

• *À bon compte*

À la Cornette Chambre d'hôte – *La Cornette 32 – ☎ 061 41 35 36 – ⊠ – 5 ch. : 50/90€ ☕.* Nichée dans un bel écrin de verdure, adresse conseillée pour recharger ses accus. Chambres actuelles et très spacieuses, distribuées sur deux étages. Revigorant jardin sillonné de petits ruisseaux. Chaleureuse ambiance familiale.

• *Valeur sûre*

Ardennes – *R. Hate 1 – 6838 Corbion – ☎ 061 46 66 21 – contact@hoteldesardennes.be – P – 29 ch. : 80/105€ ☕ – restaurant 30/54€.* Dépaysante hostellerie ardennaise située à quelques minutes de Bouillon, dans un petit village tranquille. Salon à l'ancienne, chambres coquettes, restaurant traditionnel et jardin propice au farniente, dévoilant un paysage agreste.

visiter

Château★★

Janv.-fév. et déc. : 13h (w.-end 10h)-17h ; mars et oct.-nov. : 10h-17h ; avr.-juin et sept. : 10h-18h (w.-end 19h) ; juil.-août : 10h-22h (lun. et jeu. 19h) ; vac. de Noël et carnaval : 10h-17h. Fermé 1er janv., 25 déc. 4€. ☎ 061 46 62 57.

C'est, en Belgique, le vestige le plus important de l'architecture militaire médiévale. Son existence est attestée dès le 10e s. Trois ponts-levis empierrés dès le 17e s., séparés par des fortins, défendaient l'accès de la forteresse. *Suivre les flèches numérotées.* Après le deuxième pont, on monte par l'escalier de Vauban, d'une grande pureté de ligne, construit sans ciment ni mortier.

Ph. Gajic/MICHELIN

Le château de Bouillon.

On voit la « salle dite primitive » aux murs énormes du 12e s., puis la salle Godefroy de Bouillon, du 13e s., creusée dans le roc, abritant une grande croix encastrée dans le sol. Des mannequins évoquent le départ de G. de Bouillon en croisade.
On débouche sur la cour d'honneur. De la **tour d'Autriche**, qui fut restaurée en 1551 par le prince-évêque de Liège Georges d'Autriche, on découvre des **vues**★★ magnifiques sur la forteresse, le méandre de la Semois, la ville et le vieux pont au Nord.
En traversant le grand souterrain servant à la fois de couloir de communication et d'entrepôt, on regagne l'entrée. Au passage, la présence de la citerne et du puits profond de 54 m montre que l'eau n'était pas rare.
En saison, **spectacle de fauconnerie** et **visite nocturne** à la torche.

Musée Ducal★

De mi-avr. à fin sept. : 10h-18h ; w.-end toute l'année 10h-17h. Fermé 1er janv., de mi-nov. à mi-avr. (sf vac. scol.), 25 déc. 3,30€. ☎ 061 46 41 89.
La **section Histoire et Folklore**, située dans une maison du 18e s. au charme suranné, évoque les souvenirs des ducs de Bouillon, le folklore et l'artisanat régional : reconstitution d'un intérieur ardennais (chambre, cuisine du début du 19e s. notamment), du cabinet de travail de Pierre Rousseau. Au grenier : ateliers d'un tisserand, d'un sabotier.
La **section Godefroy de Bouillon** occupe la demeure restaurée d'un conseiller à la cour et évoque l'époque des croisades et du Moyen Âge. En dehors des souvenirs rapportés d'Orient par les croisés, une maquette fait revivre l'attaque d'un château fort, et un modèle réduit de la forteresse de Bouillon donne une excellente idée de sa puissance au 12e s. Une 3e section est consacrée au patrimoine industriel de la région.

Archéoscope Godefroid de Bouillon

♿ *Fév. et nov.-déc. : tlj sf lun. 13h-16h, w.-end 10h-16h30 ; mars-oct. : 10h-16h (w.-end 16h30) ; juil.-août : 10h-17h30. Fermé janv. (sf vac. scol.). 5,95€. ☎ 061 46 87 58.*
Situé au bord de la Semois dans un ancien couvent des Sépulcrines (17e s.), l'Archéoscope fait revivre l'histoire de la première croisade et de Godefroy de Bouillon en particulier à travers un spectacle audiovisuel. Maquettes et photos offrent un aperçu des fortifications dans la région de Bouillon. Remarquer également le couloir des Nonnes avec ses six chambrettes.

alentours

Cordemoy

3 km à l'Ouest par une route étroite.
Au-delà du vieux **pont gothique** (pont de la Poulie), on suit la rive de la Semois, très encaissée.
Dans un site paisible se dresse l'**abbaye N.-D.-de-Clairefontaine**, construite en 1935 dans un style néogothique. Elle perpétue le souvenir d'une abbaye cistercienne fondée, près d'Arlon, par Ermesinde, fille du comte de Luxembourg, et qui fut incendiée en 1794.

Brugge★★★

Bruges

L'hiver, ou au clair de lune, c'est « Bruges la Morte », que célébra Georges Rodenbach, paraissant sortie du Moyen Âge, avec ses vieilles demeures aux briques patinées par les siècles, ses nobles édifices, ses églises au clair carillon et ses canaux où évoluent les cygnes. L'été, ou même le week-end, Bruges se métamorphose. La Venise du Nord est alors bourdonnante d'activité et l'animation y est très grande. La beauté médiévale de la ville a également séduit l'Unesco qui a inscrit son centre historique sur la liste du patrimoine mondial en 2000. Deux traditions importantes font également la réputation de Bruges : d'une part le véritable artisanat d'art qu'est la dentelle au fuseau, et d'autre part les festivités célébrés le jour de l'Ascension avec la procession du Saint-Sang★★★.

La situation

115 991 habitants – Cartes Michelin nos 716 C 2 et 533 E 15 – Flandre Occidentale Ⓟ.
Bruges se trouve près de la mer du Nord, au bord de l'autoroute E 40 qui relie Bruxelles à Ostende. Afin d'éviter des problèmes de stationnement, laissez votre voiture dans un des parkings souterrains du centre-ville ou sur une des aires de stationnement en périphérie.

ℹ Burg 11, ☎ 050 44 86 86 ; www.brugge.be

Pour poursuivre la visite, voir aussi le chapitre Damme.

comprendre

Un passé florissant

Comme la plupart des villes du Nord de la Flandre, son origine est tardive (la ville de Bruges n'est citée qu'en 892) et mal connue. À la fin du 9e s., le comte Baudouin Bras-de-Fer y élève un château destiné à protéger une côte constamment attaquée par les Normands.

Le quai du Rosaire.

La mer, source de richesses – En 1093, lorsque Robert le Frison fait de Bruges la capitale de son duché, c'est déjà une cité florissante. Son port est relié par une rivière, la Reye, à l'estuaire du Zwin. Bruges s'adonne, comme d'autres cités flamandes, à la fabrication du drap et devient, au 12e s., un grand centre d'importation de la laine anglaise nécessaire à cette activité : elle est à la tête de la Hanse de Londres, association groupant plusieurs villes commerçant avec l'Angleterre. À cette époque est créée Damme qui, située sur l'estuaire du Zwin, lui sert d'avant-port.

Bientôt devenu un grand marché d'échanges, Bruges est, au 13e s., un des comptoirs les plus actifs de la puissante **ligue hanséatique**, association des villes du Nord de l'Europe dont la capitale est Lübeck et qui détient le monopole du trafic avec la Scandinavie et la Russie. La richesse commerciale va de pair avec l'activité artistique de la ville : on agrandit l'hôpital St-Jean et l'église St-Sauveur, on édifie le beffroi et les halles ainsi que l'église Notre-Dame. Bruges se construit une enceinte dont subsistent encore aujourd'hui quatre portes. À la fin du 14e s. est bâti l'hôtel de ville, puis au 15e s. se développe un **style architectural** caractéristique : fenêtres rectangulaires surmontées d'un tympan, l'ensemble des baies s'encadrant parfois d'une gracieuse moulure en forme d'accolade.

On voit fonctionner à Bruges la première bourse d'Europe, en plein air.

Réceptions princières – Depuis 1280, la lutte est engagée en Flandre entre les patriciens soutenant le roi de France (**leliaerts** ou partisans du lis) et le peuple des **clauwaerts** (ou gens des griffes, celles du lion de Flandre).

Philippe le Bel en profite pour annexer la Flandre. C'est au cours de sa Joyeuse Entrée (1301) que son épouse, la reine Jeanne de Navarre, voyant les Brugeoises richement parées venues l'accueillir, s'écrie : « Je me croyais seule reine, j'en vois des centaines autour de moi. » Le peuple s'indigne devant le luxe de cette réception dont on veut lui faire supporter les frais. À l'aube du 18 mai 1302, les clauwaerts dirigés par Pieter de Coninck massacrent la garnison française. Ce sont les **Matines brugeoises**, révolte qui entraîne le soulèvement général de la Flandre et la bataille des Éperons d'or.

Au 15e s., les ducs de Bourgogne séjournent de plus en plus en Flandre. En janvier 1429, Philippe le Bon accueille à Bruges sa fiancée Isabelle de Portugal. La réception est d'une somptuosité inouïe. Au milieu des cérémonies du mariage, Philippe fonde l'ordre de la **Toison d'or**.

Les riches heures de la peinture flamande

Les primitifs flamands à Bruges (15e s.) – Bruges est le berceau de la peinture flamande. C'est à Bruges que **Jan Van Eyck** (né à Maaseik) exécute *L'Adoration de l'Agneau mystique* qui orne depuis 1432 la cathédrale St-Bavon à Gand. Son génie apparaît également dans ses œuvres visibles à Bruges : *La Vierge du Chanoine Van der Paele* est un tableau remarquable tant par la somptuosité du décor que par l'extraordinaire facture du portrait du donateur. Son disciple, **Petrus Christus** (mort vers 1473), est l'auteur du fameux *Portrait de jeune fille* du musée Dahlem de Berlin.

Hugo Van der Goes (vers 1440-1482) travaille à Gand, finit ses jours près de Bruxelles, mais on peut voir à Bruges sa dernière et meilleure œuvre, *La Mort de la Vierge*. On y admire une recherche dans la composition, une intensité d'émotion rare.

Hans Memling (vers 1435-1494) est à Bruges ce que Rubens est à Anvers. D'origine allemande, le peintre, né près de Frankfort, s'est fixé à Bruges dès 1465 après un séjour à Cologne et peut-être à Bruxelles. Pour l'hôpital St-Jean, pour les magistrats municipaux ou pour de riches étrangers, il exécute un grand nombre de commandes dont Bruges conserve les plus importantes. Il se distingue de ses contemporains par la sérénité qui règne dans ses tableaux et qui, alliée à la chaleur des coloris, à la perfection des détails, leur confère un charme intense. C'est le peintre des douces madones, des figures féminines calmes, voire éthérées ; ses portraits sont souvent plus idéalisés que ceux de Van Eyck.

Gérard David (vers 1460-1523), né à Oudewater, en Hollande, arrive à Bruges en 1483. Élève de Memling, il en perpétue fidèlement le style et ne se départ pas de la gravité et de la précision caractéristiques des œuvres de son maître *(Baptême du Christ)*.

À l'époque de la Renaissance, ses continuateurs, **Adriaen Isenbrant**, venu de Haarlem, **Ambrosius Benson**, de Lombardie, **Jan Provoost**, originaire de Mons, et **Pieter Pourbus**, de Gouda (Hollande), sont les derniers talents de cette école brugeoise dont il faut citer également quelques anonymes : le Maître de la Légende de sainte Ursule et celui de la Légende de sainte Lucie.

Le réveil de Bruges

La princesse endormie – À la fin du 15e s., la décadence de Bruges se manifeste : l'ensablement du Zwin et le déclin de l'industrie drapière en sont les causes. Anvers va bientôt se substituer à Bruges. Cependant, en 1488, la ville se révolte contre Maximilien d'Autriche et le fait emprisonner. Puis, en 1520, elle accueille encore avec faste Charles Quint dont la réception est organisée par le peintre Lancelot Blondeel.

Les fureurs des iconoclastes au 16e s., les bandes de « gueux » en révolte contre l'Espagne et, bien plus tard, l'invasion française de 1794 viennent précipiter la chute de la ville et amènent la disparition de nombreux monuments.

Le renouveau – À la fin du 19e s., d'importants travaux sont entrepris : la construction à Zeebrugge d'un môle en mer relié au nouveau port intérieur de Bruges par un canal de 11 km (terminé en 1907) va rendre à la ville une certaine activité.

Dans les années 1950, de nouvelles industries se sont implantées le long du bassin intérieur et du canal Baudouin. De nos jours, Bruges vit essentiellement du tourisme.

Le **Collège d'Europe** (Europa College), fondé en 1949 fait de la cité un centre d'études important.

Festivités

Tous les cinq ans se déroule le **cortège de l'Arbre d'or** qui rappelle les fastes de l'époque bourguignonne *(prochaine manifestation en août 2006)*. En août, tous les trois ans, a lieu la **fête des Canaux** ou Reiefeest *(prochaine manifestation en août 2004)*. Chaque année, à l'Ascension, se tient la **procession du Saint-Sang**. À 15h, la châsse contenant la relique du Saint-Sang est portée en procession dans les rues, précédée par le clergé, les innombrables confréries religieuses et des groupes costumés, les uns représentant des épisodes bibliques depuis le péché d'Adam et Ève jusqu'à la Passion du Christ, d'autres le retour de la deuxième croisade avec Thierry d'Alsace.

P. de Franqueville/MICHELIN

La procession du Saint-Sang.

Transports

Voiture – La municipalité met tout en œuvre pour décourager la circulation automobile dans le centre-ville. Il est donc recommandé de laisser sa voiture dans un des **parkings souterrains** du centre ou sur une des **aires de stationnement** en périphérie.

Bus – De nombreux bus font la navette entre la gare et la Grand-Place. L'achat d'un **Dagpas Brugge** (billet journalier), vous permet d'emprunter les transports publics urbains pendant toute la journée. Informations **De Lijn** : ☎ 059 56 53 53 ou www.delijn.be

Vélo – Sachez que les cyclistes bénéficient d'un traitement de faveur dans la ville. Voici quelques adresses de location de vélos : consigne de la **gare**, ☎ 050 38 58 71 ; **Bauhaus Bike Rental**, Langestraat 135, ☎ 050 34 10 93 ; **De Kettting**, Gentpoortstraat 23, ☎ 050 34 41 96 ; **'t Koffieboontje**, Hallestraat 14, ☎ 050 33 80 27 ; **Eric Popelier**, Mariastraat 26, ☎ 050 34 32 62. Certains hôtels mettent des vélos à la disposition de leurs clients. L'Office de tourisme édite une brochure intitulée *5x op de fiets rond Brugge* (5 fois le tour de Bruges à vélo).

Promenade en calèche.

B. Pérousse/MICHELIN

Visites

Bus – Des minibus partent toutes les heures du Burg pour un circuit d'environ 50 minutes à travers la ville. Informations : Sightseeing Line Brugge, Kannunik Decoeneplein 6, 8310 St.-Kruis, ☎ 050 35 50 24 (10-12h).

Illuminations – La visite nocturne de Bruges offre, de début mai à fin septembre, un spectacle exceptionnel ; la ville, avec ses canaux et ses vieux remparts, prend un relief saisissant sous les projecteurs.

Calèches – Des calèches effectuent un circuit d'une demi-heure par le centre, au départ de la Grand-Place (du Burg le mercredi matin).

Visites guidées – En juillet et en août, des visites guidées sont organisées chaque jour pour les particuliers à 15h. Réservation auprès de l'Office de tourisme.

Restauration

• À bon compte

Chasse-Spleen – *Kleine Hoefijzerstraat 3 – ☎ 050 34 88 44 – fermé mer., jeu. – ✗ – 12,39/34,71€.* Accueillante adresse dont l'atmosphère chassera toute mélancolie de votre esprit, fut-il baudelairien. Salle de restaurant affichant un petit air « trendy », suggestions du moment inscrites à l'écriteau et sélection vineuse de bon aloi.

Steenhuyse – *Steenhuyse 29 – ☎ 050 33 23 24 – ✗ – 19,71/35,94€.* Dans une maison brugeoise typique, table d'atmosphère rustique : longues poutres, murs de briques, mobilier à l'épreuve du temps, vieux poêle et cheminée où ronronnent souvent de bonnes flambées en hiver. Facilité de parking sous le 't Zand.

Soul Food – *Langestraat 15 – ☎ 050 33 41 13 – fermé lun. – ✗ – 25/35€.* Honorable petit resto blotti dans une rue reliant le quartier du Burg à la porte Ste-Croix (Kruispoort). Au choix de recettes actuelles s'ajoutent quelques plats végétariens. Salle à manger agencée à la mode d'aujourd'hui.

De Koetse – *Oude Brug 31 – ☎ 050 33 76 80 – fermé jeu., déb. juil. – ✗ – 25/42€.* Affaire familiale du centre-ville, située entre les prestigieuses halles et la Simon Stevinplein. Registre culinaire aux accents régionaux et harmonieux accords mets-bières. L'addition ne vous fâchera pas avec votre banquier !

Terrasje – *Genthof 45 – ☎ 050 33 09 19 – fermé lun. et mar. – ✗ – 25/42€.* Une maison du 18e s. prête ses murs à ce plaisant restaurant dont la salle à manger s'agrandit, comme le proclame l'enseigne, d'une agréable « petite terrasse » (terrasje). Éventail de préparations sans falbalas. Additions fort digestes !

• Valeur sûre

Breydel – De Coninc – *Breidelstraat 24 – ☎ 050 33 97 46 – fermé mer. – 28/43€.* À une encablure du Markt et du Burg, restaurant de la mer où tout homard et toute anguille qui se respectent rêvent de passer à la casserole. Moules ad libitum en saison. Accueil et service où gentillesse rime avec spontanéité.

't Apertje – *Damse Vaart Zuid 223 – 8310 Sint-Kruis – ☎ 050 35 00 12 – fermé lun. – 33€.* Un choix de préparations bistrotières entend apaiser votre faim dans cette mignonne auberge élevée au bord d'un canal ombragé se glissant à travers les polders. En saison, l'anguille tient toujours le tout premier rôle !

Hof Ter Doest – *Ter Doeststraat 4 – 8380 Lissewege – ☎ 050 54 40 82 – info@terdoest.be – 37/54€.* Une magnifique grange dîmière du 13e s. s'offre à la visite juste à côté de ce restaurant occupant une ancienne ferme abbatiale du 16e s. De plantureuses pièces de viande rôtissent en salle. Ambiance rustique et cave digne d'un doyen de chapitre !

• ***Une petite folie !***

Den Dyver – *Dijver 5 – ☎ 050 33 60 69 – fermé mer. et jeu. midi – 22€ déj. – 42/50€.* Une solide cuisine bourgeoise mitonnée à la bière se donne pour mission de combler votre appétit dans cette ancienne demeure patricienne du 18e s. Les murs de la salle à manger s'habillent d'une jolie petite collection de tapisseries anciennes.

Cafedraal – *Zilverstraat 38 – ☎ 050 34 08 45 – fermé dim., lun. – 10€ déj. – 43€.* Près de la cathédrale, dans un bel ensemble architectural chargé d'histoire, brasserie vivante et assez chic proposant une grande carte diversifiée. Terrasse estivale close de murs, bar cubain dont les lumières brillent tard et parking souterrain.

't Bourgoensche Cruyce – *Wollestraat 41 – ☎ 050 33 79 26 – bour.cruyce@ssi.be – fermé mar., mer. – 48/60€.* Ravissante maison de bouche à dénicher au bord d'un canal pittoresque. Carte actuelle, cave bien montée et panorama digne d'une carte postale. Quelques chambres, assez charmantes, offrent également une superbe perspective sur l'eau.

Hébergement

• ***À bon compte***

Hanna Jaszyk – *Carmersstraat 16 – ☎ 050 34 17 35 – ⊠ – 2 ch. : 38/50€ ☕.* Typique maison flamande du 17e s. où flotte une ambiance musicale entretenue par Madame Hanna Jaszyck – mélomane dans l'âme – et son aimable mari. Deux grandes chambres et un studio décorés avec recherche vous y attendent. Une adresse bénie des muses !

The secret garden – *Calvariestraat 10 – ☎ 050 31 18 06 – www.bedandbreakfast.be – ⊠ – 2 ch. : 50/70€ ☕.* Point de chute légèrement excentré, mais bien commode pour poser ses valises et se reposer. Les chambres se partagent trois étages et chacune a son propre caractère. Bon breakfast anglais ou norvégien. Adorable jardinet clos de murs dissimulé à l'arrière.

Verdi – *Vlamingstraat 5 – ☎ 050 34 42 43 – restaurant fermé lun. soir, mar. – ⊠ – 3 ch. : 65/75€ ☕ – restaurant 22/28€.* L'enseigne de cette luxueuse « taverne-restaurant-tea-room » proche du Markt, autant que son fond musical et son décor intérieur, rendent hommage au célèbre compositeur italien, Giuseppe Verdi. L'établissement propose aussi trois chambres très convenables.

Maraboe – *Hoefijzerlaan 9 – ☎ 050 33 81 55 – hotel@maraboe.be – 14 ch. : 70/90€ ☕.* À deux pas des rues commerçantes qui convergent vers le 't Zand, modeste établissement tenu en famille, mettant à votre disposition des chambres d'ampleur satisfaisante, assez simplement équipées, mais tout à fait convenables. L'accueil est avenant.

't Putje – *'t Zand 31 – ☎ 050 33 28 47 – hotelputje@pandora.be – 24 ch. : 74/99€ ☕ – restaurant 22/39€.* Bon petit point de chute pour partir à la découverte de Brugge, cet hôtel-restaurant familial jouxte la place du 't Zand et sa toute nouvelle salle de concert. Confort correct dans les chambres, plus tranquilles à l'arrière.

• ***Valeur sûre***

Malleberg – *Hoogstraat 7 – ☎ 050 34 41 11 – 8 ch. : 87€ ☕.* L'adresse idéale si vous recherchez la proximité immédiate des splendeurs architecturales de la place du Bourg pour passer la nuit. Les chambres offrent un confort fonctionnel et on petit-déjeune dans une chaleureuse cave voûtée.

Gd H. du Sablon – *Noordzandstraat 21 – ☎ 050 33 39 02 – info@sablon.be – 36 ch. : 89/107€ ☕.* Une belle coupole Art nouveau coiffe le hall de cet hôtel début 20e s. stratégiquement établi au voisinage de la Grand-Place et de la zone commerçante. L'ensemble des communs ainsi que toutes les chambres ont été rajeunis depuis peu.

Huyze die Maene – *Markt 17 – ☎ 050 33 39 59 – huyzediemaene@pandora.be – ⊠ – 2 junior suites et 1 suite : 112/220€ – ☕ 8,80€ – restaurant 15/24€.* Idéalement implantée sur le Markt, taverne-restaurant chaleureuse proposant, outre le couvert dans sa salle à manger de style bistrot, deux « junior suites » et une suite aménagées juste au-dessus. L'été, on dresse la table devant la place.

• ***Une petite folie !***

Pandhotel – *Pandreitje 16 – ☎ 050 34 06 66 – info@pandhotel.com – 24 ch. : 120/300€ ☕.* Hôtel élégant aménagé dans trois maisons très typées, au cœur de la Venise du Nord. Les chambres et les « junior suites », agréablement cossues, sont personnalisées par du mobilier de style. Coquette salle de breakfast. Petit déjeuner soigné.

Petite pause

Gran Kaffee De Passage – *Dweersstraat 26 – ☎ 050 34 13 27 – 17h-0h – fermé 2 sem. en janv.* L'accueil est affable dans cette belle taverne brugeoise éclairée aux bougies et ornée de vieilles photographies. Musique du monde entier. Excellentes côtelettes d'agneau.

In't Nieuw Museum – *Hooistraat 42 – ☎ 050 33 12 80 – jeu.-lun. 17h-0h.* Atmosphère chaleureuse et décor typiquement flamand pour cet estaminet connu de longue date dans ce quartier proche de la grande ceinture de canaux enlaçant Bruges. Bières spéciales à gogo et steaks grillés à la braise de la cheminée.

Le temps d'un verre

De Halve Maan – *Walplein 26 – ☎ 050 33 26 97 – déc.-fév. : 10h30-16h, mars-nov. : 10h30- 18h30.* Cette brasserie familiale fabrique elle-même sa bière depuis 1856. Vous pourrez visiter les lieux et, au bar, vous mesurer à la blonde-ambrée maison, baptisée Straffe Hendrik. Galerie d'art et terrasse estivale dressée dans la cour intérieure. Vue sur les toits de Bruges au sommet du bâtiment.

Herberg Vlissinghe – *Blekersstraat 2 – ☎ 050 34 37 37 – mer.-sam. 11h-0h, dim. 11h-20h.* Cet estaminet – le plus vénérable de Bruges – date du 16e s. Bières régionales servies dans un cadre nostalgique.

Durant la saison des frimas, un beau poêle de Louvain réconforte toute la salle. Terrasse d'été sur jardin intérieur où l'on peut aussi s'initier au jeu de boules traditionnel.

Staminee de Garre – *De Garre 1 – ☎ 050 34 10 29 – 12h-0h, ven. 12h-1h, sam. 11h-1h, dim. 11h-0h.* Une belle maison ancienne abrite cet estaminet, havre de paix bercé par de la musique classique. Belle sélection de bières.

Sorties

Herberg Du Phare – *Sasplein 2 – ☎ 050 34 35 90 – lun. et mer.-jeu. 11h30-3h, ven.-sam. 11h30-5h.* Accordéon, violoncelle et cithare décorent les murs de ce café consacré au blues et au jazz, où des socles de vieilles machines à coudre tiennent lieu de tables. Concerts deux fois par mois.

Wijnbar – *Noordzandstraat 34 – ☎ 050 33 38 39 – www.brugge.be – dim.-lun. et jeu. 17h-0h, ven.-sam. 15h-1h – fermé 2 sem. en juin, mar., mer.* Entre le 't Zand et le Markt, hôtel particulier élevé au 19e s. et converti en bar à vins musical. Livre de cave planétaire (90 appellations différentes), dégustation de fromages et ambiance « jazzy ». Artiste à ses heures, le patron gratte la guitare. Concerts le dimanche dès 19h30.

Achats

Les principales artères commerçantes sont la Steenstraat, la Zuidzandstraat, la Zilverstraat avec la galerie commerciale Het Zand, la Simon Stevinplein, la Vlamingstraat, etc.

Marchés – Marché traditionnel sur la Grand-Place le mercredi matin et le samedi matin sur 't Zand. De mi-mars à mi-novembre, un marché aux puces se tient le samedi et le dimanche au Dijver.

Spécialités – Outre ses célèbres **dentelles**, Bruges est renommé pour ses délicieuses spécialités de **chocolat**. Deux brasseries (Straffe Hendrik et De Gouden Boom) fabriquent encore leur propre **bière**. Elles sont accessibles en saison. La Gouden Boom abrite d'ailleurs encore un authentique petit musée de la brasserie. Informations : Brasserie Straffe Hendrik, Walplein 26, ☎ 050 33 26 97 ; Brasserie De Gouden Boom, Langestraat 47, ☎ 050 33 06 99.

The Chocolate Line – *Simon Stevinplein 19 – ☎ 050 34 10 90 – 9h30-18h30, dim. 10h30-18h30.* Bruges est réputé pour ses chocolatiers. Derrière cette jolie vitrine qui ne manquera pas de vous mettre l'eau à la bouche, vous pourrez humer le cacao à plein poumon, faire provision de pralines locales et même découvrir les secrets de leur confection.

't Apostelientje – *Balstraat 11 – ☎ 050 33 78 60 – 9h30-18h, dim. 10h-12h, 13h30-18h.* Deux sœurs et leur maman – authentiques dentellières – tiennent cette boutique perpétuant dignement la tradition de la dentelle brugeoise. On y trouvera, outre de belles pièces évidemment faites main, tout le matériel nécessaire à cet art méticuleux.

Loisirs, détente

Promenade en bateau – *☎ 050 44 86 86 – mars-nov. : 10h-18h ; en dehors de cette période seulement w.-end, vac. scol. et j. fériés – 5,20€.* D'agréables promenades en barque à travers le dédale des canaux brugeois sont organisées au départ de cinq embarcadères du centre-ville (consulter le plan). Probablement la formule la plus pratique et la plus reposante pour partir à la découverte d'un patrimoine architectural unique.

Promenade en calèche – *Markt (dép. du Burg le mer.) – oct.-juin : 10h-18h ; juil.-août : 10h-22h – 27,50€ la calèche pour 5 pers. max.* Une excursion d'une demi-heure en calèche, avec un arrêt de quelques minutes au béguinage, est proposée au départ du Markt. Cette balade romantique à travers le centre-ville vous sera commentée par de sympathiques cochers.

Boudewijnpark et Dolfinarium – *Alfons De Baeckestraat 12 – ☎ 050 40 84 08 – mai-août : 10h-18h.* Grand parc d'attractions avec plan d'eau, delphinarium, grande roue, minikarting, salle de tir, autos tamponneuses, manège et jardin zoologique.

Spectacles

Programmes – Pour en savoir plus, consultez le mensuel *Exit*, disponible gratuitement à l'Office de tourisme.

Brugge, anno 1468 – Les spectateurs assistent au repas de noce de Charles le Téméraire et Marguerite de York. Ce dîner-spectacle, se déroulant dans une église néogothique, est animé par des bouffons, cracheurs de feu, sorcières et fauconniers. *Informations : Celebrations Entertainment, Vlamingstraat 86, ☎ 050 34 75 72.*

Salles de concerts – **Concertgebouw**, *'t Zand 34, ☎ 050 47 69 99 ; www.concertgebouw.be.* Ce magnifique bâtiment de brique rouge des architectes Robbrecht et Daem accueille depuis 2002 des concerts de musique classique. **De Werf**, *Werfstraat 108, ☎ 050 33 05 29* (jazz et blues) ; **Cactusclub**, *St.-Jacobstraat 36, ☎ 050 33 20 14* (jazz et blues).

Calendrier

Festivals – Le **Cactusfestival** est organisé à la mi-juillet au bord du Minnewater. S'y produisent des artistes de blues, de pop, de jazz et de rock connus et moins connus. De fin juillet à début août, Bruges accueille le prestigieux **Festival de musique ancienne** *(voir également l'encadré sur les festivités en début du chapitre).*

Excursion

À Damme en bateau – En saison, on peut se rendre à Damme en bateau. Embarquement au Noorweegse kaai, au Nord-Est de Bruges. La route longe le canal Napoléon (créé en 1812), beau cours d'eau où se reflètent des arbres légèrement inclinés par le vent.

À Gand en bateau – Possibilité de faire une balade en bateau vers Gand. Départ : Bargeweg. *Informations : Rederij Hubrouck, ☎ 050 34 48 71.*

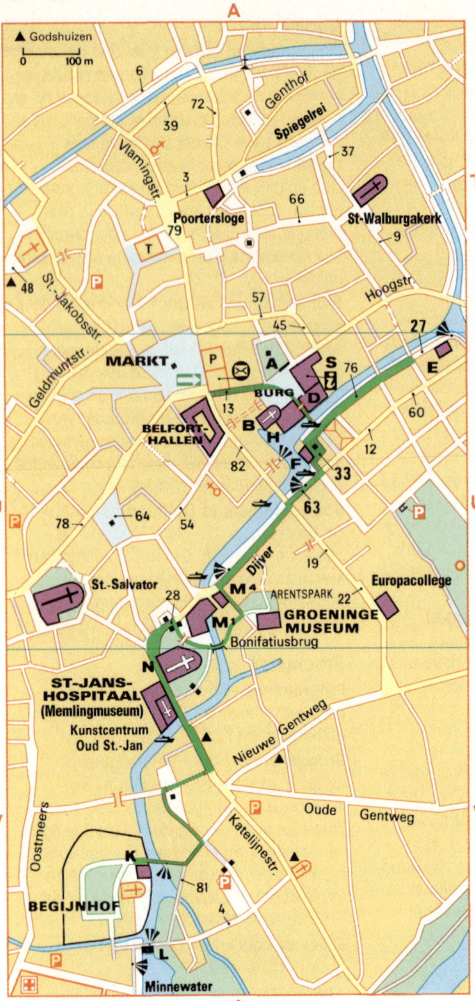
A
T
U
V
Godshuizen
0
100 m
Genthof
Spiegelrei
Vlamingstr.
Poortersloge
St-Walburgakerk
Hoogstr.
St.-Jakobsstr.
Geldmuntstr.
MARKT
BURG
BELFORT-HALLEN
S
D
B
H
F
E
Dijver
ARENTSPARK
Europacollege
St.-Salvator
GROENINGE MUSEUM
M4
M1
Bonifatiusbrug
N
ST-JANS-HOSPITAAL
(Memlingmuseum)
Kunstcentrum
Oud St.-Jan
Nieuwe Gentweg
Oude
Gentweg
Katelijnestr.
Oostmeers
K
BEGIJNHOF
L
Minnewater

B
BRUGGE
0
300 m
Godshuizen
Veemarktstr.
ZEEBRUGGE BLANKENBERGE
OOSTENDE
Sint
Leopold II
Scheepsdalelaan
Leopold I
laan
Ezelpoort
Lauwerstraat
K. de Stoutelaan
R 30
Vlieslaan
Gulden-
Bevrijdingslaan
N 351
Hoefijzer
Guido Gezellelaan
SMEDENPOORT
Smedenstr.
BEURSHALL
POL
N 32
Hendrik
Conscienceelaan
Stationslaan
BOEVERIEPOORT
TORHOUT
GISTEL
Kon. Albertlaan
X
Y
Z
A 17 : KORTRIJK
E 40
LOPPEM

C
N 376
D
KNOKKE-HEIST
DAMME
Pieterskaai
Fort Lapin
DAMPOORT
Damsevaart Zuid
Manderstraat
51
IJzerstr.
Komvest
Komvest
Wulpenstr.
Zuidervaartje
laan
Werfstr.
R 30
M5
Buiten Kruisvest
Dampoortstr.
van
X
Koningin Elisabethlaan
Vlamingdam
Sint Clarastr.
Calvariebergstr.
Langerei
Peterseliestr.
Karel
ST. KRUIS
Annuntiatenstr.
Klaverstr.
Snaggaardstr.
St. Janshuismolen
Engels Klooster
Y
Sint
Langerei
61
M3
Bonne Chieremolen
Carmersstraat
Ezelstraat
Jorisstr.
M2
Jeruzalemkerk
Kruispoort
Kantcentrum
Peperstr.
St. Annakerk
Oude Zak
Langestraat
J
N 9 GENT
43
Beenhouwersstr.
St. Jakobsstr.
Molenmeers
Hoogstr.
Kazernevest
48
MARKT
Ganzenstr.
Bilkske
Y
Predikherenstr.
BELFORT-HALLEN
49
85
Hooistr.
Steenstr.
Kazernevest
Buiten Kazernevest
Dijver
Garenmarkt
84
Zand
Schaarstr.
CONCERTGEBOUW
Buiten Boninvest
R 30
25
Koning Albert I laan
Oude Gentweg
Gentpoortstr.
GENTPOORT
Katelijnestr.
Generaal Lemanlaan
N 337
Z
BEGIJNHOF
Buiten Gentpoortvest
Wagnerstr.
Daverlostraat
E. de Denestr.
KATELIJNEPOORT
Rubenslaan
N 50
Weide Straat
Vrijheidsstr.
C
KORTRIJK
D

se promener

LE CENTRE HISTORIQUE ET LES CANAUX***

Markt**

La vie à Bruges se concentre sur la Grand-Place que bordent des maisons à pignons à redans, anciens sièges des corporations, et les halles dominées par le beffroi. Au centre, la statue de Pieter de Coninck et Jan Breydel évoque les héros de la révolte de 1302 *(voir dans « comprendre »)*. Jusqu'au 18e s., un canal aboutissait à la Grand-Place où les bateaux accostaient. À l'est de la place se dressent deux immeubles néogothiques. Le premier abrite la poste, l'autre l'administration provinciale.

B. Juge/MICHELIN

Terrasse sur la Grand-Place.

Belfort et Hallen***

Tlj sf lun. 9h30-17h. Fermé 1er janv., Ascension (ap.-midi), 25 déc. 5€. ☎ *050 44 87 11.*

Le beffroi et les halles forment un magnifique ensemble de briques patinées. Le **beffroi** est le plus imposant de Belgique. La tour massive date du 13e s., mais les tours d'angle ont été ajoutées au 14e s. et le dernier étage octogonal à la fin du 15e s. Au-dessus du porche d'entrée, quelques statues encadrent le balcon qui était destiné aux proclamations des lois. L'ascension du beffroi *(366 marches)* permet de découvrir au 2e étage la **salle de la trésorerie** : derrière les belles grilles en fer forgé (13e s.) étaient conservés le sceau de la ville et les chartes. Au-dessus on découvre le **carillon** de 47 cloches qui joue tous les quarts d'heure. Enfin, du sommet, s'offre une **vue**** remarquable sur l'ensemble de Bruges et ses environs.

Les **halles**, construites en même temps que le beffroi, furent agrandies aux 14e et 16e s. et forment un quadrilatère enserrant une jolie cour.

Burg**

La place du Bourg tient son nom du château (Burg) édifié là par Baudouin Bras-de-Fer. Lors des fouilles, des vestiges de l'enceinte du 9e s. furent mis au jour. Afin d'y construire l'**église St-Donatien**, l'enceinte fut démolie au 10e s. Plus tard, elle fut remplacée par un rempart de briques. Des vestiges de l'église et de l'enceinte ont été intégrés au sous-sol de l'hôtel avoisinant.

Quatre des principaux monuments de Bruges encadrent cette place : de droite à gauche, la basilique du Saint-Sang, l'hôtel de ville gothique, le greffe Renaissance et, sur la face en retour, l'ancien palais de justice.

Basiliek van het Heilig Bloed* – Selon la tradition, la basilique du Saint-Sang fut construite pour abriter la relique du Sang du Christ, rapportée de Terre sainte par le comte de Flandre, Thierry d'Alsace, au retour de la deuxième croisade.

La **chapelle basse*** ou chapelle St-Basile, romane, date du début du 12e s. Elle a conservé son caractère primitif avec de massifs piliers cylindriques. On y voit, au revers du tympan d'une porte donnant sur une petite chapelle à droite, un bas-relief roman de l'an 1300 représentant le baptême du Christ et, dans le bas-côté droit, une Vierge en bois polychrome.

Par un beau portail hors œuvre, de transition gothique flamboyant-Renaissance, et un élégant escalier à spirale (16e s.), on accède à la **chapelle du Saint-Sang**. À l'origine romane, elle fut transformée au 15e s. et décorée de peintures murales au 19e s. Remarquer aussi la très belle chaire de vérité de 1728. *Avr.-sept. : visite de la chapelle basse et de la chapelle haute 9h30-11h50, 14h-17h50 ; oct.-mars : 10h-11h50, 14h-15h50. Fermé pdt les offices (chapelle haute : mer. et sam. 11h-11h50 ; chapelle basse : le reste de la sem. 11h-11h30).* ☎ *050 44 86 86 (Office de tourisme).*

À côté de la chapelle se trouve un petit **musée**. Il contient la châsse du Saint-Sang (1617), dans laquelle est placée la relique lors de la célèbre procession, et deux magnifiques volets où Pieter Pourbus a représenté les membres de la confrérie du Saint-Sang. *Avr.-sept. : 9h30-11h50, 14h-17h50 ; oct.-mars : tlj sf mer. ap.-midi 10h-11h50, 14h-15h50. Fermé 1er janv., 1er nov., 25 déc. 1,25€.*

Stadhuis – Élevé à la fin du 14e s., dans le style gothique flamboyant, l'hôtel de ville fut restauré au 19e s. Sa façade est remarquable par sa verticalité qu'accentue la présence de trois tourelles, et par sa riche ornementation.

À l'étage, la **salle gothique** possède une voûte d'ogives, lambrissée, ornée au point de jonction des arcs de belles clés pendantes. Les peintures murales néogothiques datant de la fin du 19e s. représentent des scènes historiques. Gotische zaal (Hôtel de ville, salle gothique). ♿ *Tlj sf lun. 9h30-17h. Fermé 1er janv., Ascension (ap.-midi), 25 déc. 2,5€. ☎ 050 44 87 11.*

Oude Griffie – Actuellement Justice de Paix. La façade Renaissance de l'Ancien Greffe montre des lignes harmonieuses et arbore trois gracieux pignons à volutes.

Paleis van het Brugse Vrije – Le **palais du Franc de Bruges** a été bâti au 18e s. dans le style néoclassique, à l'emplacement de l'ancien palais du Franc (1520). Celui-ci occupait le Burg dont il reste une partie donnant sur le canal. Le Franc de Bruges était au 14e s. un conseil gérant la région située autour de la ville. Il abrite le **musée provincial du Franc de Bruges** *(voir description dans « visiter »).*

Depuis le passage de la rue Blinde Ezelstraat, on admire en se retournant la belle fenêtre qui surmonte la galerie, puis les pignons et tourelles du palais du Franc.

Suivre le Steenhouwersdijk jusqu'au Groene Rei.

À droite de ce quai ombragé, se situe la **maison du Pélican** (De Pelikaan) de 1714, édifice bas à hautes lucarnes, à emblème du pélican. C'est une ancienne maison-Dieu *(voir description dans « visiter »).* À l'extrémité du quai, belle **vue** sur le canal, le beffroi et la flèche de l'église Notre-Dame. En redescendant le Steenhouwersdijk, on gagne la charmante **Huidenvettersplein** (place des Tanneurs), parfois appelée petit marché aux poissons par les Brugeois, où se dresse une petite colonne portant deux lions et l'emblème des tanneurs. Tout près, le **Rozenhoedkaai** (quai du Rosaire) offre une des **vues**★★ les plus caractéristiques de Bruges. Le long du bassin se dresse la jolie **maison des Tanneurs** (Huidenvettershuis) de 1630 à laquelle fait suite une maison à tourelle. Au-delà, on aperçoit la haute toiture de la chapelle du Saint-Sang, à gauche se détache le beffroi.

Dijver

Le pont de St-Jean Népomucène (St.-J. Nepomucenusbrug) est surmonté de la statue du protecteur des ponts. À l'extrémité de ce quai bordé de tilleuls, on découvre une **vue**★★ ravissante sur un vieux pont, le porche du musée Gruuthuse et, comme toile de fond, la tour de l'église Notre-Dame surmontée d'une flèche.

On passe devant le Groeningemuseum *(voir description dans « visiter »)* et, en traversant la ruelle, vous arrivez dans un petit parc (Arentspark). Face au musée Arentshuis *(voir description dans « visiter »)*, des vitrines abritent des traîneaux et carrosses. On franchit le **pont St-Boniface** (Bonifatiusbrug), en dos d'âne, dans un **cadre**★★ délicieusement poétique. Le buste de Juan-Luis Vives évoque cet humaniste espagnol du 16e s. qui finit ses jours à Bruges.

O.-L.-Vrouwekerk★ (Église Notre-Dame)

9h-12h30, 13h30-17h (sam. 16h), dim. 14h-17h. ☎ 050 34 53 14.

En majeure partie du 13e s., cette église gothique est remarquable par sa **tour**★★ élancée, en brique, haute de 122 m.

Une statue en marbre blanc d'une grande noblesse, **La Vierge et l'Enfant**★★ par Michel-Ange, est placée sur un autel à l'extrémité du bas-côté droit.

Le chœur – Il renferme les mausolées de Charles le Téméraire et de sa fille Marie de Bourgogne. Le **tombeau**★★ gothique de Marie de Bourgogne, morte à 25 ans, a été dessiné en 1498 par Jan Borman ; le gisant est remarquable avec son visage juvénile, son cou gracile, ses mains longues et fines aux doigts fuselés ; le soubassement est orné des armoiries de ses ascendants.

La Vierge et l'Enfant, *Michel-Ange.*

Revault/PIX-GETTY

Ph. Gajic/MICHELIN

Le tombeau de Marie de Bourgogne.

Le monument Renaissance du Téméraire date du 16e s. Au maître-autel, *Le Triptyque de la Passion* de B. Van Orley. Dans le chœur ont été découverts plusieurs caveaux funéraires ornés de fresques ; - parmi ces caveaux, le tombeau primitif de Marie de Bourgogne.

Le déambulatoire abrite la belle *Vierge aux sept douleurs*, chef-d'œuvre d'Isenbrant (16e s.). On admirera également des œuvres de Gérard David et ses élèves, de Pieter Pourbus et un *Christ en croix* peint par Van Dyck.

Une tribune (15e s.) en bois sculpté communique avec le musée Gruuthuse.

On passe devant l'ancien hôpital St-Jean qui abrite le musée Memling *(voir description dans « visiter »).*

Begijnhof★★

Le « béguinage de la vigne » fut fondé en 1245 par Marguerite de Constantinople, comtesse de Flandre. Enclos paisible, s'ouvrant près du canal par une belle porte classique, il groupe autour d'un vaste rectangle vert, semé de jonquilles au printemps et planté de grands arbres, l'église en brique du 17e s. et les maisons blanches des béguines. Les bénédictines qui ont remplacé celles-ci en ont gardé le costume.

Begijnhuisje – En traversant la cuisine et les chambres aux meubles rustiques de la maison de Béguine, on parvient à un petit jardin avec un puits de brique. ♿ *Avr.-sept. : 10h-12h, 13h45-17h (dim. 18h) ; mars-nov. : 10h30-12h, 13h45-17h ; déc.-fév. : mer.-jeu. et w.-end 14h45-16h15, ven. 13h45-18h. 2€. ☎ 050 33 00 11.*

Le pont voisin offre une belle **vue** sur la charmante **maison éclusière** (sashuis) qui précède le **Minnewater**, un des bassins de l'ancien port : c'est le fameux Lac d'Amour. À droite, on remarque le Poertoren (tour Poer) où était jadis entreposée la poudre à canon.

Pour regagner le centre, vous pouvez prendre le bateau (voir dans « carnet pratique »).

Les cygnes de Bruges

Les cygnes qui évoluent dans ces eaux tranquilles évoquent une vieille légende : en 1448, les Brugeois emprisonnèrent Maximilien d'Autriche pendant quelques semaines dans la maison Craenenburg sur la Grand-Place et décapitèrent son conseiller, Pierre Lanchals. Comme les armes de ce dernier comprenaient un cygne, Maximilien, une fois libéré, ordonna aux Brugeois, afin qu'ils expient leur crime, d'entretenir à perpétuité des cygnes sur les canaux de la ville.

Le béguinage de Bruges.

B. Brillion/MICHELIN

P. de Franqueville/MICHELIN

Le Lac d'Amour.

visiter

LES GRANDS MUSÉES

Groeningemuseum***

♿ *Tlj sf lun. 9h30-17h. Fermé 1er janv., Ascension (ap.-midi), 25 déc. 7€. ☎ 050 44 87 11.*

Bien qu'il présente un panorama de la peinture belge du 15e s. à nos jours, c'est surtout la collection des **primitifs flamands** qui mérite toute l'attention. Le musée contient deux superbes œuvres de **Jan Van Eyck**. *La Vierge du chanoine Van der Paele*, de 1436, frappe par l'éclat de ses couleurs et la minutie du détail : dans le portrait du chanoine, Van Eyck ne nous fait grâce d'aucune ride, d'aucune verrue. Quant au *Portrait de Marguerite Van Eyck*, il évoque la dignité bourgeoise un peu bourrue, le sens du devoir et la piété de la femme du peintre, alors âgée de 33 ans. Le musée expose des œuvres de **Petrus Christus**, dont *L'Annonciation*, le plus ancien tableau des Pays-Bas comportant une perspective unifiée. On admirera *La Mort de la Vierge*, un tableau d'une intensité dramatique exceptionnelle de **Hugo Van der Goes**. Le célèbre *Triptyque Moreel* a été réalisé par **Hans Memling** en 1484 pour Willem Moreel et sa femme Barbara Van Vlaenderberch. Le triptyque, dont le panneau central représente saint Christophe, saint Maur et saint Gilles, est empreint de mysticisme, de paix intérieure et de recueillement. Puis, on découvre deux œuvres de **Gérard David**. L'effroyable *Jugement de Cambyse* avait pour but de préserver les juges de la corruption. Dans *Le Baptême du Christ*, les personnages impassibles sont intégrés dans un magnifique paysage. L'hallucinant *Jugement dernier* est attribué à Jérôme Bosch. Une partie de la collection est consacrée à la peinture brugeoise postérieure à Gérard David. On remarque notamment des œuvres d'**Isenbrant**, de **Benson**, de **Blondeel** et de **Provost**, qui trahissent une influence italianisante. Une salle est entièrement dédiée à la **famille Pourbus**. Outre des scènes religieuses comme le flamboyant *Jugement dernier*, Pieter Pourbus peignit également des portraits d'un très grand raffinement *(Jan Van Eyewerve et Jacquemyne Buuck)*. L'aile néogothique du 19e s. est consacrée à la peinture du 17e s. au 19e s. La salle du rez-de-chaussée met l'accent sur les œuvres des 17e s. et 18e s. d'artistes brugeois. On admire également des portraits et des paysages flamands et hollandais de la même époque. L'étage supérieur présente les courants artistiques du 19e s. Le néoclassicisme est représenté par des toiles de François Kinsoen et Joseph Suvée. **Fernand Khnopff**, qui a passé son enfance à Bruges, est l'auteur d'une œuvre mystérieuse intitulée *Secret-Reflet*, dépeignant, dans sa partie inférieure, une façade latérale de l'hôpital St-Jean. Quelques salles sont dédiées à l'art moderne et contemporain belge. Le musée possède notamment des œuvres de **Rik Wouters** *(Soucis domestiques)* et une importante collection d'expressionnistes flamands, dont une monumentale *Dernière cène* de **G. Van de Woestijne** et le *Mangeur de bouillie* de **Permeke**. La collection comprend également des œuvres de **Vantongerloo** *(Construction dans la Sphère 2)*, **Delvaux**, **Magritte** *(L'Attentat)*, **Raveel** et **Panamarenko**. Le cabinet **Broodthaers** comprend toutes les éditions imprimées de l'artiste.

Le Mariage mystique de sainte Catherine, *Memling*.

Memlingmuseum★★★

Entrée par la Mariastraat. Tlj sf lun. 9h30-17h. Fermé 1er janv., Ascension (ap.-midi), 25 déc. 7€. ☎ 050 44 87 11.

Le musée est situé dans l'ancien hôpital St-Jean (12e s.). Les anciennes salles des malades, superbement restaurées, présentent des œuvres d'art et des objets illustrant plusieurs thèmes, dont l'histoire hospitalière. Dans l'ancienne **église de l'hôpital** sont exposées six œuvres de Hans Memling. Le petit **cloître** à droite abrite la **pharmacie** du 17e s.

La **Châsse de sainte Ursule** est peut-être le plus connu des ouvrages de Memling ; son enluminure minutieuse décrit la vie et le martyre de sainte Ursule et des 11 000 vierges, ses compagnes : débarquement à Cologne, puis à Bâle, accueil par le pape à Rome ; retour à Bâle en compagnie du pape, arrivée à Cologne où la sainte est mise à mort par les Huns ; aux pignons, la Vierge et sainte Ursule abritant les vierges sous son manteau.

Le **Mariage mystique de sainte Catherine** (appelé également *Triptyque de Jean-Baptiste et de Jean l'Évangéliste*) représente l'Enfant Jésus glissant un anneau au doigt de la sainte tandis que sainte Barbe est plongée dans un livre ; de part et d'autre : la décollation de saint Jean Baptiste (à gauche), saint Jean l'évangéliste dans l'île de Patmos (à droite), les deux patrons de l'hôpital. Dans ce triptyque de 1479 chargé de symboles, Memling atteint à la grandeur. D'après certains, sainte Catherine et sainte Barbe représenteraient Marie de Bourgogne et Marguerite d'York.

L'**Adoration des Mages**, le panneau central du triptyque de Jan Floreins datant de 1479, vaut par la beauté parfaite de la Vierge aux yeux baissés et celle juvénile du roi noir Balthazar.

Le triptyque de la **Déploration du Christ** a été exécuté en 1480 à la demande du frère Adrien Reins, représenté à genoux sur le volet intérieur gauche ; sur le volet intérieur droit figure sainte Barbe, très populaire à l'époque.

La chapelle abrite l'inquiétant **portrait d'une jeune femme** bourgeoise, diaphane et énigmatique. Le diptyque de **Martin Van Nieuwenhove** avec le portrait du donateur et la **Vierge à la pomme** peints en 1487, sont d'une finesse admirable de dessin et de tons.

Un petit escalier mène aux greniers, dont le plus grand conserve une impressionnante charpente en chêne.

Les bâtiments du 19e s. abritent le **Centre de congrès Oud St-Jan**.

LES MUSÉES ET MONUMENTS DU CENTRE

Autour du Dijver et du Burg

Gruuthusemuseum★

Tlj sf lun. 9h30-17h. Fermé 1er janv., Ascension (ap.-midi), 25 déc. 5€. ☎ 050 44 87 11.
Le palais gothique de Gruuthuse était à l'origine la maison où était levé le droit de « grute ». La grute était un mélange de fleurs et plantes séchées que l'on ajoutait à l'orge ou au froment et qui servait au brassage de la bière. La vaste demeure du 15e s. est construite en briques d'une chaude tonalité rousse. Elle abrite, au fond de la cour d'honneur, un musée d'Arts décoratifs.

Dans le cadre soigné de cet intérieur aux belles cheminées, le passé est évoqué par des objets anciens d'origine flamande, souvent brugeoise. On admirera notamment de magnifiques meubles, des sculptures, des tapisseries et des peintures. Parmi les instruments de musique, on relèvera principalement un clavecin et une épinette de la célèbre maison de facteurs d'instruments Ruckers. Dans une des salles, on remarquera le **buste de Charles Quint★** (1520), alors âgé de 20 ans, attribué au sculpteur allemand Konrad Meit.

L'**oratoire** (1472) en bois de Louis de Gruuthuse permettait un accès direct au chœur de l'église Notre-Dame. Ce conseiller de Charles le Téméraire et de Marie de Bourgogne fut non seulement chevalier de l'ordre de la Toison d'or, mais aussi un diplomate fort apprécié. Très belle **vue** sur les environs à partir de la terrasse, tout en haut de l'édifice.

Museum Arentshuis★

Tlj sf lun. 9h30-17h. Fermé 1er janv., Ascension (ap.-midi), 25 déc. 2,5€. ☎ 050 44 87 11.
Cet hôtel particulier de la fin du 18e s. renferme un riche ensemble de vues anciennes de Bruges (17e-19e s.) et une importante collection de dentelles.
À l'étage, œuvres du peintre et graveur anglais **Frank Brangwyn** (1867-1956).

St.-Salvatorskathedraal (Cathédrale St-Sauveur)

9h-12h, 14h-17h45 (sam. 15h30), lun. 14h-17h45, dim. 9h-10h15, 14h-17h45. Fermé à l'Ascension. ☎ 050 33 68 41.
Sur une place ombragée se dresse cet imposant édifice gothique, en brique, flanqué d'une tour haute de 99 m. Commencé au 10e s. par la tour, il a été souvent incendié et terminé seulement au 16e s. par les chapelles du chœur. Le sommet de sa tour a été réalisé au 19e s. dans le style roman.
À l'**intérieur**, la nef s'élève sur des colonnes en faisceaux très élancées. Dans le chœur, le triforium et les hautes fenêtres du 13e s. surmontent des murs refaits au 15e s.
La décoration est riche. Au fond de la nef, le jubé de la fin du 17e s., de style baroque, est surmonté d'une belle statue de *Dieu le Père*, par Artus Quellin le Jeune. Au-dessus, buffet d'orgues de 1719. La chaire (1785) a été sculptée par H. Pulinx. Les stalles du 15e s. sont surmontées d'armoiries des chevaliers de la Toison d'or dont le 13e chapitre se tint ici en 1478 ; au-dessus, tapisseries bruxelloises (1725).
Schatkamer (Trésor) – *Accès par le bras droit du transept.* Outre quelques objets d'art liturgique, il contient d'intéressantes peintures : *Martyre de saint Hippolyte* par Thierry Bouts, triptyque dont le volet gauche est attribué à Van der Goes. *Tlj sf sam. 14h-17h, dim. 14h-17h45.*

Provinciaal Museum van het Brugse Vrije

Dans le Palais du Franc de Bruges. ♿ Tlj sf lun. 9h30-12h30, 13h30-17h. Fermé 1er janv., Ascension (ap.-midi), 25 déc. 2,5€. ☎ 050 44 87 11.
Dans le **musée provincial du Franc de Bruges**, on peut voir, dans la chambre échevinale (16e s.), la **cheminée du Franc de Bruges★**, exécutée d'après les plans de Lancelot Blondeel. De style Renaissance, en marbre noir et chêne, elle est décorée d'une frise d'albâtre racontant l'histoire de Suzanne et des vieillards. La partie supérieure montre plusieurs souverains de Flandre : au centre, Charles Quint, l'épée haute. Les autres statues représentent les aïeuls de Charles Quint. On distingue de gauche à droite Marie de Bourgogne, Maximilien d'Autriche, Ferdinand d'Aragon et Isabelle de Castille. Les poignées de cuivre au-dessus du foyer permettaient aux échevins de se tenir lorsqu'ils faisaient sécher leurs bottes.

Au Nord-Est, près de la porte Ste-Croix

Museum voor Volkskunde★

Tlj sf lun. 9h30-17h. Fermé 1er janv., Ascension (ap.-midi), 25 déc. 2,5€. ☎ 050 44 87 11.
Au no 40 du Rolweg, l'enseigne « Au Chat noir » (Zwarte Kat), nom d'un estaminet, indique l'entrée du **musée du Folklore**.
Présentées dans les charmantes maisons-Dieu édifiées au 17e s. par la corporation des cordonniers, les collections d'objets usuels, d'outils. Des reconstitutions d'intérieurs, dont un local de classe des années 1920, une pharmacie du 19e s. et une épicerie, mais aussi des ateliers, notamment une confiserie où l'on fabrique encore des friandises le jeudi après-midi, évoquent le folklore et les traditions de la Flandre-Occidentale. Du jardin avec ses petites maisons-Dieu blanches, belle vue sur la tour de l'église de Jérusalem.

Jeruzalemkerk

Tlj sf dim. 10h-12h, 14h-18h (sam. 17h). Fermé j. fériés.
À l'angle de la Balstraat, on voit la curieuse tour à lanterne de l'église de Jérusalem. Cette église fut édifiée au 15e s. par la famille Adornes, commerçants originaires de Gênes. Combinant éléments gothiques et orientaux, elle s'inspire très probablement de l'église du St-Sépulcre de Jérusalem.
Sur le retable de l'autel de la nef, on distingue les instruments de la Passion ; les vitraux datent du 16e s. et représentent les membres de la famille Adornes. Au centre de la nef, gisant d'Anselme Adornes et de son épouse (15e s.). Dans la crypte a été reconstitué le tombeau du Christ.
À côté de l'église de Jérusalem se dresse le **Kantcentrum** (Centre de la dentelle) où s'organisent des cours et des démonstrations. Un petit musée de la dentelle a été aménagé dans les maisons-Dieu. *Tlj sf dim. 10h-12h, 14h-18h (sam. 17h). Fermé j. fériés, de Noël au Nouvel An. 1,50€. ☎ 050 33 00 72.*

Kruispoort

Autour de la porte Ste-Croix, percée dans les remparts, se trouvent quelques curiosités. Au Nord s'élèvent sur les anciens remparts trois **moulins** à vent sur pivot. Le premier, **Bonne Chieremolen**, a été transporté en 1911 d'Olsene. Le second, **St.-Janshuismolen**, date de 1770. *Mai-sept. : tlj sf lun. 9h30-12h30, 13h30-17h. Fermé Ascension (ap.-midi). 2€. ☎ 050 44 87 11.*

À proximité se trouve le **musée du poète Guido Gezelle** (Guido Gezellemuseum) installé dans sa maison natale. *Tlj sf lun. 9h30-12h30, 13h30-17h. Fermé 1er janv., Ascension (ap.-midi), 25 déc. 2€. ☎ 050 44 87 11.*

Dans la Camersstraat, la **guilde des Archers de St-Sébastien** (Schuttersgilde St.-Sebastiaan) conserve dans un bel ensemble architectural des 16e et 17e s. des portraits des « rois » de la guilde et une collection d'orfèvrerie. *Mai-sept. : jeu.-sam. 10h-12h, mar.-sam. 14h-17h. 1,49€. ☎ 050 33 16 26 ; www.sebastiaansgilde.be*

Dans la même rue se trouve le **Couvent anglais** (Engels Klooster) dont la chapelle à coupole date du 18e s. ♿ *Visite accompagnée tlj sf dim. 14h-15h30, 16h15-17h15. ☎ 050 33 24 28.*

St.-Walburgakerk (Église Ste-Walburge)

Cette église des jésuites a été construite dans le style baroque par Pieter Huyssens en 1643. À l'origine, elle était dédiée à saint François Xavier. Une statue du saint orne encore la sobre façade. L'intérieur baroque blanc abrite un banc de communion en marbre de H. Verbrugghe, une chaire de vérité du 17e s. et un jubé en style rocaille.
Poursuivre jusqu'au **Spiegelrei** en traversant le pont. À l'extrémité du quai, sur la Jan van Eyckplein, s'élèvent la statue de Van Eyck et la loge des Bourgeois du 15e s. (Poortersloge) flanquée d'une tourelle, qui renferme les archives de l'État ; une niche du côté de l'Academiestraat abrite un ours en pierre, fétiche de la ville. Sur la petite place se trouve l'ancien octroi ou Tonlieu, bâtiment datant de 1477.

St.-Annakerk

L'intérieur de l'église Ste-Anne, bâtie au 17e s. dans le style gothique, est agrémenté d'un riche mobilier baroque : jubé, lambris et confessionnaux, chaire. C'est ici que Guido Gezelle fut baptisé et qu'il fit sa première communion.

Ezelpoort

La porte des Baudets se dresse dans un joli site ombragé, à l'extrémité d'un canal dont les eaux paisibles sont fréquentées par des cygnes.

Godshuizen (Maisons-Dieu) *(voir légende du plan)*

Les maisons-Dieu, très nombreuses à Bruges du 15e au 18e s., étaient des sortes d'asiles pour vieillards ou miséreux, financés par les corporations. Ce sont généralement des rangées de maisons basses en brique, blanchies à la chaux, et d'allure modeste. La façade de chaque demeure présente une porte, une fenêtre que surmonte une haute lucarne.
Outre la maison du Pélican *(voir description dans « se promener »)*, les maisonnettes du musée du Folklore *(voir description dans « visiter »)*, il faut voir celles de Gloribusstraat, Moerstraat, Zwarte Leertouwersstraat, Nieuwe Gentweg et Katelijnestraat.

Museum O.-L.-Vrouw ter Potterie

Tlj sf lun. 9h30-12h30, 13h30-17h. Fermé 1er janv., Ascension (ap.-midi), 25 déc. 2,5€. ☎ 050 44 87 11.
Au no 79 du Potterierei se situe l'ancien hôpital N.-D.-de-la-Poterie (13e s.), dont le rôle était comparable à celui de l'hôpital St-Jean. Quoiqu'il serve encore de maison de retraite, une partie de l'hôpital, comprenant l'ancienne salle des malades, le cloître (14e-15e s.) et le passage vers la petite église baroque richement décorée, abrite un musée : meubles des 15e, 16e et 17e s., peintures, livres d'heures flamands, objets évoquant la vie religieuse et la dévotion pour la Vierge miraculeuse N.-D.-de-la-Poterie.

St.-Michiels

3 km au Sud. Vac. de Pâques : 11h-17h ; mai-juin : 10h30-17h (dim. et j. fériés 18h) ; juil.-août : 10h-18h ; sept. : mer. et sam. 10h30-17h (dim. 18h). 16€. ☎ 050 38 38 38.

Le **Boudewijnpark** offre de multiples attractions (montagnes russes, bateau pirate, mini-golf). Un vaste bâtiment abrite une immense **horloge astronomique**, **Heirmanklok**. Construit par Edgar Heirman, cet appareil finement décoré et agrémenté de nombreux automates s'anime devant le visiteur. Face à l'entrée du parc, le **Dolfinarium** donne des représentations dont les vedettes sont les dauphins et les otaries. *Représentations vac. de janv.-fév., avr. et sept.-oct. : 16h ; mars : sam. 16h ; mai : 11h, 16h (w.-end 17h) ; juil.-août : 11h, 14h, 16h. 8€. ☎ 050 38 38 38.*

Le bois **Tillegembos** présente sur ses 107 ha des promenades balisées, un étang près duquel se trouvent un château néogothique et un vieux moulin (rosmolen).

Château de Loppem (Lophem)

7 km au Sud. Avr.-oct : tlj sf lun. et ven. 10h-12h, 14h-18h. 3,50€. ☎ 050 82 22 45.

À la demande du baron et de la baronne van Caloen, le château néogothique de Loppem fut dessiné par l'architecte londonien Edward Welby Pugin (1834-1875) et le baron Jean Béthune, architecte de l'abbaye de Maredsous *(voir Vallée de la Molignée)*. Le roi Albert et sa famille y séjournèrent en octobre et novembre 1918. Là, le souverain promit l'instauration du suffrage universel et la « flamandisation » de l'université de Gand. Le château abrite, dans un cadre néogothique, une intéressante collection d'œuvres d'art. Parmi les tableaux des écoles flamande et hollandaise, remarquer la *Place du Bourg* à Bruges, peinte au début du 17ᵉ s. À l'étage est exposée la collection de Jean van Caloen ; elle comprend des sculptures religieuses (13ᵉ-16ᵉ s.) de diverses provenances (Pays-Bas, France, Italie, Espagne, Allemagne). Dans le parc se trouve un **labyrinthe** (doolhof).

Zedelgem

10,5 km au Sud-Ouest. Quitter Bruges par la N 32. Après avoir traversé la A 10, on aperçoit à droite l'**abbaye St-André** (Zevenkerken), grand centre missionnaire dont les bâtiments entourent une basilique à sept sanctuaires, du début du siècle dernier. **L'église St-Laurent** de Zedelgem renferme de remarquables **fonts baptismaux**★ (11ᵉ-12ᵉ s.).

Château de Male

5 km à l'Est par la N 9. 9h (dim. et j. fériés 10h30)-11h30, 14h30-17h. Gratuit. ☎ 050 36 70 22.

Les chanoinesses régulières de St-Trudon habitent depuis 1954 l'immense château, entouré de douves, qui fut la résidence des comtes de Flandre. On peut voir la salle des chevaliers et l'église, reconstruite en 1965.

Torhout

23 km au Sud-Ouest. Quitter Bruges par la N 32.

Torhout (ou Tourhout) était au 12ᵉ s. une ville prospère dont la foire était réputée. L'**église St-Pierre** (St.-Pietersbandenkerk), reconstruite après avoir été bombardée en 1940, possède une jolie tour romane à clocher octogonal abritant un carillon. *Tlj sf w.-end 8h30-12h, 15h30-18h30. ☎ 050 22 07 70.* L'**hôtel de ville** (1713) est un harmonieux édifice dont les larges baies séparées par des pilastres s'alignent sous une haute toiture.

À 3 km à l'Ouest de Torhout s'élève le **château de Wijnendale**, édifice composite (11ᵉ-19ᵉ s.) entouré de douves circulaires. Construit par Robert le Frison au 11ᵉ s., il devint la résidence favorite des comtes de Flandre. Dans les bois environnants, Marie de Bourgogne, en 1482, fit une chute de cheval qui lui coûta la vie.

Bruxelles★★★

Située au cœur de la Belgique, Bruxelles est une ville pleine de contrastes et de paradoxes. Cité flamande à l'origine, elle s'est presque entièrement francisée au cours des siècles passés. En dépit des vagues de démolitions successives, dont Bruxelles fut victime, la ville a su conserver son caractère chaleureux et convivial. Capitale de l'Art nouveau par excellence, la cité est riche en monuments et musées. Mais Bruxelles la cosmopolite ne se limite pas au « pentagone ». Les 19 communes dont se compose la Région de Bruxelles-Capitale incitent à la découverte : Laeken, la royale, les quartiers animés d'Ixelles, St-Gilles à l'ambiance décontractée, Koekelberg et son imposante basilique, les quartiers chic du Sud...

La situation

954 460 habitants (agglomération) - Cartes Michelin n°s 716 G 3, et pour l'agrandissement plis 21 et 22, et 533 L 17. Plan Michelin n° 44 Bruxelles - Voir aussi Le Guide Vert BRUXELLES. La ville se trouve au centre d'un nœud routier important. On pourrait même dire que toutes les autoroutes belges mènent au ring RO (ou boulevard périphérique) de Bruxelles.

Hôtel de ville, Grand-Place, ☎ 02 513 89 40 ; www.tib.be

Pour poursuivre la visite, voir aussi Waterloo.

Ch. Bastin – J. Evrard/MICHELIN

Les galeries St-Hubert.

comprendre

Uu moyen âge sans histoire

Bruxelles apparaît à la fin du 10e s. lorsque Charles, duc de Basse-Lotharingie, s'y installe et s'y fait construire un château dans l'île St-Géry, formée par les bras d'une petite rivière, la Senne. Le site est marécageux : il est nommé Bruocsella, mot franc signifiant « établissement dans les marais ».

Bruxelles devient une étape commerciale entre Cologne et la Flandre tandis que se développe la draperie.

Signe de prospérité, l'église St-Michel, édifiée sur une colline, prend le titre de collégiale en 1047 ; elle est placée alors sous l'invocation de sainte Gudule, vierge dont la piété triomphe du diable qui éteint sa lanterne lorsqu'elle se rend à ses dévotions.

Les premiers remparts s'élèvent au 12e s. Une nouvelle enceinte est construite de 1357 à 1379. Détruite sur ordre de Napoléon, elle est marquée de nos jours par la couronne de boulevards appelée Petite Ceinture. Des sept portes fortifiées, il ne reste que la porte de Hal, au Sud.

Durant tout le Moyen Âge, des conflits opposent artisans et bourgeois, mais la commune reste fidèle à son prince.

Au 15e s., sous l'impulsion de la bourgeoisie marchande et des ducs de Bourgogne, Bruxelles s'adonne aux arts. On y érige un magnifique hôtel de ville, orné de peintures de Rogier Van der Weyden (détruites en 1695).

Dès la fin du siècle, la tapisserie de Bruxelles produit des œuvres remarquables.

Les malheurs de la capitale des Pays-Bas

Au 16e s., la ville fête l'avènement de Charles Quint qui est couronné à Ste-Gudule en 1516. La gouvernante Marie de Hongrie s'installe en 1531 à Bruxelles qui remplace peu à peu Malines comme siège du gouvernement central des Pays-Bas. C'est au palais du Coudenberg que Charles Quint abdique en octobre 1555, transmettant à son fils Philippe II ses pouvoirs sur les Pays-Bas.

Sous Philippe II, Bruxelles est mêlée aux troubles religieux du 16e s. : ses bourgeois protestent par les armes contre le régime espagnol symbolisé par le duc d'Albe. En 1568, l'échafaud du **comte d'Egmont** et celui de son compagnon, le comte de Hornes, se dressent sur la Grand-Place. Egmont, capitaine général des Flandres, avait été condamné pour avoir soutenu le comte de Hornes et Guillaume de Nassau dans la révolte des Pays-Bas contre Philippe II.

En 1575, la ville, qui s'était affranchie de la tutelle espagnole, est reprise par Farnèse. En 1695 la guerre de la Ligue d'Augsbourg vaut à Bruxelles d'être assaillie par le maréchal français de Villeroi sur l'ordre de Louis XIV qui veut ainsi dégager Namur assiégée. Du centre de la ville, il ne reste que des ruines. Un grand effort de reconstruction est réalisé.

Après le passage du gouverneur Charles de Lorraine qui contribue à son embellissement, Bruxelles devient, sous la domination française, en 1795, chef-lieu du département de la Dyle. Elle reprend en 1815 son rôle de capitale qu'elle partage en alternance avec La Haye pendant 15 ans.

Une terre d'accueil

Bruxelles ne compte plus les célébrités françaises qu'elle a hébergées au 19e s. Le peintre Jacques-Louis David, proscrit en 1816, y passe les dix dernières années de sa vie. C'est le lieu de rassemblement des politiciens français s'opposant à Napoléon III : Barbès, Proudhon, Blanqui. Victor Hugo séjourne sur la Grand-Place en 1852 ; Baudelaire effectue là – sans succès – une série de conférences en 1864 ; c'est aussi tout près de la Grand-Place, en 1873, que Verlaine tire sur Rimbaud qui menaçait de l'abandonner ; il sera incarcéré à la prison de l'Amigo, puis à Mons.

La capitale de la Belgique

À la suite de la Révolution de 1830 marquée par les « **Journées de septembre** » à Bruxelles, les provinces belges sont séparées de la Hollande. Le pays devient indépendant ; c'est le royaume de Belgique avec pour capitale Bruxelles où le roi **Léopold Ier** fait son entrée solennelle le 21 juillet 1831 (depuis lors, le 21 juillet est le jour de la fête nationale).

À partir de 1830 et particulièrement à la fin du siècle, la ville prend un essor considérable. 1834 marque la fondation de son Université libre. C'est de la gare de l'Allée verte qu'a lieu, en 1835, la première liaison ferroviaire d'Europe (Bruxelles-Malines). En 1859 est érigée la colonne du Congrès commémorant le Congrès National qui promulgua la première Constitution belge.

Le roi-Bâtisseur

Sous l'impulsion du roi **Léopold II** (1865-1909) sont entrepris d'importants travaux qui renouvellent la physionomie de la capitale. À l'initiative d'Anspach, le Haussmann bruxellois, on trace les grands boulevards centraux. On aménage de nombreux parcs, dont celui de Laeken. On construit d'imposants monuments, notamment le palais du Cinquantenaire et son arcade, le musée de Tervuren, reliés entre eux par l'avenue de Tervuren, et la basilique de Koekelberg, achevée en 1970 et desservie par la grandiose avenue Léopold-II. Citons encore, parmi une multitude d'édifices : le musée d'Art ancien, la Bourse, le théâtre de la Monnaie, le palais de Justice. La façade du palais royal date de cette époque.

La rage urbanistique de l'après-guerre

De nombreuses maisons bruxelloises ont été laissées à l'abandon et des centaines d'autres détruites à des fins de spéculation. Un des exemples les plus retentissants de cette pratique fut la démolition de la très célèbre **Maison du Peuple** de Horta dans les années 1960. Même un concert de protestations internationales n'y fit rien. Certains quartiers populeux, dont le quartier Nord et le quartier de l'Europe, furent complètement rasés. Des constructions nouvelles, tout en hauteur, supplantèrent les anciennes. L'aménagement de la jonction ferroviaire souterraine entre les gares du Midi et du Nord (1911-1914 et 1935-1952) changea profondément l'aspect du quartier situé entre la ville haute et la ville basse. On y érigea de nombreux immeubles et des complexes de bureaux dont la Banque Nationale, de Marcel van Goethem, et la Cité administrative (Groupe Alpha, 1958-1984). La physionomie du Mont des Arts s'en trouva bouleversée. Sur le plateau du Heysel, les palais du Centenaire, datant de 1935 furent, construits pour l'Exposition universelle. 1958, année de la deuxième Exposition universelle tenue au Heysel, vit la construction de l'**Atomium** et le percement des tunnels de la **Petite Ceinture**. Depuis lors, une pléthore d'édifices ont contribué à la modernisation de la ville : l'immeuble de la BBL (1959) sur l'avenue Marnix, la Bibliothèque royale (1969), le centre européen du Berlaymont (1969) et le musée d'Art moderne (1973-1984). La faculté de médecine de l'Université catholique de Louvain est implantée à Woluwe-St-Lambert. Lucien Kroll y construit la multicolore **Mémé** (Maison médicale) et la station de métro Alma. À Watermael-Boitsfort, quelques immeubles de bureaux remarquables jalonnent la chaussée de La Hulpe et le boulevard du

Souverain : l'immeuble circulaire de Glaverbel (1963), le siège de la Royale Belge (1966-1967 et 1985) et le siège de la société CBR (1968-1970), caractérisé par sa façade ajourée.

Une nouvelle politique urbanistique

La mentalité change progressivement sur le plan urbanistique, notamment sous l'impulsion de nombreux comités de quartier et d'organisations comme l'ARAU (Atelier de Recherche et d'Action urbaines) et le Sint-Lukasarchief. À l'exception de l'îlot Sacré, le cœur historique de la ville aux abords de la Grand-Place, où de nombreuses maisons anciennes ont été conservées, plusieurs quartiers bruxellois ont été rénovés. De nombreux édifices ont par ailleurs été restaurés : la Monnaie, le Botanique, le Kaaitheater, les Halles de Schaerbeek, l'église Notre-Dame-de-la-Chapelle, l'église Ste-Marie, la cathédrale des Sts-Michel-et-Gudule, l'ancienne caserne des pompiers de la place du Jeu-de-Balle, les studios du Kaaitheater, l'Old England...

Ch. Bastin et J. Evrard

La Mémé de Lucien Kroll à Woluwe-St-Lambert.

Outre une série d'immeubles gigantesques dans le quartier Nord (complexe Baudouin, North Gate, etc.), le quartier de l'Europe (Parlement européen) et le quartier du Midi (terminal TGV), on relève aussi quelques beaux projets de moindre envergure, comme les complexes d'habitations et de commerces édifiés dans la rue de Laeken et la rue du Marché-au-Charbon.

découvrir

GRAND-PLACE***

La « gigantesque place » qu'admira Victor Hugo, le « riche théâtre » que célébra Jean Cocteau, est unique au monde. Il faut la voir aux heures matinales lors du marché aux fleurs ou la nuit lorsque les illuminations, soulignant ses dorures, lui donnent un relief étonnant. Depuis 1998, la Grand-Place est classée au patrimoine mondial de l'Unesco.

MAISONS DES CORPORATIONS

- **1-2** Le Roi d'Espagne
- **3** La Brouette
- **4** Le Sac
- **5** La Louve
- **6** Le Cornet
- **7** Le Renard
- **8** L'Étoile
- **9** Le Cygne
- **10** L'Arbre d'Or
- **11-12** La Rose et le Mont Thabor
- **13-19** Maison des Ducs de Brabant
- **20-23** Le Cerf, Joseph et Anne, l'Ange
- **24-25** La Chaloupe d'Or
- **26-27** Le Pigeon
- **28** La Chambrette de l'Amman
- **29-33** Maison du Roi
- **34-39** Le Heaume, Le Paon, Le Petit Renard et Le Chêne, Sainte Barbe, L'Âne

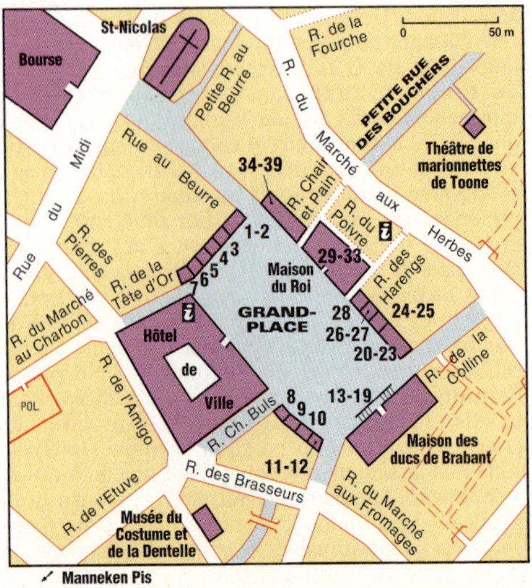

Les maisons des corporations

Bâties après la destruction de la ville par les Français en 1695 et restaurées au 19e s., elles entourent la Grand-Place de leurs belles façades baroques. En général, les trois ordres, ionique, dorique et corinthien, s'y superposent ; le tout est surmonté de pignons à volutes et décoré de sculptures, de motifs dorés et de pots à feu.
En faisant le tour de la place dans le sens contraire des aiguilles d'une montre, on voit :
1-2 Le Roi d'Espagne ou maison des Boulangers, surmontée d'un dôme et d'une girouette dorée, représentant la Renommée.
3 La Brouette, maison des Graissiers.
4 Le Sac, maison des Tonneliers et des Ébénistes.
5 La Louve, maison des Archers. Elle porte un groupe sculpté représentant Romulus et Remus allaités et, au second étage, les quatre statues de la Vérité, du Mensonge, de la Paix et de la Discorde.
6 Le Cornet, maison des Bateliers. Son pignon affecte la forme d'une poupe de frégate.
7 Le Renard, maison des Merciers. Au-dessus du rez-de-chaussée court une frise sculptée. Au sommet, statue de saint Nicolas.
8 L'Étoile. Sous l'arcade, le mémorial 't Serclaes, par Dillens, assurerait le bonheur à ceux qui y posent la main.
9 Le Cygne, maison des Bouchers.
10 L'Arbre d'Or, maison des Brasseurs occupée en partie par la Confédération des brasseries en Belgique. Elle est surmontée de la statue de Charles de Lorraine. Dans les caves est installé le **musée de la Brasserie** : reconstitution d'une brasserie du 17e s. avec les accessoires de préparation de la bière ; une toute nouvelle salle évoque les techniques ultramodernes du brassage. *10h-17h. Fermé 1er janv., 25 déc. 3€. ☎ 02 511 49 87.*
13 au 19 Maison des ducs de Brabant. Son imposante façade (1698) surmontée d'un beau fronton sculpté et d'un attique dans le style de l'Italien Palladio dissimule six maisons de corporations. Une rangée de bustes des ducs de Brabant orne les pilastres. Le n° 13 abrite le **musée du Cacao et du Chocolat**. *Tlj sf lun. (sf juil.-août) 10h-16h30. 5€. ☎ 02 514 20 48 ; www.mucc.be*
24-25 La Chaloupe d'Or, maison des Tailleurs.
26-27 Le Pigeon, maison des Peintres, où Victor Hugo séjourna en 1852.
28 La Chambrette de l'Amman. L'amman était un magistrat représentant le duc de Brabant.

Hôtel de ville

Avr.-sept. : visite accompagnée mar.-mer. 14h30, dim. 11h30 ; oct.-mars : mar.-mer. 14h30. Fermé 1er janv., 1er mai, 1er et 11 nov., 25 déc. 2,48€. ☎ 02 279 43 65.
De pur style gothique, il date des 13e et 15e s. Au début du 15e s., il ne comprenait que l'aile gauche et un beffroi, et avait pour entrée principale l'actuel escalier des Lions. Il fut agrandi de l'aile droite, légèrement plus courte. L'ensemble est dominé par une tour construite par Van Ruysbroeck, merveille d'élégance et de hardiesse (96 m), que surmonte un saint Michel de cuivre doré.
À l'intérieur, belles tapisseries de Bruxelles, en particulier celles de la salle Maximilienne.

Maison du Roi

Tlj sf lun. 10h-17h (w.-end 13h). Fermé 1er janv., 1er mai, 1er et 11 nov., 25 déc. 2,48€. ☎ 02 279 43 50.
Reconstruite au 19e s. d'après les plans de 1515, c'est l'ancienne halle au pain, puis maison du Duc où ne résida en fait aucun roi. Elle abrite le **musée de la Ville de Bruxelles**. Il renferme des œuvres d'art, des collections retraçant l'histoire de la ville ainsi que de nombreuses industries d'art bruxelloises.
Au rez-de-chaussée, parmi les peintures et retables des 15e et 16e s., on admire le paisible *Cortège de noces*, attribué à Pieter Bruegel l'Ancien, et le *Retable de Saluces*, chef-d'œuvre du début du 16e s. Parmi les tapisseries bruxelloises se distingue celle qui représente la légende de N.-D.-du-Sablon (1516-1518) d'après des cartons attribués à B. Van Orley. Les collections de porcelaines et d'argenterie constituent de beaux exemples d'art décoratif bruxellois. Remarquer dans la salle consacrée à la sculpture gothique les huit prophètes provenant du portail de l'hôtel de ville.
Au 1er étage, des tableaux, gravures, photos et autres objets, dont une maquette de Bruxelles au 13e s., illustrent la croissance de la ville et les transformations qu'elle a connues au cours des siècles.
Le 2e étage évoque l'histoire des Bruxellois, des origines à nos jours. La dernière salle contient des habits offerts au Manneken Pis.
Partir de la Grand-Place et prendre la rue de l'Étuve.

Manneken Pis

Le Manneken Pis, appelé aussi « Petit Julien », a été sculpté par Jérôme Duquesnoy l'Ancien en 1619 et alimentait le quartier en eau. Ce petit garçon potelé (manneken : petit bonhomme), dont le geste naturel s'accompagne d'une grâce charmante, symbolise la goguenardise et la verdeur brabançonnes. Pour sauvegarder la décence ou plutôt pour honorer le plus célèbre et « le plus ancien citoyen de Bruxelles », la coutume est de lui offrir un vêtement : depuis Louis XV, qui fit don d'un bel habit à la française, jusqu'à la Military Police, donatrice d'un uniforme, tous les pays ont participé à cette garde-robe qui occupe une salle du musée de la Ville de Bruxelles.

Carnet pratique

Transports

En avion – L'aéroport se trouve à Zaventem, à 12 km au Nord de Bruxelles. Il est relié au centre par une ligne de train : l'Airport City Express qui s'arrête à Bruxelles-Nord, Bruxelles-Centrale et Bruxelles-Midi. Durée du trajet : de 20 à 27mn. La ligne de bus nº 12 fonctionne entre l'aéroport et le centre de Bruxelles.

En train – Le Thalys (TGV) relie Paris (Gare du Nord) à Bruxelles (Bruxelles-Midi) en 1h25. *Info : ☎ 08 36 35 35 36 ou www.thalys.com*

Pour se déplacer en ville

En voiture – Lorsque l'on se rend à Bruxelles en voiture, la meilleure solution consiste à laisser la voiture dans un des nombreux parkings que compte la ville et de continuer son parcours à pied. En effet, les principales curiosités du centre sont assez proches les unes des autres.

En transports en commun – Un plan du réseau est distribué gratuitement aux guichets de la STIB, la société bruxelloise de transports en commun. La carte d'un jour permet d'utiliser (jour de l'oblitération) toutes les lignes du réseau urbain de la STIB de façon illimitée. On peut également opter pour un billet simple ou une carte de tram (5 ou 10 voyages). *Renseignements : ☎ 02 515 2000 ou www.stib.irisnet.be*

L'art dans le métro – Saviez-vous que le métro bruxellois est un véritable musée d'art moderne souterrain ? Pas moins de 40 stations de métro ont en effet été décorées par 54 artistes belges, dont certains sont célèbres, comme Alechinsky et Dotremont (station Anneessens), Pol Bury et Paul Delvaux (station Bourse), Folon (station Montgomery) et Somville (station Hankar). La brochure « L'Art dans le métro » de la STIB donne un aperçu de toutes les œuvres et des stations où elles sont exposées.

Visites

Visites guidées – **La Fonderie** *(r. de Ransfort 27, ☎ 02 410 99 50)* met l'accent sur le patrimoine industriel et social de Bruxelles et propose notamment une découverte du port de Bruxelles en bateau et une visite d'entreprises de la région bruxelloise en activité. **De Boeck Sightseeing Tours** *(r. de la Colline 8, ☎ 02 513 77 44)*, organise des visites guidées en autocar ; l'**ARAU** *(bd Adolphe Max 55, ☎ 02 219 33 45)* propose des circuits de découverte Art nouveau et Art déco ; **Arcadia** *(r. du Métal 58, ☎ 02 534 38 19)*, et **Itinéraires** *(r. de l'Hôtel des Monnaies 157, ☎ 02 539 04 34)* organisent des visites guidées à thème. Pendant l'été, le **BI-TC** *(Grand-Place, 1000 Bruxelles, ☎ 02 513 89 40)* organise des visites guidées pour particuliers ; **Pro Vélo** *(r. de Londres 15, ☎ 02 502 73 55)* propose des balades à vélo dans Bruxelles durant l'été.

Restauration

• *À bon compte*

Le Domaine de Lintillac – *R. de Flandre 25 – ☎ 02 511 51 23 – fermé dim., lun. – ⊄ – 13,36/26,38€.* C'est à une cuisine sillonnant l'Aquitaine que vous convie cette sage petite table postée entre le Vismet et la maison de la Bellone. Foies gras, canard confit, pommes sarladaises et vin de Bergerac à gogo… mais additions sans rondeurs !

La Porteuse d'Eau – *Av. Jean Volders 48a - 1060 St-Gilles – ☎ 02 537 66 46 – 13,70/30,25€.* Occasion de découvrir quelques plats traditionnels belges dans un décor Art nouveau, La Porteuse d'Eau a également de quoi étancher votre soif entre les repas puisque l'établissement fonctionne alors en mode « taverne ».

't Kelderke – *Grand-Place 15 – ☎ 02 513 73 44 – 8€ déj. – 22/34€.* Restaurant de la Grand-Place misant sur une appétissante carte à consonance belgo-bruxelloise avec, comme il se doit, l'indémodable « stoemp ». Le couvert est dressé dans une jolie petite cave (kelderke) voûtée, sous la maison des ducs de Brabant.

Stekerlapatte – *R. des Prêtres 4 – ☎ 02 512 86 81 – fermé midi, lun. – ⊄ – 23,67/39,04€.* Dans une ruelle du quartier des Marolles, accueillante adresse maniant un registre culinaire très couleur locale, à l'image de la salle de restaurant. L'ambiance y est souvent animée, l'assiette, toujours généreuse, et les additions, sans sel !

Yamayu Santatsu – *Chaussée d'Ixelles 141 – 1050 Ixelles – ☎ 02 513 53 12 – fermé 2 sem. en fév., 2 sem. en août, dim. midi, lun. – ⊄ – 11,40/32,23€.* Restaurant japonais authentique – donc fort courtisé par la communauté nippone – officiant de longue date dans ce quartier commerçant proche de l'avenue Louise. Décor intérieur sobre. Les sushis prennent forme au comptoir, presque sous vos yeux.

Mano à Mano – *R. St-Boniface 8 – 1050 Ixelles – ☎ 02 502 08 01 – fermé sam. et dim. midi – ⊄ – 16,73/28,01€.* Un petit « ristorante » qui casse la baraque, et pour cause : accueil souriant, recettes transalpines dans l'air du temps, vins reçus en direct de la Botte et « grappas » de derrière les fagots, le tout, à prix « plancher ». Il est donc prudent de réserver.

• *Valeur sûre*

La Belle Maraîchère – *Pl. Ste-Catherine 11 – ☎ 02 512 97 59 – fermé mer., jeu. – 31€ déj. – 27/46€.* L'une des valeurs sûres si l'on choisit de s'attabler autour de l'église Ste-Catherine. Ambiance au beau fixe, service avenant, savoureuses assiettes souvent gorgées d'iode et bons accords mets-vins. En prime, service voiturier bien huilé !

Aux Armes de Bruxelles – *R. des Bouchers 13 – ☎ 02 511 55 98 – arbrux@beon.be – fermé lun. – 23€ déj. – 29/45€.* Enseigne « inoxydable » à débusquer dans une rue de bouche très touristique, proximité de la Grand-Place oblige ! On y sert une cuisine classique valorisant les produits du Plat Pays. Trenet, Aznavour, Nougaro et bien d'autres ont signé le livre d'or.

La Clef des Champs – *R. Rollebeek 23 – ☎ 02 512 11 93 – fermé dim. soir, lun. – 29/36€.* Au cœur du quartier des Sablons,

Ch. Bastin – J. Evrard/MICHELIN

La rue des Bouchers.

sympathique affaire familiale à chérir pour sa goûteuse cuisine d'inspiration provençale, ses petits menus bien composés et la chaleur de l'accueil que l'on vous y réserve. Artiste à ses heures, le patron expose !

La Roue d'Or – *R. des Chapeliers 26 – ☎ 02 514 25 54 – 10€ déj. – 43/52€.* Estimé pour ses préparations franco-belges, cet ancien café voisin de la Grand-Place l'est tout autant pour son atmosphère surréaliste, restituée en salle par des fresques façon Magritte. Superbe table-montre au milieu de la pièce. Confort « bistrot ».

HÉBERGEMENT

Réservations – Vous pouvez réserver une chambre d'hôtel par l'intermédiaire du **BTR** (Belgian Tourist Reservations), bd Anspach 111, 1000 Bruxelles, ☎ 02 513 74 84.

• *À bon compte*

Les Bluets – *R. Berckmans 124 – ☎ 02 534 39 83 – 🚭 – 10 ch. : 37,18/44,62€ ☕.* Cette affaire familiale établie à proximité du quartier Louise est un point de chute tout simple où vous passerez des nuits sans histoire. Chambres bien tenues, mais quelquefois dépourvues de sanitaires. L'adresse est « non-fumeurs ».

La Légende – *R. du Lombard 35 – ☎ 02 512 82 90 – www.hotellalegende.com – 🚭 – 26 ch. : 70,65/97,92€ ☕.* Opportunément implanté entre la Grand-Place et la statue de l'impudique Manneken Pis, cet aimable hôtel vous invite à découvrir les légendes de l'Îlot sacré. Chambres commodes pour l'étape et agréable cour intérieure.

À la Grande Cloche – *Pl. Rouppe 10 – ☎ 02 512 61 40 – www.hotelgrandecloche.com – 🚭 – 37 ch. : 73€ ☕.* Non loin de la Grand-Place et à deux pas de l'une des meilleures tables de la capitale, hôtel avenant mettant à votre disposition des chambres avant tout pratiques. Les meilleures sont équipées de sanitaires complets. Parking public à proximité.

Lambeau – *Av. Lambeau 150 – 1200 Woluwe-St-Lambert – ☎ 02 732 51 70 – info@hotellambeau.com – 24 ch. : 71/78€ ☕.* Petit établissement reclus dans un quartier résidentiel jouxtant le square Vergote et le boulevard Brand Withlock, une voie très passante et bien desservie par le métro. Chambres actuelles d'ampleur assez restreinte. Ambiance gentiment familiale.

• *Valeur sûre*

Matignon – *R. de la Bourse 10 – ☎ 02 511 08 88 – 37 ch. : 85/102€ ☕ – restaurant 22€.* Hôtel familial regardant la Bourse et les vestiges d'un ancien couvent franciscain aménagé en petit musée. Chambres confortables. Taverne-restaurant agrandie, l'été, d'une terrasse sur rue.

• *Une petite folie !*

Atlas – *R. du Vieux-Marché-aux-Grains 30 – ☎ 02 502 60 06 – info@atlas.be – 83 ch. : 145/168€ ☕.* Cette ancienne maison de notable (18e s.) bordant une paisible petite place contiguë à la très en vogue rue Antoine Dansaert abrite un hôtel au décor intérieur sagement contemporain. La majorité des chambres profitent de la quiétude de la cour.

Le Dixseptième – *R. de la Madeleine 25 – ☎ 02 502 17 17 – info@ledixseptieme.be – 18 ch. : 170/240€ ☕.* Au voisinage de la Grand-Place et de la gare centrale, hôtel plein de charme mettant à profit l'ancienne résidence (17e s.) d'un ambassadeur d'Espagne. Spacieuses chambres personnalisées par du mobilier de divers styles.

Manos Stephanie – *Chaussée de Charleroi 28 – ☎ 02 539 02 50 – manos@manoshotel.com – 50 ch. : 234/259€ ☕.* Adorable hôtel particulier du 19e s. dont l'aménagement, inspiré des styles Louis XV et Louis XVI, témoigne d'un sens esthétique aiguisé. Chambres aussi fringantes que cossues et salle des petits déjeuners sous verrière. Accueil et service « nickel » !

Métropole – *Pl. de Brouckère 31 – ☎ 02 217 23 00 – info@metropolehotel.be – 296 ch. : 304/425€ ☕.* Palace somptueux inauguré en 1895 sur la trépidante place de Brouckère. Superbe hall néoclassique, bar d'esprit « club », café au décor exubérant, belle terrasse « quatre saisons », restaurant raffiné et chambres exquises. Au total : un lieu mythique !

PETITE PAUSE

Wittamer – *Pl. du Grand-Sablon 6, 12, 13 – ☎ 02 512 37 42 – www.wittamer.be – lun. 10h-18h, mar.-sam. 7h-19h, dim. 7h-18h30.* Ce pâtissier-chocolatier très smart tient boutique depuis 1910 au Grand-Sablon. Les gourmands s'installeront dans le salon de thé ou sur l'agréable terrasse procurant une belle échappée sur le quartier. Petite restauration au déjeuner.

L'hôtel Métropole.

Ch. Bastin – J. Evrard/MICHELIN

Planète Chocolat – *R. du Lombard 24 – ☎ 02 511 07 55 – planetchocolat@hotmail.com – 10h-18h30, dim. 16h-22h – fermé lun.* Cette enseigne mise sur orbite voici bientôt dix ans a désormais sa place dans la constellation des chocolatiers belges. Un must : le bouquet de plaques ! Démonstration tous les samedis après-midi. Possibilité de s'attabler pour une petite restauration délicieusement cacaotée.

La Bécasse – *R. Tabora 11 – ☎ 02 511 00 06 – 10h-1h.* Cadre rétro et grand choix de bières que l'on accompagnera volontiers de tartines au fromage blanc. Maupassant aurait été un client assidu de la Bécasse !

Le temps d'un verre

Bar Dessiné – *R. du Fossé-aux-Loups 47 – ☎ 02 219 28 28 – lun. 11h30-1h, mar.-jeu. 17h-1h, ven.-sam. 17h-2h, dim. 11h30-21h.* Le décor du piano-bar de l'hôtel Radisson SAS, magnifique, s'inspire des bandes dessinées belges (planches, originaux et sculptures). Nombreux cocktails et pas moins d'une centaine de whiskies.

L'Amadeus – *R. Veydt 13 – ☎ 02 538 34 27 – www.resto.be/amadeus – mar.-dim. 12h-2h – fermé de mi-juil. à fin août, lun.* Dans un ancien atelier d'artiste, bar à vins unique à Bruxelles avec son cadre Art nouveau, sa pénombre et sa carte originale. À voir absolument !

La Fleur en papier doré – *R. des Alexiens 53-55 – ☎ 02 511 16 59 – 11h-1h.* Rien n'a changé dans l'ex-temple des surréalistes belges qui reste fidèle à lui-même depuis plus d'un siècle. Vous trouverez accrochés aux murs tous les souvenirs qui ont fait l'histoire de la maison. Bon choix de gueuzes kriek et framboise.

Le Cirio – *R. de la Bourse 18 – ☎ 02 12 13 95 – 10h-1h.* Superbe brasserie 1900 au cadre kitsch et à la décoration éclectique. Grande terrasse très fréquentée par beau temps.

À la Mort Subite – *R. de la Montagne-aux-Herbes-Potagères 7 – ☎ 02 513 13 18 – 10h-3h, w.-end 12h-3h.* Le plus célèbre des cafés bruxellois propose, dans un décor Belle Époque et une ambiance conviviale, toutes sortes de bières : faro, gueuze, kriek. Clientèle cosmopolite.

Le café Le Cirio.

Ch. Bastin-J. Evrard/MICHELIN

Le Poechenellekelder – *R. du Chêne 5 – ☎ 02 511 92 62 – 11h-24h, ven.-sam. 11h-2h.* Les touristes se pressent dans ce café typiquement bruxellois voisin du Manneken Pis. Son nom néerlandais signifie « cave à polichinelles », mais vous l'aviez déjà compris à la vue de son décor. Bon choix de bières belges.

Le Roy d'Espagne – *Grand-Place 1 – ☎ 02 513 08 07 – www.roydespagne.be – 10h-1h.* Taverne de renom installée dans une maison du 17e s. bordant la Grand-Place et reconnaissable à son dôme. Intérieur vaste et chaleureux et terrasse dressée sur les pavés les plus battus de la capitale. Soirées musicales en fin de semaine dans la « bierkelder » (cave à bières).

Au Bon Vieux Temps – *R. du Marché-aux-Herbes 12 – ☎ 02 217 26 26 – à partir de 10h.* Charmant estaminet décoré dans le style du 17e s.

À l'Imaige de Nostre-Dame – *Impasse des Cadeaux 6 – ☎ 02 219 42 49 – à partir de 10h.* De belles boiseries et un service impeccable constituent les points forts de cet estaminet situé au cœur de la ville.

B. Roland/EUREKA SLIDE

Le café À la Mort Subite.

Sorties

LV la voix – *R. du Lombard 1 – ☎ 02 511 56 79 – lv-lavoix@hotmail.com – jeu.-lun. 20h-3h ; apéro-bar 16h30-19h – fermé mar., mer.* Établissement insolite proposant des dîners-spectacles et des animations musicales. Les chanteurs ne se produisent pas sur une scène, mais entre les tables, ce qui leur évite de devoir « élever la voix ».

Goupil le Fol – *R. de la Violette 22 – ☎ 02 511 13 96.* Un dédale de petites salles éclairées à la bougie, où la chanson française est reine. Spécialité : les vins de fruits !

Achats

Commerce – Le samedi, la **rue Neuve**, dans le bas de la ville, est « noire de monde ». Cette artère commerçante animée et piétonne réunit essentiellement des grands magasins (Inno, C & A) et des boutiques de prêt-à-porter. À l'une des extrémités de la rue, le centre commercial **City 2**, abrite de nombreuses boutiques de vêtements et une immense FNAC. La **rue Blaes** et la **rue Haute**, dans le quartier populaire des Marolles, comptent de nombreux brocanteurs. Les bibliophiles ne manqueront pour rien au monde une visite à la **galerie Bortier**. La **galerie Agora** réunit des boutiques de vêtements et d'accessoires à bon marché. Les superbes **galeries St-Hubert** abritent de nombreux magasins de vêtements haut de gamme et des librairies (Tropismes et la Librairie des Galeries possèdent un très bel intérieur). Les amateurs d'antiquités trouveront leur bonheur dans le riche **quartier du Sablon**. La **rue Dansaert** est un des hauts lieux de la mode branchée de la capitale. Les boutiques de vêtements de luxe et de haute couture sont installées principalement dans **l'avenue Louise**, **l'avenue de la Toison d'or**, le **boulevard de Waterloo** et la **rue de Namur**. La plupart des commerces sont ouverts de 9h (10h) à 18h (18h30).

Chocolatier Mary – *R. Royale 73 – ☎ 02 217 45 00 – www.marychoc.be – 9h30-18h – fermé dim.* Fondée en 1919, cette vénérable maison s'enorgueillit d'une renommée certaine, comme en témoignent son brevet de « Fournisseur de la Cour » et la visite d'un certain G.W. Bush. La spécialité de la maison ? Un chocolat noir délicat, proposé en cinq degrés d'amertume.

Dandoy – *R. au Beurre 31 – ☎ 02 511 03 26 – 8h-18h30, dim. 10h30-18h30 – fermé Noël et Nouvel An.* Biscuiterie incontournable du centre-ville, spécialiste du speculoos, douceur croquante offerte aux enfants à la St-Nicolas. Une tradition renforcée par le voisinage de l'église dédiée au patron des écoliers. Fabrication artisanale de macarons, de sablés et de « pains à la grecque ».

La Boutique de Tintin – *R. de la Colline 13 – ☎ 02 514 51 52 – www.tintin.com – 10h-18h, dim. 11h-17h – fermé Noël.* Dans une ruelle très animée de l'Îlot sacré, boutique entièrement dédiée au fils de Hergé. Collection complète des albums de Tintin et large éventail de produits dérivés à l'effigie du reporter du Petit Vingtième.

Spécialités – Sous la Bruxelles européenne et cosmopolite vit encore une ville qui a su préserver sa truculence et sa jovialité. On y trouve quelques vieilles spécialités traditionnelles, tels les **caricoles**, les **gaufres** ou les **speculoos**, mais aussi les **pralines**, les **pistolets** (petits pains), les **cramiques** et les **craquelins**. Pour se restaurer de façon plus consistante on goûtera les **tartines de fromage blanc,** et bien sûr les **moules-frites**. Et on arrosera le tout avec quelques verres de **gueuze**, de **lambic,** de **faro**, de **kriek** ou de bière **blanche.**

Le marché aux Fleurs sur la Grand-Place.

Ch. Bastin – J. Evrard/MICHELIN

Marchés – Un **marché de brocanteurs et d'antiquaires** se tient tous les samedis et dimanches matin au Grand Sablon. Signalons encore le **marché aux puces** (tous les matins, mais surtout le dimanche, place du Jeu-de-Balle), un **marché aux fleurs** (tous les matins à la Grand-Place), sans oublier le populaire **marché du Midi** (dimanche), près de la gare du Midi.

Loisirs, détente

Bruparck – *Bd du Centenaire 20 – ☎ 02 474 83 77 – www.bruparck.com.* À deux pas de l'Atomium, grand complexe de détente et de loisirs aux centres d'intérêt variés : gigantesque cinéma multiplexe, Mini-Europe (maquettes des principaux monuments européens), Océade (piscine et jeux aquatiques) et Village où se concentrent bars et restaurants.

Spectacles

Toone VII – *Petite rue des Bouchers-Impasse Schuddeveld 21 – ☎ 02 511 71 37.* Établissement populaire typiquement bruxellois abritant un petit théâtre de marionnettes. Spectacles en dialecte de la capitale, en français, néerlandais, anglais et allemand !

Opéra National – *Pl. de la Monnaie – ☎ 02 217 22 11 – www.lamonnaie.be.* Opéras, ballets modernes et musique classique.

Théâtre National de la Communauté française de Belgique – *Bd Anspach 85 – ☎ 02 203 53 03 – www.theatrenational.be – fermé juil.-sept., lun.* Le principal théâtre de Belgique. Répertoire francophone classique et contemporain.

Théâtre Royal des Galeries – *Galerie du Roi 32 – ☎ 02 513 39 60 – www.theatredesgaleries.be – en soirée, dim. en matinée – fermé juin-août, lun.* Répertoire classique et contemporain.

Théâtre Royal du Parc – *R. de la Loi 3 – ☎ 02 505 30 30 – www.theatreduparc.be – 11h-18h – fermé w.-end juin-août.* Répertoire de pièces classiques et mises en scène à grand spectacle.

Kaaitheater – *Pl. Sainctelette 20 – ☎ 02 201 59 59 – www.kaaitheater.be – mar.-ven. 11h-18h – fermé juil.* Musique classique et ballets modernes.

Calendrier

Chaque année, en juillet, lors de l'aristocratique cortège de l'**Ommegang**, les corporations sont à l'honneur ainsi que les serments (troupes armées) et les chambres de rhétorique. Ce défilé majestueux où flottent des centaines de drapeaux est une reconstitution de la cérémonie qui eut lieu en 1549, en présence de Charles Quint et de sa sœur Éléonore de Habsbourg, veuve de François Ier.
Les années paires, un **tapis de fleurs** couvre pendant quelques jours en août les pavés de la Grand-Place.

DES MAROLLES AU MONT DES ARTS EN PASSANT PAR LE SABLON★★

Entre la porte de Hal, l'église N.-D.-de-la-Chapelle et le palais de Justice, le quartier de Marolles était traditionnellement le berceau d'une population d'ouvriers et de laissés-pour-compte. Cependant, le « Marollien » authentique se fait de plus en plus rare : sa gouaille si pittoresque a presque déserté les rues et les cafés du quartier.

Partir de la Place du Jeu-de-Balle.

Place du Jeu-de-Balle

Sur cette grande place située au cœur du populaire **quartier des Marolles** se tient un **marché aux puces**.

S'engager dans la rue Blaes. Tourner à droite dans la rue des Capucins, puis prendre à gauche la rue Haute et à droite la rue de l'Épée. Là, prendre l'ascenseur qui rejoint la place Poelaert.

Place Poelaert

Au sommet du Galgenberg ou « mont de la Potence » (là, se trouvait le gibet de la ville), cette place est dominée par l'immense **palais de Justice**, conçu par Poelaert et réalisé entre 1866 et 1883. L'entrée principale se fait par un vaste péristyle ouvrant sur la grandiose salle des Pas perdus. De la terrasse, on découvre une vue étendue sur la ville basse et sur le quartier des Marolles, avec N.-D.-de-la-Chapelle. *Tlj sf w.-end 9h-15h. Fermé j. fériés. ☎ 02 508 65 78.*

Retourner à la rue Haute et poursuivre son chemin.

Ch. Bastin et J. Evrard

Église N.-D.-de-la-Chapelle.

Église N.-D.-de-la-Chapelle★

Tlj sf ven. 12h30-16h30. ☎ 02 513 53 48.

Si le transept (13e s.) est de style roman, la majeure partie de l'édifice présente les caractéristiques de l'art gothique brabançon ; on remarque en particulier à l'extérieur l'alignement des pignons latéraux et la tour-porche. Le peintre Pierre Bruegel l'Ancien fut inhumé dans cette église en 1569 ; son mémorial en marbre noir, surmonté d'une copie de Rubens, le *Christ remettant les clefs à saint Pierre*, se trouve dans la 4e chapelle du bas-côté droit. Ce qui frappe immédiatement le visiteur, c'est le contraste entre l'obscurité du transept et du chœur, et la clarté de la nef. Les colonnes de la nef centrale sont ornées de chapiteaux à feuilles de chou frisé et de statues d'apôtres, dont certaines sont attribuées à Lucas Fayd'herbe et à Jérôme Duquesnoy le Jeune. Le chœur néogothique est décoré de peintures de Charle-Albert, qui est aussi l'auteur des 9 vitraux. La chapelle du St-Sacrement, à gauche du chœur, abrite le monument funéraire en marbre des Spinola, datant de 1716. Dans la 5e chapelle du bas-côté droit, on observera un intéressant triptyque exécuté par Hendrik de Clerck en 1619 ; dans la 4e chapelle du collatéral gauche, belle **statue** en bois de sainte Marguerite d'Antioche (vers 1520).

Prendre la rue Joseph Stevens qui mène au Grand Sablon.

Place du Grand-Sablon★

Encadrée de façades anciennes, c'est la place élégante de Bruxelles avec ses magasins d'antiquaires, ses nombreux cafés et ses restaurants chic.

Église N.-D.-du-Sablon★

9h (w.-end 10h)-17h. Fermé aux visiteurs durant les offices. ☏ 02 511 57 41.
Ce bel édifice flamboyant était à l'origine la chapelle de la guilde des Arbalétriers. La légende raconte qu'en 1348 la pieuse Béatrice Soetkens, ayant vu en songe la statue d'une Vierge, l'apporta d'Anvers à Bruxelles dans une barque et en fit don aux arbalétriers. Devenu lieu de pèlerinage, le sanctuaire dut être agrandi vers 1400 et fut terminé vers 1550 par le portail principal. Le « sacrarium », petite construction très décorée destinée à abriter le saint sacrement, a été accolé à l'abside en 1549.

À l'**intérieur**, on admire le chœur très élancé : entre de hautes verrières s'allongent de fines colonnettes. La chaire date de 1697. Le croisillon Sud est orné d'une belle rosace. Les chapelles des bas-côtés communiquent entre elles à la manière brabançonne ; leurs arcatures possèdent, comme celles du chœur, des écoinçons historiés. Au-dessus de l'entrée se trouve la statue *N.-D.-à-l'Arbre*. Près du chœur se situe la **chapelle sépulcrale des Tour et Taxis** (ou Tassis), famille d'origine autrichienne qui fonda en 1516 la poste internationale. Le décor de marbre noir et blanc est l'œuvre de Lucas Fayd'herbe. Une statue de sainte Ursule, en marbre blanc, est due à Jérôme Duquesnoy le Jeune.

Traverser la rue de la Régence.

Place du Petit-Sablon★

Transformée en square, cette place est entourée de colonnes portant 48 charmantes statuettes en bronze représentant les métiers bruxellois. À l'intérieur du square se trouvent les statues des comtes d'Egmont et de Hornes par Fraikin et celles des grands humanistes du 16e s.

Au Sud-Est s'élève le **palais d'Egmont** ou d'Arenberg, où ont lieu les réceptions internationales.

Au Nord, dans la **rue des Six-Jeunes-Hommes**, de jolies maisons anciennes ont été restaurées.

Poursuivre la rue de la Régence. On passe devant le musée d'Art ancien (voir plus loin dans « visiter »).

Place Royale★

Au sommet du Coudenberg (montagne froide), cette place aux proportions élégantes, de style Louis XVI, fait partie du quartier réaménagé à la fin du 18e s. par Charles de Lorraine. Bâtie par les architectes français Guimard et Barré, la place est dominée par l'**église St-Jacques-sur-Coudenberg**.

Du centre où se dresse la statue de Godefroy de Bouillon, belle vue sur les jardins du Mont des Arts, la tour de l'hôtel de ville et sur le palais de Justice.

Prendre la rue Royale, puis immédiatement à droite.

Place des Palais

Vaste esplanade, elle est dominée par le **Palais royal** dont la façade à colonnade en arc de cercle fut construite sous Léopold II. Un drapeau, au sommet, signale la présence du souverain dans le pays. À l'intérieur, la **salle du Trône★**, de 1872, ornée de grands lustres, est somptueuse. *De fin juil. à déb. sept. : tlj sf lun. 10h30-16h30. Gratuit. ☏ 02 513 89 40 (Office de tourisme).*

À l'Est de la place, le **palais des Académies**, de 1823, est l'ancienne résidence du prince d'Orange.

À l'Ouest de la place, en contrebas de la rue Royale, se dissimule le **palais des Beaux-Arts**, édifié de 1922 à 1928 par Victor Horta, où se déroulent de nombreuses et importantes manifestations culturelles (expositions, concerts, théâtre). Il abrite en outre le **musée du Cinéma**. *17h30-22h30. 2€. ☏ 02 507 83 70.*

Vue du Mont des Arts.

Ch. Bastin – J. Evrard/MICHELIN

BRUXELLES CAPITALE

Traverser la place des Palais.

Parc de Bruxelles★

C'est l'ancien terrain de chasse des ducs de Brabant, qui fut transformé en jardin à la française au 18e s. par le Français Barnabé Guimard et l'Autrichien Joachim Zinner, et peuplé de statues dont la charmante *Fillette à la coquille* de A. de Tombay. *Revenir à la place Royale, puis descendre la rue en passant devant le musée des Instruments de Musique (voir plus loin dans « visiter »).*

Hôtel Ravenstein

Sur la rue Ravenstein, cet hôtel des 15e et 16e s. présente une façade flanquée d'une tourelle ainsi qu'une jolie cour intérieure.

Stockel (Chée de) . . . . . . DM 232
Veeweyde (R. de) . . . . . . AM 244
Vétérinaires (R. des) . . . . BM 247

ASSE

Pontbeeklaan (Zellik) . . . . . AK 197
Zuiderlaan (Zellik) . . . . AL 264

GRIMBERGEN

Antwerpselaan (Strombeek-Bever) . . . . . BK 9

KRAAINEM

Wezembeeklaan . . . . DM 259

VILVOORDE

Parkstraat . . . . CDK 192
Stationlei . . . . CDK 231
Vuurkruisenlaan . . . . CK 252

ZAVENTEM

Hector-Henneaulaan . . . . . DL 115

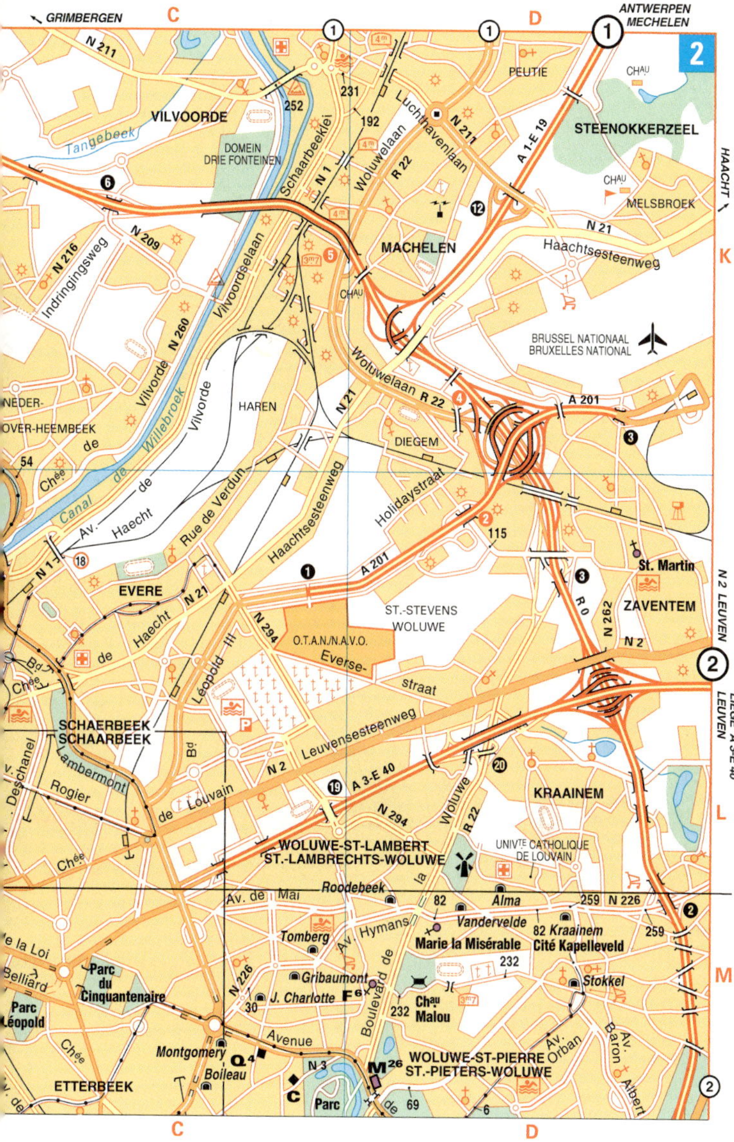

Église St-Lambert . . . . DM F6
Musée Magritte . . . . BL M22
Musée du Tram bruxellois . . . . DM M26
Palais Stoclet . . . . CM Q4
Serres royales . . . . BK R

Palais des Congrès

S'élevant de l'autre côté de la rue Ravenstein, il abrite dans une aile le **palais de la Dynastie**. Au-dessus de l'arcade : horloge à jaquemart représentant des personnages historiques et folkloriques.

Du sommet du jardin, belle vue sur la flèche de l'hôtel de ville précédée d'une rangée de maisons reconstruites dans le style flamand.

Descendre le Mont des Arts, traverser la place de l'Albertine, et prendre la rue de la Madeleine.

Galerie Bortier

Construit d'après les plans de l'architecte Jean-Pierre Cluysenaar, ce passage couvert (1848) au décor inspiré de la Renaissance est le royaume des bouquinistes.

BRUXELLES CAPITALE

Alfred-Madoux (Av.) . . . **DMN** 6
Altitude Cent (Pl. de l') . . . . **BN** 7
Broqueville (Av. de) . . . . . **CM** 30
Charleroi (Chée de) . . . . . **BM** 34
Charroi (R. du) . . . . **ABN** 36
Delleur (Av.) . . . . **CN** 57
Échevinage (Av. de l') . . . . **BN** 67
Edith-Cavell (R.) . . . . **BN** 68
Edmond-Parmentier (Av.) . . . . **DM** 69
Émile-Vandervelde (Av.) . . . . **DM** 82
Eugène-Flagey (Pl.) . . . . . **BN** 88
Fonsny (Av.) . . . . **BMN** 94
Foresterie (Av. de la) . . . . **CN** 96
France (R. de) . . . . **BM** 100
Frans-van-Kalken (Av.) . . . . **AN** 103
Gén.-Jacques (Bd) . . . . **CN** 109
Houzeau (Av.) . . . . **BN** 123
Louis-Schmidt (Bd) . . . . . **CN** 161
Mérode (R. de) . . . . **BN** 174
Paepsem (Bd) . . . . **AN** 186
Parc (Av. du) . . . . **BN** 190
Plaine (Bd de la) . . . . **CN** 196
Prince-de-Liège (Bd) . . . . **AM** 202
Stockel (Chée de) . . . . . . **DM** 232

Abbaye de la Cambre . . . . **CN** A[1]
Ancienne abbaye de Forest . . . . **ABN** A[2]
Bibliotheca Wittockiana . . . . **CM** C
Collégiale des Sts-Pierre-et-Guidon . . . . **AM** D
Cornet (le) . . . . **BN** E[2]
Église N.-D.-des-Affligés . . . . **BN** F[2]
Église orthodoxe russe . . . . **BN** F[4]
Église St-Lambert . . . . **DM** F[6]

BOURSE, MONNAIE ET CATHÉDRALE★★ *visite : 1/2 journée*

Partir de la place de la Bourse.

Bourse

Cette imposante construction (1868-1873), qui rappelle l'Opéra de Paris de Charles Garnier, a été construite par Léon Suys. L'inspiration est classique bien que sa simplicité soit vaincue par une abondance décorative. Plusieurs artistes ont collaboré au programme sculpté, dont Auguste Rodin.

Tervuren (Chée de) . . . . . . DN 235
Théodore-Verhaegen (R.) . . . . BN 237
Triomphe (Bd du) . . . . CN 240
Veeweyde (R. de) . . . . . . AM 244
Vétérinaires (R. des) . . . . BM 247
Vleurgat (Chée de) . . . . . . BN 250
Wielemans-Ceuppens (Av.) . . . . BN 261
2e-Rég.-de-Lanciers (Av. du) . . . . CN 265

BEERSEL

Lotsestr. . . . . AP 159
Schoolstraat . . . . AP 229

DROGENBOS

Verlengde Stallestr. . . . . ABN 246

KRAAINEM

Wezembeeklaan . . . . DM 259

LOT

Zennestraat . . . . AP 262

ST-GENESIUS-RODE

Bevrijdingslaan . . . . BP 20
Zonienwoudlaan . . . . CP 263

Hôtel Hannon . . . . BN I1
Musée Constantin Meunier . . . . BN M13
Musée des Enfants . . . . CN M17
Musée du Tram bruxellois . . . . DM M26
Musée Felix De Boeck . . . . AN M18
Musée Horta . . . . BN M20
Musée Van Buuren . . . . BN M6
Palais Stoclet . . . . CM Q4
Université Libre de Bruxelles . . . . CN U

Derrière la Bourse, dans la rue au Beurre, se dresse la petite **église St-Nicolas**, contre laquelle se pressent de vieilles demeures. À l'intérieur, le chœur est désaxé par rapport à la nef, et l'on remarque une toile attribuée à Rubens, *La Vierge et l'Enfant endormi. 7h30-18h30, sam. 9h-18h, dim. 9h-19h30. ☎ 02 513 80 22.*

Gagner la Grand-Place (voir dans « découvrir »). S'engager dans la rue Chair-et-Pain qui mène à la Petite rue des Bouchers.

BRUXELLES BRUSSEL

Baudouin (Bd) .... EQ 16
Bienfaiteurs (Pl. des) .... GQ 21
Brabançonne (Av. de la) .. GR 28
Édouard-de-Thibault (Av.) . HS 72
Europe (Esplanade de l') .. ES 89
Frans-Courtens (Av.) ..... HQ 102
Frère-Orban (Sq.) .... FR 104
Froissart (R.) .... GS 106
Gén.-Eisenhower (Av.) .... GQ 108
Hal (Porte de) .... ES 114
Henri-Jaspar (Av.) .... ES 117
Herbert-Hoover (Av.) ..... HR 118
Industrie (Quai de l') ..... ER 126
Jan-Stobbaerts (Av.) ..... GQ 133
Jardin Botanique (Bd du) . FQ 134
Jean-Jacobs (Pl.) .... ES 135
Jean-Volders (Av.) ...... EST 138

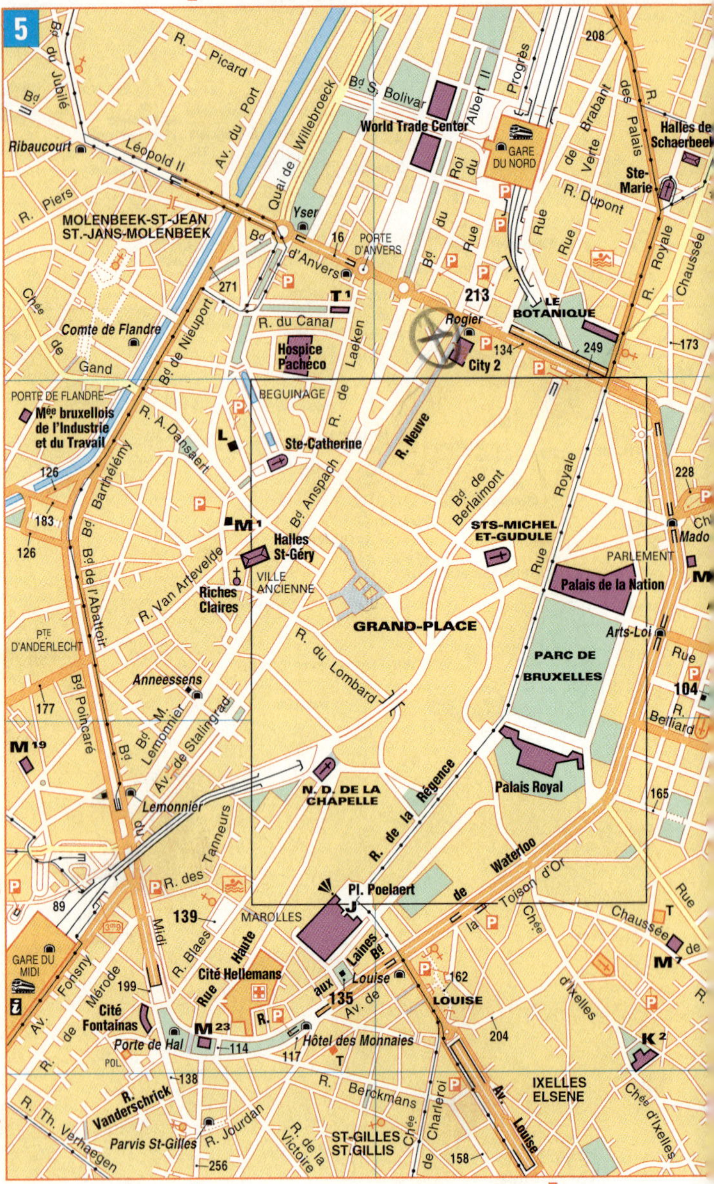

Maison Cauchie .... HS K¹
Maison communale d'Ixelles .... FS K²
Maison de la Bellone .... ER L
Album, le musée de la Publicité .... ER M¹
Musée Autoworld .... HS M³
Musée Camille Lemonier (Maison des Écrivains) .... FS M⁷
Musée Charlier .... FR M⁹
Musée du Cinquantenaire .... GHS M¹¹

Petite rue des Bouchers★

Dans cette ruelle bordée de restaurants touristiques siège le célèbre **théâtre de marionnettes de Toone**. *Séances ven.-sam. 20h30, pour les autres jours, se renseigner (☎ 02 217 04 64). Fermé dim., 1er janv., lun. de Pâques et de Pentecôte, 25 déc.*

Prendre à droite la rue des Bouchers.

Jeu de Balle (Pl. du) . . . . . ES 139
Livourne (R. de) . . . . FT 158
Louise (Galerie) . . . . FS 162
Luxembourg (R. du) . . . . . FS 165
Marie-Louise (Sq.) . . . . . . GR 171
Méridien (R. du) . . . . FQ 173
Midi (Bd du) . . . . ES
Mons (Chée de) . . . . ER 177
Nerviens (Av. des) . . . . . . GS 181
Ninove (Chée de) . . . . ER 183
Palmerston (Av.) . . . . GR 187
Porte de Hal (Av. de la) . . . ES 199
Prince Royal (R. du) . . . . . FS 204
Reine (Av. de la) . . . . FQ 208
Rogier (Pl. Charles) . . . . . . FQ 213
Roi Vainqueur (Pl. du) . . . . HS 216
Saint-Antoine (Pl.) . . . . GT 220
Scailquin (R.) . . . . FR 228
Victoria-Regina (Av.) . . . . . FQ 249
Waterloo (Chée de) . . . . . . ET 256
9e-de-Ligne (Bd du) . . . . . EQ 271

Musée communal d'Ixelles . . . . GT M12
Musée de la Gueuze-Brasserie Cantillon . . ES M19
Musée de la Porte de Hal . . . . ES M23
Musée royal de l'Armée
et de l'Histoire militaire . . . . HS M25
Musée Wiertz . . . . GS M27
Museum
des Sciences Naturelles . . . . GS M29
Palais de Justice . . . . ES J
Théâtre flamand . . . . EQ T1

Galeries St-Hubert★★

Au début de la rue de la Montagne, l'architecte Cluysenaar construisit en 1846 une élégante façade classique animée de pilastres. La partie centrale est décorée de sculptures et de la devise « Omnibus omnia » (tout pour tous). La **galerie du Roi** et la **galerie de la Reine**, avec leur élévation classique sur trois niveaux, sont couvertes d'une voûte de verre en plein cintre tendue sur une fine armature métallique.

BRUXELLES
BRUSSEL

Adolphe-Max (Bd) . . . . JY 3
Albertine (Pl. de l') . . . . . . KZ 4
Anspach (Bd) . . . . JY
Assaut (R. d') . . . . KY 10
Baudet (R.) . . . . KZ 15
Beurre (R. au) . . . . JY 19
Bortier (Galerie) . . . . JKZ 23
Bouchers
(Petite rue des) . . . . JY 24
Bouchers (R. des) . . . . JY 25
Bourse (Pl. de la) . . . . JY 27
Briques (Quai aux) . . . . JY 29
Chêne (R. du) . . . . JZ 39
Colonies (R. des) . . . . KY 43
Comédiens (R. des) . . . . . KY 45
Commerce (R. du) . . . . . . KZ 46
Croix de Fer (R. de la) . . . . KY 52
Duquesnoy (R.) . . . . JZ 66
Ernest-Allard (R.) . . . . JZ 86
Étuve (R. de l') . . . . JZ 87
Europe (Carr. de l') . . . . . . KY 90
Fossé aux Loups
(R. du) . . . . JKY 99
Fripiers (R. des) . . . . JY 105
Grand Sablon (Pl. du) . . . . KZ 112
Impératrice (Bd de l') . . . . KY 124
Ixelles (Chée d') . . . . KZ 129
Laeken (R. de) . . . . JY 151
Lebeau (R.) . . . . JZ 152
Louvain (R. de) . . . . KY 163
Marché aux Herbes
(R. du) . . . . JY 168
Marché aux Poulets
(R. du) . . . . JY 169
Mercier (R. du Card.) . . . . KY 172
Midi (R. du) . . . . JYZ
Montagne (R. de la) . . . . . KY 178
Musée (Pl. du) . . . . KZ 179
Neuve (R.) . . . . JKY
Nord (Passage du) . . . . . . JY 182
Petit Sablon (Pl. du) . . . . . KZ 195
Presse (R. de la) . . . . KY 201
Princes (Galeries des) . . . JKY 205
Ravenstein (R.) . . . . KZ 207
Reine (Galerie de la) . . . . . JY 210
Roi (Galerie du) . . . . KY 214
Rollebeek (R. de) . . . . JZ 217
Ruysbroeck (R. de) . . . . . . KZ 219
Sainte-Catherine
(Pl.) . . . . JY 221
Sainte-Gudule
(Pl.) . . . . KY 222
Toison d'Or (Av. de la) . . . . KZ 238
Trône (R. du) . . . . KZ 241
Ursulines (R. des) . . . . JZ 243
Waterloo (Bd de) . . . . KZ 255
6-Jeunes Hommes
(R. des) . . . . KZ 268

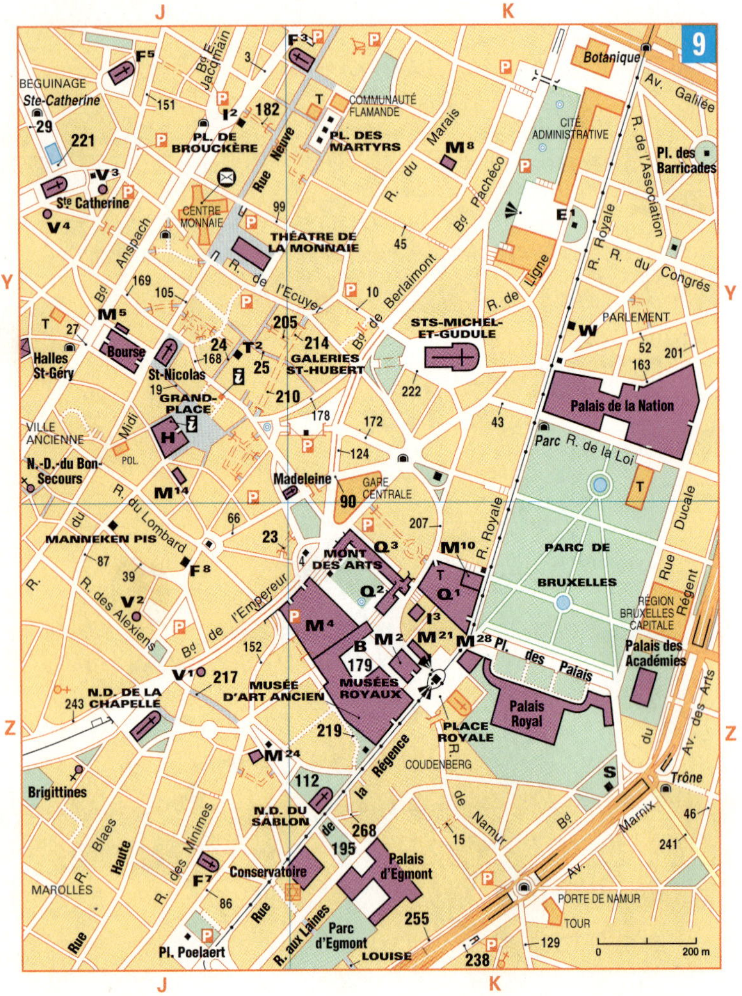

Appartements de Charles de Lorraine . . . . KZ B
Colonne du Congrès . . . . KY E1
Église N.-D.-du-Finistère . . . . KY F3
Église St-Jean-Baptiste-au-Béguinage . . . . JY F5
Église Sts-Jean-et-Étienne-aux-Minimes . . . JZ F7
Fondation internationale
Jacques Brel . . . . JZ F8
Hôtel de Ville . . . . JY H
Hôtel Métropole . . . . JY I2
Hôtel Ravenstein . . . . KZ I3
Musée d'Art moderne . . . . KZ M2
Musée Bibliothèque royale
de Belgique . . . . KZ M4
Musée Bruxella 1238 . . . . JY M5
Musée Centre belge
de la bande dessinée . . . . KY M8
Musée du Cinéma . . . . KZ M10
Musée du Costume et de la Dentelle . . . . . JY M14
Musée des Instruments
de Musique (Old England) . . . . KZ M21
Musée des Postes
et des Télécommunications . . . . JZ M24
Musées Bellevue . . . . KZ M28
Palais des Beaux-Arts . . . . KZ Q1
Palais des Congrès . . . . KZ Q2
Palais de la Dynastie . . . . KZ Q3
Statue équestre de Léopold II . . . . KZ S
Théâtre de marionnettes de Toone . . . . JY T2
Tour Anneessens . . . . JZ V1
Tour de Villers . . . . JZ V2
Tour Noire . . . . JY V3
Tour de l'ancienne église
Ste-Catherine . . . . JY V4
Vitrine de P. Hankar . . . . KY W

RÉPERTOIRE DES RUES ET SITES DE BRUXELLES

Abattoir (Bd de l')	5	ER	
Adolphe Max (Bd)	9	JY	3
Albertine (Pl. de l')	9	KZ	4
Alexiens (R. des)	9	JZ	
Alfred Madoux (Av.)	4	DMN	6
Alsemberg (Chaussée d')	3	BNP	
Altitude Cent (Pl. de l')	3	BN	7
Ambiorix (Square)	6	GR	
Anspach (Bd)	9	JY	
Antoine Dansaert (R.)	5	ER	
Anvers (Bd d')	5	EQ	
Artan (R.)	6	GQ	
Artevelde (R. van)	5	ER	
Arts (Av. des)	9	KZ	
Assaut (R. d')	9	KY	10
Association (R. de l')	9	KY	
Auderghem (Av. d')	6	GS	
Auguste Reyers (Bd)	6	HQR	
Azalées (Av. des)	6	GQ	
Baron Albert d'Huart (Av.)	4	DMN	
Barricades (Pl. des)	9	KY	
Barthélémy (Bd)	5	ER	
Baudet (R. du)	9	KZ	15
Baudouin (Bd)	5	EQ	16
Belliard (R.)	6	GS	
Berckmans (R.)	5	EFT	
Berlaimont (Bd de)	9	KY	
Beurre (R. au)	9	JY	19
Bienfaiteurs (Pl. des)	6	GQ	21
Blaes (R.)	5	ES	
Bolivar (Bd Simon)	5	EFQ	
Bortier (Galerie)	9	JKZ	23
Bouchers (Petite rue des)	9	JY	24
Bouchers (R. des)	9	JY	25
Bourse (Pl. de la)	9	JY	27
Brabançonne (Av. de la)	6	GR	28
Brabant (R. de)	5	FQ	
Brand Whitlock (Bd)	6	HRS	
Briques (Quai aux)	9	JY	29
Broqueville (Av. de)	2	CM	30
Brouckère (Pl. de)	9	JY	
Brugmann (Av)	3	BN	
Canal (R. du)	5	EQ	
Celtes (Av. de)s	6	HS	
Cerisiers (Av. des)	6	HR	
Charleroi (Chaussée de)	3	BM	34
Charles Quint (Av.)	1	AL	
Charles Woeste (Av.)	1	BL	
Charroi (R. du)	3	ABN	36
Chasse (Av. de la)	6	HS	
Chazal (Av.)	6	GQ	
Chêne (R. du)	9	JZ	39
Clays (Av.)	6	GQ	
Colonel Bremer (Pl.)	6	GQ	
Colonies (R. des)	9	KY	43
Comédiens (R. des)	9	KY	45
Commerce (R. du)	9	KZ	46
Congrès (R. du)	9	KY	
Cornet (R. du)	6	GS	
Cortenbergh (Av. de)	6	GHR	
Croix de Fèr (R. de la)	9	KY	52
Croix du Feu (Av. des)	1	BCK	54
Dailly (Av.)	6	GQ	
Dailly (Pl.)	6	GR	
Delleur (Av.)	4	CN	57
Démosthène Poplimont (Av.)	1	BL	58
Diamant (Av. du)	6	HR	
Dolez (Av.)	3	BN	
Ducale (R.)	9	KYZ	
Duquesnoy (R.)	9	JZ	66
Échevinage (Av. de l')	3	BN	67
Écuyer (R. de l')	9	JKY	
Édith Cavell (R.)	3	BN	68
Edmond Mesens (Av.)	6	HT	
Edmond Parmentier (Av.)	2	DM	69
Édouard de Thibault (Av.)	6	HS	72
Eloy (R.)	1	BM	
Émile Bockstael (Bd)	1	BL	75
Émile Bossaert (Av.)	1	ABL	76
Émile Jacqmain (Bd)	9	JY	
Émile Vandervelde (Av.)	2	DM	82
Empereur (Bd de l')	9	JZ	
Ernest Allard (R.)	9	JZ	86
Étuve (R. de l')	9	JZ	87
Eugène Flagey (Pl.)	3	BN	88
Eugène Plasky (Av.)	6	HR	
Europe (Carr. de l')	9	KY	90
Europe (Esplanade de l')	5	ES	89
Exposition (Av. de l')	1	AKL	
Fonsny (Av.)	3	BMN	94
Foresterie (Av. de la)	4	CN	96
Fossé aux Loups (R. du)	9	JKY	99
France (R. de)	1	BM	100
Franklin Roosevelt (Av.)	4	CN	
Frans Courtens (Av.)	6	HQ	102
Frans van Kalken (Av.)	3	AN	103
Fré (Av. de)	3	BN	
Frère Orban (Square)	5	FR	104
Fripiers (R. des)	9	JY	105
Froissart (R.)	6	GS	106
Galilée (Av.)	9	KY	
Gand (Chaussée de)	1	ABL	
Général Eisenhower (Av.)	6	GQ	108
Général Jacques (Bd)	4	CN	109
Général Wahis (Bd)	6	HQ	
Genève (R. de)	6	HQ	
Goffart (R.)	6	FGS	
Grand-Place	9	JY	
Grand Sablon (Pl. du)	9	KZ	112
Gray (R.)	6	GST	
Haecht (Chaussée de)	2	CLDK	
Hal (Porte de)	5	ES	114
Haute (R.)	5	ES	
Henri Chomé (R.)	6	HQ	
Henri Jaspar (Av.)	5	ES	117
Henry Dunant (Av.)	6	HQ	
Herbert Hoover (Av.)	6	HR	118
Hospices (Av. des)	3	BP	
Houba de Strooper (Av.)	1	BK	121
Houzeau (Av.)	3	BN	123
Hulpe (Chaussée de la)	4	CN	
Impératrice (Bd de l')	9	KY	124
Industrie (Quai de l')	5	ER	126
Industriel (Bd)	3	AN	
Itterbeek (Av. d')	1	AM	
Ixelles (Chaussée d')	5	FST	
Jacques Sermon (Av.)	1	BL	130
Jan Stobbaerts (Av.)	6	GQ	133
Jardin Botanique (Bd du)	5	FQ	134
Jean Jacobs (Pl.)	5	ES	135
Jean Sobieski (Av.)	1	BKL	136
Jean Volders (Av.)	5	EST	138
Jeu de Balle (Pl. du)	5	ES	139
Joseph II (R.)	6	FGR	
Jourdan (R.)	5	ET	
Jubilé (Bd du)	5	EQ	
Jules van Praet (Av.)	1	BKL	144
Kasterlinden (R.)	1	AL	
Laeken (R. de)	5	EQR	
Laines (R. aux)	9	JKZ	
Lambermont (Bd)	2	CL	
Lebeau (R.)	9	JZ	152
Léopold II (Bd)	5	EQ	
Léopold III (Bd)	2	CL	
Ligne (R. de)	9	KY	
Linthout (R. de)	6	HRS	
Livourne (R. de)	5	FT	158
Loi (R. de la)	6	FRGS	
Lombard (R. du)	9	JYZ	
Lorraine (Drève de)	4	CN	
Louis Bertrand (Av.)	6	GQ	
Louis Hap (R.)	6	GHS	
Louis Mettewie (Bd)	1	ALM	
Louis Schmidt (Bd)	4	CN	161
Louise (Av.)	3	BMN	
Louise (Galerie)	5	FS	162
Louvain (Chaussée de)	6	GRHQ	
Louvain (R. de)	9	KY	163
Luxembourg (R. du)	5	FS	165
Madrid (Av. de)	1	BK	166
Mai (Av. de)	2	CM	
Malibran (R.)	6	GT	
Marais (R. du)	9	KY	
Marché aux Herbes (R. du)	9	JY	168
Marché aux Poulets (R. du)	9	JY	169
Marie-Louise (Square)	6	GR	171
Marnix (Av.)	9	KZ	
Martyrs (Pl. des)	9	KY	
Maurice Lemonnier (Bd)	5	ERS	
Mercier (R. du Cardinal)	9	KY	172
Méridien (R. du)	5	FQ	173
Mérode (R. de)	3	BN	174
Meysse (Av. de)	1	BK	175
Midi (Bd du)	5	ES	
Midi (R. du)	9	JYZ	
Minimes (R. des)	9	JZ	
Mons (Chaussée de)	3	ANBM	
Mont Saint-Jean (Route de)	4	DN	
Montagne (R. de la)	9	KY	178
Montgomery (Square Maréchal)	6	HS	
Musée (Pl. du)	9	KZ	179
Namur (R. de)	9	KZ	
Neerstalle (Chaussée de)	3	ABN	
Nerviens (Av. des)	6	GS	181
Neuve (R.)	9	JKY	
Nieuport (Bd de)	5	EQ	

Ninove (Chaussée de)	1	AM	
Nord (Passage du)	9	JY	182
Orban (Av.)	2	DM	
Orient (R. de l')	6	GS	
Pachéco (Bd)	9	KY	
Paepsem (Bd)	3	AN	186
Palais (Pl. des)	9	KZ	
Palais (R. des)	5	FQ	
Palmerston (Av.)	6	GR	187
Parc (Av. du)	3	BN	190
Parc Royal (Av. du)	1	BL	
Patriotes (R. des)	6	GHR	
Paul Deschanel (Av.)	6	GQ	
Paul Hymans (Av.)	2	CDM	
Pavie (R. de)	6	GR	
Petit Sablon (Pl. du)	9	KZ	195
Philippe Baucq (R.)	6	GT	
Picard (R.)	5	EQ	
Piers (R.)	5	EQ	
Pittoresque (Drève)	3	BP	
Plaine (Bd de la)	4	CN	196
Poelaert (Pl.)	9	JZ	
Poincaré (Bd)	5	ERS	
Port (Av. du)	5	EQ	
Porte de Hal (Av. de la)	5	ES	199
Presse (R. de la)	9	KY	201
Prince de Liège (Bd)	1	AM	202
Prince Royal (R. du)	5	FS	204
Princes (Galeries des)	9	JKY	205
Progrès (R. du)	5	FQ	
Ravenstein (R.)	9	KZ	207
Régence (R. de la)	9	JKZ	
Régent (Bd du)	9	KZ	
Reine (Av. de la)	1	BL	
Reine (Galerie de la)	9	JY	210
Renaissance (Av. de la)	6	GHR	
Robiniers (Av. des)	1	BL	211
Rogier (Av.)	6	GHQ	
Rogier (Pl. Charles)	5	FQ	213
Roi (Galerie du)	9	KY	214
Roi Albert (Av. du)	1	AL	
Roi Albert II (Bd du)	5	FQ	
Roi Vainqueur (Pl. du)	6	HS	216
Rollebeek (R. de)	9	JZ	217
Romaine (Chaussée)	1	BK	
Roodebeek (Av. de)	6	HR	
Royale (Pl.)	9	KZ	
Royale (R.)	9	KYZ	
Ruysbroeck (R. de)	9	KZ	219
Saint-Antoine (Pl.)	6	GT	220
Saint-Hubert (Drève de)	4	CP	
Saint-Hubert (Galeries)	9	JKY	
Saint-Job (Chaussée de)	3	BN	
Saint-Michel (Bd)	6	HS	
Sainte-Catherine (Pl.)	9	JY	221
Sainte-Gudule (Pl.)	9	KY	222
Scailquin (R.)	5	FR	228
Sceptre (R. du)	6	GS	
Smet de Naeyer (Bd de)	1	BL	
Souverain (Bd du)	4	CDN	
Stalingrad (Av. de)	5	ERS	
Stalle (R. de)	3	BN	
Stockel (Chaussée de)	2	DM	232
Tanneurs (R. des)	5	ES	
Tervueren (Av. de)	4	CMDN	
Tervueren (Chaussée de)	4	DN	235
Théodore Verhaegen (R.)	5	ET	
Toison d'Or (Av. de la)	9	KZ	238
Trèves (R. de)	6	GS	
Triomphe (Bd du)	4	CN	240
Trône (R. du)	6	FGS	
Ursulines (R. des)	9	JZ	243
Vanderschrick (R.)	5	ET	
Veeweyde (R. de)	1	AM	244
Verdun (R. de)	2	CL	
Vergote (Square)	6	HR	
Verte (Allée)	1	BL	
Verte (R.)	5	FQ	
Vétérinaires (R. des)	1	BM	247
Victoire (R. de la)	5	ET	
Victor Rousseau (Av.)	3	BN	
Victoria Régina (Av.)	5	FQ	249
Vilvorde (Av. de)	2	CKL	
Vilvorde (Chaussée de)	2	BLCK	
Vleurgat (Chaussée de)	3	BN	250
Wand (R. de)	1	BK	
Waterloo (Bd de)	5	FS	
Waterloo (Chaussée de)	4	BNCP	
Wavre (Chaussée de)	4	CMDN	
Wielemans-Ceuppens (Av.)	3	BN	261
Willebroek (Quai de)	5	EQ	
Winston Churchill (Av.)	3	BN	
Woluwe (Bd de la)	2	DLM	
2ème Régiment de Lanciers (Av. du)	4	CN	265
6 Jeunes Hommes (R. des)	9	KZ	268
9ème de Ligne (Bd du)	5	EQ	271

ENVIRONS

ASSE

Brusselse Steenweg (Zellik)	1	AL	
Pontbeeklaan (Zellik)	1	AK	197
Zuiderlaan (Zellik)	1	AL	264

BEERSEL

Alsembergsesteenweg	3	BP	
Grote Baan	3	ABP	
Joz.-Huysmanslaan (Lot)	3	AP	
Lotsestr.	3	AP	159
Sanatoriumstr. (Alsemberg)	3	ABP	
Schoolstr.	3	AP	229
Zennestr. (Lot)	3	AP	262

DROGENBOS

Grote Baan	3	ABN	
Verlengde Stallestr.	3	ABN	246

GRIMBERGEN

Antwerpselaan (Strombeek-Bever)	1	BK	9
Boechoutlaan (Strombeek-Bever)	1	BK	
Sint-Annalaan (Strombeek-Bever)	1	BK	

HOEILAART

Duboislaan	4	CDP	
Léopold-II laan	4	DP	
Sint-Jansberglaan	4	DP	
Terhulpsesteenweg	4	DP	

KRAAINEM

Wezembeeklaan	2	DM	259

LINKEBEEK

Alsembergsesteenweg	3	BP	
Hollebeekstr.	3	BP	

MACHELEN

Haachtsesteenweg (Diegem)	2	CL	
Holidaystr. (Diegem)	2	DL	
Luchthavenlaan	2	DK	
Woluwelaan	2	DK	

ST-GENESIUS-RODE

Bevrijdingslaan	3	BP	20
Duboislaan	4	CP	
Linkebeeksedreef	3	BCP	
Zonienwoudlaan	4	CP	263

ST-PIETERS-LEEUW

Bergensesteenweg	3	ANP	
Brusselbaan	3	AN	
Fabriekstr. (Ruisbroek)	3	ANP	
Hemelstr. (Ruisbroek)	3	AP	

STEENOKKERZEEL

Haachtsesteenweg (Melsbroek)	2	DK	

VILVOORDE

Indringingsweg	2	CK	
Parkstraat	2	CDK	192
Schaarbeeklei	2	CK	
Stationlei	2	CDK	231
Vuurkruisenlaan	2	CK	252

WEMMEL

De Limburg Stirumlaan	1	ABK	
Frans-Robbrechtsstr.	1	ABK	
Windberg	1	AK	

ZAVENTEM

Eversestr. (St-Stevens-Woluwe)	2	CDL	
Hector-Henneaulaan	2	DL	115
Leuvensesteenweg (St-Stevens-Woluwe)	2	CDL	

Les galeries St-Hubert servent de cadre à des magasins de luxe, des salons de thé élégants et des restaurants.

Croisant la rue des Bouchers jalonnée de restaurants, la galerie de la Reine se prolonge sur la gauche par la **galerie des Princes**, et s'achève rue de l'Écuyer par une grande façade reprenant les thèmes architecturaux du parvis.

Revenir à la rue des Bouchers. Continuer tout droit par la rue Grétry. Tourner à droite dans la rue des Fripiers.

Théâtre de la Monnaie*

Sept.-juin : visite accompagnée sam. 12h. Tickets : bureau de location. Fermé j. fériés. 6€. ☎ 02 229 13 72 ; www.lamonnaie.be

Après un incendie survenu en 1855, le théâtre fut reconstruit par Poelaert. Depuis la place de la Monnaie, on voit bien que la salle a été surélevée lors de l'importante rénovation réalisée en 1985-1986. Dans le hall d'entrée, les formes lyriques aux couleurs vives (plafond) de Sam Francis contrastent avec les lignes austères (pavement) de Sol LeWitt. Transformé en salle de réception, le salon Royal a été décoré par Charles Vandenhove, avec la collaboration de Daniel Buren et de Giulio Paolini, autres artistes de renom international.

PRÉLUDE À L'INDÉPENDANCE

Le théâtre de la Monnaie fut le témoin d'un épisode historique le 25 août 1830. Alors qu'on y représentait *La Muette de Portici* par Auber, et qu'on y entonnait le célèbre « *Amour sacré de la patrie* », les spectateurs déclenchèrent une rébellion, prélude des fameuses « Journées de septembre ».

Traverser la rue du Fossé-aux-Loups.

Rue Neuve

Grande artère piétonne commerçante où se dresse l'**Église N.-D. du Finistère**.

Prendre la rue aux Choux.

Place des Martyrs*

Conçu en 1774-1775, cet ensemble urbain, malheureusement laissé à l'abandon, fait depuis des années l'objet d'une restauration. Au centre se trouve le monument dédié aux morts de la révolution de 1830 par Guillaume Geefs (1838).

Prendre la rue du Persil, puis tourner à droite dans la rue du Marais. Par la rue des Comédiens, on arrive au boulevard de Berlaimont qui longe la Banque nationale.

Cathédrale des Sts-Michel-et-Gudule**

8h30-18h (sam. 15h30), dim. 14h-18h. ☎ 02 217 83 45.

L'ancienne collégiale des Sts-Michel-et-Gudule partage avec Malines, depuis 1962, le titre de cathédrale de l'archidiocèse de Malines-Bruxelles.

« Nef ancrée au cœur de Bruxelles », c'est un très beau monument de style gothique élevé en plusieurs étapes : le chœur est du 13e s., la nef et les collatéraux des 14e et 15e s., les tours du 15e s. Les chapelles rayonnantes ont été ajoutées aux 16e et 17e s. Les deux tours de la façade, puissantes et élancées, ont été construites par Van Ruysbroeck.

Partant du chevet où apparaît pour la première fois le style gothique brabançon, on gagne le porche du transept Sud ; celui-ci est surmonté d'une statue de sainte Gudule et date du 15e s.

Intérieur – La nef, brabançonne, est sobre et imposante. Aux colonnes sont adossées les statues des douze apôtres (17e s.). On remarque la chaire baroque, par H.F. Verbruggen, où sont représentés Adam et Ève chassés du paradis terrestre.

Noter la différence entre le collatéral Sud du 14e s., soutenu par des colonnes alors que le collatéral Nord du 15e s. frappe par la légèreté du faisceau de nervures.

Le chœur, très pur de ligne, est la partie la plus ancienne de l'édifice actuel. Dans l'axe du chœur, la chapelle Maes comprend le très beau retable de la Passion attribué au sculpteur Jean Mone. La chapelle du St-Sacrement abrite le trésor de la cathédrale. Parmi les objets d'art religieux, citons la très belle *Vierge et l'Enfant* attribuée à Conrad Meit.

Les **vitraux*** sont remarquables. Au fond de la nef, la tribune s'orne d'un *Jugement dernier* de 1528 aux couleurs éclatantes (présence d'un vert et d'un bleu intenses). Le transept est éclairé par deux riches verrières (16e s.), au fort beau dessin (architecture, perspective, modelé), exécutées d'après les cartons de Bernard Van Orley : l'une, dans le bras Nord, représente Charles Quint et Isabelle de Portugal, l'autre, dans le bras Sud, Louis II, roi de Hongrie, et son épouse Marie, sœur de Charles Quint. De très beaux vitraux (16e s.) décorent la chapelle du St-Sacrement, à gauche du chœur, tandis que d'autres du 17e s., d'un esprit tout rubénien, garnissent la chapelle de la Vierge à droite du chœur ; ils représentent des épisodes de la vie de la Vierge et, au-dessous, les portraits des donateurs.

Des fouilles ont permis de découvrir, dans la nef, les vestiges d'un avant-corps de type rhénan-mosan ainsi que les murs d'une église romane (vers 1047-1150).

LES GRANDS MUSÉES DU CENTRE

Autour du Mont des Arts

Musée d'Art ancien★★★

Tlj sf lun. 10h-17h. Fermé 1er janv., 2e jeu. de janv., 1er mai, 1er et 11 nov., 25 déc. 5€ (Musée d'Art moderne inclus), gratuit 1er mer. du mois à partir de 13h. ☎ 02 508 32 11 ; www.fine-arts-museum.be

Occupant un palais de style classique exécuté par Alphonse Balat de 1874 à 1880 et prolongé d'une aile moderne, ce musée est universellement connu pour ses admirables primitifs flamands et les œuvres célèbres de Bruegel l'Ancien et de Rubens.

15e-16e s. – Cette section renferme de véritables trésors de l'école flamande ainsi que des écoles française, allemande, hollandaise, italienne et espagnole. L'un des tableaux les plus anciens est *Scènes de la vie de la Vierge*, exécuté par un maître anonyme des Pays-Bas méridionaux (vers la fin du 14e s.).

L'œuvre du Tournaisien Rogier de La Pasture, dit **Van der Weyden**, est représentée par les portraits d'*Antoine, grand bâtard de Bourgogne*, et de *Laurent Froimont*, merveilleux dans leur simplicité, ainsi que par une magnifique *Pietà* (salle 11) dont le caractère dramatique est renforcé par une lumière rougeoyante. Dans la même salle se trouve une œuvre de celui qui fut le maître de Van der Weyden, **Robert Campin**, que certains identifient avec le **Maître de Flémalle** : son *Annonciation*, qui est une variante du panneau central du *Triptyque de Mérode* exposé dans les Cloîtres de New York, est remarquable par les coloris, la douceur du visage de la Vierge et la précision avec laquelle sont traités les différents objets. Dans la *Pietà* de **Petrus Christus** dont les œuvres sont si rares, se sent l'influence de Van Eyck dont il suivit l'enseignement. Les deux panneaux de la *Justice de l'Empereur Othon*, l'un des principaux chefs-d'œuvre de **Dirk Bouts**, avaient été commandés en 1468 pour l'hôtel de ville de Louvain comme « tableaux de justice » ; ils représentent une erreur judiciaire. De **Hans Memling**, le Brugeois, on admirera la *Vierge à l'Enfant*, pleine de tendresse, et le *Martyre de saint Sébastien* au très beau fond représentant une ville flamande. **Jérôme Bosch** s'illustre avec un *Calvaire avec donateur*, où le paysage est tout en nuances chromatiques, et une copie d'atelier de son célèbre triptyque de la *Tentation de saint Antoine*. De **Hugo Van der Goes**, on remarquera *La Vierge et l'Enfant*, œuvre magnifique dont émane une certaine froideur due aux couleurs choisies par l'artiste. La *Vierge à la soupe au lait* de **Gérard David**, le dernier des grands primitifs, frappe par son côté intimiste. **Quentin Metsys** conserve les grands traits des primitifs flamands, mais teintés par l'influence italienne ; il annonce le maniérisme anversois comme le montrent le triptyque de la *Lignée de sainte Anne* et plusieurs *Vierge à l'Enfant*. **Jan Gossaert**, dit Mabuse, portraitiste et peintre de cour, montre ici une autre facette de son art avec *Vénus et l'Amour*, une des premières œuvres à sujet mythologique dans la peinture flamande. De **Bernard Van Orley**, peintre de Marguerite d'Autriche : volet du *Retable de la confrérie de la Sainte-Croix*.

La salle 31 est une véritable consécration de l'œuvre de **Bruegel l'Ancien**. Plusieurs de ses chefs-d'œuvre y sont réunis et témoignent de l'étendue de son talent et de son registre.

La Chute d'Icare, *de Pieter Bruegel.*

La *Chute des anges rebelles* montre l'influence de Jérôme Bosch sur Bruegel à ses débuts. L'ironie, le réalisme du détail, la sérénité du paysage qui lui sont si caractéristiques se manifestent dans le fameux *Dénombrement de Bethléem* et dans la *Chute d'Icare*, tableau étrange où certains ont voulu voir des symboles alchimiques.
Les salles réservées au **legs Delporte** renferment un panneau primitif des Pays-Bas, *Calvaire et résurrection*, les jolis panneaux ronds de Grimmer représentant les *Saisons* et un remarquable Bruegel l'Ancien, *Paysage d'hiver avec patineurs et trappe aux oiseaux*.

17e-18e s. – Les œuvres de cette période sont réunies dans les salles, autour du grand hall dans les galeries rénovées. **Rubens** y est représenté par des tableaux de premier ordre : on y voit son talent pour réaliser de grandes toiles religieuses avec l'*Adoration des Mages* aux très beaux coloris, la *Montée au Calvaire* et le *Martyre de saint Liévin*, ainsi que des œuvres plus intimistes avec, salle 52, les fameuses *Têtes de nègre* et un *Portrait d'Hélène Fourment* plein de malice et de séduction. **Jordaens** occupe aussi une place importante : on remarquera dans la salle 57 plusieurs de ses œuvres : l'*Allégorie de la fécondité*, peinture très vivante à la sensualité aiguë, *Le Roi boit* et *Suzanne et les vieillards*. De bonnes œuvres de Corneille de Vos, Van Dyck, Teniers, Frans Hals et de paysagistes et peintres de genre hollandais complètent ces collections exceptionnelles.

Musée d'Art moderne★★

Accès par la place Royale. Tlj sf lun. 10h-17h. Fermé 1er janv., 2e jeu. de janv., 1er mai, 1er et 11 nov., 25 déc. 5€ (Musée d'Art ancien inclus), gratuit 1er mer. du mois à partir de 13h. ☎ 02 508 32 11 ; www.fine-arts-museum.be

Inauguré en 1984, le complexe comprend deux parties. Le bâtiment néoclassique de la place Royale abrite les collections de peinture et de sculpture du 19e s. Les collections de statues, de peintures et de dessins du 20e s. sont exposées dans la partie souterraine de l'immeuble de la place du Musée, érigé par les architectes Bastin et Beek autour d'un puits de lumière profond de 8 niveaux.

19e s. – La collection du 19e s. est consacrée au **néoclassicisme** (Jacques-Louis David, *Marat assassiné*, de 1793, au niveau − 2), au **romantisme** (niveau − 2), au **réalisme** (niveau − 1) et au **luminisme** (Émile Claus, *Portrait de Jenny Montigny*, au niveau 2). Le symbolisme (niveau 2) est représenté par Fernand **Khnopff**, avec le *Portrait de Marguerite*, *Memories* et le mystérieux *Des Caresses*. À noter aussi les œuvres des impressionnistes et néo-impressionnistes français au niveau 3 (Gauguin, Bonnard, *Nu à contre-jour*, Vuillard, Seurat), sans oublier *Le Penseur* de Rodin. Une large place est faite à l'œuvre du Flamand **James Ensor** (*Une coloriste*, 1880, *Les Masques scandalisés*, 1883 et *Squelettes se disputant un hareng saur*, 1891), qui incarne la transition entre le 19e s. et le 20e s. Toujours au niveau 3, des œuvres de Rik Wouters et quelques statues émouvantes de George Minne.

20e s. – Le niveau − 3, consacré à l'art contemporain, expose des sculptures blanches grandeur nature de Georges Segal (moulages en plâtre de modèles vivants), des œuvres d'Anselm Kiefer (*Bérénice*, 1989), de Henry Moore, de Pol Bury, de Nam June Paik, de Sam Francis, de Claes Oldenburg et de Francis Bacon. La descente dans les différents niveaux permet de suivre l'évolution des courants artistiques tels que fauvisme, expressionnisme, jeune peinture belge, COBRA, phases, surréalisme, groupe Zéro, etc. On admirera notamment des œuvres de **Rik Wouters** (*Dame en bleu devant une glace*, 1912 ; *Le Flûtiste*, 1914), un très bel ensemble de **Léon Spilliaert** (*La digue*, 1909 ; *Baigneuse*, 1910), les représentants de la deuxième école de Laethem-St-Martin **(Permeke, Gustave De Smet et Frits Van den Berghe)** ; l'abstraction est représentée par **Servranckx**, Baugniet, Peeters ; les futuristes belges (P. de Troyer et J. Schmalzigaug) et les membres de COBRA **(Pierre Alechinsky, Karel Appel).** Les œuvres de **Delvaux** (*Trains du soir, Pygmalion, La Voix publique*) et de **Magritte** témoignent de l'importance que le surréalisme, tout comme le symbolisme au 19e s., a connue en Belgique.

Le Portrait de Marguerite, *Fernand Khnopff.*

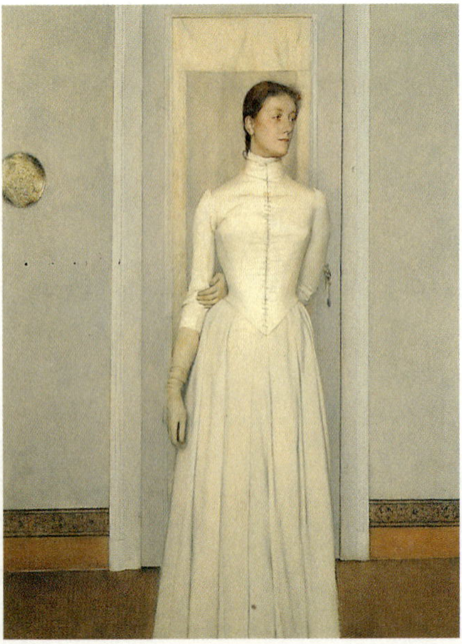

Musées royaux des Beaux-Arts, Bruxelles

Musées royaux des Beaux-Arts, Bruxelles

Moules rouges casserole, *Marcel Broodthaers.*

Une salle est consacrée à chacun de ces deux maîtres. La salle Georgette et René Magritte réunit les œuvres qui appartenaient aux collections (*L'Homme du large, Le Mariage de minuit, L'Empire des lumières,* 1954, *Le Joueur secret*), ainsi que celles léguées par la veuve du peintre (*La Magie noire, Le Galet, Le Domaine d'Arnheim*). On remarquera aussi des œuvres de Wilfredo Lam, Hans Hartung, Joan Miró, Max Ernst, Paul Klee, Giorgio de Chirico, **Marcel Broodthaers**, Arman...
Le niveau – 8 est plus particulièrement consacré à l'art contemporain tant belge (Michel Mouffe, Mark Luyten, Dan Van Severen, Bernd Lohaus, Marthe Wéry, Jan Vercruysse, Walter Swennen, Jef Geys, Jan Fabre) qu'étranger (Dan Flavin, Donald Judd, Ulrich Ruckriem, Tony Cragg).

Musée des Instruments de Musique★★★ (MIM)

Tlj sf lun. 9h30-17h (jeu. 20h), w.-end 10h-17h. Fermé 1er janv., 1er mai, 1er et 11 nov., 25 déc. 5€, gratuit 1er mer. du mois à partir de 13h. ☎ 02 545 01 53 ; www.mim.fgov.be
Deux bâtiments se partagent le MIM : le splendide bâtiment Art nouveau d'**Old England** (1898-1899) de l'architecte Paul Saintenoy et l'édifice de style néoclassique de B. Guimard. Le premier fut une commande de la société britannique du même nom qui s'implanta à Bruxelles en 1886. La restauration a redonné à ces anciens magasins toute leur splendeur d'antan.
Le musée des Instruments de Musique possède une collection prestigieuse d'environ 7 000 instruments représentatifs de nombreux pays. Un système de casques à infrarouges permet d'entendre les instruments exposés. Le niveau –1 présente les instruments mécaniques tandis que le niveau 0 est consacré aux instruments populaires belges et (non) européens : vielles à roue, accordéons, tambours, instruments de l'opéra chinois. Le niveau 1 propose un historique de la musique occidentale, de l'Antiquité à nos jours. Un espace est consacré au Dinantais Adolphe Sax qui s'installe à Paris en 1843 et révolutionne la facture des instruments à vent en cuivre. Les cordes et claviers occupent le niveau 2. Autrefois, les pianos connaissaient des formes plus variées qu'aujourd'hui. Remarquer à ce sujet un surprenant piano-cabaret bruxellois de 1830 qui se présente comme une armoire dont les rideaux cachent la mécanique. Le musée présente également quelques très belles harpes aux détails sculptés. Une reconstitution d'un atelier de luthier permet de suivre toutes les étapes de cet artisanat. La salle aux miroirs abrite les plus belles pièces de la collection. La viole de Joachim Tielke (1701) est merveilleusement incrustée d'ivoire. Orné de scènes représentant des villes conquises par Louis XIV, le clavecin Ruckers-Taskin date du 17e s. Remarquer la forme sinueuse de la clarinette basse de Papalini (19e s.) ainsi qu'une étonnante régale-bible. Repliée et rangée, elle présente l'apparence d'une vrai bible. Au niveau 3 est aménagée une petite exposition consacrée aux réalisations de l'architecte Saintenoy. Le musée accueille des concerts le jeudi soir.

Musées Bellevue★

Tlj sf lun. 10h-17h (dernière entrée 16h). Fermé 1er janv., Pâques, 25 déc. 6,20€ (billet combiné avec Palais du Coudenberg 7,40€). ☎ 02 512 28 21.
Construit entre 1776 et 1777, l'hôtel Bellevue, de style néoclassique, abritait jadis un hôtel de luxe pour voyageurs. Le bâtiment fut incorporé au Palais royal et servit de résidence à la princesse Clémentine, fille de Léopold II, et au futur Léopold III.
Le bâtiment abrite actuellement deux musées. Le **musée de la Dynastie** retrace d'une manière captivante l'histoire de la famille royale belge depuis la Révolution de 1830 au règne de Léopold III. Le **mémorial Roi Baudouin** évoque les différents aspects d'un roi remarquable, ayant joué un rôle très important dans l'histoire de la Belgique.

VISITE INSOLITE

Entrée par les musées Bellevue. Mêmes conditions de visite que pour Musées Bellevue. 5€ (billet combiné avec Musées Bellevue 7,40€). ☎ 02 512 28 21.
Des fouilles ont permis de dégager des vestiges importants du **palais du Coudenberg**, ancien palais ducal détruit par un violent incendie survenu en 1731. Flanquée de tours polygonales, la Magna Aula, ou grande salle d'apparat, fut construite sous le règne de Philippe le Bon. Charles Quint y abdiqua en 1555. À proximité, se trouve la rue Isabelle, également souterraine, par laquelle l'archiduchesse Isabelle se rendait à la cathédrale.

Appartements de Charles de Lorraine

Tlj sf mer. et dim. 13h (sam. 10h)-17h. Fermé j. fériés, la dernière sem. d'août, entre Noël et Nouvel An. 3€. ☎ 02 519 57 86.

Au Nord-Ouest de la rue du Musée s'élève la façade néoclassique du palais de Charles de Lorraine ; il s'agit de la seule aile conservée d'un bâtiment que le gouverneur des Pays-Bas fit construire entre 1756 et 1780 à l'emplacement de l'ancien hôtel de Nassau. De nos jours, le cabinet des estampes et la section de chalcographie de la Bibliothèque royale occupent le rez-de-chaussée. Un escalier monumental, au pied duquel s'élève une statue représentant Hercule (1770) sous les traits du gouverneur par Laurent Delvaux, mène au 1er étage. On admire un salon rond décoré d'un pavement de marbre – remarquer la rosace de 28 marbres belges – et cinq pièces restaurées abritant un **musée** consacré au 18e s. dans les Pays-Bas sous la domination autrichienne et la principauté de Liège.

Bibliothèque royale de Belgique

Visite obligatoirement accompagnée uniquement pour groupes sur demande auprès du Service éducatif, ☎ 02 519 53 57. Fermé dim., la dernière sem. d'août, j. fériés légaux, 2 et 15 nov., entre Noël et Nouvel An. www.kbr.be

Cette bibliothèque, née au 15e s., lors du règne des ducs de Bourgogne, est ouverte au public depuis 1839 et fut transférée au Mont des Arts en 1969. Elle renferme quatre millions de volumes, de magnifiques collections que l'on peut consulter sur place : manuscrits et imprimés, estampes et dessins, cartes et plans, monnaies et médailles. Le bâtiment englobe la **chapelle de Nassau** ou chapelle St-Georges, vestige de l'ancien palais de Nassau. De style gothique flamboyant (1520), elle sert de cadre à des expositions temporaires.

Musée du Livre et cabinets de donation – Les cabinets de donation comprennent une reconstitution du cabinet de travail d'Émile Verhaeren à St-Cloud, près de Paris, et de celui de Michel de Ghelderode à Schaerbeek, ainsi qu'un cabinet consacré au souvenir d'Henry Van de Velde et de son ami Max Elskamp. La salle du fond renferme de précieux manuscrits ou imprimés. *Fermé pour cause de travaux. ☎ 02 519 53 57 ; www.kbr.be*

Musée de l'Imprimerie – Série de machines et presses de la fin du 18e s. au début du 20e s., illustrant l'histoire de l'imprimerie (typographie, taille-douce, lithographie, offset) et de la reliure-dorure. *Tlj sf w.-end 9h-17h. Mêmes jours de fermeture que pour la Bibliothèque royale. Gratuit. ☎ 02 519 53 56 ; www.kbr.be*

Autour de la Grand-Place

Bruxella 1238

À gauche de la Bourse, r. de la Bourse. Visite accompagnée mer. 11h15, 15h. Rendez-vous à la Maison du Roi, Grand-Place. 2,48€. ☎ 02 279 43 50.

À l'emplacement d'un ancien couvent de franciscains, fondé en 1238, se situe un petit musée archéologique. Lors des fouilles en 1988, on a trouvé des vestiges de l'ancienne église et du couvent, de nombreux caveaux ainsi que des ossements et des fragments de céramique.

Musée du Costume et de la Dentelle

Tlj sf mer. 10h-12h30, 13h30-17h, w.-end 14h-16h30. Fermé 1er janv., 1er mai, 1er et 11 nov. et 25 déc. 2,48€. ☎ 02 512 77 09.

Ce musée est consacré aux divers artisanats du costume du 17e au 20e s. : dentelle de Bruxelles, broderie, passementerie.

Les héros de la BD sur les pignons bruxellois

Un véritable parcours consacré au neuvième art a été mis en place ces dernières années. De nombreux personnages de BD belges décorent ainsi une dizaine de façades et de murs du centre de la ville : **Brousaille** au Plattesteen, **Bob et Bobette** dans la rue de Laeken, **Néron** de Marc Sleen aux halles St-Géry, un **Cubitus** inspiré de Manneken Pis dans la rue de Flandre, **Quick et Flupke** en compagnie de l'agent 15 dans la rue Haute... sans oublier la grande statue de **Gaston Lagaffe** au boulevard Pacheco, qui ouvre le chemin vers le Centre belge de la Bande Dessinée, dans la rue des Sables, en bas des marches. La brochure ad hoc peut être obtenue au **BI-TC**, sur la Grand-Place, ☎ 02 513 89 40.

Brousaille de *Frank Pé au Plattesteen.*

Ch. Bastin – J. Evrard/MICHELIN

Au Nord du Centre

Centre belge de la Bande Dessinée★★

♿ *Tlj sf lun. 10h-18h. Fermé 1er janv., 25 déc. 6,20€. ☎ 02 219 19 80.*
Il est installé dans le magnifique bâtiment Art nouveau dessiné par Victor Horta en 1903 pour les magasins Waucquez (textile en gros).
On pénètre dans un hall aux vastes dimensions éclairé par un réverbère qui lui confère une allure de place publique. De ce hall, autour duquel ont été aménagés librairie, bibliothèque et restaurant, part un monumental escalier de pierre aux balustrades en ferronnerie, qui mène vers les collections du musée.
À l'entresol, une exposition explique les différentes étapes de l'élaboration d'une bande dessinée (scénario, dessin, coloriage, impression) tandis que « le trésor » abrite plus de 3 000 planches originales des plus grands de la BD présentées par roulement de 300. Un espace est consacré à la fabrication d'un dessin animé.
Au 1er étage, sous l'immense verrière, le **musée de l'Imaginaire** nous invite à redécouvrir l'univers des grands héros de la bande dessinée belge et leurs créateurs : Tintin (Hergé), Gaston Lagaffe (André Franquin), Spirou (Rob Vel), Bob et Bobette (Willy Vandersteen), Blake et Mortimer (Edgar Pierre Jacobs), Lucky Luke (Morris), Boule et Bill (Roba), les Schtroumpfs (Peyo), etc.
Le dernier étage du centre abrite le **musée de la BD moderne**. Il retrace l'évolution du neuvième art belge de 1960 à 1990.

Le Cinquantenaire

Parc du Cinquantenaire

Créé en 1880 lors de l'exposition du Cinquantenaire de l'indépendance de la Belgique, il entoure un grand palais dont les deux ailes sont réunies par une monumentale arcade, due à l'architecte Girault (1905). À l'arrière du palais se situent deux halles à charpentes métalliques datant de 1888. L'aile et la halle du Nord abritent le musée de l'Armée, la halle du Sud l'exposition Autoworld, et l'aile Sud le musée du Cinquantenaire.

Musée du Cinquantenaire★★★

Une partie des salles peut être fermée pour des raisons de personnel. S'adresser à l'accueil. Tlj sf lun. 9h30 (w.-end et j. fériés 10h)-17h. Fermé 1er janv., 1er mai, 1er et 11 nov., 25 déc. 4€, gratuit 1er mer. du mois à partir de 13h. ☎ 02 741 72 11 ; www.kmkg-mrah.be
Les collections sont extrêmement riches, surtout en ce qui concerne l'Antiquité, les arts décoratifs et les civilisations non européennes.

Antiquité (Proche-Orient, Grèce, Rome, Égypte) – Au rez-de-chaussée (niveau 0) sont évoquées les civilisations du Proche-Orient (Palestine, Chypre, Mésopotamie). De l'entresol, on découvre la **maquette de Rome**, montrant la capitale de l'Empire romain au 4e s., réalisée à l'échelle 1/400 *(commentaire enregistré avec illuminations)*. Le niveau I est consacré à la civilisation romaine. Le niveau II a trait à **Rome** (galerie des portraits), à l'**Étrurie**, à la **Grèce** (céramique à figures rouges et figures noires). La grande colonnade reconstituée d'Apamée témoigne des missions belges menées en Syrie. Vue plongeante sur la fameuse **mosaïque d'Apamée** qui forme, au milieu de la grande cour intérieure, un fabuleux tapis où s'affrontent chasseurs et bêtes fauves. Le niveau III abrite la section Égypte : à signaler, un frag-ment d'un des plus anciens livres des morts, la **Dame de Bruxelles**, statue qui remonte vers 2 600 avant J.-C., et le très beau bas-relief repré-sentant la **reine Tiy**, épouse d'Aménophis III. Le niveau IV renferme une maquette en plâtre du complexe funéraire de Djeser à Saqqarah.

Musées Royaux d'Art et d'Histoire, Bruxelles

Relief de la reine Tiy.

Les civilisations non européennes – Les salles de l'**Amérique** (niveau I) exposent de très beaux ensembles d'art précolombien et ethnographique. Remarquer le magnifique manteau de plumes du 16e s., la monumentale divinité assise provenant du Mexique, représentant probablement Xochiquetzal ainsi qu'un ornement en forme de double volute (Colombie, 600-1550).

Musées royaux d'Art et d'Histoire, Bruxelles

Statue de bodhisattva.

Les collections **Micronésie** et **Polynésie** (niveau I) présentent des objets archéologiques et ethnologiques exposés par thème. Le musée possède une des légendaires statues de l'île de Pâques.

La section **Inde, Chine et Sud-Est asiatique** (niveau II) illustre les arts, les religions et les traditions de l'Inde (bronze de Siva Nataraja du 13e s.), de la Chine (2 bodhisattvas, vers 1200), du Viêtnam (céramique), de l'Indonésie, de la Thaïlande et du Tibet (riche collection de thang-kas, représentations religieuses et symboliques faites par les lamas).

Industries d'art – La **salle aux trésors** (niveau 0) présente d'une façon passionnante de magnifiques objets religieux, dont l'**autel portatif de Stavelot** (vers 1150-1160) en laiton et émaux champlevés, le chef-reliquaire du pape Alexandre Ier, et de très beaux ivoires, notamment **le diptyque de Genoels-Elderen**.

Les salles des arts décoratifs du Moyen Âge au baroque (niveau I) abritent des **tapisseries** qui rivalisent par la finesse de leur exécution et la splendeur de leurs coloris : du début du 16e s., *La Légende de N.-D.-du-Sablon* et l'*Histoire de Jacob*. Parmi les **retables** en bois, celui de **saint Georges** par Jan Borreman (1493) frappe par l'intensité de vie de ses personnages.

Le mobilier est extrêmement précieux : beaux cabinets anversois et reconstitution des vitrines conçues par Victor Horta en 1912 pour la joaillerie bruxelloise Wolfers.

Au niveau II, des salles ont trait à la verrerie (101 pièces de M. Marinot), aux textiles, à la céramique et à la dentelle (**couvre-lit d'Albert et Isabelle**, 1599).

La section des **voitures hippomobiles** (niveau 0) abrite des carrosses, des traîneaux, des selles.

Le **musée du Cœur** (niveau I) présente une étonnante collection de cœurs, léguée par le cardiologue Boyadjian.

Archéologie nationale – Les salles (niveau 0) présentent des objets (outils, bijoux, céramique) depuis le paléolithique à l'époque mérovingienne provenant des fouilles effectuées en Belgique, ainsi que des reconstitutions (tombes, habitation romaine).

Diptyque de Genoels-Elderen.

J. Van Deuren/Musées royaux d'Art et d'Histoire, Bruxelles

Musée royal de l'Armée et d'Histoire militaire

Tlj sf lun. 9h-12h, 13h-16h30. Fermé 1er janv., 1er mai, 1er nov., 25 déc. Gratuit. ☎ 02 737 79 07 ; www.klm-mra.be

Ce musée évoque, par une riche collection d'uniformes, de décorations, d'armes, d'illustrations, l'histoire militaire du pays de 1789 à nos jours. Il renferme aussi une belle **collection d'armes et armures**★ provenant d'arsenaux anciens. Dans une salle ressemblant à une cave voûtée, située sous les arcades, la **collection Titeca et Ribaucourt**★ présente un superbe ensemble d'armes et de casques.

À partir des deux terrasses, **panorama★** de Bruxelles. Installée dans un grand hall, la **section Air et Espace★** comprend une centaine d'avions. Le Nieuport, petit avion français, a servi pendant la guerre 1914-1918, tandis que le Spitfire et le Hurricane, tous deux de fabrication anglaise, datent de la Seconde Guerre mondiale.

Autoworld★★

♿ Avr.-sept : 9h30 (w.-end 10h)-18h ; oct.-mars : 9h30-17h, w.-end 10h-18h. Fermé 1er janv., 25 déc. 5€. ☎ 02 736 41 65 ; www.autoworld.be

On peut admirer sous la haute verrière de la halle Sud du palais du Cinquantenaire quelque 450 véhicules, principalement des automobiles. Si l'exposition comprend des voitures de membres du Royal Veteran Car Club, la majeure partie des véhicules présentés provient de la prestigieuse **collection Ghislain Mahy**.

Ph. Gajic/MICHELIN

Emblème de la Minerva, Autoworld.

Né à Gand en 1901, Mahy a réussi à rassembler en quarante ans plus de 800 véhicules automobiles. Souvent en piteux état lors de l'achat, le collectionneur s'est attaché à leur rendre vie dans son atelier de réparation ; ainsi, près de 300 voitures sont actuellement en parfait état de marche. En 1944, Mahy achète sa première voiture : une Ford de 1921 ; sa collection comprendra d'ailleurs un grand nombre de voitures américaines. Parmi les véhicules d'origine française se remarquent une voiturette Léon Bollée de 1896, une Renault 14 CV de 1908, à capot dit « en chapeau de gendarme », une luxueuse Delage des années 1920 et une Hispano-Suiza de 1935. Les marques Bentley, Daimler, Humber, Jaguar et Rolls-Royce – remarquer la magnifique Silver Ghost de 1921 – sont de dignes représentants de la fabrication anglaise, tandis qu'Adler, Mercedes, Horch et Opel évoquent celle de l'Allemagne. Alfa Romeo, Fiat et Lancia témoignent du raffinement italien.

La fabrication belge mérite plus particulièrement l'attention : les firmes Belga Rise, FN, Fondu, Hermes, Imperia, Miesse, Nagant et Vivinus sont représentées, sans oublier la célèbre marque **Minerva**. Au départ constructeur de cycles, puis de motocyclettes, l'Anversois Sylvain de Jong présente son premier prototype Minerva en 1902. Si la gamme comprend au départ 3 modèles, celle-ci ne cessera de croître jusque dans les années 1930. La firme acquiert une solide réputation pour le grand confort qu'offrent ses superbes automobiles dont le moteur est très silencieux. En 1930, Minerva dispose d'une gamme allant de 12 à 40 CV. Mais la belle époque de la voiture de luxe se termine ; la clientèle se tourne vers des marques moins coûteuses et 1934 voit la faillite de Minerva.

Le musée possède une quinzaine de Minerva ; la plus ancienne date de 1910 et appartenait à la cour de Belgique à l'époque du roi Albert.

L'**Auto Design Story** au 1er étage présente l'évolution du design de la voiture depuis ses origines à nos jours.

Maison Cauchie★

R. des Francs 5. Visite accompagnée (45mn) 1er w.-end de chaque mois 11h-13h, 14h-18h. Fermé Noël, Nouvel An. 4€. ☎ 02 673 15 06.

La maison personnelle (1905) de l'architecte et décorateur Paul Cauchie présente une étonnante façade presque entièrement décorée de sgraffites, technique proche de la fresque.

Autour du Parlement

Palais de la Nation

Visite accompagnée pour groupes seulement (1h30) sur demande préalable auprès de la Chambre des représentants, Service des Relations publiques et internationales, 1008 Bruxelles, ☎ 02 549 81 36.

Situé au Nord du parc de Bruxelles, il a été édifié sous Charles de Lorraine et restauré après l'incendie de 1883.

C'est le siège de la Chambre des représentants et du Sénat : la **salle des Séances du Sénat★** est décorée d'une façon particulièrement raffinée.

Colonne du Congrès

Conçu et inauguré par Poelaert en 1859, ce monument commémore le Congrès national qui promulgua, au lendemain de la révolution de 1830, la Constitution belge. La colonne est surmontée de la statue de Léopold Ier (Guillaume Geefs). Au pied du monument, deux lions gardent la tombe du Soldat inconnu. De l'« Esplanade » aménagée entre les édifices de la Cité administrative s'offre une intéressante vue d'ensemble sur la ville.

Musée Charlier*

Av. des Arts 16. Tlj sf w.-end 13h-17h. Fermé j. fériés. 2,48€. ☎ 02 218 53 82.
Riche amateur d'art, Henri Van Cutsem acheta en 1890 deux maisons mitoyennes à St-Josse. Après avoir fait unir les deux façades, il chargea son ami Victor Horta d'y concevoir des verrières afin d'éclairer ses collections. Puis il proposa à l'artiste Guillaume Charlier (1854-1925) d'y emménager. Ce dernier, légataire universel de son mécène à sa mort, en 1904, hérita de cet hôtel particulier et fit construire un musée à Tournai, par Victor Horta, pour accueillir les collections de toiles impressionnistes de H. Van Cutsem. Ce musée conserve un grand nombre de tableaux et de sculptures d'artistes différents, mais également d'intéressantes collections de mobilier, de tapisseries et d'objets décoratifs.

LE QUARTIER DU BÉGUINAGE

Église St-Jean-Baptiste-au-Béguinage

Tlj sf lun. 10h-17h, dim. 11h-12h, 20h-22h. ☎ 02 217 87 42.
Dans un quartier paisible, elle dresse sa belle façade à trois corps de style baroque flamand (1676). L'**intérieur**, où la décoration baroque s'est plaquée sur des structures gothiques, présente de belles proportions. L'entablement, au-dessus des grandes arcades, est très rythmé ; il s'appuie, à la jonction des arcs, sur des têtes d'anges ailées. Sous la chaire de 1757 figure saint Dominique terrassant l'hérésie.
On admire les tableaux du Bruxellois **Van Loon** et de différents artistes flamands. Le béguinage, qui compta jusqu'à 1 200 béguines, a disparu au 19e s.

À proximité s'élève l'**église Ste-Catherine**. On a conservé la **tour** de l'ancienne église et la **tour Noire** ; celle-ci est un vestige de la première enceinte de la ville.

Maison de la Bellone

♿ *Août-juin : tlj sf lun. et w.-end 10h-18h. Fermé j. fériés. Gratuit. ☎ 02 513 33 33.*
Cette belle demeure patricienne de la fin du 17e s. n'est pas visible de la rue. Elle abrite la Maison du spectacle (expositions et centre de documentation, bibliothèque).

LE QUARTIER DE L'EUROPE

Muséum des Sciences naturelles** (Institut royal)

R. Vautier 29. Tlj sf lun. 9h30-16h45, w.-end et vac. scol. (sf juil.-août) 10h-18h. Fermé 1er janv., 1er mai, 25 déc. 4€, gratuit 1er mer. du mois à partir de 13h. ☎ 02 627 42 38 ; www.sciencesnaturelles.be
Ce musée dynamique vaut surtout pour sa collection de **squelettes d'iguanodons**. Dans une mine de Bernissart, à l'Ouest du pays, on a découvert en 1878 les ossements bien conservés de 29 de ces reptiles dinosauriens, herbivores de l'époque crétacée dont l'espèce a disparu. Dix squelettes atteignant 10 m de long ont été reconstitués, d'autres sont présentés tels qu'ils ont été trouvés, gisant dans le sable. Ces spécimens authentiques sont ici confrontés aux robots animés : Tyrannosaurus, Triceratops, Allosaurus... D'autres salles présentent l'évolution de l'homme, les mers du jurassique et du crétacé, les animaux qui peuplent les deux pôles. Un vivarium permet d'observer principalement des arachnides. La salle des baleines impressionne par ses nombreux squelettes de cétacés dont spécialement celui du plus grand mammifère de tous les temps : la baleine bleue. Magnifique collection de **coquillages** et d'**insectes**, et de **minéraux**.

Musée Wiertz

R. Vautier 62. Tlj sf lun. 10h-12h, 13h-17h, un w.-end sur deux (prière de se renseigner) aux mêmes heures. Fermé 1er janv., 2e jeu. de janv., 1er mai, 1er et 11 nov., 25 déc. Gratuit. ☎ 02 508 32 11.
À deux pas du Muséum des Sciences naturelles, ce musée est installé dans l'ancien atelier et maison de l'artiste Antoine Wiertz. Ce peintre visionnaire fut le précurseur du symbolisme et du surréalisme en Belgique. Les compositions de la grande salle surprennent par leur monumentalité. Remarquer également la macabre *Inhumation précipitée*.

Centre Berlaymont

Travaux en cours.
Au rond-point Schuman, des bâtiments (1967) en forme de X ont été construits à l'emplacement d'un couvent fondé au 17e s. par la comtesse de Berlaymont. Le Berlaymont a été déserté par les fonctionnaires de l'Union Européenne à la fin de 1991 pour des raisons de sécurité.

Les squares

À deux pas du Berlaymont s'étend un quartier planifié à partir de 1875 par l'architecte Gédéon Bordiau. Cet exemple d'urbanisme moderne aux maisons de style éclectique et Art nouveau mérite une promenade. Remarquer l'**hôtel Van**

Eetvelde★ (1895-1898) au n° 4 de l'avenue Palmerston (187), une brillante réalisation de Victor Horta ainsi que la **maison du peintre de St-Cyr** (1900), située au n° 11 du square Ambiorix. Ce bâtiment réalisé par Gustave Strauven est remarquable par son étroitesse.

AU SUD DE BRUXELLES

St-Gilles

Cette commune possède de nombreux immeubles de style Art nouveau dont le plus bel exemple est la maison de Victor Horta.

Musée Horta★★

Tlj sf lun. 14h-17h30. Fermé j. fériés. 4,95€. ☎ 02 543 04 90.
Le musée est installé dans les deux étroites maisons que l'architecte Victor Horta avait construites entre 1898 et 1901 pour en faire son habitation et son atelier. Dans ses Mémoires, Victor Horta écrivait : « Si l'on veut bien se rendre compte de ce que dans chaque maison je dessinais et créais le modèle de chaque meuble, de chaque charnière et clenche de porte, les tapis et la décoration murale... », ce travail immense a donné une merveille d'harmonie et d'élégance, un remarquable témoignage de l'Art nouveau, où le verre et le fer sont rois, où la courbe et la contre-courbe se marient avec grâce. L'**escalier** est une des plus belles décorations de Horta : la légèreté de la structure métallique est soulignée par la lumière dorée diffusée par les vitraux de la verrière et les reflets multiples des miroirs.

Hôtel Hannon★

Av. de la Jonction 1. De mi-août à mi-juil. : tlj sf lun. 13h-18h. Fermé j. fériés. 2,50€. ☎ 02 538 42 20.
Cette demeure Art nouveau fut construite en 1903 par l'architecte Jules Brunfaut (1852-1942) et décorée par les Français Louis Majorelle et Émile Gallé, fondateur de l'École de Nancy. Elle a longtemps été laissée à l'abandon, aussi le mobilier a-t-il disparu pour l'essentiel. Le bâtiment est actuellement occupé par une galerie de photos, en hommage à l'industriel Édouard Hannon qui fut un photographe de talent. Juste à côté, au n° 55 de l'avenue Brugmann, se trouve la maison dite « **Les Hiboux** » qui a été construite par Édouard Pelseneer en 1895.

Ixelles

Située au-delà de la porte Louise, cette commune est actuellement une des plus importantes de l'agglomération. L'**avenue Louise** fut créée au milieu du 19e s. pour relier le bois de la Cambre au centre de la ville ; aujourd'hui, on y trouve d'élégants magasins de mode.

Maison communale d'Ixelles

C'était la résidence de la Malibran : la célèbre cantatrice avait épousé en 1836 le violoniste belge de Bériot et mourut la même année à la suite d'une chute de cheval.

Musée communal d'Ixelles★

R. J. van Volsem 71. Tlj sf lun. 13h-18h30, w.-end 10h-17h. Fermé j. fériés légaux. Gratuit pour collections permanentes. ☎ 02 515 64 21.
Inauguré en 1892 dans les bâtiments d'un ancien abattoir, agrandi en 1973 et partiellement restructuré en 1994, ce musée contient une excellente collection de peintures et de sculptures des 19e et 20e s. où de célèbres artistes belges et français sont représentés : on y voit un dessin de Dürer, *La Cigogne*, et des affiches originales de Toulouse-Lautrec (le musée en possède 29). Des salles sont consacrées à des expositions temporaires de qualité.

Musée Constantin Meunier★

R. de l'Abbaye 59. Tlj sf lun. 10h-12h, 13h-17h, un w.-end sur deux aux mêmes heures (prière de se renseigner). Fermé 1er janv., 2e jeu. de janv., 1er mai, 1er et 11 nov., 25 déc. Gratuit. ☎ 02 508 32 11.
Il est installé dans la demeure et l'ancien atelier de cet artiste (1831-1905) qui, tour à tour sculpteur et peintre, se consacra à dépeindre le monde du travail.

Abbaye N.-D.-de-la-Cambre★★

Au Sud des étangs d'Ixelles s'élève cette ancienne abbaye cistercienne. Elle est occupée de nos jours par l'École nationale supérieure d'architecture et des arts décoratifs dite « La Cambre » et par l'Institut géographique national.
La belle **cour d'honneur**, avec son logis abbatial flanqué de pavillons d'angle et ses communs sur plan semi-circulaire, forme un ensemble du 18e s. très harmonieux.
L'**église** date du 14e s. Elle abrite, dans la nef, un admirable **Christ aux outrages**★ d'Albrecht Bouts, un chemin de croix dû à Anto Carte (1886-1954) et, dans le bras Nord du transept, la châsse (17e s.) de saint Boniface, Bruxellois devenu évêque de Lausanne et mort dans le monastère au 13e s. *9h-12h, 15h-18h. ☎ 02 648 11 21.*
Dans la chapelle de la Vierge (bras Sud du transept), la voûte s'appuie sur des consoles sculptées de personnages et d'animaux symboliques.

Bois de la Cambre★

C'est une oasis de verdure dont le paysage vallonné enserre un lac propice au canotage.

Université (Université Libre de Bruxelles)

Une partie de cette université fondée en 1834 est installée à l'Est du bois de la Cambre. Un autre campus se situe près du cimetière d'Ixelles.

Cimetière d'Ixelles

Dans ce cimetière est enterré le général Boulanger qui, réfugié à Bruxelles après sa tentative de coup d'État, se donna la mort en 1891 sur la tombe de sa maîtresse (avenue 3). Sur la tombe de Charles de Coster, statue de Thyl Ulenspiegel (avenue 1).

Forest

Église St-Denis★

Tlj sf w.-end 10h-11h, jeu.-ven. 15h-16h. En dehors de ces heures, s'adresser au secrétariat, r. des Abbesses 15. ☎ 02 344 87 19.

Au pied de la colline et non loin de Forest-National, ce charmant édifice gothique abrite le tombeau de sainte Alène (12e s.). Située autour d'une vaste cour intérieure, l'**ancienne abbaye de Forest** abrite un centre culturel. Du côté de la place St-Denis, beau portail de style Louis XVI.

Uccle

Musée David et Alice van Buuren★★

Av. Léo Errera 41. Lun. 14h (dim. 13h)-17h45. Fermé j. fériés, de Noël au Nouvel An. 10€. ☎ 02 343 48 51 ; www.hmt.be/vanbuuren

La maison de David van Buuren construite en 1928 constitue un cadre privilégié pour exposer une partie de la très riche collection rassemblée par ce financier hollandais et amateur d'art : parmi les peintures, une version de **La Chute d'Icare** de Bruegel l'Ancien, des paysages d'Hercule Seghers, de Patinir, des natures mortes de Fantin-Latour, plusieurs Permeke, une série de tableaux de Van de Woestyne, en outre des sculptures de George Minne et de la céramique de Delft.

Le magnifique intérieur de style Art déco préserve la douce atmosphère que ce couple d'exception réserva à ses œuvres tant anciennes que modernes.

Le jardin ne manque pas de charme, avec son Jardin pittoresque, son Jardin du cœur, son labyrinthe dont les étapes évoquent des versets du Cantique des Cantiques.

Parc de Wolvendael

À l'intérieur de ce vaste parc se trouve un petit pavillon de style Louis XVI.

À la limite du parc, le **Cornet** est une charmante auberge de 1570 où serait passé Ulenspiegel. À côté, l'**église orthodoxe russe** reproduit la silhouette d'une église de Novgorod.

Watermael-Boitsfort

Église St-Clément

Avec sa nef et sa tour romane du 12e s., elle conserve un cachet campagnard.

Cités-jardins « Le Logis » et « Floréal »

Près du square des Archiducs.

Construites entre 1921 et 1929, elles servirent de référence à la politique de logement social en Belgique. Fin avril-début mai, on peut admirer le magnifique spectacle rose de leurs cerisiers du Japon en fleur.

Le Jardin du cœur au Musée Van Buuren.

Ch. Bastin et J. Evrard/MICHELIN

À L'EST DE BRUXELLES

Préservant un caractère rural jusque dans l'entre-deux-guerres, les deux communes de Woluwe (prononcer Woluwé), aujourd'hui essentiellement résidentielles, sont très étendues.

Woluwe-St-Lambert

Chapelle de Marie-la-Misérable

Cette charmante chapelle fut érigée en 1360 en l'honneur d'une jeune fille pieuse qui, ayant refusé les avances d'un jeune homme, fut accusée par celui-ci de vol et enterrée vivante. À l'endroit de sa mort se produisirent des miracles.

Non loin au Nord se dresse, dans un petit bois, un vieux **moulin à vent** à pivot *(accès par l'avenue de la Chapelle-aux-Champs)*.

Au Sud, dans un vaste parc, le **château Malou**, du 18e s., domine un étang. Il propose une galerie de prêt d'œuvres d'art et accueille des expositions temporaires. À **Woluwe-St-Pierre**, le joli site des **étangs Mellaerts** est très fréquenté l'été.

Woluwe-St-Pierre

Palais Stoclet*

Av. de Tervuren 279-281. Ne se visite pas.

Cette magnifique demeure aux formes pures fut construite par l'illustre architecte autrichien **Josef Hoffmann**. Le chantier, auquel ont collaboré les sculpteurs Powolny, Luksch et Metzner, ainsi que le très célèbre peintre **Gustav Klimt**, s'étala sur six années (1906-1911). L'extérieur est devenu une référence classique de l'architecture du début du 20e s. La perfection de l'exécution et la modernité des volumes ont magistralement résisté au temps. Remarquer la magnifique tour d'escalier ornée de quatre figures et d'un demi-cercle en bronze du sculpteur Metzner.

Bibliotheca Wittockiana*

R. du Bémel 21. Visite par le conservateur, uniquement sur rendez-vous sf exposition temporaire. Tlj sf lun. et dim. 10h-17h. Fermé j. fériés. 2,48€. ☎ 02 770 53 33.

Ce musée renferme l'importante collection de reliure appartenant à l'industriel Wittock. La réserve précieuse compte environ mille cent volumes dont des reliures rares du 16e au 20e s. La collection des hochets s'étend sur quarante siècles d'histoire à partir de la période hittite. À l'étage, une salle de lecture permet de consulter des livres de documentation.

Musée du Tram bruxellois

Av. de Tervuren 364b. ♿ Avr.-sept. : w.-end et j. fériés 13h30-19h. 3,72€ (le billet donne droit à un aller-retour en tramway des années 1930 vers la forêt de Soignes ou le Cinquantenaire, compter environ 1h). ☎ 02 515 31 08 ; www.mtub.be

Logé dans un ancien dépôt de la Société des transports intercommunaux de Bruxelles (STIB), le musée retrace l'évolution des transports en commun à l'aide de vieux trams et bus, panneaux didactiques et documents.

Auderghem

Le Rouge Cloître

À l'Est subsiste ce monastère de la forêt de Soignes, où le peintre Hugo Van der Goes séjourna jusqu'à sa mort en 1482. Les dépendances abritent un **Centre d'art** ainsi qu'un **Centre d'information de la forêt de Soignes**.

Non loin, dans les bois au Sud de la chaussée de Wavre, se dresse le **château forestier de Trois Fontaines** dont il ne subsiste qu'un petit bâtiment de briques rouges.

Au Nord, un vaste parc entoure le **château de Val Duchesse** où fut élaboré le traité de Rome et la charmante **chapelle Ste-Anne** du 12e s.

À L'OUEST DE BRUXELLES

Anderlecht

Maison d'Érasme**

Tlj sf lun. 10h-17h. Fermé 1er janv., 25 déc. 1,25€. ☎ 02 521 13 83.

Construite en 1468 et agrandie en 1515, le « Cygne » était l'une des maisons du chapitre d'Anderlecht où logeaient les membres de la communauté et leurs hôtes illustres. En 1521, le plus célèbre lui donna son nom : Érasme (1469-1536).

Le cabinet de travail d'Érasme à Anderlecht.

Ph. Gajic/MICHELIN

Derrière les murs de briques d'un enclos ombragé, cinq pièces au mobilier gothique et Renaissance, où pénètre une lumière tamisée, évoquent l'ombre du « prince des humanistes ».

En parcourant le rez-de-chaussée, on découvre la chambre de rhétorique, la salle du chapitre abritant des peintures de maîtres dont la superbe *Adoration des Mages* de Jérôme Bosch, le **cabinet de travail d'Érasme**, avec sa simple écritoire, les portraits du philosophe par Quentin Metsys, Dürer et Holbein (copie).

Au pied de l'escalier, statue du 16e s. qui représenterait Érasme en pèlerin.

À l'étage, la **salle blanche**, ancien dortoir, abrite de précieuses éditions originales, dont la première édition de l'*Éloge de la folie*, des portraits gravés d'Érasme et de ses contemporains.

Collégiale des Sts-Pierre-et-Guidon★

Travaux en cours. Tlj sf w.-end 9h-12h, 14h-17h30. ☎ 02 521 74 38.

Ce bel édifice gothique flamboyant date des 14e et 15e s., sa flèche du 19e s.

À l'intérieur, on verra, dans la chapelle N.-D.-de-Grâce, des vestiges de fresques (vers 1400) illustrant la vie de saint Guidon, mort en 1012 et très vénéré comme patron des paysans et protecteur des chevaux. La crypte (fin du 11e s.) renferme la pierre tumulaire de saint Guidon.

Béguinage

Fondé en 1252 et partiellement reconstruit en 1756, il a été restauré.

Musée de la Gueuze-Brasserie Cantillon★

R. Gheude 56. Tlj sf dim. 9h (sam. 10h)-17h. Fermé j. fériés. 3€. ☎ 02 521 49 28.

Cette dernière brasserie artisanale de la capitale permet de suivre les différentes étapes de la fabrication du lambic, de la kriek, de la gueuze et du faro de tradition.

AU NORD DE BRUXELLES

Koekelberg

Basilique nationale du Sacré-Cœur★

Accès à la galerie-promenoir et à la coupole. Été : 9h-17h15 ; hiver : 10h-16h15. 2,50€. ☎ 02 425 88 22.

Commencée en 1905, elle fut consacrée en 1951 et terminée seulement en 1970. Le dôme de cet immense édifice en brique, béton et pierre s'élève à 90 m au-dessus de la colline de Koekelberg. Contre l'abside se dresse un grand *Christ en croix* de George Minne. À l'intérieur, les murs revêtus de terra-cotta jaune d'or circonscrivent un très vaste espace ; le transept atteint 108 m de longueur. On remarque surtout le **ciborium**, au-dessus du maître-autel : il est surmonté d'un calvaire et de quatre anges en bronze, agenouillés, exécutés par Harry Elström. De nombreux **vitraux** diffusent une lumière colorée ; ceux de la nef ont été réalisés d'après les cartons d'Anto Carte.

On peut monter à la **galerie-promenoir** et au **sommet du dôme** *(ascenseur)* : **vue** panoramique sur Bruxelles.

Ch. Bastin et J. Evrard/MICHELIN

Basilique du Sacré-Cœur.

Jette

Demeure abbatiale de Dieleghem

De déb. janv. à mi-déc. : 14h-17h, 1er w.-end du mois aux mêmes heures. Fermé j. fériés. Gratuit. ☎ 02 476 04 39.

Seul vestige d'une abbaye fondée au 11e s., elle abrite la petite collection Moreau-Genot comprenant un bel ensemble de porcelaine (France, Delft, Bruxelles) des 18e et 19e s.

Au 2e étage se trouve le **musée communal du Comté de Jette** qui retrace l'histoire de la commune depuis la préhistoire.

Laeken

Église N.-D.-de-Laeken

Tlj sf lun. 14h-17h. ☎ 02 478 20 95.

Construite par Poelaert dans le style néogothique, elle abrite les tombeaux de la famille royale **(crypte)** et une *Vierge* du 13e s., très vénérée. *Dim. 14h-17h. Gratuit. ☎ 02 478 20 95.* Dans le cimetière, on voit le chœur gothique de l'ancienne église ainsi que des tombes de nombreuses célébrités. Remarquer *Le Penseur* de Rodin qui signale la sépulture de Jef Dillens.

Château royal de Laeken

Situé dans la partie orientale *(non accessible au public)* du parc de Laeken, c'est la résidence habituelle des souverains de Belgique, bien que le roi Albert II ait choisi de rester dans sa demeure toute proche du Belvédère. Au-delà des grilles d'entrée, on aperçoit sa façade réédifiée en 1902 par l'architecte Girault. En face se dresse, dans un parc public, le monument érigé à la mémoire de Léopold Ier.

Serres royales de Laeken★★

Visibles quelques jours (qui varient chaque année) au printemps (avr.-mai). Se renseigner, ☎ 02 513 89 40 (Office de tourisme).

Plus au Nord du domaine royal. Ces édifices au splendide décor architectural, et très riches au point de vue botanique, sont malheureusement rarement ouverts au public. Les serres furent construites vers la fin du 19e s. par l'architecte Alphonse Balat (1819-1895). Plusieurs galeries et pavillons aux plantes exotiques relient les deux axes principaux, l'Église de fer *(non accessible au public)* et le magnifique Jardin d'hiver qui impressionne par ses dimensions. Ce véritable palais en verre, fer, fonte et acier est une synthèse audacieuse d'ingéniosité technique et esthétique.

Pavillon chinois

Tlj sf lun. 10h-16h45. Fermé 1er janv., 1er mai, 1er et 11 nov., 25 déc. 3€, gratuit 1er mer. du mois à partir 13h. ☎ 02 268 16 08 ; www.kmkg-mrah.be

Face à la tour japonaise, ce gracieux édifice (1901-1909) fut construit par l'architecte Alexandre Marcel. Le kiosque et les boiseries extérieures furent exécutés à Shanghai. Remarquer au rez-de-chaussée le salon Delft orné de dessins illustrant les fables de La Fontaine. Belle collection de porcelaines sino-japonaises manufacturées pour l'exportation, dont les pièces sont exposées par roulement.

Une galerie-tunnel creusée sous l'avenue J. Van Praet relie les deux bâtiments.

Tour japonaise

Tlj sf lun. 10h-16h45. Fermé 1er janv., 1er mai, 1er et 11 nov., 25 déc. 3€, gratuit 1er mer. du mois à partir 13h. ☎ 02 268 16 08 ; www.kmkg-mrah.be

Le pavillon d'entrée de cette pagode bouddhique (1901-1904) correspond au porche réédifié du *Tour du monde* de l'Exposition universelle de Paris en 1900, réalisé par Alexandre Marcel et racheté à la fermeture par Léopold II. La tour et l'aile abritant le grand escalier ont été construites à Bruxelles par ce même architecte. L'ornementation architecturale fut exécutée au Japon. Expositions temporaires.

La **fontaine** voisine est la reproduction de la célèbre *fontaine de Neptune* à Bologne par Jean Bologne.

Heysel

Atomium★

Avr.-sept. : 9h-20h ; oct.-mars : 10h-17h30. 6€. ☎ 02 475 47 77 ; www.atomium.be

Témoin de l'Exposition universelle de 1958, l'Atomium domine de ses 102 m le plateau du Heysel. Symbole de l'âge atomique, il représente une molécule de cristal de fer agrandie 165 milliards de fois. Sa structure, en acier revêtu d'aluminium, est composée de 9 sphères de 18 m de diamètre, reliées entre elles par des tubes de 29 m de long et 3 m de diamètre, dans lesquels on peut circuler. Un ascenseur mène à la sphère supérieure d'où l'on bénéficie d'un panorama de Bruxelles.

Au pied de l'Atomium s'étend le **Bruparck**, vaste terrain comprenant, outre Mini-Europe, le Kinepolis avec presque 30 salles de cinéma, une salle Imax dont l'écran mesure 600 m^2, l'Océade, hall aménagé pour les loisirs aquatiques et The Village, ensemble de cafés et de restaurants.

On aperçoit, plus loin au Nord, les **palais du Centenaire**, dans le parc des Expositions, aménagé pour l'Exposition universelle de 1935.

Mini-Europe

♿ Avr.-sept. : 9h30-17h ; juil.-août : 9h30-19h (ven.-dim. 23h) ; oct.-déc. : 10h-17h. 11€. ☎ 02 478 05 50 ; www.minieurope.com

Tous les pays de l'UE sont représentés ici à travers des maquettes (échelle 1/25) de bâtiments ayant une valeur socio-culturelle, historique et symbolique. Ainsi se trouvent rassemblés dans un parc de 2,5 ha l'Acropole d'Athènes, des réalisations danoises du temps des Vikings, l'hôtel de ville de Louvain (15e s.), une copie de l'austère monastère de l'Escurial (16e s.) que fit élever Philippe II au Nord-Ouest de Madrid, des maisons bordant des canaux d'Amsterdam (17e s.) et la ville anglaise de Bath, œuvre des architectes du 18e s. John Wood Sr. et Jr. Quelques créations contemporaines animent le parc, tels la fusée Ariane, le TGV et un jumbo-ferry.

Ch. Bastin-J. Evrard/MICHELIN

Le château de Beersel.

alentours

WATERLOO

19 km au Sud. Sortir par ⑥ du plan. Description, voir ce nom.

BEERSEL *14 km au Sud.*

Ce bourg possède un joli **château fort** en briques, construit entre 1300 et 1310. Une restauration réalisée à partir de gravures qui le représentent à la fin du 17e s. lui a rendu son éclat d'antan. Avec sa couronne de douves où se reflètent les chemins de ronde à mâchicoulis, ses trois tours à échauguettes et pignons à redans, il a une allure très romantique. *De déb. mars à mi-nov. : tlj sf lun. et w.-end 10h-12h, 14h-18h ; de mi-nov. à fin fév. : w.-end 10h-12h, 14h-18h. Fermé janv. 2,50€. ☎ 02 331 00 24.*

ALSEMBERG *14 km au Sud.*

Dans cette commune de l'entité de Beersel, au sommet d'une colline, se dresse la magnifique **église Notre-Dame** de style gothique tardif (14e-16e s.). Elle fut restaurée en profondeur par J. et M. Van Ysendijck à la fin du 19e s. À part les fonts baptismaux romans du 13e s., un chancel en style rococo et une chaire de vérité monumentale, l'église abrite une statuette miraculeuse de la Vierge Marie datant d'environ 1200.

Le **Papiermolen Herisem** se trouve au no 20 de la Fabriekstraat, dans la vallée du Molenbeek, à la limite de la commune de Tourneppe (Dworp). Cet ancien moulin à papier est recensé pour la première fois dans les archives en 1536. Il appartient à la famille Winderickx depuis 1763 qui le convertit à la fabrication du carton en 1858. Après 50 ans d'inactivité, le complexe a été restauré et rouvert au public. Le visiteur découvre ainsi sur le vif comment le papier et le carton étaient fabriqués au siècle dernier. *Mars-nov. : tlj sf mer. 10h-16h, 1er et 3e w.-end du mois 10h-18h. Fermé j. fériés. 4,46€. ☎ 02 381 07 70.*

HUIZINGEN *16 km au Sud.*

Son **domaine récréatif provincial** couvre 90 ha. Bien entretenu, il représente une oasis de verdure au sein d'une région industrielle. ♿ *Avr.-sept. : 9h-20h (nov.-janv. 17h ; fév. et oct. 18h ; mars 19h). 2,48€. ☎ 02 383 00 20.*

GAASBEEK *12 km au Sud-Ouest.*

Château et parc de Gaasbeek★★

Avr.-oct. : tlj sf lun. (sf juil.-août) et ven. 10h-18h. 2,50€. ☎ 02 531 01 30.

Très restauré à la fin du 19e s., situé en bordure d'un parc vallonné, il abrite un riche musée. L'ensemble a été légué par son propriétaire en 1921, et depuis 1981 appartient à la communauté flamande. Le célèbre comte d'Egmont y passa les trois dernières années de sa vie. Le **musée** conserve un beau mobilier, des tableaux, une multitude d'objets anciens et de magnifiques **tapisseries** (Tournai, 15e s., Bruxelles, 16e et 17e s.), dont les cinq épisodes de l'histoire de Tobie (escalier d'honneur). La salle des archives conserve le testament de Rubens. De la terrasse, la vue sur la campagne évoque les œuvres de Bruegel l'Ancien qui vint peindre cette région du Pajottenland, en particulier à St-Anna-Pede : on reconnaît l'église de cette localité sur un de ses tableaux.

MEISE *14 km au Nord.*

Plantentuin★★ (Jardin botanique)

♿ *9h-17h (nov.-mars 16h). Fermé 1er janv., 25 déc. 4€. ☎ 02 260 09 70 ; www.br.fgov.be*
Située au Nord de Bruxelles, cette localité est surtout connue pour son domaine de Bouchout qui accueille le Jardin botanique. L'aspect du parc est déterminé par les implantations scientifiques, les massifs boisés alternant avec les pelouses, les étangs et les arbres remarquables plantés en solitaires. Au hasard de sa promenade et en fonction de la saison, le visiteur découvrira des collections d'hortensias, de magnolias, de rhododendrons, de chênes et d'érables. Au **palais des Plantes**, un circuit fléché parcourt un univers de plantes tropicales et subtropicales. Il ne faut pas manquer la serre dite « à Victoria » aux « palettes des peintres ». Le château où mourut l'impératrice Charlotte, sœur du roi Léopold II et veuve de Maximilien, empereur du Mexique, accueille des expositions temporaires. Mirant ses tours crénelées dans les eaux paisibles des anciennes douves, il forme un joli tableau.

Le Jardin botanique à Meise.

Bayard/GLOBAL PICTURES

GRIMBERGEN *16 km au Nord par l'A 12 jusqu'à Meise, puis prendre à droite.*

Église abbatiale des Prémontrés

C'est un des plus intéressants ensembles d'architecture et de décoration baroques de Belgique (1660-1725). Restée inachevée, elle présente un chœur très allongé que prolonge une tour carrée. L'intérieur tient sa majesté de la hauteur des voûtes et de la coupole. Il conserve un riche mobilier, notamment les quatre **confessionnaux★** où alternent allégories et personnages de l'Ancien et du Nouveau Testament, par le sculpteur anversois Hendrik Frans Verbruggen. Les **stalles**, du 17e s., sont intéressantes. L'église renferme en outre 15 tableaux d'anciens maîtres flamands (17e-18e s.).
La **grande sacrisitie** (1763), à gauche du chœur, est décorée de lambris remarquables ; au plafond, la fresque et les grisailles sont consacrées à saint Norbert, fondateur de l'ordre.
Dans la petite sacristie, beaux tableaux du 17e s.

ZAVENTEM *10 km à l'Est par la chaussée de Louvain, puis à gauche.*

St.-Martinus (Église St-Martin)

Elle possède un intéressant tableau de Van Dyck : *Saint Martin partageant son manteau.*

circuit

FORÊT DE SOIGNES★★ *59 km au Sud-Est. Sortir par ③ du plan.*

Tervuren★

Au Nord-Est de la forêt de Soignes, le **parc★** de Tervuren aux pelouses soignées, où s'égrènent de beaux étangs, était à l'origine un rendez-vous de chasse apprécié. Des châteaux et jardins successifs firent sa gloire du 13e au 19e s. *Accès principal du parc en voiture par la place de l'Église.*

Koninklijk Museum voor Midden-Afrika★★ (Musée royal de l'Afrique centrale)

Parking Leuvensesteenweg. ♿ Tlj sf lun. 10h-17h (w.-end 18h). Fermé 1er janv., 1er mai, 25 déc. 4€. ☎ 02 769 52 11 ; www.africamuseum.be

En 1897, le roi Léopold II de Belgique avait organisé dans le cadre du Palais colonial une exposition sur le Congo qui présentait la faune, la flore, l'art et l'ethnologie de ces contrées lointaines. Cette exposition obtint un tel succès qu'elle devint un musée permanent pour lequel l'architecte Girault construisit entre 1904 et 1910 le bâtiment actuel avec sa façade de style Louis XVI.

Les collections du musée présentent un vaste panorama de l'Afrique. Les sculptures et autres objets ethnographiques offrent un choix de pièces représentatives de divers groupes ethniques, et en particulier des deux foyers majeurs de cette forme d'expression artistique : l'Afrique centrale, avec une place privilégiée pour l'ancien Congo belge, et l'Afrique occidentale. Cet établissement est aussi un centre scientifique de recherches fondamentales sur le continent africain.

Visite – On entre par la **rotonde** d'où s'offre une belle vue sur le parc. De part et d'autre, la **grande galerie** ainsi que quelques salles qui la prolongent à droite abritent une sélection remarquable d'objets et d'œuvres d'art africain. Dans la partie de la galerie à gauche de la rotonde, les collections sont présentées par thème ethnographique (chasse, agriculture, artisanat ou événements sociaux : mariage, mort...) ; dans la partie de droite, les objets sont regroupés par zone géographique (Congo, Angola du Nord, Rwanda et Burundi). Il y apparaît une variété de sculptures étonnantes en bois, ivoire, pierre, et métal (plus particulièrement salle 4). On peut aussi admirer une riche collection de bijoux et parures (salle 6). La suite de la visite offre des développements intéressants sur l'histoire coloniale de l'Afrique (parmi les grands explorateurs figurent Livingstone et Stanley à la première place), sur le paysage de montagne africain du Ruwenzori avec ses différentes zones d'altitude, ainsi que sur la zoologie (vastes dioramas), la géologie et la minéralogie.

Revenir au centre de Tervuren et suivre la signalisation pour l'Arboretum.

Arboretum géographique★

Visite du lever au coucher de soleil. Promenades limitées aux sentiers et pelouses. Gratuit. ☎ 02 769 20 81.

L'arboretum géographique de Tervuren, créé en 1902, occupe une partie du bois des Capucins. Il est divisé en deux sections : nouveau et ancien continent, et rassemble des espèces forestières de climat tempéré, classées par région : chênes, ormes, frênes, bouleaux et conifères, mais aussi des essences exotiques. On remarque les grands résineux de la zone du Pacifique tels que les séquoias et les douglas.

Jezus-Eik

Dans cette localité nommée en français **N.-D.-au-Bois** convergent les promeneurs qui viennent s'y restaurer et déguster une de ces fameuses tartines au fromage blanc, aux oignons et aux radis, spécialité de la région de Bruxelles.

Forêt de Soignes★★

Cette superbe forêt témoigne, sur 4 380 ha, de l'ancienne **forêt charbonnière**, située à l'Ouest de la forêt ardennaise, où l'on fabriquait, du temps des Romains, du charbon de bois. De magnifiques hêtres se pressent sur le territoire vallonné de cet ancien rendez-vous de chasse. Maints vestiges de domaines abbatiaux occupent le creux des vallons : ainsi **Groenendael** (Groenendaal), beau **site★** romantique jalonné d'étangs qui fut célèbre du 14e au 18e s. pour son abbaye. Là vécut au 14e s. le grand mystique **Jan van Ruusbroec**, surnommé l'Admirable.

En dehors des grandes voies de circulation, de nombreux sentiers et allées cavalières, quelques pistes cyclables permettent des promenades agréables.

La Hulpe

Parmi les collines se disséminent résidences et châteaux. Le **domaine Solvay**, propriété de 220 ha, qui appartenait à la famille de l'industriel Solvay, a été légué à l'État. Le **parc★** magnifique, parsemé d'étangs, est dominé par un **château** de 1840. *Visite du parc 8h-21h (hiver 18h). Gratuit. ☎ 02 653 64 04.* Plus loin, la ferme du château abrite la **fondation Folon★**. Dans une mise en scène remarquable, ce musée fort intéressant présente une sélection des plus belles œuvres dont le célèbre artiste Jean-Michel Folon (né 1934) n'a pas voulu se séparer. *Tlj sf lun. 10h-18h (dernière entrée 17h). 7,44€. ☎ 02 653 34 56.*

Lac de Genval

Rendez-vous de week-end des Bruxellois : vaste, il permet la pratique de nombreux sports nautiques ; boisé, ses abords autorisent de belles promenades.

Château de Rixensart

De mi-avr. à fin sept. : visite accompagnée (40mn) dim. 14h-18h. 4€. ☎ 02 653 65 05.

Imposant quadrilatère de briques flanqué de tourelles d'angle, de style Renaissance, il date du 17e s. Le domaine appartient depuis plus d'un siècle à la famille de Merode dont l'un des membres, Félix de Merode, fit partie du gouvernement provisoire en 1830. L'une des filles de ce dernier épousa le célèbre écrivain catholique français Montalembert.

L'**intérieur** renferme en particulier de belles tapisseries (Beauvais, Gobelins), des peintures françaises (Valentin, Nattier) et une collection d'armes rapportées de la campagne d'Égypte par le mathématicien français Monge.

Canal du Centre★

Le canal du Centre fut créé entre 1882 et 1917 pour relier le bassin de la Meuse à celui de l'Escaut, afin de constituer un axe direct entre l'Allemagne et la France. Le gros problème était la dénivellation de 90 m qui existait entre les deux bassins. Il fut résolu par la construction de 4 ascenseurs à bateaux et de 6 écluses qui fonctionnent toujours. Magnifique exemple d'archéologie industrielle en Belgique, le site figure sur la liste du patrimoine mondial de l'Unesco depuis 1998.

La situation

Cartes Michelin nos 716 F 4 et 534 J 20 – Hainaut.

Accès depuis Mons ou Bruxelles par l'E 19 ; ensuite suivre les panneaux.

Pl. Mansart 17, 7100 La Louvière, ☎ 064 33 37 21 ; canal-du-centre.voies-hydrauliques.wallonie.be

comprendre

Les anciens ascenseurs hydrauliques – Ces belles constructions métalliques dessinées par une firme londonienne et exécutées par les usines Cockerill furent mises en place entre 1888 et 1917. Le principe est très simple : les péniches prennent place dans deux bassins remplis d'eau, l'un dans la partie haute du canal et l'autre dans la partie en contrebas. Ces deux bacs fixés sur d'énormes pistons constituent une sorte de balance hydraulique. Ceux-ci coulissent dans deux cylindres remplis d'eau, reliés par une tuyauterie. Une surcharge d'eau dans le bac supérieur vient rompre l'équilibre et le fait descendre tandis que le principe des vases communicants fait remonter l'autre.

Le nouveau canal – À la suite de la loi du 9 mars 1957 qui décrétait la mise au gabarit européen (1 350 t) des principaux canaux belges dont ce tronçon, il fut décidé de lui donner un nouveau tracé et de remplacer les ascenseurs hydrauliques et les écluses par l'ascenseur de Strépy-Thieu.

Restauration

Le Faitout – *Av. Louis Goblet 161 – 7331 Baudour – ☎ 065 64 48 57 – fermé lun. et mar. soir – 24/26€.* Halte sympathique que l'on pourra avantageusement combiner à la visite de la région du canal du Centre. Bonne cuisine traditionnelle, avec de succulentes grillades au feu de bois. Agréable terrasse estivale meublée en teck.

visiter

Le nouvel ascenseur à bateaux de Strépy-Thieu

Juil.-août : tlj sf dim. et j. fériés 9h30-18h30 (dernière entrée 17h) ; mai-oct. : 9h30-18h30. 5€. ☎ 064 67 12 00.

À l'intérieur de l'ascenseur, une présentation audiovisuelle donne une idée de l'ampleur et des détails techniques du projet enfin réalisé. Ouvert à la

Un ascenseur hydraulique sur le canal du Centre.

Ch. Bastin et J. Evrard/MICHELIN

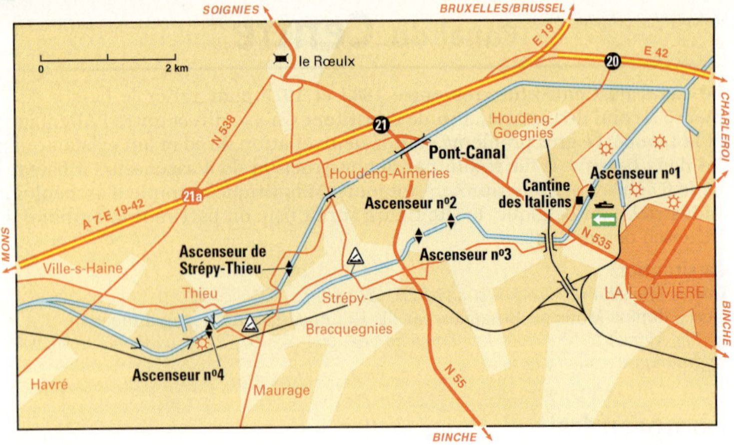

navigation depuis peu, l'ouvrage choisi pour résoudre les 73,15 m de dénivelé du nouveau trajet a des dimensions impressionnantes : hauteur 110 m, longueur 130 m, largeur 75 m ; la charge transmise au sol atteint les 300 000 t. Deux bacs en acier de 112 m sur 12 m, suspendus par des câbles supportant 16 000 t et équilibrés par des contrepoids, peuvent de façon indépendante monter ou descendre en 6 à 7 mn ; 40 mn suffisent à une péniche pour franchir entièrement la chute. Ainsi, le tracé ancien, qui ne permet que le passage de bateaux de 300 t (en 5h), est remplacé pour être accessible à des bateaux de 1 350 t (en 2h) ! Le dernier étage accueille le **parcours-spectacle « Pays des Génies »** présentant des Belges célèbres ayant joué un rôle de premier ordre dans le domaine de la culture, de l'économie ou du sport. Du niveau 3, jolie **vue** sur le canal et ses alentours.

Promenade en bateau pour la visite des ascenseurs

Durée 2h. Départ de la cantine des Italiens ou de Strépy-Bracquenies. Mai-oct. : sam. 10h-14h, dim. 10h-16h (juil.-août tlj). ☎ 064 66 25 61.

Cette agréable promenade sur le canal bordé d'arbres et de maisons permet d'imaginer la vie des mariniers : passage des ascenseurs hydrauliques, des ponts tournants ou levis, manipulés par les pontiers ou les éclusiers. Un des embarcadères se trouve près de la **cantine des Italiens**, baraquements qui avaient été construits en 1945 pour accueillir des ouvriers italiens travaillant dans les charbonnages. Le franchissement des ascenseurs n°s 2 et 3 permet d'en apprécier le fonctionnement. Dans la salle des machines qui se trouve sur la rive droite près de l'ascenseur n° 3, on peut voir comment se fabrique de l'eau sous très haute pression stockée dans les deux tours du bâtiment pour lever les portes d'accès à l'ascenseur, établir une jonction étanche entre le canal et le bac, et faire fonctionner les pistons. Le retour se fait en petit train touristique, le long du chemin de halage, et l'on revoit les ascenseurs, mais cette fois de l'extérieur.

Charleroi

Jadis une des métropoles de l'économie belge, les rues animées et la gaieté même des Carolos ou habitants de Charleroi font aujourd'hui de l'ancienne capitale du Pays noir une cité intéressante. Deux quartiers principaux se dessinent au sein de cette agglomération tentaculaire : la ville haute, autour de l'hôtel de ville et son beffroi et, au Sud, sur une ancienne île de la Sambre dont un bras a été comblé, la ville basse, à vocation commerciale.

La situation

202 020 habitants (agglomération) - Cartes Michelin n°s 716 G 4 et 534 L 20 - Plan dans Le Guide Rouge Benelux - Hainaut.

Important nœud autoroutier, la ville se trouve près de l'autoroute E 42 et au croisement de la N 90 et de la N 5.

ℹ *Av. Mascaux 100, ☎ 071 86 61 52 ; www.charleroi.be*

comprendre

Passé militaire

En 1666, le gouvernement des Pays-Bas espagnols, inquiet des prétentions de Louis XIV, fait transformer en forteresse le village de Charnoy qui, en hommage au roi d'Espagne Charles II, prend le nom de Charleroy. Dès juin 1667, Louis XIV s'empare de la place forte. Vauban renforce les remparts de la ville haute, puis on édifie la ville basse pour entretenir l'activité économique. La présence de la houille dans la région va attirer les industries (verreries). Jusqu'en 1868, date de la transformation des remparts en boulevards, Charleroi est l'enjeu de durs combats. Prise par Jourdan en 1794, elle sert de base aux armées de la République, puis aux troupes napoléoniennes.

En août 1914 a lieu la bataille de Charleroi (21-23 août), au cours de laquelle les troupes françaises échouent dans leur courageuse tentative d'interdire à l'ennemi la traversée de la Sambre. Le 21 : Charleroi est pris. Cependant, l'avance allemande est contenue un instant puis, devant la menace d'encerclement, l'armée française doit battre en retraite dans la soirée du 23, juste avant l'arrivée des renforts allemands le 24.

L'industrie

C'est la houille qui a attiré l'industrie : d'abord la verrerie dès 1577, puis la métallurgie (fonderies, clouteries, tréfileries et laminoirs) qui s'est particulièrement bien développée dès le début du 19e s. Aujourd'hui, la sidérurgie et la verrerie sont toujours représentées, mais l'industrie s'est diversifiée avec les constructions électriques, l'électromécanique, les industries chimique et pharmaceutique, l'imprimerie, etc. Deux instituts supérieurs forment des techniciens spécialisés et des ingénieurs.

Le canal de Charleroi à Bruxelles unit la Sambre à l'Escaut via Bruxelles et le canal Maritime. La Sambre se jette ensuite dans la Meuse à Namur.

LES CÉLÈBRES « MARCHES » D'ENTRE-SAMBRE-ET-MEUSE

Particulièrement imprégnés de souvenirs guerriers, les villes et villages de la région qui s'étend au Sud de Charleroi, entre la Sambre et la Meuse, sont célèbres dans le calendrier folklorique belge pour leurs marches militaires qui remontent au 17e s.

Vestiges probables de l'époque troublée des réformes où les processions religieuses étaient encadrées par des milices rurales en armes, ces manifestations aux dehors très martiaux honorent un saint local.

Le jour de sa fête, c'est une véritable petite armée qui défile dans les rues, escortant parfois la statue du saint. En tête vont les « sapeurs », puis les tambours, les fifres et la fanfare, ensuite les soldats armés d'un fusil et tirant des salves ; parmi eux, des cavaliers et même des cantinières. Depuis le passage de Napoléon, l'uniforme du Premier Empire connaît un grand succès.

Une quarantaine de localités organisent des marches militaires. À **Ham-sur-Heure**, pour la marche de St-Roch, défilent plus de 700 personnes parmi lesquelles figurent des « volontaires montois de la révolution brabançonne de 1789 ». La plus longue marche est celle de **Gerpinnes** : 35 km, qui « mobilise » plus de 5 000 personnes. Dans ce village, le petit **musée des Marches folkloriques de l'Entre-Sambre-et-Meuse** présente les costumes militaires des marcheurs. Celle de **Fosses-la-Ville**, aussi splendide que rare, a lieu tous les 7 ans. En dehors de l'Entre-Sambre-et-Meuse, il faut signaler la marche de la Madeleine à **Jumet** *(4 km au Nord de Charleroi)*. Remontant à l'an 1380, c'est la plus ancienne de toute la Wallonie. Elle est remarquable par la variété de ses costumes.

Ch. Bastin et J. Evrard/MICHELIN

Marche militaire à Ham-sur-Heure.

carnet pratique

RESTAURATION

• À bon compte

La Vigneraie – *Av. J. Henin 5 – ☎ 071 31 32 27 – déj. seulement – ⊠ – 24/27€.* Près du square Hiernaux, sympathique petit restaurant non-fumeur associé à une boutique de vins. Pour accompagner les plats traditionnels qu'annonce la carte, un grand choix de bons flacons (400 références) à prix vraiment raisonnable vous y attend.

• Valeur sûre

Piccolo Mondo – *Grand'Rue 87 – ☎ 071 42 00 17 – 9€ déj. – 26€.* La patronne de cette accueillante table carolo-transalpine prépare ses « pastas » d'après une recette tenue secrète. On s'attable dans une ambiance un peu tchatcheuse, restituant bien l'âme italo-belge de la ville. Un « Petit Monde » en soi !

visiter

LA VILLE HAUTE

Hôtel de ville

L'hôtel de ville et son beffroi, haut de 70 m, ont été construits en 1936 d'après les plans de Joseph André et de Jules Cézar. Le bâtiment, avec son superbe intérieur Art déco, abrite deux musées.

Musée des Beaux-Arts – *Au 2e étage de l'hôtel de ville.* Ce musée possède quelques toiles de François-Joseph Navez, élève de David et originaire de la ville. Les œuvres de Constantin Meunier et Pierre Paulus font l'apologie du monde du travail. Le musée présente également des tableaux de Magritte, Delvaux et d'artistes hennuyers et accueille des expositions temporaires. *Tlj sf lun. 9h-12h30, 13h15-17h (sam. 18h), dim. 10h-12h30, 13h15-18h pdt les expositions. Fermé dim. (hors expositions), j. fériés légaux. Gratuit, 4€ pdt les expositions. ☎ 071 86 11 36 ; www.charleroi-museum.org*

Musée Jules Destrée – *À l'étage supérieur de l'hôtel de ville.* Les multiples facettes de la vie de ce politicien, homme d'État, avocat et écrivain socialiste sont abondamment illustrées à l'aide de documents, vieilles photos, objets personnels, dessins et peintures. Fédéraliste wallon convaincu, il écrit, dans sa *Lettre au Roi, sur la séparation de la Wallonie et de la Flandre*, de 1912, ces paroles célèbres : *« Sire, il n'y a plus de Belges ».*

Tlj sf lun. et dim. (sf en cas d'expositions temporaires) 9h-12h30, 13h15-17h pour les collections permanentes. Fermé 1er-2 janv., Mar. gras, Pâques, 1er mai, Ascension, Pentecôte, 21 juil., 15 août, 1er-2 nov., 25-26 déc. ☎ 071 86 11 38.

Place du Manège

Autour de cette grande place où se tient une partie du marché dominical se trouvent le palais des Expositions (1954) et le palais des Beaux-Arts (expositions, concerts et diverses représentations).

alentours

Le Bois du Cazier* à Marcinelle

3 km au Sud. Accès par l'A 54 ou le R 3, puis prendre l'A 503 sortie 34 Marcinelles Haies. Mar.-ven. 9h-17h, w.-end 10h-18h, ☎ 071 88 08 ; www.boisducazier.be

Par une grille métallique, on accède au site de l'ancien charbonnage du Bois de Cazier, dont témoignent encore plusieurs terrils, châssis à molettes et bâtiments industriels. L'**Espace du 8 août 1956**** commémore le souvenir de 262 mineurs de 12 nationalités différentes qui périrent dans un incendie au fond du puits St-Charles. Photos et interviews évoquent de façon émouvante une des plus grandes catastrophes minières du pays. Le mémorial donne également un aperçu de l'immigration italienne de l'après-guerre vers la Belgique et des conditions de travail dans les mines. Le **musée de l'Industrie** illustre le riche passé industriel de la Wallonie. Parmi les pièces majeures de l'impressionnante collection de machines, citons une machine à vapeur de 1913, provenant de l'atelier Zimmerman-Hanrez et un laminoir à tôles de 1883, réalisé dans les anciennes usines d'Anhée. Le musée offre aussi une documentation intéressante sur l'évolution de la technologie moderne et la société postindustrielle. Les vestiaires et les bains-douches au carrelage bleu font replonger le visiteur dans la vie quotidienne des « gueules noires ».

LE JOURNAL DE SPIROU

En 1938, le magazine de bandes dessinées *Spirou* fut créé à Marcinelle, un faubourg de Charleroi. Il réunit des auteurs, scénaristes et dessinateurs de premier plan : le Français Robert Velter, alias Rob Vel, Jijé, pseudonyme de Joseph Gillain, André Franquin, inventeur du Marsupilami, Morris et Roba.

Mont-sur-Marchienne

3 km au Sud. Accès par le ring sortie « Porte de la Villette » ou par le périphérique R 3 sortie Mont-sur-Marchienne.

Le **musée de la Photographie★** occupe un ancien couvent de carmélites de style néo-gothique. Un parcours à travers les pièces disposées autour du cloître permet de retracer l'histoire de la photographie depuis ses débuts en suivant l'évolution des appareils (depuis la camera obscura et le daguerréotype jusqu'à l'holographie) ainsi que les étapes de l'art photographique. Des tirages des plus grands photographes illustrent cet itinéraire. Ce musée qui se veut aussi un lieu vivant possède une bibliothèque de plus de 2 000 volumes sur la photographie et présente tout au long de l'année des expositions temporaires de grande qualité. ♿ *Tlj sf lun. 10h-18h. Fermé 1er janv., 25 déc. 3,72€. ☎ 071 43 58 10.*

Dorothea Lange : Migrant Mother, Nipomo, Californie, 1936.

Chimay★

Au fond de la « botte du Hainaut », à la lisière Sud de la vaste forêt de Rance, la petite ville de Chimay est connue pour son château dont on a une jolie vue depuis le pont sur l'Eau Blanche. Elle conserve le souvenir de Froissart, auteur, au 14e s., de célèbres « Chroniques », et de Mme Tallien, née Thérésa de Cabarrus. Elle épousa en troisièmes noces (1805) François-Joseph de Caraman, prince de Chimay, et termina dignement en son château une existence agitée (1773-1835). Sauvée de l'échafaud à Bordeaux par le proconsul Tallien, elle avait été réincarcérée à Paris. De sa prison, elle inspira à Tallien, qui devint peu après son mari, le courage nécessaire pour renverser Robespierre, d'où son surnom de Notre-Dame-de-Thermidor.

La situation

9 755 habitants - Cartes Michelin nos 716 G 5 et 534 K 22 - Hainaut.
Dans un cadre de verdure, Chimay se trouve près de la frontière française. On s'y rend en empruntant la N 99 ou la N 53.

carnet pratique

Restauration

• *Une petite folie !*

Chez Edgard et Madeleine – *R. du Lac 35 – 6461 Virelles – ☎ 060 21 10 71 – fermé lun. soir et mar. sf fériés – 42/51€.* Idéalement située face aux étangs de Virelles, cette auberge traditionnelle régale les amateurs de cuisine bourgeoise régionale depuis quatre générations. Quelques recettes mettent à l'honneur la fameuse bière trappiste de Chimay.

Hébergement

• *À bon compte*

Franc Bois – *Courtil aux Martias 18 – 6463 Lompret – ☎ 060 21 44 75 – francbois@swing.be – 8 ch. : 69/74€ ☕.* Après avoir sillonné la vivifiante vallée de l'Eau Blanche, vous trouverez le sommeil du juste dans cette jolie maison bâtie en pierres du pays. Les chambres sont actuelles et d'un confort très convenable. Salon cossu.

visiter

Château

♿ *Mars-déc. : visite accompagnée. 5€. ☎ 060 21 28 23.*

Il appartint à la famille de Croÿ, puis, en 1804, à un Riquet de Caraman, descendant du Riquet constructeur du canal du Midi (17e s.) et parent du fameux Mirabeau. Incendié partiellement en 1935, il a été construit sur des plans anciens dans le style de la Renaissance finissante. Sa façade en calcaire gris bleuté se dissimule au fond d'une vaste esplanade.

À l'intérieur, dans un salon dont la terrasse domine de 16 m la vallée de l'Eau Blanche, deux portraits font revivre l'ombre de Mme Tallien, l'un par Gérard, l'autre alors qu'elle était âgée. Son fils aîné, Joseph, fit bâtir en 1863 le charmant **théâtre** rococo chargé de stucs dorés, réplique de celui de Fontainebleau. Parmi les artistes invités à Chimay figurait la Malibran.

La chapelle aux jolies voûtes surbaissées contient des bannières de Louis XI provenant du château de Carrouges en Normandie (Louis XI s'empara du château de Chimay en 1447).

Dans un petit salon : robe de baptême du roi de Rome et souvenirs de Napoléon.

Collégiale des Sts-Pierre-et-Paul

8h-18h. ☎ 060 21 12 38.

Cette église construite en pierre de taille, au 16e s., a conservé un beau chœur du 13e s. Dans celui-ci se trouvent le remarquable gisant de Charles de Croÿ, chambellan et parrain de Charles Quint (mort en 1552), quatre plaques funéraires à la mémoire de membres illustres de la famille de Chimay, d'intéressantes stalles du 17e s. et une croix triomphale (vers 1550). Remarquer, dans la première chapelle à droite en entrant dans l'église, l'épitaphe en latin du chroniqueur Froissart qui fut chanoine à Chimay et y mourut en 1410. Sur la place, on remarque le monument où figurent des membres de la famille de Chimay dont Mme Tallien et son mari, vêtu d'une cape.

alentours

Étang de Virelles*

3 km au Nord-Est. Mai-sept. : visite de la réserve naturelle 10h-18h ; 1er et 3e dim. du mois visite accompagnée (2h) 10h, 15h. Préouverture à Pâques selon le temps. 2,50€. ☎ 071 38 17 61.

Cette réserve naturelle couvre 100 ha. Entouré de bois, l'étang, très fréquenté, est la plus vaste étendue d'eau naturelle de Belgique. L'aire de détente offre des possibilités de restauration, des locations de pédalos et des jeux pour enfants.

Abbaye N.-D.-de-Scourmont

10 km au Sud par Bourlers.

Fondée en 1850, elle est occupée par des trappistes. Ses sobres bâtiments s'ordonnent autour d'une cour centrale où se dresse la façade dépouillée de l'église (1949). Les pères fabriquent de la bière connue sous le nom de trappiste de Chimay.

Couvin

Couvin aligne ses toits d'ardoise le long des quais ombragés de l'Eau Noire. La ville est dominée par un rocher calcaire (Falize) où s'élevait le château détruit en 1672 par Louis XIV. C'est une charmante cité de villégiature située au cœur d'une région riche en promenades balisées et en rivières propices à la pêche. Couvin est réputé pour sa cuisine : poulet à la couvinoise, escavèche...

La situation

13 193 habitants - Cartes Michelin nos 716 G 5 et 534 L 22 - Namur.

Dans un cadre de verdure, Couvin est traversé par la N 5 reliant Philippeville à la frontière française, et par la N 99 (au départ de Chimay).

🅘 *R. de la Falaise 3, ☎ 060 34 01 40 ; www.couvin.be*

Pour poursuivre la visite, voir aussi le chapitre Chimay.

visiter

Cavernes de l'Abîme

Avr.-oct. : visite accompagnée w.-end et j. fériés 10h-12h, 13h30-18h ; de déb. juil. à mi-sept. : 10h-12h, 13h30-18h. 4,34€ (billet combiné incluant la visite des Grottes de Neptune : 8,92€). ☏ 071 55 88 11 ; www.abime.be

Dans l'une des plus impressionnantes de ces grottes habitées par l'homme préhistorique et servant de refuge à l'époque romaine et au Moyen Âge, est présenté un spectacle audiovisuel sur la préhistoire en Belgique. Un petit musée complète cette évocation. À l'extérieur, du sommet d'un escalier, jolie vue sur Couvin.

circuit

LA RÉGION DES TROIS VALLÉES

17 km à l'Ouest. Prendre la N 99 et tourner à gauche à Petigny.

Grottes de Neptune★

À 5 km de Couvin. Avr.-sept. : visite accompagnée (45mn) 10h30-12h, 13h30-18h. 6,82€. ☏ 071 55 88 11 ; www.grottesneptune.be

L'Eau Noire, appelée ainsi à cause de la pierre noire dont est constitué le fond, disparaît en grande partie dans l'Adugeoir (gouffre) pour ressortir près de Nismes. On visite les trois galeries superposées aux belles concrétions, bien mises en valeur. Si la galerie supérieure a été abandonnée depuis des siècles par l'Eau Noire, celle du centre est inondée lors des crues. La partie inférieure des grottes, où coule la rivière souterraine, permet d'effectuer en barque une agréable promenade au cours de laquelle on admire une spectaculaire **cascade**. La fin du parcours s'agrémente d'un spectacle son et lumière exceptionnel.

Revenir à Petigny, reprendre la N 99 et tourner à gauche vers Nismes.

Nismes

L'Eau Noire, après la traversée des grottes de Neptune, réapparaît ici et se mêle à l'Eau Blanche pour former le Viroin. Nismes est une station estivale fréquentée. Ses environs calcaires recèlent de nombreuses curiosités géologiques, dont le **Fondry des Chiens** *(accès par la rue Orgeveau)*, le plus imposant de ces gouffres tourmentés, hérissés de monolithes, qui parsèment le plateau situé à l'Est de la ville. Belle vue sur la campagne environnante.

À Nismes, prendre la N 939.

Mariembourg

Cette petite ville doit son nom à Marie de Hongrie, gouvernante des Pays-Bas, qui la fit construire en 1542. Cette ville au plan géométrique dotée de fortifications, dont il ne reste rien, faisait face à la place de Maubert-Fontaine, située en territoire français. Réputé imprenable, Mariembourg fut enlevé dès 1554 par le roi de France Henri II, ce qui obligea Charles Quint à édifier une nouvelle place, Philippeville. Reconquis par les Espagnols en 1559, Mariembourg fut cédé 100 ans plus tard à la France et resta française jusqu'au 25 juillet 1815, date à laquelle les défenseurs de la ville durent capituler devant les Prussiens, non sans recevoir « les honneurs de la guerre ».

Mariembourg est le point de départ du **chemin de fer des Trois Vallées**, un train touristique qui se rend jusqu'à Treignes en suivant la pittoresque **vallée de Viroin** ; il passe également par la vallée de l'Eau Blanche en direction de Chimay. *Avr.-oct. : w.-end et j. fériés 10h-20h (juil.-août tlj). 7€ AR. ☏ 060 31 24 40.*

LE PAYS DES RIÈZES ET DES SARTS

20 km au Sud.

Près de la frontière française s'étend le Pays des Rièzes et des Sarts, région de landes marécageuses et de forêts dont les rièzes, terres peu fertiles, sont en partie vouées à l'élevage, permettant la fabrication d'un beurre et d'un fromage réputés.

Prendre la N 5 en direction de Rocroi, puis la N 964 ; tourner vers Brûly-de-Pesche.

Brûly-de-Pesche

Dans un bois, près d'une source, lieu de pèlerinage traditionnel à saint Méen, se dissimule l'**abri d'Hitler**. Du 6 juin au 4 juillet 1940, Hitler fit de cet endroit son quartier général et y dirigea, en compagnie de son état-major, la campagne de France. En toute hâte, il y avait fait construire un petit bunker en béton. *Avr.-sept. : 10h30-18h (dernière entrée 17h) ; oct. : w.-end 10h30-18h. 2,97€. ☏ 060 34 01 40 (hors saison) ou 060 37 80 38 (en saison).*

Damme★

La petite ville pittoresque et quelque peu mélancolique de Damme se dresse dans un magnifique cadre de verdure le long du Damse Vaart. Très animé le week-end, le bourg est un paradis pour les amateurs de bonne chère et les bouquineurs. Devenu en effet un véritable « village du Livre », Damme accueille plusieurs librairies ainsi qu'un marché du Livre le 2e dimanche du mois.

La situation

11 010 habitants – Cartes Michelin nos 716 C 2 et 533 E 15 – Flandre Occidentale.
Damme se situe à un jet de pierre de Bruges (7 km au Nord) et de la côte. Au départ de Bruges, accès très facile par la Dampoort et ensuite le Damse Vaart.
Huyse de Grote Sterre, Jacob van Maerlandtstraat 3, ☎ 050 35 33 19 ; www.damme-online.com

comprendre

Aperçu historique

Damme était, sur l'ancien estuaire du Zwin, un avant-port important de Bruges à qui elle dut son développement et avec qui son histoire se confond. Toutes sortes de marchandises y transitaient ; cependant Damme était spécialisé dans le vin et le hareng. En 1468, on y célèbre avec faste le mariage de Charles le Téméraire et de Marguerite d'York. Mais, à cause de l'ensablement du Zwin, l'essor de Damme est affecté par le déclin de Bruges.
Damme est la patrie d'un des plus anciens écrivains flamands, **Jacob Van Maerlant** (probablement entre 1221 et 1235-fin 13e s.) ; là, vit également le jour **Thyl Uylenspiegel**, célèbre héros du roman picaresque (1867) de **Charles De Coster** en lutte perpétuelle contre l'envahisseur espagnol du 16e s.

carnet pratique

Restauration

• *Valeur sûre*

Siphon – *Damse Vaart Oost 1 – ☎ 050 62 02 02 – fermé jeu., ven. – ⊭ – 27€.* L'anguille partage la vedette avec une belle brochette de grillades dans cet établissement traditionnel montant la garde au croisement de deux canaux. Salles à manger au charme un peu désuet et environnement de polders.

Bij Lamme Goedzak – *Markt 13 – ☎ 050 35 20 03 – fermé de mi-déc. à mi-janv., jeu. – ⊭ – 32/60€.* En face de l'hôtel de ville, affaire familiale se signalant par sa façade blanche animée d'écussons et de volets typiques. Des poutres massives coiffent la salle de restaurant – un peu sombre – aménagée en mezzanine. Choix de mets classiques.

Hébergement

• *À bon compte*

Welkom – *Damse Vaart Noord 34 (près N 49) – ☎ 050 60 24 92 – P – 8 ch. : 42/62€.* Ce petit hôtel vous souhaite la « bienvenue » dans son écrin verdoyant, en bordure du canal reliant Sluis à Damme, le village natal du personnage romanesque Thyl Uylenspiegel. Chambres sans reproche. Breakfast soigné.

De Nachtegaal Chambre d'hôte – *Oude Damseweg 3 – ☎ 050 35 43 88 – www.sl.huys.yucom.be – ⊭ – 4 ch. : 55/80€.* À 1 km de Damme, adorable villa de style fermette flamande profitant du calme de la campagne. Chambres bien tenues réparties à l'étage et petit déj' servi dans la véranda ou, l'été venu, en terrasse ouverte sur un jardin fleuri. Table d'hôte sur demande.

visiter

Stadhuis★ (Hôtel de ville)

Juil.-août : 10h-12h, 14h-18h. 0,99€. ☎ 050 28 86 10 (Office de tourisme).
De style gothique brabançon, le bâtiment date du 15e s. ; les halles occupaient jadis le rez-de-chaussée. Son élégante façade, avec ses échauguettes et son perron, est ornée de statues du 19e s. ; de sa niche, Charles le Téméraire tend à sa fiancée, Marguerite d'York, l'anneau nuptial. L'intérieur conserve de magnifiques poutres sculptées. L'un des personnages représentés serait l'écrivain **Jacob Van Maerlant**. Face à l'hôtel de ville, la statue de ce célèbre auteur flamand du Moyen-Âge qui s'est établi à Damme vers 1266.

Huyse de Grote Sterre

Près de l'hôtel de ville, cette pittoresque maison du 15e s. à double pignon, nommée De Grote Sterre (la grande étoile) fut presque entièrement reconstruite dans les années 1990. Elle abrite actuellement l'office de Tourisme et le **musée littéraire**

Ch. Bastin et J. Evrard/MICHELIN

Damme.

Maerlant-Uilenspiegel où l'accent est mis sur l'évolution qu'a connu le personnage d'Uylenspiegel (Uilenspiegel en néerlandais ou miroir aux chouettes) à travers le temps : véritable brigand à l'origine, il deviendra plus tard le héros populaire dans l'œuvre de Charles De Coster. *De mi-avr. à mi-oct. : 9h-12h, 13h30-18h, w.-end 10h-12h, 14h-18h ; de mi-oct. à mi-avr. : 9h-12h, 13h-17h, w.-end 14h-17h. Fermé 1er janv., 25 déc. 2,48€. ☎ 050 28 06 10.*

O.-L.-Vrouwekerk (Église Notre-Dame)

Avr.-sept. : 10h30-12h, 14h30-17h30. 0,50€ (église), 1€ (tour). ☎ 050 28 86 10 (Office de tourisme).

Elle date des 13e et 14e s. Entre les chevets plats des deux chapelles latérales, l'abside présente de belles baies lancéolées. Lorsque au début du 17e s. de nombreux habitants quittèrent la ville, qui avait dû cesser ses activités portuaires et se transformait en forteresse, l'église devint trop spacieuse et la nef fut démolie. Les ruines de celle-ci conservent une galerie à triplets de style tournaisien.

À l'intérieur de l'église actuelle, on voit une série de statues d'apôtres en bois (fin 13e s.) et, sur l'autel baroque du collatéral gauche, un *Christ miraculeux* qui est transporté à l'occasion de processions comme celle du Saint-Sang à Bruges. La haute **tour★** carrée, qui a perdu sa flèche, est impressionnante. Elle domine une charmante petite place plantée de tilleuls, bordée par l'hôpital St-Jean aux grands toits. Du sommet de la tour, **vue** sur la ville ; des tertres marquent l'emplacement des fortifications du 17e s. Si le temps le permet, on aperçoit la côte.

St.-Janshospitaal (Hôpital St-Jean)

Avr.-sept. : tlj sf lun. et ven. 11h-12h, 14h-18h ; oct.-mars : tlj sf lun. et ven. 11h-12h, 14h-18h (w.-end 16h30). Fermé 1er janv., 25 déc. 1,50€. ☎ 050 46 10 80.

Fondé au 13e s., il a été agrandi et transformé en hospice. On visite la chapelle et le **musée** dont les meubles, tableaux, faïences, objets liturgiques, sculptures (statuette de sainte Marguerite d'Antioche) évoquent le riche passé de l'hôpital et de la ville.

De Schellemolen

Juil.-août : 10h-12h, 13h-18h ; juin et sept. : sam. 14h-18h, dim. et j. fériés 10h-12h, 13h-18h. Gratuit. ☎ 056 25 49 74.

Au bord du canal, ce moulin extrait de l'huile.

Dendermonde★

Termonde

Termonde (Dendermonde : embouchure de la Dendre) occupait jadis une position stratégique au confluent de la Dendre et de l'Escaut. Louis XIV dut en abandonner le siège en 1667, à cause de l'inondation provoquée par les habitants : « Ville maudite, s'écria-t-il, que n'ai-je pour te prendre une armée de canards ! »
Chaque année se déroule ici un cortège de géants. Mais la ville est surtout connue pour son cortège du cheval Bayard, chevauché par les quatre fils Aymon. La manifestation est organisée tous les 10 ans. La légende raconte que l'illustre cheval fut noyé dans l'Escaut, à Termonde, sur ordre de Charlemagne.

La situation

42 994 habitants - Cartes Michelin nos 716 F 2 et 533 J 16 - Flandre Orientale.
Termonde se situe dans le triangle Gand, Anvers et Bruxelles. Accès par la N 17, la N 41 ou la N 47.
ℹ *Stadhuis, Grote Markt, ☎ 052 21 39 56 ; www.dendermonde.be*

Restauration
Arte Shock – *Guldenhoofdstraat 2 – ☎ 052 22 34 47 – info@arteshock.be – fermé lun., mar., sam. midi – 34€.*
Une ruelle donnant sur le Grote Markt permet d'accéder à ce petit restaurant installé dans une maison du 14e s. Préparations au goût du jour, décor intérieur contemporain et ambiance « trendy ». L'été, le couvert est également dressé en terrasse.

visiter

Grote Markt (Grand-Place)

Bien qu'en partie reconstruite, elle conserve un cachet ancien ; deux monuments importants s'y remarquent.
Stadhuis (Hôtel de ville) – Cette ancienne halle aux draps a été reconstruite après la Première Guerre mondiale, dans le style Renaissance flamande, de part et d'autre d'un beffroi carré avec tourelles d'angle du 14e s. Derrière l'hôtel de ville, jolie vue sur la Dendre (Oude Dender).
Vleeshuismuseum (Musée municipal) – Situé dans l'ancienne halle aux viandes (vleeshuis) de 1460, flanquée d'une tourelle octogonale, ce musée présente, dans un joli cadre médiéval, des collections concernant l'archéologie et l'histoire de la ville. ♿ *Tlj sf lun. 14h-17h30, w.-end et j. fériés 10h-12h, 14h-17h. Fermé 1er janv., 25-26 déc. 2,50€. ☎ 09 381 96 70.*

O.-L.-Vrouwekerk★★ (Église Notre-Dame)

Juil.-août : 10h-16h30 ; de mi-avr. à fin sept. : w.-end 14h-16h30. ☎ 052 21 39 56 (Office de tourisme).
Elle est située sur une place flanquée de marronniers qu'on aperçoit depuis la façade arrière du musée. Cet édifice des 13e et 14e s., surmonté d'une tour de croisée octogonale, est une alliance des styles gothique, brabançon et scaldien.
L'intérieur contient un bel ensemble d'**œuvres d'art★**. Dans le bas-côté droit, on peut voir une cuve baptismale romane, en pierre bleue de Tournai, dont les côtés sont décorés de représentations symboliques ayant trait au baptême. Les événements principaux de la vie de l'apôtre Paul figurent sur deux frises. Sur une des faces de la cuve, Paul est représenté parmi les autres apôtres. À proximité, on aperçoit deux toiles de Van Dyck : un *Calvaire* et l'*Adoration des Bergers*. Le croisillon gauche du transept et le chœur ont conservé des peintures murales des 15e et 17e s.

Begijnhof (Béguinage)

Accès par la Brusselsestraat et à droite.
Autour de la cour intérieure sont groupées de hautes maisons du 17e s. Aux nos 11, 24 et 25, petits **musées**. *Avr.-oct. : tlj sf lun. 9h30-12h30, 13h30-18h. Gratuit. ☎ 052 21 39 56 (Office de tourisme).*

Diest★

Dans une boucle formée par le Demer, Diest est une petite ville vraiment charmante entourée d'une forte ceinture de remparts, en partie conservée. Au même titre que Breda aux Pays-Bas, Dillenburg en Allemagne, Orange en France, Diest fut le fief de la maison d'Orange dont le représentant le plus célèbre fut Guillaume de Nassau. Plus connu sous le nom de Guillaume le Taciturne (1533-1584), il prit la tête de la révolte des Provinces-Unies contre l'Espagne. Héritier de son cousin René de Chalon, prince d'Orange né à Diest, il fut le fondateur de la dynastie d'Orange-Nassau à laquelle appartient encore la reine Béatrix, aux Pays-Bas. Le fils aîné du Taciturne, Philippe-Guillaume, est enterré dans l'église St-Sulpice.

La situation

22 046 habitants – Cartes Michelin nos 716 I 3 et 533 P 17 – Brabant Flamand.
À mi-chemin entre Louvain et Hasselt, Diest est bien desservi par l'autoroute E 314 et plusieurs routes nationales, notamment les N 2, N 10, N 29 et N 174.
Stadhuis, Grote Markt, ☎ 013 31 21 21 ; www.diest.be

Restauration

De Nieuwe Haan – *Grote Markt 19 – ☎ 013 33 51 06 – de.nieuwe.haan@skynet.be – fermé lun. et mer. sf en juil.-août – ⊭ – 36,90€.*
Taverne-restaurant familiale abritée derrière l'imposante façade d'une maison du 17e s. jouxtant la Grand-Place. Décor intérieur en phase avec l'époque. Choix de préparations traditionnelles. On mange en terrasse par météo clémente.

se promener

Partir de la Grand-Place.

Grote Markt (Grand-Place)

Cette jolie place est bordée de maisons des 17e et 18e s. L'hôtel de ville du 18e s. est de style néoclassique. Au centre de la Grand-Place se dresse l'église.

St.-Sulpitiuskerk (Église St-Sulpice) – C'est un édifice des 14e-16e s. Ses différentes campagnes de construction sont marquées par la juxtaposition du grès houiller de la région (chœur, nef) et de la pierre blanche (tour inachevée du 16e s.). Le clocheton de la croisée du transept, surnommé « Mosterdpot » (pot à moutarde) à cause de sa forme, possède un carillon de 32 cloches.

L'intérieur montre un triforium ajouré et contient d'intéressantes **œuvres d'art★** ainsi que de belles boiseries du 18e s. Dans le chœur, **stalles** du 15e s. aux amusantes miséricordes représentant les péchés capitaux et des proverbes. Le visiteur admirera un tabernacle du 17e s., dont les niches sont décorées à l'italienne, un triptyque du 16e s., *Adoration des Mages* et une *Vierge à l'Enfant* (Sedes Sapientiae) du 13e s. Une pièce derrière le chœur abrite le trésor de l'église. *Juil.-août : tlj sf lun. 14h-17h ; sept.-juin sur demande préalable. 1,25€. ☎ 013 35 32 71.*

Lakenhal – 14e s. La façade de la halle aux draps a été reconstruite au 19e s. Devant l'édifice a été déposée la Holle Griet, bombarde du 15e s. Contourner l'édifice pour voir la façade ancienne.

Au carrefour des rues piétonnes voisines *(F. Moonsstraat, Ketelstraat, G. Gezellestraat et Schotelstraat)* se dressent deux pittoresques **maisons en encorbellement** du 15e s. : ´t Dambord et Het Fortuyn.

S'engager dans la Zoutstraat qui part de la Grand-Place, puis prendre la Demerstraat.

Les refuges

En faisant quelques pas dans la Demerstraat, on aperçoit à droite, près d'un canal, l'ancien refuge de l'abbaye de Tongerlo, ou **Het Spijker**, datant du 16e s., érigé en grès et pierre.
Plus loin se dissimule dans la verdure celui d'**Averbode**, du 15e s. Les dépendances datent du 20e s.

Se rendre au béguinage par la Michel Theysstraat. Prendre à droite la Schaffensestraat. Par la Begijnenstraat, gagner le béguinage.

Begijnhof★★

Fondé au 13e s., c'est l'un des plus importants béguinages de Belgique. On y pénètre par une belle porte baroque de 1671 dont la niche est décorée d'une *Vierge à l'Enfant.*
Les maisons actuelles, à pignons et niches, datent des 17e et 18e s. La petite maison de l'Engelenconvent (couvent aux anges), au no 5 de la rue du même nom, témoigne de la vie au béguinage du 16e au 20e s. L'ancienne infirmerie de l'Apostelenconvent abrite aujourd'hui un centre culturel. Quelques artistes se sont établis dans le béguinage et y exposent leurs œuvres.

M. Gurfinkel/MICHELIN

La porte d'entrée du béguinage.

La **St.-Katarinakerk (église Ste-Catherine)**, de style gothique du Démer, renferme de belles boiseries ; chaire de 1671, remarquable par l'élégance de ses sculptures et clôture de chœur de la même époque, finement ouvragée. L'église compte également quelques statues intéressantes. *De déb. mai à mi-sept. : visite accompagnée 13h30-17h. Gratuit. ☎ 013 35 32 74.*

Aux n°s 72 et 74 de la Koning Albertstraat, on admire les **pignons** de deux anciennes brasseries sculptés d'outils de brasseur.

Revenir à la Schaffensestraat pour gagner le moulin à eau.

Watermolen van Oranje (Ancien moulin à eau des princes d'Orange)

16e s. À l'ombre d'un saule pleureur, sur un canal où se reflète son pignon à redans, il forme un charmant tableau.

Suivre la Schaffensestraat.

Schaffensepoort (Porte de Schaffen)

Elle est percée dans deux enceintes successives du 19e s.

Tourner à droite dans le Leopoldvest.

Leopoldvest

Ce boulevard longeant les remparts (vest : rempart) offre une jolie **vue** sur le béguinage : derrière la clôture de briques s'étendent les jardins, au-delà se pressent les maisons à hautes toitures.

On découvre ensuite le **Lindenmolen**, moulin en bois de type standard du 18e s., provenant du village voisin d'Assent. Ses abords ont été aménagés et accueillent aujourd'hui le centre récréatif **De Halve Maan** : piscines en plein air, plage, terrains de tennis, plan d'eau.

S'engager dans la Parklaan.

Ruïnes van de St.-Janskerk (Ruines de l'église St-Jean)

Au centre d'une place se dressent les vestiges de son chœur gothique, en grès rouge, couvert de lierre.

Par la St.-Jansstraat, gagner la Verstappenplein.

H. Verstappenplein

Sur cette place, on voit l'entrée principale du **parc Warande** : situé sur la butte où se trouvait le château, c'est l'ancienne réserve de chasse des princes d'Orange. Leur hôtel (1516), flanqué d'une tourelle, lui fait face.

St.-Barbarakerk (Église des Croisiers)

9h-12h. ☎ 013 31 10 41.

Cette église baroque contient six somptueux confessionnaux en bois sculpté, du 17e s. L'un d'entre eux forme la base de la chaire.

visiter

Stedelijk Museum★

Tlj sf dim. (oct.-fév.) 10h-12h, 13h-17h. Fermé j. fériés. 1,24€. ☎ 013 35 32 74 (Office de tourisme).

Situé dans les cryptes de l'hôtel de ville *(porte à droite sous le perron)*, le musée communal est mis en valeur par son cadre moyenâgeux. Sous les voûtes gothiques en grès rouge du 14e s. sont présentés un **Jugement dernier** du 15e s., peint sur bois, et la copie d'une célèbre *Vierge à l'Enfant* en marbre. L'original, de 1345, provenant du béguinage, se trouve actuellement au Metropolitan Museum de New York. La salle gothique expose également des armures des 15e et 16e s.

La salle suivante, d'influence romane, aux coupoles de brique soutenues par de courts piliers, est probablement une ancienne brasserie seigneuriale dont subsiste le puits. On remarque le lustre en bois de cerf et orfèvrerie (15e s.).

La salle des échevins, reconstituée, comprend un mobilier en bois richement sculpté et des dessins ayant Diest comme sujet.

On admirera aussi avec intérêt les beaux **colliers de guildes** des 17e, 18e et 19e s.

DIEST

Botermarkt . . . . AZ 2
Delphine Alenuslaan . . . . . AZ 3
Ed. Robeynslaan . . . . BZ 4
F. Moonsstraat . . . . AZ 5
Graanmarkt . . . . BZ 6
Grote Markt . . . . AZ 7
Guido Gezellestr. . . . . BZ 8
H. Verstappenplein . . . . . . BZ 9
Kattenstraat . . . . BZ 10
Ketelstraat . . . . AZ 12
Koestraat . . . . BZ 13
Koning Albertstr. . . . . BY
Overstraat . . . . BY 14
Pesthuizenstraat . . . . BY 15
Refugiestraat . . . . AY 16
St.-Jan Berchmansstr. . . . . AZ 17
St.-Jansstraat . . . . BZ 18
Schotelstraat . . . . AZ 19
Vestenstraat . . . . BY 21
Wolvenstraat . . . . BY 22

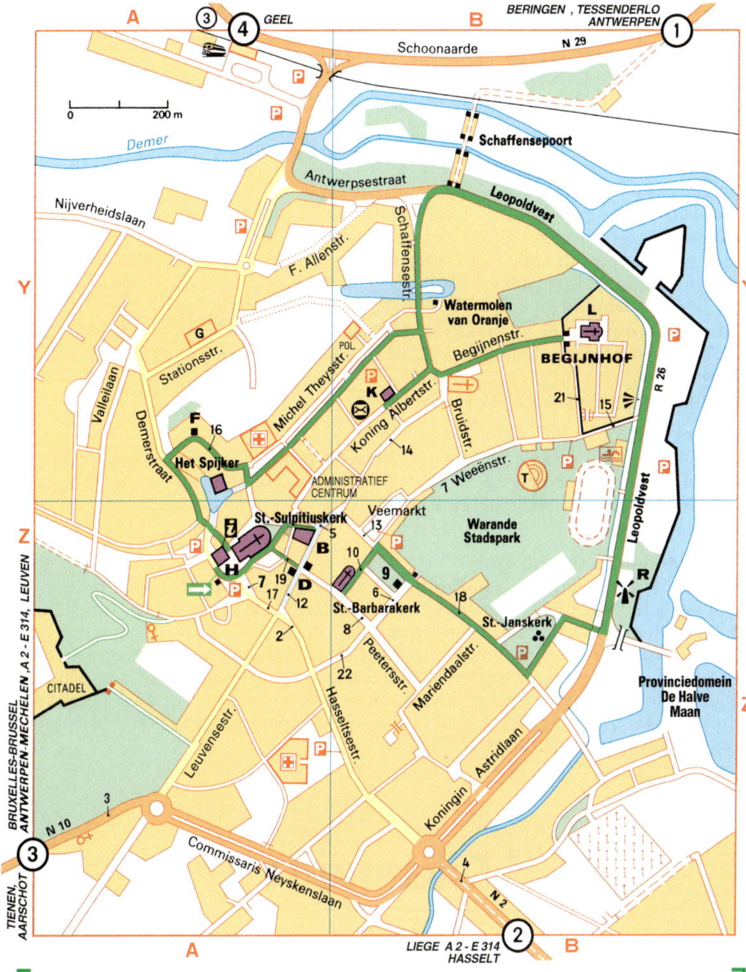

Lakenhal . . . . AZ B
Lindenmolen . . . . BZ R
Maisons en encorbellement . . . . AZ D
Pignons . . . . BY K
Refugiehuis van de abdij van Averbode . . . . AY F
St.-Katarinakerk . . . . BY L
Stedelijk Museum (Stadhuis) . . . . AZ H

circuit

DE LA CAMPINE À LA RÉGION DU HAGELAND

37 km – 2h. Sortir par ① du plan et tourner à gauche. Prendre la N 174 au Nord en direction de Tessenderlo.

Tessenderlo

L'**église St-Martin** (St.-Maartenskerk) renferme un beau **jubé**★ (16e s.) aux trois arcades finement sculptées reposant sur six piliers. Entre les arcs se dressent huit grandes statues des évangélistes et des Pères de l'Église. De petits personnages en costumes du Moyen Âge animent, dans quatre médaillons surmontant les arcs, des scènes de la vie de la Vierge et, au-dessus, sous des dais ajourés, des scènes de la vie du Christ. Les fonts baptismaux ont été sculptés au 12e s.

Quitter Tessenderlo en direction de Laakdal, puis prendre la N 165.

Averbode★

Dans une région boisée de pins, au point de rencontre de trois provinces (Anvers, Limbourg, Brabant), les Prémontrés occupent l'abbaye d'Averbode fondée par eux en 1134-1135.

Abbaye★ – On pénètre dans la cour par un porche du 14e s. surmonté d'un édifice en grès ferrugineux orné de statues dans des niches gothiques. La prélature au fond de la cour a été reconstruite dans le style du 18e s.

Église★ – Construite de 1664 à 1672, cette belle abbatiale ressemble à ses sœurs de Grimbergen et Ninove. La façade aux lignes onduleuses présente les statues de saint Norbert, à droite, et de saint Jean-Baptiste, patron de l'abbaye, à gauche. L'intérieur a des proportions majestueuses. Le chœur, plus long que la nef, en est isolé par deux retables qui formaient autrefois jubé. On aperçoit au-delà de ceux-ci les stalles du 17e s. richement sculptées.

L'ordre de Prémontré

Saint Norbert en est le fondateur. En 1120, il établit à Prémontré, près de Laon en France, la première maison de l'ordre, auquel il impose la règle de saint Augustin. L'ordre se répand rapidement dans les anciens Pays-Bas où il connaît un essor remarquable. C'est encore actuellement l'un des plus importants de Belgique, les principales abbayes étant Averbode, Parc et Tongerlo. Les Prémontrés ou Norbertins sont des chanoines réguliers. Tout en vivant en communauté, ils se consacrent à l'apostolat, fonction qu'ils exercent surtout dans les paroisses. Ils sont vêtus d'un habit blanc.

Bâtiments conventuels – Ils ont été incendiés en 1942, à l'exception du cloître (18e s.), de la salle capitulaire et de la sacristie, ornées de belles boiseries (18e s.). On y voit d'intéressants tableaux : dans le cloître, les portraits des abbés à partir du 17e s. ; dans la salle capitulaire, un De Crayer. *7h30-11h30, 14h-18h. S'adresser au prieur, ☎ 013 78 04 40.*

Cimetière conventuel – *Entre l'église et la route.* On y trouve la tombe d'**Ernest Claes** et de son épouse. Cet auteur flamand (1885-1968), né à Zichem, affectionnait l'abbaye d'Averbode.

Prendre la N 212 en direction de Zichem.

Zichem

L'église de ce bourg où naquit l'écrivain **Ernest Claes** contient un beau triptyque du 16e s. illustrant la vie de saint Eustache, patron de l'église et, au-dessus du maître-autel, un vitrail de 1397, le plus ancien du pays.

Suivre la N 212.

Scherpenheuvel (Montaigu)

Au sommet d'une butte de 77 m d'altitude, c'est, pour la Belgique, le lieu de pèlerinage national à la Vierge. Le dimanche suivant la Toussaint se déroule, l'après-midi, une procession aux chandelles. La **basilique** a été construite par Cobergher entre 1609 et 1627. Au centre d'un plan urbain géométrique, sept avenues convergent en effet vers l'édifice à sept pans, surmonté d'un dôme baroque, qui marque l'introduction de ce style en Belgique ; à l'arrière se dresse une haute tour carrée. À l'**intérieur** sont disposées dans les chapelles rayonnantes six toiles de Van Loon, *Vie de sainte Anne et de la Vierge*, d'un franc coloris.

Diksmuide

Dixmude

Port sur l'Yser et ville drapière au Moyen Âge, Dixmude fut détruit en 1914, puis reconstruit, comme Ypres, dans le style flamand. Dixmude fut un des points stratégiques de la bataille de l'Yser. Le nom de la ville est lié au souvenir des soldats belges et des fusiliers marins français de l'amiral Ronarc'h qui y résistèrent héroïquement à des forces supérieures, du 16 octobre au 10 novembre 1914.

La situation

15 494 habitants – Cartes Michelin nos 716 B 2 et 533 C 16 – Flandre Occidentale.

En pleine campagne dans la région du Westhoek, Dixmude se situe à une petite vingtaine de kilomètres de la côte. Accès par les N 35 et N 369.

ℹ *Grote Markt 28, ☎ 051 51 91 46 ou Beerstblotestraat 1, ☎ 051 51 94 19 ; www.toerismediksmuide.be*

visiter

Grote Markt (Grand-Place)

Dominée par l'hôtel de ville de style néogothique et l'église St-Nicolas, cette place est bordée de maisons qui présentent une façade surmontée d'un pignon à redans.

Begijnhof (Béguinage)

Pour y accéder, passer devant le portail de l'église St-Nicolas, tourner à gauche au Vismarkt et traverser le petit pont.

Il a été reconstruit à l'image de l'ancien. Les maisons blanches s'alignent autour d'une pelouse, de part et d'autre d'une chapelle en brique.

IJzertoren (Tour de l'Yser)

À Kaaskerke. Quitter Dixmude par la IJzerlaan en direction de Nieuport. 10h-18h (oct.-mars 17h). Fermé 1er-2 janv., 3 sem. ap. vac. de Noël. 6€. ☎ 051 50 02 86.

Cette tour (1952-1964), de 84 m se trouve sur la rive opposée à l'Yser. Symbole important du mouvement flamand, elle a été élevée à la mémoire des soldats morts pendant la Première Guerre mondiale. La tour porte les lettres A.V.V.-V.V.K., initiales d'une devise signifiant : Tout pour la Flandre, la Flandre au Christ.

De la terrasse extérieure *(ascenseur)*, beau **panorama★** sur la plaine flamande parcourue par l'Yser sinueux, et sur Dixmude. On aperçoit, par beau temps, les tours de Bruges, d'Ostende, de Nieuport et les monts de Flandre *(table d'orientation)*.

La tour abrite un **musée** *(22 étages)* consacré aux deux guerres mondiales et à l'histoire du mouvement flamand.

Dodengang (Boyau de la Mort)

3 km au Nord-Ouest, sur la rive gauche de l'Yser. De déb. avr. à mi-nov. : tlj sf w.-end (de déb. oct. à mi-nov.) 10h-17h. ☎ 050 44 54 01.

Dans les tranchées ainsi dénommées, les soldats belges ont résisté pendant 4 ans (1914-1918) face aux lignes allemandes qui avaient réussi, en octobre 1914, à franchir l'Yser à cet endroit et se trouvaient à quelques mètres.

On peut circuler ensuite dans de longs couloirs de tranchées dont les parapets formés de sacs de terre sont fidèlement reproduits en béton.

alentours

Cimetière allemand de Vladslo

6 km à l'Est.

Ici, dans un écrin de verdure, reposent 25 638 soldats allemands. *Les Parents affligés*, statues très émouvantes de Käthe Kollwitz, ont été réalisées en l'honneur du fils de l'artiste, mort sur le champ de bataille à l'âge de 17 ans.

Dinant★★

Dinant occupe un site★★ remarquable dans la vallée de la Meuse. Dominée par le clocher bulbeux de sa collégiale et la masse de sa citadelle, la ville étire sur 4 km, entre le fleuve et le roc, ses maisons aux toits bleutés. Centre de tourisme réputé, Dinant a donné son nom à la dinanderie, art de fondre, battre et repousser le laiton (ou cuivre jaune), pratiquée ici dès le 12e s. Dinant a pour autre spécialité les « couques », gâteaux au miel auxquels la cuisson dans un moule en bois sculpté donne des formes décoratives.

Quelques Dinantais célèbres

Joachim Patinir (ou Patenier), peintre né à Dinant à la fin du 15e s., insère des scènes bibliques dans de vastes paysages évoquant ceux de la Meuse ; **Antoine Wiertz** (1806-1865), artiste visionnaire qui annonce déjà le symbolisme et le surréalisme en Belgique. Au Dinantais **Adolphe Sax** (1814-1894), on doit l'invention... du saxophone.

La situation

12 661 habitants – Cartes Michelin nos 716 H 5 et 534 O 21 – Plan dans Le Guide Rouge Benelux – Namur.

À 30 km de Namur. Dinant se trouve le long de la Meuse et est relié à Namur par la N 92.

ℹ *R. Cadoux 8, ☎ 082 22 28 70 ; www.dinant-tourisme.be*

comprendre

Un passé mouvementé

Dinant fut constamment en conflit avec Bouvignes, pour des rivalités de dinanderie, ainsi qu'avec Namur, Liège ou les ducs de Bourgogne. Cela lui valut d'être détruit en 1466 par Charles le Téméraire. Occupant une position clé sur la vallée de la Meuse, Dinant vit défiler de nombreuses armées de conquérants. En 1554, ce sont les troupes du roi de France Henri II ; en 1675 et en 1692, celles de Louis XIV.

La ville est parmi celles qui, en Belgique, ont le plus souffert des deux dernières guerres. En 1914, elle fut mise à sac par les Allemands : 1 100 maisons furent incendiées et 674 civils fusillés. En 1940 et 1944, elle fut bombardée et en partie incendiée.

carnet pratique

Restauration

• *À bon compte*

La Broche – *R. Grande 22 – ☎ 082 22 82 81 – fermé mar. et mer. midi – ⊠ – 18,84/28,26€.* Restaurant familial à débusquer au cœur de l'artère commerçante de Dinant, coincée entre l'escarpement rocheux et la Meuse. La carte, actuelle, au même titre que le décor de la salle à manger, est résolument orientée « grillades ».

• *Valeur sûre*

Le Grill – *R. des Rivages 88 (par N 95) – ☎ 082 22 69 35 – fermé lun. soir, mar. – 31€.* Amateurs de bonne viande, venez donc vous attabler dans cette ancienne maison bourgeoise postée à un saut de cheval du rocher Bayard. Les tables sont réparties dans trois salles à manger. Large brochette de grillades au feu de bois.

Hébergement

• *À bon compte*

Le Gailly Chambre d'hôte – *Pl. du Baty 7 – 5500 Falmagne – ☎ 082 74 51 03 – fermé janv. – 5 ch. : 34/47€ – ☕ 4€.* Maison de pays reconnaissable à sa jolie façade où grimpe le lierre. Une palette de grands peintres – Gauguin, Van Gogh, Renoir, Klimt et Monet – inspire le décor des cinq chambres auxquelles ils prêtent aussi leurs noms. L'accueil est cordial.

Les Crétias – *R. des Crétias 99 – 5500 Falmignoul – ☎ 082 74 42 11 – ⊠ – 10 ch. : 45/65€ ☕ – restaurant 25/50€.* Sur les hauteurs de Falmignoul, imposante maison de pays où l'on trouvera le gîte et, moins accessoirement, le couvert. Registre culinaire classique actualisé, terrasse d'été embellie d'un jardin paysager et chambres de bon séjour.

visiter

Collégiale Notre-Dame

De l'église élevée au rang de collégiale dès le 10e s., il ne reste aucune trace visible. Transformée au 12e s., elle a fait place à une église romane dont subsiste le portail Nord. La construction de l'édifice gothique, au style importé de Bourgogne et de Champagne, s'étale du 13e à la fin du 14e s.

C'est de l'époque du sac de la ville par les armées de Henri II que date la tour bulbeuse et son gracieux campanile qui, à l'origine, devaient être surmontés d'un beffroi.

Intérieur – *Accès par le portail Nord.* Malgré les dimensions restreintes imposées par l'exiguïté de l'emplacement, l'ensemble produit une impression de grandeur et de sobriété caractéristiques de l'école mosane. L'unité du plan en croix latine est obtenue grâce à l'ordonnance de l'élévation, identique dans l'ensemble de l'édifice : les colonnes monostyles aux chapiteaux octogonaux à feuilles strictes de style régional soutiennent de grandes arcades moulurées, un triforium à arcades trilobées, et de hautes fenêtres au remplage flamboyant. Le chœur présente un déambulatoire sans chapelles rayonnantes.

Citadelle★

Accès par téléphérique, à pied (408 marches), ou en voiture par la N 936, route de Sorinnes. Juil.-août : visite accompagnée (1h) 10h-18h ; janv. : w.-end et j. fériés 10h-16h30 ; fév.-déc. : tlj sf ven. 10h-17h. Fermé une sem. en janv., ven. hors saison, 1er janv., 25 déc. 5,20€. ☎ 082 22 36 70.

Un château fort fut élevé là en 1051. Reconstruit en 1523 par l'évêque de Liège, il fut détruit par les Français en 1703. Sa physionomie actuelle date de l'occupation hollandaise (1818-1821).

La citadelle a été transformée en **musée**. En parcourant les différentes pièces, des reconstitutions (parfois sonores), des dioramas, des objets divers et un petit musée d'armes rappellent les aspects les plus marquants de l'histoire de la citadelle et de la ville.

Du haut de l'enceinte, à 100 m au-dessus de la Meuse, très jolie **vue**★★ sur la ville, dominée par la collégiale, et sur la vallée de la Meuse, avec Bouvignes.

Grotte la Merveilleuse★

Rive gauche de la Meuse, route de Philippeville. Avr.-oct. et vac. de Noël : visite accompagnée (50mn) 10h-17h ; carnaval : 13h-16h. Fermé en sem. pendant l'hiver, 1er janv., 25 déc. 5€. ☎ 082 22 22 10.

Elle est remarquable par la profusion de ses concrétions, aux formes (draperies, cascades, colonnettes) et aux tonalités (blanc, brun, bleu et rose) diverses, s'étageant sur 3 niveaux. Le retour à la surface se fait par une galerie-escalier comptant plus de 120 marches.

Parc de Mont-Fat

Avr.-oct. : 10h30-19h. 5€. ☎ 082 22 27 83.

Dans ce parc d'attractions, accessible par télésiège, se dresse la **tour de Mont-Fat**, dont la terrasse offre un vaste panorama sur Dinant et toute la vallée de la Meuse.

La collégiale et la citadelle de Dinant.

Grottes préhistoriques de Mont-Fat – Situées à mi-pente, on y accède soit par les souterrains et le trou du Diable (qui porte bien son nom), soit par les jardins. Les eaux, ruisselant du plateau et s'engouffrant dans les fissures de la falaise, ont creusé cet habitat préhistorique, devenu temple de Diane (donnant peut-être son nom à la cité) à l'époque romaine. Les différentes salles sont ornées de multiples concrétions. *Avr.-août : 10h30-19h ; sept.-oct. : w.-end et j. fériés 11h-17h. 5€. ☎ 082 22 27 83.*

alentours

Rocher Bayard★

1 km au Sud par la N 92.

Selon la légende, cette aiguille (40 m) aurait été fendue par le cheval Bayard d'un coup de sabot pour échapper à Charlemagne. Il n'existait jadis qu'un étroit sentier qui fut élargi en 1661, puis en 1698 pour les troupes de Louis XIV.

Bouvignes

2 km au Nord par la N 96.

La ville, fusionnée avec Dinant, est dominée par les ruines du château de Crèvecœur, qui reçut ce nom après qu'il eut été rasé en 1554 par les troupes du roi de France Henri II. À Bouvignes est né **Henri Blès**, célèbre paysagiste et continuateur de Patinir. Ses tableaux ont la particularité de dissimuler une petite chouette, peinte en guise de signature.

Maison espagnole – Elle se dresse sur la Grand-Place. Ainsi appelée en raison de l'époque de sa construction (16e s.), c'est l'ancien hôtel de ville, à pignons à volutes et fenêtres Renaissance.

Église St-Lambert – Des 13e et 16e s., restaurée, elle conserve d'intéressantes œuvres d'art : *Christ aux liens* (16e s.), chaire et lutrin du 17e s. À côté de l'église, on dégage les vestiges d'un château qui daterait du 11e s. *Visite accompagnée sur demande préalable. S'adresser au Révérend Raty, Presbytère de Bouvignes, rue des Potiers 1, 5500 Dinant. ☎ 0477 98 00 75.*

Château de Crèvecœur – *Accès par la route de Sommière (4 km) ou par un escalier.* On aperçoit face au départ de l'escalier une porte, vestige des fortifications. Du château, la **vue**★★ est fort belle sur la ville, l'église et la Maison espagnole, ainsi que sur la vallée de la Meuse, avec Dinant à l'horizon.

Beauraing★

20 km au Sud par la N 95.

La petite ville de Beauraing est un lieu de pèlerinage célèbre depuis les apparitions de la Vierge à cinq enfants de la localité en 1932 et 1933. À partir de 1943, les sanctuaires se sont multipliés. Dans le jardin, statue de la Vierge, sous l'aubépine des apparitions ; sur le trottoir proche subsistent les pavés où les enfants s'agenouillèrent. Plus loin, dans la rue, s'ouvre la **crypte St-Jean**. La **chapelle monumentale** aux parois épaisses est éclairée de vitraux posés en 1963-1964. L'esplanade et ses gradins sont dominés par la façade en verre de l'ensemble en béton construit en 1968 par l'architecte Roger Bastin : il comprend la **grande crypte** et l'**église supérieure**, celle-ci pouvant contenir 7 000 fidèles et accueillir les malades grâce à une rampe d'accès.

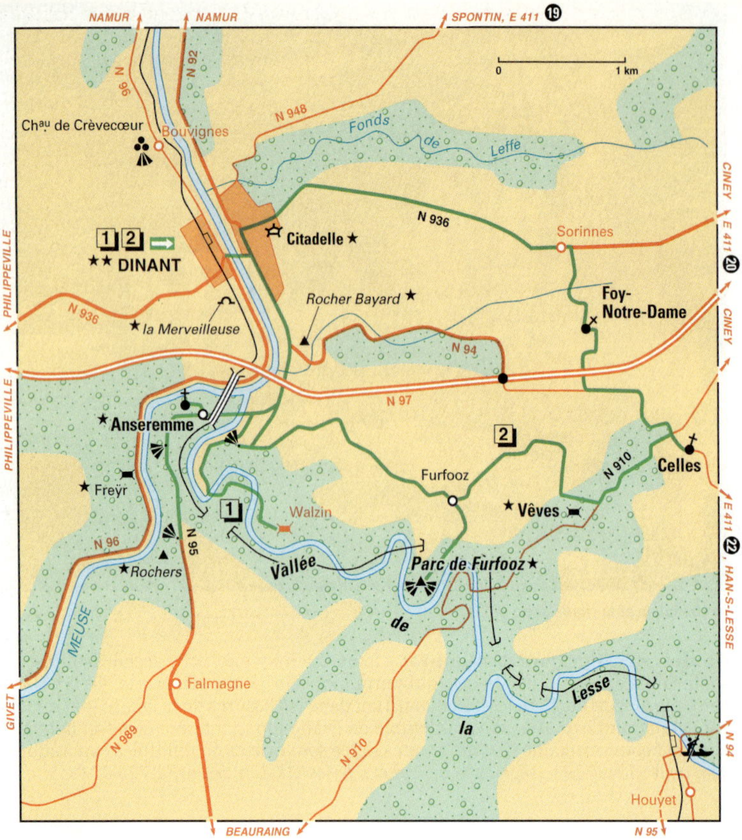

circuits

LA DESCENTE DE LA LESSE★ 1

4,5 km au Sud par la N 95.

Anseremme★

Centre de villégiature bien situé au confluent de la Lesse et de la Meuse, ce bourg fusionné avec Dinant s'allonge sur la rive droite du fleuve. Le **pont St-Jean** (16e s.) sur la Lesse et, au Sud, dans le Vieil Anseremme, en bordure du fleuve, un **prieuré** du 15e s. *(propriété privée)* et son église, entourée d'un cimetière, sont à signaler.

Vallée de la Lesse

Depuis Anseremme, une route très étroite longe la vallée encaissée et verdoyante de la Lesse, jusqu'au rocher qui porte le château de Walzin.

Descente de la Lesse★ – Il est possible de descendre la Lesse en kayak ou en barque pilotée, de Houyet à Anseremme. Houyet est accessible par train depuis Anseremme et par autobus. *Réservations pour la descente de la Lesse : Lesse Kayaks, pl. de l'Église 2, à Dinant, ☎ 082 22 43 97 ; Kayaks Ansiaux, r. du Vélodrome 15, à Dinant, ☎ 082 22 23 25 ; ou Libert Frères, quai de Meuse 1, à Anseremme, ☎ 082 21 35 35.*

On traverse la Lesse à l'endroit où elle se jette dans la Meuse. Dans un virage, près d'un café, le point de vue de Freÿr offre une **vue plongeante★** sur les jardins du château de Freÿr. Plus loin, un autre point de vue permet d'admirer une large **perspective★** sur la vallée, avec les aiguilles de Freÿr et le château.

DE FURFOOZ À FOY-NOTRE-DAME 2

30 km. Sortir de Dinant par le Sud par la N 92, et prendre à gauche la route de Furfooz.

On trouve bientôt dans la montée une route à droite : à quelques mètres de l'embranchement, jolie **vue★** plongeante sur Anseremme.

Furfooz

À 500 m au Sud du village, le **parc de Furfooz★** est aménagé dans un massif rocheux calcaire que contourne une boucle de la Lesse. La rivière y a d'ailleurs creusé un lit souterrain exploré depuis 1962. *Suivre le circuit fléché. Juil.-août : 9h-18h ; de mi-fév. à fin mars : w.-end 10h-16h ; de déb. avr. à mi-nov. : 10h-17h. 2,50€. ☎ 082 22 34 77 ou 081 22 47 65.*

Forteresse naturelle, le site a été occupé jusqu'au 10e s. En témoignent les bains romains, sur hypocauste, reconstitués, et les ruines au sommet du plateau, d'où l'on découvre de belles perspectives sur la vallée de la Lesse. Le promontoire est truffé de grottes où ont été découvertes des traces de vie préhistoriques.

Vêves

Dominant le hameau, un élégant **château★** se détache sur les bois. Il appartient depuis le 12e s. à la lignée des Beaufort, puis à celle des comtes de Liedekerke Beaufort. L'un des seigneurs ayant participé au siège de Dinant en 1466, sa forteresse fut détruite par les Dinantais. Reconstruite aussitôt, puis remaniée à la Renaissance, elle fut réaménagée au début du 18e s. Dans la cour, on découvre une galerie à arcs surmontée de colombages. Un mobilier français du 18e s. et des souvenirs de famille ornent l'intérieur fidèlement restauré. *Juil.-août : visite accompagnée (50mn) 10h-18h ; avr.-nov. : tlj sf lun. 10h-17h (mai et sept. 18h). 5€. ☎ 082 66 63 95.*

Gagner Celles par la N 910.

Celles

Ce village est situé dans un joli val. À l'entrée Nord, un char allemand rappelle l'extrême limite atteinte par l'avance allemande en 1944. L'**église romane St-Hadelin** (11e s.) est un excellent exemple de style mosan, avec sa tour-façade massive flanquée de deux tourelles, sa décoration extérieure faite de bandes lombardes et ses absides en cul-de-four. À l'intérieur sont à signaler des grisailles (17e s.) d'un vivant modelé, des stalles du 13e s., les plus anciennes de Belgique, et surtout une superbe **dalle funéraire★** (16e s.) en marbre noir de Dinant : Louis de Beaufort et son épouse encadrant un calvaire. L'église conserve deux cryptes du 11e s.

Foy-Notre-Dame

En 1609 fut découverte à Foy, dans un vieux chêne, une statue de la Vierge dont les dons miraculeux, reconnus par le prince-évêque de Liège, firent de la bourgade un important centre de pèlerinage. L'église date de 1623. L'intérieur renferme des lambris Louis XIII et un remarquable **plafond★** à caissons, en bois, décoré de 145 peintures du 17e s. dues aux frères Stilmant et à Guillaume Goblet, peintres dinantais. Offertes par les pèlerins, elles représentent la vie de la Vierge et du Christ, les évangélistes, les docteurs de l'Église et des saints.

Regagner Dinant par Sorinnes. On passe près de la citadelle.

Barrages de l'Eau d'Heure★

Cette région vallonnée et bien irriguée a été choisie pour l'implantation d'une chaîne de lacs de retenue destinés à alimenter la Sambre et, par là même, le canal de Charleroi dont le volume d'eau est insuffisant depuis qu'il a été rendu accessible à des gabarits internationaux. Deux grands barrages ont été aménagés : celui de l'Eau d'Heure, grande digue en enrochement d'une longueur de crête de 250 m, et celui de la Plate-Taille, équipé d'une centrale hydro-électrique. Plus élevée, mais insuffisamment alimentée, la retenue de la Plate-Taille doit être remplie par pompage, de nuit, à l'aide de turbopompes de la retenue de l'Eau d'Heure. Trois prébarrages, Féronval, Ry-Jaune et Falemprise, construits pour faciliter les travaux, ont permis en outre l'implantation d'un nouveau réseau routier. Un vaste programme d'aménagement touristique aux abords des lacs a été mis en place, comprenant différentes possibilités d'hébergement, de sports, et de distractions. Plus de 100 km de sentiers destinés aux promeneurs sillonnent le site.

La situation

Cartes Michelin nos 716 F 5 et 534 L 21 – Hainaut-Namur.

Entre Beaumont et Philippeville et à 32 km au Sud de Charleroi, le complexe se trouve à cheval sur les provinces de Namur et du Hainaut. Accès par la N 40 ou la N 978.

Pl. de l'Église 9, 5630 Cerfontaine, ☎ 071 64 46 67.

visiter

Barrage de la Plate-Taille★

Accès par une large route au départ de Boussu-lez-Walcourt.

Construit en 1977, c'est le plus important barrage de Belgique. De type poids, il possède une longueur de crête de 790 m. La retenue, d'une superficie de 351 ha, a une capacité de 68,4 millions de m^3 ; elle est réservée à la voile, la planche à voile et la plongée sous-marine. Une **tour-belvédère**, haute de 107 m, a été édifiée sur la crête du barrage.

Centre d'accueil

Montage audiovisuel sur les barrages ; aquariums avec poissons de la région.

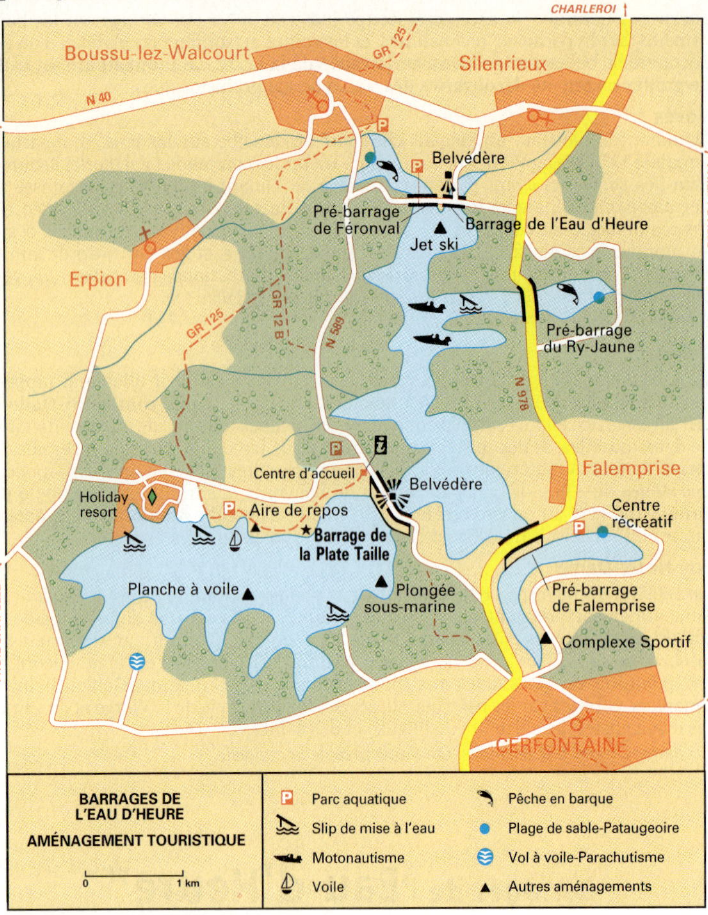

carnet pratique

Hébergement

• *À bon compte*

Relais du Surmoy – *R. Bironfosse 38 – 5630 Soumoy – ☎ 071 64 32 13 – relaissurmoy@belgacom.net – P – 24 ch. : 51/59€ ☕ – restaurant 21/24€.* Étape charmante et inattendue que cet hôtel occupant une énorme ferme élevée au début du 19e s. Paysage agreste, chambres de bon séjour et salle à manger rustique : murs de pierres nues, plafond avec poutres apparentes, parements de briques voûtés.

Le Domaine de la Carrauterie – *R. de la Station 11 – 6470 Sautin – ☎ 060 45 53 52 – carrauterie@bmedia.be – P – 5 ch. : 65/90€ ☕.* Non loin de Chimay, belle demeure de style cottage nichée dans une touffe de verdure. Coquettes chambres décorées avec goût et, pour se relaxer ou prendre soin de soi : piscine, sauna et même jacuzzi. Bon accueil personnalisé.

Enghien

Située à la frontière linguistique, la seigneurie d'Enghien fut cédée à la famille d'Arenberg en 1606 par Henri IV. Jadis spécialisée dans la fabrication de « verdures », tapisseries représentant essentiellement des paysages aux couleurs vert bleuté, cette sympathique cité vaut aujourd'hui surtout pour son superbe parc.

La situation

10 751 habitants - Cartes Michelin nos 716 F 3 et 534 J 18 - Hainaut.

À 30 km à l'Ouest de Bruxelles, Enghien est desservi par l'autoroute A 8/E 429 reliant Bruxelles à Tournai.

Grand-Place 50, ☎ 02 395 83 60 ; www.enghien-edingen.be

visiter

Parc*

10h-18h (nov.-mars 17h). 3€. ☎ 02 395 83 60.

Ses premiers aménagements datent du 15e s., mais c'est véritablement au 17e s. avec Charles d'Arenberg qu'il deviendra l'un des plus beaux parcs d'Europe. Le château a été démoli au 19e s., et la tour de la chapelle en est l'unique vestige. Le château actuel, bâti dès 1913, se situe à l'emplacement de l'ancienne orangerie. Au fil de la promenade se succèdent les bois, les pelouses, les parterres de fleurs et les plans d'eau entourant les écuries (18e s.), le pavillon chinois, et le pavillon des Sept-Étoiles.

Église St-Nicolas

Sur la Grand-Place, cette vaste église gothique abrite un carillon de 51 cloches. À l'intérieur, on découvre les beaux vitraux modernes (1964) de Max Ingrand, dont la grande verrière évoque l'Apostolat. La chapelle Notre-Dame-de-Messine (jadis St-Éloi), partie la plus ancienne de l'édifice, renferme un admirable retable (16e s.) aux origines incertaines, illustrant des scènes de la vie de la Vierge.

Église des Capucins

Accès par la route de Ninove et, à gauche, rue des Capucins.

Cet édifice de 1616 contient, dans une chapelle, un beau mausolée Renaissance exécuté par le sculpteur de Charles Quint, Jean Mone, pour Guillaume de Croÿ (cardinal-évêque de Tolède). La chapelle opposée est dédiée à Notre-Dame-de-la-Grâce, dont la statue miraculeuse, offerte par les archiducs Albert et Isabelle à

Le pavillon chinois à Enghien.

Ch. Bastin et J. Evrard/MICHELIN

Marie de Médicis, trône sur l'autel. Au maître-autel, un retable en ébène et ivoire (17ᵉ s.) encadre une *Adoration des Mages* dont les 51 personnages sont des portraits de la famille d'Arenberg.
Le couvent comprend également plusieurs salles converties en musée de la Maison d'Arenberg : sculptures, peintures, tapisseries, archives...

Maison de Jonathas

Oct.-mai : mer. et w.-end 14h-17h (dernière entrée 16h30) ; juin-sept. : 14h-18h (dernière entrée 17h30). Gratuit. ☎ 02 395 83 60.
À deux pas de l'église, ce donjon roman du 12ᵉ s. a été aménagé en demeure patricienne dès le 16ᵉ s., ce qui le différencie de la tour Burbant de Ath où prédomine l'aspect militaire. Cette maison abrite un petit **musée de la Tapisserie** qui rappelle que Enghien posséda d'importants ateliers de lissiers du 15ᵉ au 18ᵉ s. Remarquer une fort belle série de 5 tapisseries *Verdures avec jeux d'enfants* (16ᵉ s.).

Eupen

Capitale de la communauté germanophone de Belgique, Eupen est une importante ville industrielle dont les usines se disséminent le long de la Vesdre. La ville date du 18ᵉ s., époque à laquelle furent construites, par de riches lainiers du pays de Gand attirés par les eaux de la Vesdre, ses belles maisons patriciennes, son église St-Nicolas avec d'amusantes tours à bulbes verts et d'exubérants autels baroques. Eupen, où l'on parle l'allemand, appartint à l'Allemagne pendant 100 ans et fut rattaché à la Belgique en 1919, comme Moresnet, Malmédy et St-Vith par le traité de Versailles.

La situation

17 429 habitants – Cartes Michelin nᵒˢ 716 K 4 et 534 V 19 – Plan dans Le Guide Rouge Benelux – Liège.
Près de la frontière allemande, Eupen se situe sur un versant de la vallée de la Vesdre, aux confins des Hautes Fagnes et du pays de Herve. Depuis Liège et Aix-la-Chapelle, accès par l'autoroute E 40 ou par les N 61, N 67 et N 68.
Marktplatz 7, ☎ 087 55 34 50 ; www.eupen.be

carnet pratique

Restauration

• À bon compte

Delcœur – *Gospertstrasse 22 – ☎ 087 56 16 66 – delcoeur@skynet.be – fermé jeu. et sam. midi – 25€ déj. – 24/37€.*
Établissement misant sur la variété et la flexibilité, avec différentes formules de repas : brasserie, restaurant à la carte et « vinothèque ». Lumineuses salles à manger. Par beau temps, on ripaille aussi en terrasse, dans la cour intérieure.

Calendrier

Carnaval – De caractère rhénan, le **carnaval**★★ est préparé dès la mi-novembre. Le samedi apparaît le prince Sa Folie au chef orné de plumes de faisan. Le dimanche après-midi a lieu le cortège des enfants. La fête atteint son point culminant la veille du Mardi gras avec le défilé du **Rosenmontag** (Lundi des Roses).

visiter

Musée de la ville d'Eupen

Gospertstrasse 52. Tlj sf lun. 9h30-12h, 13h-16h, sam. 14h-17h, dim. 10h-12h, 14h-17h. Fermé j. fériés, 3ᵉ w.-end de juin, de Noël au Nouvel An. 1,25€. ☎ 087 74 00 05.
Installé dans une pittoresque maison du 17ᵉ s., il a trait à l'horlogerie, à l'histoire de la ville, à l'évolution de la mode et contient un atelier d'orfèvre et une collection de poteries de Raeren.

alentours

Barrage de la Vesdre★ (signalé : Wesertalsperre)

5 km. Quitter Eupen au Sud-Est par la N 67 et tourner à gauche.
En amont de la ville, au confluent de la Vesdre et de la Getzbach, ce barrage inauguré en 1950 est l'un des plus grands ouvrages de cet ordre en Belgique avec celui de la Gileppe et le complexe de l'Eau d'Heure.

Du type barrage-poids, il est haut de plus de 63 m et long de près de 410 m, avec une épaisseur de 55 m à la base. Sa capacité est de 25 millions de m^3.
Destiné, comme à Gileppe, à l'alimentation en eau des environs d'Eupen ainsi que de la région liégeoise, il est équipé d'une station de traitement des eaux et d'une petite centrale électrique. On peut y pratiquer la voile (Yacht Club de la Vesdre), mais la navigation à moteur, la pêche et la baignade y sont interdites.

Tour panoramique – Il permet de contempler le lac et son environnement de forêts de l'Hertogenwald (épicéas, bouleaux). *Mars-oct. : 11h-18h. ☎ 087 21 39 11.*

Henri-Chapelle

11 km au Nord-Ouest par la N 67, puis à gauche la N 3.
À 4,5 km au Nord de **Henri-Chapelle**, à Vogelsang-Hombourg, se trouve un **cimetière américain**, endroit fleuri de roses et de rhododendrons, remarquablement entretenu, où reposent 7 989 soldats américains morts en 1944-1945 en Ardenne ou en Allemagne. Sur une pelouse légèrement inclinée, des croix de marbre blanc (ou des stèles gravées d'une étoile de David pour les Israélites) forment des arcs de cercle convergeant vers le mémorial. À l'intérieur du mémorial, un petit **musée** présente, gravés dans le marbre, le récit et les cartes de la fin de la campagne américaine. *9h-18h (nov.-mars 17h). ☎ 087 68 71 73 (Cimetière américain).*

De la terrasse face au cimetière, **panorama★** sur le plateau de Herve, aux prairies bordées de haies, campagne vallonnée au peuplement très dense mais dispersé.

Les Trois Bornes★ (Drielandenpunt)

18 km au Nord.
Après avoir quitté la N 68 à Kettenis, on traverse Walhorn puis Astenet où se trouve un petit sanctuaire dédié à la mémoire de Catherine de Sienne. Après Kelmis-La Calamine, via le sanctuaire marial de Moresnet-Chapelle et son calvaire monumental situé dans un cadre de verdure, on rejoint Gemmenich. De là, une route en lacet mène au plateau boisé où se rejoignent les frontières des Pays-Bas, de Belgique et d'Allemagne. Avant 1918 s'y ajoutait la frontière du petit territoire neutre de Moresnet, aujourd'hui belge. À 321 m d'altitude, c'est aussi le point culminant des Pays-Bas. Le sommet de la **tour Baudouin**, haute construction métallique, offre un beau **panorama★** sur la région, l'agglomération d'Aix-la-Chapelle et les forêts de l'Eifel en Allemagne, et, à l'horizon, Maastricht dans un paysage de collines boisées. ♿ *Avr.-oct. : 10h-18h ; nov.-mars : 11h-17h. 2,50€. ☎ 087 78 76 10.*

À 500 m au-delà, sur la route de Vaals (Pays-Bas), un beau **point de vue★** s'ouvre à droite sur la plaine allemande et Aix-la-Chapelle.

Fourneau St-Michel★★

Fourneau St-Michel se trouve dans la verdoyante vallée de la Masblette entre des collines boisées. Une fondation bénédictine occupait autrefois ce ravissant vallon. Au 18e s., le dernier abbé de St-Hubert, Nicolas Spirlet, y créa un complexe métallurgique. En 1966, ce site devint domaine provincial et il fut décidé d'y aménager plusieurs musées.

La situation

Cartes Michelin nos 716 J 5 et 534 R 22 – Luxembourg.
Au cœur d'une région boisée, le site se situe à quelques kilomètres au Nord de St-Hubert. Accès depuis St-Hubert par la N 849.
ℹ R. St-Gilles 12, 6870 St-Hubert, ☎ 061 61 30 10 ; www.saint-hubert-tourisme.be
Pour poursuivre la visite, voir aussi le chapitre St-Hubert.

visiter

Musée de la Vie rurale en Wallonie★★

On peut y accéder par deux entrées différentes. Compter 3h pour effectuer cette agréable promenade avec possibilité de se restaurer à l'auberge du Prévost (18e s.) ou à la cafétéria Les Tahons (plaine de jeux). De déb. mars à mi-nov. : 9h-17h (juil.-août 18h). 2,50€. ☎ 084 21 08 90 ou 084 21 06 44.
Occupant une superficie de 40 ha, ce musée de plein air est constitué d'habitations rurales anciennes, représentatives des différentes régions de la Wallonie, dispersées le long d'un itinéraire d'environ 2 km. On y trouve aussi une petite école, une chapelle murée, une imprimerie, des hangars à tabac, un lavoir, une maison des artisans. Une grande bâtisse traditionnelle des Ardennes accueille le **musée du Cheval de trait ardennais** ainsi qu'une exposition des instruments que ce puissant cheval de labour tractait.

B. Brillion/MICHELIN

Le musée de la Vie rurale en Wallonie à Fourneau-St-Michel.

Musée du Fer et de la Métallurgie ancienne★

Mars-déc. : visite (1h) 9h-17h (juil.-août 18h). 2,50€. ☎ 084 21 08 90 ou 084 21 06 13.

L'ancienne maison du maître de forges abrite un musée sur la métallurgie ancienne et les différentes techniques artisanales qui y sont liées. À côté des objets réalisés dans ce métal (taques, serrures, objets religieux, pièges, etc.) sont exposés les outils utilisés par les artisans (cloutier, forgeron, charron, tonnelier).

Le haut fourneau, la forge avec ses différents types de soufflets permettent de comprendre comment était obtenu le fer aux 18e et 19e s. La halle à charbon abrite le **musée de l'Histoire de la forêt d'Ardenne**.

Musée P.-J. Redouté

Fermé pour cause de rénovation. ☎ 084 21 08 90.

Situé dans une autre partie de la maison du maître de forges, il est consacré au peintre Pierre-Joseph Redouté, le « Raphaël des fleurs », né en 1759 à St-Hubert, et à son frère Henri-Joseph qui participa à l'expédition de Napoléon Bonaparte en Égypte.

Les Fourons

Voerstreek

Enclave du Limbourg dans la province de Liège, c'est une région verdoyante où de petites rivières comme la Voer, la Gulp et la Berwinne ont tracé une vallée sinueuse à travers d'agréables collines boisées, de gras pâturages et des vergers.

La situation

4 297 habitants – Cartes Michelin nos 716 K 3 et 533 T 18 – Limbourg.

La région se trouve à l'Est de la Belgique, touchant les frontières hollandaise et allemande. Accès depuis Maastricht ou Liège par l'A2.

ℹ *Kerkplein 216, ☎ 04 381 07 36.*

visiter

St.-Martens-Voeren (Fouron-St-Martin)

L'église avec sa tour romane et un petit château du 18e s. transformé en centre culturel, Het Veltmanshuis, sont à remarquer.

St.-Pieters-Voeren (Fouron-St-Pierre)

Près d'un étang se dressent encore les beaux bâtiments d'une ancienne **Commanderie** de l'ordre teutonique. Fondée en 1242, celle-ci fut réédifiée au 17e s.

Gembloux

Gembloux, centre agronomique, fut célèbre pour son abbaye bénédictine qui, fondée au 10e s. par saint Guibert, eut bientôt un grand rayonnement culturel. Depuis 1860, le domaine de l'abbaye, supprimée lors de la Révolution française, est occupé par la faculté des sciences agronomiques. La ville conserve plusieurs vestiges de ses remparts du 12e s.

La situation

Cartes Michelin nos 716 H 4 et 534 N 19 – 20 294 habitants – Namur.
Située sur l'Orneau, la petite ville de Gembloux est traversée par les N 4 et N 29.
Caves du Château du Bailli 15, ☎ 081 62 63 30 ; www.gembloux.be

visiter

Ancienne abbaye

C'est un ensemble de bâtiments construits entre 1759 et 1779 par l'architecte Dewez. On admire la belle ordonnance de la cour d'honneur au fond de laquelle s'élève l'ancien palais abbatial ; les sculptures au fronton rappellent le pouvoir de l'abbé, comte de la terre de Gembloux. Le cloître a été restauré ; il donne accès à une pièce romane, seul vestige de l'abbaye médiévale.
À proximité se trouve l'ancienne **église** abbatiale (18e s.), devenue paroissiale.

Maison du Bailli

Cette ancienne « maison forte » du 12e s. a été très remaniée au 16e s. C'est l'actuel hôtel de ville.

alentours

Corroy-le-Château

5 km au Sud-Ouest par la N 29 en direction de Charleroi, puis une petite route à gauche.
Entouré de bois, le **château féodal★** du 13e s. se reflète dans ses douves que l'on franchit par un pont de pierre. Son plan a été copié sur celui des châteaux royaux de Philippe-Auguste et il a conservé une allure toute militaire avec ses sept tours cylindriques et son châtelet. L'intérieur a été réaménagé au cours des siècles : la chapelle gothique, située à l'entresol de la 7e tour d'enceinte, fut restaurée au 19e s. et les appartements sont décorés de marbre, de toiles peintes, dont certaines sur le thème des fêtes populaires flamandes, et de meubles des 17e et 18e s. Belle collection de jolités (petites boîtes peintes) de Spa.
Mai-sept. : visite accompagnée (1h) w.-end et j. fériés 10h-12h, 14h-18h. 3,80€. ☎ 081 63 32 32.

Corroy-le-Château.

B. Brillion/MICHELIN

Grand-Leez

8 km au Nord-Est. Prendre la N 4 en direction de Namur, puis à hauteur de Lonzée prendre à gauche.

Datant de 1830, le **moulin** Defrenne, le seul en exercice dans la province de Namur, moud encore le blé. C'est un moulin tronconique, à calotte tournante.

Gentinnes

12 km à l'Est. Prendre la N 29 en direction de Charleroi ; après 3,5 km prendre une petite route à droite.

À Gentinnes est installé depuis 1904 un centre d'études et de formation de futurs missionnaires de la congrégation des Pères du St-Esprit.

Le **Mémorial-Kongolo** est une chapelle élevée en 1967 à la mémoire de 21 missionnaires belges de cet ordre massacrés en 1962, lors d'une révolte, à Kongolo au Zaïre. Leurs noms sont gravés sur la façade ainsi que ceux de 196 autres victimes, religieux ou laïques, catholiques ou protestants.

Genk

Au cœur du pays minier, dont témoignent encore les terrils et les cités minières, Genk est aujourd'hui le plus important centre industriel du Limbourg. La ville possède le Molenvijver, superbe jardin public de 15 ha s'ordonnant autour d'un vaste étang et d'un moulin à eau, ainsi que des parcs récréatifs comme Kattevennen ou sportifs comme Kattevenia.

La situation

62 654 habitants - Cartes Michelin nos 716 J 3 et 533 S 17 - Plan dans Le Guide Rouge Benelux - Limbourg.

Au bord de la Campine, Genk est desservi par le canal Albert et par l'autoroute A2/E 314 et la N 75.

i *Dieplaan 2, ☎ 089 30 95 62 ; www.genk.be*

alentours

Natuurreservaat (Réserve) De Maten

2 km au Sud-Ouest. Prendre la N 75 en direction de Hasselt, puis à gauche après le pont du chemin de fer. Juil.-fév. : visite du lever au coucher du soleil. ☎ 089 30 95 62.

Entre les collines de bruyère s'étend une zone marécageuse occupée par un chapelet d'étangs où évoluent de nombreux oiseaux aquatiques *(sentiers de promenade)*.

Natuurreservaat De Mechelse Heide

7 km au Nord-Est par la N 75, puis la N 763 vers Maasmechelen.

Cernée par les bois, c'est une immense clairière (400 ha) offrant un magnifique paysage de landes à bruyère (« heide »), un des rares vestiges de la végétation primitive de la Campine. *Circuits de promenade balisés.*

Gent★★★

Gand

Citadelle spirituelle de la Flandre, ville universitaire, second port belge, Gand dégage une impression de grande vitalité, notamment grâce aux quelque 43 000 étudiants qui parcourent la ville à vélo. La cité natale de Charles Quint (1500-1558), chargée d'histoire et de monuments, offre aussi, entre la cathédrale et le château des Comtes, la poésie intime de ses vieux quartiers et de ses quais. Les illuminations★★★ rendent la promenade nocturne extraordinaire. Au nombre des Gantois célèbres figurent le grand écrivain d'expression française et prix Nobel Maurice Maeterlinck (1862-1949) et les frères Van de Woestijne.

La situation

224 074 habitants – Cartes Michelin n°s 716 E 2 et 533 H 16 – Flandre Orientale P.
Bâtie au confluent de la Lys et de l'Escaut, la ville est sillonnée de canaux et de cours d'eau. Accès facile au départ de Bruges et de Bruxelles par l'autoroute E 40 et au départ d'Anvers et de Courtrai par l'E 17. Depuis quelques années, un « **plan de mobilité** » est en vigueur. Le centre historique de la ville est entièrement fermé à la circulation automobile. Un itinéraire P (pour parking) fléché guide l'automobiliste vers un des neuf parkings que compte la ville. Des panneaux disposés à l'entrée de la ville indiquent le nombre d'emplacements libres par parking.
Crypte du beffroi, Botermarkt 17, ☎ 09 266 52 32 ; www.gent.be

comprendre

Gand fut un des derniers réduits du paganisme en Gaule : saint Amand, venu l'évangéliser au 7e s., fut jeté dans l'Escaut. Gand se développe alors autour de deux abbayes : St-Bavon, fondée par saint Amand, et St-Pierre, à proximité du mont Blandin (Blandijnberg). Vers l'an 940, Baudouin II édifie, à l'emplacement de l'actuel château des Comtes, un *castrum* en pierre dominant un troisième noyau urbain.
À la fin du 12e s., l'industrie drapière est florissante : la ville s'érige en « commune » et acquiert des privilèges importants ; les bourgeois font construire des demeures en pierre fortifiées ou « stenen ».
Voulant marquer sa préséance sur les puissants drapiers, le comte Philippe d'Alsace fait réédifier le château en 1180.

Une ville rebelle

Bientôt, de féroces luttes intestines vont déchirer les Gantois. Comme à Bruges, les artisans et les ouvriers de la laine, soutenus par le comte de Flandre Guy de Dampierre, se soulèvent, en 1280, contre les riches drapiers, ralliés au roi de France. Ce n'est qu'après la bataille des Éperons d'or, en 1302, que le pouvoir des patriciens est définitivement brisé.
Au 14e s., pendant la guerre de Cent Ans, c'est à nouveau la lutte contre la France. Le comte de Flandre, Louis de Nevers, prend parti pour le roi de France contre l'Angleterre. Comme celle-ci bloque l'importation des laines anglaises en Flandre, le peuple gantois se révolte. Il prend pour chef **Jacob Van Artevelde** qui s'allie aux Anglais et se met à la tête des villes flamandes.
Après des luttes intestines, Van Artevelde est assassiné en 1345 par le doyen de la corporation des tisserands, mais son fils Philippe réussit à imposer à toute la Flandre la prépondérance gantoise. Finalement, les Flamands sont battus par la chevalerie française à la bataille de Westrozebeke en 1382.
Au 15e s., Gand, passé sous la domination des ducs de Bourgogne, s'insurge contre Philippe le Bon qui veut lui imposer une nouvelle taxe (1452). Battus à Gavere *(18 km au Sud-Ouest)*, les Gantois se soumettent en 1453. La ville rebelle se révolte encore contre Charles le Téméraire en 1469, puis en 1477 contre Marie de Bourgogne qui doit concéder de nouveaux privilèges aux provinces des Pays-Bas.
À la fin du siècle, la draperie est en décadence. Gand est devenu l'entrepôt principal des céréales de l'Europe et s'est assuré une nouvelle prospérité.
Au 16e s., refusant une nouvelle fois de payer de trop lourds impôts, les habitants se soulèvent de nouveau contre Charles Quint, né cependant à Gand et qui disait avec fierté : « Je mettrais Paris dans mon Gand. » Charles Quint réplique par la **Concession caroline** (1540) qui fait perdre à la commune ses privilèges.
À la fin du siècle, les luttes religieuses troublent la vie communale. Un soulèvement de calvinistes iconoclastes en 1567 est étouffé par le duc d'Albe, mais les protestants réagissent et, quatre jours après la « Furie » d'Anvers, Philippe II est obligé de concéder la **pacification de Gand** (1576), libérant les dix-sept provinces des Pays-Bas des troupes espagnoles.
Organisée en République à partir de 1577, la ville révoltée contre les Espagnols est reprise par Farnèse en 1584.
En 1815, **Louis XVIII** se réfugie à Gand, dans l'ancien hôtel d'Hane Steenhuyse *(Veldstraat 47)*, du 18e s. C'est la « fuite de Gand ».

CHARLES QUINT ET LES « STROPPENDRAGERS » (PORTEURS DE LA CORDE)

24 février 1500. Les cloches sonnent à toute volée et le canon gronde pour annoncer la naissance d'un nouveau prince. Dans l'« Hof ten Walle », rapidement rebaptisé « Prinsenhof » par les Gantois, Jeanne la Folle vient d'accoucher d'un fils, Charles de Luxembourg. Le futur empereur du Saint-Empire quitte Gand dès 1506, mais il n'oubliera jamais sa ville natale. Le pouvoir des villes est bridé sous son règne, une opération qui ne va pas sans mal. Gand, la rebelle, se révolte violemment. Toute demande d'argent est obstinément refusée et les percepteurs d'impôts sont systématiquement emprisonnés. Toute tentative de parvenir à une solution est rejetée par les Gantois. Une sanction rigoureuse s'impose et le conseil décide de museler la ville une fois pour toutes. L'empereur se rend à cette fin personnellement dans la ville en 1540. Il promulgue la Concession caroline, perçoit les impôts dus et fait traduire en jugement les chefs de la révolte. Mais il ne peut se résoudre à la destruction de sa ville natale. Magnanime, il limite le châtiment à la destruction des murailles de la ville et à l'édification d'une citadelle, appelé château des Espagnols. Il entend toutefois donner une bonne leçon à ces fiers Gantois. Il oblige les notables à demander pardon publiquement et leur fait traverser la ville pieds nus, ceints d'une haire blanche et une corde de pendu autour du cou. Cette humiliation publique a valu aux Gantois le surnom de « porteurs de la corde ». Ce nom jadis considéré comme une insulte est aujourd'hui porté avec fierté (voire avec l'orgueil retrouvé), surtout durant les Fêtes gantoises, lors de la commémoration de cet événement historique.

De la décadence au renouveau

Au 17e s., le déclin économique de Gand s'accentue. La fermeture de l'Escaut en 1648 porte un coup fatal à ses activités commerciales et industrielles. Toutefois, au début du 19e s., Gand, annexé à la France, reprend vie avec les tissages de coton créés par le Gantois **Liévin Bauwens**, qui a introduit clandestinement la « mule jenny », procédé anglais de filature mécanique, qui marque le début de la révolution industrielle sur le continent. L'industrie textile connaît d'emblée une grande prospérité et Gand est à juste titre surnommé la « Manchester du continent ». Outre le coton, Gand file et tisse également le lin, les eaux de la Lys permettant un rouissage remarquable.

Sous l'impulsion du roi Guillaume Ier, le **port** est relié à l'Escaut occidental en 1827 par le canal de Gand à Terneuzen, long de 33 km. Rendu accessible fin 1968 aux navires de 80 000 tonnes, il a vu son trafic international de marchandises atteindre 20 millions de tonnes en 1996.

Au fil des ans, de nouvelles industries se sont implantées le long du canal : métallurgie, chimie et montage automobile. Dans la zone portuaire au Nord de la ville, à côté d'installations permettant de recevoir de grands minéraliers, le complexe sidérurgique Sidmar produit plusieurs millions de tonnes d'acier par an.

Par ailleurs, Gand assure le débouché d'une importante activité horticole régionale, qui englobe quelque 2 000 entreprises établies dans un rayon de 15 km (localisées surtout au Nord-Est de la ville), et qui l'a fait surnommer « la ville des fleurs ». Une grande partie de la production est exportée dans le monde entier.

carnet pratique

TRANSPORTS

Voiture – Sachez que la ville cherche à décourager la circulation automobile urbaine. Il est donc vivement conseillé de laisser votre voiture dans un des parkings du centre-ville. Les curiosités du centre historique étant fort proches les unes des autres, il est recommandé de découvrir la ville à pied.

VISITES

Promenade en calèche – *St.-Baafsplein – Pâques-oct., w.-end, j. fériés et tlj pdt les vac. 10h-18h – 24€ par calèche.* Agréable balade en calèche à travers l'ancienne cité drapière qui vit naître Charles Quint. Les principales curiosités du centre historique sont passées en revue.

Illuminations – La visite de la vieille ville offre un spectacle extraordinaire.

RESTAURATION

• À bon compte

Horta's Eethuis – *Zwarte Zustersstraat 32 – ☎ 09 234 15 38 – fermé sam. midi, dim. – ⊭ – 10/20€.* Cette petite affaire dédiée au célèbre architecte Victor Horta propose une cuisine sans rond de jambe, propice à combler les ventres qu'une visite de la vieille ville aura creusés. L'été, on s'attable à une terrasse close de murs. Service avenant.

• Valeur sûre

Pakhuis – *Schuurkenstraat 4 – ☎ 09 223 55 55 – info@pakhuis.be – 11€ déj. – 27€.* Ancien entrepôt industriel métamorphosé en brasserie-écailler, Pakhuis vous reçoit dans une ample salle à manger couronnée d'une mezzanine et d'une verrière. Tables au coude à coude, confort bistrot et ambiance « 1900 » reconstituée.

Kasteel van Laarne – *Eekhoekstraat 7 – 9270 Laarne – ☎ 09 230 71 78 – fermé 3 sem. en juil., lun., mar. – 24€ déj. – 37/55€.* Agréable restaurant aménagé dans les dépendances du château de Laarne, à quelques minutes de Gand. Avec la complicité du soleil, repas en plein air, au bord des douves. On profite alors d'une jolie vue sur la forteresse.

• *Une petite folie !*

Le Tête-à-Tête – *Jan Breydelstraat 32 – ☎ 09 233 95 00 – fermé lun. et mar. midi – – 42€.* Table idéalement située à deux pas du Hoofdbrug. Choix de préparations au goût du jour. Par météo clémente, le service est également assuré en terrasse, avec la Lys (Leie) et le Gravensteen pour toile de fond.

De Blauwe Zalm – *Vrouwebroersstraat 2 – ☎ 09 224 08 52 – fermé de mi-juil. à mi-août, sam. midi, dim., et lun. midi – 28€ déj. – 45€.* L'enseigne – un saumon bleu – est claire comme de l'eau de roche : une belle cuisine de la mer se conçoit dans la stabilité à cette charmante adresse du Patershol. Intérieur contemporain, terrasse d'été sur cour, accueil et service avenants.

Hébergement

• *À bon compte*

Cecilia Jaime Chambre d'hôte – *Kraanlei 55 – ☎ 09 225 75 32 – rojaime@skynet.be – – 2 ch. : 40/70€* . Au cœur de l'un des plus vieux quartiers de Gand, adresse familiale disposant d'une chambre aussi claire que spacieuse et de deux studios avec vue sur la Lys et les maisons historiques qui la bordent. Le p'tit déj' vous sera « livré » au saut du lit.

La Maison de Claudine Chambre d'hôte – *Pussemierstraat 20 – ☎ 09 225 75 08 – – 3 ch. : 70/90€ – 12,40€ – repas 16,10/24,80€.* Claudine vous ouvre les portes de cette demeure autrefois englobée dans un cloître (17e s.). Décor intérieur sagement éclectique. Chambres plaisantes à vivre. Les beaux jours, un jardin clos de murs invite au farniente.

Chambre d'ami(e)s Chambre d'hôte – *Schoolstraat 14 – 9040 Sint-Amandsberg – ☎ 09 238 43 47 – jan.de.baets@pandora.be – – 2 ch. : 45/50€* . À la périphérie de Gand, non loin du grand béguinage, maison patricienne où vous serez logés – comme des ami(e)s – dans de fringantes chambres personnalisées suivant un thème (l'opéra, le beffroi, la Lys). Jardin de repos bichonné et clos de murs.

• *Valeur sûre*

Cour St-Georges – *Botermarkt 2 – ☎ 09 224 24 24 – courstgeorges@skynet.be – P – 36 ch. : 89/125€ – 11€ – restaurant 28/39€.* Auberge traditionnelle pleine de cachet, jouxtant l'hôtel de ville. Marie de Bourgogne, Charles Quint et Napoléon y sont passés ! Jolies chambres garnies de meubles anciens. La superbe salle de style gothique flamand retrouve peu à peu son éclat.

PoortAckere Monasterium – *Oude Houtlei 58 – ☎ 09 269 22 10 – info@poortackere.com – P – 34 ch. : 95/120€* . Une atmosphère particulière flotte dans ce couvent devenu hôtel. Jardin claustral, chambres où les moines se seraient sentis comme des coqs en pâte, petit déjeuner servi dans l'ex-salle du chapitre et espace de réunions incorporé à l'ancienne église.

Petite pause

Pâtisserie Alsacienne Bloch – *Veldstraat 60-62 – ☎ 09 225 70 85 – 8h-19h30, ven. 8h-19h45, sam. 7h30-19h45.* La même famille alsacienne vous accueille depuis 1898 à cette enseigne estimée pour ses viennoiseries, tartes et pâtisseries traditionnelles faites maison. Restauration simple au déjeuner et salon de thé très couru l'après-midi.

Terrasses sur le Vrijdagmarkt.

Ch. Bastin – J. Evrard/MICHELIN

Le temps d'un verre

't Dreupelkot – *Groentenmarkt 12 – ☎ 09 224 21 20 – 16h-1h, ven.-sam. jusqu'à 5h.* Petit bar très convivial où l'on ne boit que du genièvre (près de 200 variétés). Sur le sujet, Monsieur Paul, le patron, est intarissable. « Tout vient du genièvre : le schnaps comme le gin », soutient-il avec conviction. Terrasse d'été au bord du canal.

't Velootje – *Kalversteeg – ☎ 09 223 28 34 – 20h-3h.* Avec ses vélos accrochés au plafond, son attirail de brocante disposé ici ou là et ses statuettes couvertes de toiles d'araignée, l'endroit évoque davantage un cabinet de curiosités qu'un bar. Musique celtique.

Sorties

Vooruit – *St.-Pietersnieuwstraat 23 – ☎ 09 267 28 48 – www.vooruit.be – 11h30-2h, ven.-sam. jusqu'à 3h, dim. 16h-1h.* Cet ancien « palais de fête » du mouvement socialiste fut érigé par F. Dierkens entre 1911 et 1914. Il abrite aujourd'hui,

Le café du Vooruit.

Ch. Bastin – J. Evrard/MICHELIN

derrière une très belle façade de style Art nouveau, plusieurs salles de spectacles (théâtre, danse, concerts). C'est devenu une véritable institution où artistes et étudiants se donnent rendez-vous au bar.

Damberd Jazz Café – *Korenmarkt 19 – ☎ 09 329 53 37 – www.damberd.be – 11h-4h.* Cette vénérable maison flamande bordant le Korenmarkt a été transformée en bar musical tendance « jazzy ». Murs décorés de tableaux représentant la ville de Gand, ambiance effervescente, terrasse estivale. Des concerts ont généralement lieu les mardi et mercredi.

Den Turk – *Botermarkt 3 – ☎ 09 233 01 97 – 11h-3h.* Ce café courtisé par les notables gantois aimant le jazz se trouve à quelques pas de l'hôtel de ville et du beffroi, dans une maison dont l'origine remonte au 12e s. On ne s'y abreuve toutefois que depuis le 16e s.

Achats

Les **grands magasins** (C & A, H & M, Inno, FNAC) se trouvent dans la zone piétonnière, la Veldstraat et le Langemunt ; les **boutiques de mode** plutôt chic sont installées dans le Brabantdam, la Mageleinstraat et les environs de la Koestraat. Les amateurs **d'antiquités** et **d'objets rares** se donneront rendez-vous dans le quartier de l'église St-Jacques et dans la Burgstraat ; la Jan Breydelstraat et les rues voisines sont la Mecque des **objets exotiques**.

Marchés – En semaine, un marché des **fruits et légumes** a lieu sur le Groentenmarkt. Le marché aux **fleurs** se tient sur le Kouter, où de nombreux Gantois se retrouvent le dimanche. Le Vrijdagmarkt (marché du vendredi) propose **toutes sortes de produits** les vendredi et samedi. Sympathique **brocante** tous les vendredis, samedis et dimanches aux alentours de l'église St-Jacques toute proche.

Spécialités – Outre son délicieux **waterzooi** (sorte de bouillon de poisson ou de poulet) et ses **carbonnades**, Gand est également renommé pour sa **moutarde** extraforte de Tierenteyn et son **genièvre** tout aussi corsé de Bruggeman. Les amateurs de friandises trouveront babbeluttes, mokken, stropkes et autres sucreries.

Temmerman – *Kraanlei 79 – ☎ 09 224 00 41 – mar.-sam. 11h-18h.* Belle confiserie proposant de nombreuses spécialités locales : les wippers (bonbons au beurre, goût caramel), les mokken de Gand (biscuit à l'anis et aux amandes), les babbelaars (bonbons au sucre tiré), trientjes de Gand (sucre tiré très léger), etc. On y trouve également du thé, du pain d'épice et des fleurs naturelles candisées.

Vve Tierenteyn-Verlent – *Groentenmarkt 3 – ☎ 09 225 83 36 – lun.-sam. 8h30-18h.* C'est avec plaisir que la moutarde gantoise vous montera au nez dans cette boutique artisanale perpétuant un savoir-faire plus que centenaire. Stocké dans des fûts en bois, le fameux condiment sera transvasé dans votre récipient favori. Confitures et produits insolites (confit de fruits à la moutarde, sirop de sureau) complètent la gamme d'articles disponibles.

't Vlaams Wandtapijt – *St.-Baafsplein 6 – ☎ 09 223 16 43 – lun.-sam. 10h-18h, sf mer. 14h-18h.* À l'ombre du beffroi, petit commerce au cadre rustique proposant des tapisseries flamandes sous diverses formes : tapis, coussins, bagages, etc. Accueil gentil.

Home Linen – *Korenlei 3 – ☎ 09 223 60 93 – 10h-18h.* Spécialisée dans la dentelle de Gand (au fuseau) et de Bruxelles (à l'aiguille), cette jolie boutique exporte ses « design home linen » dans le monde entier. Il s'agit de motifs ajourés, brodés main, déclinés sur différents supports : vêtements, draps, nappes, duvets, etc.

Loisirs, détente

Promenade en bateau – *Graslei ou Korenlei – mars-nov. : dép. 10h-18h – 5€. Dép. du Graslei : renseignements auprès de Gent Watertoerist – ☎ 09 266 05 22 – www.gent-watertoerist.be. Dép. du Korenlei : renseignements auprès de Bootjes van Gent – ☎ 09 223 88 53 – www.debootjesvangent.be.* Les promenades batelières organisées par ces deux compagnies gantoises donnent aux touristes un aperçu intéressant du cœur de la ville.

Minerva Boat Company – *Coupure Rechts-Lindenlei 2 a – ☎ 09 233 79 17 – www.minervaboten.be – juin-août : 10h-20h ; mai-oct. : 13h-19h – 42,14/114€.* Disponibles en location, vingt petits bateaux à moteur thermique ou électrique – donc silencieux – permettent de découvrir Gand et ses environs au fil de l'eau. Aucun permis n'est nécessaire. Plan de navigation fourni au départ.

Spectacles

Programme – Une liste des principaux concerts est disponible à l'Office de tourisme.

De Vlaamse Opera – *Schouwburgstraat 3 – ☎ 09 225 24 25 – www.vlaamseopera.be – mar.-sam. 11h-17h45 pour réserver.* Magnifique théâtre consacré à l'opéra, la danse et la musique classique.

Handelsbeurs – *Kouter 29 – ☎ 09 265 91 60 – www.handelsbeurs.be.* Toute nouvelle salle dans un cadre historique accueillant des concerts de musique du monde.

Calendrier

Festivals – Gand est une ville animée où se multiplient les festivals : la cérémonie d'ouverture du **Festival van Vlaanderen** *(sept.)* ; l'**Internationaal Filmfestival** *(oct.)* et bien entendu les **Fêtes gantoises** *(renseignements : ☎ 09 269 46 00 ; www.gentsefeesten.be).* Ce célèbre festival de rue, qui dure une dizaine de jours et se déroule durant la 2e quinzaine de juillet, est devenu la plus grande fête culturelle populaire d'Europe. Les Fêtes gantoises attirent, il faut le souligner, chaque année plus d'un million de visiteurs qui viennent se gaver de musique, de spectacles de mime, de théâtre, de marionnettes, de folklore et, bien entendu, d'« ambiance gantoise » dans les rues de la Cuve. Tous les cinq ans, la ville organise les célèbres **Floralies gantoises** dans le complexe de Flanders Expo *(les prochaines auront lieu en 2005).*

LA VIEILLE VILLE***

Partir de la place St-Bavon.

St.-Baafskathedraal** (Cathédrale St-Bavon)

8h30-18h (nov.-mars 17h), dim. 13h-17h.

La cathédrale fut élevée à l'emplacement de l'ancienne église St-Jean, du 12e s. De l'église romane subsistent encore quelques vestiges dans la crypte. En 1540, Charles Quint fit démolir l'église de l'abbaye St-Bavon pour édifier le château des Espagnols. À cette occasion, l'église St-Jean prit le nom de collégiale St-Bavon. Elle devint cathédrale en 1561. Bâtie par étapes successives et bien que montrant des influences diverses – éléments du gothique scaldien (le chœur), du gothique brabançon (la tour) et du gothique flamboyant (la nef) – la cathédrale donne une impression d'unité et de sobre élégance.

La **tour**, remarquable, se trouve du côté Ouest de l'église et lui sert d'entrée, comme c'est la règle dans le gothique brabançon. De son sommet s'offre une **vue** étendue sur Gand et ses environs.

L'**intérieur** serait plus majestueux sans la clôture de marbre néoclassique, qui, au 18e s., a coupé la belle ordonnance du vaisseau. Un peu surélevé par rapport à la nef, le chœur ou église haute, très élancé, en pierre de Tournai, date du 14e s. Il a été agrandi au 15e s. de cinq chapelles rayonnantes et surmonté d'un triforium. Le déambulatoire est jalonné de colonnes de marbre et de portes baroques ouvragées. La nef du 16e s., en grès et brique, est sobre mais harmonieuse avec ses gracieuses balustrades flamboyantes et ses très belles voûtes à nervures. Cette cathédrale contient de nombreuses œuvres d'art dont l'extraordinaire *Agneau mystique.*

Polyptyque de l'Adoration de l'Agneau mystique*** – *Dans la chapelle à gauche en entrant.* Ce polyptyque a connu bien des vicissitudes. Offert par Josse Vijd, riche patricien gantois, il fut installé solennellement en 1432 dans la 1re chapelle rayonnante à droite du déambulatoire ; Philippe II désira s'en emparer, les protestants voulurent le brûler en 1566, Joseph II en fit retirer Adam et Ève qu'il jugeait choquants. Le Directoire le fit envoyer à Paris d'où il ne revint qu'en 1815. Il fut alors amputé de plusieurs panneaux qu'exposa le musée de Berlin. Reconstitué en 1920, il perdit en 1934, à la suite d'un vol, le panneau des Juges intègres *(en bas à gauche)* qui, depuis 1941, est remplacé par une copie. Pendant la Seconde Guerre mondiale, le polyptyque, d'abord confié à la France, fut transféré par les autorités allemandes en Autriche où les troupes américaines le trouvèrent, en 1945, dans une mine de sel de Styrie près d'Altaussee. Après avoir repris sa place dans la chapelle d'origine, le polyptyque devait de nouveau être transféré en 1986 : pour des raisons de sécurité et d'accueil, on l'exposa dans l'ancien baptistère où il se trouve actuellement, transformé en vraie chambre forte.

L'attribution du retable a alimenté d'innombrables discussions : est-il entièrement de **Jan Van Eyck** ou bien, comme le dit une inscription en latin placée sur le cadre du polyptyque, a-t-il été réalisé en collaboration avec son frère aîné Hubert, dont on ne connaît aucun autre tableau ? Telle quelle, cette œuvre colossale ne comprend pas moins de 248 personnages. Comme c'était le cas dans la chapelle d'origine, ceux-ci sont éclairés par une lumière unique venant de droite, qui se reflète dans les nombreux bijoux et pierres précieuses. L'œuvre témoigne d'une technique et d'un style magnifiques et illustre l'idéal chrétien du Moyen Âge.

Les panneaux du **registre inférieur** montrent, sur un autel, l'Agneau mystique entouré d'anges, vers lequel se dirigent, de part et d'autre de la fontaine de vie, à gauche les Chevaliers et les Juges intègres, à droite les Ermites et les Pèlerins, tandis qu'au fond sont rassemblés, à droite les Vierges, à gauche les Martyrs et Confesseurs.

Le paysage est lumineux, la végétation précise : des botanistes ont identifié 42 espèces de plantes et de fleurs.

BRIDGEMAN-GIRAUDON

Les anges musiciens, *détail de* l'Agneau mystique *par J. Van Eyck.*

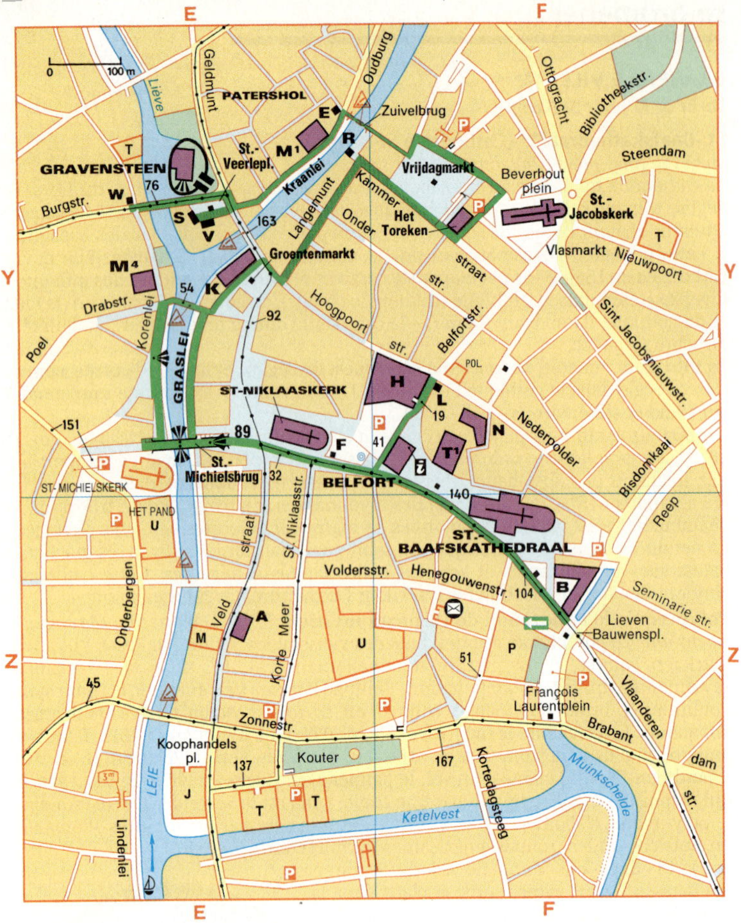

A. Heyndrickxlaan DX 5
Afrikalaan DV
Annonciadenstr. CV 6
Antwerpenpl. DV 8
Bagattenstr. CX
Belfortstr. FY
Beverhoutplein FY
Bibliotheekstr. FY
Bisdomkaai FY
Botermarkt FY 19
Brabantdam FZ
Brugsepoortstr. CV 23
Brusselsepoortstr. DX 28
Brusselsesteenweg DX 30
Burggravenlaan CX
Burgstr. EY
Cataloniëstr. EY 32
Ch. de Kerchovelaan CX
Citadellaan CDX 33
Citadelpark CX
Coupure links CVX 34
Coupure rechts CV
Dampoortstr. DV 35
De Pintelaan CX
De Smetstr. CV
Dendermondsesteenweg DV 36
Dok Noord DV
Dok Zuid DV
Doornzelestr. DV
Emile Braunpl. EFY 41
F. Roosveltlaan DX
François Laurentplein FZ
Gasmeterlaan CV
Gaston Crommenlaan DX 44
Gebr. Vandeveldestr. EZ 45
Geldmunt EY
Godshuizenlaan CX 46
Gouvernementstr. FZ 51
Graaf van Vlaanderenpl. DX 53
Grasbrug EY 54
Graslei EY
Groentenmarkt EY
Groot Brittanniëlaan CX 62
H. Frère Orbanlaan DX
Hagelandkaai DV 67
Heernislaan DVX
Henegouwenstr. FZ
Hoofdbrug EY 76
Hoogpoortstr. EFY
Hoogstr. CV
Hundelgemse steenweg DX 77
IJzerlaan CX 78
Joz. Wauterstr. CX 81
K. van Hulthemstr. CX 85
Kammerstraat FY
Kasteellaan DV
Keizer Karelstr. DV
Keizervest DX 83
Koekoeklaan CX 86
Koning Albertlaan CX
Koningin Fabiolalaan CX 88
Koophandelspl. EZ
Koopvaardijlaan DV
Korenlei EY
Korenmarkt EY 89
Korte Meer EZ
Kortedagsteeg FZ
Kortemunt EY 92
Kortrijksepoortstr. CX
Kortrijksesteenweg CX
Kraanlei EY
Krijgslaan CX
Land van Waaslaan DV 100
Lange Steenstr. CV 103
Langemunt EY
Ledebergstr. DX
Lieven Bauwenspl. FZ
Limburgstr. FZ 104
Lindenlei EZ
Maartelaarslaan CX
Muidelaan DV
Nederpolder FY
Nieuwevaart CV
Nieuwpoort FY
Noordstr. CV 116
Normaalschoolstr. CX 117
Onderbergen EZ
Onderstr. EFY
Opgeëistenlaan CV
Ottogracht FY
Oudburg EFY
Oude Houtlei CV
Peperstr. CV 130
Poel Drabstr. EY
Rabotstr. CV
Reep FZ
Rodelijvekensstr. CV 133
Rozemarijnstr. CV 136
Schouwburgstr. EZ 137
Seminariestr. FZ
Sint-Annapl. DV
Sint-Baafspl. FYZ 140
Sint-Jacobsnieuwstr. FY
Sint-Joriskaai DV 146

Begijnhof DV
Belfort FY
Boekentoren CX Y
De Achtersikkel FY N
Designmuseum Gent EY M4
d' Hane Steenhuyse EZ A
Donkere Poort CV
Dulle Griet EY R
Geraard de Duivelsteen FZ B
Gravensteen EY
Groot Vleeshuis EY K
Het Toreken FY
Huis der Gekroonde Hoofden EY W
Huis van Alijn EY M1
Huis 't Vliegend Hert EY E
Klein Begijnhof DX

Sint-Lievenslaan . . . . DX		
Sint-Michielsbrug . . . . . . EY		
Sint-Michielspl. en-str. . . . EY	151	
Sint-Niklaasstr. . . . . EZ		
Sint-Pietersnieuwstr. CX	153	
Sint-Pieterspl. CX	154	
Sleepstr. . . . . CDV		
Stropkaai . . . . DX		

Tolhuislaan CV	
Tweebruggenstr. . . . . DVX	159
Veldstr. . . . . EZ	
Vlaanderenstr. . . . . FZ	
Vlasmarkt . . . . FY	
Vleeshuisbrug . . . . EY	163
Vogelmarkt . . . . FZ	167
Voldersstr. . . . . EZ	

Voskenslaan CX	172
Vrijdagmarkt . . . . FY	
Wondelgemstr. CV	
Woodrow Wilsonpl. . . . . DX	186
Zonnestr. . . . . EZ	
Zuidparklaan . . . . DX	193
Zuivelbrug . . . . EY	
Zwijnaardsesteenweg . . . CX	

Klok de Triomfante . . . . EY F
K.N.S. . . . . FY T1
Kunstencentrum Vooruit . . . . CX C
Museum voor Industriële Archeologie
en Textiel (MIAT) . . . . DV X
Museum voor Schone Kunsten . . . . CX M2
Oud Begijnhof van Sint-Elisabeth . . . . . . CV Z
Oude Vismarkt . . . . EY V
Oudheidkundig Museum van de Bijloke . CX M3

Rabot CV
Ruïnes van de Sint-Baafsabdij . . . . DY M5
S.M.A.K. CX
Sint-Baafskathedraal . . . . FZ
Sint-Jacobskerk . . . . FY
Sint-Jorishof . . . . FY L
Sint-Niklaaskerk . . . . EY
Stadhuis . . . . FY H
Wenemaershospitaal . . . . EY S

Au centre du **registre supérieur** trône le Christ triomphant sous les traits du grand-prêtre, à gauche se tiennent la Vierge, des chœurs d'anges, Adam aux orteils relevés ; à droite, saint Jean-Baptiste, des anges musiciens et Ève ; remarquer le réalisme des personnages et la beauté décorative des broderies.

Fermés, les panneaux représentent au milieu l'Annonciation et en haut, les Prophètes et les Sibylles. En bas, saint Jean-Baptiste, saint Jean l'Évangéliste et les donateurs, Josse Vijd et sa femme Élisabeth Borluut. *Avr.-oct. : 9h30 (dim. 13h)-17h ; nov.-mars : 10h30-16h, dim. 14h-17h (dernière entrée 45mn av. fermeture). Fermé j. fériés religieux. 2,50€. ☎ 09 225 16 26.*

Mobilier et œuvres d'art de la cathédrale – La monumentale chaire de vérité rococo, aux statues de marbre, datant de 1741, est de L. Delvaux. Dans le chœur, le maître-autel a été exécuté par Verbruggen dans le style baroque et représente l'*Apothéose de saint Bavon*. À gauche du chœur, le mausolée de Mgr Triest (1654) par Jérôme Duquesnoy le Jeune, auteur du célèbre Manneken Pis, frappe par l'expression lasse du personnage.

Dans la 1re chapelle du déambulatoire à droite se trouve le retable de **Jésus parmi les docteurs** (1751) par Frans Pourbus le Vieux : y figurent nombre de personnages célèbres dont Charles Quint, dans le coin inférieur gauche. Dans la 10e chapelle du déambulatoire, on verra la **Vocation de saint Bavon** (1624), par P.-P. Rubens qui s'est peint sous la cape rouge d'un converti.

Crypte★ – La plus grande crypte de Flandre est construite sur le même plan que le chœur qu'elle supporte. Un tracé de carreaux noirs limite sur le sol la partie la plus ancienne (1150). De naïfs ex-voto des 15e et 16e s. sont peints sur les piliers et les voûtes romanes de l'ancienne église St-Jean. La crypte renferme un riche trésor : châsse d'argent de saint Macaire signée Hugo de la Vigne (1616), évangéliaire du 9e s., rouleau nécrologique retraçant la vie monastique au Moyen Âge. Dans l'une des chapelles qui abritent des pierres tombales, on admirera le remarquable **triptyque du Calvaire★** (1466) par Juste de Gand, œuvre capitale de ce peintre avant son départ en Italie. On y remarquera l'influence des Van Eyck et de Van der Weyden (groupe des saintes femmes devant la croix). Cette œuvre frappe par la subtilité des coloris aux tons souvent acides.

Derrière le chevet de la cathédrale, on aperçoit le **château de Gérard le Diable** (Geraard de Duivelsteen), austère demeure médiévale (13e s.) restaurée en profondeur au 19e s., qui a appartenu à un châtelain de Gand surnommé ainsi. Il abrite actuellement les archives du Royaume. Les statues en bronze devant le Steen ont été élevées en 1913 en hommage aux frères Van Eyck. Sur la rotonde, à droite, se dresse la statue de Liévin Bauwens (1769-1822).

À gauche de la cathédrale, prendre la Biezekapelstraat.

De Achtersikkel (Maison de l'Arrière-Faucille)

Cette magnifique demeure patricienne du Moyen Âge forme, avec ses tourelles et sa cour à arcades, un ensemble pittoresque (16e s.). Elle abrite le conservatoire de musique depuis 1900.

Non loin, dans la Hoogpoortstraat, se succèdent plusieurs façades anciennes.

Regagner la place St-Bavon.

En face du **Koninklijke Nederlandse Schouwburg** (1897) de style néo-Renaissance se trouve, au milieu d'une pièce d'eau, un monument en hommage à Jan Frans Willems (1793-1846), le « père du mouvement flamand ».

Belfort (Beffroi) et Lakenhalle★★★ (Halle aux draps)

De mi-mars à mi-nov. : 10h-13h, 14h-18h (dernière entrée 30mn av. fermeture). 3€. ☎ 09 233 07 72.

La puissante silhouette du beffroi (91 m), dominée par un dragon de cuivre doré, symbolise la puissance des corporations gantoises au Moyen Âge. Construit aux 13e et 14e s., souvent modifié et restauré, il est accolé à la **halle aux Draps** (15e s.). À l'intérieur du beffroi, la salle appelée « Secret » abritait jadis les privilèges et les libertés de la ville. De la plate-forme supérieure, belle **vue** sur la ville.

Au pied du beffroi, *La Fontaine aux agenouillés*, de l'artiste laethemois George Minne.

Contourner le beffroi pour voir la porte classique (1741) de l'**ancienne prison** ornée de « l'homme qui tète », le **Mammelokker**, bas-relief baroque symbolique de la charité chrétienne : Cimon, vieillard romain condamné à mourir de faim, est allaité par sa fille.

Gagner le Botermarkt.

Stadhuis★ (Hôtel de ville)

Mai-oct. : visite accompagnée (2h) tlj sf ven. et w.-end 14h30. Fermé j. fériés. 6€. ☎ 09 233 07 72.

La construction d'un nouvel hôtel de ville autour d'un noyau plus ancien débute en 1518 sur les plans de Dominique de Waghemakere et Rombaut Keldermans.

Les travaux furent interrompus en 1535 et repris 60 ans plus tard, ce qui permet d'observer deux styles différents. Ornée d'une tourelle d'angle, la **maison de la Charte** (Huis van de Schepenen van de Keure) du 16e s., à droite, est d'un style gothique tardif ; sur la façade Nord *(Hoogpoortstraat)*, la chapelle, une petite loggia (pour les proclamations) et un perron font saillie. La chambre Bollaerts, de style maniériste, et la conciergerie baroque ont été ajoutées ultérieurement. La partie gauche plus tardive (début 17e s.), inspirée de la Renaissance italienne, est la **maison des Parchons**, échevins chargés d'apaiser les différends. Enfin, la façade Sud donnant sur le Poeljemarkt date du milieu du 18e s.

À l'**intérieur**, on traverse une partie de la maison de la Keure, notamment la salle de justice, au pavement en labyrinthe, donnant sur la loggia où fut proclamée la Pacification de Gand, la chapelle surmontée d'une belle voûte gothique et, à l'étage, la salle du Trône aux voûtes Renaissance.

Face à l'hôtel de ville se dresse le **St.-Jorishof** (Cour St-George) du 15e s., maison de la guilde des arbalétriers, ensuite relais de diligence et aujourd'hui hôtel-restaurant.

Gagner l'abside de l'église St-Nicolas.

À gauche se trouve une cloche nommée **La Triomphante** (de Triomfante), héritière de celle qui occupait jadis le beffroi et portait pour devise : « Cette cloche a nom Roeland ; quand elle s'ébranle, elle sème l'orage dans la contrée. » Lorsque la cloche se fendit en 1914, elle fut retirée du beffroi et transportée à l'endroit actuel.

St.-Niklaaskerk★ (Église St-Nicolas)

La construction de cette imposante église paroissiale en pierre de Tournai débute en 1200 sur des fondations romanes. Une deuxième campagne de construction fut entamée entre 1220 et 1250. La robuste tour qui surmontait la croisée du transept faisait autrefois office de beffroi et fut ornée en son sommet d'imposants guetteurs en pierre. À peine la construction était-elle achevée que d'importants travaux de transformation reprirent. Les bas-côtés furent recouverts d'une voûte en pierre et l'intérieur fut considérablement modifié. Plus tard encore, le chœur fut embelli d'arcs-boutants. Durant les guerres de Religion du 16e s., l'intérieur fut entièrement détruit et remplacé par un intérieur baroque au 17e s.

La façade est de l'église donne sur le **Korenmarkt** (Marché aux grains), endroit très fréquenté qui, avec ses nombreux restaurants et cafés, constitue le centre de la Cuve.

Installé à une terrasse en été, l'on peut contempler le va-et-vient incessant des amateurs de shopping, en quête de l'un ou l'autre achat.

Passer à gauche de la Poste pour gagner le pont St-Michel.

St.-Michielsbrug

Le pont St-Michel offre une **perspective★★★** étonnante sur les monuments et les façades de la vieille cité. On admire d'abord, en se retournant, l'enfilade des tours de St-Nicolas, du beffroi et de St-Bavon. Du centre du pont, on voit, à droite, l'abside de St-Michel, de style gothique tardif, accolée à l'ancien couvent des dominicains du 15e s., actuellement bâtiment universitaire (Het Pand). À gauche, on distingue les créneaux du château des Comtes avec, au premier plan, les maisons du quai aux Herbes et du quai au Blé.

Gagner le quai aux Herbes.

Graslei★★★ (Quai aux Herbes)

Pour bien voir l'ensemble des façades, se placer sur le quai au Blé (Korenlei).

Là se trouvait au Moyen Âge le port, centre nerveux de la ville. Le quai aux Herbes est bordé de maisons du 12e au 17e s., d'un style architectural très pur.

Remarquer de gauche à droite les plus intéressantes :

- la maison des Maçons (16e s.), reconstruite, avec une haute façade en pierre prolongée d'élégants pinacles ;
- la première maison des Mesureurs de grains (15e s.) au pignon à redans flamand typique ;
- la large et sombre maison de l'Étape, en style roman scaldien, qui servait d'entrepôt pour les grains perçus comme droit d'étape ;
- la minuscule maison du Tonlieu (1682), la plus petite maison de la ville où logeaient les receveurs de l'étape ;
- la seconde maison des Mesureurs de grains (1698) avec ses caves voûtées du 14e s. ;
- la maison des Francs-Bateliers, au portail surmonté d'une nef et dont l'admirable façade couronnée d'un pignon aux lignes souples en gothique brabançon date de 1531.

Revenir sur le quai aux Herbes et gagner le Groentenmarkt.

Groentenmarkt (Marché aux légumes)

À gauche se situe la **Grande Boucherie** (Groot Vleeshuis) (1404), avec ses lucarnes à redans et son imposante charpente en chêne. Les éventaires en bois adossés à la façade servaient jadis à la vente de tripes. Sur le coin se dresse 't Galgenhuyseken (la Potence), où se trouvaient jadis le gibet et le pilori.

Par le Langemunt et la Kammerstraat, on arrive au Vrijdagmarkt.

Dulle Griet (Margot l'Enragée)

Ce grand canon du 15e s. fut amené à Gand en 1578 pour défendre la ville contre l'envahisseur espagnol. Il se révéla toutefois inutilisable à l'arrivée.

Vrijdagmarkt (Marché du Vendredi)

Ce vaste marché fut le théâtre de nombreux épisodes historiques. Les souverains de Flandre venaient y haranguer le peuple ; des luttes sanglantes s'y déroulèrent en mai 1345 entre tisserands et ouvriers de la laine. Durant ces troubles, Jacob Van Artevelde, dont la statue orne la place, fut assassiné.

Au Nord de la place, l'imposante bâtisse « Ons Huis-Bond Moyson » (1897-1902) fut construite dans un style éclectique par F. Dierkens. La partie gauche abritait une maison du peuple ; la partie droite fut un entrepôt de vêtements au service des associations professionnelles socialistes.

Au fond, la maison à tourelle, **Het Toreken**, de 1451-1458, appartenait à la corporation des tanneurs. On y vendait surtout de la toile. Les pièces ne répondant pas aux critères de qualité et de taille étaient accrochées à la balustrade de la tourelle en signe de remontrance.

Plus à l'Est, on aperçoit les trois tours de l'**église St-Jacques** (St.-Jacobskerk) ; les deux tours de façade sont romanes, mais l'une a reçu au 15e s. une toiture en grès, à crochets. Un sympathique marché aux puces se tient tous les vendredis, samedis et dimanches sur la petite place jouxtant l'église.

Traverser la Lys par le pont Zuivelbrug.

Patershol

Par la Rodekoningstraat, on arrive au cœur du Patershol, un des quartiers les plus anciens et agréables de la ville.

Le Patershol

Situé entre la Lange Steenstraat, het Sluizeken, la Lys et le Geldmunt, ce quartier doit son nom à un petit tunnel situé sous le couvent des carmélites. Par ce petit passage, les habitants du quartier pouvaient s'approvisionner d'eau dans le canal du Ploter. Outre de petites habitations d'artisans – les plus anciennes datent du 12e s. –, ce quartier compte d'imposants hôtels particuliers, deux couvents médiévaux et une maison-Dieu. Le Patershol a connu une histoire mouvementée et, de centre artisanal et religieux au Moyen Âge, il devint un quartier chic pour magistrats et avocats aux 17e et 18e s. Au 19e s., le quartier dépérit complètement et acquit une réputation de coupe-gorge. Sa rénovation n'a commencé que dans les années 1980. Bien que de nombreux cafés et restaurants se soient établis aujourd'hui dans le Patershol, le quartier reste avant tout résidentiel, très fréquenté par les étudiants et les artistes. Le week-end du 15 août sont organisées les Patersholfeesten (fêtes du Patershol).

Ch. Bastin et J. Evrard/MICHELIN

Rue dans le Patershol.

Revenir sur ses pas et prendre le quai de la Grue qui longe la Lys.

Kraanlei (Quai de la Grue)

On y voit d'intéressantes maisons anciennes, en particulier la maison **'t Vliegend Hert** (Cerf-volant) qu'avoisine une autre dont les bas-reliefs représentent les œuvres de miséricorde.

Gagner la place Ste-Pharaïlde.

St.-Veerleplein (Place Ste-Pharaïlde)

Cette place, où se pratiquaient jadis les exécutions capitales, groupe ses maisons anciennes, l'**hospice St-Laurent** (Wenemaershospitaal) ou de Wenemaer dont la façade date de 1564, et l'**ancien marché aux poissons** (Oude Vismarkt) (1689), de style baroque. Les hauts-reliefs au beau modelé surmontant le portique représentent Neptune, la Lys et l'Escaut.

Le château des Comtes.

Gravensteen★★ (Château des Comtes)

9h-18h (oct.-mars 17h). Fermé 1er-2 janv., 25-26 déc. 6,20€. ☎ 09 225 93 06 ou 09 269 37 30.
Le château, construit en 1180 par le comte de Flandre Philippe d'Alsace sur un donjon plus ancien, a été radicalement restauré au début du 20e s. Il n'en restait alors que quelques ruines qui étaient occupées par une filature. Son architecture est inspirée des forts des croisés en Syrie. Sa couronne de courtines munies de bretèches, d'échauguettes et de merlons se mire dans les eaux de la Lièva.
À l'intérieur de l'enceinte, on visite la « galerie romane » avec ses baies géminées sur le mur Est du donjon, les belles salles de la « maison du comte » dont l'une servit de cadre au septième chapitre de la Toison d'or en 1445 présidé par Philippe le Bon. Une autre salle contient une collection d'instruments de torture rappelant que le château servit longtemps de prison.
Du sommet du donjon, on bénéficie d'une fort belle **vue★** sur Gand et ses environs. En contournant le donjon, on pénètre dans les écuries, crypte à deux nefs aux voûtes en ogive, qui abrite un puits.
En sortant du château, on peut voir, au début de la Burgstraat, la **maison des Têtes Couronnées** (Huis der Gekroonde Hoofden), ornée de médaillons avec bustes des comtes de Flandre.

visiter

LES MUSÉES ET MONUMENTS

Au centre

Huis van Alijn★ (Musée du Folklore)

Tlj sf lun. 11h-17h. Fermé 1er janv., 25 déc. 2,50€. ☎ 09 269 23 50 ; www.huisvanalijn.be
Le musée est installé dans les maisonnettes et dans la chapelle de style gothique tardif de l'**hospice des Enfants Alyn**, fondé au 14e s. La **cour★** intérieure autour de laquelle s'alignent les ravissantes maisons blanches à haute lucarne forme un joli tableau.
Le musée évoque, dans une quarantaine de petites salles, les arts et traditions populaires de la Flandre. De remarquables reconstitutions de boutiques (épicerie, estaminet, pharmacie), d'intérieurs, d'ateliers d'artisans (savetier, cirier, tourneur) évoquent la vie à Gand vers l'an 1900. Le musée présente aussi, dans les combles, un **théâtre** de marionnettes gantoises traditionnelles avec, en vedette, le héros gantois Pierke Pierlala. *Représentations mer. et sam. 14h30 ; pdt les Fêtes gantoises (sem. du 21 juil.) : 15h, 1er jeu. de janv., jeu. des vac. de carnaval et jeu. des vac. de Pâques 14h30. Fermé 1er janv., 25 déc., août. 2,50€. ☎ 09 269 23 67 ; www.huisvanalijn.be*

Designmuseum Gent★ (Musée du Design)

Tlj sf lun. 10h-18h. Fermé 1er-2 janv., 25-26 déc. 2,50€. ☎ 09 267 99 99 ; design.museum.gent.be
Les **collections des 16e et 17e s.** du musée sont installées dans les élégants salons de l'ancien hôtel de Coninck (18e s.). On admirera du beau mobilier exposé par époque, des tapisseries, des objets d'art recréant l'atmosphère d'une demeure patricienne d'autrefois.

Certaines salles sont décorées de panneaux de toile peinte. Avec son plafond peint, son lustre en bois, son mobilier, ses porcelaines de Chine, la **salle à manger** est une véritable merveille.
La nouvelle aile, située à l'arrière, abrite la **collection moderne** (de 1880 à nos jours). Au rez-de-chaussée sont organisées des expositions temporaires, tandis que le 1er étage est consacré à la période 1880-1950. Les collections Art nouveau, dont quelques magnifiques intérieurs de Henry van de Velde et Paul Hankar, et les sections Art déco et moderniste (E. Lenoble, H. Hoste, Le Corbusier) sont intéressantes. Deux circuits distincts illustrent certains aspects architecturaux et décoratifs du design en Europe occidentale au début du 20e s. L'étage supérieur offre un aperçu des arts décoratifs des années 1970 et 1980. On découvrira en outre des œuvres de créateurs de bijoux, de meubles et de céramistes contemporains. Remarquer l'étonnant fauteuil Kandissi de l'architecte et styliste américain Alessandro Mendini.

Au Sud du centre

Museum voor Schone Kunsten★★ (Musée des Beaux-Arts)

Tlj sf lun. (sf lun. de Pâques) 10h-18h. Fermé 1er-2 janv., 25-26 déc. 2,50€. ☎ *09 222 17 03.*
Cet important musée est situé en bordure du parc de la Citadelle, où se dresse un très beau kiosque à musique octogonal de 1885. Il possède une riche et intéressante collection d'art ancien et moderne du 15e s. à la 1re moitié du 20e s. Si la collection de sculptures et tapisseries de Bruxelles (18e s.) mérite d'être citée, ce sont surtout les peintures qui retiendront l'attention.

Peinture ancienne – Dans la collection des **maîtres anciens**, on admirera la ravissante *Vierge à l'œillet* de l'atelier de Rogier Van der Weyden et les deux tableaux de **Jérôme Bosch** qui traitent de l'opposition entre le bien et le mal. Dans le premier, *Saint Jérôme*, œuvre de jeunesse, l'avant-plan du tableau représentant le mal, montre le saint en prière entouré d'objets effrayants et d'une nature menaçante tandis qu'à l'arrière le paisible paysage évoque le bien. Le *Portement de croix*, l'une des dernières œuvres du grand peintre, témoigne d'un modernisme extraordinaire dans sa façon de traiter en gros plan cet agglutinement de têtes aux trognes démoniaques au milieu duquel apparaît le visage serein du Christ. Le Christ se trouve entre deux diagonales ; l'une symbolisant le mal avec la poutre de la croix et le visage du mauvais larron en bas à droite, l'autre reliant le visage du bon larron à celui de sainte Véronique se retirant avec le suaire.

Designmuseum Gent

Alessandro Mendini – Fauteuil Proust.

La *Vierge et l'Enfant* d'Adrien Isenbrant frappe par la beauté du paysage. On remarquera aussi quelques beaux portraits du miniaturiste gantois Gérard Horenbaut.
Le musée présente un intéressant panorama de la **peinture des 16e et 17e s.** L'accent est mis sur les artistes originaires des anciens Pays-Bas : Pieter Bruegel le Jeune, Frans Pourbus l'Ancien *(Portrait d'une jeune femme)*, Rubens, Jordaens *(Étude de têtes)*, Van Heemskerck, Maarten de Vos, Gaspar De Crayer *(Étude de tête d'un jeune Maure)*, Philippe de Champaigne (*Les Disciples d'Emmaüs* et un *Portrait de Pierre Camus*) et Frans Hals *(Portrait d'une femme)*.

Peinture moderne – Cette riche collection présente un aperçu de la peinture belge du **19e au début du 20e s.** L'influence de l'école française du 19e s. est illustrée par le remarquable *Portrait d'un kleptomane* de Géricault et des paysages réalistes et romantiques de Corot, Courbet, Daubigny et Théodore Rousseau. L'impressionnisme et le symbolisme belges sont représentés par Claus, Van Rysselberghe *(La Lecture)*, Evenepoel *(L'Espagnol à Paris)*, Spilliaert, Khnopff. On admirera la vaste collection d'œuvres d'Ensor ainsi que les sculptures du Gantois George Minne *(Les Agenouillés)*. Tout comme Gustave Van de Woestijne et Valerius De Saedeleer, ce dernier appartient à la première école de Laethem-Saint-Martin. L'expressionnisme flamand s'exprime dans les œuvres d'Albert Servaes, Constant Permeke *(Le Paysan couché)*, Gust de Smet, Frits van den Berghe et Rik Wouters. Les œuvres de Kokoschka, Rouault, Kirchner, Rohlfs et Heckel appartiennent à l'expressionnisme international.

SMAK – Stedelijk Museum voor Actuele Kunst Gent★★ (Musée d'Art contemporain)

♿ *Tlj sf lun. 10h-18h. Fermé de Noël au Nouvel An. 4,96€.* ☎ *09 221 17 03 ; www.smak.be*
Installé dans l'ancien palais des Floralies, ce musée fut édifié en 1913 à l'occasion de l'Exposition universelle et entièrement rénové en 1999 d'après les plans de l'architecte Koen Van Nieuwenhuyse. L'animateur et conservateur du musée est Jan Hoet, « enfant terrible » de la scène artistique internationale contemporaine et

organisateur de la Documenta IX, exposition renommée, organisée à Kassel en Allemagne. La très intéressante collection, exposée par roulement, permet de suivre l'évolution artistique depuis les années 1950 jusqu'aux expressions les plus modernes. Citons quelques œuvres de prédilection : *Aeromodeller* de Panamarenko, *Wirtschaftswerte* de Joseph Beuys, *Two Watchmen* de Juan Muñoz, *Le Gardien de notre potager* de Thierry De Cordier et *La Toilette* d'Ilya Kabakov. Le musée organise également d'importantes expositions temporaires.

Oudheidkundig Museum van de Bijloke** (Musée de la Byloke)

Jeu. 10h-13h, 14h-18h, dim. ap.-midi 14h-18h. 2,50€. ☎ 09 225 11 06.

L'ancienne abbaye de cisterciennes de la Byloke fut fondée au 13e s. Ce remarquable ensemble de constructions de brique datant du 14e au 18e s. est en cours de réaménagement et ne peut se visiter que partiellement.

Les salles et salons autour du cloître ont été aménagés dans différents styles et offrent un aperçu de la vie à Gand du Moyen Âge à la Révolution française. Deux salles sont consacrées aux corporations militaires de la ville.

Au 1er étage, le **réfectoire** du 14e s. est remarquable avec sa grande voûte lambrissée et ses fresques, dont l'une représente la Cène. Au centre, gisant d'un châtelain gantois mort en 1232. La salle est aménagée en trésor d'art religieux.

L'ancien dortoir renferme de magnifiques **torchères** en bois sculpté du 18e s. symbolisant les différents métiers.

Boekentoren

Rozier 9.

Située dans un quartier très animé, la Bibliothèque centrale de l'université de Gand (1933-1940) fut construite d'après un projet du célébrissime architecte Henry van de Velde (1863-1957), fondateur de la Kunstgewerbeschule à Weimar, précurseur du Bauhaus. La tour haute de 64 m comprend 26 étages dont une belle salle de réception (Belvédère) aux formes pures. Le bâtiment moderniste, dont la façade est d'une grande simplicité, fut réalisé en béton.

Klein Begijnhof* (Petit béguinage)

Lange Violettenstraat.

Fondé en 1234 par Jeanne de Constantinople, ce calme enclos n'a pas changé depuis le 17e s. Les charmantes maisons en brique, précédées de jardinets aux murs blanchis à la chaux, encadrent l'église et deux pâturages.

Au Nord du centre

Museum voor Industriële Archeologie en Textiel* (MIAT)

Minnemeers 9. ♿ Tlj sf lun. 10h-18h. Fermé 1er-2 janv., 25-26 déc. 2,50€. ☎ 09 269 42 00.

Installé dans une ancienne filature de coton (1905-1913), ce musée est consacré au passé industriel de la ville. Les nombreuses machines, dont la célèbre **mule jenny** importée clandestinement d'Angleterre vers 1810 par Liévin Bauwens, objets divers, documents et reconstitutions d'intérieurs illustrent les changements qu'a subis la société industrielle. La première section au 5e étage (belle **vue** sur Gand et ses tours) donne un aperçu de la période **1750-1900**, où l'on insiste sur le rôle prépondérant de la femme. Le 4e étage **(1900-2000)** présente les développements techniques et économiques du 20e s. Les nombreuses machines de la « fabrique de coton » (3e étage) permettent de suivre au fil de ses pas le processus de production d'antan, du coton brut au tissu teint. La partie moderne du musée accueille des expositions temporaires ; les plantes du jardin étaient jadis utilisées pour la teinte des textiles.

À l'Est du centre

Ruïnes van de St.-Baafsabdij (Ruines de l'abbaye St-Bavon)

Fermé pour travaux.

Fondée au 7e s., l'abbaye fut reconstruite au 10e s.

En 1540, après avoir promulgué la Concession caroline, Charles Quint transforma l'abbaye en citadelle, baptisée « le château des Espagnols ». Elle fut démolie au 19e s.

Il ne reste des bâtiments abbatiaux qu'une galerie du cloître gothique, le beau lavabo roman, les baies géminées, romanes elles aussi, de la salle capitulaire et surtout le vaste **réfectoire*** du 12e s. à la magnifique charpente en bois en carène de bateau ; celui-ci renferme des fresques romanes et une importante collection de dalles funéraires. Dans les celliers : pierres romanes et gothiques.

Oud Begijnhof St.-Elisabeth (Ancien béguinage Ste-Élisabeth)

Devenu insuffisant, le grand béguinage, fondé, comme le petit béguinage, en 1234, fut abandonné au 19e s. par les béguines qui s'installèrent à Mont-St-Amand. Il n'en subsiste qu'une rue pittoresque et étroite, la **Proveniersterstraat**, à proximité de l'église Ste-Élisabeth, et autour de l'église, trois jolies maisons à pignons à redans, bien restaurées.

Par la Begijnhoflaan, on peut gagner au Nord le **Rabot**. Cette porte de 1489 aux toits pointus et aux pignons à redans est une ancienne écluse sous laquelle disparaît la Lième, devenue en partie souterraine.

En longeant la Bachterwalle, on arrive à la **Donkere Poort**, seul vestige du palais (Prinsenhof) où naquit Charles Quint le 24 février 1500.

alentours

St.-Amandsberg (Mont-St-Amand)

1,5 km au Nord-Est par la Land van Waaslaan. L'entrée du béguinage se trouve dans la Schoolstraat (ruelle donnant sur la Land van Waaslaan).

Groot Begijnhof (Grand béguinage) – Il a succédé en 1874 à l'ancien béguinage Ste-Élisabeth dont il conserve le nom. C'est un immense enclos qui présente l'aspect traditionnel des béguinages, agglutinés comme une petite cité autour de l'église de style néogothique. Quelques béguines y habitent encore. Le **musée** donne un aperçu de leur vie. *Avr.-oct. : tlj sf lun. et mar. 9h-11h, 14h-17h, w.-end 14h-17h. 1€. ☎ 09 228 19 13.*

Lochristi

9 km au Nord-Est par la N 70.

Dans cet important centre agricole prédomine la culture du bégonia (floraison en été) et de l'azalée.

Laarne★

13 km à l'Est. Sortir par la N 445 et tourner à gauche vers Heusden.

On découvre avant Heusden de superbes propriétés.

Château – Encerclé de douves, le château de Laarne présente de hauts murs gris flanqués de tours à toit de pierre et d'un donjon à tourelles. Édifié au 12e s. pour servir à la défense de Gand, il fut modifié au 17e s. De cette époque datent la cour d'honneur et l'entrée actuelle, précédée d'un pont de pierre et surmontée d'une loggia. L'**intérieur** a été remeublé de façon à restituer l'atmosphère du château au 17e s. Dans les salles aux belles cheminées sont disposés de grands meubles anversois et français ; les murs sont tendus de belles tapisseries dont deux, réalisées à Bruxelles au 16e s. d'après les cartons de B. Van Orley, appartiennent à la série des Chasses de Maximilien. À signaler, au rez-de-chaussée, les voûtes Renaissance de la galerie donnant sur la cour intérieure ; au 1er étage, une élégante tapisserie du 16e s., illustrant la vie seigneuriale, et surtout la **collection d'argenterie★** (15e-18e s.) de divers pays européens, donation de M. Claude D'Allemagne. *Juil.-août : tlj sf lun. et ven. 13h-17h30, de mi-avr. à fin oct. : dim. 13h-17h30. 5€. ☎ 09 230 91 55.*

Eeklo

20 km au Nord-Ouest par la N 9.

Cette ville possède un joli **hôtel de ville** Renaissance, à pignons et lucarnes à redans et volets de couleurs gaies.

À 29 km au Nord par la N 456, près de la frontière des Pays-Bas, l'église de **Watervliet** (16e s.) abrite un beau triptyque du 15e s. peint sur bois et un intéressant mobilier baroque.

circuit

LA RÉGION DE LA LYS

28,5 km. Sortir au Sud-Ouest par la Koningin Fabiolalaan, près de la gare (St.-Pietersstation) en direction de Deinze.

Afsnee

Sa charmante église romane dont le chevet borde la Lys est souvent reproduite sur les toiles.

St.-Martens-Latem (Laethem-St-Martin)

Situé près de la Lys, c'est un village dont les environs sont très fréquentés par les Gantois. On peut y admirer de somptueuses villas engoncées dans leur écrin de nature. De la route qui le traverse, on aperçoit à gauche un vieux moulin à vent en bois.

Deurle

Au bord de la Lys, Deurle dissimule dans la verdure de nombreuses villas fleuries.

Museum Gust De Smet – La maison où le Gantois **Gust** (ou Gustave) **De Smet** (1877-1943) se retira pour peindre de 1935 à sa mort est devenue un musée. L'intérieur ainsi que l'atelier sont restés inchangés et abritent de nombreuses œuvres de cet artiste du deuxième groupe de Laethem. *Tlj sf lun. et mar. 14h-18h (oct.-mars 17h). Fermé janv. 2,50€. ☎ 09 282 77 42.*

Museum Léon De Smet – La maison, construite en 1969 par la dernière compagne de **Léon De Smet** (1881-1966), frère de Gust, conserve les meubles et les objets familiers du peintre qu'il reproduisait sur ses toiles. Une vingtaine de tableaux et de dessins y sont exposés. *W.-end 14h30-18h (de déb. nov. à mi-avr. 17h). Fermé 1er nov., 25 déc., janv., juil. ☎ 09 282 30 90.*

Une colonie d'artistes

Les bords de la Lys ont inspiré bien des peintres. À la fin du 19e s., un groupe d'artistes se forma autour du sculpteur George Minne installé à Laethem-St-Martin depuis 1897 : Gustave Van de Woestijne (1881-1947), les paysagistes Albijn Van den Abeele (1835-1918) et Valérius De Saedeleer (1867-1941). Leurs recherches aboutirent, après la guerre, à l'expressionnisme très marqué du 2e groupe de Laethem dont le précurseur est **Albert Servaes** (1873-1967), et les principaux représentants **Constant Permeke** (1886-1952), **Gust De Smet** (1877-1943) et **Frits van den Berghe** (1883-1939). Aucune route ne suivant vraiment la Lys, une **promenade en bateau** est la meilleure façon d'en découvrir les paysages.

A. Kouprianoff/MICHELIN

Bateau sur la Lys.

Museum Dhondt-Dhaenens – À côté du musée Léon De Smet, ce long bâtiment de brique blanc construit en 1969 offre un bon aperçu de l'expressionnisme flamand, issu de l'art de Laethem. On y admire des œuvres de grands maîtres comme Permeke *(Dame au chapeau vert, Paysage doré)*, Van den Berghe, Gust De Smet *(Crépuscule, Ferme, Baraque de tir)* et du précurseur Albert Servaes, au mysticisme tragique *(Bourreau, La Passion, La Sépulture, La Résurrection)*. Quelques sculptures et une salle pour expositions complètent cet ensemble. ♿ *De déb. fév. à mi-déc. : tlj sf lun. 13h (w.-end et j. fériés 11h)-17h 2,50€.* ☎ *09 281 08 53.*

En quittant Deurle, on longe un instant la Lys (jolie vue à gauche), puis, en franchissant un pont, on a une belle **vue** sur la rivière qui chemine langoureusement entre de verts pâturages.

Kasteel Ooidonk

De déb. avr. à mi-sept. : visite accompagnée (1h) dim. et j. fériés 14h-17h30 (juil.-août sam. aux mêmes heures). 5€. ☎ *09 282 61 23.*

Ce château de la fin du 16e s. se situe à proximité du village de Bachte-Maria-Leerne ; il a remplacé une forteresse du Moyen Âge, habitée par les seigneurs de Nevele et détruite au cours des guerres de Religion. Le château actuel, cerné d'eau et entouré d'un parc, est toujours habité. Avec ses pignons à redans et ses tours à bulbe, il est caractéristique du style hispano-flamand. L'intérieur réaménagé au 19e s. contient une belle suite d'appartements. Parmi les portraits du 16e s. figurent celui de Philippe de Montmorency, comte de Hornes et propriétaire du château, et celui du comte d'Egmont. Tous deux furent décapités à Bruxelles en 1568.

Prendre la N 43.

Deinze

Petite ville industrielle construite sur les bords de la Lys, Deinze possède une belle **église** dédiée à Notre-Dame (Onze-Lieve-Vrouwekerk). Elle date du 13e s. et constitue un bel exemple de gothique scaldien. À l'**intérieur**, on peut admirer une œuvre de Gaspar de Crayer : l'*Adoration des Bergers*.

Un peu plus loin, on aperçoit le bâtiment blanc du **musée de Deinze et de la Région de la Lys** (Museum van Deinze en de Leiestreek). Dans les collections comprenant des peintures et sculptures d'artistes de la région entre Gand et Courtrai, le groupe de Laethem est bien représenté. Sont à signaler : *La Récolte des betteraves* d'Émile Claus, *Un paysage marécageux* de De Saedeleer et des œuvres de A. Saverys, A. Servaes, Van de Woestijne, G. Minne, Van Rysselberghe, Van den Abeele et R. Raveel. Le musée comprend également une section d'archéologie et de folklore. ♿ *Tlj sf lun. 14h-17h30, w.-end et j. fériés 10h-12h, 14h-17h. Fermé 1er janv., 25-26 déc. 2,50€.* ☎ *09 381 96 70.*

Suivre la N 43.

Machelen

Le célèbre artiste Roger Raveel vit le jour en 1921 à Machelen, petit village tranquille au bord de la Lys. Situé dans un beau bâtiment de style résolument contemporain de l'architecte Stéphane Beel, le **musée Raveel** présente un aperçu détaillé de l'œuvre de l'artiste. Proche du nouveau réalisme, les compositions de Raveel, combinant des éléments figuratifs et abstraits, restent liées à la réalité quotidienne. *Tlj sf lun. et mar. 11h-17h. Fermé de Noël au Nouvel An.* ☎ *09 381 60 00.*

À proximité de la Lys, le visiteur découvrira *Het plein van de Nieuwe Visie* (La place de la Nouvelle Vision) de 1998 représentant l'artiste et son épouse.

Geraardsbergen★

Grammont

Grammont, dont le nom exprime la situation★ dominante, est accroché au flanc d'une colline appelée Oudenberg qui surplombe la Dendre. La ville est célèbre dans le monde des courses cyclistes pour sa terrible côte sinueuse et irrégulièrement pavée : « le mur » de Grammont. La délicieuse tarte au maton (lait caillé) et fromage blanc est une spécialité de la ville.

La situation

30 825 habitants – Cartes Michelin nos 716 E 3 et 533 I 18 – Flandre Orientale.

Près de la frontière linguistique et de la province du Hainaut, on arrive à Grammont par la N 42.

Markt, ☎ 054 43 72 89 ; www.geraardsbergen.be

RESTAURATION

Mme Dupont Chambre d'hôte – *R. Belanger 47 – 7350 Thulin – ☎ 065 65 25 00 – fermé de Noël au Nouvel An – – 3 ch. : 45/50€* . Mme Dupont vous ouvre les portes de sa paisible maison isolée de la route par un ravissant jardin clos de murs. De mise simple, mais très correctes pour l'étape, ses trois chambres sont séparées de l'habitation et ont, chacune, leur propre salle de bain.

visiter

Grote Markt (Grand-Place)

Là se dressent l'**église St-Barthélemy**, rénovée dans le style néogothique (19e s.), tout comme l'**hôtel de ville** à pignons dentés et tourelles d'angle. Adossé à ce dernier, un petit **Manneken Pis**, qui possède son musée de costumes au rez-de-chaussée du bâtiment, serait le plus ancien de Belgique (1455). Devant l'édifice, une fontaine gothique, le **Marbol**, date de 1475.

St.-Adriaansabdij (Ancienne abbaye St-Adrien)

Suivre la rue à gauche de l'hôtel de ville ou la Vredestraat, puis à droite l'Abdijstraat. Avr.-oct. : tlj sf lun. 14h-17h (w.-end 18h). 1,24€. ☎ 054 41 13 94.

Un monastère bénédictin fut fondé ici en 1081. Les bâtiments abbatiaux du 18e s., transformés en **musée**, abritent au 1er étage du mobilier provenant de l'église St-Barthélemy à Grammont et de l'hôtel d'Hane Steenhuyse à Gand, ainsi que quelques tableaux anciens, le tout réparti dans différents salons et salles longeant un large couloir voûté. Le 2e étage est occupé par diverses sections consacrées à la culture du tabac (activité florissante à Grammont de 1840 à la Seconde Guerre mondiale) et à la dentelle noire de Chantilly (produite dans la région dès 1870) ; il y a également un cabinet de pipes provenant du monde entier.

Dans le parc, qui fut aménagé autour d'un étang, les hangars à chariots ont été restaurés afin d'y accueillir des expositions.

Oudenberg (Vieille Montagne)

Accès en voiture par Oude Steenweg et, à gauche, Driepikkel. Une chapelle de pèlerinage, abritant une statuette de la Vierge (17e s.), est érigée sur ce mont dont le sommet, à 110 m d'altitude, offre une belle vue sur le paysage environnant. À cet endroit se déroule la fête du **Krakelingenworp** ou « jet de craquelins ». À 15h, un cortège folklorique (800 participants) commence à gravir la colline. À l'arrivée, 8 000 craquelins, sorte de biscuit, sont lancés à la volée sur la foule, et les notables doivent boire, dans une coupe en argent, de petits goujons vivants. Le soir, lors du **Tonnekensbrand**, le feu est mis à un tonneau rempli de poix et ceinturé de paille. De nombreux récits et légendes tentent d'expliquer l'origine de ces manifestations, supposées très anciennes, mais qui restent mystérieuses.

Le Grand-Hornu★★

Hornu est situé à proximité de Mons, au cœur du Borinage, région où l'on exploita le charbon jusque dans les années 1970. Cette petite commune possède un véritable joyau d'architecture industrielle : le site du Grand-Hornu où s'est installé récemment le tout nouveau musée des Arts contemporains de la communauté française (MAC's).

La situation

Cartes Michelin nos 716 E 4 et 534 I 20 – Hainaut.

Près de la frontière française et à quelques kilomètres de Mons, le site est d'accès facile par l'E19 (sortie 25 à hauteur de St-Gislain) ; ensuite suivre les panneaux MAC's.

HÉBERGEMENT

't Grof Zout – *Gasthuisstraat 20 – ☎ 054 42 35 46 – grof.zout@wanadoo.be – fermé 1 sem. en mars, de déb. sept. à mi-sept., sam. midi, dim. soir, lun.- 26€ déj. – 43€.* Derrière une porte cochère, ancienne miroiterie devenue un petit restaurant familial bien dans le coup : goûteuse cuisine d'aujourd'hui et sobre intérieur contemporain avec des cuillers à soupe en guise d'appliques lumineuses ! Terrasse d'été sur cour.

comprendre

Le complexe du Grand-Hornu fut construit en grande partie entre 1816 et 1835 à la demande de Henri de Gorge (1774-1832), industriel originaire de Valenciennes. Il racheta la concession en 1810 afin d'y exploiter le charbon. Trois architectes – François Obin, Pierre Cordona et Bruno Renard – ont collaboré à la construction du site, qui se compose notamment de 435 maisons ouvrières confortables pour l'époque, de plusieurs ateliers, d'un bâtiment pour l'administration et d'entrepôts. C'est probablement à Bruno Renard qu'il faut attribuer les deux cours intérieures et le « château » de la famille de Gorge. Il s'est vraisemblablement inspiré de la Saline d'Arc-en-Senans en France, réalisée par l'architecte Ledoux en 1774-1779. L'ensemble industriel du Grand-Hornu a été conçu dans un style néoclassique, qui se traduisit par l'utilisation d'arcades, de frontons, de colonnades et d'arcs en plein cintre. La production de charbon fut définitivement arrêtée en 1954. Laissé plusieurs années à l'abandon, le site fut l'objet d'un arrêté royal le condamnant à la démolition en 1969. Il fut racheté en 1971 par un architecte de Hornu, Henri Guchez, qui entama sa rénovation. Depuis 2002, le complexe accueille le prestigieux MAC's.

visiter

Tlj sf lun. 10h-18h. 2€. ☎ 065 77 07 12.

Le grand portail d'entrée donne accès, sur la droite, au **musée des Arts contemporains** *(ouvert pendant les expositions temporaires ; www.mac-s.be).* L'architecte Pierre Hebbelinck

Le Grand-Hornu.

Ph. Gajic/MICHELIN

a su marier de façon heureuse la nouvelle construction de briques noires aux bâtiments existants. Les espaces, dépouillés mais fort bien conçus, mettent habilement en valeur les œuvres d'art. Exposée par roulement, la collection d'envergure internationale présente de manière attrayante un mélange des genres d'art actuel : peintures, sculptures, photos, installations multimédias. *Les Registres du Grand-Hornu* de Christian Boltanski, dans le grand hall en briques apparentes du magasin aux foins, constitue un hommage impressionnant aux mineurs du site charbonnier. Au milieu de la 1re cour intérieure trône une œuvre de Pol Bury de 1991 : *64 carrés*. La vaste cour ellipsoïdale, entourée d'arcades et de bâtiments en brique, où étaient installés les ateliers et magasins, est actuellement convertie en bureaux. Sur la gauche, l'atelier principal, qui servait à la construction des machines à vapeur, a conservé les piliers qui soutenaient jadis des coupoles à pendentifs. Autour de l'usine, les 435 petites maisons ouvrières d'une grande simplicité s'alignent de part et d'autre de rues rectilignes, inscrites dans un rectangle. Le Grand-Hornu comptait 2 500 habitants en 1829.

Halle★

Hal

Située dans la vallée de la Senne, la petite ville de Hal est vouée depuis le 13e s. au culte de la Vierge noire, objet d'un pèlerinage fameux. Tous les deux ans se déroule la procession de la Pentecôte où un cortège historique précède la statue parcourant la ville. Par ailleurs, le carnaval, qui a lieu à la mi-carême, est réputé pour son cortège haut en couleur.

La situation

33 529 habitants – Cartes Michelin nos 716 F 3 et 533 K 18 – Plan dans Le Guide Rouge Benelux – Brabant Flamand.

À 17 km de Bruxelles par la N 6, accès par l'autoroute E 19 (depuis Bruxelles ou Mons) ou l'autoroute A8/E 429 qui relie Hal à Tournai.

Grote Markt 1, ☎ 02 356 42 59 ; www.halle.be

visiter

Grote Markt (Grand-Place)

Voisin de la basilique, l'**hôtel de ville**, construit au début du 17e s. dans le style Renaissance et restauré au 19e s., présente une façade harmonieuse. Au milieu de la place s'élève la statue du violoncelliste **Adrien-François Servais** (1807-1866), originaire de Hal. Servais connut un succès international – Berlioz l'appelait le Paganini du violoncelle – et il fut en outre violoncelle solo du roi Léopold Ier.

Basiliek★★ (Basilique)

Visite (45mn) 8-18h. ☎ 02 356 42 59 (Office de tourisme).

Elle a été bâtie au 14e s. Son plan, sans transept saillant, constitue un bon exemple du style gothique brabançon d'origine. Elle est précédée d'une puissante **tour** carrée, surmontée de clochetons d'angle et, depuis 1775, d'une lanterne baroque. Hors œuvre à droite, une petite montgolfière coiffe la chapelle baptismale (15e s.). Remarquer le **portail Sud** avec sa Vierge à l'Enfant entourée d'anges musiciens et, un peu plus loin, une petite porte où figure le couronnement de la Vierge. Le chevet, d'harmonieuses proportions, et les flancs de l'édifice sont ornés de superbes culs-de-lampe historiés et d'un double étage de balustrades.

Intérieur – La nef, élégante, possède un triforium à remplage flamboyant ; au-dessus du porche, le mur est ajouré d'un double étage de baies également flamboyantes. On y admire de nombreux **objets d'art** ainsi que de belles sculptures. Les **fonts baptismaux** *(chapelle à droite de la tour)* datent de 1466 : en laiton, ils sont recouverts d'un riche couvercle décoré d'apôtres, de cavaliers et d'un groupe représentant le baptême du Christ. Dans le chœur, statues d'apôtres de 1410 inspirées de l'art de Claus Sluter, célèbre sculpteur des ducs de Bourgogne à Dijon ; au milieu trône la célèbre Vierge noire ; dans le déambulatoire, les écoinçons des arcatures sont sculptés de scènes remarquables (15e s.). Dans la chapelle de Trazegnies, construite hors œuvre le long du bas-côté gauche, un retable représentant les sept sacrements a été exécuté par Jean Mone, sculpteur de Charles Quint, dans la ligne de la Renaissance italienne. Remarquer encore, dans une chapelle orientée à gauche du chœur, le minuscule gisant de Joachim, fils de Louis XI, mort en 1460 alors que son père, encore dauphin, s'était réfugié à Genappe *(7 km à l'Est)*.

Trésor – Dans la crypte sont exposées les plus belles pièces du trésor, témoignant de la générosité de protecteurs illustres.

Zuidwest-Brabants Museum (Musée du Sud-Ouest du Brabant)
♿ *Mai-août : sam. 14h-17h, j. fériés 10h-12h, 14h-17h ; avr.-oct. : dim. 14h-18h, j. fériés 10h-12h, 14h-17h. 1€. ☎ 02 356 42 59.*
Installé dans l'ancien collège des Jésuites du 17e s., il reflète la vie régionale dans le passé : objets trouvés lors de fouilles, outillage ancien, corbeilles fabriquées à Hal aux 17e et 18e s., porcelaine de Huizingen.

alentours

Rebecq
10 km au Sud-Ouest par la N 6, puis prendre une petite route à droite.
Un **train touristique** tracté par une petite locomotive relie l'ancienne gare de Rebecq à la halte de Rognon, dans la vallée de la Senne. ♿ *Mai-sept. : visite (1h) dim. et j. fériés 14h30, 16h, 17h30 (dernier train est facultatif). 4€. ☎ 067 63 82 32 (Office de tourisme).*
Dans le **moulin d'Arenberg**, situé sur la Senne, sont organisées des expositions.

Han-sur-Lesse★

Au cœur du parc national de Lesse et Lomme (950 ha), vaste massif calcaire traversé par deux rivières, Han-sur-Lesse doit sa célébrité à sa magnifique grotte et à sa réserve d'animaux sauvages. Petit village paisible en dehors de la saison touristique, son nom viendrait du vieux français Han signifiant « méandre de la rivière ».

La situation
Cartes Michelin nos 716 I 5 et 534 Q 22 – Namur.
Au centre de la région boisée de la Famenne, Han-sur-Lesse est accessible par l'autoroute A 4/E 411 reliant Bruxelles à Arlon ; prendre la sortie 23, puis la N 86.
ℹ *Pl. Théo Lannoy 1, ☎ 084 37 75 96.*

RESTAURATION
Bellevue-Chez Herman – *R. Joseph Lamotte 2 – ☎ 084 37 72 27 – fermé lun. – 🚭 – 14,75/38,42€.* Établissement familial où toques, casseroles et spatules se transmettent de génération en génération depuis 1868. Préparations traditionnelles sans chichi servies dans une salle à manger néo-campagnarde. Repas en plein air lorsque la météo le permet.

visiter

Grotte de Han★★★
L'entrée de la grotte, située au Trou de Salpêtre, n'est accessible que par tramway. Le retour s'effectue à pied (400 m). Juil.-août : visite accompagnée (1h30) 10-12h, 13h30-17h30 ; avr.-oct. : 10-12h, 13h30-16h30 (mai-juin : w.-end et j. fériés 17h30) ; quelques j. de nov.-mars. Fermé en janv. 10,30€. ☎ 084 37 72 13 ; www.han.be
La grotte calcaire géante creusée par la Lesse sur 15 km offre à la visite le cinquième de son réseau. Elle servit de refuge de la fin du néolithique au 18e s. Très humide, d'une température de 13 °C, elle abrite de gigantesques concrétions dont la progression est en moyenne de 4 à 5 cm par siècle, telle l'élégante stalagmite du **Minaret** haute de 5 m. Exploitées depuis 1856, certaines galeries sont noircies par les torches des premiers visiteurs. La **salle des Mystérieuses** garde toutefois la magie d'un palais de cristal avec sa très belle stalagmite en forme de tiare. L'imposante **salle d'Armes**, de 50 m de diamètre, traversée par la Lesse, est animée par un impressionnant son et lumière. Elle précède la **salle du Dôme** haute de 129 m, où l'on voit un porteur de torche dévaler le prodigieux amoncellement, et celle des **Draperies** à la voûte hérissée de stalactites marbrées.
De larges barques descendent le cours souterrain de la Lesse et ramènent à la clarté du jour au **Trou de Han** après un dernier coup de canon permettant d'apprécier le pouvoir de résonance de la galerie.

Expothème
Accessible à la sortie de la grotte, il est situé au 1er étage de la ferme de Dry Hamptay. ♿ *Juil.-août : visite partiellement accompagnée (1h) 12-19h ; avr.-oct. : 12-18h (mai-juin : w.-end et j. fériés 19h). 5€. ☎ 084 37 72 13.*
Spectacle audiovisuel qui fait découvrir les salles et galeries de la grotte non accessibles aux visiteurs et réservées aux spéléologues.

Musée du Monde souterrain

Avr. : 12-18h ; mai-juin : 11h30-18h (w.-end et j. fériés 19h) ; juil.-août : 12-18h ; sept.-oct. : 14h-17h (w.-end 18h). 3€. ☎ 084 37 72 13.

Ce musée présente les résultats des fouilles régionales, principalement celles pratiquées dans la grotte de Han, au fond de la rivière ou sur les berges : silex taillés néolithiques, remarquable ensemble de poteries, outils, armes et parures dont certaines en or, de l'âge du bronze (1100 à 700 avant J.-C.), fibules de l'âge du fer, **fragment de diplôme★** d'un vétéran romain composé de deux tablettes de bronze, objets divers des époques gallo-romaine, mérovingienne et médiévale.

Ch. Bastin – J. Evrard/MICHELIN

La réserve d'animaux sauvages.

Réserve d'animaux sauvages★

♿ *Mêmes conditions de visite que pour la Grotte de Han. 7,80€. ☎ 084 37 72 13.*

À bord d'un petit train routier, dans le magnifique domaine du massif de Boine (250 ha) où vient s'engouffrer la Lesse, la réserve rassemble la faune des forêts d'Ardenne (cerfs, daims, sangliers) et, dans une vaste clairière, les principaux animaux sauvages ayant vécu autrefois dans la région : bisons, ours bruns, bouquetins, chamois, loups, tarpans (petits chevaux), aurochs dont l'espèce éteinte a été reconstituée par croisements, et le cheval de Przewalski originaire des steppes.

Au **gouffre de Belvaux**, la Lesse se perd sous un arc rocheux du mont de Boine pour ressurgir au Trou de Han.

alentours

Lavaux-Ste-Anne

10 km à l'Ouest par la route de Dinant.

Entouré de douves alimentées par les eaux de la Wimbe, le **château féodal** se présente comme une forteresse encore flanquée aux angles de trois tours massives du 15e s. coiffées de bulbes et d'un donjon du 15e s. Aux 17e et 18e s., les courtines reliant les tours ont laissé place à des corps de logis disposés en U.

L'intérieur abrite un **musée de la Chasse et de la Conservation de la Nature**. Animaux naturalisés, trophées de chasse et documentation sur la faune européenne. *9h-18h (juil.-août 19h). Fermé 1er janv. 4,96€. ☎ 084 38 83 62.*

Hasselt

Ville dynamique, Hasselt se situe aux confins de la Campine et de la Hesbaye. Le nom de la cité serait dérivé de « Hasaluth », qui signifierait bois de noisetiers. Relevant de la principauté de Liège du 14e au 18e s., Hasselt fit partie du département de la Basse-Meuse sous l'occupation française. La ville est le chef-lieu du Limbourg belge depuis 1839. Un traité fut en effet signé à Londres, qui partageait la province entre la Belgique et les Pays-Bas.

La situation

67 777 habitants – Cartes Michelin nos 716 I 3 et 533 Q 17 – Limbourg P.

Hasselt se situe à l'Est de la Belgique. Si vous arrivez en voiture par l'E 313 (depuis Anvers ou Liège) ou l'E 314 (depuis Bruxelles ou Aix-la-Chapelle), nous vous conseillons de laisser votre véhicule sur les parkings gratuits « Grenslandhallen » ou « Alverberg ». Ensuite, vous gagnez le centre-ville en autobus sans bourse délier. Mais attention, les bus ne circulent pas les dimanches et jours fériés !

Hôtel de ville, Lombaardstraat 3, ☎ 011 23 95 40 ; www.hasselt.be

carnet pratique

Transports

Bus – Afin de décourager la circulation automobile, la société flamande des transports publics De Lijn propose deux navettes gratuites : la « Centrumpendel » ou CP, qui relie la gare à la Grand-Place, et la « Boulevardpendel » ou BP, qui relie la gare au périphérique. Attention ! Les bus ne circulent ni les dimanches ni les jours fériés. Informations : De Lijn Limburg, Grote Breemstraat 4, ☎ 011 85 03 03 ; www.delijn.be

Restauration

• *Valeur sûre*

't Kleine Genoegen – *Raamstraat 3 – ☎ 011 22 57 03 – fermé juil., dim., lun. – 13€ déj. – 31/40€.* Une belle demeure patricienne sert de cadre à ce restaurant que vous débusquerez à mi-chemin du béguinage et de la cathédrale St-Quentin. Lumineuse salle à manger réchauffée, l'hiver venu, par une grande cheminée. Carte sagement traditionnelle.

De Egge – *Walputstraat 23 – ☎ 011 22 49 51 – fermé de mi-août à fin août, sam. midi, dim. – 24€ déj. – 32€.* Dans une ancienne maison du centre-ville, sympathique petite table familiale à l'enseigne (La Herse) évocatrice des travaux de labour d'antan. La carte énonce un choix de préparations peu chichiteuses, mais le goût y est, et l'accueil est gentil.

Hébergement

• *À bon compte*

Century – *Leopoldplein 1 – ☎ 011 22 47 99 – www.century.be – ⊠ – 17 ch. : 45/70€* ☕. Les chambres de cet hôtel situé à quelques encablures seulement de la Grand-Place viennent de bénéficier d'une rénovation complète. Taverne-restaurant agrandie d'une agréable terrasse abritée donnant sur la place. Additions sans rondeurs !

Den Oversten Mantel Chambre d'hôte – *Pastorijstraat 11 – 3590 Diepenbeek – ☎ 011 72 69 11 – ⊠ – 2 ch. : 27,50/47,10€* ☕. À 10mn de la ville du genièvre, dans un quartier résidentiel, construction de style fermette agrémentée d'un jardin soigné. Les deux chambres, au rez-de-chaussée et à l'étage, sont sobrement équipées, mais disposent d'une salle de bains privative.

Le temps d'un verre

't Borrelius – *Witte Nonnenstraat 28 – ☎ 011 24 32 28 – 9h30-1h, ven. jusqu'à 2h30 et sam. jusqu'à 3h.* Cet établissement qui occupe un ancien cloître franciscain du 15e s. jouxte le musée national du Genièvre : pas étonnant qu'il se soit spécialisé dans la vente de cet alcool ! Des plus récents aux plus âgés, des plus secs aux plus fruités, on peut en déguster pas moins d'une quinzaine de variétés. Belle terrasse dressée dans une impasse.

Achats

Commerce – N'oubliez pas de faire du lèche-vitrines à Hasselt. Le centre accueille de nombreuses boutiques de mode, des commerces de luxe et des antiquaires. Demandez à l'Office de tourisme la brochure *Route de la Mode*, qui renseigne sur les bonnes adresses.

Spécialité – La ville est réputée pour son excellent genièvre. L'arrondissement de Hasselt compte encore quelques fabricants de cette eau-de-vie, localement appelée « witteke » ou petit blanc. Au musée du Genièvre, il est encore fabriqué à l'ancienne. La statue du Borrelmanneke, le petit bonhomme symbolisant le genièvre hasseltois, se trouve dans la Maastrichterstraat.

Calendrier

Festivals et fêtes – Chaque année, le 30 avril, sur la Grand-Place, a lieu une fête folklorique, le **Meiavondviering**. L'arbre de mai y est porté en cortège, puis planté tandis qu'on brûle des mannequins représentant la mauvaise saison, et que dansent les sorcières. Tous les 7 ans, en août, la Madone **Virga Jesse**, patronne de la ville, est honorée par une importante procession religieuse. C'est aussi durant le mois d'août qu'a lieu à Kiewit, le grand festival de musique pop **Pukkelpop**.

Les **fêtes du Genièvre** ont lieu le troisième week-end d'octobre. Elles donnent lieu à toutes sortes d'activités et d'animations.

HASSELT

Badderijstr.	Y	2
Botermarkt	Y	7
Demerstr.	Y	
Diesterstr.	YZ	8
Dorpstraat	Y	10
Grote Markt	Z	
Havermarkt	Z	18
Hoogstr.	Y	22
Kapelstr.	Z	23
Kempischesteenweg	Y	24
Kolonel Dusartpl.	Y	26
Koning Albertstr.	Z	27
Koning Boudewijnlaan	Y	28
Koningin Astridlaan	Y	30
Kunstlaan	Z	32
Lombaardstr.	Z	34
Maastrichtersteenweg	Y	35
Maastrichterstr.	YZ	36
Ridder Portmanstr.	Z	39
de Schiervellaan	Z	43
St.-Jozefstr.	Z	44
Windmolenstraat	Z	50
Zuivelmarkt	Y	51

Het Sweert	Z	A	
Museum Stellingwerf-Waerdenhof	Z	M²	
Nationaal Jenevermuseum	Y	M¹	
O.-L. Vrouwkerk	Z	D	
Refugiehuis van de abdij van Herkenrode	Y	E	
Stedelijk Modemuseum	Y	M³	

se promener

Partir de la Grand-Place.

Grote Markt (Grand-Place)

On y admire, abritant une pharmacie, une maison à colombages (1659), nommée d'après son enseigne **Het Sweert**, l'Épée.
À proximité se trouve la **cathédrale St-Quentin** (St.-Quintinuskathedraal), dont on aperçoit la tour trapue du 13e s., couronnée par une flèche du 18e s. La nef et les bas-côtés ont été construits au 15e s. et agrandis progressivement du chœur, des chapelles latérales, puis du déambulatoire.
Prendre à gauche la Kapelstraat.

O.L.-Vrouwkerk (Église Notre-Dame)

Cette église du 18e s. abrite des œuvres d'art en marbre sculpté, provenant de l'abbaye cistercienne d'Herkenrode *(5 km au Nord-Ouest de Hasselt)*, qui fut fondée à la fin du 12e s. Le **maître-autel** de marbre noir et blanc est le chef-d'œuvre du sculpteur liégeois Jean Delcour. Les statues de saint Bernard et de la Vierge sont aussi des œuvres de Delcour. Dans le transept, les deux **mausolées** d'abbesses d'Herkenrode ont été réalisés l'un à droite *(Christ au tombeau)*, par Artus Quellin le Jeune (1625-1700), l'autre à gauche *(Résurrection du Christ)*, par Laurent Delvaux (1696-1778). Dans le chœur est exposée la belle statue polychromée de la Virga Jesse (14e s.), à l'origine de la procession septennale.
Revenir à la Grand-Place, puis prendre à droite la Maastrichterstraat.

Refugiehuis van de abdij van Herkenrode (Ancien refuge de l'abbaye d'Herkenrode)

Ce bel édifice gothique-Renaissance du 16e s., actuellement occupé par des services publics, était, aux époques troublées, l'un des refuges des cisterciennes d'Herkenrode.

visiter

Nationaal Jenevermuseum★ (Musée national du Genièvre)

Nov.-mars : tlj sf lun. 10h (w.-end et j. fériés 13h)-17h ; avr.-oct. : tlj sf lun (sf juil.-août) 10h-17h. Fermé janv., 1er, 2 et 11 nov., 25 déc. 3€. ☎ 011 24 11 44.
Ce musée est installé dans la ferme d'un ancien couvent, transformée en genièvrerie en 1803. Le musée a repris la fabrication du genièvre selon les procédés du 19e s.

La fabrication du genièvre

Dès le 16e s., le genièvre, un vin de malt à base d'orge et de seigle, était fabriqué dans les Flandres. De l'orge germée est posée sur le germoir perforé de la touraille afin de sécher. Le malt d'orge et le seigle sont moulus pour libérer la fécule. Suit la macération (2/3 de seigle et 1/3 de malt d'orge) à 63 °C environ, qui permet aux enzymes de transformer la fécule en saccharose. En ajoutant de la levure, on obtient la transformation des sucres en alcool. L'étape suivante est la distillation : le moût est séparé de l'alcool, puis par une seconde distillation de ce genièvre brut, on obtient le vin de malt dont le goût varie selon les épices (baies de genévrier par exemple) ajoutées lors de la dernière distillation.

Ph. Gajic/MICHELIN

L'itinéraire numéroté fait passer le visiteur par l'ancienne étable des bœufs pour accéder à la touraille. Au rez-de-chaussée, il pourra admirer une machine à vapeur actionnant les meules et le macérateur. L'installation de distillation à vapeur du 19e s. peut être mise en marche. Les collections exposées dans l'ancienne habitation concernent l'histoire, l'emballage du genièvre et la publicité faite par les fabricants. La visite se termine par une dégustation.

Begijnhof (Ancien béguinage)

Le jardin est encore bordé de rangées de maisons de béguines du 18e s. Elles sont de style mosan, avec des murs de brique et de pierre. Elles sont actuellement le siège de certains services provinciaux. Un bâtiment moderne abrite le **Centre provincial** (Provinciaal Centrum) qui organise des expositions d'art contemporain international. Des ruines couvertes de lierre et quelques pierres sculptées sont les seuls vestiges de l'église détruite par un bombardement en 1944.

Museum Stellingwerff-Waerdenhof

♿ *Nov.-mars : tlj sf lun. 10h (w.-end et j. fériés 13h)-17h ; avr.-oct. : tlj sf lun. 10h-17h. Fermé janv., 1er, 2 et 11 nov., 24, 25, 26 et 31 déc. 3€. ☎ 011 24 10 70.*

Les collections de ce musée illustrent l'histoire et la vie artistique de la ville de Hasselt et de l'ancien comté de Loon. Outre des objets religieux dont un ostensoir de 1286, le plus ancien du monde, on admire des pièces en céramique Art nouveau (Manufacture de céramiques décoratives fondée en 1895), une collection d'enseignes et des peintures des 19e et 20e s.

Stedelijk Modemuseum (Musée communal de la Mode)

♿ *Avr.-oct. : tlj sf lun. 10h-17h ; nov.-mars : tlj sf lun. 10h (w.-end et j. fériés 13h)-17h. Fermé janv., 1er, 2 et 11 nov., 24, 25, 26 et 31 déc. 3€. ☎ 011 23 96 21.*

Situé dans un ancien couvent et hôpital du 17e s., ce musée retrace l'évolution de la mode depuis le 18e s. à nos jours à l'aide de documents, d'accessoires et de costumes. Expositions temporaires.

Modemuseum Hasselt

Corset.

Japanse tuin (Jardin japonais)

Au Nord-Est de la ville, entre la Koning Boudewijnlaan et le Gouverneur Verwilghensingel. Avr.-oct. : tlj sf lun. 10h-17h w.-end et j. fériés 14h-18h. Fermé Pâques. 3€. ☎ 011 23 95 40.

Aménagé selon les principes des jardins à thé du 17e s., ce charmant espace vert a été réalisé en collaboration avec la ville d'Itami au Japon, ville avec laquelle Hasselt est jumelée. Une maison de thé et une maison de cérémonie d'une beauté féerique ont été joliment implantées entre les mares, les rochers, les sentiers sinueux, la chute d'eau et les cerisiers du Japon, couverts de fleurs magnifiques au printemps. Chaque mois, l'on peut assister à une **cérémonie du thé**.

circuit

LA CAMPINE

42 km - 3h. Quitter Hasselt au Nord par le Kempische Steenweg et prendre à droite la N 75 après le pont sur le canal Albert.

Domaine provincial de Bokrijk* *(voir ce nom)*

Poursuivre dans la N 75 en direction de Genk.

Avant d'arriver à Genk, on peut faire une halte à la **réserve naturelle De Maten**.

Genk *(voir ce nom)*

Quitter Genk par le Westerring, puis emprunter la N 76.

On traverse bientôt de magnifiques collines de bruyère, caractéristiques de la Campine, avant d'atteindre la route de Houthalen à Zwartberg.

Poursuivre en direction de Houthalen-Helchteren.

Ch. Bastin – J. Evrard/MICHELIN

Le jardin japonais à Hasselt.

Kelchterhoef

C'est un grand domaine récréatif boisé, avec un grand étang aménagé pour la pêche et la natation, où subsiste une ancienne ferme abbatiale à colombages, transformée en auberge.

Continuer en direction de Houthalen-Helchteren, puis prendre vers Heusden-Zolder.

Heusden-Zolder

Au Sud de la ville, près de la colline du **Bolderberg** (alt. 60 m), couverte de pins, le **circuit automobile international de Zolder** de 4,19 km est un important centre de compétition où se dispute le Grand Prix de Belgique Formule 1, lorsque cette course n'a pas lieu à Francorchamps.

Quitter Heusden-Zolder par la N 719, puis à hauteur de Helchteren prendre à gauche la N 715.

Molenheide

Ce parc récréatif de 180 ha, aménagé dans les bois, dispose de nombreuses ressources. Dans le **parc à gibier (wild- en wandelpark)**, les animaux (daims, chevreuils) évoluent en liberté. Le parc offre des possibilités d'activités sportives *(natation, tennis, bicyclette).* ♿ *Juil.-août : 10h-17h30 ; mai-juin : 10h-17h ; mars-oct. : 10h-16h30 ; déc.-fév. : 10h-16h. 1,25€.* ☎ *011 52 14 17.*

Hautes Fagnes★★

Entre Eupen et Malmédy s'étend la région des Hautes Fagnes. Ce plateau balayé par le vent, nostalgique et désolé, allonge à l'infini ses tourbières humides, ses marais et ses vastes étendues de landes, dominées par des champs de molinia créant en été de magnifiques tâches violacées. Il existe çà et là encore quelques masses noires des plantations d'épicéas, ou quelques bouquets de feuillus (hêtres, chênes, bouleaux). Pratiquement déserte de nos jours, cette région connut jadis une importante occupation humaine : on a retrouvé des vestiges d'une chaussée dont l'origine remonterait au 7e s., la Via Mansuerisca.

La situation

Cartes Michelin nos 716 L 4 et 534 V 20-W 19 - Schéma voir Spa - Liège.

La région des Hautes Fagnes se situe au centre des cantons de l'Est, aux confins de la Belgique et de l'Allemagne. Elle est traversée par plusieurs routes nationales (les N 67, N 68, N 672 et N 676). Depuis Verviers, vous pouvez emprunter l'autoroute E 42 /E 421 qui longe la partie Ouest des Fagnes.

comprendre

Une réserve

Visite du lever au coucher du soleil. Fermeture de la Réserve naturelle domaniale de mi-mars à mi-juin pour la protection de la nidification des oiseaux ; certaines pistes de la zone C restent également fermées de mi-juin à fin juil. (zone accompagnée le reste du temps). Pour plus de renseignements, s'adresser au Centre Nature de Botrange, ☎ 080 44 03 00 ; www.ful.ac.be/Hotes/Cnatbotrange ou au Bureau Touristique Info, ☎ 080 44 72 73.

En 1957 fut créée la Réserve naturelle domaniale des Hautes Fagnes. Couvrant plus de 4 200 ha, c'est une aire où sont protégés intégralement la faune, la flore, le sol et le paysage. La plupart des tourbières sont incluses dans la réserve. L'altitude du plateau n'est guère élevée, mais son climat rigoureux permet la reproduction de nombreux spécimens de la flore et de la faune de régions montagnardes, voire boréales.

Deux dangers menacent les tourbières. Le piétinement, en paralysant leur développement, entraîne, à long terme, leur destruction : c'est pourquoi il est interdit de s'écarter des sentiers balisés autorisés. Certaines zones de la réserve ne sont d'ailleurs pas accessibles en dehors des visites accompagnées. L'incendie, fatal à ce milieu, s'y produit fréquemment ; une très grande prudence est recommandée, surtout en période sèche *(drapeaux rouges : accès interdit).*

Un parc naturel

Depuis 1971, la réserve est englobée dans le **Parc naturel Hautes Fagnes-Eifel**. Celui-ci, qui comprend en outre les lacs de Robertville et Bütgenbach, de la Gileppe et d'Eupen, la vallée de l'Our et l'Eifel, communique avec le parc naturel allemand du Nordeifel. L'ensemble, nommé **Deutsch-Belgischer Naturpark**, représente un territoire de 2 400 km^2, dont 700 km^2 en Belgique, et rejoint au Sud le Parc naturel germano-luxembourgeois.

Les Hautes Fagnes.

Ch. Bastin – J. Evrard/MICHELIN

carnet pratique

Restauration

• ***Valeur sûre***

Ferme Libert – *Béverçé-Village 26 – 4960 Béverçé – ☎ 080 33 02 47 – fermé ap. 20h – 24€ déj. – 46€.* Taverne-restaurant accueillante dominant le village de Béverçé. Grand choix de plats bourgeois et régionaux, nombreux menus, atmosphère rurale cent pour cent ardennaise et vue plongeante sur la vallée. Chambres de mise simple, mais bien tenues.

• ***Une petite folie !***

du Moulin – *Grand'Rue 28 (Ligneuville) – 4960 Bellevaux-Ligneuville – ☎ 080 57 00 81 – fermé mars, de fin août à mi-sept., mer. et jeu. midi – 27/69€.* Cet adorable relais gourmand occupe une construction régionale massive élevée au 19e s. Belle démonstration de cuisine au goût du jour, cave rabelaisienne, décor intérieur cossu, exquise terrasse d'été et chambres pimpantes.

visiter

Centre Nature de Botrange

♿ 10h-18h. Fermé 1er janv., 25 déc. 2,50€. ☎ 080 44 03 00 ; www.ful.ac.be/hotes/cnatbotrange
Un joli bâtiment en pierre accueille un centre d'information, une exposition permanente sur les Hautes Fagnes, des spectacles audiovisuels et une librairie.

Le Signal de Botrange

694 m. C'est le point culminant de Belgique. Il occupe, avec la Baraque-Michel, le centre de ce plateau qui s'étend sur des terres sauvages et marécageuses hérissées de touffes de linaigrettes au plumet blanc.

Du sommet de la **tour** qui s'y dresse, on découvre un lointain panorama *(tables d'orientation)*. Par temps clair, la **vue**★ la plus dégagée concerne le secteur Nord-Est : au-delà des conifères, les landes coupées de bois rejoignent l'Allemagne vers Roetgen et Aix-la-Chapelle. *Tlj sf mar. 9h-18h. ☎ 080 44 72 73.*

Sentier de découverte nature★

1h15 à pied, de préférence avec des bottes en caoutchouc ou de bonnes chaussures de marche. Le départ du sentier se trouve en face du Signal de Botrange, de l'autre côté de la route.
Cette agréable promenade, suivant les caillebotis au-dessus des tourbières, permet de ressentir l'immensité du paysage qui se déroule à perte de vue, et de découvrir de près les oiseaux et la flore des Fagnes : sorbiers, myrtilles, bruyères, bouleaux, résineux.

La Baraque-Michel

C'est une ancienne station géodésique (1886-1888) située à 675 m d'altitude. Au mont Rigi, tout proche, l'université de Liège a installé une station scientifique.

Herentals

Au cœur de la Campine anversoise, la petite ville de Herentals se situe sur la Petite Nèthe (Kleine Nete) et le canal Albert. Jadis florissante cité drapière, le bourg garde de son passé encore quelques souvenirs, notamment, au Sud et à l'Ouest, deux portes (Bovenpoort et Zandpoort) de son enceinte du 14e s. Le sculpteur Charles Fraikin est né à Herentals (1817-1893).

La situation

25 427 habitants – Cartes Michelin nos 716 H 2 et 533 O 15 – Anvers.
Au centre d'une région boisée, Herentals se situe le long du canal Albert et de la N 13 allant de Lierre à Geel. On peut également y arriver en empruntant l'autoroute E 313 (depuis Anvers ou Hasselt).
ℹ Grote Markt 41, ☎ 014 21 90 88 ; www.herentals.be

se promener

Partir de la Grand-Place.

Stadhuis (Hôtel de ville)

Au centre d'une Grand-Place allongée, c'est l'ancienne halle aux draps. Du 16e s., en brique et grès, il est surmonté d'un minuscule beffroi à carillon.

Prendre la Kerkstraat, en bas à gauche.

Restauration

't Ganzennest – *Watervoort 68 – ☎ 014 21 64 56 – fermé lun., mar. – 14€ déj. – 20/26€.* Un douillet petit « nid d'oies » (ganzennest) que cette ancienne fermette transformée en taverne-restaurant. Aux fourneaux, toutefois, on n'a pas affaire à des oies blanches ! Terrasse estivale offrant une échappée champêtre. Ambiance décontractée.

St.-Waldetrudiskerk (Église Ste-Waudru)

Juin-sept. : visite accompagnée mer. (uniquement juil.-août) et sam. 14h-17h sur demande préalable auprès du V.V.V. Herentals (Office de tourisme), ☎ 014 21 90 88.

Cette église de style gothique brabançon a conserve sa tour centrale carrée, du 14e s. L'intérieur abrite un mobilier intéressant. Le **retable★** des saints Crépin et Crépinien, patrons des cordonniers et des tanneurs, où est représenté leur martyre, a été sculpté en bois au début du 16e s. par Pasquier Borreman. On peut également voir des stalles sculptées du 17e s., des tableaux (16e et 17e s.) d'Ambrosius et de **Frans Francken le Vieux**, ce dernier étant né à Herentals ainsi que de Pieter-Jozef Verhaghen (18e s.). Fonts baptismaux romans.

Revenir à la Grand-Place. Continuer tout droit par le Hofkwartier, puis prendre à droite la Begijnenstraat.

Begijnhof (Béguinage)

Fondé au 13e s., il connut une grande prospérité mais, détruit par les iconoclastes en 1578, il dut être reconstruit. Les maisons encadrent un jardin où se dresse une charmante église de style gothique (1614).

circuit

LA CAMPINE ANVERSOISE

65 km au Nord-Est.

Quitter Herentals au Sud-Est par la N 13. Après environ 4 km, prendre une petite route à droite.

Tongerlo

Fondée vers 1130, la célèbre **abbaye** de Prémontrés se retranche derrière ses fossés. Passé le porche, le **préau** apparaît avec la ferme (1640) et la grange aux dîmes (1618). À droite, la **prélature** montre une belle façade classique de 1725. Dans l'**église abbatiale** du 19e s., une châsse d'ébène (1619) recèle les reliques de saint Siard. Le **musée Leonardo da Vinci★** *(accès par la prélature)* abrite une immense toile, copie de **La Cène** que Léonard de Vinci peignit sur un mur du couvent de Ste-Marie-des-Grâces à Milan, entre 1495 et 1498. Cette réplique fidèle fut exécutée moins de 20 ans après. Achetée en 1545, *La Cène* occupa longtemps l'église abbatiale. *Avr.-oct. : 14h-17h. Fermé à Pâques. 1,50€. ☎ 014 53 99 00.* Dans le jardin devant le musée, belle vue sur la façade arrière de la prélature et sur l'élégante tourelle de 1479, ancienne tour de guet.

Gagner la N 19.

Geel

La ville est connue pour sa colonie d'aliénés inoffensifs hébergés dans des familles. La spécialisation de Geel serait née à la suite de la décapitation de sainte Dymphne, princesse d'Irlande, par son père que le démon avait rendu fou.

L'**église Ste-Dymphne** (St.-Dimfnakerk) de style flamboyant s'élève à la sortie de la ville, sur la route de Mol. Elle contient un riche mobilier : dans le chœur, un beau **mausolée★** en marbre noir et albâtre par l'Anversois Corneille Floris (16e s.) ; sur l'autel, un retable (1513) illustrant la vie de la sainte ; dans le bras droit du transept, un retable brabançon (fin du 15e s.) représentant des scènes de la Passion ; dans la première chapelle du déambulatoire, le retable aux douze apôtres (14e s.). Un petit édifice accolé à la tour de l'église, et nommé Chambre des Malades, montre une jolie façade Renaissance. *Avr.-sept. : tlj sf lun. et sam. 14h-17h. ☎ 014 57 09 50.*

Quitter Geel à l'Est par la N 71.

Mol

Mol est connu pour son Centre national d'études nucléaires créé en 1952. L'**église des Sts-Pierre-et-Paul** (St.-Pieter-en-Pauluskerk) renferme une épine de la couronne du Christ en l'honneur de laquelle a lieu chaque année une procession (H. Doornprocessie). Près de l'église s'élève un **pilori**. **Jakob Smits** (1855-1928), qui vécut dans le village de **Achterbos**, est le grand peintre de la Campine. L'ancien presbytère du village voisin de **Sluis** a été transformé en **musée** (Jakob Smits Museum). *Tlj sf lun. et mar. 14h-18h. Fermé 1er janv., Pâques, de mi-août à fin août, 25 déc. 1€. ☎ 014 31 74 35.*

Suivre la N 71.

Ginderbuiten

Une église moderne (St.-Jozef Ambachtsman), construite par Meekels, est à signaler.

Zilvermeer

Au Nord de Sluis, dans les pinèdes, cet important domaine récréatif provincial entoure deux lacs, l'un réservé à la baignade et au canotage, l'autre à la voile.

Continuer en direction de Lommel sur la N 71.

Lommel

Cette petite ville de la province du Limbourg est connue pour son important **cimetière militaire allemand** qui se trouve dans les pinèdes, à quelques kilomètres au Sud. Cet enclos de 16 ha a recueilli les restes de tous les soldats allemands tombés en Belgique pendant la Seconde Guerre mondiale, ainsi que de quelques autres soldats morts dans l'Est de l'Allemagne ou pendant la Première Guerre mondiale. Près de 20 000 croix (une croix représente deux tombes) s'alignent sur des tapis de bruyère parsemés de pins et de bouleaux, et sont séparées par des allées de gazon. La **réserve naturelle Kattenbos** fait partie, avec le bois de Pijnven, au Sud près d'Eksel, et celui de Holven, à l'Est près d'Overpelt, du **Parc de la Basse-Campine** (Park der Lage Kempen), couvrant plus de 12 000 ha disséminés dans la province du Limbourg.

Au Nord de la réserve de Kattenbos, près de la route, se dresse un moulin à vent (1809) en bois, à pivot. C'est le point de départ de plusieurs circuits fléchés permettant une promenade à travers la pinède.

Faire demi-tour et, avant Ginderbuiten, prendre à droite la N 136 qui mène à l'abbaye de Postel.

Abdij van Postel (Abbaye de Postel)

Cette abbaye de Prémontrés fut fondée au 12e s. par les moines de Floreffe. Les bâtiments du 18e s. sont flanqués d'une tour Renaissance à carillon (concerts en été). L'**église** romane, des 12e et 13e s., a été modifiée au 17e s. On y donne des concerts d'orgue.

Prendre la N 123 en direction de Kasterlee.

Kasterlee

Au milieu des pinèdes, c'est le grand centre touristique de la Campine anversoise.

Au Sud, face à un petit cimetière britannique de la dernière guerre, abondamment fleuri, on peut voir un joli **moulin à vent**, et plus au Sud, sur la Petite Nèthe (Kleine Nete), un moulin à eau transformé en hôtel-restaurant *(panneaux : « De Watermolen »).*

Continuer sur la N 123.

Toeristentoren (Belvédère) de Papekelders

À l'entrée d'Herentals, juste avant la voie ferrée, tourner à droite vers le bois Bosbergen et continuer à pied. 10h-18h (oct.-avr. uniquement w.-end). 0,60€. ☎ 014 21 90 88 (Office de tourisme).

Au point culminant du bois (alt. 40 m) a été aménagée une tour-belvédère de 24 m : panorama sur la région.

Huy★

Au confluent de la Meuse et du Houyoux, Huy (prononcer : « houy ») est une charmante petite ville blottie au pied de sa collégiale et de son fort. Jadis, les Hutois s'enorgueillissaient de posséder quatre merveilles : « li pontia », le pont gothique, reconstruit en 1956, « li rondia », la rose de la collégiale, « li bassinia », la fontaine de la Grand-Place, et « li tchestia », le château fort. Huy fit partie de la principauté de Liège de 985 à 1789. Sa situation stratégique lui valut une trentaine de sièges et une longue série de destructions.

La situation

18 816 habitants – Cartes Michelin nos 716 I 4 et 533 Q 19 – Liège.

À mi-chemin entre Namur et Liège, Huy se situe dans la vallée de la Meuse. On y arrive par la N 90 qui longe la rivière.

Quai de Namur 1, ☎ 085 21 29 15 ; www.huy.be

se promener

Collégiale Notre-Dame★

Travaux de restauration en cours. Près de la Meuse.

C'est un vaste édifice rayonnant du 14e s. Des tendances flamboyantes apparaissent dans les fenêtres hautes, terminées à la fin du 15e s. Une imposante tour ornée d'une belle rosace *(li rondia)*, d'un diamètre de

Ph. Gajic/MICHELIN

Médaillon Fabri « L'Arbre de Vie » (Trésor de la Collégiale Notre-Dame).

carnet pratique

Visites

En bateau – *Mai-août : tlj sf lun. 14h, 15h, 16h30 (mêmes heures w.-end sept.). 3€. ☎ 085 21 29 15.* Des promenades en bateau (1h) organisées sur la Meuse vous permettent de découvrir Huy au fil de l'eau.

Restauration

• *À bon compte*

La Tête de Chou – *R. Vierset-Godin 8 – ☎ 085 23 59 65 – fermé lun. et sam. midi – ⊭ – 25/30€.* Une enseigne qui n'aurait certainement pas déplu à Serge Gainsbourg ! Cuisine à base de produits du terroir et petite salle de restaurant actuelle où l'on mange au coude à coude. L'été, le repas est servi en terrasse. Attention : nombre de couverts limité !

• *Valeur sûre*

Les Colombes – *R. L'Apleit 9 – ☎ 085 25 15 72 – 20€ déj. – 26€.* Si vous désirez manger en paix, à un lâcher de colombes de la collégiale Notre-Dame, rien de tel que ce restaurant qui propose d'appétissantes préparations traditionnelles faisant la part belle aux saveurs régionales.

Hébergement

• *À bon compte*

Sirius – *Quai de Compiègne 47 – ☎ 085 21 24 00 – hotel.sirius@proximedia.be – P – 24 ch. : 68/97€ ☕.* À l'écart du centre, sur la rive gauche de la Meuse, vaste hôtel aménagé dans une construction moderne s'harmonisant à l'architecture locale. Une partie des chambres, standardisées mais confortables, profite d'une vue fluviale. Parking privé.

Château La Motte en Gée – *Chemin de St-Loup 1 – 4500 Tihange – ☎ 085 21 18 03 – www.kasteelhotel.com – ⊭ P – 35 ch. : 38,42€ – ☕ 9,92€.* Noble demeure de style éclectique alanguie dans la campagne condruzienne. Vous y trouverez le gîte mais aussi, plus accessoirement, le couvert. Grand parc propice au ressourcement et, pour le farniente, table d'été dressée au bord de la piscine.

9 m, précède la collégiale. Le chevet est flanqué de deux tours carrées, fait exceptionnel en Belgique.

L'intérieur à trois nefs est d'une belle envolée que confirment les fenêtres lancéolées du chœur s'élançant à 20 m de haut, décorées de vitraux modernes. Les voûtes ont été refaites au 16e s. et sont peintes d'arabesques Renaissance. Sous le chœur s'étend une crypte romane.

Le trésor★ – Il abrite, outre d'intéressantes statues de saints en bois (14e et 16e s.), une riche collection d'orfèvrerie mosane comprenant notamment quatre magnifiques **châsses** des 12e et 13e s. : celles des saints Domitien et Mengold, patrons de la ville, très endommagées, attribuées à Godefroy de Huy ; la châsse de saint Marc (probablement du 13e s.), remarquable pour ses figurines pleines de vie dont les lignes souples sont rehaussées par des émaux champlevés ; la châsse de la Vierge (vers 1265) dont les personnages en cuivre repoussé s'inscrivent dans un décor extrêmement riche. *Uniquement sur demande. ☎ 085 21 20 05.*

Portail du Bethléem – *Longer la nef sur la droite pour y parvenir.* Ce portail du 14e s., situé à côté du chevet, donnait autrefois sur le cloître. Il présente un tympan où figurent la Nativité (à gauche les bergers, à droite les Rois mages) et, au-dessus, le Massacre des Innocents. La fluidité des étoffes et le pittoresque de certains détails sont bien rendus.

Prendre le quai de Namur qui longe la Meuse.

Ancien hospice d'Oultremont

Au pied de la citadelle, le bâtiment en brique à la belle tour-escalier, édifié au 16e s. par le chanoine Gérard d'Oultremont, abrite l'**Office de tourisme**. En face, sur la rive opposée, on aperçoit la **maison Batta** de style Renaissance.

Prendre la rue du Pont-des-Chaînes qui part de la collégiale. Tourner à droite dans l'avenue des Ardennes. Par la petite rue Mounie à gauche, on gagne la Grand-Place.

Grand-Place

Sur cette place bien agréable se dresse *li bassinia*, belle **fontaine** du 18e s. surmontée de petits personnages en bronze, datant de 1406 et 1597. L'élégant hôtel de ville date de 1766.

Par de charmantes ruelles tortueuses, on gagne la **place Verte** où s'élève la jolie petite église gothique **St-Mengold**, accueillant aujourd'hui un centre culturel.

Revenir à l'avenue des Ardennes. Traverser le Pont du Roi Baudouin et s'engager dans la rue Neuve. Prendre à droite la rue St-Pierre.

Église St-Pierre

Fonts baptismaux romans ornés d'animaux symboliques (lion, dragon).

Revenir à la rue Neuve. Avant d'arriver au pont, prendre à droite. On passe devant la maison Batta. Accès à La Sarte par le téléphérique.

La Sarte

Ce **parc de récréation** comprend des jeux pour enfants. ♿ *De mi-mars à fin oct. : 10h-20h. 3,75€. ☎ 085 23 29 96.*

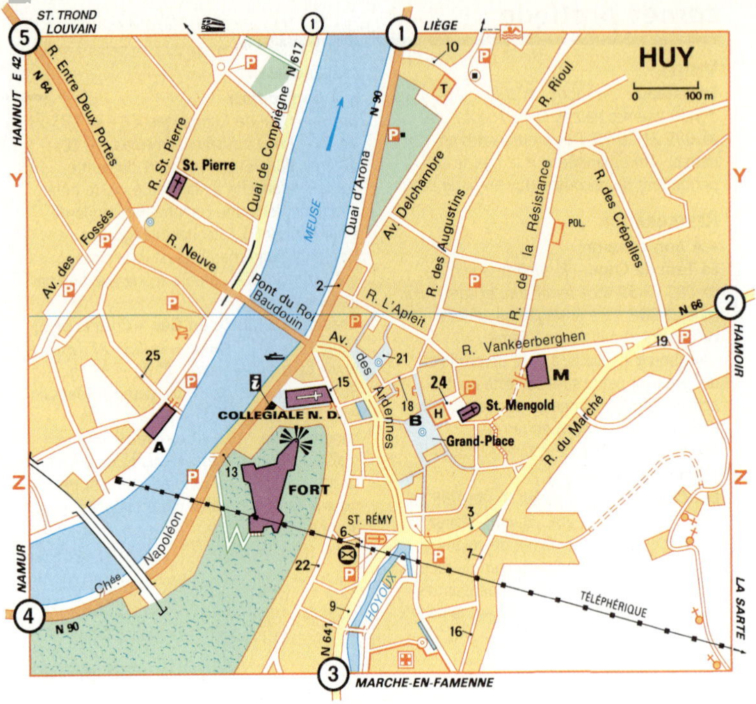

Autrebande (quai d')	Y	2	Joseph Lebeau (Av.)	Y	10	St Denis (Pl.)	Z	19
Condroz (Av. du)	Z	3	Namur (Quai de)	Z	13	St Pierre (R.)	Y	
Foulons (R. des)	Z	6	Neuve (R.)	Y		St Séverin (Pl.)	Z	21
Haut-Chêne (R. du)	Z	7	Pont (R. du)	Z	15	Sous-le-Château (R.)	Z	22
Hoyoux (Av. du)	Z	9	Reine (R. de la)	Z	16	Verte (Place)	Z	24
			Rôtisseurs (R. des)	Z	18	Vieux Pont (R. du)	Z	25

Fontaine . . . . Z B   Maison de Batta . . . . . Z A   Musée communal . . . . Z M

visiter

Musée communal

Fermé pour cause de travaux au moment de la rédaction du guide. Pour plus d'information, prière de se renseigner auprès de l'Office de tourisme ☎ 085 21 29 15.

Installé dans les bâtiments et le cloître de l'ancien couvent des Frères mineurs (17e s.), il contient d'importantes collections illustrant l'histoire et le folklore local : intérieur régional orné d'une belle cheminée en grès de 1621, pièces archéologiques, estampes de la ville, céramiques fabriquées à Huy au 19e s., étains, objets d'art religieux parmi lesquels on remarque le Christ du 13e s. nommé « **le beau Dieu de Huy★** ».

Fort★

Accès à pied ou par le téléphérique allant à la Sarte. Juil.-août : 11h-19h ; avr.-sept. : 9h-12h30, 13h-16h30, w.-end et j. fériés 11h-18h (dernière entrée 1h av. fermeture). 3€. ☎ 085 21 29 15 (Office de tourisme) ou 085 21 53 34.

Terrasses sur la Grand-Place.

A. Kouprianoff/MICHELIN

La forteresse a été construite de 1818 à 1823 par les Hollandais, sur l'emplacement de l'ancien château des princes-évêques *(li Tchestia)* démantelé en 1717. Entre 1940 et 1944, elle servit de prison pour résistants et otages. Plus de 7 000 personnes y ont été internées. On visite *(circuit fléché)* les locaux qui ont servi de cachots, la salle des interrogatoires et le **musée de la Résistance et des Camps de Concentration**. Du glacis, **vues**★★ splendides sur la vieille ville, la Meuse et les environs ; au Nord-Est, centrale nucléaire de Tihange (1975).

Quelques Hutois célèbres

La ville vit naître les fameux orfèvres mosans du 12e s. : **Renier de Huy**, auteur probable des fonts baptismaux de St-Barthélemy à Liège, et Godefroy de Claire, nommé aussi **Godefroy de Huy**. Depuis le 7e s., les étains sont une spécialité locale. En 1095, **Pierre l'Ermite** prêcha ici la première croisade. Il vint terminer sa vie dans le couvent de Neufmoustier où il fut enterré en 1115. Les vestiges du cloître, au Nord de la rue de Neufmoustier *(accès par avenue Delchambre)*, abritent son mausolée (1857).

alentours

Amay

8 km à l'Est en longeant la Meuse par la N 617.

Collégiale St-Georges et Ste-Ode – D'origine romane, l'église fut rénovée au 18e s. Le trésor abrite un chef d'œuvre d'orfèvrerie mosane : la **châsse**★ en cuivre doré et argent de sainte Ode et saint Georges, réalisée vers 1230. Un **sarcophage mérovingien**★ (sous le chœur) porte l'inscription Santa Chrodoara, mais pourrait être celui de sainte Ode.

Le cloître abrite un petit **musée communal d'Archéologie et d'Art religieux**. *Fermé pour cause de travaux au moment de la rédaction. ☎ 085 31 37 62.*

À 2 km d'Amay, entre le rocher et la Meuse, se dresse l'**abbaye de Flône**, des 17e et 18e s. Dans l'église, beaux fonts baptismaux romans du 12e s.

Château de Jehay★

12 km à l'Est en longeant la Meuse par la N 617, puis par la N 614. Juil.-août : tlj sf lun. 14h (w.-end 11h)-18h ; juin-sept. : w.-end 11h-18h, mer. 14h-17h ; w.-end de Pâques, jeu. de l'Ascension, dim. et lun. de la Pentecôte : 11h-18h. 5€. ☎ 085 31 17 16.

Il offre une vision très romantique avec ses façades extérieures à damiers de pierres blanches et brunes se reflétant dans les douves. L'édifice actuel date des 16e et 17e s., bel exemple de manoir fortifié mosan, mais l'occupation du site est très ancienne : les fouilles ont permis de retrouver les restes d'une cité lacustre datant du mésolithique (vers 10 000 avant J.-C.). Le dernier propriétaire du château, sculpteur et archéologue, a redessiné les jardins.

L'intérieur contient de riches **collections** comprenant des meubles, des tapisseries, des tableaux, de la porcelaine et de l'orfèvrerie. Remarquer dans le fumoir un très bel ensemble d'argenterie et d'orfèvrerie et une tête humaine réduite par les Jivaros, dans la bibliothèque une tapisserie de Bruxelles d'après Teniers, et dans le salon Queen Ann un rare clavecin du 18e s. Les caves du 13e s. abritent le **Musée archéospéléologique**. À proximité se dresse l'église St-Lambert du 16e s.

Château de Jehay.

Ch. Bastin – J. Evrard/MICHELIN

Modave

14 km au Sud par la N 641. 9h (de mi-déc. à fin déc. 14h)-18h. 5€. ☎ 085 41 13 69.

L'arrivée sur le **château de Modave**★ montre l'importance de ses bâtiments, mais ne laisse pas deviner son site en surplomb sur le Hoyoux. Ce château, dont certaines parties remontent au 13e s., est pour son aspect actuel l'œuvre du comte de

Marchin qui le restaura et l'aménagea entre 1652 et 1673. Il fut ensuite la propriété d'autres familles avant d'être acquis par la Compagnie Intercommunale Bruxelloise des Eaux en 1941. Cet achat était lié au captage des eaux, qui servent à alimenter Bruxelles, sur le domaine du château. C'est à Modave que fut construite par Rennequin Sualem, en 1667, la roue hydraulique qui servit de modèle à la « machine de Marly ». La façade classique est précédée d'une vaste cour d'honneur. À l'intérieur, on visite des pièces élégamment meublées. Remarquer les extraordinaires stucs polychromes de **Jean-Christian Hansche**. Ceux de la salle des gardes représentent l'arbre généalogique des comtes de Marchin avec tous leurs blasons, ceux du salon d'Hercule décrivent les travaux du héros. Le magnifique escalier à vis en chêne de la Tour ronde date du 17e s. De la terrasse de la chambre du duc de Montmorency, belle **vue**★ sur la vallée du Hoyoux en contrebas. À l'étage, chambre de la duchesse de Montmorency qui fut propriétaire du château à la fin du 18e s. Dans les caves : maquette de la roue hydraulique.

À 7 km au Sud-Est de Modave se trouve l'**église romane de Bois** (10e s.). Elle a conservé de belles **fresques**★ (fin 14e-début 15e s.) illustrant le couronnement de la Vierge, la vie du Christ et les légendes de saint Lambert et de saint Hubert. *Pour visiter s'adresser à Monsieur le Curé, r. de l'Abattoir 11, 4560 Bois-et-Borsu, ☎ 086 34 41 02.*

À 3,5 km de Bois-et-Borsu, le village d'**Ocquier** groupe ses maisons de pierre grise autour de l'église romane St-Remacle.

Ieper★

Ypres

Ypres était au 13e s., avec Bruges et Gand, l'une des plus puissantes villes flamandes. Presque entièrement démolie en 1914-1918, la ville a été reconstruite après la « Grande Guerre » dans le style néogothique. Lors de la fête des Chats (Kattenfeest) qui a lieu tous les ans, des animaux en peluche sont lancés du 2e étage du beffroi. L'origine de cette fête remonterait au 10e s. Les chats, complices du diable et des sorcières, étaient alors jetés vivants du haut du beffroi. Depuis 1955, la manifestation est précédée du grand cortège des Chats (Kattenstoet) qui se déroule tous les trois ans.

La situation

35 128 habitants – Cartes Michelin nos 716 B 3 et 533 C 17 – Flandre Occidentale.

Ypres se trouve à l'Ouest du pays, dans la région du Westhoek, à mi-chemin entre Courtrai et Poperinge. On y accède depuis Courtrai par l'autoroute A 19 (sortie 4), puis par la N 37. La ville est également desservie par la N 38 (depuis Poperinge), la N 8 depuis Furnes, la N 369 depuis Dixmude et la N 336 depuis Comines et la frontière française.

Halle aux draps, Grote Markt, ☎ 057 22 85 84 ; www.ieper.be

Le cortège des Chats.

Broeckaert/EUREKA SLIDE

comprendre

Une grande ville drapière (12e-13e s.)

Fondée au 10e s., Ypres aurait compté 40 000 habitants vers l'an 1260. À cette époque sont construites les halles et l'église St-Martin. Au 14e s., pendant la guerre de Cent Ans, Ypres s'allie à l'Angleterre qui lui procure la laine nécessaire à son activité et subit de ce fait les représailles du roi de France. C'est alors le début du déclin économique de la ville que Bruges remplace sur le marché international. Ypres souffre de troubles internes : les dissensions entre patriciens et gens de métiers la conduisent à subir la prépondérance de ces derniers, après la bataille des Éperons d'or (1302, *voir Kortrijk*). Une épidémie en 1316, la destruction de ses faubourgs ouvriers en 1383 pendant le siège des Gantois et des Anglais précipitent sa décadence. Au 16e s., la répression succède aux troubles religieux ; de nombreux tisserands quittent le pays. Siège d'un nouvel évêché en 1559 (supprimé en 1801), Ypres devient cité religieuse ; des couvents y sont créés. L'un des évêques sera le célèbre Jansénius.

Une place forte (17e-18e s.)

Sa situation stratégique lui vaut de soutenir de nombreux sièges. Depuis le Moyen Âge, Ypres est protégé par des remparts, dont témoigne encore la porte de Lille (Rijselsepoort). En 1678, les Français s'en emparent et Vauban l'entoure de bastions. Sous le règne de Guillaume Ier (1814-1830), Ypres voit ses fortifications restaurées. En 1852, ses remparts sont démolis. Ils ont joliment été aménagés en promenade.

LE SAILLANT D'YPRES (1914-1918)

Après les inondations de Nieuport, les Allemands ont reporté leurs attaques sur la région d'Ypres, en octobre 1914. Pendant 4 ans, jusqu'en octobre 1918, celle-ci est le centre de sanglantes batailles pour la possession du saillant d'Ypres, tristement célèbre, tenu à l'Est de la ville par des troupes en majorité britanniques. Comme sur l'Yser, le front va rester stable malgré tous les efforts allemands et, en particulier, l'utilisation, pour la première fois en avril 1915, de gaz asphyxiants à Langemark (mémorial canadien à St-Juliaan) et Steenstrate (au Nord d'Ypres) et d'ypérite en juillet 1917.

En avril 1918, une importante offensive allemande est arrêtée à Merkem, au Nord, par les troupes belges, et aux monts de Flandre par les Britanniques et les Français. À partir de septembre, la contre-attaque des Alliés, commandée par le maréchal Foch, va permettre de libérer la Belgique. Plus de 300 000 Alliés dont 250 000 Britanniques ont trouvé la mort au cours des combats. La campagne environnant Ypres n'est qu'une vaste nécropole : on y compte quelque 170 cimetières militaires.

L'itinéraire « In Flanders Fields Route » permet de découvrir les sites et cimetières militaires de la région.

carnet pratique

RESTAURATION

• *À bon compte*

In 't klein stadhuis – *Grote Markt 32 – ☎ 057 21 55 42 – ⊠ – 20,95€.* Restaurant populaire, caché derrière la façade d'une ancienne demeure voisine de la maison communale. On s'attable dans une salle à manger « trendy » ou, les beaux jours, sur une terrasse s'ouvrant sur la place. Petite carte actuelle.

• *Valeur sûre*

De Wijngaard – *Focklaan 8 – ☎ 057 20 42 30 – ⊠ – 30€.* Affaire familiale marquée du sceau de la simplicité. Le steak s'y décline à toutes les sauces et les portions sont plutôt généreuses. Accueil et service gentils, ce qui ne gâte rien. Remarquez la petite collection de paniers à vin au-dessus du bar.

HÉBERGEMENT

• *À bon compte*

't Zweerd – *Grote Markt 2 – ☎ 057 20 04 75 – zweerd@pandora.be – ⊠ – 17 ch. : 58/68€ ☕ – restaurant 18/35€.* Sur la Grand-Place, modeste hôtel mettant à votre disposition des chambres au décor un brin mûrissant, mais tout à fait convenables pour l'étape. Au rez-de-chaussée, sympathique petit bistrot agrémenté d'une terrasse en été.

Regina – *Grote Markt 45 – ☎ 057 21 88 88 – info@hotelregina.be – 17 ch. : 75/100€ ☕ – restaurant 25/60€.* Cet établissement exploité en famille depuis plus de 30 ans occupe un édifice historique posté sur un angle du Grote Markt. À table, cuisine classique sans effets de manches, et à l'étage, quelques chambres bien pratiques pour dépanner.

se promener

Partir de la St.-Maartensplein.

St.-Maartenskathedraal

Détruite pendant la guerre, la cathédrale St-Martin a été rebâtie dans son style d'origine (13e-15e s.). À l'intérieur, on admire, à gauche en entrant, des statues d'albâtre du 17e s. couronnant la clôture de la chapelle baptismale. La chapelle du St-Sacrement, derrière l'arc triomphal, abrite un polyptyque (16e s.) représentant des scènes de la Passion.

Longer le théâtre, puis prendre à gauche.

IEPER

Adj. Maascheleinlaan . . . BX 2
Arsenaalstr. . . . . AY 4
A. Stoffelstr. . . . . BX 5
A. Vandenpeereboompl. . AX 6
Bollingstr. . . . . BX 7
Boterstraat . . . . AX 8
Diksmuidestr. . . . . BX
G. de Stuersstr. . . . . AX
Grote Markt . . . . BX 9
Hoge Wieltjesgracht . . . . BX 10
J. Capronstr. . . . . AX 12
J. Coomansstr. . . . . AX 13
J. Picanollaan . . . . BY 14
Kalfvaarstr. . . . . BX 15
Kanonweg . . . . BY 17
Kauwekijnstr. . . . . BX 18
Lange Torhoutstr. . . . . . . BX 22
Maarschalk Fochlaan . . . . AX 23
Maarschalk Frenchlaan . . . . BX 24
Meenseweg . . . . BX 27
de Montstr. . . . . AY 29
Meensestr. . . . . BX 26
Oude Houtmarktstr. . . . . BX 30
Papersstr. . . . . AX 31
Poperingseweg . . . . AX 32
Rijselsestr. . . . . BXY
Rijselseweg . . . . BY 33
Stationsstraat . . . . AXY 35
Surmont de Volsbergestr. . . . ABX 36
Tempelstr. . . . . AX 38
Wateringsstr. . . . . BY 40

Belle Godshuis Museum . . . . BX M1
Hotel-Museum Arthur Merghelynck . . . BXY M2
In Flanders Fields Museum . . . . ABX M4
Nieuwerck . . . . BX H
Tempeliershuis . . . . BY D

St.-George's Memorial Church

9h-18h. ☎ 057 21 56 85.

Cette église anglicane construite en 1929 commémore les militaires britanniques morts pendant les deux guerres mondiales. Les pièces du mobilier et de la décoration sont dues à la générosité de donateurs de Grande-Bretagne ou du Commonwealth.

Revenir à la St.-Maartensplein. Longer les halles, rejoindre et traverser la Grand-Place. Prendre la Meensestraat qui mène à la porte de Menin.

Menenpoort

Les murs du **mémorial de la porte de Menin** conservent les noms de 54 896 Britanniques disparus pendant les batailles précédant le 16 août 1917. Tous les soirs à 20h, des clairons du corps de pompiers y sonnent le « **Last Post** », sonnerie du couvre-feu britannique.

visiter

LAKENHALLE*

Achevées en 1304, les halles aux draps ont été détruites pendant la Première Guerre mondiale et reconstruites, dans le style primitif. En forme de long rectangle entourant deux étroites cours, elles montrent sur la Grand-Place Albert-Ier une façade de 133 m interrompue par un **beffroi** carré flanqué de 4 tourelles.

Les halles sont flanquées à droite du **Nieuwerck**, gracieux édifice Renaissance construit en 1619 pour abriter l'hôtel de ville.

In Flanders Fields Museum**

♿ *Avr.-sept. : 10h-18h ; oct.-mars : tlj sf lun. 10h-17h. Fermé 3 sem. ap. vac. de Noël. 10€ de déb. avr. à mi-nov. (7,50€ le reste de l'année). ☎ 057 22 85 84 (Office de tourisme).*
Ouvert depuis 1998, ce musée, très novateur par sa conception, retrace d'une façon captivante l'histoire de la Première Guerre mondiale. Des bornes interactives, photos, documents, textes parlés, dont le célèbre poème *In Flanders Fields* (Les Champs de Flandre) de John McCrae, et des extraits de films évoquent l'évolution du saillant d'Ypres. Privilégiant les témoignages de petites gens, le musée rappelle la terrible guerre des tranchées ainsi que la vie quotidienne derrière le front : assistance médicale aux blessés dans des hôpitaux mobiles, la Talbot House à Poperinge, lieu de rencontre par excellence des soldats britanniques.

Belle Godshuis Museum

Avr.-oct. : tlj sf lun. 10h-12h30, 14h-18h. 2,50€. ☎ 057 22 85 84 (Office de tourisme).
Installé dans la chapelle de l'**hospice Belle**, ce musée renferme du mobilier ancien et des œuvres d'art : orfèvrerie, habits sacerdotaux, peintures, parmi lesquelles *La Vierge aux donateurs* (1420), belle composition à fond doré.

Hotel-Museum Arthur Merghelynck

Visite accompagnée (1h30) sur demande préalable 9h-12h, 13h30-17h30. 2,50€. S'adresser à l'Office de tourisme ☎ 057 22 85 84.
Cette maison particulière de 1774 fut détruite pendant la Première Guerre mondiale et reconstruite en 1932. Un beau mobilier, des objets d'art (tableaux, porcelaines) agrémentent les belles pièces auxquelles on a restitué leur décoration raffinée du 18e s.

Tout près, dans la Rijselsestraat, se situe la belle **maison des Templiers** (Tempeliershuis), dont les origines remontent au 13e s.

alentours

Bellewaerde Park

5 km à l'Est. Sortir par la N 8.
On dépasse la porte de Menin et plusieurs cimetières militaires, notamment le **Hooghe Crater Cemetery**, à droite, qui groupe plus de 6 800 tombes britanniques. Dans le **Bellewaerde Park**, les visiteurs se promènent parmi les antilopes, les autruches, les cerfs, les lamas, les zèbres ; ils traversent en tram-safari le parc aux lions et aux tigres, assistent à un spectacle donné par un éléphant, circulent en bateau dans un paysage africain après être passés sous une cascade magique... *Se renseigner pour les dates d'ouverture. 23,50€. ☎ 057 86 86 86.*

Tyne Cot Military Cemetery

10 km au Nord-Est par la N 332.
Ce cimetière britannique est le plus important de la région. Autour de la haute « Croix du Sacrifice » s'alignent 11 856 stèles blanches se détachant sur une pelouse fleurie remarquablement entretenue. Sur le mur en hémicycle fermant le cimetière sont inscrits près de 35 000 noms de soldats disparus après le 16 août 1917. Le site domine la contrée sur laquelle il offre une jolie vue.
Au Nord-Est, le village de **Westrozebeke** *(13 km)* évoque une bataille du 14e s. *(voir Kortrijk, « La bataille des Éperons d'or »).*

Heuvelland (Monts de Flandre)

17 km au Sud par ③ du plan ; prendre à droite la N 331.
Kemmelberg (Mont Kemmel) – Ce mont boisé (alt. 159 m) fait partie de la chaîne des monts de Flandre qui s'étend de part et d'autre de la frontière. De très violents combats eurent lieu dans la région en avril 1918, au début de la dernière grande offensive allemande. La montée procure d'intéressantes échappées sur la campagne. Près du sommet, une **tour** néogothique procure un intéressant panorama. *Tlj sf mar. 10h-22h. 0,50€. ☎ 057 44 54 13.* Sur le versant Sud, un obélisque marque l'emplacement de l'**Ossuaire français** où sont enterrés plus de 5 000 soldats inconnus.

Traverser la N 375.

Rodeberg (Mont Rouge) – Il s'élève à 143 m et constitue avec le mont Noir situé en France un centre touristique très fréquenté. Un petit moulin à vent s'y dresse.

Knokke-Heist

Heist, Duinbergen, Albert-Strand, Knokke et le Zoute (Het Zoute) ne forment qu'une seule station balnéaire, réputée pour son élégance et qui se flatte de posséder, notamment au Zoute, les plus belles villas de la côte. Les distractions y sont particulièrement nombreuses. Dans le casino et le centre culturel Scharpoord, qui servent aussi de centre de congrès, sont présentées chaque année d'importantes expositions. La station détient en outre un équipement sportif très complet (golf, piscines, tennis), un lac artificiel (Zegemeer) et un institut de thalassothérapie.

La situation

32 936 habitants – Cartes Michelin nos 716 C 1 et 533 E 14 – Plan dans Le Guide Rouge Benelux – Flandre Occidentale.

Station huppée au bord de mer près de la frontière néerlandaise. Accès facile par la N 49 depuis Anvers ou par la N 34 qui longe la côte.

Zeedijk 660, ☎ 050 63 03 80 ; www.knokke-heist.be

carnet pratique

Transports

Transports en commun – Un tramway fait la navette entre Knokke et la Panne, station balnéaire près de la frontière française.

Visites

Promenades à pied et à bicyclette – Plusieurs circuits peuvent être effectués au départ de la station et permettent de découvrir les avenues ombragées de saules et les villas cossues du Zoute dissimulées dans de beaux jardins. Plusieurs promenades dans l'arrière-pays font traverser une campagne verdoyante parsemée de coquettes fermes blanches, aux toits de tuiles rouges.

Restauration

• *À bon compte*

't Kantientje – *Lippenslaan 103 – ☎ 050 60 54 11 – fermé 1 sem. en avr., 1 sem. en juil., de mi-nov. à mi-déc., lun. soir sf juil.-août, mar. – 21/40€.* Cette sympathique petite table compte parmi les valeurs sûres de l'avenue commerçante de Knokke. Les atouts de la maison ? De savoureux plats traditionnels à prix « plancher », des moules en saison et une terrasse apéritive dressée en été. Mieux vaut réserver.

• *Valeur sûre*

Marie Siska – *Zoutelaan 177 – ☎ 050 60 17 64 – avr.-oct. : w.-end et vac. scol. – 12€ déj. – 28/38€.* Adresse familiale par excellence, Marie Siska s'est imposée au Zoute comme la reine de la gaufre, depuis 1822. Restaurant chaleureux, tea-room, terrasses d'été, chambres agencées dans l'esprit « Laura Ashley », jardin avec minigolf et jeux d'enfants.

Hébergement

• *Valeur sûre*

Villa 't Zonneke Chambre d'hôte – *Duinbergenlaan 78 – 8301 Duinbergen – ☎ 050 51 98 51 – villa.zonneke@worldonline.be – ⌿ – 3 ch. et 3 appart. : 89/111€ ☕.* Dans un quartier résidentiel, à côté d'une chapelle, villas renfermant de grandes chambres assez plaisantes à vivre, toutes dotées d'une cuisinette. On petit-déjeune au jardin lorsque la météo s'y prête. Local prévu pour le rangement des vélos. Réservation impérative.

Monterey – *Bocheldreef 4 – 8301 Duinbergen – ☎ 050 51 58 65 – info@monterey.be – fermé de mi-nov. à fin déc. – P – 8 ch. : 104€ ☕.* Reposante villa balnéaire juchée au sommet d'une dune, à un saut de la plage. Salon douillet avec cheminée, chambres de bon séjour et lumineuse salle de breakfast sous véranda, s'ouvrant sur une terrasse estivale panoramique.

Petite pause

Cambridge – *Zeedijk 649 – ☎ 050 60 71 17 – 9h-20h30.* À la fois, taverne et salon de thé, cet établissement de tradition estimé des touristes autant que des Knokkois affiche au compteur plus de 75 ans de bons et loyaux services. Ambiance chaleureuse et feutrée en salle. Terrasse abritée dressée aux beaux jours sur la digue.

Achats

Pâtisserie Gaelens – *Kustlaan 68 – ☎ 050 61 01 50 – tlj sf lun. (en hiver sf lun. et mar.) 7h-19h45 ; pas de dégustation sur place – fermé janv. et oct.* Sur la place du Triangle, pâtisserie très courtisée par les fines bouches de passage à Knokke. Les deux grandes spécialités maison sont le riz Condé et, surtout, le Misérable, une petite douceur belge à base de pâte d'amandes et de crème beurre-vanille.

Marché – Un marché folklorique se tient au De Bolle (place non loin de l'Office de tourisme de Heist) le jeudi après-midi en juillet et en août.

visiter

Casino

Dans le hall central, on admire un très grand lustre en cristal de Venise et des peintures murales de Magritte (*Le Domaine enchanté*, 1953) et de Keith Haring. Devant l'édifice se dresse une statue en bronze (1965) de Zadkine : *Le Poète*.

Het Zwin★

♿ De mi-avr. à fin sept. : 9h-19h ; de déb. oct. à mi-avr. : tlj sf mer. 9h-17h. 4,46€. ☎ 050 60 70 86 ; www.zwin.be

Entre la station et la frontière belgo-hollandaise s'étend **le Zwin**, ancien bras de mer aujourd'hui ensablé qui desservait jadis les ports de Sluis, Damme et Bruges. Entouré par les dunes qui l'isolent de la mer et les digues qui protègent la campagne des inondations, c'est un univers de chenaux soumis à la marée, et de prés-salés.

Le Zwin a été converti en **réserve naturelle** (150 ha, dont 25 aux Pays-Bas) et abrite une flore et une faune très intéressantes. Une partie de la réserve (60 ha) est accessible au public. Le meilleur moment pour visiter est le printemps, pour les oiseaux, et l'été, pour les fleurs. De mi-juillet à fin août en effet, le « statice des limons », ou fleur du Zwin, forme un merveilleux tapis mauve.

Avant d'entreprendre la promenade, visiter les volières et enclos où nichent les cigognes et pataugent les canards ; on peut aussi observer quelques oiseaux propres à la réserve. En traversant le bois, on atteint le sommet de la digue où la vue embrasse l'ensemble de la réserve.

Parmi les innombrables espèces peuplant le Zwin, citons la colonie de sternes, des échassiers comme l'avocette au fin bec recourbé, des canards comme le tadorne (au bec rouge) et plusieurs migrateurs comme le pluvier argenté et différentes espèces de bécasseaux.

Le Zwin à Knokke-Heist.

Natuurcentrum Het Zwin

alentours

Zeebrugge

8 km à l'Ouest par la N 34.

Zeebrugge ou Bruges-sur-Mer est le seul port côtier belge en eau profonde. Inauguré en 1907, il est relié à Bruges par le canal Baudouin. L'**avant-port** est accessible aux très grands navires. Comme Ostende, Zeebrugge possède des services réguliers pour passagers, desservant l'Angleterre (ferries pour Hull). C'est un port de conteneurs et de roll on-roll off qui fonctionne également comme port d'escale. C'est enfin le premier port de pêche de Belgique et une agréable station balnéaire dotée d'un petit port de plaisance. Par une écluse, l'avant-port communique avec l'**arrière-port** équipé de trois bassins situés entre le canal Baudouin et les canaux de dérivation Léopold et Schipdonk. Le parc d'attractions sur le thème de la mer, **Seafront**, offre la possibilité de monter à bord du bateau-feu *Westhinder* ou du sous-marin soviétique *Foxtrot*. L'ancienne « minque » ou criée accueille aujourd'hui **Aquastrip**. *10h-18h (juil.-août 19h). Fermé janv., 25 déc. 9,95€.* ☏ *050 55 14 15.* Plusieurs boutiques, cafés et restaurants sont installés le long du Maritieme Boulevard et du Viskade.

Lissewege

12 km par la N 34 ; à Zeebrugge, prendre la N 31 en direction de Bruges.
Ce village pittoresque aux maisons blanches est dominé par l'imposante **tour** en brique de son église. Édifiée au 13e s., reconstruite au 17e s., celle-ci conserve son allure d'origine. De **Ter Doest** *(1 km au Sud de Lissewege)*, filiale de l'abbaye des Dunes à Coxyde, il ne reste que la chapelle, la ferme à tourelle (une partie est aménagée en restaurant) et la vaste et belle **grange abbatiale★** (13e s.), ornée de moulures en briques de style gothique et surmontée d'une admirable charpente de chêne.

Koksijde

Coxyde

Cette jolie localité qui comprend les stations balnéaires de Koksijde-Bad, Sint-Idesbald et Oostduinkerke englobe le Hoge Blekker. Avec ses 33 m, cette dune est la plus haute du littoral belge. De nombreuses manifestations sont organisées tout au long de l'année à Coxyde, dont un grand marché aux fleurs, une fête folklorique des pêcheurs et le cortège « Hommage à la peinture flamande ». À Oostduinkerke, on peut encore voir à l'œuvre les célèbres pêcheurs de crevettes à cheval.

La situation

19 618 habitants - Cartes Michelin nos 716 A 2 et 533 A 16 - Flandre Occidentale.
Situé sur la côte Ouest de la Belgique, Coxyde est desservi par la N 34 qui relie La Panne à Knokke. Depuis la France, accès facile par l'autoroute A 16 /E 40 (sortie 1a) ; ensuite prendre la N 8.
ℹ *Zeelaan 24,* ☏ *058 53 30 55 ; www.koksijde.be*

Pêcheur de crevettes à cheval.

A. Kouprianoff/MICHELIN

visiter

Duinenabdij (Abbaye des Dunes)

Accès par le musée de l'Abbaye des Dunes, Koninklijke Prinslaan no 8. Fermé pour cause de travaux jusqu'en juin 2003.
Fondée en 1107 par les Bénédictins, l'abbaye devient cistercienne en 1138. Elle connaît son apogée vers 1300 et devient, sous la conduite de l'abbé Elias van Koksijde, une des principales abbayes d'Europe occidentale, puis décline pour finalement être détruite par les calvinistes en 1566. Des fouilles, effectuées depuis 1949, ont permis de retrouver des **vestiges**, laissant apparaître les lignes majestueuses de l'abbatiale ; le cloître a conservé de jolis culs-de-lampe. Les belles colonnes en grès appartenaient à la salle du chapitre et au réfectoire des convers.
Dans le **musée** sont exposés les produits des fouilles ainsi qu'une maquette de l'abbaye médiévale. Les collections concernent également l'histoire, la faune et la flore de la région.
Tout près de l'abbaye des Dunes, un **moulin à vent** (Zuid-Abdijmolen) en bois, à pivot, date de 1773.

carnet pratique

Restauration

• À bon compte

Vlierhof – *Paul Delvauxlaan 44 – ☎ 058 52 42 96 – www.delvauxmuseum.com – fermé de janv. au carnaval, lun. – 22/30€.*
Dans un quartier résidentiel, tout à côté du musée Paul Delvaux, sympathique petit restaurant concoctant une cuisine simple au goût de tous. Formule « tea-room » l'après-midi. Terrasse prise d'assaut lorsque perce le soleil.

De Mikke – *Leopold II laan 82 – 8670 Oostduinkerke – ☎ 058 52 19 45 – www.demikke.be – fermé de mi-nov. à déb. déc., sem. ap. carnaval, lun. soir sf vac. scolaires, mar. – 18,50/32,20€.*
À mi-chemin entre le littoral et Oostduinkerke-Dorp, adresse certes très courue, mais dont la vaste salle à manger néo-rustique engloutit aisément les adeptes de plantureuses grillades saisies à la braise du feu de bois. Ambiance gentiment familiale.

Hébergement

• À bon compte

Rivella – *Zouavenlaan 1 – ☎ 058 51 31 67 – rivella@compaqnet.be – de mi-avr. à fin sept. et vac. scol. – 28 ch. : 55/75€ ☕.*
Confortable hôtel de style pension de famille implanté en face d'un rond-point, à quelque 300 m de l'animation du front de mer. Chambres convenablement équipées, salon avec cheminée et salle des repas classiquement aménagée.

Host. Oxalis et Résid. Loxley Cottage – *Lejeunelaan 12 – ☎ 058 52 08 79 – restaurant fermé de mi-janv. à mi-fév., de mi-nov. à mi-déc., mer. – P – 7 ch. : 57/74€ ☕ – restaurant 43/56€.* Quatre chambres « cosy » ont été aménagées au-dessus de ce relais de bouche qui propose aussi, dans son annexe le Loxley Cottage, deux plaisantes chambres avec salle d'eau partagée, ainsi qu'un petit appartement bien commode, le tout, agencé dans l'esprit anglais.

O.L.V.-ter-Duinenkerk (Église N.-D.-des-Dunes)

J. Van Buggenhoutlaan.

Construite en 1962, cette église moderne se situe au Nord de l'abbaye. La forme ondulante du bâtiment et la couleur bleu marine du toit évoquent la mer, tandis que le coloris beige des murs s'assimile à celui des dunes toutes proches.
À l'intérieur, les vitraux diffusent des lumières chatoyantes. La crypte *(accès par l'extérieur)* renferme une relique de saint Idesbald qui était, au 12e s., abbé de l'abbaye des Dunes.

Museum Paul Delvaux

Delvauxlaan 42, à St-Idesbald. ♿ Avr.-déc. : tlj sf lun. 10h30-17h30. Fermé 25 déc. 4,71€. ☎ 058 52 12 29 ; www.delvauxmuseum.com

Les peintures, aquarelles, dessins, gravures et esquisses réunis par la Fondation Paul Delvaux permettent de suivre l'évolution de l'artiste, depuis ses œuvres postimpressionnistes aux compositions surréalistes où le peintre est parvenu à développer un style très personnel. Paul Delvaux a su, mieux que tout autre, créer un monde onirique, à la fois étrange, hallucinant et poétique. Certains thèmes étaient particulièrement chers au peintre : les gares – observer la lumière étrange qui baigne la *Gare forestière* (1960), les femmes, qu'il aimait représenter plus ou moins dévêtues dans un paysage aux temples grecs ou romains, et les squelettes. L'ensemble est complété par quelques vitrines comprenant des objets personnels de l'artiste, notamment une magnifique collection de trains et de tramways miniatures, une reconstruction de son atelier de l'avenue des Campanules, à Watermael-Boitsfort, et de nombreuses photos.

alentours

Oostduinkerke☆

4,5 km à l'Est. Sortir par ① du plan.

Sur la plage d'**Oostduinkerke-Bad**, quelques pêcheurs pratiquent encore la pêche aux crevettes à cheval : à marée basse, le cheval traîne un lourd chalut et s'enfonce dans l'eau jusqu'au poitrail. Fin juin ont lieu la fête de la Crevette et le cortège de la Crevette. Ici comme à la Panne, la largeur des plages permet de pratiquer le char à voile.

St.-Niklaaskerk (Église St-Nicolas) – *Leopold II laan.*
Cette église de 1955, en brique brune, est réunie par des arcades à une massive tour rappelant celle de Lissewege. L'absence de chœur, la succession d'arcs aigus très rapprochés, prenant naissance au-dessous du sol, font l'originalité de l'édifice. *Se renseigner auprès de Monsieur Gruwet, Witte Burg 90, 8670 Oostduinkerke, ☎ 058 51 23 33.*

Nationaal Visserijmuseum (Musée national de la Pêche) – *Pastoor Schmitzstraat 5.*
Ce musée contient une belle collection de maquettes de bateaux, des instruments de marine, une maquette d'un port de pêche, un espace consacré à la pêche aux crevettes à cheval et des peintures d'artistes ayant travaillé à Oostduinkerke vers 1900, comme **Artan**, peintre belge né à La Haye (1837-1890). À côté ont été

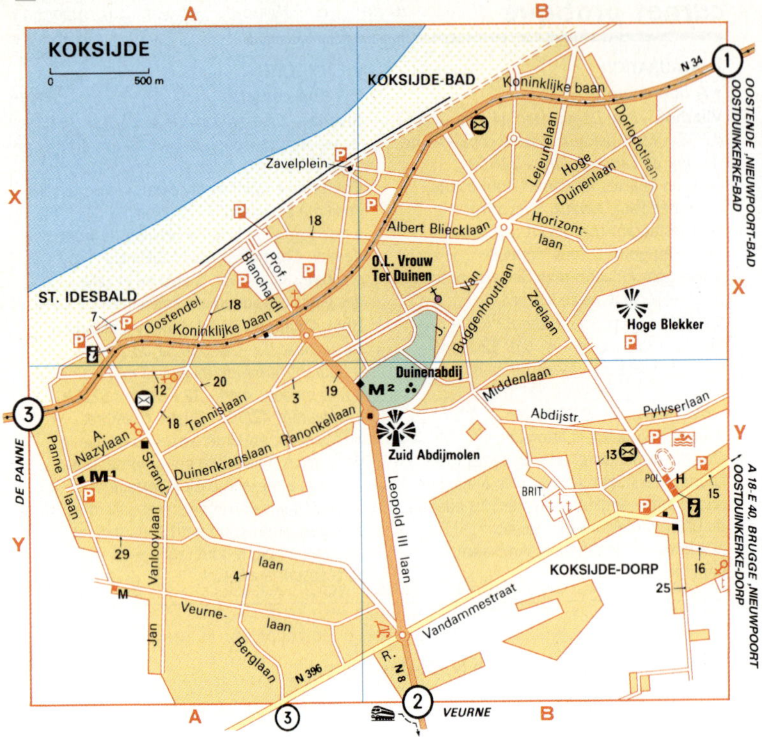

Brialmontlaan	AY	3	Hostenstr.	BY	13	Koninklijke Prinslaan	AXY	19
Dageraadstr.	AY	4	Houtsaegerlaan	BY	15	Majoor d'Hoogelaan	AY	20
George Grardplein	AX	7	Kerkstraat	BY	16	Veurnestr.	BY	25
Henri Christiaenmaan	AY	12	Koninginnelaan	AX	18	W. Elsschotlaan	AY	29
			Koninklijkebaan	ABX		Zeelaan	BXY	

Museum	ABY	M²	Museum Paul Devaux	AY	M¹

reconstitués une maison de pêcheur typique et un estaminet de 1920. Dans la cour, un bateau de sauvetage et un crevettier. ♿ *Tlj sf lun. (sf juil.-août) 10h-12h, 14h-18h. Fermé 1er janv., 1er et 11 nov., 25 déc. 2€.* ☎ *058 51 24 68 ; www.visserijmuseum.be*

Folklore Museum (Musée du folklore) Florishof – *Koksijdesteenweg 24.* Reconstitution d'un intérieur régional, d'ateliers, d'une chapelle, d'une épicerie, d'une grange et d'une petite école. ♿ *De mi-avr. à mi-sept. : tlj sf mar. 13h30-17h30 ; de déb. oct. à mi-avr. : w.-end et j. fériés 13h30-17h30. 1,70€.* ☎ *058 51 12 57.*

Ferme de Ten Bogaerde

4 km au Sud par ③.

À droite de la route se remarque cette ferme, bel ensemble de briques qui appartenait à l'abbaye des Dunes. De la grange monumentale, qui est comparable à celle de Ter Doest, il ne reste que des ruines.

Nieuwpoort

5 km à l'Est par la N 396.

À l'embouchure de l'Yser, c'est une ancienne place forte entièrement reconstruite après 1918 dans le style flamand. C'est aussi une station balnéaire (Nieuwpoort-Bad) et un centre de sports nautiques. Sur la jolie **Grand-Place**, bordée de boutiques et de cafés, se dressent la **halle** et l'**hôtel de ville**, reconstruits après la Première Guerre mondiale.

Bataille de l'Yser

La région de Nieuport a été le théâtre de ce terrible épisode de la guerre. En août 1914, les Allemands envahissent la Belgique, puis la France. Arrêtés sur la Marne par Joffre, ils attaquent aussitôt Anvers que l'armée belge réussit à évacuer à temps, pour se retrancher à l'Ouest de l'Yser, auprès du roi Albert. Elle est soutenue par des troupes françaises et britanniques. Le 16 octobre, les Allemands s'en prennent au dernier bastion du territoire belge ; ils parviennent bientôt à franchir l'Yser à Tervate, au Nord de Dixmude. Les renforts alliés n'arrivant pas, on fait ouvrir à Nieuport, le 28 octobre, les vannes du canal de dérivation Veurne-Ambacht : l'inondation des polders environnants permet d'arrêter immédiatement l'avance allemande. Alors que le front se stabilise au Sud de Dixmude jusqu'à la fin de la guerre, les Allemands se tournent vers le saillant d'Ypres.

Près du pont de l'Yser, le **monument au roi Albert Ier** est un hommage au souverain, représenté par une statue équestre. Du sommet du monument, **vue** intéressante sur Nieuport et sa région. *Tlj sf w.-end 8h45-12h, 13h15-18h (de mi-oct. à fin fév. 17h). Fermé j. fériés. 1,25€ en ascenseur, 1€ à pied. ☎ 058 23 55 87 (Office de tourisme).*

La réserve naturelle **De IJzermonding** s'étend au Nord de la station, à côté de l'embouchure de l'Yser. *Visite accompagnée à des moments réguliers. Prière de se renseigner, ☎ 058 22 44 44 (Office de tourisme).*

Kortrijk★

Courtrai

Courtrai, que traverse la Lys, est une cité d'affaires dynamique au centre d'une zone industrielle. Ne l'appelle-t-on pas à juste titre le Texas des Flandres ? Réservées aux piétons, ses belles rues commerçantes incitent à la flânerie. La ville a également une belle carte à jouer sur le plan artistique depuis la rénovation du théâtre municipal et de l'ancienne brasserie Tack abritant actuellement plusieurs associations culturelles.

La situation

75 099 habitants – Cartes Michelin nos 716 C 3 et 533 E 18 – Plan d'agglomération dans Le Guide Rouge Benelux – Flandre Occidentale.

À 28 km de Lille, Courtrai est desservi par deux autoroutes, notamment l'A 17/E 403 qui relie Bruges à Tournai, et l'A 14/E 17 (depuis Lille ou Gand). La ville est également accessible par les N 8, N 43 et N 50.

Sint-Michielsplein, ☎ 056 23 93 71 ; www.kortrijk.be

comprendre

Une ville prospère

Elle est connue dès l'époque romaine, mais son apogée se situe au 15e s. au moment de l'épanouissement de son industrie drapière. Le tissage de la laine fait bientôt place à celui du lin favorisé par la qualité des eaux de la Lys qui, exemptes de calcaire, sont particulièrement propices au rouissage. Courtrai devient réputé pour la fabrication de la toile et se fait une spécialité du damassé. Courtrai reste un centre textile de réputation internationale (tapis, tissus d'ameublement, confection).

À cela s'ajoutent d'autres secteurs en expansion : métallurgie, électronique mais aussi orfèvrerie, huilerie, bois, industries chimiques et construction.

Les **Halles** (Hallen) *(accès par Doorniksewijk au Sud)*, construites en 1967, sont destinées aux congrès, expositions et concerts.

La ville joue un rôle important dans l'enseignement, notamment grâce à son campus universitaire, dit KULAK, appartenant à l'université catholique de Louvain.

La bataille des éperons d'or

Sous les murs mêmes de Courtrai eut lieu le 11 juillet 1302 la célèbre bataille marquant la lutte des Flamands contre l'hégémonie du roi de France.

La chevalerie française de Philippe le Bel y fut battue par les gens de métiers (artisans) d'Ypres et de Bruges commandés par Pieter de Coninck et Jan Breydel. Les éperons d'or ramassés sur le champ de bataille ont tapissé les voûtes de l'église Notre-Dame jusqu'en 1382, date à laquelle ils ont été repris par l'armée française, victorieuse des Flamands à la bataille de Westrozebeke. Ce fut alors, dit-on, que le duc de Bourgogne, Philippe le Hardi, vola les statues du jaquemart qui couronnaient le beffroi et les donna à l'église Notre-Dame de Dijon. Une restitution symbolique eut lieu le 23 septembre 1961 : Manten et son épouse Kalle surmontent de nouveau le beffroi.

se promener

Partir de la Grand-Place.

Grote Markt (Grand-Place)

C'est le centre de l'activité commerciale de la ville.

Belfort – 14e s. Coiffé de quatre tourelles d'angle à toit pointu, surmonté de son fameux jaquemart, le beffroi se dresse au milieu de la Grand-Place.

À l'Est de la place, on aperçoit la belle tour de l'**église St-Martin** (15e s.).

carnet pratique

Restauration

• Valeur sûre

Bistro Aubergine – *Groeningestraat 16-18 – ☎ 056 25 79 80 – v.beernaert@pandora.be – fermé août, lun. et sam. midi – 12€ déj. – 31€.* Ce sympathique bistrot un peu mode établi aux abords de l'église Notre-Dame. propose une grande carte assortie d'un lunch et un menu trois services avantageux. Salle à manger avec mezzanine. Petite cour intérieure où l'on peut réserver sa table en été.

• Une petite folie !

Huyze Decock – *Louis Verweestraat 1 – ☎ 056 25 28 54 – huyzedecock@pandora.be – fermé de fin janv. à déb. fév., de fin juil. à déb. août, lun., mar. – 15€ déj. – 41€.* Maison bourgeoise postée à 100 m du Grote Markt. Salle à manger scindée en deux parties et agencée dans l'esprit bistrot. Carte traditionnelle, intéressant menu du mois comprenant les boissons et plat du jour mijoté, annoncé à l'écriteau.

Hébergement

• À bon compte

Center Broel – *Graanmarkt 6 – ☎ 056 21 97 21 – cbh@skynet.be – fermé de mi-déc. à mi-janv. ; restaurant fermé ven. – 26 ch. : 47/70€ – ☕ 9€ – restaurant 34/44€.* Au bord de la Lys, près des Broeltorens, hôtel tout confort dont le décor intérieur cossu produit une agréable ambiance d'hôtellerie ancienne. Amples communs, chambres douillettes, table gastronomique, belle terrasse d'été et bistrot chaleureux.

Focus – *Hoveniersstraat 50 – ☎ 056 21 29 08 – focus@aletheia.be – ⊭ 47/64€ ☕.* L'originalité de cet établissement un peu excentré tient dans l'aménagement de certaines chambres : quatre d'entre elles ont été personnalisées par des artistes locaux. Accueil gentil, tenue et entretien irréprochables, mais réception intermittente.

Le temps d'un verre

De Roadskelder – *Leiestraat 1 – ☎ 056 21 91 87 – 11h-1h, sam. 15h-2h, dim. 15h-1h.* Vaste bar aménagé dans les caves voûtées de l'hôtel de ville datant du 15e s.

Achats

De Kaashalle – *Graanmarkt 18 – ☎ 056 22 59 98 – lun. 14h-19h, mar.-sam. 9h-19h, dim. 9h30-12h30.* Belle boutique d'un fromager-épicier qui prépare lui-même ses plats cuisinés, confitures et confiseries. Les fromages aussi sont affinés maison.

Foque – *Doorniksestraat 8 – ☎ 056 22 06 81 – jeu.-mar. 9h-18h30.* Pâtissier réputé pour ses spécialités gourmandes : beschuiten (pain au lait), Kalletaart (gâteau aux pommes, amandes et calvados), etc.

Stadhuis – L'hôtel de ville montre une façade flamboyante, restaurée ; les statues, renouvelées au 19e s., représentent les comtes de Flandre. *Tlj sf w.-end 9h-12h, 14h-17h. Fermé j. fériés. ☎ 056 23 93 71 (Office de tourisme).*

L'intérieur, modernisé, conserve de magnifiques salles. Au rez-de-chaussée, la **salle des Échevins★** (Schepenzaal) est ornée d'une remarquable cheminée en pierre, de style gothique flamboyant (1527), dont les niches abritent les statues de la Vierge et des saints patrons des villes de la région. Au plafond, les extrémités des poutres sont ornées de scènes polychromes pittoresques dont le personnage principal est la Justice, représentée par une femme couronnée. L'**ancienne salle du Conseil★**, au 1er étage, présente une cheminée de 1527, ornée de trois registres de sculptures : en haut, les vertus ; au centre, de part et d'autre de la statue de

Béguinage de Courtrai.

M. Gurfinkel/MICHELIN

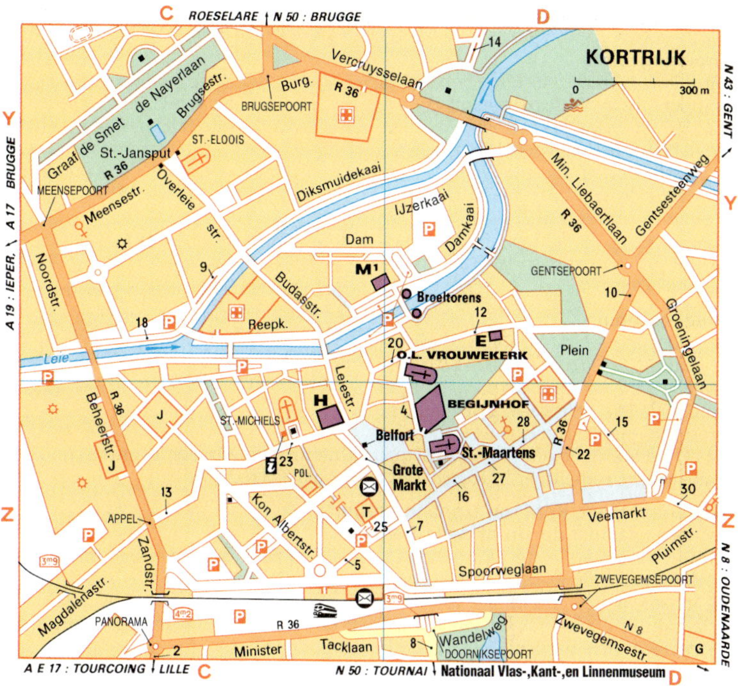

Aalbeeksesteenweg	CZ	2	Groeningest	DY	12	Nijverheidskaai	CY	18
Begijnhofstr.	DZ	4	Grote Markt	CDZ		O.-L. Vrouwestr.	DY	20
Budastr.	CY		H. Consciencestr.	CY	13	Romeinselaan	DZ	22
Burg. Reynaertstr.	CZ	5	Koning Leopold III laan	DY	14	Rijselsestr.	CZ	23
Doorniksestr.	DZ	7	Lange Meersstr.	DZ	15	Schouwburgpl.	CDY	25
Doorniksewijk	DZ	8	Lange Steenstr.	DZ	16	Steenpoort	DZ	27
Fabriekskaai	CY	9	Leiestr.	CYZ		Voorstr.	DZ	28
Gentsestr.	DY	10				Wandelingstr.	DZ	30

Broelmuseum	CDY	M1	Groeningeabdij	DY	E	Stadhuis	CZ	H

Charles Quint, les vices ; en bas, l'idolâtrie et les péchés capitaux. Les sculptures des poutres du plafond représentent ici des scènes très pittoresques illustrant l'influence néfaste de la femme sur l'homme, par exemple le lai (poème médiéval) d'Aristote : le philosophe est chevauché par une femme. La jolie cour intérieure, surmontée d'une verrière, sert actuellement de salle de réception.

Prendre la Begijnhofstraat, en haut à droite.

Begijnhof★

Entre St-Martin et Notre-Dame, c'est un charmant petit village dont le calme surprend dans ce quartier bourdonnant d'activité. Le béguinage, fondé en 1238, fut richement doté en 1241 par la comtesse de Flandre, Jeanne de Constantinople, dont on voit la statue. Les 41 maisonnettes actuelles datent du 17e s. La maison de la Supérieure se distingue par son double pignon à redans. Elle abrite un petit **musée** (begijnhofmuseum) restituant l'atmosphère du passé. *Mars-nov. : w.-end et lun. 14h-17h, autres jours 13h-17h. 0,74€. ☎ 056 24 48 02.*

Poursuivre son chemin pour gagner la Deken Zegerplein.

O.-L.-Vrouwekerk★

9h30-18h30. ☎ 056 21 38 09.

Les tours de l'église Notre-Dame dominent des ruelles pittoresques. Fondée au 13e s. par Baudouin de Constantinople, elle eut pour vicaire, au 19e s., le poète Guido Gezelle.

À l'intérieur, la chapelle des comtes de Flandre (14e s.), qui s'ouvre sur le côté droit du déambulatoire, a des arcatures aux curieux écoinçons sculptés. Elle abrite une jolie **statue de sainte Catherine**★ (1380), en albâtre, attribuée à André Beauneveu. Une belle toile d'Antoon Van Dyck, l'**Élévation de la Croix**★, où se reconnaît l'influence de Rubens, est placée dans le croisillon gauche du transept.

Prendre la Guido Gezellestraat.

Broeltorens

Vestige des anciennes fortifications détruites par Louis XIV en 1684, les tours du Broel protégeaient le pont sur la Lys, reconstruit après la Première Guerre mondiale. La tour Sud date du 12e s., la tour Nord serait du 14e ou du 15e s.

visiter

Groeningeabdij

Tlj sf lun. 10h-12h, 14h-17h. Fermé 1er janv., 24, 25, 26 et 31 déc. ☎ 056 24 08 70.
Joliment restaurés, les bâtiments en brique de l'ancienne abbaye de Groeninge datent de 1597. Pendant deux siècles, ils furent occupés par des cisterciennes, puis, à partir de 1845, par des Pauvres Claires. Le rez-de-chaussée abritait la salle commune ; l'étage servait de dortoir. Essentiellement consacré à l'histoire de Courtrai, de la préhistoire au début du 20e s., le musée présente une belle collection d'argenterie, de céramique et de damassé. Le parcours insiste également sur la bataille des Éperons d'or.

Broelmuseum

♿ *Tlj sf lun. 10h-12h, 14h-17h. Fermé 1er janv., 24, 25, 26 et 31 déc. ☎ 056 24 08 71.*
Installé dans un bel hôtel particulier au bord de la Lys, ce musée, agréablement présenté, possède une belle collection de céramique et de sculptures ainsi qu'une intéressante série de peintures du 16e s. à nos jours : remarquer le *Pillage d'un village* par Roland Savery.

Roland Savery (1576-1639)

Né à Courtrai, ce remarquable peintre de fleurs et de paysages avec animaux travaille pour l'empereur Rodolphe II à Prague, voyage dans les Alpes pour observer la nature et termine ses jours à Utrecht aux Pays-Bas. Son art est très voisin de celui de Bruegel de Velours.

Nationaal Vlas-, Kant- en Linnenmuseum★ (Musée national du Lin et de la Dentelle)

Étienne Sabbelaan 4. Par Doorniksewijk, au Sud du plan. ♿ *Mars-nov. : tlj sf lun. 9h-12h30, 13h30-18h, w.-end 14h-18h. Fermé 11 juil., j. fériés légaux. 3€. ☎ 056 21 01 38.*
Le musée national du Lin est installé dans une ferme du 19e s. destinée à l'origine à la culture du lin qui fut longtemps une des activités les plus importantes des Flandres et plus particulièrement de la région de la Lys.
Les étapes successives de la culture et de l'élaboration de la toile de lin, ainsi que l'évolution de cette industrie jusqu'aux premières mécanisations (vers 1900) sont évoquées par des tableaux où des mannequins grandeur nature, vêtus de costumes traditionnels, effectuent les gestes correspondant à chaque activité. Une aile du bâtiment est consacrée à la culture et au travail du lin, l'autre au travail artisanal pour les besoins domestiques.
Dans une autre partie du bâtiment ont été reconstitués des intérieurs où se déroulent les différentes activités de broyage, teillage, peignage, filage et finalement de tissage du lin.
Un nouveau bâtiment propose une collection intéressante de dentelle, broderie, damassé, et toile de lin. De nombreux outils et photos évoquent la vie d'antan. À l'étage, plusieurs tableaux retracent le cours de la vie de nos ancêtres (1880-1920). Les mannequins, souvent des personnalités flamandes, présentent en outre l'évolution des costumes traditionnels à travers la dentelle et la toile de lin.

alentours

Rumbeke

18 km au Nord-Ouest vers Roeselare.
Un beau parc (Sterrebos) entoure le **château** de Rumbeke *(ne se visite pas)*.
Dès les 15e et 16e s., le château est hérissé de multiples tourelles dont l'une est coiffée d'un bulbe, et de pignons à redans. Baudouin Bras-de-Fer, qui venait d'enlever Judith, fille du roi de France Charles le Chauve, s'y réfugia en 862. C'est à la suite de cet épisode qu'il obtint du roi le territoire de Flandre dont il devint le premier comte.

Lessines

Situé sur la Dendre, au centre d'une région où l'on cultive des plantes médicinales, Lessines était jadis célèbre pour ses carrières de porphyre à ciel ouvert, situées à l'Est de l'agglomération. Désertés depuis quelques temps, ces puits d'extraction sont aujourd'hui remplis d'eau et envahis par la végétation. Le bourg d'origine médiévale a vu naître en 1898 le peintre René Magritte qui fut l'une des principales figures du surréalisme belge.

La situation

17 020 habitants – Cartes Michelin n°s 716 E 3 et 533 I 18 – Hainaut.
Lessines se trouve à quelques kilomètres de la frontière linguistique. Accès par la nouvelle autoroute A 8/E 429 reliant Tournai à Halle. Prendre la sortie 29, puis la N 57. La ville est également desservie par les N 42 et N 57.
Grand-Place 11, ☎ 068 33 21 13 ; www.lessines.be

LESSINES ET SES FÊTES

Le Vendredi saint a lieu la **procession des Pénitents** qui remonte au 15e s. et durant laquelle les pénitents, en cagoule et robe de bure, porteurs des instruments de la Passion et du corps du Christ, suivent une partie des anciens remparts de la ville afin de déposer le corps du Christ dans une chapelle de l'église St-Martin. Le 3e dimanche d'août se déroule la **foire Saint-Roch** : le matin, les cayoteux (nom donné aux ouvriers carriers) travaillent le porphyre dans la rue, comme autrefois, et l'après-midi se déploie le cortège folklorique des géants mené par celui qui incarne « El Cayoteu ». Le 1er week-end de septembre, le **cortège historique du Festin** commémore la victoire de Sébastien de Tramasure en 1583 sur les pillards anglais et hollandais qui essayaient de prendre la ville d'assaut. Plus de 600 figurants en costumes d'époque défilent et prennent part au festin qui couronne la fête lorsque le capitaine dépose symboliquement son épée aux pieds de Notre-Dame.

visiter

Hôpital N.-D.-à-la-Rose★

Avr.-oct. : w.-end et j. fériés 14h-17h30. 6€. ☎ 068 33 24 03 (musée) ou 068 33 24 03.
Ce monastère hospitalier fut fondé en 1242 par Alix de Rosoit, dame d'honneur de Blanche de Castille et veuve d'Arnould IV d'Audenaarde, grand bailli de Flandre et seigneur de Lessines. Les bâtiments furent reconstruits du 16e au 18e s. avec une constance de style Renaissance flamande. Ils forment un grand quadrilatère autour d'un cloître gothique entourant un joli jardin intérieur. Les collections reflètent la vie quotidienne de cet établissement à travers les siècles : mobilier, tableaux, orfèvrerie, porcelaine sont présentés dans les nombreuses pièces reconstituées et aménagées en musée. L'église, datant du 18e s., est construite dans le prolongement de la salle des malades de la même époque, car, comme l'exigeait le principe des soins, il fallait veiller à l'âme tout en guérissant le corps, d'où le lien étroit entre les espaces spirituel et temporel. Dans la pharmacie (19e s.) a été réuni le matériel qui servait à élaborer l'helkiase (terme dérivé du mot grec blessure), un médicament pour traiter les maladies de la peau et les ulcères, inventé à la fin du 19e s. par la sœur Marie-Rose Carouy et qui a eu une très grande renommée.

alentours

Ellezelles

11 km à l'Ouest par la N 57.
Placé sous le signe de l'Étrange, ce petit village est connu pour son **sabbat des Sorcières** qui se déroule chaque année au mois de juin. À droite de l'église se situe la **maison du Pays des Collines**. Un parcours-spectacle présente la faune et la flore de la région et fait revivre l'histoire et les légendes du Pays des Collines. *Avr.-oct. : tlj sf lun. 10h-18h ; nov.-mars : 10h-17h. 4€. ☎ 068 54 46 00.*

3 km au-delà du village, le **moulin du Cat Sauvage** se dresse au sommet d'une butte de 115 m d'altitude. Ce pittoresque moulin à pivot, en bois, date de 1751. *Mai-sept. : dim. ap.-midi uniquement sur demande. 2€. ☎ 068 64 51 55.*

Leuven★★

Louvain

Louvain doit surtout sa notoriété à son université, la plus ancienne de Belgique. Les étudiants et la vie estudiantine confèrent à la ville une ambiance toute particulière et les soirées y sont souvent animées. Chef-lieu dynamique de la jeune province du Brabant Flamand, Louvain est également célèbre pour sa bière, qui y est brassée depuis le 14e s. La brasserie Stella Artois, la plus grande du pays, est réputée pour sa bière blonde du type pilsener, commercialisée depuis 1926. La petite brasserie Domus fabrique encore plusieurs bières spéciales, dont la Blanche de Louvain.

La situation

88 245 habitants - Cartes Michelin nos 716 GH 3 et 533 N 17 - Brabant Flamand P.
Située sur les rives de la Dyle, la ville est d'accès facile par les autoroutes E 40 et E 314.
Stadhuis, Grote Markt 9, ☎ 016 21 15 39 ; www.leuven.be

carnet pratique

RESTAURATION

• *À bon compte*

De Blauwe Schuit – *Vismarkt 16 – ☎ 016 22 05 70 – ⊄ – 10/15€.* Sur le Vismarkt, imposante demeure se signalant par sa façade dans les tons jaunes. Petit choix de préparations simples, mais goûteuses. Très courtisée lorsque le soleil est au rendez-vous, la grande terrasse close de murs se rafraîchit d'une fontaine.

't Zwart Schaap – *Boekhandelstraat 1 – ☎ 016 23 24 16 – fermé sem. carnaval, de mi-juil. à mi-août, dim., lun., j. fériés – 15€ déj. – 25/43€.* À l'angle d'une ruelle du centre piétonnier, près de l'hôtel de ville, jolie maison ancienne où se concocte une cuisine classique actualisée à petits pas. Salle de restaurant habillée de lambris, tables serrées et plaisante ambiance bistrotière.

HÉBERGEMENT

• *À bon compte*

dewerf Chambre d'hôte – *Hogeschoolplein 5 – ☎ 0476 96 42 41 – ⊄ 22,31/35,94€* ☕. Point de chute commode pour l'étape louvaniste, ce « bed and breakfast » central jouxte une petite place arborée autour de laquelle se prélassent, en été, les terrasses des bistrots. Chambres assez simples, mais bien tenues. Toilettes et douches communes.

Jeff's Guesthouse Chambre d'hôte *– Kortstraat 2 – ☎ 016 23 87 80 – ⊄ – 6 ch. : 69,40/79,30€ – ☕ 7,30€ – repas 40,90€.* Exquise « guesthouse » bien située dans le centre historique. Au rez-de-chaussée, boutique d'huile d'olive et table d'hôte avec suggestions. À l'étage – accessible en babouches ! –, salon marocain et chambres d'une avenante sobriété. Atmosphère méditerranéenne.

LE TEMPS D'UN VERRE

Gambrinus – *Grote Markt 13 – ☎ 016 20 12 38 – 10h-0h.* Brasserie parmi les plus anciennes de Louvain, où règne une ambiance très conviviale. Aux beaux jours, terrasse donnant sur le Grote Markt.

SORTIES

De Wiering – *Wieringstraat 2 – ☎ 016 29 15 45 – 11h-1h30, ven.-sam. jusqu'à 3h.* Ce café-restaurant bordant un petit cours d'eau occupe plusieurs étages d'une belle demeure décorée d'objets insolites. Très fréquenté, il accueille tout aussi curieusement ses clients avec un chant grégorien !

comprendre

Un peu d'histoire

Le premier château fort de Louvain fut conquis par les Normands. Ils en furent chassés par Arnoul de Carinthie. Un nouveau château édifié au 11e s. par Lambert Ier le Barbu, comte de Louvain, est à l'origine du développement de la ville.
Capitale du duché de Brabant, favorisé par sa situation à l'extrémité de la section navigable de la Dyle et sur la route reliant les régions rhénanes à la mer, Louvain devient un important centre drapier.
Au 12e s. est édifié un rempart, dont il subsiste quelques traces, en particulier dans le **parc St-Donat** (St.-Donatuspark), puis, au 13e s., une forteresse s'élève au Nord sur le **mont César** (Cesarsberg). La **Joyeuse Entrée**, charte des libertés du Brabant à laquelle les nouveaux souverains doivent jurer fidélité, est signée à Louvain en 1356. Elle durera jusqu'en 1789. Louvain s'entoure alors d'une 2e enceinte, longue d'environ 7 km. Mais de vives luttes opposent les membres des corporations de drapiers aux patriciens. Une grande émeute éclate en 1378 et aboutit à la prise de

l'hôtel de ville ; les patriciens qui s'y étaient réfugiés sont précipités par les fenêtres. Sa draperie ruinée par la guerre civile, Louvain subit la concurrence de Bruxelles. Cependant, sous la domination bourguignonne, elle se pare de monuments et se dote d'une université.

Au 18e s., Louvain développe ses activités, en particulier la fabrication de la bière. Le sac et l'incendie de Louvain en 1914 détruisent de nombreuses maisons et la bibliothèque de l'université. En 1940, celle-ci est incendiée et la ville bombardée ; en mai 1944, Louvain est touché par les bombes alliées. Rapidement la ville s'est relevée de ses ruines. Suite à la réforme de l'État de 1993, elle devient deux ans plus tard le chef-lieu de la province du Brabant Flamand.

L'Université catholique de Louvain (KUL)

Fondée en 1425 sur l'initiative du pape Martin V et à la demande de Jean IV, duc de Brabant, l'université devient bientôt une des plus prestigieuses institutions d'Europe. En 1517, Érasme crée le **collège des Trois Langues** où l'on enseigne hébreu, latin, grec, et qui servira de modèle au Collège de France à Paris. Résistant aux troubles religieux du 16e s., l'Université de Louvain reste longtemps la championne de l'orthodoxie. Elle héberge d'illustres personnages : l'un de ses recteurs, précepteur de Charles Quint, deviendra le pape Adrien VI (1459-1523). Au 16e s. viennent y enseigner Juste Lipse, Mercator, et au 17e s. **Jansénius** (1585-1638). Après la mort de ce dernier paraît à Louvain, en 1640, l'*Augustinus*, ouvrage qui, condamné en 1642 par le pape, donna naissance au jansénisme. Depuis le violent conflit linguistique de 1968, l'Université catholique de Louvain s'est divisée en deux sections. L'université francophone, ou UCL, s'est alors installée à Louvain-la-Neuve, près de Wavre. À Louvain, la Katholieke Universiteit Leuven, dite **KU Leuven**, accueille actuellement plus de 26 000 étudiants dont environ 2 000 étrangers. À l'ouverture de l'année académique, les professeurs défilent en cortège à travers la ville, revêtus de leur tenue d'apparat.

se promener

Partir de la Grand-Place et prendre la Naamsestraat.

Naamsestraat

Cette longue rue compte de nombreux collèges universitaires.

Universiteitshalle (Halles universitaires) – L'université s'installa en 1432 dans cette halle aux draps du 14e s. Au 17e s., l'édifice fut surélevé d'un étage en style baroque, qui fut rebâti après sa destruction en 1914. Il est actuellement occupé par le centre administratif de l'université.

Tourner à gauche dans la Standonckstraat qui mène à la Hogeschoolplein.

Pauscollege – Les bâtiments en style classique du **collège du Pape** (fondé par le pape Adrien VI) encadrent la cour d'honneur, où l'on peut admirer deux bronzes (1985-1991) d'Olivier Strebelle.

Revenir à la Naamsestraat.

Le Grand Béguinage.

Ch. Bastin et J. Evrard/MICHELIN

LEUVEN

Aarschotsesteenweg . . . . . Y 2
Blijde Inkomststraat . . . . . Z
Bogaardenstraat . . . . Z
Bondgenotenlaan . . . . Z
Boudewijnlaan . . . . Y
Brabançonnestraat . . . . . . Z
Broekstraat . . . . Z 3
Brusselsestraat . . . . Z 4
Burchtstraat . . . . Y
Celestijnenlaan . . . . Y 5
Constantin Meunierstraat . Z 6
De Beriostraat . . . . Z
Den Boschsingel . . . . Y
Diestsepoort . . . . Y 7
Diestsesteenweg . . . . Y 8
Diestsestraat . . . . Z
Diestsevest . . . . Y
Dirk Boutslaan . . . . Z 9
Donkerstraat . . . . Y
Eénmeilaan . . . . Y
E. Ruelensvest . . . . Y
Frederik Lintsstraat . . . . . . Z
Geldenaaksebaan . . . . Y
Goudsbloemstraat . . . . Y 10
Grote Markt . . . . Z 12
Heilige Geeststraat . . . . . . Y 13
Herbert Hooverplein . . . . . Z
Justus Lipsiusstraat . . . . . Z 16
Kapucijnenvoer . . . . Y
Kardinaal Mercierlaan . . . . Y
Karel van Lotharingenstraat Z
Leeuwerikenstraat . . . . Y 18
Lei . . . . Z
Leopoldstraat I . . . . Z
Leopold Vanderkelenstraat. Z 19
Ludenscheidsingel . . . . . . Y
Maarschlak Fochpl . . . . . . Z 20
Margarethaplein . . . . Z 23
Maria-Theresiastraat . . . . . Z 24
Martelarenplein . . . . Y 25
Mechelsestraat . . . . Z
Minckelersstraat . . . . Z
Minderbroedersstraat . . . . Z 27
Monseigneur Ladeuzeplein Z 28
Muntstraat . . . . Z 29
Naamsesteenweg . . . . Y
Naamsestraat . . . . Z
Naamsevest . . . . Y
Oude Markt . . . . Z 30
Pakenstraat . . . . Y
Parijsstraat . . . . Z
Parkstraat . . . . Z
Petermannenstraat . . . . . . Y 31
Redingenstraat . . . . Z 32
Riddersstraat . . . . Z
Rennessingel . . . . Y 33
Rijschoolstraat . . . . Z 34
Schapenstraat . . . . Z
Sint-Maartenstraat . . . . Z
Smoldersplein . . . . Z 36
Tervuursestraat . . . . Y 36
Tervuursevest . . . . Y
Tessenstraat . . . . Y 37
Tiensesteenweg . . . . Y 38
Tiensestraat . . . . Z
Tiensevest . . . . Y
Vaartstraat . . . . Z
Vesaliusstraat . . . . Z
Viadukt . . . . Y
Vismarkt . . . . Z 39
Vital Decosterstraat . . . . . . Z 40
Vlamingenstraat . . . . Z
Vuurkruizenlaan . . . . Y 41
Waversebaan . . . . Y 42
Weldadigheidsstraat . . . . . . Z 43

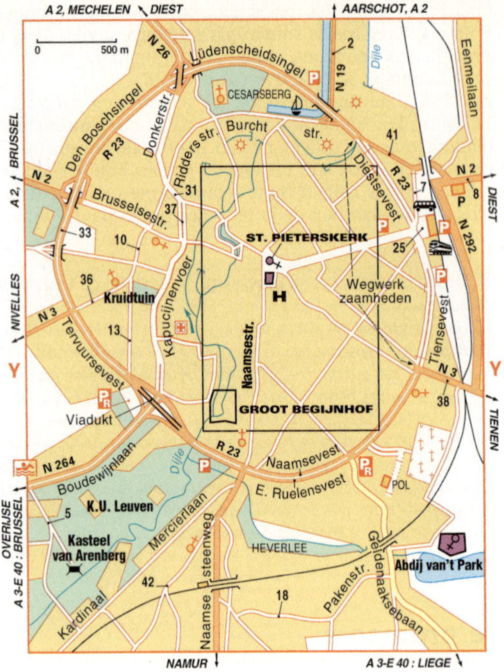

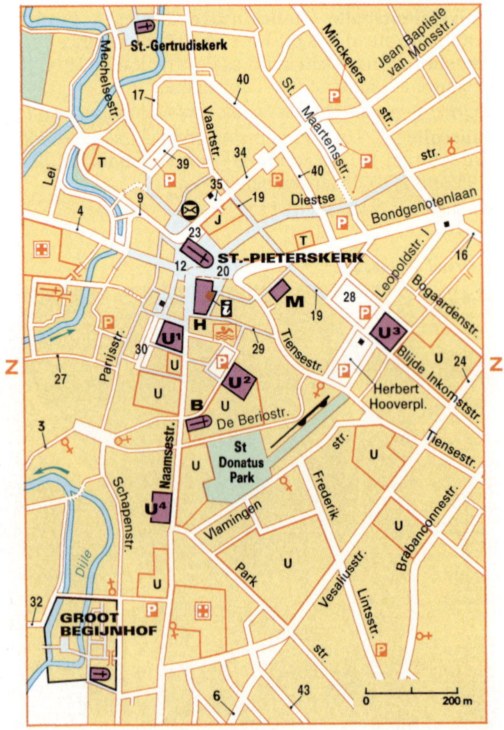

Abdij van 't Park . . . . Y
Groot Begijnhof . . . . Z
K.U. Leuven . . . . Y
Kasteel van Arenberg . . . . Y
Museum Vander Kelen-Mertens . . . . Z M
Pauscollege . . . . Z U2
St Donatus Park . . . . Z
St.-Gertrudiskerk . . . . Z
St.-Michielskerk . . . . Z B
St.-Pieterskerk . . . . Z
Stadhuis . . . . Z H
Universiteitsbibliotheek . . . . Z U3
Universiteitshal . . . . Z U1
Van Dalecollege . . . . Z U4

St.-Michielskerk (Église St-Michel) – Conçue au 17e s. par le père Hésius, la splendide **façade**★ baroque, d'harmonieuses proportions, montre un bel élan vertical.
Continuer sur la Naamsestraat.

Van Dalecollege – Les magnifiques bâtiments de ce collège, fondé en 1569 par Pieter Van Dale, sont de style Renaissance. Ils abritent actuellement les services sociaux de l'université.

S'engager dans le St.-Beggaberg qui mène au béguinage.

Groot Begijnhof★★ (Grand Béguinage)

Fondé vers 1230, ce béguinage comprenait d'abord le quartier se situant près de l'église. Au 17e s., il s'est agrandi pour atteindre l'impressionnante surface d'environ 7 ha. Inscrit depuis 1998 sur la liste du patrimoine mondial de l'Unesco, il s'agit du plus grand béguinage de Belgique. L'université a acheté le complexe en 1962 et l'a restauré en respectant autant que possible l'architecture d'origine. Depuis, les maisons sont habitées par des étudiants et des professeurs. La dernière béguine s'est éteinte en 1988.
Derrière ses vieux murs en briques bombés, c'est un ensemble pittoresque traversé par deux bras de la Dyle. Les maisons s'ouvrent sur de petites portes surmontées d'un arc et parfois, comme dans le quartier espagnol, de petites niches abritant des statues. Certaines demeures sont agrémentées d'un jardin. Si les béguines les plus aisées avaient leur maison à elles – la maison Sint-Pauwel (1634) située Middenstraat 65 en est un exemple – d'autres partageaient un couvent.
L'**église** gothique est sobre : elle ne comporte ni tour, ni transept, ni déambulatoire. Le chevet est éclairé par une belle baie à deux lancettes ; la décoration intérieure date des 17e et 18e s.

visiter

Stadhuis★★★

Avr.-sept. : visite accompagnée (45mn) 11h, 15h, w.-end et j. fériés 15h ; oct.-mars : 15h. Fermé Noël et Nouvel An. 1,20€. ☎ 016 21 15 39.

De style flamboyant, l'hôtel de ville a été construit au milieu du 15e s. sous le duc de Bourgogne Philippe le Bon, par Sulpice de Forest, Jean II Keldermans et Mathieu de Layens. Il faut prendre du recul pour apprécier les lignes verticales de cette châsse de pierre élégamment ciselée avec ses pignons à tourelles et pinacles, ses lucarnes, et près de 300 niches regarnies de statues au 19e s. Les culs-de-lampe des niches sont ornés de petites scènes naïves et pittoresques qui content des épisodes bibliques.
À l'**intérieur**, la salle des pas perdus réunit plusieurs œuvres de Constantin Meunier. Des trois salons en enfilade, les deux derniers sont richement décorés. Dans le salon Louis XVI, on admirera *La Résurrection du Christ* par Otto Venius. Au 1er étage, la grande et la petite salle gothiques présentent des plafonds en chêne dont les clés de voûte évoquent des scènes de l'Ancien et du Nouveau Testament. On remarquera également dans la grande salle les poutres aux consoles sculptées de scènes bibliques (16e s.).

St.-Pieterskerk★

L'église St-Pierre fut bâtie aux 15e et 16e s. dans le style gothique brabançon, à l'emplacement d'une église romane. Sa façade devait comporter au 16e s. trois hautes tours, suivant les plans audacieux de Josse Metsys ; le sol menaçant de s'affaisser, elle resta inachevée.

Intérieur – Il est remarquable pour la pureté du vaisseau gothique aux piliers énormes rejoignant la voûte d'un seul jet, avec un triforium qui se prolonge par de nombreuses fenêtres hautes à lancettes. La chaire du 18e s. est d'un baroque exubérant : au pied d'un rocher, on voit saint Norbert foudroyé. Un **jubé**★ à trois arches légères (fin 15e s.), dominé par un grand Christ en bois, précède le chœur. À l'avant de la nef trône la *Sedes Sapientiae* (1442), la patronne de l'université de Louvain.

Trésor★★ – Véritable musée d'art religieux, il comprend de magnifiques peintures et sculptures. Une remarquable **tête de Christ**★ en bois, dite « de la Croix tordue » date encore de l'époque romane. Une copie réduite de la *Descente de Croix* a été réalisée en 1443 d'après le célèbre triptyque de Van der Weyden, exposé au Prado à Madrid. La **Cène**★★ (1464-1467) de Dirk Bouts est un calme et lumineux chef-d'œuvre d'une admirable simplicité de composition. La profondeur de la perspective, la finesse du dessin s'y allient à la variété de la palette. Le peintre, qui s'est représenté debout à droite sous un bonnet rouge, n'a pas mis l'accent sur la trahison de Judas, mais sur le mystère de l'Eucharistie. Sur les volets du retable, quatre scènes bibliques, aux riches couleurs, préfigurent l'institution de ce sacrement. Du même artiste, le triptyque du *Martyre de saint Érasme* montre les bourreaux enroulant sur un treuil les entrailles du saint impassible. Dans le chœur se dresse un superbe **tabernacle**★, tour de dentelle en pierre d'Avesnes, œuvre de Mathieu de Layens (1450). Les stalles sont sculptées de sujets satiriques (15e s.). La crypte romane du 11e s. servit de sépulture aux comtes de Louvain. *10h-17h. ☎ 016 22 69 06.*

Museum Vander Kelen-Mertens★

Tlj sf lun. 10h (dim. et j. fériés 14h)-17h. 5€. ☎ 016 22 69 06.

Par la porte baroque de l'ancien collège de Savoie, on accède à l'hôtel particulier de la famille Vander Kelen-Mertens, transformé en musée pour abriter de riches collections artistiques. Au 19e s., le bourgmestre Vander Kelen fit aménager quatre salons du rez-de-chaussée dans divers styles néo. Le sous-sol abrite la section archéologie, où l'on remarque de nombreux objets et terres cuites de la préhistoire au Moyen Âge. La section des Beaux-Arts comprend des œuvres provenant de l'atelier d'Albrecht Bouts et des peintres Van der Weyden et Van Cleve. Parmi les sculptures se distingue notamment une *Sedes Sapientiae* du 11e ou 12e s. La collection montre en outre l'importance de la production sculpturale brabançonne aux 15e et 16e s.

Une partie de la cour intérieure a été aménagée en jardin médiéval.

Dirk Bouts

Parmi les primitifs flamands du 15e s., Dirk Bouts occupe une place de choix. Après avoir travaillé à Bruxelles dans l'atelier de Van der Weyden, cet artiste, originaire de Haarlem en Hollande, s'installe en 1450 dans la ville de Louvain dont il devient peintre officiel en 1468. Son chef-d'œuvre, *La Cène*, est exposé à l'église St-Pierre. Dirk Bouts meurt à Louvain en 1475. Ses deux fils, Dirk et surtout **Albrecht**, héritent de son talent pictural.

Bibliothèque universitaire

Construite en 1927 après la destruction de l'ancienne bibliothèque (1914), c'est un énorme édifice de style néogothique couronné d'une tour imitée de la Giralda de Séville. Incendiée en 1940, elle a été restaurée.

St.-Geertruikerk

W.-end 13h30-16h30. ☎ 016 21 15 39 (Office de tourisme).

L'église Ste-Gertrude conserve une belle tour construite au milieu du 15e s. par Jan Van Ruysbroek, architecte de l'hôtel de ville de Bruxelles, et surmontée d'une flèche de pierre ajourée. On peut voir à l'intérieur d'intéressantes **stalles** en bois du 16e s. sculptées de scènes de la Bible.

alentours

Abdij van 't Park (Abbaye du Parc)

À Heverlee. Sortir au Sud par Geldenaaksebaan et tourner à gauche après le pont du chemin de fer. Visite accompagnée dim. à 16h. 3€. ☎ 016 40 63 29.

Au bord de vastes étangs alimentés par le Molenbeek se dressent les bâtiments (16e au 18e s.) de cette abbaye de Prémontrés fondée en 1129 par Godefroid Ier le Barbu. Passé plusieurs porches assez délabrés, puis le moulin à eau et la ferme, on aboutit à la cour de la prélature, gardée par deux lions de pierre.

La visite guidée des bâtiments abbatiaux permet d'admirer les **plafonds★** du réfectoire (1679) et de la bibliothèque (1672), ornés de hauts-reliefs en stuc de Jean-Christian Hansche. L'église romane a été transformée en 1729. L'intérieur baroque est agrémenté de plusieurs toiles de Pieter-Jozef Verhaghen (dans le chœur et la tribune).

Kasteel van Arenberg (Château d'Arenberg)

À Heverlee. Sortir au Sud-Ouest par la Kardinaal Mercierlaan.

Cet immense château du début du 16e s., dont l'imposante façade se dresse à l'extrémité d'une large pelouse, appartient à l'université. Les **facultés de sciences exactes** sont installées dans le domaine environnant (120 ha).

circuit

VALLÉE DE L'IJSE

25 km au Sud-Ouest. Sortir par la N 264 et prendre à gauche la N 253 vers Overijse.

On traverse bientôt une campagne agréable plantée de nombreux peupliers.

Korbeek-Dijle

L'**église de St-Barthélemy** contient un superbe **retable★** de bois sculpté (1522) aux personnages expressifs et aux volets peints, ayant trait au martyre et au culte de saint Étienne. *9h-17h sur demande préalable. 1€.* ☎ *016 47 77 42.*

3 km au départ de Korbeek-Dijle.

't Zoet Water

Ce joli site boisé (en français : les Eaux Douces) où se succèdent cinq étangs est très fréquenté par les touristes *(équitation, pêche, canotage, parc récréatif)*. Het Spaans Dak (le toit espagnol), vestige du manoir du 16e s., transformé en restaurant, se mire dans l'un des étangs.

À **Neerijse**, on pénètre dans la vallée de l'IJse, affluent de la Dyle (Dijle).

Continuer sur la N 253.

J. Decreton/MICHELIN

Serres à raisin.

Huldenberg

Ici apparaissent les premières **serres à raisin**. La culture du raisin en serres chauffées, qui fut inaugurée dans la région vers 1865, est très répandue dans toute la vallée de l'IJse et aux environs de **Duisburg**.

Rejoindre la N 253.

Overijse

C'est la ville natale de **Juste Lipse** (1547-1606), humaniste du 16e s., qui enseigna à Louvain et fut l'ami de Plantin.

Au cœur de la région viticole, Overijse organise tous les ans les fêtes du raisin.

Suivre la N 253.

Hoeilaart

Hoeilaart, bâtie sur des collines dont la moindre parcelle de terre est occupée par une serre, a été surnommée la « cité de verre ». De grandes fêtes des vendanges s'y déroulent le 3e week-end de septembre.

Liège★★

Situé au confluent de la Meuse et de l'Ourthe, dans un bassin entouré de collines, Liège frappe par son animation et par le caractère de ses habitants connus pour leur côté frondeur et chaleureux. Son passé glorieux en a fait une ville d'art riche en églises et musées. Mais Liège, c'est aussi le quartier populaire d'Outremeuse, sur la rive droite de la Meuse, où le souvenir de Tchantchès est encore bien vivant.

La situation

187 538 habitants – Cartes Michelin nos 716 J 4 (agrandissement plis 17 et 18) et 533 S 19 – Schéma voir La Roche-en-Ardenne – Plan d'agglomération dans Le Guide Rouge Benelux – Liège P.

Important port fluvial, Liège bénéficie de la proximité avec les Pays-Bas et l'Allemagne. Située au centre d'un important nœud routier, la ville est desservie par plusieurs autoroutes, notamment l'E 40 de Bruxelles ou d'Aix-la-Chapelle, l'E 25 de Luxembourg, l'A 13 d'Anvers et l'A 15 de Charleroi.

Féronstrée, 92, ☎ 04 221 92 21 ; www.liege.be

Pour poursuivre la visite, voir aussi le chapitre Blégny-Trembleur.

comprendre

On situe la naissance de Liège en 705 à la suite de l'assassinat de saint Lambert, évêque de Tongres et Maastricht, pour qui saint Hubert fit élever une chapelle qui devint rapidement un grand lieu de pèlerinage. En 721, il fut décidé d'en faire un évêché, mais c'est seulement à partir du 10e s. que la ville prit une réelle importance.

La principauté ecclésiastique (10e-18e s.) – À la fin du 10e s., l'évêque Notger fait de ses possessions une principauté dont le territoire relevait du Saint Empire germanique et correspondait aux deux tiers de la Wallonie actuelle. L'histoire de cette dernière ne sera qu'une longue série de luttes : celles des princes pour maintenir leur indépendance, celles des sujets contre leur prince. En 1316, puis en 1343, des privilèges sont obtenus par les Liégeois. Ils leur sont repris en 1408 après un soulèvement des communes de la principauté. Une autre révolte est écrasée par Charles le Téméraire qui fait raser la ville (1468), n'épargnant que les églises ; il est vrai que plus tard, repentant, il offre à Liège le beau reliquaire du trésor de la cathédrale St-Paul.

Au 15e s., le féroce Guillaume de La Marck, nommé « le Sanglier des Ardennes » parce que ses partisans se couvrent de peaux de sangliers, terrorise la principauté et tue de sa main le prince-évêque Louis de Bourbon (1482).

Sous le règne d'Érard de La Marck (1506-1538), la ville retrouve la prospérité. À sa mort, la lutte reprend entre partisans et adversaires du prince-évêque.

Au 18e s., Liège se jette dans le « parti des Lumières » et accueille sans déplaisir la révolution de 1789. La domination des princes-évêques prend fin en 1794 : la ville devient possession française, puis hollandaise jusqu'en 1830.

En août 1914, la résistance héroïque de la citadelle et de la couronne de forts (dont le **fort de Loncin** dont on voit les ruines à 8 km au Nord de Liège) permet la concentration des armées belge et française. En 1944-1945, plus de 1 500 V1 et V2 tombent sur l'agglomération.

Un important centre artistique – Sous Notger commence à se développer l'école mosane. Aux 10e et 11e s., elle s'illustre surtout par les ivoires, puis à partir de la 2e moitié du 11e s., ainsi qu'aux 12e et 13e s., elle produit de véritables chefs-d'œuvre dans les domaines de l'orfèvrerie, dans les émaux et surtout dans la fonte ou la dinanderie.

À la Renaissance, **Lambert Lombard** (1505-1566) se distingue dans la peinture et l'architecture. **Jean Delcour** (1627-1707), formé à l'école romaine et parfois appelé le Bernin liégeois, est le plus fécond des sculpteurs du 17e s. Ses innombrables statues aux draperies mouvementées, parmi lesquelles de gracieuses madones, ornent les églises et les fontaines de la ville.

Du 16e au 18e s., l'architecture est à l'honneur. Le style classique triomphe, mais en conservant ses particularités locales comme l'utilisation de la brique éclairée par des cordons de pierre blanche et les croisées de fenêtre en pierre.

Le 18e s. est la grande époque de l'ébénisterie liégeoise qui s'inspire alors du style rocaille ; la sculpture décorative du meuble est toujours exécutée dans la masse.

La musique brille avec les compositeurs **André-Modeste Grétry** (1741-1813), **César Franck** (1822-1890) et le violoniste **Eugène Ysaïe** (1858-1931).

Le décorateur et ébéniste **Gustave Serrurier-Bovy** (1858-1910) est l'un des principaux représentants de l'Art nouveau belge.

La littérature romanesque s'illustre avec **Georges Simenon**.

Signalons aussi le folklore avec trois théâtres de marionnettes. Le personnage le plus connu est **Tchantchès**, incarnation bon enfant de l'âme liégeoise.

Georges Simenon, « l'enfant d'Outremeuse »

Georges Simenon, polygraphe célèbre, naît le 13 février 1903 au n° 24 de la rue Léopold. Très vite, la famille s'installe rue Pasteur, l'actuelle rue Simenon, dans le quartier d'Outremeuse. À l'âge de 16 ans, Simenon travaille déjà comme reporter à la *Gazette de Liège*. Très jeune, il quitte sa ville natale pour s'établir successivement à Paris, aux États-Unis et en Suisse. Simenon est l'auteur d'un grand nombre de romans psychologiques. De style simple et direct, ses romans évoquent une atmosphère captivante et dépeignent avec minutie les relations humaines toujours complexes. Le Liégeois est également le père du légendaire commissaire Maigret, fumeur de pipe invétéré. Liège joue un rôle particulièrement évocateur dans divers de ses romans, dont *Pedigree, Je me souviens* et *Le Pendu de St-Pholien*. Les Liégeois sont à juste titre fiers de leur écrivain célèbre, qui mourut en 1989 à Lausanne. Une rue, un hôtel et une auberge de jeunesse portent aujourd'hui son nom. Un buste en son honneur orne la place du Congrès et un itinéraire Simenon est disponible à l'Office de tourisme.

L'essor économique – Grâce à l'extraction de la houille, découverte au 12e s., de nombreux forgerons ont exercé leur activité à Liège dès le 14e s. La ville s'est bientôt spécialisée dans l'armurerie. Au 19e s., Liège connaît un prodigieux développement industriel, favorisé par sa situation sur une grande voie navigable et sur un riche bassin houiller. Hauts fourneaux et industries lourdes s'installent sur les bords de la Meuse. On y construit la première locomotive européenne et on y expérimente le procédé Bessemer de fabrication de l'acier. La Fabrique nationale d'armes de Herstal est fondée en 1889.

L'essor industriel est interrompu par les deux guerres mondiales qui touchent durement la ville. Cependant, la création du **canal Albert** (1939) reliant la Meuse à l'Escaut a permis à Liège de devenir le 3e port intérieur d'Europe. Un port pétrolier a été aménagé entre 1951 et 1964. Aujourd'hui, le travail des métaux reste une des activités importantes de la région liégeoise. À citer également les industries chimique et plastique, la verrerie (Val-St-Lambert), les cimenteries et les manufactures de caoutchouc.

carnet pratique

Restauration

• À bon compte

L'Eureye – *Pl. du Marché 9 – ☎ 04 223 28 13 – fermé dim., j. fériés – ⊭ – 16,10/27,80€.* Cette petite adresse voisine du Perron, symbole de la ville, restitue joliment l'âme liégeoise. Salle de restaurant mignonne comme tout : poutres, solives, carreaux de faïence et clichés nostalgiques. Plats traditionnels personnalisés avec sobriété.

Café Lequet – *Quai-sur-Meuse 17 – ☎ 04 222 21 34 – fermé mar. en été – ⊭ – 4,70/17€.* Estimé pour ses incontournables « boulets-frites » à la liégeoise autant que pour son ambiance bon enfant, ce bistrot typique et chaleureux compte parmi les institutions de la Cité ardente. Grande affluence le dimanche en matinée, lorsque la « Batte » (grand marché) bat son plein.

Casa Paco – *R. du Pot d'Or 30 – ☎ 04 221 21 93 – 11h30-2h, ven.-sam. jusqu'à 4h, dim. 16h-0h. – 6,20/29,70€.* Chaleureux bar à tapas surmonté d'un petit restaurant dont la spécialité est la paella. Vieilles poutres, trophée de taureau et jambons suspendus participent au décor de la salle. Bon choix de vins franco-ibériques servis au verre. Un concentré d'Espagne à dénicher en plein Carré.

• Valeur sûre

Enoteca – *R. de la Casquette 5 – ☎ 04 222 24 64 – fermé sam. midi, dim. – 19€ déj. – 32€.* Accueil et service affables, savoureuse cuisine franco-transalpine, lunch à prix plancher et beau choix de vins mûris dans la Botte : quatre bonnes raisons de s'attabler à cette enseigne toute proche du Carré et de l'Opéra. Le chef s'active à vue.

Le Bistrot d'en face – *R. de la Goffe 8 – ☎ 04 223 15 84 – fermé de déb. août à mi-août, lun., sam. midi – 37€.* Bistrot ravissant embusqué dans une ruelle perpendiculaire aux quais, derrière les anciennes halles aux viandes. Répertoire culinaire d'inspiration lyonnaise, orchestré par deux frangins : l'un en salle, l'autre aux fourneaux. Ardoise alléchante.

Max – *Pl. Verte 2 – ☎ 04 222 08 59 – fermé 2 dernières sem. août, sam. midi, dim. – 31€ déj. – 39/69€.* Devant le nouveau centre commercial de l'îlot St-Michel, élégante brasserie dont la cuisine donne toute sa mesure dans les produits de la mer. Décor intérieur signé Luc Genot, banc d'écailler et terrasse chauffée quand le froid sévit.

Hébergement

• À bon compte

L'Embrun – *Port des Yachts – ☎ 04 221 11 20 – www.penichehotel.com – ⊭ – 10 ch. : 38/85€ – ☕ 6,50€.* Cette péniche du port des yachts (pont Albert Ier) abrite un petit hôtel flottant. Huit cabines doubles avec lavabo se partagent quatre salles de bains. Deux autres, dont la capitainerie, ont leurs propres sanitaires. Attention : réserver.

Le Berger – *R. des Urbanistes 10 – ☎ 04 223 00 80 – ⊭ 50/65€ ☕.* Une chaleureuse atmosphère familiale flotte dans ce petit établissement bien tenu et profitant d'une situation très centrale. Accueil gentil, communs agencés dans un style un peu éclectique et chambres avant tout pratiques.

Passerelle – *Chaussée-des-Prés 24 – ☎ 04 341 20 20 – 15 ch. : 55/62€ – ☕ 7€.* Hôtel situé à deux pas de la passerelle reliant le centre-ville aux quartiers de la « République Libre » d'Outremeuse, berceau de Georges Simenon et du personnage folklorique Tchantchès. Chambres sans ampleur, mais bien tenues.

Le Cygne d'Argent – *R. Beeckman 49 – ☎ 04 223 70 01 – cygne@cybernet.be – P – 22 ch. : 60/71€ – ☕ 7€.* Dans une petite rue calme, point de chute assez charmant et très convenable pour poser ses valises à proximité du centre-ville et du jardin botanique. Quelques chambres ont été entièrement rajeunies. Radieuse salle des petits déjeuners.

L'Univers – *R. des Guillemins 116 – ☎ 04 254 55 55 – comfort.inn.liege@skynet.be – P – 47 ch. : 62/75€ ☕.* Étape rassurante pour les utilisateurs du rail craignant de manquer leur train, cet établissement de chaîne surveille la gare des Guillemins et dispose de menues chambres fonctionnelles dotées d'un double vitrage efficace.

Petite pause

Tchantchès et Nanesse – *R. Grande Bêche 35 – ☎ 04 343 39 31 – lun.-sam. à partir de 17h.* Taverne typiquement liégeoise située au cœur du quartier d'Outremeuse où vécut Simenon. Aménagée dans une belle maison du 17e s. décorée de marionnettes centenaires parmi lesquelles on reconnaît Tchantchès et Nanesse, elle propose bières, « pékets » et petite restauration (les fameux boulets à la liégeoise). Piano-bar – et parfois musique tzigane – le vendredi.

Terrasses boulevard de la Sauvenière.

Mahaux Photography/Office de tourisme Liège

Le temps d'un verre

La Maison du Péket – *R. de l'Épée 4 – ☎ 04 223 66 55 – 10h-2h, ven.-sam. jusqu'à 5h.* Traduisez « La Maison du Genièvre ». Ici, le breuvage favori des liégeois s'apprécie évidemment nature, mais aussi aromatisé avec toutes sortes de fruits ou d'épices, et même flambé. Salles rustiques où subsistent un vieux puits et une jolie cheminée. L'hôtel de ville est tout proche.

Sorties

En Roture – *R. Roture.* Digne rivale du Carré sur le plan festif, cette vieille ruelle roturière est un peu le « ventre » de la République libre d'Outremeuse (rive droite). Son enfilade de jolies façades abrite une ribambelle de petits restaurants et quelques bars musicaux. Une double grille en garde l'accès à hauteur du nº 44 de la commerçante rue Puits-en-Soc.

Chez Bouldou – *R. Tête de Bœuf 15 – ☎ 04 221 31 22 – 11h-2h, ven. jusqu'à 4h, sam. 19h-4h, dim. 20h-2h.* L'un des plus chouettes bars du Carré, toujours bondé en soirée durant le week-end. Clientèle assez branchée, décor intérieur volontairement désuet et bonne ambiance. Concert le dimanche à partir de 22h, « Apéro Concert » à 19h le premier jeudi du mois et soirée animée par Bouldou en personne – musicien et DJ à ses heures – chaque mercredi dès 21h30.

Achats

Les grands magasins sont implantés autour de la place St-Lambert. La première partie de Féronstrée est étoffée de boutiques de prêt-à-porter. Le quartier commerçant par excellence se trouve dans les rues en majorité piétonnes du **Carré** et de l'**Île**. C'est dans cette zone réservée aux piétons qu'est situé le passage Lemonnier, vieux de plus de 150 ans.

Marchés – Le dimanche matin, tout Liégeois se doit d'aller au **marché de la Batte**, aux quais de Maastricht et de la Batte où se vendent vêtements, brocante, volaille, fruits et légumes, etc. La **brocante St-Pholien** se tient le vendredi matin sur la place Jehan-le-Bel.

Spécialités liégeoises – Lors d'un passage à Liège, l'on dégustera le péket (genièvre), servi de préférence dans un « plat cou », petit verre sans pied. Pour préparer une délicieuse **salade liégeoise**, il vous faut des haricots verts, des pommes de terre, du lard, un oignon, un peu de persil et du vinaigre de vin. Parmi les autres plats traditionnels figurent les **boulets-frites**, servis avec de la sauce au sirop, le **Matoufèt**, une sorte de crêpe au lard, et le **Rodge tripe**, du boudin noir avec des rondelles de pomme. Les **rognons à la liégeoise** sont préparés au péket et aux baies de genièvre.

Office des produits wallons Asal – *Pl. des Carmes 8 – ☎ 04 223 19 60 – lun.-ven. 9h30-12h30 et 14h30-17h.* Cette petite boutique entièrement vouée aux produits wallons (sirop de Liège, fromage de Herve, péket, cidre doux, bières régionales, etc.) se situe juste en dessous de la bibliothèque des Chiroux, à l'entrée d'une mini-galerie proche du pont Kennedy.

Galler – *R. du Pot d'Or 2 – ☎ 04 221 30 50 – galler.liege@skynet.be – 10h-18h ; ven.-sam. 10h-18h30.* Élève de Lenôtre et enfant terrible du chocolat liégeois, Galler tient boutique dans la rue piétonne du Pot d'Or, derrière une façade couleur crème. L'entreprise familiale, établie à Vaux-sous-Chèvremont (périphérie liégeoise), s'est hissée au rang de fournisseur de la cour royale. Goûtez donc les Langues de Chat dessinées par l'humoriste Philippe Geluck.

Cristalleries du Val St-Lambert – *R. du Val – 4100 Seraing – ☎ 04 337 09 60 – www.val-saint-lambert.com – 9h-12h, 13h-17h – visite 9h30, 11h, 13h, 14h30, 15h30 – adultes 6€.* Pour tout savoir sur la tradition du cristal « made in Belgium », un produit de luxe s'exportant dans le monde entier.
La saga débuta en 1825 par la première mise à feu d'un four sur le site de l'abbaye du Val Saint-Lambert. Parcours pédagogique, atelier de démonstration, salle d'expo-vente et boutique d'articles de second choix. On peut faire personnaliser ses achats.

EXCURSION

Promenade en bateau – *Juil.-août. Embarquement à la Passerelle. Pour tout renseignement, s'adresser au Domaine touristique de Blegny ☎ 04 387 43 33.* Des croisières d'une journée sont organisées vers Maastricht en Hollande *(ven.)* et Huy *(mer.)*.

La Meuse.

Mahaux Photography/Office de tourisme Liège

se promener

Partir de la place St-Lambert.

LA VIEILLE VILLE**

La vaste **place St-Lambert** est le berceau historique de Liège. Ici s'élevait autrefois la cathédrale St-Lambert, démolie lors de la Révolution française. Les travaux effectués sur la place ont permis de mettre au jour des vestiges de ce bâtiment, datant de l'époque de Notger.

Palais des Princes-Évêques*

Édifié vers l'an mille par l'évêque Notger, il a été entièrement rebâti sur l'ordre du prince-évêque Érard de La Marck à partir de 1526. La façade principale a été refaite après son incendie en 1734, l'aile gauche date du 19e s.

Actuellement, le bâtiment est occupé par les services provinciaux et le palais de Justice.

La **grande cour**** est entourée de galeries aux arcades surhaussées et de 60 colonnes galbées, à la fois massives et élégantes, surmontées de chapiteaux richement ornés. La variété de la décoration des colonnes est extraordinaire. La **petite cour**, que l'on peut voir par la fenêtre d'un couloir, paraît plus intime.

S'engager dans la rue de Bex pour gagner la place du Marché.

Détail de la façade du Palais des Princes-Évêques.

Ch. Bastin – J. Evrard/MICHELIN

Aquarium	FZ	D
Cathédrale Saint-Paul	EZ	
Citadelle	DW	
Ilot Saint-Georges	FY	M4
Le perron	EY	A
Maison de la Metallurgie	DX	M8
Musée Curtius et musée du Verre	FY	M1
Musée Tchantchès	FZ	M9
Musée d'Ansembourg	FY	M2
Musée d'Armes	FY	M3
Musée d'Art moderne et d'Art contemporain	DX	M7
Musée d'Art religieux et d'Art mosan	FY	M5
Musée de la Vie wallonne	EY	
Musée des Transports en commun du Pays de Liege	DX	M10

Place du Marché

Sur cette place agréable, bordée de nombreux cafés et restaurants, se dressent la **fontaine de la Tradition** (1719) et le très bel **hôtel de ville** du 18e s., aussi appelé *La Violette*, qui dissimule une jolie façade arrière. Le principal monument de la place est toutefois **le Perron**★, juché sur une fontaine monumentale. *Les Trois Grâces* de Jean Delcour, perchées au sommet d'une colonne, sont surmontées

Académie (R. de l') . . . . . . EY 4
Adolphe-Maréchal (R.) . . . FY 7
Albert-1er (Pont) CX
Amercœur (Pont d') . . . . DW 9
Amercœur (R. d') . . . . . . DW 10
Arches (Pont des) . . . . . . FY
Ardennes (Quai des) . . . . DX
Avroy (Bd d') . . . . EZ
Basse Wez (R.) . . . . DX
Batte (Quai de la) . . . . FY
Beneden (Quai van) . . . . . FZ
Blonden (Av.) CX
Bois-l'Evêque (R.) . . . . . . CX 15
Bonaparte (Quai) . . . . . . DW 16
Bonnes Villes (R. des) . . . DW 18
Boverie (Quai de la) . . . . . DX 21
Bressoux (Pont de) . . . . . DW 22
Campine (R. de) . . . . CW
Casquette (R. de la) . . . . EYZ 28
Cathédrale (R. de la) . . . . . EZ
Charles-Magnette (R.) . . . EZ 31
Churchill (Quai) . . . . FZ 33
Clarisses (R. des) . . . . EZ 34
Congrès (Pl. du) . . . . DW
Constitution (Bd de la) . . . FY
Croisiers (R. des) . . . . EZ 39
Dartois (R.) . . . . CX 40
Delcour (Pl.) . . . . FZ
Déportés (Pl. des) . . . . . . FY 42
Dérivation (Quai de la) . . DW 43
Destenay (Av.) . . . . EZ
Emile-de-Laveleye (Bd.) . . DX 49
En Féronstrée . . . . FY
En Hors Château . . . . FY
Est (Bd de l') . . . . FYZ 51
Fabry (R.) CX
Fer (R. du) . . . . DX 54
Fétinne (Pont de) . . . . . . DX 57
Fétinne (R. de) . . . . DX
Fontainebleau (Carrefour) CW
Fragnée (Pont de) . . . . . . DX
Fragnée (R. de) CX
Frankignoul (Bd) . . . . DX
Frère-Orban (Bd) CX
Gaulle (Quai de) . . . . FYZ
Gérardrie (R.) . . . . EY 63
Glacis (R. des) . . . . DW
Goffe (Quai de la) . . . . . . FY 64
Grétry (R.) . . . . DX
Guillemins (R. des) . . . . . CX 66
Harscamp (R. d') . . . . DX
Hauteurs (Bd des) . . . . . CW 69
Hoegaerden (Quai van) . . EFZ 73
J. F.-Kennedy (Pont) . . . . . EFZ
Jean-d'Outremeuse (R.) . . FZ
Jehan-le-Bel (Pl.) . . . . FY
Joffre (R.) . . . . EY 75
Joie (R. de) CX
Kleyer (Bd G.) CX
Lairesse (R.) . . . . DX 84
Léon-Philippet (Bd) . . . . . CW 87
Léopold (R.) . . . . EFY
Liberté (R. de la) . . . . FZ 88
Longdoz (Pont de) . . . . . . FZ 90
Longdoz (Quai de) . . . . . . FZ 91
Louis-Fraigneux (R.) . . . . CW
Louis-Jamme (R.) . . . . FZ
Louvrex (R.) . . . . CWX
Maastricht (Quai de) . . . . FY 93
Maghin (R.) . . . . DW 94
Marcellis (Quai) . . . . DX
Marché (Pl. du) . . . . EY 96
Mativa (Quai) . . . . DX
Méan (R.) . . . . FZ
Meuse (Quai sur) . . . . . . FYZ
Mont Saint-Martin . . . . . . EY
Montagne-de-Bueren . . . . FY
Montagne Ste-Walburge . CW
Mozart (Quai) . . . . DX
Nations Unies (Pl. des) . . DX
Notger (Square) . . . . EY 107
Observatoire (Av. de l') . . . CX
Orban (Quai) . . . . DX 108
Orban ou de Huy (Pont d') . . . . DX 109
Ourthe (Quai de l') . . . . . . FZ 112
Palais (R. du) . . . . EY 114
Parc (R. du) . . . . DX 115
Piercot (Bd) . . . . CWX
Pierreuse (R.) . . . . CW
Pitteurs (R. des) . . . . FZ 120
Plan Incliné (R. du) CX
Pont (R. du) . . . . FY
Pont d'Avroy (R.) . . . . EZ 121
Pont d'Ile . . . . EY 123
Pot d'Or (R. du) . . . . EZ
Prémontrés (R. des) . . . . . EZ 124
Puits en Soc (R.) . . . . FZ 126
Ransonnet (R.) . . . . FY 127
Raymond-Poincaré (Bd) . . DX
Régence (R. de la) . . . . . EYZ 129
Rép. Française (Pl.) . . . . . EY 130
Rogier (Av.) . . . . EZ
Rome (Quai de) . . . . DX
Roosevelt (Quai) . . . . FZ
Saint-Gilles (R.) . . . . EZ
Saint-Hubert (R.) . . . . EY 136
Saint-Lambert (Pl.) . . . . . . EY 138
Saint-Laurent (R.) . . . . . . CW
Saint-Léonard (Pont) . . . . . FY
Saint-Léonard (Quai) . . . . . FY 139
Saint-Léonard (R.) . . . . . . DW 141
Saint-Pholien (R. et Pl.) . . . FY 142
Sainte-Barbe (Quai) . . . . . FY
Saucy (Bd) . . . . FZ
Sauvenière (Bd de la) . . . . EZ
Sclessin (R. de) CX
Serbie (R. de) . . . . CX 148
Surlet (R.) . . . . FZ
Tanneurs (Quai des) . . . . . FY
Trappé (R.) . . . . CW 156
Université (R. de l') . . . . . EZ 157
Ursulines (Imp. des) . . . . . FY 159
Varin (R.) CX
Vennes (Pont des) . . . . . . DX 162
Vennes (R. des) . . . . DX
Victor-Hugo (Av.) . . . . CW 163
Vinâve d'Ile (R.) . . . . EZ
Wazon (R.) . . . . CW
Xhovémont (R.) . . . . CW
Yser (Pl. de l') . . . . FZ
20-Août (Pl. du) . . . . EZ 169

Palais des Congrès . . . . DX
Palais des Princes-Évêques . . . . EY
Parc de Cointe CX
Parc de la Boverie . . . . DX
Saint-Barthélémy . . . . FY
Saint-Denis . . . . EY
Saint-Jacques . . . . EZ
Saint-Jean . . . . EY
Sainte-Croix . . . . EY
Tour cybernétique . . . . DX B

d'une pomme de pin et d'une croix. Le monument, le plus célèbre de ce type en Belgique, a été érigé en 1677 à l'emplacement de l'ancien perron, détruit par une tempête. D'abord emblème de la juridiction épiscopale, le perron devint le symbole des libertés communales. C'est à ce titre qu'il fut enlevé en 1468 par Charles le Téméraire pour être transféré à Bruges. Il ne fut restitué qu'en 1478. *Prendre à gauche la rue des Mineurs, puis à droite la rue Hors-Château.*

Ch. Bastin et J. Evrard/MICHELIN

Hors-Château.

Impasse des Ursulines
Elle doit son nom à la communauté religieuse qui occupait l'**ancien béguinage du St-Esprit** dont on peut admirer les belles façades à colombages. À côté, un ancien relais de poste, transféré ici, renferme le studio reconstitué du violoniste Eugène Ysaïe.

Rejoindre la rue Hors-Château.

Hors-Château
Cette rue du 11e s. doit son nom au fait qu'elle se trouvait en dehors de l'enceinte fortifiée. Elle renferme encore quelques **impasses** étroites. Par un petit porche flanqué de deux colonnes corinthiennes modernes aux n°s 114-116, on accède à la **cour St-Antoine**, joliment restaurée par l'architecte **Charles Vandenhove** à la fin des années 1970. Le monument en pierre bleue est d'Anne et Patrick Poirier.

Église St-Barthélemy
Visite de la cathédrale 8h-12h, 14h-17h. Visite du trésor tlj sf lun. 14h-17h. 4€. ☎ 04 232 61 32 ; www.ulg.ac.be/trecatlg
Cette église romane en grès ferrugineux est précédée d'un avant-corps massif surmonté de deux tours, très caractéristique du style rhénan-mosan du 12e s.
L'intérieur abrite une remarquable **cuve baptismale★★★** en laiton, attribuée au dinandier Renier de Huy. *10h-12h, 14h-17h.* ☎ *04 223 49 98.*

En sortant de l'église, s'engager dans la rue En Féronstrée.

Les fonts baptismaux de l'église St-Barthélémy, un joyau de l'art mosan ?
Cette cuve baptismale fut réalisée entre 1107 et 1118 pour l'église Notre-Dame-aux-Fonts. Reposant à l'origine sur 12 bœufs (il n'en reste que 10), symboles des apôtres, la cuve présente 5 scènes dont la principale est le baptême de Jésus dans le Jourdain ; autour, on reconnaît la prédication de saint Jean Baptiste, le baptême des Catéchumènes, le baptême du centurion Corneille et celui du philosophe Craton. Sur le fond lisse se détachent les personnages en haut-relief. Avec leurs formes stylisées, leur attitude d'une grande souplesse, ils atteignent une perfection plastique qui évoque l'art antique. Seul le couvercle, orné de représentations des apôtres et des prophètes, a malheureusement disparu.
Depuis quelque temps, les avis divergent sur l'origine et l'auteur des fonts baptismaux. Certains prétendent qu'il s'agirait de Renier de Huy. D'autres attribuent la cuve à Lambert Patras, un batteur de Dinant. Certains spécialistes doutent même de l'origine mosane de la pièce et pensent qu'elle serait l'œuvre d'artistes byzantins. Quoi qu'il en soit, personne n'a pu à ce jour élucider cette épineuse question.

En Féronstrée
Cette rue commerçante très fréquentée tient son nom des « férons » ou forgerons qui travaillaient ici au Moyen Âge.

Îlot St-Georges
Cet ensemble abrite le **musée de l'Art wallon** présenté dans un bâtiment moderne *(voir dans « visiter »).*

Revenir à la place St-Lambert. Prendre à gauche la rue Gérardrie, puis la rue St-Étienne qui mène à la place St-Denis.

Église St-Denis
Au cœur d'un quartier commerçant, cette église, fondée par l'évêque Notger au 10e s. et modifiée à plusieurs reprises par la suite, conserve la base d'un important avant-corps du 12e s.
À l'intérieur, réaménagé au 18e s., se trouve dans le bras droit du transept un **retable★** en bois de style brabançon du début du 16e s., illustrant la Passion du Christ avec une multitude de personnages ; à la prédelle, un peu plus tardive, est représentée la vie de saint Denis.

Prendre la rue de la Cathédrale pour gagner la place Vinâve d'Ile.

Vinâve d'Ile

Sur cette place située au cœur du quartier commerçant réservé aux piétons se dresse, au-dessus d'une fontaine, une *Vierge à l'Enfant* de Delcour.

Le Carré

C'est ici que les étudiants du campus du Sart Tilman se retrouvent le soir dans les nombreux cafés, bars et petits restaurants (entre les rues du Pot-d'Or, St-Adalbert et le boulevard de la Sauvenière).

Gagner la place de la Cathédrale.

Cathédrale St-Paul

8h-12h, 14h-17h.

Cet édifice gothique possède trois nefs élancées et un triforium. Les superbes rinceaux dans la nef et le transept datent du 16e s. ; les collatéraux et les chapelles n'ont été décorés qu'au siècle dernier. L'église comporte quelques belles œuvres d'art dont une Sedes Sapientiae (fin 12e s.-début 13e s.), une magnifique chaire de vérité du milieu du 19e s., de Guillaume Geefs, comprenant un Lucifer diabolique, et un émouvant *Christ au tombeau* italianisant de Jean Delcour.

Trésor★★ – *Accès par le cloître.* Ce nouveau complexe sur plusieurs étages contient le majestueux **buste-reliquaire de saint Lambert** (avant 1512), réalisé en vermeil. Haut de 1,59 m, il surmonte un socle très ouvragé illustrant des scènes de la vie du saint. Tous les 50 ans, le reliquaire est ouvert afin de vérifier si le crâne du saint est toujours intact. Le **reliquaire de Charles le Téméraire★★**, en or rehaussé d'émaux et de vermeil, a été offert par le duc en 1471 et le représente près de saint Georges dont, détail frappant, le visage est identique au sien. Deux ivoires du 11e s., l'un byzantin, l'autre mosan, sont également à remarquer. *Tlj sf lun. 14h-17h. 4€. ☎ 04 232 61 32 ; www.ulg.ac.be/trecatlg*

Place St-Paul, prendre la rue St-Remy. Traverser la rue Destenay pour gagner la place St-Jacques.

Église St-Jacques★★

8h-12h, dim. 10h-12h (de mi-avr. à mi-juin 14h-18h). ☎ 04 222 14 41.

Cette église de style gothique flamboyant conserve à l'Ouest un narthex roman, vestige de l'abbatiale bénédictine fondée au 11e s. Sur le porche Nord a été plaquée une intéressante façade Renaissance (1558) attribuée à Lambert Lombard. Sous le porche, un bas-relief de 1380 représente le Couronnement de la Vierge.

À l'**intérieur**, on est frappé par la somptueuse décoration architecturale. Les **voûtes de la nef★★** aux multiples nervures forment des compartiments prismatiques au milieu desquels sont peints des portraits en médaillons. À chaque croisement des nervures se trouve une clé de voûte sculptée. Le long des colonnes sont fixées de grandes statues en tilleul peint, pour la plupart œuvres de Delcour. Le chœur a reçu une décoration de style ogival flamboyant d'une richesse extraordinaire et s'orne de vitraux du 16e s. offerts par les grandes familles de la ville.

Dans la chapelle à gauche du chœur se trouve un retable comprenant une Pietà du 15e s. Au bas de la nef, un superbe buffet d'orgues (17e s.) repose sur une tribune.

Revenir à la rue Destenay. Prendre à droite l'avenue Rogier, puis s'engager dans la rue du Pont d'Avroy. Tourner à gauche dans la rue d'Amay. Prendre la rue St-Jean-en-Île et traverser la rue de la Casquette. Par la rue du Diamant, on gagne la place Xavier Neujean.

Voûte de l'église St-Jacques.

Ch. Bastin – J. Evrard/MICHELIN

Liège vu d'en haut

Pour avoir une idée du site de la ville s'étalant le long de la Meuse, on peut accéder à la **Citadelle** par les 373 marches de la **montagne de Bueren**. Le visiteur moins pressé empruntera le très pit-toresque **sentier des Coteaux**, au fond de l'impasse des Ursulines. Mais il est aussi possible de monter à la Citadelle en voiture. De la table d'orientation près de l'enclos des Fusillés, **vue★★** imprenable sur Liège. Depuis la table d'orientation au **parc de Cointe**, on découvre une **vue★** très générale de la ville.

Panorama de Liège.

Église St-Jean

De mi-juin à mi-sept. et pdt vac. de Pâques : visite sur demande préalable 10h-12h, 14h-17h. S'adresser à Madame Gérard (jeu. 13h-16h), ☎ 04 223 70 42.

Cette église, dont la forme – octogone surmonté d'une coupole – est inspirée de la cathédrale d'Aix-la-Chapelle, a été édifiée par le prince-évêque Notger à la fin du 10e s. Son avant-corps fut surélevé vers l'an 1200 et la nef reconstruite au 18e s. À l'intérieur, la rotonde et le chœur ont été décorés dans le style néoclassique à la fin du 18e s.

Une sacristie abrite un calvaire avec de belles **statues★** en bois de la Vierge et de saint Jean, du 13e s. Dans une chapelle latérale, on admirera une magnifique Vierge à l'Enfant ou **Sedes Sapientiae★** sculptée dans le bois vers 1220, remarquable par la représentation des draperies fluides et la féminité du visage.

Le cloître a été ajouré au 16e s., puis a subi des modifications au 18e s. Sa galerie Sud conserve du 16e s. une belle voûte dont les nervures et les liernes dessinent d'élégantes rosaces.

Par le boulevard de la Sauvenière et la place de l'Opéra, s'engager dans la rue Haute-Sauvenière.

Église Ste-Croix

8h-18h. Pour la visite du trésor, s'adresser à la sacristie, cloître Ste-Croix, no 9.

Précédée d'un avant-corps de style roman, cette église des 13e et 14e s. est de type halle avec trois nefs d'égale hauteur. Elle présente la particularité de posséder deux chœurs opposés, celui qui est situé à l'Ouest servant actuellement de baptistère. Le **trésor** renferme de précieux ornements liturgiques et des pièces d'orfèvrerie, en particulier la clef symbolique en bronze offerte à saint Hubert par le pape Grégoire II en 722, et un triptyque-reliquaire en laiton doré repoussé (12e s.) attribué à Godefroy de Huy.

visiter

LES MUSÉES DU CENTRE HISTORIQUE

Musée de la Vie wallonne★★

Tlj sf lun. 10h-17h (dim. et j. fériés 16h). Fermé 1er janv., 1er mai, 1er nov., 25 déc. 2€. ☎ 04 237 90 40.

Voué à l'ethnographie, aux arts populaires et au folklore du pays wallon, ce musée est installé dans un ancien couvent des frères mineurs, magnifique ensemble de style Renaissance mosane du 17e s. où se marient avec élégance la brique et la pierre calcaire. Les modes de vie d'autrefois sont évoqués par la reconstitution d'intérieurs, d'ateliers (sabotier, cirier, vannier), et par l'illustration d'arts régionaux ou de croyances populaires.

Dans la salle consacrée aux croyances populaires et à la magie, remarquer les « chênes à clous » où les malades venaient clouer leurs pansements pour se débarrasser de leurs maux.

Au 2e étage sont exposées une exceptionnelle collection de cadrans solaires du poète anversois Max Elskamp et une splendide série de marionnettes liégeoises.

Le musée abrite un **théâtre de marionnettes** et possède une salle de dialectes.

Musée d'Art religieux et d'Art mosan★

Tlj sf lun. 11h-18h (dim. 16h). Fermé 1er janv., 1er et 8 mai, 1er, 2, 11 et 15 nov., 24, 25, 26 et 31 déc. 2,50€. ☎ 04 221 42 25.

Les collections de ce musée montrent l'évolution de l'art religieux dans le diocèse de Liège depuis le Haut Moyen Âge et comptent quelques chefs-d'œuvre. À l'étage supérieur, on remarque une maquette de l'ancienne cathédrale St-Lambert qui se dressait jadis sur la place du même nom. L'art roman mosan est représenté par de nombreuses sculptures et orfèvreries : la **Vierge d'Évegnée**, statue très primitive (fin 11e s.), le **Christ de Rausa**, sculpture en bois du 13e s., qui montre la transition entre le roman (effigie assise) et le gothique (douceur des traits). Parmi les tableaux gothiques, on remarquera la « **Vierge au papillon** », rare peinture de l'école mosane du 15e s., et la ravissante « **Vierge à la donatrice et sainte Marie-Madeleine** » (1475) attribuée au maître de Sainte-Gudule. La **Vierge de Berselius** en bois, exécutée en 1530 par l'artiste souabe Daniel Mauch, montre un Enfant Jésus remuant et des angelots surgissant des jupes d'une ravissante madone.

Musée Curtius et musée du Verre★ (Musées d'Archéologie et d'Arts décoratifs)

Fermé pour cause de travaux. ☎ 04 221 94 16.

De style Renaissance mosane, cette haute maison patricienne du début du 17e s., construite pour Jean Curtius, riche munitionnaire des armées espagnoles, abrite de précieuses collections. Trois remarquables œuvres mosanes sont à signaler : l'**Évangéliaire de Notger**★★★, ivoire des environs de l'an mille, orné d'émaux champlevés de la fin du 12e s. et de plaques de cuivre ajoutées postérieurement ; la **Vierge de Dom Rupert**, sculpture en grès houiller du 12e s., d'allure encore byzantine ; le **Mystère d'Apollon**, tympan en pierre sculpté du 12e s.

Au fond de la cour, le **musée du Verre** montre une importante **collection d'objets de verre**★, des origines à nos jours. Remarquer le bel ensemble de vases Art nouveau et Art déco de Gallé, Lalique, Daum et Val-St-Lambert, ainsi que des meubles du célèbre décorateur et ébéniste liégeois Serrurier-Bovy.

Musée d'Armes★

Fermé pour cause de travaux. ☎ 04 221 92 21 (Office de tourisme).

Aménagé dans un bel hôtel du 18e s., où siégea, de 1800 à 1814, la préfecture du département de l'Ourthe, et qui hébergea Napoléon en 1803 et en 1811, ce musée présente d'une façon attrayante une des plus riches collections d'armes portatives, principalement des armes à feu du Moyen Âge à nos jours, ainsi qu'une importante collection de médailles napoléoniennes et de décorations.

Musée d'Ansembourg★ (Musées d'Archéologie et d'Arts décoratifs)

Tlj sf lun. 13h-18h. Fermé 1er janv., 1er et 8 mai, 1er, 2, 11 et 15 nov., et 24, 25, 26 et 31 déc. 2,50€. ☎ 04 221 94 02.

Tout contribue à donner à l'intérieur de ce bel hôtel du 18e s., édifié à la demande du commerçant et banquier Michel Willems une atmosphère raffinée : plafonds ornés de stucs, murs tendus de cuirs de Malines, de tapisseries d'Audenarde, meubles caractéristiques de l'ébénisterie liégeoise, cuisine décorée de carreaux de Delft.

Musée de l'Art wallon

Tlj sf lun. 13h-18h, dim. 11h-16h30. Fermé 1er janv., 1er et 8 mai, 1er, 2, 11 et 15 nov., 24, 25, 26 et 31 déc. 2,50€. ☎ 04 221 92 31.

Ce musée est consacré aux œuvres de peintres et sculpteurs bruxellois et wallons ayant participé aux grands mouvements artistiques européens du 16e s. à nos jours. La visite commence au 4e étage et s'effectue de façon chronologique. On découvre notamment des œuvres d'Henri Blès dit Civetta, de Lambert Lombard, Jean Delcour, Léonard Defrance, Antoine Wiertz, Félicien Rops, Henri Evenepoel, Constantin Meunier et, pour le 20e s., Anto Carte, Pierre Paulus, Léon Navez, Auguste Mambour, Pol Bury, Jo Delahaut, René Magritte et Paul Delvaux. Salle d'expositions temporaires.

LA RIVE DROITE

Parc de la Boverie

À l'extrémité Sud de l'île, arrosée par la Meuse d'un côté et par le canal de la Dérivation de l'autre, se trouve le parc de la Boverie.

Le **palais des congrès**, dont la longue façade se reflète dans les eaux du fleuve, voisine avec une **tour cybernétique** de 52 m de haut conçue par Nicolas Schöffer, où un jeu de pales mobiles matérialisent les changements atmosphériques.

Musée d'Art moderne et d'Art contemporain★

♿ *Tlj sf lun. 13h-18h, dim. 11h-16h30. Fermé 1er janv., 1er et 8 mai, 1er, 2, 11 et 15 nov., 24, 25, 26 et 31 déc. 2,50€. ☎ 04 343 04 03.*

Installé dans un bâtiment de style Louis XVI (1905), le musée possède un ensemble remarquable de peintures et de sculptures de la fin du 19e s. à nos jours. Parmi les œuvres de l'école française, remarquez *Le Sorcier d'Hiva-Oa* de Gauguin et la célèbre *Famille Soler*, caractéristique de la période bleue de Picasso.

La peinture belge est bien représentée avec Van Rysselberghe, Claus, Ensor, Wouters, Khnopff, Evenepoel et les expressionnistes flamands. Le musée expose également des œuvres d'artistes contemporains : Magnelli, Arp, Ubac.
Le sous-sol renferme un **cabinet des estampes**. Expositions temporaires.

MAMAC, Liège
Le Sorcier d'Hiva-Oa, *Gauguin*.

Maison de la Métallurgie

De mi-mars à fin oct. : 9h-17h, w.-end 14h-18h. Fermé j. fériés. 4,96€. ☎ 04 342 65 63.
Dans de vastes ateliers du 19e s. ont été installés une forge wallonne avec un haut fourneau à charbon de bois du 17e s. et deux énormes « makas » (marteaux hydrauliques) du 18e s. La production traditionnelle des « férons » liégeois est exposée ici : plaques ou « taques » de cheminées, chenets.
Une autre salle présente l'histoire des énergies grâce à une riche collection de machines, maquettes et moteurs.

Aquarium

♿ *Vac. de Pâques et juil.-août : 9h (w.-end 10h30)-18h ; sept.-juin : 9h-17h. Fermé 1er janv., 24, 25 et 31 déc. 5€. ☎ 04 366 50 21.*
L'institut de zoologie de l'université possède un bel aquarium. Dans les bassins, situés au sous-sol du bâtiment, on admire des poissons provenant du monde entier ainsi que l'univers surprenant des requins et récifs coralliens.
Au 1er étage, une intéressante collection de madrépores a été rapportée d'une expédition à la Grande Barrière de Corail d'Australie.

Djus-d'la-Moûse

On visitera de préférence le quartier populaire d'Outremeuse (Djus-d'la-Moûse ou au-delà de la Meuse) à l'occasion des Fêtes folles du 15 août. C'est dans Outremeuse, proclamée République libre d'Outremeuse par ses habitants en 1927, qu'André Grétry et Georges Simenon ont passé leur jeunesse. Mais Djus-d'la-Moûse est surtout le quartier de **Tchantchès**, qui a son monument sur la place de l'Yser, à l'extrémité de la rue Surlet. Dans les rues avoisinantes, on remarque plusieurs niches ou potales, abritant des saints ou des madones. Digne rivale du Carré sur le plan festif, la **rue En Roture** est un peu le « ventre » d'Outremeuse. Son enfilade de façades mignonnes abrite une ribambelle de petits restaurants, quelques bars musicaux et lieux de culture alternative. Une double grille en garde l'accès, du côté de la commerçante rue Puits-en-Soc, à hauteur du no 44.

Musée Tchantchès

♿ *Mar.-jeu. 14h-16h. Fermé 1er janv., lun. de Pâques, Ascension, Pentecôte, juil., 1er et 11 nov. ☎ 04 342 75 75.*
Ce musée est consacré à Tchantchès (nom wallon pour François), héros populaire du théâtre de marionnettes liégeois, symbolisant le Liégeois ordinaire. Le musée rassemble les costumes qui lui ont été offerts et une collection de marionnettes du Théâtre royal ancien impérial. On peut y assister à des **spectacles de marionnettes**. ♿ *Oct.-avr. : spectacle (1h30) mer. 14h30 ; sept.-avr. : dim. 10h30. 2,50€. ☎ 04 342 75 75.*

Musée des Transports en commun du Pays de Liège

R. Richard Heintz 9. ♿ *Mars-nov. : 10h-12h, 14h-17h, w.-end et j. fériés 14h-18h. 2,50€. ☎ 04 361 94 19.*
Logé dans un grand hangar, ce bel ensemble de véhicules retrace l'évolution des trams et autobus depuis le tramway à traction chevaline jusqu'à nos jours.

alentours

Sart Tilman

10 km au Sud.
Sur ce plateau boisé, l'**université de Liège** possède un domaine de 740 ha et un centre de recherches métallurgiques. Le château de Colonster (17e s.), à l'extrémité Est du domaine, a été transformé en centre de congrès et abrite le Fonds Simenon (archives, manuscrit et bibliothèque de l'écrivain). Le parc abrite un **musée en plein air.**

Chaudfontaine

10 km au Sud-Est, par la N 61 en direction de Verviers.

Dans la vallée de la Vesdre, Chaudfontaine est, depuis la fin du 17e s., une station thermale très fréquentée. Ses sources chaudes (36,6 °C), les seules en Belgique, sont employées dans le traitement des rhumatismes. Parmi les atouts de Chaudfontaine figurent une piscine d'eau thermale à toit ouvrant et un **casino** avec minigolf.

Dans le parc des Sources, la **maison Sauveur**, du 17e s., restaurée, abrite le Syndicat d'initiative. *Tlj sf w.-end 9h-12h, 14h-16h. Gratuit. ☎ 04 361 56 30 ; www.chaudfontaine.be*

Château d'Aigremont

16 km à l'Ouest, par l'autoroute E 42 que l'on quitte à l'échangeur no 4. Visite individuelle uniquement lors des journées du Patrimoine. ☎ 04 336 16 87.

Situé comme celui de Chokier au sommet d'un rocher à pic dominant la Meuse, le château d'Aigremont aurait été élevé par les quatre fils Aymon. Ce fut au 15e s. l'un des repaires de Guillaume de La Marck. Il a été reconstruit au début du 18e s. en brique et pierre de taille.

L'intérieur, garni de beaux meubles du 18e s., a pour plus bel ornement sa cage d'escalier à fresques en trompe-l'œil, recréant l'architecture du palais italien. La cuisine est tapissée de carreaux de Delft représentant plus de 1 000 motifs.

Les terrasses portent un joli jardin à la française.

Neuville-en-Condroz et St-Séverin

27 km au Sud-Ouest, en direction de Dinant.

Neuville-en-Condroz

Dans le cimetière américain des Ardennes, un magnifique parc soigné précède le mémorial et la pelouse où sont enterrés 5 310 Américains morts pendant la Seconde Guerre mondiale, la plupart lors de la bataille des Ardennes. L'ensemble des stèles blanches dessine une immense croix grecque. À l'intérieur du mémorial, des cartes gravées évoquent la fameuse bataille.

St-Séverin

L'**église★** de ce bourg, harmonieux édifice roman du 12e s., est un ancien prieuré de l'abbaye de Cluny ; la tour de croisée octogonale s'inspire d'ailleurs du clocher de l'Eau Bénite à Cluny. Pour admirer le bel étagement de volumes, se placer dans le jardin du presbytère.

À l'intérieur, le plafond de la nef centrale, les voûtes du transept et du chœur sont à la même hauteur, celles de l'abside et des chapelles orientées sont beaucoup plus basses. Dans la grande nef intervient un décor discret : alternance de colonnes ou groupes de colonnettes et de piliers, et, au-dessus de ceux-ci, colonnettes géminées torsadées.

Les **fonts baptismaux★**, en pierre, de la fin du 12e s., sont originaux : la cuve supportée par 12 colonnettes entourant un fût central est sculptée de lions placés dos à dos ; aux angles, 4 têtes d'inspiration syrienne.

Visé

17 km au Nord par l'E 25 en direction de Maastricht.

Sur les bords de la Meuse, Visé est un centre touristique très fréquenté pour sa spécialité gastronomique : l'oie préparée avec une sauce à l'ail. La ville est fière de ses trois guildes : arbalétriers, arquebusiers et francs-arquebusiers que l'on voit défiler lors des fêtes. La **collégiale** de Visé abrite dans le bras droit du transept la **châsse de saint Hadelin★**, œuvre mosane du 12e s., en argent repoussé. Les pignons provenant d'une châsse plus ancienne (1046) représentent le Christ d'un côté foulant l'aspic et le basilic (animal fabuleux), de l'autre couronnant les deux saints amis, Remacle et Hadelin. Certaines des scènes des panneaux latéraux, illustrant la vie de saint Hadelin, sont attribuées à Renier de Huy. Saint Hadelin fut le fondateur, au 7e s., du monastère de Celles, près de Dinant, dont la communauté fut transférée à Visé au 14e s.

Lier★★

Lierre

Située au confluent de la Grande et de la Petite Nèthe, cette petite ville charmante – ne l'appelle-t-on pas Lierke Plezierke (Petite Lierre Petit Plaisir) – séduit par ses nombreux monuments et façades anciennes. Les remparts du 16e s., aménagés en promenades, sont bordés d'un canal. Lierre a vu naître le portraitiste Isidoor Opsomer (1878-1967), l'écrivain Félix Timmermans (1886-1947) et l'horloger Louis Zimmer (1888-1970).

La situation

32 064 habitants – Cartes Michelin nos 716 G 2 et 533 M 16 – Anvers.
À 22 km d'Anvers et à 15 km de Malines. Accès par la N 10 depuis Anvers, les N 13 et N 14.
Stadhuis, Grote Markt 57, ☎ 03 491 13 93 ; www.lier.be

carnet pratique

Restauration

• ***Valeur sûre***

Numerus Clausus – *Keldermansstraat 2 – ☎ 03 480 51 62 – fermé 1 sem. en juin, 2 sem. en sept., sam. midi, dim., lun. – 25€ déj. – 27€.* Enseigne « restrictive » pour cette avenante petite affaire familiale à débusquer entre l'académie des Beaux-Arts et le canal se glissant à travers le centre-ville. Savoureuse cuisine du marché. Lunch et menus. Mignonne terrasse estivale close de murs.

De Fortuin – *Felix Timmermansplein 7 – ☎ 03 480 29 51 – de_fortuin@hotmail.com – 29/49,60€.* Près de la tour Zimmer, maison dont la typique façade rythmée de volets peints se reflète dans les eaux de la Petite Nèthe. Une « péniche-terrasse » y stationne, procurant une jolie vue sur les berges et les habitations anciennes. Cuisine traditionnelle actualisée.

Hébergement

• ***À bon compte***

M. et Mme Guido Van den Bogaert Chambre d'hôte – *Antwerpsesteenweg 262 – ☎ 03 480 85 43 – gvandenbogaert@provant.be – ⊠ – 2 ch. : 33,50/45,90€ ⊡.* Adresse familiale un peu excentrée mettant à votre disposition trois chambres de bon confort. La meilleure est aménagée dans l'annexe, en rez-de-jardin, près de la piscine d'été. Un généreux petit déjeuner vous permettra de bien commencer la journée.

Masia del Viento Chambre d'hôte – *Beatrijsstraat 123 – 2860 St-Katelijne-Waver – ☎ 015 31 72 22 – ⊠ – 2 ch. : 44€ ⊡.* Cette belle demeure nichée au cœur d'une petite localité de la région de Lier renferme des chambres correctement équipées où vous passerez des nuits sans histoire. Agréable terrasse d'été et jardin-potager croquignolet. Le breakfast est soigné.

Achats

Spécialité – Les **« Lierse vlaaikens »** ou tartelettes de Lierre sont une savoureuse spécialité locale au goût épicé.

se promener

Partir de la Grand-Place.

Grote Markt (Grand-Place)

Au centre se dresse l'**hôtel de ville** (stadhuis), élégante construction du 18e s. L'intérieur abrite un magnifique escalier à vis de style rococo. L'édifice est flanqué d'un grêle **beffroi** gothique (1369) ; surmonté de 4 tourelles d'angle et pourvu d'un carillon, celui-ci est le vestige de l'ancienne halle aux draps.
La place, où se tient le samedi un marché, est entourée de plusieurs anciennes maisons de corporations. Jadis, les membres d'une chambre de rhétorique se réunissaient à l'Eycken Boom (Le Chêne) qui date de 1709. Près du beffroi, la maison des Bouchers conserve un pignon à redans ainsi qu'un perron gardé par deux lions héraldiques.

St.-Gummaruskerk★★ (Église St-Gommaire)

Dans cette église, en 1496, fut célébré le mariage de Philippe le Beau avec Jeanne la Folle.
La tour massive, terminée par un clocher octogonal, est surnommée la Poivrière à cause de sa forme.
On bénéficie d'une bonne vue d'ensemble de l'extérieur de l'église, près du transept gauche.

Aarschotsesteenweg .... Z 2
Antwerpsestr. .... Y
Arthur V.D. Poortenlaan .... Z 3
Berlaarsestr. .... Z 5
Berlarij .... Z
Eikelstraat .... Z 6
Félix Timmermansplein ..... Z 7
Fl. Van Cauwenberghstr. ... Z 9
Gasthuisvest. .... Z 12
Grote Markt .... Z
Heilige Geeststr. .... Z 13
de Heyderstr. .... Z 14
Hulbrechtstr. .... Y 16
Kard. Mercierplein .... Z 17
Kluizeplein .... Z 18
Kluizestraat .... Z 19
Kolveniersvest. .... Y 21
Koning Albertstr. .... YZ 22
Netelaan .... Z 24
Rechtsestr. .... Z 25
Sint-Gummarusstr. .... Z 27
Veemarkt .... Z 28
Vismarkt .... Z 29
Volmolenstr. .... Z 31
Waterpoortstr. .... Y 32
Zimmerplein .... Z 33

Museum Wuyts-Van Campen en Baron Caroly YZ M¹
Stadhuis .... Z H
Timmermans-Opsomerhuis Z M²
Zimmertoren .... Z A

L'**intérieur**, pavé de pierres tombales, comporte de belles clés de voûte. Les colonnes épaisses, où sont adossées de grandes statues d'apôtres, et le triforium à remplages sont caractéristiques du style brabançon.

Le magnifique **jubé**★★, flamboyant malgré sa date tardive (1536), est l'œuvre de sculpteurs malinois ; des statues d'évangélistes et de Pères de l'Église (refaites en 1850) sont disposées sur des colonnes ; au-dessus, des scènes de la Passion se détachent au milieu d'une décoration luxuriante. La tourelle a été ajoutée en 1850.

L'église possède un bel ensemble de vitraux. Dans le collatéral droit, une **verrière**★ du 15e s. représente, en médaillon, le Couronnement de la Vierge dont le dessin souple s'apparente à l'art de Van der Weyden. Dans le chœur, plusieurs vitraux ont été offerts par Maximilien d'Autriche lors de sa visite en 1516 : celui-ci figure avec son épouse Marie de Bourgogne.

Les stalles du chœur (1555) sont sculptées de motifs pittoresques. La chaire baroque est l'œuvre de deux artistes dont Artus Quellin le Vieux. Dans la 4e chapelle, le *triptyque dit de Colibrant, Le Mariage de la Vierge*, est attribué à Goswyn Van der Weyden, petit-fils de Rogier (1516). On remarque également, dans le croisillon droit, un triptyque d'Otto Venius, maître de Rubens, datant de 1612 *(Descente du Saint-Esprit)*.

Emprunter la Eikelstraat, traverser la Zimmerplein, puis s'engager dans la Begijnhofstraat.

Begijnhof★ (Béguinage)

Le béguinage a été fondé au début du 13e s., mais la plupart des maisons datent toutefois du 17e et du début du 18e s.

Un portique Renaissance, de la fin du 17e s., surmonté de la statue de sainte Begge, en marque l'accès. De là s'offre une belle perspective sur la porte des Prisonniers ; au loin se dresse le beffroi.

Les petites maisons pittoresques, certaines précédées d'un jardin dissimulé par un muret, se pressent le long d'étroites ruelles pavées. Elles n'ont pas de numéro, mais portent des noms évocateurs : La Fuite en Égypte, Les Cinq Petites Blessures...

L'église montre une façade baroque (17e s.) couronnée au 18e s. de volutes et d'un lanternon.

Zimmertoren (Tour Zimmer)

Janv.-fév. et nov.-déc. : 10h-12h, 14h-16h ; mars et oct. : 10h-12h, 14h-17h ; avr.-sept. : 10h-12h, 13h-18h. 2€. ☎ 03 491 13 95.

Sur la Zimmerplein se dressent deux vestiges de la 2e enceinte du 14e s. : la **porte des Prisonniers** (Gevangenenpoort) et la tour Zimmer, jadis tour Cornelius.

La façade de la tour Zimmer s'orne de l'**horloge astronomique★** exécutée en 1930 par le Lierrois Zimmer et où figurent 11 cadrans, la terre et la lune ; sur la face droite de la tour a lieu tous les jours à midi un défilé d'automates, représentant des personnages historiques belges et lierrois. À l'intérieur de la tour, le **studio astronomique** possède 57 cadrans montrant le cycle lunaire, les marées, le zodiaque et les principaux phénomènes cosmiques. Dans le pavillon à droite de la tour, on visite la **Wonderklok**, autre horloge astronomique dotée de 93 cadrans et de 14 automates, ainsi que l'atelier de Louis Zimmer.

Ph. Gajic/MICHELIN

Horloge astronomique de la tour Zimmer.

Museum Wuyts-Van Campen en Baron Caroly

Avr.-oct. : tlj sf lun. et mar. 10h-12h, 13h30-17h30. 1€. ☎ 03 491 13 93.

Ce musée quelque peu désuet possède une collection de tableaux, du 16e s. à nos jours, d'orfèvrerie et de sculptures. Parmi les peintres de l'école flamande figurent Pieter Bruegel le Jeune, Bruegel de Velours, Rubens et **Frans Floris**, dont on admire notamment un remarquable portrait collectif : *La Famille Van Berchem*. Remarquer aussi des tableaux de Jan Steen, du Lorrain ainsi que des œuvres belges des 19e et 20e s.

Timmermans-Opsomerhuis (Maison Timmermans-Opsomer)

Avr.-oct. : tlj sf lun. et mar. 10h-12h, 13h30-17h30. 1€. ☎ 03 491 13 93.

Ce musée évoque le souvenir d'artistes lierrois. La forge de **Van Boeckel** groupe, sous un lustre à fleurs, des œuvres de ce ferronnier d'art. L'atelier de peinture reconstitué du baron **Opsomer** présente des paysages *(Le Béguinage de Lierre)* et de nombreux portraits : Albert Ier, Opsomer lui-même. À l'étage, plusieurs salles consacrées à l'écrivain flamand Félix **Timmermans**, qui fut aussi dessinateur humoriste et peintre, nous rappellent ses ouvrages les plus célèbres : *Contes du béguinage*, **Pallieter** (1916), roman truculent et plein de verve, et *Psaumes des paysans*. Une salle contient des œuvres et des souvenirs du musicien **Renaat Veremans** (1894-1969), de l'écrivain **Anton Bergmann**, de l'architecte **Flor van Reeth** et de l'auteur médiéval **Beatrijs van Nazareth**.

Louvain-la-Neuve★

Depuis la fondation de Charleroi en 1666, Louvain-la-Neuve est la seule ville nouvelle créée en Belgique. Implantée sur le plateau de Lauzelle, elle s'étend sur la commune d'Ottignies. Centre urbain mais surtout cité universitaire, Louvain-la-Neuve est d'une conception originale. Elle est divisée en quatre quartiers – Hocaille, Biéreau, Bruyères, Lauzelle – mais dans chacun l'interpénétration des différents secteurs – commerces, habitations, facultés – doit faciliter les échanges.

La situation

Cartes Michelin nos 716 G 4 et 533 M 18 – Brabant Wallon.

6 km au Sud de Wavre. La ville est desservie par l'autoroute E 411 (Bruxelles-Namur) et par le chemin de fer : une voie ferrée branchée sur une ligne Bruxelles-Namur aboutit à la gare souterraine.

ℹ *Grange du Douaire, av. des Combattants 2, 1340 Ottignies, ☎ 010 41 83 11.*

comprendre

L'Université catholique de Louvain (UCL)

Depuis la scission en 1968 de l'Université catholique fondée à Leuven (Louvain) en 1425, la section francophone de l'université s'est installée à Louvain-la-Neuve, à l'exception des étudiants en médecine dont la faculté est implantée à **Woluwe-St-Lambert** (Bruxelles), sur le site de **Louvain-en-Woluwe**. Le transfert a été réalisé entre 1972 et 1979. L'UCL compte 18 300 étudiants dont 14 000 à Louvain-la-Neuve.

L'Université dans la ville

Au cœur de la ville, le **centre urbain** a été conçu comme lieu de rencontre et d'animation, réservé exclusivement aux piétons ; la circulation automobile, ferroviaire et les parkings sont en sous-sol.

À proximité de la ville ont été aménagés un parc scientifique regroupant des entreprises et des laboratoires de recherche, et le complexe du Cyclotron. Le site naturel a été respecté. Les quartiers sont établis sur le plateau de Lauzelle qui domine la petite vallée de la Malaise. Cette dernière est recouverte par une dalle de béton portant les rues et les bâtiments du centre-ville parmi lesquels l'édifice central de l'université, les **Halles universitaires**.

L'architecture contemporaine a été mise au service d'un urbanisme qui s'inspire des cités médiévales et garde une échelle humaine. Des rues étroites, de petites places, des escaliers, des bâtiments en retrait ménagent des surprises et évitent toute monotonie. Depuis la création de la ville, plusieurs éléments décoratifs ont fait leur apparition : une fontaine (place de l'Université), œuvre d'une étudiante, et plusieurs peintures murales dont la grande fresque de R. Somville qui égaie de ses couleurs bleu, blanc, gris et rouge un mur des Halles universitaires, côté rue des Wallons. Dans la gare souterraine, peinture murale de Th. Bosquet représentant une ville universitaire au 16e s. et agrandissements des peintures consacrées aux gares de Paul Delvaux.

visiter

Musée de Louvain-la-Neuve (Institut supérieur d'archéologie et d'histoire de l'art de l'UCL)

Pl. Blaise Pascal. 10h (dim. 14h sf juil.-août)-18h. Fermé j. fériés, du 24 déc. au 1er janv. 1,25€. ☎ 010 47 48 41 ; www.muse.ucl.ac.be

Ses collections comprennent des antiquités égyptiennes, grecques et romaines, des sculptures et masques représentatifs des arts primitifs africains et océaniens, des œuvres d'art religieux (sculptures dont un *Christ des Rameaux* du 16e s.), des porcelaines, etc. Le **legs Charles Delsemme★**, venu enrichir le musée en 1990, représente la même universalité ; « par sa diversité, par sa transcendance, cette collection forme un tout voulu », écrivait le donateur dans son testament. On y remarquera un masque théâtral japonais, une figure féminine de la Renaissance, des dessins de Picasso, des tableaux de Delvaux et Magritte.

alentours

Wavre

6 km au Nord par la N 238.

Wavre (prononcer « ouavre ») est située parmi les collines, dans la vallée de la Dyle. Devant l'hôtel de ville, installé dans une ancienne église, la statuette du Maca, gamin rieur, symbolise l'esprit frondeur des habitants. Le parc d'attractions **Six Flags Belgium** (50 ha) est le plus fréquenté du pays. Il offre une multitude d'attractions spectaculaires. ♿ *Visite avr.-oct. 28,50€. ☎ 010 42 15 00.* En 1987, a été inauguré le vaste complexe de piscines à ambiance tropicale, du nom d'**Aqualibi**. ♿ *Accès tlj sf lun. et mar. 14h-21h (ven. 23h), sam. 10h-23h, dim. 10h-21h. 13,50€. ☎ 010 42 16 00.*

Maaseik

Au centre du pays de la Meuse ou Maasland, Maaseik serait la ville natale des célèbres frères Jan et Hubert Van Eyck. Vers la mi-carême, son cortège de carnaval (halfvastenstoet) attire une foule considérable. La ville conserve encore quelques traces de ses remparts construits en 1672 sous Louis XIV. La spécialité locale est le « knapkoek », sorte de galette croustillante.

La situation

22 673 habitants – Cartes Michelin nos 716 K 2 et 533 T 16 – Limbourg.
Situé au bord de la Meuse, à l'extrémité Nord-Est de la Campine limbourgeoise, Maaseik est accessible par la N 78.
Markt 1, ☎ 089 81 92 90 ; www.maaseik.be

visiter

Grote Markt (Grand-Place)

Cette vaste place carrée ombragée de tilleuls est entourée de maisons des 17e et 18e s., aux baies étroites souvent garnies de petits carreaux sertis de plomb. L'hôtel de ville occupe une belle demeure bourgeoise du 18e s. Au centre se dresse la statue de Jan et Hubert Van Eyck.

Bosstraat

Cette rue est bordée de demeures anciennes. Au no 7, vieille maison de brique, De Verkeerde Wereld (Le Monde à l'Envers). À l'angle de Halstraat, maison médiévale à colombages. La maison no 19 montre une façade blanche (1620), en saillie sur arcs, d'un type courant dans la région. Celle du 21, Stenen Huis (maison de pierre) ou Drossaardshuis (maison du Bailli), présente une façade classique plus solennelle.

St.-Catharinakerk (Église Ste-Catherine)

Du 19e s, elle possède une sacristie qui abrite un remarquable **trésor** (kerkschat). Les pièces proviennent pour la plupart de l'ancienne abbaye d'Aldeneik. La plus précieuse de toutes est le Codex Eyckensis ou évangéliaire de sainte Harlinde, qui, datant du 8e s., serait le plus ancien livre de Belgique. *Avr.-sept : tlj sf lun. (sf juil.-août) 13h-17h ; oct.-mars : w.-end 13h-17h. Fermé de fin déc. à mi-janv., 1, 2, 11 et 15 nov., 24, 25 et 26 déc. 2€. ☎ 089 56 68 90.*

Museactron

Lekkerstraat 5. Avr.-sept : tlj sf lun. (sf juil.-août) 10h-17h ; oct.-mars : tlj sf lun. 10h-12h, 14h-17h. Fermé de fin déc. à mi-janv., 1er, 2, 11 et 15 nov. et 24, 25 et 26 déc. 2€. ☎ 089 56 68 90.
Le Museactron regroupe trois musées. Les collections du **musée d'Archéologie régionale** (Regionaal Archeologisch Museum) concernent l'archéologie régionale et l'histoire de la ville : objets préhistoriques, de l'époque romaine (instruments d'un médecin romain) et du Moyen Âge. Une passerelle relie ce musée à la plus **ancienne pharmacie** de Belgique dont l'atmosphère d'antan est parfaitement restituée. Le **musée de la Boulangerie** (Bakkerijmuseum) est installé dans une cave.

alentours

Aldeneik

2 km à l'Est. Mai-sept. : visite accompagnée dim. sur demande préalable auprès de l'Office de tourisme de Maaseik. ☎ 089 81 92 90.
L'**église** d'Aldeneik est l'ancienne abbatiale d'un monastère fondé au 8e s. par les saintes Harlinde et Relinde. Agrandie au 12e s., augmentée au 13e s. d'un chœur gothique et restaurée au 19e s., elle conserve de l'époque romane sa nef centrale ornée de peintures murales. Elle renferme des sarcophages mérovingiens (8e s.).

Malmédy★

Malmédy, au confluent la Warche et de la Warchenne, occupe un site★ pittoresque, à 340 m d'altitude, au centre d'une vallée entourée de collines escarpées et boisées. Jusqu'en 1794, la ville formait avec Stavelot une principauté abbatiale. Malmédy, où l'on parle un dialecte wallon, fut prussienne de 1815 à 1919. Rattachée à la Belgique en 1919 par le traité de Versailles, la ville redevient allemande de 1940 à 1944. Pendant l'offensive des Ardennes en décembre 1944, un bombardement américain détruit par erreur le centre de la cité. Guillaume Apollinaire séjourna à Malmédy en 1899. Un monument lui a été élevé en 1935 sur l'ancienne route de Francorchamps.

La situation

11 060 habitants – Cartes Michelin n°s 716 L 4 et 534 Nord-Ouest du pli 9 – Schéma voir Spa – Liège.

Malmédy se situe au Sud des Hautes Fagnes. La ville est desservie par la N 62 (depuis St-Vith) et la N 68 (depuis Eupen). On peut également emprunter l'autoroute E 42/A 27 reliant Verviers à St-Vith ; prendre la sortie 11, puis la N 62.

Pl. Albert I 29A, ☎ 080 33 02 50 ; www.malmedy.be

carnet pratique

Restauration

• *À bon compte*

Au Petit Louvain – *Chemin-rue 47 – ☎ 080 33 04 15 – petitlouvain@yucom.be – fermé lun. soir, mer. – 24/36€.* Petite table familiale discrètement installée dans la rue commerçante de Malmédy. Traditionnelle et assez engageante, la carte se fait volontiers giboyeuse en saison de vénerie. L'assiette, souvent bien garnie, ne manque pas de saveur !

Hébergement

• *À bon compte*

Maison Géron – *Bévercé-Village 29 – 4960 Bévercé – ☎ 080 33 00 06 – geron@busmail.net – P – 10 ch. : 52/79€* ☕. À 2mn de Malmédy, au bord d'une jolie route serpentant vers les Hautes Fagnes, corpulente maison bourgeoise postée en face d'une mignonne chapelle. Chambres sans histoire, fringante véranda moderne et terrasse d'été côté jardin. Accueil gentil.

Achats

Spécialité – Les « baisers de Malmédy », meringues fourrées de crème fraîche, sont une excellente pâtisserie locale.

visiter

Cathédrale Sts-Pierre-Paul-et-Quirin

Ancienne abbatiale bénédictine, cette église de 1782 présente une façade encadrée de deux hautes tours. L'**intérieur** est intéressant par son mobilier (chaire sculptée du 18e s., confessionnaux de la fin du 17e s.) et par ses objets d'art : Vierge de Delcour (17e s.), châsse de saint Quirin en bois, avec dorures, de 1698, bustes-reliquaires en argent de saint Géréon et de ses compagnons, soldats romains (18e s.).

alentours

Robertville

10 km au Nord-Est par la N 681.

Robertville fait partie du territoire du Parc naturel Hautes Fagnes-Eifel. Cette commune est connue pour son **barrage**, créé en 1928, qui domine la Warche à 55 m. Sa retenue forme un **lac**★ de 62 ha qui fournit de l'eau potable à Malmédy et alimente une centrale électrique à Bévercé. Le lac, entouré d'une forêt, offre de nombreuses activités sportives. On a une belle **vue**★ sur la retenue à l'entrée de Robertville.

Château de Reinhardstein★

Accès par un sentier partant du barrage de Robertville ou par la première route à gauche après le barrage (panneaux), et 800 m à pied au-delà du parking.

Dans son cadre somptueux de forêts de conifères, le donjon entouré de murailles, se dressant sur un éperon rocheux, donne l'impression de n'avoir pas changé depuis des siècles, forteresse prête à se défendre contre les invasions. Pourtant, au début des années 1960, il n'y avait que des ruines à cet endroit. Le professeur Overloop a opéré une véritable résurrection en reconstruisant ce « burg » d'après les gravures du 17e s. qui le représentaient du temps de sa splendeur ; il était alors la propriété de la famille Metternich.

Château de Reinhardstein.

À l'intérieur, les pièces aux murs et dallages de pierre sont décorées de meubles anciens, de tapisseries, d'armures, d'armes et d'œuvres d'art. La salle des Chevaliers et la chapelle retiennent l'attention.

Bütgenbach

15 km à l'Est par la N 62, puis à hauteur de Baugné, prendre la N 632.
Également sur la Warche, le barrage (1928-1932) ferme une vaste retenue de 120 ha. Grand centre touristique, Bütgenbach propose de nombreuses possibilités de sports nautiques et de sports d'hiver.

Rocher de Falize★

3,5 km au Sud-Ouest. Sortir par la route de Stavelot. Avant le viaduc, prendre une petite route à gauche, puis une route à droite.

Carnaval

Très populaire, le « Cwarmê » de Malmédy est l'un des plus joyeux de Belgique. Pendant quatre jours, la ville est en ébullition. Le samedi après-midi, un cortège humoristique accompagne le « Trouv'Lê », sorte de roi du carnaval qu'on intronise à l'hôtel de ville. Le dimanche est le jour du grand cortège à la suite duquel les « banes corantes » (bandes courantes) pourchassent le public : parmi les personnages masqués traditionnels, les plus redoutés sont les **« haguètes »**, au dos blasonné de l'aigle autrichien, coiffés d'un bicorne rehaussé de plumes et porteurs d'une longue pince articulée. Le lundi, dans les rues, sont joués les « rôles », saynètes satiriques en dialecte local.

Le carnaval à Malmédy.

Magnifique aiguille dont l'à-pic surplombe la vallée de la Warche. En face, sur la hauteur, une flèche signale la présence de l'abbaye de Wavreumont, fondée en 1950 par des bénédictins venus de Louvain.

Bellevaux-Ligneuville

8,5 km au Sud par la N 62.

Dans la haute vallée de l'Amblève, ce village conserve une jolie maison à colombages, typique de la région, la maison Maraite (1592).

On rentre à Malmédy par Hédomont.

Faymonville

11 km au Sud-Est par la N 62, puis à hauteur de Baugné, prendre la N 632.

À la suite d'une légende très ancienne, les habitants de ce village sont nommés « turcs ». Cette appellation est illustrée par la grande parade carnavalesque du Lundi gras.

Mechelen★★

Malines

Les nombreux palais, monuments et maisons anciennes bordant les places et les quais de la Dyle témoignent de la richesse historique de Malines. Le vieux centre est dominé par la magnifique tour de St-Rombaut, aux célèbres carillons. Dans cette ville se perpétue la traditionnelle industrie d'art de la tapisserie. C'est en effet un atelier de Malines qui a exécuté la tapisserie offerte par la Belgique à l'ONU en 1954, pour son siège à New York. Malines est également un important centre d'industrie du meuble. Par ailleurs, la brasserie occupe une place non négligeable parmi les activités de la ville. Enfin, la région est connue pour ses cultures maraîchères (asperges, chicons).

La situation

75 418 habitants – Cartes Michelin nos 716 G 2 et 533 L 16 – Plan d'agglomération dans Le Guide Rouge – Anvers.

À mi-chemin entre Bruxelles et Anvers, la ville se trouve près de l'autoroute E 19. Prendre la sortie 10 (depuis Bruxelles) ou la sortie 9 (au départ d'Anvers), puis la R 12, le « ring » ou périphérique de Malines qui mène au centre-ville.

🅸 *Hallestraat, ☎ 015 29 76 55 ; www.mechelen.be*

comprendre

Cité lacustre aux temps préhistoriques, Malines aurait été évangélisée au 8e s. par saint Rombaut venu d'Irlande. Elle appartient aux princes-évêques de Liège qui l'entourent d'une enceinte. Grâce à sa situation sur la Dyle, la ville joue un rôle portuaire et le commerce y prospère, puis la draperie. Vers 1300, elle reçoit sa seconde enceinte.

L'Âge d'or

Au 14e s., Malines appartient au comte de Flandre, puis revient par succession aux ducs de Bourgogne. C'est alors le début d'une période brillante. En 1473, Charles le Téméraire installe à Malines la Cour des comptes et le Parlement des États bourguignons. Nommé **Grand Conseil** en 1503, le Parlement fait office de Cour suprême jusqu'à la fin de l'Ancien Régime. Sous la domination de **Marguerite d'Autriche**, tante de Charles Quint, qui gouverne pendant la minorité de celui-ci, puis de 1519 à 1530, la ville connaît son apogée. Très lettrée, cette princesse goûte les arts et s'entoure des grands esprits de son temps : les philosophes Érasme et Thomas More, l'historien Lemaire de Belges, les musiciens Pierre de la Rue et Josquin Des Prés, les peintres Gossart et Van Orley. Sous l'impulsion de Marguerite s'édifient maints hôtels. L'architecte Rombaut Keldermans, né à Malines, lui bâtit un palais.

Du 16e s. à nos jours

La cour est transférée à Bruxelles en 1531. Si le Grand Conseil demeure à Malines, c'en est fini de la prépondérance de la ville qui ne conserve que son importance religieuse : en 1559, elle est érigée en archevêché, titre qu'elle partage depuis 1961 avec Bruxelles. En 1572, les Espagnols mettent la ville à feu et à sang. Aux 17e et 18e s., cependant, la dentelle atteint sa plus grande renommée. Le mobilier baroque prolifère. Des sculpteurs malinois tels que **Luc Fayd'herbe** (1617-1697), élève de Rubens, ou **Théodore Verhaegen** (1700-1759), disciple de Fayd'herbe, affirment une virtuosité incomparable. En 1835, le premier train du continent démarre de Malines pour Bruxelles. La ville subit pendant les deux guerres mondiales de terribles bombardements.

carnet pratique

Restauration

• À bon compte

Den Beer – *Grote Markt 32 – ☎ 015 20 97 06 – ⊠ – 23,75/47,75€.* Sur le Grote Markt, brasserie résolument contemporaine devenue en peu de temps « the place to be » à Mechelen. On s'attable dans une salle de restaurant spacieuse et claire où trône un piano. À l'avant, terrasse estivale dotée d'un mobilier en teck.

• Valeur sûre

Brasserie Het Anker – *Guido Gezellelaan 49 – ☎ 015 20 38 80 – ⊠ – 45€.* Cette brasserie très typée a été incorporée au site brassicole De Anker qui produit l'emblématique bière malinoise Carolus, un petit plaisir décliné en 6 variétés. L'ancien atelier d'embouteillage héberge aussi un bon hôtel de 22 chambres. Repas traditionnel.

Hébergement

• À bon compte

Op Sinjoor Chambre d'hôte – *Leegheid 21 – ☎ 015 33 03 38 – ⊠ – 3 ch. : 28/45€* ☕. Maison du centre de Mechelen mettant à votre disposition trois chambres d'hôte agencées avec simplicité et se partageant une salle d'eau. Espace kitchenette également en commun. Les chiens sont admis.

Hobbit – *Battelsesteenweg 455F – ☎ 015 27 20 27 – hobbit.hotel@yucom.be –* P *– 21 ch. : 44€ –* ☕ *6€.* Implanté en périphérie de Malines, au croisement de l'autoroute Anvers-Bruxelles (A 1/E 19) et du canal de Louvain, cet établissement récent renferme des chambres bien dimensionnées, dont on appréciera le confort fonctionnel et la bonne isolation phonique.

se promener

Partir de la Grand-Place.

Grote Markt★ (Grand-Place)

Dominée par l'imposante tour de la cathédrale, elle est bordée de belles façades du 16e au 18e s. Au centre, la statue de Marguerite d'Autriche.

Stadhuis★ (Hôtel de ville) – Il se dresse à l'Est de la place et occupe trois bâtiments contigus. À gauche, le **palais du Grand Conseil**, de style flamboyant, fut commencé au début du 16e s. Resté inachevé, il fut terminé au début du 20e s. sur les plans primitivement conçus par Rombaut Keldermans. On y reconnaît, dans une niche, l'effigie de Charles Quint. Depuis 1913, le bâtiment abrite l'hôtel de ville.

La Grand-Place et l'hôtel de ville.

Ch. Bastin – J. Evrard/MICHELIN

La façade centrale, surmontée de tourelles en encorbellement, est celle du **beffroi** (14e s.), inachevé. L'ancienne **halle aux draps** (à droite) date également du 14e s. ; le pignon a été ajouté au 17e s.

De Beyaert – Très restauré, cet ancien hôtel de ville abrite l'hôtel des Postes.

Schepenhuis (Maison échevinale) – En face de De Beyaert, un peu en retrait et isolé, s'élève le « vieux palais », de la fin du 14e s. Au rez-de-chaussée, la grande salle où siégeait autrefois la cour de Justice, présente de jolies poutres et consoles illustrant des scènes religieuses et profanes. Le 1er étage accueillait le Parlement de Malines, nommé ultérieurement Grand Conseil. Le **musée** comprend une belle collection de sculptures et de peintures du 16e s. *Tlj sf lun. 10h-17h. 2€. Fermé 1er-2 janv., 25-26 déc. ☎ 015 29 40 30 (Office de tourisme) ou 015 21 16 02 (musée).*

St.-Romboutskathedraal★★ (Cathédrale St-Rombaut)

8h30-17h30 (hiver 16h30). ☎ 015 29 76 55.

Cet édifice gothique est remarquable par sa tour grandiose, aussi large que le vaisseau même. Les contreforts des bas-côtés sont ornés de gracieux pinacles et le chevet comporte des gâbles élégants.

La tour★★★ – Formant façade et porche, cette tour, l'une des plus belles de Belgique, mesure 97 m. À l'origine, elle avait été prévue pour atteindre la hauteur surprenante de 167 m, mais les travaux furent abandonnés en 1520. C'est la dynastie des Keldermans qui en dirigea la construction. Admirable de proportions avec ses lignes verticales à la fois puissantes et légères, elle laisse une impression inoubliable. À l'intérieur sont logés les deux carillons.

Intérieur – Le portail Sud, par lequel on entre, s'ouvre sous une haute verrière aux remplages flamboyants, dominée par un fronton à fine arcature. L'intérieur surprend par son ampleur (99 m de long pour 28 m de haut), mais reste harmonieux.

La nef centrale remonte au 13e s. Large de 13 m, elle compte six travées que séparent de robustes piliers cylindriques où sont adossées des statues d'apôtres (17e s.). Après l'incendie de 1342, elle fut rehaussée d'une balustrade, et le chœur agrandi d'un déambulatoire et d'une abside à sept chapelles rayonnantes. De 1498 à 1502, les chapelles du bas-côté gauche furent ajoutées. La chaire du 18e s. par Michel Vervoort le Vieux présente la conversion de saint Norbert.

Remarquer dans le bras droit du transept, une pathétique *Crucifixion* de Van Dyck, aux tons assourdis, où les figures douloureuses de Marie et de Madeleine sont particulièrement expressives. Le maître-autel en marbre noir et blanc est de Luc Fayd'herbe ; au fond, près de la tour, dans la chapelle du Saint-Sacrement, le banc de communion en marbre blanc délicatement travaillé est attribué à Artus Quellin le Jeune. Dans le bas-côté gauche, dans la chapelle près du transept, mausolée du cardinal Mercier, mort en 1926.

Sortir par le bras gauche du transept. Prendre le Wollemarkt qui conduit à un petit pont.

Oud refugiehuis van de abdij van St-Truiden (Ancien refuge de l'abbaye de St-Trond)

Du pont, on a une **vue**★ ravissante à gauche sur l'**ancien refuge de l'abbaye de St-Trond**, du 16e s. Le fronton denté et le clocheton se détachent sur de grands arbres, les murs de brique rose plongent dans le canal couvert de lentilles d'eau. Au bout de la Schoutetstraat, se trouve une manufacture de tapisseries *(voir dans « visiter »).*

Retourner au petit pont et prendre en face un passage couvert.

St.-Janskerk (Église St-Jean)

Avr.-oct. : 13h30-17h30 ; nov.-mars : tlj sf lun. 13h30-16h30. Gratuit. ☎ 015 29 40 37 (Office de tourisme).

Cette église du 15e s. renferme des bancs d'œuvre baroques et surtout un triptyque de Rubens, peint en 1619, *L'Adoration des Mages*. Le panneau central est d'une remarquable composition divisée en deux registres, l'un sombre, l'autre clair ; la finesse du coloris, le contraste entre la douceur du profil de la Vierge et la rudesse attendrie des visages des Mages tendus vers l'enfant blond font de ce panneau une œuvre exceptionnelle. Isabelle Brant, première femme de Rubens, a posé pour la figure de la Vierge.

En suivant le flanc gauche de l'église, on atteint la Frederik de Merodestraat.

Hof van (Hôtel de) Busleyden

16e s. Dominé par sa tourelle, ce palais de brique, qui s'élève au fond d'une cour bordée d'arcades, fut construit pour un conseiller de Charles Quint. Il abrite le **musée municipal**.

À côté, se trouve l'**école royale de Carillon J. Denijn**.

Gagner le Veemarkt et la Blokstraat.

St.-Pieter-en-Pauluskerk (Église St-Pierre-et-St-Paul)

Belle façade baroque, restaurée.

Prendre la Keizerstraat.

Les carillons de Malines

Au Moyen Âge, les fondeurs de cloches malinois sont déjà estimés. Cependant, en 1674, Malines fait appel au fondeur amstellodamois Pierre Hemony, se constituant ainsi, dans la tour St-Rombaut, un important carillon dont, à la fin du 19e s., le maître Jef Denyn, carillonneur d'une virtuosité exceptionnelle, assure la renommée. Ce dernier est le fondateur en 1922 d'une école de carillon, dont les élèves exercent dans le monde entier. À ce premier carillon de St-Rombaut, composé de 49 cloches, a été adjoint en 1981 un second carillon possédant le même nombre de cloches ; le poids total de ces deux ensembles est de 80 t.

Palais van Margaretha van Oostenrijk (Palais de Marguerite d'Autriche)

Exécuté par Rombaut Keldermans au début du 16e s., cet édifice devint palais de justice en 1796. Ses bâtiments Renaissance encore imprégnés de style gothique s'ordonnent autour d'une jolie cour à arcades.

Revenir à la Grand-Place par le Veemarkt et la Befferstraat, puis s'engager dans l'IJzerenleen.

IJzerenleen (Bailles de Fer)

Cette longue place doit son nom aux balustrades (« bailles ») en fer forgé qui protégeaient l'ancien canal au 16e s. De belles façades restaurées l'encadrent.

Tourner à gauche dans le Zoutwerf.

Zoutwerf (Quai au Sel)

On remarque sur ce quai d'intéressantes façades et en particulier celle de la **maison du Saumon (De Zalm)**, bâtie au 16e s. pour la corporation des poissonniers. Au-dessus de la porte, la pierre de façade représente un saumon doré.

Prendre la 3e rue à droite ('t Plein).

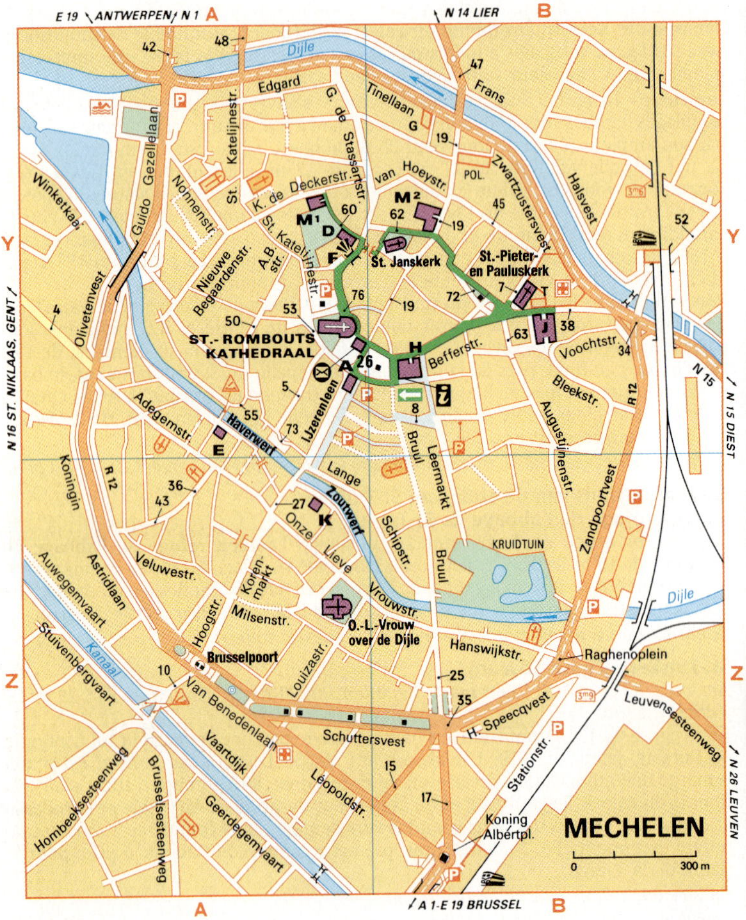

Battelsesteenweg .... AY 4
Begijnenstr. .... AY 5
Blokstr. .... BY 7
Botermarkt .... BY 8
Brusselsepoortstr. .... AZ 10
Bruul .... BYZ
Colomastr. .... BZ 15
Consciencestr. .... BZ 17
Frederik de Merodestr. .... BY 19
Gr. van Egmontstr. .... BZ 25
Grote Markt .... ABY 26
Guldenstr. .... AZ 27
Hoogstr. .... AZ
Hoogstratenplein .... BY 34
IJzerenleen .... AY
Kardinaal Mercierplein .... BZ 35
Karmelietenstr. .... AZ 36
Keizerstr. .... BY 38
Van Kesbeeckstr. .... AY 42
Korenmarkt .... AZ
Korte Penninckstr. .... AZ 43
Lange Heergracht .... BY 45
Liersesteenweg .... BY 47
Maurits Sabbestr. .... AY 48
Melaan .... AY 50
Nekkerspoelstr. .... BY 52
Onder den Toren .... AY 53
Persoonshoek .... AY 55
Schoutetstr. .... AY 60
St.-Janstr. .... BY 62
St.-Pietersberg .... BY 63
Veemarkt .... BY 72
Vismarkt .... AY 73
O.-L.-Vrouwstr. .... ABZ
Wollemarkt .... AY 76

Hof van Busleyden .... BY M²
Huis de Zalm .... AZ K
Koninklijke Manufactuur van Wandtapijten De Wit .... AY M¹
Maisons anciennes .... AY E
Oud refugiehuis van de abdij van St.-Truiden .... AY D
Paleis van Margaretha van Oostenrijk .... BY J
Schepenhuis .... AY A
Stadhuis .... BY H
Vue .... AY F

Kerk van O.-L.-Vrouw o/d Dijle (Église N.-D.-au-delà-de-la-Dyle)

Avr.-oct. : 13h30-17h30 ; nov.-mars : tlj sf lun. 13h30-16h30. ☏ 015 29 40 37 (Office de tourisme).

Cette église abrite un triptyque de Rubens, *La Pêche miraculeuse.*

Emprunter l'O.-L.-V.-straat, tourner à droite dans la Guldenstraat, puis s'engager dans la Van Beethovenstraat.

Haverwerf (Quai aux Avoines)

Face au marché aux Poissons (Vismarkt), près d'un petit pont, subsistent trois pittoresques **maisons anciennes★** : la maison St-Joseph, au pignon à volutes, la maison du Diable, en bois, décorée de cariatides, et la maison du Paradis, dont les tympans représentent Adam et Ève.

visiter

Koninklijke Manufactuur van Wandtapijten De Wit★ (Manufacture royale de Tapisseries De Wit)

Visite accompagnée (1h30) sam. 10h30. Fermé j. fériés, juil., de Noël au Nouvel An. 6€. ☏ 0475 52 29 05.

Cette manufacture est installée dans le cadre magnifique de l'ancien refuge de l'abbaye de Tongerlo (15e s.). Par le jardin joliment aménagé, on arrive au rez-de-chaussée où plusieurs belles salles servent de décor à l'exposition d'une collection remarquable de tapisseries anciennes. Elle permet de suivre l'évolution de l'art de la tapisserie depuis l'an 1500 à nos jours. Le grenier, doté d'une magnifique charpente en bois, abrite un ensemble de tapisseries modernes. La manufacture s'est fixée pour objectif de perpétuer la tradition de la tapisserie d'art flamande, dont témoignent encore les créations contemporaines. Mais l'accent est surtout mis sur la conservation et la restauration de tapisseries anciennes. L'entreprise jouit d'ailleurs d'une excellente réputation dans ce domaine aussi bien en Belgique qu'à l'étranger. La visite guidée passe par les ateliers et une démonstration permet de suivre les différentes étapes de la fabrication d'une tapisserie.

Brusselpoort (Porte de Bruxelles)

Tlj sf lun. 13h (w.-end et j. fériés 10h)-17h. Fermé 1er-2 janv., 25-26 déc. 2€. ☏ 015 29 40 30 (Office de tourisme) ou 015 27 44 25 (musée).

Unique vestige de l'enceinte du 14e s., cette porte est flanquée de deux tours dont les toits pointus datent du 17e s. Le musée présente l'histoire de la ville et l'évolution urbanistique de Malines à travers le temps.

alentours

Fort van Breendonk

12 km à l'Ouest par la N16.

9h30-18h (oct.-mars 17h). Fermé 1er janv., 25 déc., 2e dim. de sept. 3€. ☏ 03 886 62 09 ; www.breendonk.be

Ce fort (mémorial national) fut construit entre 1906 et 1914 pour compléter la défense d'Anvers. Bombardé en 1914, il fut le dernier fort d'Anvers à se rendre aux Allemands. En mai 1940, il fut choisi par l'armée belge comme G.Q.G. (le roi Léopold III y séjourna), mais l'avance allemande ayant obligé les troupes à se replier sur le littoral, le fort dut être abandonné. De septembre 1940 à août 1944, les nazis y établirent un « camp de réception », en fait un véritable camp de concentration : y furent emprisonnées au total près de 4 000 personnes dont une partie fut déportée. Un circuit fléché, accompagné par endroits de témoignages enregistrés, fait traverser les chambrées de prisonniers, la salle de torture, les dortoirs installés dans les baraquements, l'enclos des exécutions d'otages et le gibet des condamnés à mort. La documentation du petit musée évoque les deux guerres mondiales, la vie dans le camp de Breendonk et dans d'autres établissements répressifs nazis.

De Malines à Elewijt

12 km au Sud-Est en sortant par le Leuvensesteenweg.

Muizen – Au Sud, le **parc zoologique de Planckendael★★**, vaste jardin d'une quarantaine d'hectares, fleuri et planté de beaux arbres, abrite près de 1 000 animaux. On y trouve des espèces rares ou menacées d'extinction, des volières d'oiseaux exotiques et des étangs fréquentés par des oiseaux aquatiques. ♿ *Janv. et déc. : 9h-16h30 ; fév. et de mi-oct. à fin nov. : 9h-16h45 ; de déb. mars à mi-mars et de déb. oct. à mi-oct. : 9h-17h15 ; de mi-mars à fin juin et sept. : 9h-17h45 ; juil.-août : 9h-18h15 ; de mi-avr. à fin juin : dim. et j. fériés 9h-18h15. 13€. ☏ 015 41 49 21.*

Hofstade – Immense parc récréatif de près de 150 ha aménagé autour de deux lacs et doté d'une réserve ornithologique.

Elewijt – À l'Ouest se trouve le **château Het Steen**, où Rubens passa les cinq dernières années de sa vie (1635-1640). Il conserve une jolie façade Nord, avec pignons à redans, ainsi qu'un donjon du 13e s.

Keerbergen et Tremelo

23 km à l'Est en sortant par la Nekkerspoelstraat.

Keerbergen – Dans la Campine brabançonne, c'est un agréable centre de villégiature dont les villas luxueuses se disséminent parmi les bois de pins.

Tremelo – Le **musée du Père Damien** (Pater Damiaanmuseum) a été aménagé dans la maison natale de ce missionnaire (1840-1889) qui mourut en soignant les lépreux des îles Hawaii à Molokai. Une collection d'objets lui ayant appartenu et un montage audiovisuel en plusieurs langues évoquent sa vie. ♿ *Visite accompagnée (1h) dim. 14h-17h (dernière entrée 16h30) ; juil.-août : tlj sf lun. et dim. 14h-17h30. Fermé de fin déc. à mi-janv., Pâques, Pentecôte. 2,50€. ☎ 016 53 05 19.*

La Meuse Namuroise★★

La Meuse naît en France, à 409 m d'altitude, et traverse la Belgique et le Sud des Pays-Bas, parcourant 950 km avant de se jeter dans la mer du Nord. C'est lorsqu'il traverse la province de Namur que le fleuve effectue son tracé le plus pittoresque. Son cours déjà puissant s'est frayé un sillon à quelque 300 m d'altitude et s'abaisse progressivement vers le Nord. Elle forme soudain à Namur un coude prononcé ; rencontrant un couloir, elle s'y est insinuée. La variété du paysage manifeste la nature du sol : les pentes de schiste boisées alternent avec les roches dures qui, mises à nu, encadrent la rivière, formant de magnifiques escarpements, d'étroites lames, des aiguilles effilées, ou souvent de profondes grottes.

La situation

Cartes Michelin nos 716 H 4, 5, I 4 et 534 O 21, P 20, Q 19 – Namur.
Comme son nom l'indique, la vallée de la Meuse namuroise se situe au cœur de la province de Namur. Accès facile par la N 92 qui longe le fleuve entre Namur et Dinant ou par les N 90 et N 959 reliant Namur à Andenne.
ℹ *Av. Reine Astrid 22, bte 2, 5000 Namur, ☎ 081 74 99 00 ; www.ftpn*

circuits

DE NAMUR À FOSSES-LA-VILLE 1

18 km à l'Ouest. Quitter Namur par la N 90.

Floreffe

Dominant la Sambre, l'**abbaye** fut fondée en 1121 par des Prémontrés et reconstruite aux 17e et 18e s. La cour d'honneur qui s'ouvre en terrasse est bordée de bâtiments du 18e s. Au-delà d'un jardin, on aperçoit une tour et un bâtiment à portique du 17e s. *Avr.-sept. : visite accompagnée (1h) 13h30, 14h30, 15h30, 16h30, 17h30 (juil.-août visites supplémentaires 10h30, 11h30). 2€. ☎ 081 44 53 03.* L'**église-abbatiale** (13e-18e s.), flanquée d'une tour, est longue de 90 m. Au 18e s., l'intérieur a été transformé par Dewez dans le style néoclassique. Le chœur, immense, comprend les **stalles★** remarquables, taillées par Pieter Enderlin de 1632 à 1648. Une quarantaine de personnages, la plupart fondateurs d'ordres religieux, sont représentés sur les panneaux supérieurs. Les huit angelots musiciens ou chanteurs surmontant les jouées des extrémités sont particulièrement admirables. En contrebas de l'abbaye, le **moulin-brasserie**, qui date du 13e s., a été transformé en auberge.

Fosses-la-Ville

Cette ville d'Entre-Sambre-et-Meuse, fondée autour d'un monastère du 7e s., a subi de nombreux sièges, surtout au 17e s. La **collégiale St-Feuillen**, reconstruite au 18e s., est encore flanquée de sa tour romane de la fin du 10e s. On peut y voir des stalles sculptées de 1524, des sculptures de la fin du 16e s., le buste-reliquaire de saint Feuillen (fin du 16e s.). À l'Est de l'église, « crypte » construite hors œuvre en 1086 : c'est la seule de ce type conservée en Belgique. **Le Petit Chapitre** à côté de l'église, autrefois résidence d'été des princes-évêques de Liège, abrite une **exposition de poupées** folkloriques, dont les costumes sont faits à la main par Lilette Arnould. *10h-15h (w.-end et j. fériés 16h). 2,50€. ☎ 071 71 46 24.* Fosses est connu pour ses fêtes, d'une part le cortège carnavalesque des **Chinels**, sortes de polichinelles facétieux, d'autre part la marche militaire de Saint-Feuillen qui a lieu tous les sept ans, le dernier dimanche de septembre *(prochaine manifestation en 2005).*

DE NAMUR À HASTIÈRE-LAVAUX★★ 2

80 km – compter une journée

Quitter Namur par la N 92 au Sud.

D'imposantes parois rocheuses et, perchées au sommet, les ruines de plusieurs châteaux forts donnent à ce trajet un caractère romantique. La présence de ces forteresses souligne l'importance stratégique de la vallée qui a subi de nombreuses

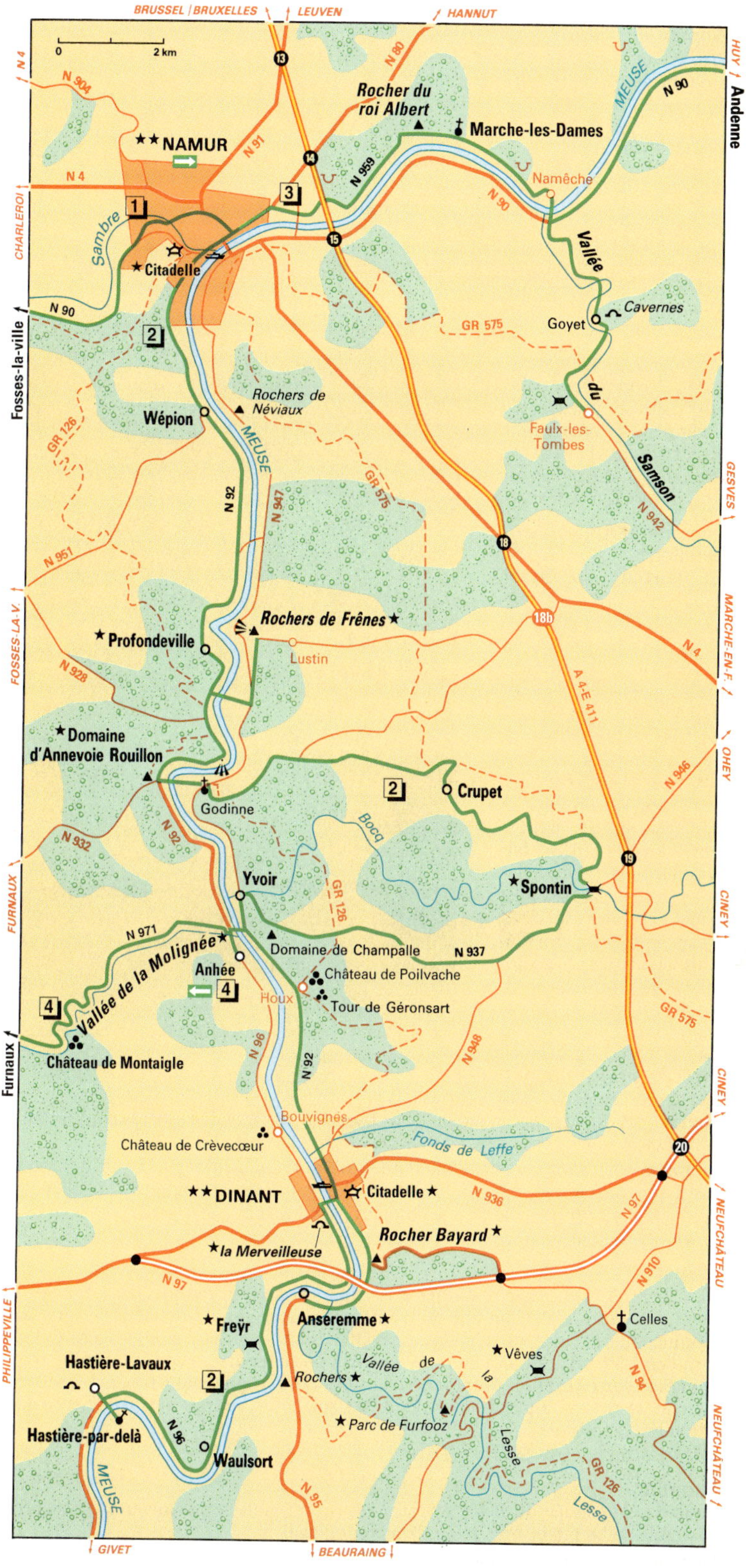
BRUSSEL | BRUXELLES
LEUVEN
HANNUT
HUY
Andenne
0
2 km
N 4
N 904
★★ NAMUR
N 91
N 80
Rocher du roi Albert
Marche-les-Dames
MEUSE
N 90
N 959
Namêche
N 4
CHARLEROI
1
3
Sambre
★ Citadelle
Vallée
Cavernes
Goyet
GR 575
Fosses-la-ville
N 90
2
du
Rochers de Néviaux
Wépion
Faulx-les-Tombes
GR 126
MEUSE
Samson
GESVES
N 92
N 947
GR 575
N 942
N 951
FOSSES-LA-V.
Rochers de Frênes ★
★ Profondeville
Lustin
N 928
N 4
MARCHE-EN-F.
A 4-E 411
★ Domaine d'Annevoie Rouillon
OHEY
N 946
Godinne
2
Crupet
N 932
N 92
Bocq
Yvoir
★ Spontin
GR 126
FURNAUX
CINEY
N 971
Vallée de la Molignée ★
Domaine de Champalle
N 937
Anhée
Château de Poilvache
4
Houx
Tour de Géronsart
4
GR 575
Furnaux
Château de Montaigle
N 96
N 92
N 948
CINEY
Bouvignes
Château de Crèvecœur
Fonds de Leffe
★★ DINANT
Citadelle ★
N 936
N 97
NEUFCHÂTEAU
Rocher Bayard ★
★ la Merveilleuse
N 97
N 910
PHILIPPEVILLE
Anseremme ★
★ Freÿr
Celles
Hastière-Lavaux
★ Vêves
Vallée de la Lesse
2
Rochers ★
N 94
Hastière-par-delà
N 96
★ Parc de Furfooz
NEUFCHÂTEAU
Waulsort
GR 126
MEUSE
N 95
Lesse
GIVET
BEAURAING

invasions. Le bassin est plus peuplé que les plateaux d'alentour ; au pied du décor sauvage des roches s'étalent de nombreux villages, tandis que villas, hostelleries, guinguettes se pressent le long des rives.

Wépion

Face à cette localité, centre de culture de la fraise, s'observent les imposants **rochers de Néviaux**.

Poursuivre son chemin.

Profondeville★

Charmant centre de tourisme, agréablement situé dans un méandre de la Meuse. Sur la rive opposée se dressent les rochers de Frênes.

Par le pont suivant, gagner la route de Lustin.

Rochers de Frênes★

Du belvédère aménagé au sommet des rochers *(accès par le café)*, belle **vue★** sur la vallée de la Meuse et Profondeville.

Revenir à la N 92.

Quelques kilomètres avant Annevoie, jolie **vue★** sur le prieuré de Godinne, charmante construction du 16ᵉ s. attenante à une église au chœur gothique (16ᵉ s.).

Ch. Bastin et J. Evrard/MICHELIN

Le parc d'Annevoie.

Domaine d'Annevoie-Rouillon★

Le domaine appartient depuis le 17ᵉ s. aux Montpellier. Le château et le parc du domaine d'Annevoie constituent un bel exemple du 18ᵉ s.

Parc★★ – Charles-Alexis de Montpellier imagina, à la fin du 18ᵉ s., ce parc aux eaux vives, compromis entre les jardins à la française et les jardins romantiques italiens, qui séduit par la multiplicité et la fantaisie de ses bosquets et de ses jeux d'eau. Parmi les frondaisons séculaires, le Buffet d'Eau (face au château), le Petit Canal et enfin, sur la hauteur, le Grand Canal, bordé de tilleuls, sont les principales étapes d'une agréable promenade au cours de laquelle on observera l'originalité de quelques bancs baroques. *De déb. avr. à déb. nov. : 9h30-17h30. 6,20€. ☎ 082 61 11 78.*

Château – À droite, la partie ancienne (1627) se signale par le motif de briques roses qui court sous le rebord du toit. Le château a été agrandi en 1775, à l'époque de la création du parc, auquel il s'intègre parfaitement. *Ne se visite pas.*

À l'entrée de Godinne, traverser la Meuse.

Crupet

Ce village situé entre deux vallons possède un charmant **manoir** des 12ᵉ et 16ᵉ s., entouré d'eau. C'est en fait une puissante tour carrée portant bretèche sur une face, flanquée d'une tourelle d'angle et coiffée d'un hourd à colombages. Occupé jusqu'en 1621 par les Carondelet, ce château porte les armes de cette famille franc-comtoise sur le fronton du porche d'entrée. Dans l'**église** de Crupet, à l'entrée à gauche, se trouve la pierre tombale de ces seigneurs, représentés dans leur rigide vêtement d'apparat.

Gagner Spontin en passant par Durnal.

Spontin★

Situé dans la vallée du Bocq, Spontin est connu pour son château et ses sources minérales alimentant une usine d'embouteillage.

Château★ – Entouré d'eaux vives (le Bocq), c'est un des témoignages remarquables de l'architecture du Moyen Âge en Belgique. Le château montre l'évolution d'un logis seigneurial du 12ᵉ au 17ᵉ s. Simple donjon au 12ᵉ s., agrandi en château fort au 14e s., il fut restauré à la fin du 16e s. dans le goût de la Renaissance et rehaussé de briques roses et de toits en poivrière. Les communs, qui furent ajoutés en 1622 en dehors des douves, ferment l'actuelle cour d'honneur. Dans la cour d'armes, ornée d'une élégante armature de puits en fer forgé par Van Boeckel (19e s.), apparaît l'ancien donjon. Les salles du vieux logis, aux murs énormes, aux cheminées gothiques et boiseries Louis XIII, au pavement de grès, contrastent par leur austérité avec les appartements. La partie Sud a été décorée au 19e s. dans le style néogothique. *11h-16h. 4€. ☎ 083 69 90 55.*

Ph. Gajic/MICHELIN

Château de Spontin.

Prendre la N 937 en direction d'Yvoir.

Yvoir

Ancien centre métallurgique, c'est une villégiature appréciée pour son **île** aménagée en **centre récréatif**. *Mai-sept. : 9h30-18h. 1€. ☎ 082 61 18 67.* On pratique la spéléologie dans les environs, au Nord. Au Sud d'Yvoir, le **domaine de Champalle** comprend les jardins botaniques et un château. Il abrite également le Tropical Butterfly Center et ses serres tropicales aux centaines de papillons exotiques, des poissons d'eau douce et de mer, et des oiseaux multicolores.

Traverser la Meuse en direction d'Anhée.

Avant Anhée commence la **vallée de la Molignée★** *(voir circuit 4).*

Suivre la N 92.

Au-dessus du village de Houx, on aperçoit les ruines du **château de Poilvache**, à 125 m au-dessus de la Meuse. Détruit par les Liégeois en 1430, le château est envahi par la végétation. La légende attribue sa construction aux quatre fils Aymon. Appelée d'abord château d'Émeraude, cette forteresse du 10e s. prit le nom de Poilvache au 14e s., à la suite d'une ruse de guerre : des assiégés, sortis en quête de bétail, avaient été capturés par les Dinantais. Ces derniers se revêtirent les uns des vêtements des prisonniers, les autres de peaux de bêtes, et, environnés de troupeaux, pénétrèrent dans la place. Plus loin, se dressent les ruines de la **tour de Géronsart**.

Les quatre fils Aymon

Depuis la célèbre chanson de geste Renaud de Montauban, les exploits de Renaud, Alart, Guichard et Richard fuyant, sur leur magnifique **cheval Bayard**, la haine de Charlemagne, dont Renaud avait tué le neveu, ont défrayé bien des chroniques. Les quatre fils du duc Aymes de Dordogne ne se réfugient qu'un temps en Ardenne, au bord de la Meuse, à Château-Regnault, en France, mais les lieux qui évoquent leur légende y sont légion, notamment le long de la Meuse namuroise.

Gagner Dinant en traversant la Meuse et prendre la N 96 en direction de Bouvignes.

Bouvignes et château de Crèvecœur *(voir Dinant, alentours)*

Regagner Dinant.

Dinant★★ *(voir ce nom)*

Prendre la N 936 en direction de Philippeville.

Grotte La Merveilleuse★ *(voir Dinant)*

Revenir à Dinant et traverser la Meuse. Au-delà du rocher Bayard, sur la rive gauche, on atteint au Sud Anseremme.

Anseremme *(voir Dinant, circuit 1)*

Suivre la N 96.

Château de Freÿr★

Le domaine s'étend en bordure de la route longeant la Meuse, dans un **cadre★★** superbe ; cet ensemble classique contraste avec les rochers tourmentés qui, sur la rive opposée, plongent dans le fleuve.

Château★ – Construit du 16e au 18e s., il est de style Renaissance mosane et Louis XV. Au cours de la visite, on parcourt une suite de salons aux belles boiseries et cheminées, ornés de meubles des 17e et 18e s. Là Louis XIV fut reçu, lors du siège de Dinant en mai 1675 et de la signature du traité de Freÿr, en octobre, puis la gouvernante des Pays-Bas, l'archiduchesse Marie-Christine, en 1785. Un grand vestibule est décoré de toiles représentant des scènes de chasse ; au balcon, belle rampe en fer forgé inspirée de la place Stanislas à Nancy. *De déb. avr. à fin sept. : visite accompagnée (1h30) w.-end et j. fériés 11h, 14h30, 16h (juil.-août tlj sf lun.) ; oct.-mars : dim. 15h. 6€. ☎ 082 22 22 00 ; www.freyr.be*

Château et rochers de Freÿr.

Parc★ – Les jardins à la française, dessinés en 1760 par les comtes de Beaufort-Spontin selon les principes de Le Nôtre, s'étagent, parallèles au fleuve, sur trois terrasses ornées de miroirs d'eau ; la plus basse, plantée de tilleuls, porte une collection de 33 **orangers** en caisses dont certains sont tricentenaires, les autres sont couvertes d'une haute **charmille** en labyrinthe. Au sommet du jardin, près du pavillon Frédéric Salle, décoré intérieurement par les frères Moretti, on domine l'ensemble du domaine.

Bientôt, le lit du fleuve se rétrécit et, sur la rive opposée, apparaissent de beaux rochers gris tourmentés qui plongent leur abrupt dans la Meuse : ce sont les célèbres **rochers de Freÿr**★.

Waulsort

Petit centre de villégiature dans un site agréable. De l'importante abbaye de Waulsort fondée au 11e s., il reste le château actuel, ancien palais abbatial.

Gagner la rive droite.

Hastière-par-delà

« Par-delà » la Meuse, l'**église Notre-Dame**, vestige d'un ancien prieuré, est de style roman mosan (1033-1035), à l'exception du chœur, gothique. Elle présente des points communs avec St-Hadelin de Celles : importante tour-porche, arcatures lombardes, nef à plafond de bois, grandes arcades sur piliers carrés. Les stalles du 13e s. sont sculptées de motifs très variés. Les fonts baptismaux datent du 14e s. La **crypte**, romane, contient deux sarcophages mérovingiens.

Regagner la rive gauche.

Hastière-Lavaux

Les **grottes du Pont d'Arcole** *(rue d'Anthée)* possèdent cinq galeries ornées de concrétions et un puits au fond duquel coule une rivière souterraine. La galerie supérieure est ornée de fines stalactites, certaines d'un blanc très pur. *Juil.-août : visite accompagnée (50 mn) 9h-18h ; de mi-avr. à fin sept. : 10h-16h ; de déb. oct. à mi-avr. : w.-end 10h-16h. 5€. ☎ 081 64 44 01.*

DE NAMUR À ANDENNE★ 3

35 km à l'Est

Sur ce tronçon, la Meuse s'élargit et la vallée prend de l'ampleur ; si des rochers subsistent çà et là, les pentes sont en général moins escarpées. De nombreuses carrières, notamment de calcaire et de dolomie, sont exploitées sur les rives.

Quitter Namur par la N 959 et longer la rive droite de la Meuse.

Rocher du roi Albert

Sur la gauche, on peut voir des roches qui surplombent la Meuse de 70 m. C'est là que le **roi Albert Ier** trouva la mort, le 17 février 1934, dans une chute lors d'une escalade. Une croix à mi-pente indique l'endroit où fut retrouvé son corps. La forêt environnante est devenue **parc national**.

Marche-les-Dames

L'**abbaye N.-D.-du-Vivier** a été fondée au début du 13e s. par des cisterciennes. Elle est occupée de nos jours par les petites sœurs de Bethléem. Les bâtiments abbatiaux datent des 13e et 18e s.

À Namêche, traverser la Meuse et prendre la N 942 vers Gesves.

Vallée du Samson

C'est une vallée verdoyante et pittoresque.

Goyet

Les **cavernes** donnent un aperçu de la vie des grottes à l'époque préhistorique ; à côté, d'autres **grottes** présentent de belles concrétions. *Mars-nov. : visite accompagnée (1h30) tlj sf mer. (hors vac. scol.) 10h-17h. 7€. ☎ 081 58 85 45.* Un peu avant Faulx-les-Tombes apparaît un **château** (19e s.), saisissant pastiche d'une forteresse médiévale.

Faire demi-tour et revenir à la vallée de la Meuse que l'on suit jusqu'à Andenne.

Andenne

Cette petite ville a pour origine un monastère fondé vers 690 par sainte Begge, trisaïeule de Charlemagne. Au 11e s., ce monastère devint chapitre noble de chanoinesses séculières. C'est à Andenne qu'a débuté la **guerre de la Vache**. Un paysan avait volé une vache à un bourgeois de Ciney et fut reconnu à la foire d'Andenne alors qu'il tentait de restituer la vache à son propriétaire. Il fut arrêté, puis pendu par les hommes de Ciney. En représailles, le comte de Namur, dont le paysan était l'un des sujets, vint, aidé des Luxembourgeois, assiéger Ciney. Le prince-évêque de Liège, souverain de Ciney, appela à l'aide les Dinantais. La guerre dura 2 ans et ravagea le Condroz.

Collégiale Ste-Begge – Édifiée au 18e s. d'après les plans de Dewez, elle a remplacé les sept églises que comptait le monastère ; elle contient le tombeau gothique de la sainte, en pierre bleue *(chapelle à gauche du chœur)*. Le **musée** de la collégiale abrite le trésor des chanoinesses : peintures, sculptures, parchemins et la châsse de sainte Begge (vers 1570-1580), finement ciselée. *De mi-juil. à mi-août : chaque dim. 15h-18h30 ; mai-oct. : 1er dim. 15h-18h30. En dehors des jours de visite sur demande uniquement. 3€. S'adresser à Mr. R. Frennet, ☎ 085 84 13 44.*

LA VALLÉE DE LA MOLIGNÉE★ 4

24 km – environ 4h

À hauteur d'Anhée, prendre la N 971.

La Molignée est un petit cours d'eau qui s'écoule dans une charmante vallée champêtre et boisée avant de se jeter dans la Meuse. Les villages aux maisons de pierre bleue se succèdent. Plusieurs abbayes ont choisi ses coteaux pour s'établir.

Château de Montaigle

Les ruines de cette forteresse détruite en 1554 par Henri II se dressent sur une butte escarpée.

Suivre la N 971. À l'ancienne gare de Falaën, prendre à gauche.

Château-ferme de Falaën

Juil.-août : 13h-20h ; mars-nov. : w.-end 13h-20h. 2,50€. ☎ 082 69 96 26.

Autrefois entouré de fossés et défendu par un pont-levis, ce bâtiment du 17e s. construit en brique et en pierre calcaire forme un quadrilatère fermé à chaque angle par une tour élancée. À l'intérieur, petit musée sur les confréries et expositions temporaires.

Abbaye de Maredsous

9h-18h. ☎ 082 69 82 84 ; www.maredsous.com

Elle a été fondée en 1872 par des bénédictins. C'est un vaste ensemble de style néo-gothique situé sur un plateau boisé dominant la vallée. Les moines, en dehors de leurs heures de prière, ont les activités les plus diverses : enseignement, informatique, recherches théologiques, mais aussi hôtellerie, fromagerie, librairie, etc.

Maredret

Ce village où se trouve également une abbaye est spécialisé dans l'artisanat.

Ermeton-sur-Biert

L'ancien château qui domine le site très boisé de ce bourg a été transformé en couvent.

Après la gare, tourner à droite et passer sous la voie ferrée.

Furnaux

L'église abrite de magnifiques **fonts baptismaux★**, exécutés vers 1135-1150. La cuve romane de style mosan supportée par quatre lions est ornée de scènes de l'Ancien et du Nouveau Testament, en particulier le Baptême du Christ.

Mons★

Mons, chef-lieu du Hainaut, dont le beffroi marque l'importance, est, à proximité de la frontière française, le grand centre commercial du Borinage. Le pittoresque de ses vieilles rues pavées et montueuses, bordées d'élégantes demeures des 17e et 18e s., ne manque pas d'attrait. Au 16e s., Mons voit naître le sculpteur et architecte Jacques Du Brœucq (vers 1510-1584) et le musicien Roland de Lassus (1532-1594). Verlaine, emprisonné à Mons pour avoir tiré sur son ami Rimbaud y a écrit « Romances sans paroles » et quelques fragments de « Sagesse ».

La situation

91 187 habitants – Cartes Michelin nos 716 E 4 et 534 I 20 – Plan d'agglomération dans Le Guide Rouge Benelux – Hainaut P.

Mons se trouve à 20 km de Maubeuge, à laquelle elle est reliée par les N 6 et N 2. La ville est également accessible par l'autoroute E 19 depuis Bruxelles.

Grand-Place 22, ☎ 065 33 55 80 ; www.mons.be

Pour poursuivre la visite, voir aussi les chapitres Canal du Centre et Le Grand Hornu.

comprendre

Histoire de la ville

Mons, comme l'indique son nom, tient son origine d'une éminence. Elle se développe autour d'un monastère fondé en 650 par sainte Waudru, au pied des ruines d'une forteresse. Les comtes de Hainaut font construire un château à l'emplacement de celles-ci. La ville connaît sa plus grande splendeur au Moyen Âge et sous Charles Quint grâce à ses manufactures de draps. Mais sa position stratégique, aux limites de la France, lui vaut d'être plusieurs fois assiégée. C'est ainsi qu'en 1691 les troupes de Louis XIV s'emparent de la ville après un siège de trois semaines ; de ce fait, le style de la plupart des maisons date de cette époque.

carnet pratique

Restauration

• À bon compte

Chez Henry – *R. d'Havré 41 – ☎ 065 35 23 06 – fermé dim. et lun. soir – ✗ – 16/25€.* Au cœur de la cité du « doudou », Henry vous attable dans une salle de restaurant gentiment rustique habillée de briques et de poutres. Cuisine simple et roborative, au goût de Monsieur Tout-le-monde. Chaleureuse ambiance familiale.

Alter Ego – *R. de Nimy 6 – ☎ 065 35 52 60 – fermé de mi-juil. à mi-août, lun. – 22/31€.* Adresse estimable s'inscrivant dans la veine bistrotière : tables au coude à coude, chaise ou banquette en alternance, lampes-grappes de raisins et carte volontiers « canaille », parsemée de recettes à l'ancienne. Proximité immédiate de la Grand-Place.

Hébergement

• À bon compte

Saint-Georges – *R. des Clercs 15 – ☎ 065 31 16 29 – www.saintgeorges.be – ✗ 30/72€.* Après avoir terrassé le dragon, saint Georges – patron de la capitale du Hainaut – a soufflé son nom à ce modeste établissement posté au sommet de la ville, tout à côté du beffroi (17e s.). Chambres bien commodes pour l'étape.

Infotel – *R. d'Havré 32 – ☎ 065 40 18 30 – hotelinfotel@infonie.be – P – 20 ch. : 67/89€ ☐.* À un saut de la Grand-Place, donc en plein centre, construction actuelle où vous séjournerez malgré tout au calme, dans des chambres convenablement équipées. Cour intérieure protégeant un parking fort pratique.

Petite pause

Saey – *Grand-Place 12 – ☎ 065 33 54 48 – 7h30-22h30, ven.-sam. jusqu'à 0h.* Ce salon de thé-pâtissier-glacier-traiteur qui régale les Montois depuis 1854 est une institution locale. L'été, terrasse sur la Grand-Place.

L'Excelsior – *Grand-Place 29 – ☎ 065 36 47 15 – 9h30-0h, ven.-sam. jusqu'à 2h.* Ouvert en 1922, c'est l'un des plus vieux cafés-restaurants de la ville, resté fidèle à ses tables en cuivre et ses lampes à gaz d'origine, aujourd'hui électrifiées. Sa spécialité : les cocktails de légumes ! Vins au verre et belle carte de bières.

Achats

H. Colson – *R. des Fripiers 11 – ☎ 065 36 33 74 – mar.-sam. 7h-13h, 14h-18h, dim. 7h-13h.* Ce pâtissier-glacier renommé s'honore de quelques spécialités fort prisées des Montois : la tarte au citron, le Misérable (biscuit aux amandes et à la crème beurre-vanille) et le macaron de Mons (à base de riz et de pâte d'amandes).

MONS

Athénée (R. de l') . . . . . . Z 2
Bootle (Pl. de) . . . . Y 3
Capucins (R. des) . . . . . . Z
Chartriers (R. des) . . . . . Z 5
Chaussée (R. de la) . . . . Z 6
Claude de Bettignies (R.) . . . . Y 7
Clef (R. de la) . . . . Z 8
Clercs (R. des) . . . . Z 9
Coupe (R. de la) . . . . Z 13
Dolez (Bd) . . . . Z 14
Échelles (R. des) . . . . . . Y 17
Enghien (R. d') . . . . Y 18
Étampes (R. d') . . . . Y 19
F. Roosevelt (Square) . . . . YZ 20
Frère Orban (Av.) . . . . . YZ 21
Fripiers (R. des) . . . . Z 22
Gades (R. des) . . . . Y 23
Gaillers (R. des) . . . . Y 24
Grand Rue . . . . Z
Grosse Pomme (R. de la) . . . . Z 26
Havré (R. d') . . . . Z
Houdain (R. de) . . . . Z 27
Houssière (R. de la) . . . . Z 28
M. Bervoets (R.) . . . . Y 30
Notre-Dame Débonnaire (R.) . . . . . . Y 31
Pte Guirlande (R. de la) . . . . Z 35
Telliers (R. des) . . . . Y 37
Tour Auberon (R. de la) . . . . Y 40
4 Fils Aymon (R. des) . . . . Y 41

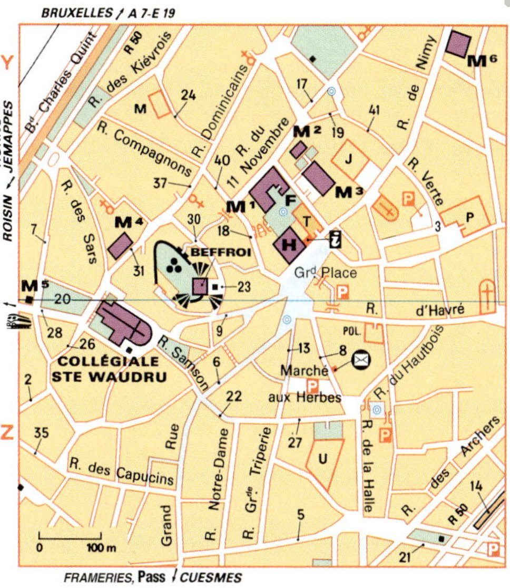

Hôtel de ville . . . . Y H
Jardin du Mayeur . . . . Y F
Mundaneum . . . . Y M6
Musée des Beaux-Arts . . . . . . Y M3
Musée du Centenaire . . . . Y M1
Musée du Folklore et de la Vie montoise . . . . Y M2
Musée François Duesberg . . . . YZ M5
Vieux Logis et chapelle Ste-Marguerite (musées) . . . . Y M4

À **Jemappes** *(5 km à l'Ouest)*, en 1792, le général Dumouriez remporte sur les Autrichiens une victoire qui livre momentanément le pays à la France.
Mons est devenu un véritable symbole de la guerre de 1914-1918 pour l'Empire britannique. C'est sous ses murs que l'armée du général French arrête les Allemands de von Kluck pendant 48 h. À l'aube du 11 novembre 1918, les Canadiens libèrent la ville après trois jours de féroces combats. Les bombardements de l'aviation de 1940-1945 causent la destruction de plusieurs quartiers. En 1967, le SHAPE, commandement suprême des Forces alliées en Europe, s'installe sur le territoire des communes de Maisières et de Casteau, au Nord-Est. Depuis 1971, Mons est le siège d'une université de l'État comprenant cinq facultés.

Les festivités de la ducasse

Chaque année, le dimanche de la Trinité (qui suit la Pentecôte), se déroule la procession du Car d'or, où confréries et corporations des différentes paroisses, ainsi que des groupes historiques évoquant la Renaissance, défilent à travers la ville afin d'escorter les reliquaires ou statues de leurs saints patrons. Ce défilé se termine par l'apparition du char processionnel de sainte Waudru transportant les reliques de celle-ci.
Cette procession sera suivie du Lumeçon, vestige d'un « jeu médiéval » opposant saint Georges à un dragon. Le combat, mettant en scène divers personnages et animaux parfois étranges (les chinchins), se déroule au son de « l'air du doudou », et s'achève par la victoire du Bien contre le Mal.

se promener

Partir de la Grand-Place.

Hôtel de ville

Visite accompagnée pour groupes uniquement et sur demande préalable à l'Office de tourisme. Visite libre uniquement lors des journées du Patrimoine. ☎ 065 33 55 80.
Situé sur la Grand-Place, il a été édifié en 1458. À la mort de Charles le Téméraire (1477), la construction s'interrompit faute d'argent. Elle fut reprise du 16e au 19e s. La belle façade gothique surmontée d'un campanile est flanquée de deux pavillons du 17e s. à fronton à volutes.
Près de la porte principale, le « singe du Grand-Garde », figurine en fer forgé d'origine mystérieuse, a la tête polie par les caresses des personnes désirant s'assurer le bonheur. Sous le porche, remarquer les clés de voûte sculptées, du 15e s., agrémentées de scènes symbolisant les fonctions judiciaires des échevins.
À l'**intérieur**, on visite de nombreuses salles de différentes époques, ornées d'un beau mobilier, de tableaux et de tapisseries. Dans la salle gothique au 1er étage, les poutres s'appuient sur de belles consoles sculptées. De la pièce voisine, on découvre la voûte gothique (17e s.) de l'ancienne chapelle St-Georges, occupée par des expositions temporaires.

Jardin du Mayeur (Maire)

Derrière l'hôtel de ville, ce jardin est l'ancien verger et basse-cour des échevins. Il forme un joli cadre à des bâtiments anciens dont l'un, le Mont-de-Piété (17e s.), abrite le musée du Centenaire. La fontaine du Ropieur (ou farceur), sculptée par Gobert, représente un jeune garçon aspergeant les passants avec l'eau de la fontaine.

S'engager dans la rue d'Enghien, puis prendre à gauche la rue Cronque qui conduit au beffroi.

Beffroi*

Il est bâti au sommet de la ville dans le charmant square du Château d'où se dégagent de belles échappées et où se remarquent des vestiges des murs d'enceinte (11e-12e s.) du **château des Comtes de Hainaut** (12e s.) et de sa **chapelle castrale St-Calixte** dont la crypte date de l'époque romane (11e s.). Le **beffroi**, haut de 87 m, est le seul de style baroque en Belgique (1661-1674). Il est couronné de gracieux bulbes et d'une lanterne ajourée. Le carillon compte 47 cloches et un gros bourdon de 5 t.

Descendre la rue des Gades, puis prendre à droite la rue des Clercs.

Collégiale Ste-Waudru**

9h-18h30 (dim. 19h). Fermé ap.-midi du 1er janv. et 25 déc. ☎ 065 33 55 80 (Office de tourisme).

C'est à l'emplacement même du modeste monastère fondé par sainte Waudru qu'entre 1450 et 1686 fut bâti cet imposant édifice de style gothique brabançon. Le chapitre noble des chanoinesses de Ste-Waudru confia cette tâche à **Mathieu de Layens**.

Elle présente un extérieur imposant, un peu trapu, car la tour de façade prévue à l'Ouest, dont la hauteur devait atteindre 190 m, n'a jamais été terminée et ne dépasse pas la toiture de la nef. L'ensemble est bordé de 29 chapelles.

Intérieur – *Accès par le portail Sud.*

La vaste nef (108 m) s'élève sur trois niveaux et possède des piliers fasciculés atteignant d'un seul jet la voûte en brique. Un **jubé** en albâtre, exécuté au 16e s. dans le style de la Renaissance italienne par Jacques Du Brœucq, a été démoli en 1797 : les statues et bas-reliefs ayant échappé à la destruction sont dispersés dans la collégiale. Au revers de la façade, à l'avant de la tribune supportant les orgues (18e s.), on voit le **Car d'or** (1781), carrosse qui porte, lors de la procession annuelle, la châsse (19e s.) de sainte Waudru.

Le **chœur** est entouré de sept splendides **statues allégoriques*** en albâtre exécutées par Du Brœucq : les quatre vertus cardinales et les trois vertus théologales (1545) d'une grâce très étudiée, ainsi qu'un splendide saint Barthélemy (1574). Les fenêtres hautes du chœur sont ornées de beaux vitraux des 16e et 17e s. parmi lesquels les cinq « verrières impériales » offertes par Maximilien d'Autriche et réalisées par le peintre verrier montois Claix Eve.

Dans la 1re chapelle à droite du **déambulatoire**, « Les Féeries », un retable gothique en pierre, du 16e s. (registre supérieur) ; dans la 12e chapelle, un beau retable en marbre noir et albâtre de Du Brœucq (1549) surmonté d'une harmonieuse statue de Marie-Madeleine entourée de statuettes des Évangélistes. Au mur de la 4e chapelle du bas-côté droit, un beau Christ Salvator en albâtre, du même artiste.

Trésor – Situé dans l'ancienne salle capitulaire des chanoinesses, il contient d'intéressants objets d'art religieux du 13e au 19e s. : ornements liturgiques et pièces d'orfèvrerie. Un très beau bijou ayant appartenu à sainte Waudru, appelé « Benoîte affique », date de l'époque mérovingienne. Une petite salle annexe renferme des sculptures de petite taille de Jacques Du Brœucq. *Mars-nov. : tlj sf lun. 13h30-18h (dim. 17h). Fermé sem. de la Ducasse de la Trinité. 2,50€. ☎ 065 33 55 80 (Office de tourisme) ou 065 87 57 75.*

Le Car d'or dans la collégiale Ste-Waudru.

Ch. Bastin et J. Evrard/MICHELIN

visiter

Musée du Centenaire

Fermé pour durée indéterminée. ☎ 065 33 55 80 (Office de tourisme).

Il abrite un musée consacré à la fois à la Grande Guerre et à la Seconde Guerre mondiale. Au 2e étage se trouve un musée d'Archéologie préhistorique et gallo-romaine.

Musée du Folklore et de la Vie montoise★ (Maison Jean Lescarts)

Tlj sf lun. 12h-18h, dim. 10h-12h, 14h-18h. Fermé 1er-2 janv., 25-26 déc. 2,50€. ☎ 065 31 43 57 ou 065 33 55 80 (Office de tourisme).

La maison Jean Lescarts, isolée au fond d'un jardin lapidaire et accessible par un escalier, est un charmant édifice de 1636, ancienne infirmerie d'un couvent. L'intérieur évoque, par son mobilier, sa décoration rustique, ses collections et sa documentation, l'histoire et la vie traditionnelle de la région.

Musée des Beaux-Arts

Tlj sf lun. 12h-18h, dim. 10h-12h, 14h-18h. Fermé 1er-2 janv., 25-26 déc. 2,50€. ☎ 065 40 53 06.

Des œuvres d'art du 16e s. à nos jours y sont présentées par roulement. Expositions temporaires.

Le Vieux Logis : musées Chanoine-Puissant

Fermé pour durée indéterminée. ☎ 065 33 55 80 (Office de tourisme).

Avant sa mort en 1934, le chanoine Puissant, grand amateur d'art, avait rassemblé de riches collections hétéroclites : meubles anciens, statues, orfèvrerie, dessins, réunis dans une petite maison du 16e s., ainsi qu'à quelques pas, dans la chapelle Ste-Marguerite, bâtiment roman du 13e s. C'est dans cette chapelle de l'ancien cimetière paroissial de Ste-Waudru (appelé Attacat) qu'a été inhumé le chanoine.

Musée François Duesberg★

Entrée par la rue de la Houssière. Tlj sf lun. 13h30-18h. Fermé 1er-2 janv., 25-26 déc. 4€. ☎ 065 36 31 64.

Installé dans les anciens bâtiments de la Banque nationale, l'intérieur de ce musée a été sobrement aménagé afin de faire ressortir l'éclat de la très belle **collection de pendules**★★ dites « au nègre » (1795-1815) exécutées par les meilleurs fondeurs-ciseleurs parisiens. C'est de l'engouement pour l'exotisme d'écrivains comme Defoe *(Robinson Crusoé)*, Bernardin de Saint-Pierre *(Paul et Virginie)* ou Chateaubriand *(Atala)*, ainsi que sous l'influence des écrits philosophiques de Rousseau que naîtra l'inspiration créatrice. Dix corps de métiers différents devaient s'associer pour la création d'une seule pendule dont les bronzes étaient patinés (noir) ou dorés. Remarquer la superbe pendule *Paul et Virginie* qui aurait été commandée en 1802 au bronzier parisien Thomire par Bonaparte pour être offerte à l'écrivain dont il admirait le roman. Le musée comprend également une collection remarquable de **porcelaines** réalisées par des ateliers bruxellois et parisiens ainsi que des tableaux, gravures, livres ou d'autres témoignages inspirés des mêmes thèmes.

Mundaneum

Tlj sf lun. 10h-18h. 2,50€. ☎ 065 31 53 43.

Ce musée accueille l'œuvre gigantesque de deux avocats bruxellois P. Otlet et H. La Fontaine dans une mise en scène insolite des célèbres scénaristes et dessinateurs Peeters et Schuiten. En 1895, Otlet et La Fontaine fondent l'Office international de Bibliographie et créent un répertoire bibliographique universel afin de rassembler les notices de toutes les publications éditées dans le monde.

alentours

Frameries

7 km au Sud.

Le **Parc d'Attractions Scientifiques (PASS)** se situe sur le site de l'ancien charbonnage du Crachet aménagé autour d'un terril désaffecté. Tout en créant de nouveaux espaces, le célèbre architecte français Jean Nouvel a rénové les anciens bâtiments témoignant du riche passé industriel du Borinage. Le PASS propose par sa présentation ludique une introduction au développement de la science et de la technologie. L'objectif de la visite est d'apprendre tout en se divertissant. ♿ *Visite pdt vac. scol. : 10h-18h ; en période scol. : tlj sf mer. 9h-17h, w.-end et j. fériés 10h-18h. Fermé de déb. janv. à mi-janv., sept., 24, 25 et 31 déc. 12,50€. ☎ 070 22 22 52 ; www.pass.be*

Cuesmes

3,5 km au Sud. Partir de la Grand-Rue.

Dans un joli site champêtre quelque peu marécageux s'élève la **maison de Van Gogh** où le célèbre peintre habita en 1879 et 1880 dans une famille de mineurs, les Decrucq. Il était arrivé en décembre 1878 dans le Borinage pour pratiquer l'apostolat. À Cuesmes, il commença à dessiner la campagne et la vie des mineurs. Le rez-de-chaussée accueille des reproductions de ses œuvres et présente un spectacle audiovisuel. *Tlj sf lun. 10h-18h. Fermé 1er-2 janv., 25-26 déc. 2,50€.* ☎ *065 35 56 11.*

Blaugies

20 km au Sud-Ouest par la N 543, puis, à hauteur de Rieu-de-Bury, prendre une route à droite.

L'**église** renferme un petit retable du 15e s. en bois polychrome représentant une *Mise au tombeau* d'une facture mouvementée et des fonts baptismaux du 12e s. sur une face desquels figurent des dragons mordant une grappe de raisin.

Ch. Bastin – J. Evrard/MICHELIN

Le PASS.

Roisin

30 km au Sud-Ouest de Mons.

Au Nord du village, près du **Caillou-qui-bique** s'élève la **maison de Verhaeren** où l'écrivain vécut, en compagnie de sa femme Marthe, les dernières années de sa vie de 1900 à 1916. Dans la cour de l'auberge du Caillou, petit **musée Verhaeren** comprenant en particulier la reconstitution du cabinet de travail du poète. *Visite sur demande préalable.* ☎ *065 75 07 32 (Office de tourisme).*

Namur★★

Sa position au confluent de la Sambre et de la Meuse, que franchit le beau pont de Jambes, en a fait jadis une place militaire de premier ordre. Dominée par son énorme citadelle couvrant la colline du Champeau, Namur est de nos jours une cité paisible, où il fait bon flâner dans les ruelles pittoresques du vieux centre. Capitale politique de la Wallonie, la ville accueille le Parlement wallon, situé sur le site du Grognon, l'un des plus anciens quartiers de Namur. Les facultés universitaires N.-D.-de-la-Paix, fondées en 1831, sont réputées.

La situation

104 994 habitants - Cartes Michelin nos 716 H 4 et 534 O 20 - Namur P.

Fille de la Meuse, Namur se trouve entre Charleroi et Liège. On y arrive en empruntant l'A 15/E 42 ou l'E 411.

Hôtel de ville, ☎ 081 24 64 44 ou Square Léopold, ☎ 081 24 64 49 ; www.ville.namur.be

comprendre

Une ville maintes fois assiégée

L'histoire du comté de Namur est essentiellement guerrière. Sa situation stratégique vaut à la ville de subir une multitude de sièges. Dès l'époque romaine, César vient y investir les Aduatuques qui s'y étaient réfugiés. En 1577, le château est pris par Don Juan d'Autriche. À partir de la fin du 17e s., les attaques se succèdent. Le siège de 1692 dirigé par Vauban en présence de Louis XIV a un grand retentissement. Vauban renforce les fortifications, mais la ville est reprise en 1695 par Guillaume III d'Orange. En 1746, ce sont les armées de Louis XV qui investissent la ville. Celle-ci, en 1748, est rendue à l'Autriche et l'empereur Joseph II démolit ses fortifications. En 1792, les révolutionnaires s'emparent de Namur dont ils sont chassés l'année suivante par les Autrichiens. Le dernier siège de la ville, en 1794, la rend aux Français. En 1815, après Waterloo, l'arrière-garde du corps de Grouchy, installée à Namur, protège brillamment la retraite du gros des forces du maréchal vers la vallée de la Meuse et de Givet-Charlemont. En 1816, les Hollandais reconstruisent la citadelle. Pendant la guerre de 1914-1918, la ceinture de forts, construits à la fin du 19e s., oppose une héroïque résistance à l'ennemi. Cependant, la ville est envahie et, en outre, pillée et incendiée en partie le 23 août 1914. Prise en mai 1940, Namur est touchée jusqu'en 1944 par plusieurs bombardements.

carnet pratique

Visites

Visites guidées – Organisées de mai à septembre, des visites pour individuels permettent de découvrir les quartiers anciens de la ville. L'Office de tourisme propose tous les dimanches des **visites guidées à thème**. Il est également possible de découvrir Namur à son gré, équipé d'un **baladeur**. Informations : Centre d'Information touristique, ☎ 081 24 64 49.

Restauration

• *À bon compte*

La Cava – *R. de la Monnaie 20 – ☎ 081 23 04 72 – ⊭ – 10/12,50€.* Sympathique restaurant italien implanté au cœur du secteur piétonnier, à proximité de la place d'Armes et du beffroi. La salle à manger est aménagée sous les voûtes d'une belle cave gothique (15e s.). Cuisine dialoguant en direct avec la « Botte ».

La Cuve à Bière – *R. des Brasseurs 108 – ☎ 081 26 13 63 – fermé dim., lun. – ⊭ – 13/25€.* Une belle petite cour donne accès à cette ancienne bâtisse qui abrita jadis des installations brassicoles. La bière y reste à l'honneur, jusque dans le décor de la salle à manger, très « col de mousse ». Choix de préparations simples, mais copieuses.

Fenêtre sur cour – *R. du Président 35 – ☎ 081 23 09 08 – fenetre.sur.cour@skynet.be – fermé dim., j. fériés – ⊭ – 7,31€ déj. – 22,06/32,47€.* En plein centre animé, imposante maison particulière ayant effectivement « fenêtre sur cour ». Carte classico-bourgeoise, écriteau avec suggestions du marché, menu multi-choix et plat du jour à prix sage. Ambiance un peu « trendy ».

• *Valeur sûre*

Le Temps des Cerises – *R. des Brasseurs 22 – ☎ 081 22 53 26 – fermé dim., lun. – ⊭ – 25,79/33,47€.* Connu de longue date dans la rue des Brasseurs, ce sympathique petit bistrot tout proche du musée des Arts anciens du Namurois décline un assortiment de préparations traditionnelles et des menus thématiques renouvelés cinq fois l'an.

Les Embruns – *R. de la Tour 2 – ☎ 081 22 74 41 – fermé 1 sem. à carnaval, 2 sem. à Pâques, 3 sem. en juil., Toussaint, dim., lun. – 20€ déj. – 26/38€.* Restaurant-poissonnerie posté juste en face du théâtre et à 100 m du trésor du prieuré d'Oignies aux sœurs de N.-D. Grande carte où de goûteuses préparations gorgées d'iode font l'objet de plusieurs menus bien ficelés. Affluence d'habitués.

Au Trois Petits Cochons – *Av. de la Plante 4 – ☎ 081 22 70 10 – fermé de déb. mars à mi-mars, août, sam. midi, dim., lun. – 29€.* Établi en contrebas de la citadelle, devant le pont de Jambes, ce petit restaurant très bon enfant propose une cuisine bistrotière savoureusement adaptée au goût du jour. Décor intérieur d'esprit rustique. L'été, on dresse le couvert dans la cour.

Hébergement

• *À bon compte*

Les Tanneurs – *R. des Tanneries 13 – ☎ 081 24 00 24 – info@tanneurs.com – P – 30 ch. : 38/217€ – ☕ 7€.* Confortable hôtel aménagé entre deux ruelles, dans une ancienne tannerie regroupant un bel ensemble de maisons du 17e s. Au choix, table gastronomique inventive et sympathique bistrot servant des grillades. Le « Visiteur » Jean Reno a signé le livre d'or !

Grand Hotel de Flandre – *Pl. de la Station 14 – ☎ 081 23 18 68 – 33 ch. : 44,62/66,93€ – ☕ 7,44€.* Vénérable hôtel stratégiquement implanté devant la gare. Les chambres, de mise assez simple, sont en attente d'une cure de jouvence. À l'arrière, quelques-unes procurent un peu plus de quiétude. Taverne-restaurant au rez-de-chaussée.

Beau Vallon – *Chemin du Beau Vallon 38 – 5100 Wépion – ☎ 081 41 15 91 – ⊭ – 5 ch. : 23,50/55€ ☕.* Cette accueillante demeure en pierres du pays ouvrant sur un parc est l'adresse toute indiquée pour « ramener sa fraise » à Wépion. Vous y séjournez en paix, dans des chambres sans reproche. Une flambée bienfaisante crépite au salon quand le froid sévit.

La Ferme du Quartier – *Pl. Ste-Marguerite 4 – 5004 Bouge – ☎ 081 21 11 05 – fermé juil., 1 sem. fin déc., dim. soir – P – 14 ch. : 28/43€ ☕ – restaurant 31€.* Trois frangins sont aux commandes de cette grosse ferme (16e s.) reconvertie en petit hôtel. Chambres assez tranquilles, mais de tailles restreintes et équipées avec simplicité. Cuisine traditionnelle à savourer dans une ambiance cordiale.

New Hotel de Lives – *Chaussée de Liège 1178 – 5101 Lives-sur-Meuse – ☎ 081 58 05 13 – francis40@infonie.be – P – 10 ch. : 61/77€ ☕.* Auberge massive à dépister en bord de Meuse, entre Namur et Andenne, non loin de l'autoroute reliant Luxembourg à Bruxelles. Les chambres, très valables pour l'étape et plus calmes à l'arrière, affichent toutefois un look quelque peu mûrissant.

Petite pause

La Maison des Desserts – *R. Haute-Marcelle 17 – ☎ 081 22 74 51 – mar.-dim. 8h30-19h.* Charmante pâtisserie complétée d'un spacieux salon de thé et d'un jardin d'hiver luxuriant. Vous pourrez y faire provision de bonbons namurois : les Biétrumés (caramels mous truffés de noisettes).

Le temps d'un verre

Brasserie Henry – *Pl. St-Aubain 3 – ☎ 081 22 02 04 – 8h-0h, ven.-sam. jusqu'à 1h.* Immense brasserie traditionnelle installée dans une maison de notable du 19e s. Venez-y manger un morceau ou boire une bonne bière et profiter de la grande terrasse plébiscitée lorsque perce le soleil.

Panorama – *Rte Merveilleuse 12 – ☎ 081 22 28 04 – hiver : 11h-19h ; été : 8h30-0h.* Ce café-restaurant aménagé dans la citadelle médiévale porte bien son nom, puisque s'y dévoile un panorama imprenable sur la ville. L'été, grande terrasse face à la Meuse.

Achats

La Cave de Wallonie – Côté Terroirs – *R. de la Halle 6 – ☎ 081 22 06 83 – cavedewallonie@skynet.be – lun. 12h-18h ; mar.-sam. 10h-12h30, 13h30-18h.* Boutique spécialisée dans les produits du terroir. On y trouve des liqueurs et des vins de fruits dont l'apéritif local appelé florange (macération d'oranges et d'épices dans le vin). Bons conseils personnalisés.

Parfumerie Guy Delforge – *Citadelle Médiévale – ☎ 081 22 12 19 – mar.-sam. 9h-17h30, dim. 14h30-17h30.* Guy Delforge, unique créateur-parfumeur belge, vend sa gamme de produits riche de 250 références dans le cadre exceptionnel de la citadelle médiévale. Visite des ateliers le samedi à 10h30, et les autres jours sur rendez-vous.

Spectacles

Théâtre Royal de Namur – *Pl. du Théâtre 2 – ☎ 081 226 026 – lun.-sam. 11h-18h.* Ce beau théâtre qui vient d'être restauré propose toutes sortes de spectacles : concerts classiques, opéras, variétés internationales, pièces de théâtre, one man shows, etc.

Loisirs

Promenades en bateau – En saison, on peut effectuer des promenades en bateau sur la Sambre et la Meuse. Durée : 45mn. Excursions fluviales de Namur à Dinant (9h) et à Wépion (1h45). Départ du Grognon.

Calendrier

Festivités – Tous les ans en septembre, les **fêtes de Wallonie** permettent d'admirer plusieurs groupes folkloriques traditionnels. Les **échasseurs**, dont l'existence est connue depuis le 15e s., participent, vêtus de costumes du 17e s., à des combats sur échasses. Le bataillon des Canaris s'était distingué durant la Révolution brabançonne.

LA CITADELLE*

Accès par la route Merveilleuse (1,5 km) partant au pied de la Citadelle.

Route Merveilleuse

On découvre, à droite en montant, la **tour Joyeuse**, vestige de l'ancien château des Comtes. À la pointe Nord-Est de l'éperon rocheux, dans un virage, une terrasse offre un magnifique **panorama**** sur la vallée de la Sambre et de la Meuse. Non loin, sur la gauche, un petit chemin descendant vers Namur surplombe les toits d'ardoise et les nombreux clochers.

La route atteint ensuite le **Donjon**, passe entre deux **tours** de l'ancien château et franchit le fossé isolant le Donjon de la forteresse de Mediane.

Domaine fortifié

De fin mars à fin sept. : visite accompagnée 11h-17h (mi-avr.-fin mai : w.-end et j. fériés). 6€. ☎ 081 22 68 29 ; www.ville.namur.be

Le bastion de Mediane, dont la construction date de la fin du 15e s. et du 16e s., fut renforcé en 1640 par celui de Terra Nova réalisé par les Espagnols. Un large fossé sépare les deux appareils.

La visite du domaine fait découvrir l'architecture défensive complexe de chacun des bastions, tant à l'extérieur qu'à l'intérieur, avec la traversée de deux souterrains.

Fort d'Orange

Près du **parc d'attractions Reine Fabiola**, le fort d'Orange, édifié en 1691 afin de protéger le bastion de Terra Nova, fut reconstruit en partie en 1816 par les Hollandais.

Route des Panoramas

Cette route sinueuse descend à travers bois, vers le centre de la ville.

LE CENTRE*

Cathédrale St-Aubain

Cet édifice de style classique, surmonté d'un dôme, a été construit en 1751 par l'architecte italien Pisoni, à l'emplacement de l'ancienne collégiale St-Aubain, fondée en 1047. L'intérieur renferme de belles œuvres d'art baroque, provenant pour la plupart d'églises ou abbayes de la région, tels les tableaux de l'école de Rubens surmontant les stalles provenant de l'église St-Loup.

En face de la cathédrale s'élève l'ancien palais épiscopal du 18e s., occupé par le Gouvernement provincial.

Musée diocésain et trésor de la cathédrale*

De Pâques à la Toussaint : tlj sf lun. 10h-12h, 14h30-18h, dim. 14h30-18h ; le reste de l'année : tlj sf lun. 14h30-16h30. Fermé 1er-2 janv., Pâques, Ascension, 25-26 déc. 1,25€. ☎ 081 44 42 85 ; www.ville.namur.be

Situé à droite de la cathédrale, le musée conserve une belle collection d'objets du culte : précieuse couronne-reliquaire, avec écrin décoré de disques d'émail (vers 1210), autel portatif orné de plaques d'ivoire (12e s.), bras-reliquaire de saint Adrien (vers 1238), statue de saint Blaise (vers 1260-1280) en vermeil, Vierge mosane (vers 1220), splendide « baiser de paix » d'un atelier parisien (début du 14e s.), en argent émaillé et doré, représentant notamment une crucifixion, orfèvrerie, sculptures.

La citadelle.

Maison de la Culture	BZ	B	Musée diocésain et trésor de la cathédrale	BYZ	M^4
Musée archéologique	BZ	M^2	Musée Félicien Rops	BZ	M^6
Musée des Arts anciens du Namurois	BY	M^3			

Musée de Groesbeeck de Croix★

Tlj sf lun. 10h-12h, 13h30h-17h. Fermé de Noël au Nouvel An. 2€. ☎ 081 23 75 10 ; www.ville.namur.be

Il est installé dans un élégant hôtel du 18e s. construit dans le style Louis XV. On visite de nombreuses salles dont la superbe décoration intérieure s'intègre parfaitement à l'architecture : plafonds garnis de stucs, cage d'escalier monumentale éclairée par une petite lanterne, salon aux cuirs dorés. Le musée renferme d'intéressants objets d'art (peintures, tapisseries, sculptures, verrerie, orfèvrerie, meubles, clavecin de Ruckers datant du 17e s.). La cuisine somptueusement décorée de carreaux anciens a conservé son énorme fourneau ou « potager » du 18e s. La visite se termine par le jardin joliment aménagé.

Musée Félicien Rops★

Tlj sf lun. (sf juil.-août) 10h-18h. Fermé de Noël au Nouvel An. 2,48€. ☎ 081 22 01 10 ; www. ville.namur.be

Ce musée intéressant est consacré à l'illustre peintre, graveur et dessinateur Félicien Rops, né à Namur (1833-1898). Il présente une belle collection de peintures, lithographies, eaux-fortes *(Les Sataniques)* et dessins, souvent à caractère satirique ou érotique.

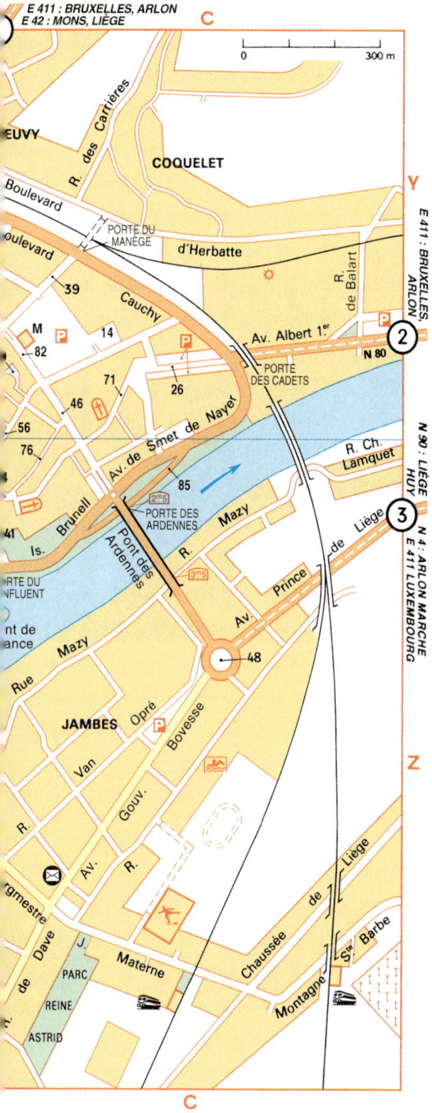

NAMUR

Ange (R. de l')	BZ	2
Armes (Pl. d')	BZ	4
Baron L. Huart (Bd)	BZ	7
Baron-de-Moreau (Av.)	BZ	8
Bas-de-la-Place (R.)	BZ	9
Bord-de-l'Eau (R. du)	ABZ	12
Borgnet (Rue)	BY	13
Bourgeois (R. des)	CY	14
Brasseurs (R. des)	BZ	16
Cardinal Mercier (Av.)	AY	17
Carmes (R. des)	BY	18
Célestines (Pl. des)	CY	19
Collège (Rue du)	BZ	20
Combattants (Av. des)	AY	22
Croisiers (R. des)	BY	23
Croix-du-Feu (Av. des)	AY	24
Dewez (Rue)	BCY	25
École des Cadets (Pl. de l')	CY	26
Émile-Cuvelier (R.)	BYZ	27
Ernest-Mélot (Bd)	BY	28
Fer (R. de)	BY	30
Fernand-Golenvaux (Av.)	BZ	31
Fumal (Rue)	BZ	34
Gare (Av. de la)	BY	36
Gambloux (Rue de)	AY	37
Général-Michel (Rue)	CY	39
Godefroid (Rue)	BY	40
Gravière (Rue de)	CZ	41
Hastedon (Pl. d')	AY	43
Ilon (Pl. l')	CZ	44
J.-B. Brabant (Rue)	CY	46
Joséphine-Charlotte (Pl.)	CZ	48
Joseph-Saintraint (R.)	BZ	49
Julie-Billiard (R.)	BZ	51
Lelièvre (Rue)	BY	52
Léopold (Pl.)	BY	54
Léopold II (Av.)	AY	55
Lombard (R. du)	CYZ	56
Lucien-Namèche (R.)	BY	57
Marchovelette (R. de)	BZ	59
Merckem (Bd de)	AY	60
Omalius (Pl. d')	AY	61
Plante (Av. de la)	BZ	63
Pont (Rue du)	BZ	64
Rupplémont (Rue)	BZ	67
St-Aubain (Pl.)	BZ	68
St-Jacques (R.)	BY	70
St-Nicolas (R.)	CY	71
Square-Léopold (Av. du)	BY	72
Stassart (Av. de)	AY	73
Station (Pl. de la)	BY	75
Tanneries (Rue des)	CYZ	76
Vierge (Rempart de la)	AY	78
Waterloo (Chaussée de)	AY	79
Wiertz (Pl.)	AZ	81
1er-Lanciers (R. du)	BY	82
4 Fils Aymon (Rue des)	CZ	85

Musée de Groesbeeck de Croix	BZ	M^5
Tours	BZ	A
Le Trésor du Prieuré d'Oignies aux Sœurs de Notre-Dame	BZ	K

Église St-Loup★

Visite accompagnée tlj sf w.-end sur demande préalable à Monsieur Albert Henriette, ☏ 081 22 80 85 ou 081 74 34 61.

Ancienne église du collège des Jésuites, c'est un remarquable édifice de style baroque, construit de 1621 à 1645 sur des plans de Pierre Huyssens. Des colonnes annelées, surmontées d'un entablement de marbre rouge et noir, supportent des voûtes magnifiques en pierre de sable montrant un abondant décor en haut-relief. On admire également le riche mobilier.

Musée des Arts anciens du Namurois★

Tlj sf lun. 10h-18h. Fermé de Noël au Nouvel An. 1,24€ en dehors des expositions ; 2,48€ pdt expositions. ☏ 081 22 00 65 ; www.ville.namur.be

Ce musée est installé dans l'**hôtel de Gaiffier d'Hestroy**, élégante demeure du 17e s. Il présente de façon intéressante une collection remarquable d'objets d'art, de sculptures et de peintures réalisés dans le Namurois, du Moyen Âge à la Renaissance. La collection d'orfèvrerie est particulièrement riche : pyxides et reliquaires d'art mosan. Les magnifiques peintures sur bois, représentant *L'Annonciation* et *La Visitation*, datent d'environ 1400 et dénotent une indéniable influence du gothique international. Le *Couronnement de la Vierge* (Nord de la France) est joliment superposé à un fond photographique. Des sculptures sur pierre et bois, dont de très beaux retables, et des objets de dinanderie témoignent de l'intérêt de la production artistique dans la région de Namur. À noter également de beaux objets de verre ainsi que quelques vitraux. On admirera quatre beaux paysages de Henri Blès, du début du 16e s.

Voûte de l'église St-Loup.

Le trésor du prieuré d'Oignies aux sœurs de Notre-Dame★★

Entrée située au n° 17 de la rue Julie Billiart. Visite accompagnée (50mn) tlj sf lun. 10h-12h, 14h-17h, dim. 14h-17h. Fermé j. fériés, de mi-déc. à fin déc. 1,50€. ☎ 081 23 03 42 ; www.ville.namur.be

Une salle abrite le très riche **trésor** du prieuré d'Oignies qui a été sauvé des bombardements de 1940. On y voit les œuvres d'un délicat orfèvre mosan du début du 13e s., le frère **Hugo d'Oignies** : évangéliaires, reliquaires, etc. La finesse du travail est remarquable, particulièrement dans les médaillons à fond noir, les filigranes et le décor du feuillage où l'on distingue souvent de petites scènes de chasse.

Passé le théâtre, on aperçoit à gauche la **tour St-Jacques**. Utilisée comme **beffroi** depuis le 18e s., elle est surmontée d'un clocheton octogonal.

Musée archéologique★

Tlj sf lun. 10h (w.-end et j. fériés 10h40)-17h. Fermé de Noël au Nouvel An. 2€. ☎ 081 23 16 31 ; www.ville.namur.be

Installé dans l'ancienne halle aux viandes, bel édifice de style mosan du 16e s., ce musée expose le produit des fouilles effectuées dans la province. Les collections d'antiquités romaines et mérovingiennes sont particulièrement riches. L'art de la bijouterie et de la verrerie du 1er au 7e s. y est représenté par de magnifiques spécimens. Le musée possède aussi une maquette (1/ 600) de la ville de Namur. Il s'agit d'une copie à échelle réduite du modèle réalisé au 18e s. par l'ingénieur de Louis XIV, Larcher d'Aubancourt.

En arrière du musée se dresse la **maison de la culture**, édifiée en 1964.

alentours

Franc-Waret

12 km au Nord-Est. Sortir par ② du plan en suivant la N 80.

Entouré de douves, le **château** est une imposante construction du 18e s., flanquée de deux ailes en retour. À l'arrière se dissimulent une tourelle et une tour carrée, vestiges du 16e s.

Nivelles★

Nivelles est une petite ville élégante dont la collégiale monumentale est le principal pôle d'attraction. Au 12e s., la cité s'entoure de remparts ; elle en conserve encore quelques tours comme la tour Simone dans la rue Seutin. Ravagée en mai 1940, sa collégiale et plus de 500 maisons ayant brûlé, la ville a été reconstruite. Le héros local est le jaquemart Jean de Nivelles, fils de Jean de Montmorency, auquel fait allusion la chanson populaire française « Cadet Rousselle ».

La situation

23 714 habitants - Cartes Michelin nos 716 G 4 et 533 L 19 - Brabant Wallon.
Véritable nœud routier, Nivelles est proche de l'autoroute E 19 allant de Bruxelles à Mons et de l'A 54 qui la relie à Charleroi.
Pl. Albert-1er, ☎ 067 21 54 13 ; www.nivelles.be

comprendre

Aperçu historique

Nivelles, berceau de la dynastie carolingienne, s'est développé autour d'une abbaye fondée vers 650 par Itte d'Aquitaine, femme de Pépin de Landen dit « le Vieux », maire du palais des rois d'Austrasie et ancêtre de Charlemagne. Leur fille, sainte Gertrude, deviendra la première abbesse d'une communauté religieuse mixte, qui se transformera en chapitre noble de chanoinesses et de chanoines dès le 9e s. Bientôt les chanoinesses, toutes d'origine noble, mèneront un train de vie fastueux. L'abbaye est très puissante jusqu'à sa suppression en 1798.

Traditions

Au début de l'automne se déroule le **tour de sainte Gertrude**, institué dès le 13e s. le dimanche suivant le jour de la Saint-Michel (ancien patron de la ville). Le grand tour, long de 14 km, suit un trajet à travers les champs : le char du 15e s. portant la châsse de la sainte est tiré par six chevaux. Au retour, la procession des géants (Argayon, Argayonne et leur fils Lolô) se joint au cortège tout comme les chanoinesses en costumes du 17e s.

carnet pratique

Hébergement

• À bon compte

Ferme de Grambais – *Chaussée de Braine-le-Comte 102 – ☎ 067 22 01 18 – ferme.de.grambais@proximedia.be – fermé de déb. janv. à mi-janv. ; restaurant fermé dim. soir, lun. – P – 10 ch. : 46/54€ – restaurant 29€.* Reposante étape campagnarde à 5 mn de Nivelles, cette ancienne ferme ordonnée autour d'une cour carrée dispose de dix petites chambres réunies dans les dépendances. Vous y dormirez comme une bûche et passerez à table dans un cadre rustique.

Chambre d'hôte La Ferme des Églantines – *Chemin de Fontaine-l'Évêque 8 – ☎ 067 84 10 10 – – 5 ch. : 49/57€ – repas 20€.* Une adresse rêvée pour se mettre au vert que cette ferme typiquement brabançonne s'entourant d'un environnement agreste. Chambres et duplex de notre temps. Agréable jardin. Petits plats bourgeois sagement mitonnés. Accueil familial.

Spécialité

Tarte al djote – Cette succulente tarte au fromage, aux bettes, fines herbes et oignons se mange chaude, accompagnée d'une bière ou d'un verre de vin rouge.

visiter

Collégiale Ste-Gertrude★★

Tlj sf dim. matin 9h-17h, visite guidée (crypte, sous-sol archéologique, cloître et trésor) 14h, w.-end 14h, 15h30. ☎ 067 84 08 64 (Office de tourisme).
L'abbatiale de style roman ottonien fut consacrée en 1046 par l'évêque de Liège en présence de l'empereur germanique Henri III. Son plan à deux transepts et deux chœurs opposés est l'expression architecturale du bicéphalisme de tradition carolingienne qui existait dans le Saint Empire, représentant la complémentarité de l'empereur et du pape.
Le chœur oriental est surélevé au-dessus d'une crypte à voûtes d'arêtes. Le chœur occidental, représentant l'autorité impériale, fait partie de l'avant-corps qui fut construit au 12e s. L'**avant-corps** ou « Westbau » de style roman tardif se divise en cinq niveaux accessibles par deux tourelles d'escalier et frappe par son aspect massif. Il comporte une abside, deux chapelles-tribunes (chapelle Sainte-Agathe

et chapelle Sainte-Gertrude), un petit espace où étaient confinés les prisonniers de passage, une vaste salle haute (19 m), dite « salle impériale », et est couronné d'un clocher octogonal abritant un carillon.

Les deux portes de l'avant-corps sont décorées de sculptures romanes du 12e s. : saint Michel au portail de droite en entrant et l'histoire de Samson au portail de gauche.

Au Sud de l'église, le pignon du transept le plus élevé, nommé pignon St-Pierre, est décoré d'arcatures romanes.

Ch. Bastin et J. Evrard/MICHELIN

Intérieur de la collégiale Ste-Gertrude.

Intérieur – Il frappe par ses dimensions et sa simplicité. La longue nef centrale (102 m) avait été couverte de voûtes d'ogives au 17e s. et parée d'une série d'éléments décoratifs au cours du 18e s. Une restauration lui a rendu son aspect primitif tout en lui assurant une protection grâce à un plafond de béton imitant le bois.

Remarquer la gracieuse **Vierge de l'Annonciation★**, statue en bois polychrome du 15e s., le panneau en chêne dit « de Charles-Quint », les belles stalles Renaissance, un retable du 16e s. dit « de Thonon » (artiste originaire de Dinant) en marbre et albâtre, la chaire de vérité, exécutée en chêne et en marbre, évoquant la rencontre de Jésus avec la Samaritaine au puits de Jacob, de Laurent Delvaux (18e s.), dont on peut aussi admirer différentes sculptures.

Dans le chœur oriental, un coffre-armoire en laiton du 16e s. surmonte le mausolée de sainte Gertrude. Une châsse contemporaine (1982), œuvre de Félix Roulin, a remplacé le magnifique reliquaire gothique du 13e s. (dont la « salle impériale » renferme une copie) en grande partie détruit par l'incendie dû aux bombardements de mai 1940. La chapelle Sainte-Gertrude présente encore une série de fragments du reliquaire dévoré par les flammes. On observera également dans cette chapelle le « trou » de sainte Gertrude par lequel, selon la légende, ne peuvent passer que des personnes « en état de grâce ». La galerie qui relie la chapelle de sainte Gertrude à celle de sainte Agathe offre une magnifique vue sur la nef monumentale.

Crypte et sous-sol archéologique – Sous le chœur oriental, la crypte du 11e s. constituait le point d'arrivée des pèlerins qui faisaient leurs dévotions juste en dessous de la châsse de sainte Gertrude. Le sous-sol archéologique, situé sous la nef, comprend les ruines des cinq églises qui ont précédé l'église romane entre le 7e et le 10e s.

Cloître – Du 13e s., il reliait l'église aux bâtiments monastiques dont il ne reste rien, et témoigne de l'existence d'un chapitre de chanoinesses et de chanoines ayant peu à peu remplacé les moines et moniales des premiers temps. Seule la partie Nord a gardé toute son authenticité. En été, le cloître accueille des concerts de carillon ; en hiver s'y tient un marché de Noël.

À proximité de la collégiale, on peut voir le perron (19e s.) surmonté d'une effigie de saint Michel (l'un des patrons de la ville), le palais de justice de style néogothique, et la **porte de Saintes** commémorant le jumelage de Nivelles avec cette ville de Charente-Maritime.

Musée communal d'Archéologie, d'Art et d'Histoire

R. de Bruxelles 27. Tlj sf mar. 9h30-12h, 14h-17h. Fermé 1er janv., Pâques, 27 sept. (fêtes de la Wallonie), Noël. 1€. ☎ 067 88 22 80.

Installé dans une maison du 18e s., ce musée présente d'intéressantes collections d'art régional et complète admirablement la visite de la collégiale. On y admire en particulier quatre statues d'apôtres en calcaire provenant du jubé gothique de cette dernière, une somptueuse tapisserie de Bruxelles (16e s.) et une belle collection de « bozetti » (projets en terre cuite) baroques du sculpteur Laurent Delvaux (1696-1778), dont les trois allégories pour la façade en hémicycle des appartements de Charles de Lorraine à Bruxelles. Au 2e étage, on découvre les salles d'archéologie s'échelonnant de la préhistoire à la civilisation gallo-romaine.

Parc de la Dodaine

Au Sud de la ville.

Son jardin aux parterres fleuris et orné de sculptures entourant une pièce d'eau, ainsi que son grand étang composent un cadre attrayant à ce parc également doté d'une plaine de jeux pour enfants et de multiples installations sportives.

En suivant l'avenue de la Tour-de-Guet vers l'Ouest, qui mène vers l'autoroute, on peut voir sur la droite la **Tourette**, une charmante tour carrée du 17e s.

alentours

Ronquières

9 km à l'Ouest par la N 533.

Village agréable connu pour sa belle échappée sur le canal de Charleroi, équipé ici d'un remarquable ouvrage technique.

Réalisé en 1968, le **plan incliné de Ronquières★**, long de 1 432 m, permet aux bateaux de franchir aisément la dénivellation du canal (67,58 m). Équipés chacun d'un contrepoids de 5 200 t, deux bacs longs de 91 m, remplis d'eau, transportent d'un bief à l'autre un bateau pesant jusqu'à 1 350 t, en roulant sur un train de 236 galets de 70 cm de diamètre. L'ensemble est complété en amont par un pont-canal de 300 m et une **tour** de 150 m de haut. L'intérieur de la tour présente un passionnant **parcours audiovisuel** sur la batellerie ; vue sur la salle des treuils. Du 11e étage, belle **vue** sur les environs. *Avr.-oct. : 10h-19h (dernière entrée 17h) 7€. ☎ 065 36 04 64 (Hainaut tourisme).*

La visite peut être complétée par une **promenade en bateau-mouche** sur le canal. *Départ au pied des biefs. De fin avr. à déb. sept. : tlj sf lun. et mer. non fériés 12h, 14h, 15h30, 17h30. 2,50€. ☎ 065 36 04 64 (Hainaut tourisme).*

Bois-Seigneur-Isaac

5 km au Nord par la N 28.

Dans l'**abbaye**, la chapelle du St-Sang (16e s.) est décorée dans le style baroque : on remarque au maître-autel des sculptures et un bas-relief de Laurent Delvaux *(Mise au tombeau)*. La sacristie à voûte gothique conserve un ostensoir-reliquaire contenant un corporal (linge sacré) teinté du sang du Christ ; fruit d'un miracle eucharistique lorsque en 1405 le sang coula d'une hostie consacrée sur le linge d'autel, il est devenu un objet de pèlerinage. Face à l'abbaye, le **château** de Bois-Seigneur-Isaac (18e s.) est un vaste édifice contenant de précieuses collections. *Visite accompagnée (45mn) 2 derniers dim. de juin, 1er dim. de juil., w.-end des journées du Patrimoine 14h-18h. 4€. ☎ 067 21 38 80.*

Braine-le-Château

12 km au Nord par la N 28.

Près d'un moulin à eau (expositions), le château, entouré d'eau, appartint aux comtes de **Hornes**.

Sur la Grand-Place voisine, le **pilori** a été érigé en 1521 par Maximilien de Hornes, chambellan de Charles Quint. L'église abrite son mausolée en albâtre, réalisé par Jean Mone.

Galerie du château de Seneffe.

Ch. Bastin – J. Evrard

Seneffe★★

8 km au Sud-Ouest par la N 27.

Une longue allée mène au **château de Seneffe**, construit entre 1763 et 1768 d'après les plans de Laurent Benoît Dewez, à la demande du comte Depestre, négociant originaire d'Ath qui avait fait fortune dans la banque et les finances.

Le fronton de la sobre façade néoclassique est décoré du blason polychrome de Depestre et de son épouse. Deux galeries, aboutissant chacune à un élégant pavillon, flanquent le corps de logis. Le parvis est délimité par une superbe grille en fer forgé. Le parc d'une superficie de 22 ha accueille un petit théâtre palladien, une orangerie, une glacière et quelques dépendances. Laissé à l'abandon pendant des années, l'édifice a subi une restauration importante et abrite aujourd'hui les **collections d'orfèvrerie** de la Communauté française.

L'**intérieur** doit beaucoup à ses splendides **parquets** en bois précieux. Le petit cabinet rond, jouxtant la salle de Compagnie et la salle de Billard, en possède un magnifique exemple en forme de fleur. Les murs des salons sont somptueusement revêtus de lambris et de stucs. Claude D'Allemagne, collectionneur passionné, offrit une partie de sa vaste collection d'argenterie au musée. Les vitrines exposent de très beaux objets d'orfèvrerie : coupes, pots, chandeliers, fermoirs de livres, vaisselle de table, dont quelques jolies soupières (1766) de J.-F. Beghin, aux couvercles finement ciselés. Dans la salle de Compagnie, le visiteur remarquera une coupe à moulin. Lorsque l'on souffle dans le petit tuyau, les ailes se mettent à tourner. Cette coupe qui, une fois remplie, devait être vidée d'un trait, n'était utilisée que pour des occasions spéciales, notamment des mariages. L'accès à l'étage, où sont organisées à intervalles réguliers des expositions temporaires, se fait par un escalier monumental orné de splendides marqueteries. *Tlj sf lun. 10h-18h. Fermé 1er janv., 25 déc. 4,96€. ☎ 064 55 69 13.*

Oostende

Ostende

Ostende est à la fois une station balnéaire très fréquentée et une ville dotée d'un riche passé royal. Les souverains belges, notamment Léopold II, aimaient y séjourner. La station balnéaire s'étend entre le Casino-Kursaal, inauguré en 1953, et le Thermae Palace Hotel, le long du promenoir qui borde la plage. Tout près se situent les Galeries royales et vénitiennes, où il fait bon flâner. À proximité du chenal du port et de l'avant-port, l'ancien quartier des pêcheurs forme un quadrillage de rues plus étroites, limité au Sud par les bassins du port de plaisance. Les célèbres huîtres sont élevées à Ostende dans un bassin de 80 ha, le Spuikom, au Sud-Est de la ville.

La situation

67 304 habitants – Cartes Michelin nos 716 B 2 et 533 C 15 – Plan d'agglomération dans Le Guide Rouge Benelux – Flandre Occidentale.

Situé sur la côte Est, Ostende est accessible à partir de Bruges par l'autoroute A 10 ou par la N 34 qui longe le bord de mer.

Monacoplein 2, ☎ 059 70 11 99 ; www.toerisme-oostende.be

visiter

Visserskaai (Quai des Pêcheurs)

Il est bordé par une succession presque ininterrompue de restaurants. De là, on aperçoit le port de pêche et, au-delà du chenal, l'importante « **minque** » ou criée ; poissons, crustacés et fruits de mer y font l'objet de pittoresques ventes à la criée.

Weststaketsel (Estacade Ouest) – C'est l'une des deux jetées encadrant l'entrée du port ou « havengeul ». Elle permet de contempler la plage et le mouvement des bateaux. À l'extrémité, les pêcheurs installent leurs carrelets, filets de pêche carrés suspendus à un treuil.

Noordzeeaquarium (Aquarium de la mer du Nord) – Il contient de petits bassins avec poissons, crustacés, mollusques de la mer du Nord, et des collections de coquillages. *Avr.-mai : 10h-12h, 14h-17h (w.-end et j. fériés 18h) ; juin-sept. : 10h-12h30, 14h-18h ; oct.-mars : w.-end et j. fériés 10h-12h30, 14h-18h. 1,86€. ☎ 059 32 16 69.*

Stedelijk Feest-en Kultuurpaleis (Palais des Fêtes et de la Culture)

Dominant la Wapenplein, place principale de la ville, le bâtiment abrite au 2e étage le **musée des Beaux-Arts (Museum voor Schone Kunsten)**. Il présente des tableaux de peintres belges du romantisme au postimpressionnisme. On remarque les œuvres d'Ensor, Spilliaert, Musin et Van Rysselberghe. ♿ *Tlj sf mar. 10h-12h, 14h-17h. Fermé 1er janv., 25 déc. 2€. Gratuit (11 et 21 juil.). ☎ 059 80 53 35.*

carnet pratique

RESTAURATION

• Valeur sûre

Adelientje – *Bonenstraat 9 – ☎ 059 70 13 67 – fermé 2 sem. en juin – 30€.* Voici déjà plus de 30 ans qu'Adelientje entretient les papilles des amateurs de produits de la mer, proximité du quai des Pêcheurs oblige. Moules à gogo en saison, que vous ne manquerez pas de faire précéder par les fameuses croquettes de crevettes.

Fort Napoléon – *Vuurtorenweg – ☎ 059 33 21 60 – resto.fortnapoleon@skynet.be – fermé lun. sf vac. scolaires – ⊠ – 35/58€.* Bistrot-restaurant contemporain aménagé dans le fort napoléonien gardant l'entrée de la station. Lumineuse salle à manger sous verrière et terrasse d'été à flanc de dune. Un concept aussi original qu'intéressant.

HÉBERGEMENT

• À bon compte

't Atelier – *Veldbloemstraat 43 – ☎ 059 43 61 01 – ⊠ – 4 ch. et 1 penthouse : 38/45€ ☕.* Aux abords de l'hippodrome et à 500 m du front de mer, jolie maison bourgeoise convertie en « bed and breakfast ». Chambres plutôt mignonnes, dont un penthouse. Artiste à ses heures, la patronne expose.

Cardiff – *St-Sebastiaanstraat 4 – ☎ 059 70 28 98 – fermé de mi-nov. à mi-déc., mar. hors sais. – ⊠ – 16 ch. : 39/65€ ☕ – restaurant 14/24€.* Ce petit hôtel commode pour l'escale ostendaise est implanté à proximité de la trépidante Wapenplein, dans une longue rue piétonne à vocation commerçante. Les chambres ont récemment retrouvé l'éclat du neuf. Chaleureuse salle des repas. Plats classiques.

Du Parc – *Marie-Joséplein 3 – ☎ 059 70 16 80 – hotel@duparcoostende.com – 44 ch. : 57/76€ ☕.* Établissement central de longue tradition où vous séjournerez dans des chambres actuelles et coquettes, fraîchement rajeunies. Taverne Art déco courue du tout-Ostende et terrasse estivale prise d'assaut dès que la température grimpe un peu.

PETITE PAUSE

Échoppes aux fruits de mer – *Visserskaai – à partir de 11h.* Ensemble de baraques en bois avoisinant le marché aux poissons et où l'on débite crevettes, anchois, moules, et autres produits de la mer dans des barquettes à emporter. Soupe de poisson réconfortante par météo frileuse.

Taverne James – *Galerie James Ensor 34 – ☎ 059 70 52 45 – tlj sf mar. 9h-22h.* Cette taverne recluse dans une galerie marchande est estimée pour ses croquettes aux crevettes préparées à l'ancienne. Le « James » dont elle emprunte le nom n'est autre que le peintre Ensor, enfant du pays. Décor un brin mûrissant, mais terrasse agréable.

LE TEMPS D'UN VERRE

Café Botteltje – *Louisastraat 19 – ☎ 059 70 09 28 – www.hotelmarion.com – lun. 16h30, mar.-jeu. et dim. 11h30-1h, ven. 11h30-2h, sam. 11h30-3h.* L'une des plus grandes sélections de bières et de genièvres de la côte belge s'emploie à étancher votre soif dans ce bistrot chaleureux où il fait bon s'installer au coin de la cheminée quand le froid sévit.

Café de l'hôtel du Parc – *Marie-Joséplein 3 – ☎ 059 51 13 05 – 8h-20h – fermé 1 sem. en oct.* Au rez-de-chaussée d'un hôtel de tradition bâti en 1932, café de style Art déco où se rencontraient naguère les artistes en villégiature. Nombreuses bières pression servies dans les règles de l'art, savoureux chocolats chauds et petite restauration. Terrasse estivale.

SORTIES

Den Artiest – *Kapucijnenstraat 13 – ☎ 059 80 88 89 – www.artiest.be – 16h-4h.* Dans les murs d'une ancienne verrerie, établissement branché proposant soirées, concerts et expositions temporaires. Grande salle avec verrière et mezzanine. Petite restauration. Ambiance festive.

ACHATS

Marché aux poissons – *Visserskaai – à partir de 8h.* Ribambelle d'étals où la marée – dont un large éventail de poissons plats – est débarquée chaque jour. La plupart des stands sont tenus par des femmes de pêcheurs.

CALENDRIER

Festivités – James Ensor fut, en 1896, un des promoteurs du « **Bal du Rat mort** », nom choisi en souvenir du cabaret montmartrois « Le Rat Mort ». Cette élégante manifestation réunit chaque année, un samedi, au Casino-Kursaal, des travestis et des masques sur un thème choisi. Parmi les autres événements annuels, il faut citer la **Bénédiction de la mer** avec sa procession historique et le **Festival Theater aan Zee** (nombreux concerts et pièces de théâtre un peu partout en ville).

Oostends Historisch Museum De Plate (Musée d'Histoire locale)

De mi-juin à mi-sept. et pdt vac. scol. : tlj sf mar. 10h-12h, 14h-17h ; de mi-sept. à mi-juin : sam. 10h-12h, 14h-17h. Fermé 1er janv., 25 déc. 2€. ☎ 059 50 71 45 ; www.oostende.be

Installé dans l'ancien palais royal, ce musée est consacré à l'histoire et aux traditions régionales. La vocation maritime d'Ostende est évoquée, en particulier, par la reconstitution d'un café de pêcheurs et par quelques maquettes de bateaux. Le 1er étage renferme la chambre mortuaire de Louise-Marie, première reine des Belges, décédée en octobre 1850.

OOSTENDE

Adolf Buylstr. . . . . CY 2
Alfons Pieterslaan . . . . CZ
Edith Cavellstr. . . . . CZ 4
Ernest Feyspl. . . . . CZ 6
Filip Van Maestrichtpl. . . . . CZ 8
Graaf de Smet de Naeyerlaan . . CZ 9
Groentemarkt . . . . CY 10
Hendrik Serruyslaan . . . . . . CZ 13
Kanunnik Dr. Louis Colensstr. . . . . CZ 14
Kapellestr. . . . . CZ
Koninginnelaan . . . . CZ 16
Nieuwpoortsesteenweg . . . CZ 22
Oesterbankstr. . . . . CZ 24
St.-Petrus-en-Paulusplein . . CZ 25
Sir Winston Churchill Kaai . CY 27
Stockholmstr. . . . . CZ 28
Vlaanderenstr. . . . . CY 30
Wapenpl. . . . . CY 32
Warschaustr. . . . . CZ 33
Wellingtonstr. . . . . CZ 35
Wittenonnenstr. . . . . CY 36

Historisch Museum De Plate . . . . CY M4
James Ensorhuis . . . . CY M2
Provincial Museum voor Moderne Kunst CZ M3
St.-Petrus-en-Pauluskerk . . . . CZ E
Stedelijk Feest-en-Kultuurpaleis . . . . CY M1

James Ensorhuis (Maison de James Ensor)

Juin-sept. : tlj sf mar. 10h-12h, 14h-17h ; oct.-mai : w.-end et j. fériés 14h-17h. Fermé 1er janv., 25 déc. 2€. ☎ 059 80 53 35.

L'intérieur de la maison d'Ensor a été reconstitué et converti en musée. L'entrée se fait par le magasin de coquillages qui était tenu par sa tante et son oncle. Au 2e étage, on peut voir l'atelier du peintre.

IJslandvaarder (Pêcheur d'Islande) Amandine

En face de la gare. De mi-avr. à déb. nov. : 10h (lun. 14h)-19h. ☎ 059 23 43 01.

En 1995, l'Amandine entreprend son dernier voyage vers le Grand Nord. Sauvé de la démolition et entièrement remis en état, ce dernier pêcheur d'Islande flamand accueille aujourd'hui un petit musée interactif. Photos et présentations audiovisuelles illustrent de façon captivante la vie quotidienne au bord de ce bateau de pêche.

Opleidingszeilschip (Voilier-école) Mercator

Juil.-août : 10h-18h ; avr.-sept. : 10h-12h30, 14h-17h30, w.-end 10h-12h30, oct.-mars : w.-end 14h-16h30. Fermé 1er janv., 25 déc. 3,50€. ☎ 059 70 56 54 ou 02 720 01 39.

Ancien navire-école des officiers de la marine marchande belge, ce trois-mâts blanc stationne depuis 1964 dans un bassin du port de plaisance. Bien que toujours en état d'appareiller, le Mercator, qui, de 1932 à 1960, a effectué 41 croisières à travers

James Ensor (1860-1949)

Ostendais, de père anglais et de mère flamande, ce génie solitaire, qui s'éloigna peu de sa ville natale et ne fut reconnu que tardivement par ses contemporains, est l'un des plus grands peintres de la fin du 19e s. Ensor s'adonne d'abord à une peinture sobre, puis sa palette s'éclaircit. Entre 1883 et 1892, il utilise de couleurs violentes, d'empâtements, pour illustrer, avec une technique déjà expressionniste, des thèmes macabres ou satiriques peu appréciés du public. Par sa prédilection pour les personnages masqués, les squelettes, qui, dans ses tableaux, grouillent dans une atmosphère de carnaval, Ensor est le père d'un monde imaginaire et fantastique qui annonce le surréalisme.

L'Intrigue, *James Ensor.*

les mers du globe, fait fonction de navire-musée. Plusieurs objets et photographies rappellent qu'il a participé à des missions scientifiques, rapporté de l'île de Pâques de gigantesques statues et ramené la dépouille mortelle du père Damien.

St.-Petrus-en-Pauluskerk (Église des Sts-Pierre-et-Paul)

Construite en 1905 dans le style néogothique, elle abrite le mausolée de la reine Louise-Marie. À proximité se dresse le **Peperbus**, clocher d'une église du 18e s. détruite par un incendie.

Provinciaal Museum voor Moderne Kunst (Musée d'Art moderne)

♿ *Tlj sf lun. 10h-18h. Fermé 1er janv., 25 déc. 2,50€ (5€ pdt expositions).* ☎ *059 50 81 18 ; www.pmmk.be*

Ce musée réunit, sur les différents étages d'une ancienne coopérative, des peintures, des sculptures, de la céramique et de l'art graphique belges ; les collections *(exposées par roulement)* donnent un aperçu des courants artistiques modernes et contemporains. L'expressionnisme est représenté par les artistes de Laethem. Parmi les mouvements les plus récents, il faut citer l'abstraction, le pop art et l'art conceptuel. Le musée organise en outre des expositions temporaires à caractère national ou international.

Fort Napoleon

Quitter Ostende à l'Est par la N 34 en direction de Knokke. Avr.-oct. : 11h-13h, 14h-18h ; nov.-mars et pdt vac. scol. : w.-end et j. fériés 14h-18h. 3€. ☎ *059 32 00 48.*

En 1810, Napoléon fait construire ce fort dans les dunes ostendaises afin de se protéger des attaques anglaises. Cependant, le bastion en forme de pentagone n'a jamais servi de place forte. Récemment restauré, le bâtiment abrite actuellement un café-restaurant *(voir dans « carnet pratique »)* ainsi qu'une petite exposition évoquant l'histoire du fort et l'évolution de l'architecture militaire. Du toit, belle vue sur la mer et les dunes.

alentours

Stene

3 km au Sud par la N 33.

Toute blanche, l'**église Ste-Anne** (St.-Annakerk) présente à l'extérieur une pittoresque juxtaposition de volumes et, à l'intérieur, un décor rustique. Au 14e s., il n'existait que le bas-côté gauche, auquel on a ajouté au 17e s. la nef et le bas-côté droit. Au Sud, le presbytère (pastorie), de 1764, a été restauré.

Raversijde

10 km au Sud-Ouest, par la Koningsstraat.

Openluchtmuseum Atlantikwall – Ce musée de plein air permet de découvrir des casemates et tranchées des deux guerres mondiales. La construction de la **batterie Aachen** débute en 1915. Par sa situation exceptionnelle, cette batterie est l'un des

Vue sur la plage.

seuls vestiges de la défense côtière allemande de la Grande Guerre. Chargée de la défense du port d'Ostende, elle devait faire face à un éventuel débarquement des Alliés. De la batterie sont conservés : pièces d'artillerie, dépôts de munitions, postes d'observation et de commandement. Dès 1941, les Allemands occupent à nouveau les batteries côtières existantes. La **batterie Saltzwedel Neu** est implantée dans la partie occidentale du domaine. Elle faisait partie de l'Atlantikwall, réseau de fortifications construit par les Allemands durant la Seconde Guerre mondiale. La plupart des casemates sont reliées. Le centre de la batterie était le poste de conduite de tir, d'où partaient les instructions pour le réglage des tirs. Une des casemates contenait des réserves tandis qu'une autre, aménagée avec du matériel d'origine, permet de retracer la vie quotidienne des soldats. *Juil.-août : visite accompagnée 10h30-18h ; de déb. avr. à mi-nov. : 14h-17h (dernière entrée 1h av. fermeture). 5€. ☎ 059 70 22 85.*

Memoriaal Prins Karel (Mémorial prince Charles) – Au début du 20e s., le roi Léopold II acheta plusieurs terrains à Raversijde. Ils constituent le cœur de l'actuel domaine, agrandi successivement par Albert Ier et le prince Charles, régent de 1944 à 1950. La **salle flamande** (Vlaamse zaal), qui servit jadis de cantine aux Allemands, abrite une exposition consacrée au prince-régent. On admire non seulement des photos et objets personnels, mais également des dessins réalisés par le comte de Flandre. Dans la **maison du prince**, d'une grande simplicité, on remarque deux sculptures en plâtre réalisées par la reine Élisabeth, un fauteuil de style Empire ayant appartenu à Napoléon, des peintures et des trains miniatures. La villa Goffinet accueille des expos temporaires. *Juil.-août : 10h30-18h ; de déb. avr. à mi-nov. : 14h-17h (dernière entrée 1h av. fermeture). 5€. ☎ 059 70 22 85.*

Walraversijde – C'est une petite **exposition archéologique** consacrée aux fouilles effectuées depuis 1992 sur le site du village de pêcheurs médiéval de Walversijde. *Juil.-août : 10h30-18h ; de déb. avr. à mi-nov. : 14h-17h (dernière entrée 1h av. fermeture). 5€. ☎ 059 70 22 85.*

Jabbeke

17 km au Sud-Est par l'A 10, puis l'échangeur nº 6.

Provinciaal Museum Constant Permeke★ (Musée Permeke) – Permeke fit construire en 1929 cette maison des Quatre Vents (Vier Winden) où il vécut plus de 20 ans. Le musée donne un aperçu de l'évolution de l'œuvre de l'artiste et

Constant Permeke, chef de file de l'expressionnisme flamand

Le peintre, sculpteur et dessinateur Constant Permeke (1886-1952) fait partie, avec Albert Servaes, les frères De Smet et Frits Van den Berghe de la deuxième école de Laethem-St-Martin, groupe d'artistes qui s'établit au village du même nom, dans la région de la Lys, entre 1905 et 1910. Au début de la Première Guerre mondiale, Permeke est grièvement blessé et évacué en Angleterre, où il réalise ses premières grandes œuvres expressionnistes. Ses paysages anglais rappellent Ensor dans le choix des couleurs *(La Moisson dans le Devonshire)*. Sous l'influence du cubisme et de l'art africain, le style de l'artiste se fait plus abstrait, notamment dans *Au sujet de Permeke* de 1922. La tendance à l'abstraction domine parfois aussi les énormes marines (*Grande marine* de 1935) et paysages. Ses portraits expressifs et monumentaux de pêcheurs (*Femme de pêcheur*, 1921) et de paysans (*Paysan à la bêche*, 1930, *Le Semeur*, 1933) affirment une grande affinité avec le terroir, encore accentuée par l'utilisation de tons chauds et terre. Dès la fin des années 1930, l'artiste se tourne davantage vers le nu, dont on admirera quelques magnifiques exemples (*Les Trois Grâces*, 1949). À la même époque, Permeke se met à la sculpture (*Niobe* et *Le Semeur*). Suite au décès de son épouse en 1948, l'artiste réalise l'émouvant *L'Adieu*. À la fin de sa vie, sa palette s'éclaircit : *Le Pain quotidien* et *Paysage breton*.

possède la presque totalité de son œuvre sculpté, dont une partie est exposée dans le jardin. *Tlj sf lun. 10h-12h30, 13h30-18h (nov.-mars 17h30). Fermé 1er janv., 25 déc. ☎ 050 91 12 88.*

Gistel

9 km au Sud par la N 33.

Cette petite ville voit chaque année se dérouler la **procession de sainte Godelieve**. L'**église** abrite la sépulture de cette sainte dont le nom signifie « aimée de Dieu ». Godelieve, mariée contre son gré à Bertulf, châtelain de Gistel, fut assassinée et son corps jeté dans un puits en 1070.

L'**abbaye de Ten Putte** *(3 km à l'Ouest de Gistel)* fut fondée autour de ce puits. Dans le charmant enclos aux murs blancs et au jardin propice au recueillement, on peut voir le puits, la cave où la sainte aurait été emprisonnée, la chapelle aux Corbeaux, à l'endroit où elle aurait accompli un miracle, l'église abbatiale et un petit musée consacré à la sainte.

Abbaye d'Orval★★

Retirée au milieu des bois de la Gaume, cette abbaye, fondée en 1070 par des moines bénédictins venus de Calabre, au Sud de l'Italie, devient dès le 12e s. un des plus célèbres et des plus riches monastères cisterciens d'Europe.

La situation

Cartes Michelin nos 716 J 7 et 534 R 25 – Luxembourg.

Dans un cadre de verdure, l'abbaye se dresse, isolée, aux portes de la France. Vous y arrivez en empruntant la N 88 ou la N 840.

comprendre

La légende et l'histoire

Le nom de l'abbaye, Orval (Val d'or), et ses armoiries, d'argent et représentant un ruisseau d'azur d'où sort une bague ornée de trois diamants, rappellent la légende selon laquelle la comtesse Mathilde, duchesse de Lorraine, protectrice de l'abbaye, avait perdu dans une source son anneau nuptial. Celui-ci lui fut rendu par une truite miraculeuse.

À la fin du 12e s. est construite, dans le style gothique mais avec des réminiscences romanes, l'église Notre-Dame. Elle est modifiée au 16e et au début du 17e s. En 1637, l'abbaye, incendiée et pillée par les troupes françaises, doit être reconstruite. Au 18e s., cependant, le monastère est si prospère qu'on entreprend une nouvelle construction, confiée à l'architecte Dewez. À peine réalisée, celle-ci est de nouveau dévastée par les Français (1793). L'abbaye est supprimée en 1796.

Le nouveau monastère

La résurrection du monastère a été entreprise en 1926 par les moines cisterciens de l'abbaye de Sept-Fons, dans le Bourbonnais. Le monastère, achevé en 1948, a été construit à l'emplacement des bâtiments du 18e s. Sobre et élégant, dans une pierre chaude et dorée, il reproduit le plan traditionnel cistercien.

Devant la cour des retraitants se dresse la façade de la nouvelle église abbatiale, d'une grande pureté de lignes, où s'inscrit une monumentale Vierge à l'Enfant.

visiter

Les ruines

1h. Suivre le circuit numéroté. ♿ Juin-sept. : 9h30-18h30 ; mars-oct. : 9h30-18h ; nov.-fév. : 10h30-17h30. 3,50€. ☎ 061 32 51 06.

Après une présentation audiovisuelle sur la vie au monastère *(20mn)*, le circuit fait découvrir les ruines du Moyen Âge et du 18e s. Près de la fontaine Mathilde, les ruines gothiques de l'**église Notre-Dame** se dressent dans un cadre de verdure. La rosace du bras gauche du transept, les chapiteaux romans, gothiques ou Renaissance des piliers sont remarquables. Dans le chœur se trouve le tombeau de Wenceslas, premier duc de Luxembourg. Le chœur à chevet plat cistercien ayant été jugé trop petit, on lui adjoignit une abside au 17e s. On visite ensuite le cloître, rebâti au 14e s., et les caves du 18e s. Le musée de la pharmacie des moines est précédé d'un jardin de plantes médicinales.

Oudenaarde★

Audenarde

Charmante ville flamande bâtie sur les rives de l'Escaut et située aux confins de la Flandre et du Brabant, Audenarde est riche de souvenirs et de monuments. Vers 1605, la cité voit naître Adriaen Brouwer, contemporain de Rubens et peintre de la vie paysanne des Flandres, dont les tableaux rappellent parfois l'œuvre de Pieter Bruegel l'Ancien. De nos jours, la ville est un centre d'industrie textile. Sa bière brune est réputée.

La situation

27 560 habitants - Cartes Michelin nos 716 D 3 et 533 G 17 - Plan d'agglomération dans Le Guide Rouge Benelux - Flandre Orientale.

Au cœur vallonné des Ardennes flamandes, la ville est d'accès facile depuis Gand et Renaix par la N 60. Depuis Courtrai ou la frontière française, accès par l'A 14/E 17 et la N 459.

Stadhuis, Grote Markt 1, ☎ 055 31 72 51 ; www.oudenaarde.be

comprendre

Un peu d'histoire

Baudouin IV, comte de Flandre, y éleva au début du 11e s. un château fort. Aux 14e et 15e s., Audenarde fut en butte aux agressions des Gantois qui y perdirent leur célèbre bombarde « Dulle Griet », aujourd'hui à Gand, près du Vrijdagmarkt.

En 1521, pendant sa conquête du Tournaisis, enclave française au cœur de son royaume, Charles Quint fait le siège d'Audenarde. Il s'y éprend de Jeanne Van den Geenst, dont il aura une fille, **Marguerite de Parme** qui gouvernera les Pays-Bas de 1559 à 1568.

Audenarde eut à soutenir maints sièges dont le plus dévastateur fut celui que mena, en 1684, le maréchal d'Humières qui commandait les troupes de Louis XIV ; mais la date la plus connue de son histoire est le 11 juillet 1708 qui vit Marlborough battre à plate couture l'armée française.

Ch. Bastin et J. Evrard/MICHELIN

Hôtel de ville d'Audenarde.

se promener

St.-Walburgakerk (Église Ste-Walburge)

À l'Ouest de la Grand-Place se dresse le chevet de cette grande église dont la tour culmine à 90 m.

Huis van Margaretha van Parma

Au Sud-Ouest de la Grand-Place, la maison de Marguerite de Parme se distingue par ses hautes lucarnes à redans ; à sa gauche, la **tour Baudouin** (Boudewijnstoren) massive de l'époque romane.

Gagner le béguinage par Voorburg et Burg.

Begijnhof (Béguinage)

Le béguinage aux parterres fleuris date du 13e s. Chapelle pittoresque.

S'engager dans la Kasteelstraat, puis, prendre à gauche la Margaretha van Parmastraat. Traverser le pont et tourner à droite dans le Louise-Mariekaai.

carnet pratique

RESTAURATION

• *Valeur sûre*

Wine and dine Café – *Hoogstraat 34 - ☎ 055 23 96 97 - info@derantere.be - fermé de mi-juil. à mi-août - 32€.* Nouveau restaurant au décor « hype » : salles à manger étagées, mobilier moderne gris foncé et murs clairs auxquels des toiles d'une vive polychromie apportent une touche de gaieté. L'assiette est soignée et l'ambiance, quelquefois animée.

Zwadderkotmolen – *Zwadderkotstraat 2 - ☎ 055 49 84 95 - fermé 3 sem. en sept., Noël, 1er janv., mar., mer. - 36/52€.* À 5mn d'Oudenaarde, au bord d'une route de campagne, sympathique petite maison de bouche succédant à un vieux moulin dont on peut encore admirer le mécanisme dans la mezzanine qui domine la salle rustique. Mets au goût du jour. Terrasse estivale.

HÉBERGEMENT

• *À bon compte*

CESAR – *Markt 6 - ☎ 055 30 13 81 - hotel.cesar@proximedia.be - 8 ch. : 65/80€ - restaurant 32€.* Au cœur d'Oudenaarde, maison de caractère dont la belle façade d'esprit victorien dissimule un hôtel des plus plaisants : accueil familial, grandes chambres bien tenues, taverne-restaurant actuelle et terrasse d'été contemplant le bijou de la ville.

Host. La Pomme d'Or – *Markt 62 - ☎ 055 31 19 00 - info@lapommedor.be - restaurant fermé lun. - 10 ch. : 72/97€ - restaurant 31/48€.* Cet ancien relais postal du 15e s. jouxte le flamboyant hôtel de ville. Jolies chambres habillées de tissus coordonnés et restaurant donnant sur une terrasse dotée d'une piscine. Appétissante carte classico-régionale, avec un bon lapin à la bière locale.

O.-L.-Vrouwekerk van Pamele★ (Église N.-D.-de-Pamele)

Visite accompagnée sur demande préalable à l'Office de tourisme au ☎ 055 31 72 51. Belle église du 13e s., construite par Arnould de Binche, typique de l'architecture gothique scaldienne. L'intérieur est à trois nefs et transept et comporte un déambulatoire, fait assez rare en Belgique. On voit deux tombeaux du début du 16e s. et du début du 17e s. au revers de la façade Ouest.

OUDENAARDE

Aalststraat . . . . Z
Achterburg . . . . Z 2
Achter de Wacht . . . . . . Y 3
Baarstraat . . . . Z
Bekstraat . . . . Y
Bergstraat . . . . Z
Beverestraat . . . . Y 4
Bourgondiëstraat . . . . . . Z 7
Broodstraat . . . . Z 9
Burg . . . . Z 10
Burgschelde . . . . Z 14
Dijkstraat . . . . Y
Doornikstraat . . . . Z
Fortstraat . . . . Y
Gevaertsdreef . . . . Y
Grote Markt . . . . Z
Hoogstraat . . . . YZ 17
Jezuïetenplein . . . . Z 18
Kasteelstraat . . . . Z 21
Kattestraat . . . . Y
Krekelput . . . . Z 23
Louise-Mariekaai . . . . . . Z 26
Margaretha van Parmastr. . . . . . . Z 32
Marlboroughlaan . . . . . YZ
Matthijs Casteleinstr. . . Z
Meerspoortpein . . . . . . Z 33
Minderbroedersstr. . . . . Z 34
Nederstraat . . . . YZ 35
Parkstraat . . . . Y
Prins Leopoldstraat . . . . Y
Remparden . . . . Z
Simon de Paepestraat . . Y 37
Stationsstraat . . . . Y
Tacambaroplein . . . . Y 38
Tussenbruggen . . . . Z 40
Tussenmuren . . . . Z
Voorburg . . . . Z 42
Wijngaardstraat . . . . Y 46
Woeker . . . . Y

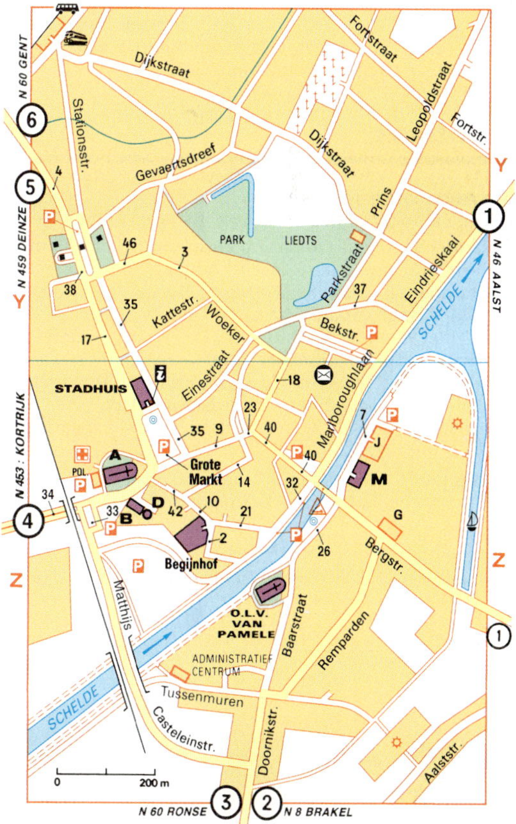

Boudewijnstoren . . . . Z D	Huis van Margaretha van Parma . . . . Z B
Huis de Lalaing en restauratieatelier . . . . Z M	St.-Walburgakerk . . . . Z A

visiter

Stadhuis★★★

Nov.-mars : visite accompagnée (1h30) tlj sf lun. et dim. 9h30-12h, 13h30-16h, sam. 14h-17h ; avr.-oct. : tlj sf lun. 9h (w.-end et j. fériés 10h)-17h30. Fermé 1er-2 janv., 24-26 déc. 4€. ☎ 055 31 72 51 (Office de tourisme).

Élevé de 1525 à 1535 par Henri van Pede, qui s'inspira de plusieurs hôtels du pays (Bruxelles, Louvain) avec lesquels l'édifice présente des analogies, l'hôtel de ville domine la très vaste **Grand-Place** (Grote Markt). Flamboyant, déjà animé d'un esprit baroque, le bâtiment séduit par ses lignes légères et son ornementation qui, malgré sa richesse, est d'un goût exquis. Des arcades supportent le beffroi en saillie surmonté de la statue d'un homme armé appelé « Jean le Guerrier » ; des clochetons effilés, d'un charmant effet, ornent les angles.

À l'intérieur, le musée municipal renferme une collection de mobilier, sculptures et peintures ainsi qu'un magnifique ensemble d'**argenterie**. On admire, dans la **salle des Échevins**, par Van der Schelden, une cheminée et un beau tambour de porte en chêne sculpté (16e s.) ; au-dessus de celle-ci est aménagée une logette où s'installait un « écouteur » chargé de relever les débats des assemblées. Des peintures pittoresques *(Les Cinq Sens)* d'Adriaen Brouwer sont aussi à citer.

Contiguë, l'ancienne **halle aux draps** du 14e s sert actuellement de salle de concert. Le bâtiment accueille également un petit **musée de la Tapisserie** présentant des verdures et tapisseries historiées. Devant la façade, la fontaine décorée de dauphins a été construite avec la contribution financière de Louis XIV.

Les verdures d'Audenarde

Au 15e s., la tapisserie de haute lisse vint remplacer, à Audenarde, l'industrie du drap en déclin. La ville devait en devenir, aux 16e et 17e s., un centre important. Elle était spécialisée dans l'exécution de « verdures », pièces dans lesquelles la végétation représentait l'élément essentiel de la composition.

Huis de Lalaing et restauratieatelier (Maison de Lalaing et atelier de restauration)

Tlj sf lun. et w.-end 9h30-12h, 13h30-16h. 1,25€. ☎ 055 31 72 51 (Office de tourisme).

La maison doit son nom à Philippe de Lalaing, gouverneur de la ville à l'époque de Charles Quint. Le joli bâtiment, dont la façade blanche aux décorations rococo donne sur l'Escaut, est avant tout un atelier où des tapisseries anciennes sont restaurées et où l'on tisse encore des créations modernes.

alentours

De Audenarde à Waregem

15 km au Nord-Ouest. Prendre la N 459 vers Deinze.

À **Kruishoutem**, la **fondation (Stichting) Veranneman** *(Vandevoordeweg 2, par la route de Waregem, puis à gauche)* renferme à la fois une magnifique collection d'art contemporain (Mathieu, Permeke, Vasarely, Hartung, Wunderlich, Mara, Raveel, Botero, Arman, Bram Bogart, Vic Gentils), et un bel ensemble de mobilier réalisé par Emiel Veranneman lui-même. Dans le parc vallonné, sculptures contemporaines d'artistes renommés tant belges qu'étrangers. *Tlj sf lun. et dim. 14h-18h. Fermé j. fériés légaux, août. 2,50€. ☎ 09 383 52 87 ; www.gallery-veranneman.be*

Entouré d'eau, le **château de Kruishoutem**, du 17e s., aux angles renforcés de quatre tours surmontées de bulbes, se dresse au milieu d'un grand parc.

Prendre la N 437.

Waregem – La populaire course d'obstacles des Flandres qui se déroule à l'hippodrome du Gaverbeek connaît une grande affluence.

De Panne

La Panne

Jouxtant la frontière, La Panne est une station balnéaire très fréquentée par les touristes français. Sa plage★ de sable fin, dépourvue de brise-lames et dont la largeur atteint par endroit 250 m à marée basse, convient particulièrement à la pratique du char à voile. La réserve naturelle du Westhoek et des dunes à perte de vue raviront les amateurs de promenades solitaires. Près de la plage se dresse le monument au roi Léopold Ier, rappelant l'endroit où le premier souverain de Belgique débarqua en 1831, venant d'Angleterre.

La situation

9 760 habitants – Cartes Michelin nos 716 A 2 et 533 A 16 – Plan dans Le Guide Rouge Benelux – Flandre Occidentale.
La Panne, à l'extrémité de la Belgique, est accèssible par la N 34.
Zeelaan 21, ☎ 058 42 18 18 ; www.depanne.be

Les dunes à La Panne.

carnet pratique

Restauration

• À bon compte

D'Oude Stove – *Veurnestraat 309 – ☎ 058 42 01 05 – fermé lun., mar. midi, 1 sem. en janv.- 15/25€.* Restaurant familial très typé à dénicher hors de l'affluence touristique, juste en face de la piscine municipale. Carte classico-régionale et menu multi-choix trois services annoncé à l'écriteau. Atmosphère de bistrot flamand. Clientèle d'habitués.

Pauillac – *Nieuwpoortlaan 55 – ☎ 058 42 25 86 – Pauillac@pandora.be – fermé de fin nov. à mi-déc., mer. midi hors sais. sf vac. scolaires, mer. soir de mi-nov. à mi-mars, mar. - 24,50/45€.* Cuisine traditionnelle de bon aloi, menus bien vus, éventail de suggestions notées à l'ardoise, ambiance sympathique, décor intérieur jeune et guilleret, terrasse estivale fleurie : au total une estimable petite adresse à l'heure du repas !

Hébergement

• À bon compte

Cajou – *Nieuwpoortlaan 42 – ☎ 058 41 13 03 – cajou.depanne@online.be – fermé janv., 2 sem. en déc. ; restaurant fermé dim. soir et lun. sf fériés et vac. scolaires – P – 32 ch. : 42/72€ ☕ - restaurant 22/42€.* Agréable hôtel-restaurant familial situé à deux pas de la digue, près d'un arrêt du tramway. Chambres sans reproche, fringante salle à manger et petite terrasse d'été dressée sur le devant. Registre culinaire assez poissonneux.

Hôtel Strandpark – *Nieuwpoortlaan 151 – ☎ 058 42 02 22 – www.strandpark.be – fermé de mi-nov. au carnaval sf vac. scolaires Noël – P – 57 ch. et studios : 56/63€ – ☕ 5€.* Ce complexe balnéaire isolé dans les dunes comprend six ribambelles de pavillons offrant un accès direct à la plage. Studios familiaux avec cuisinette, jolie vue littorale et breakfast sur réservation. Réception intermittente durant l'arrière-saison.

alentours

Westhoek

Autour de la station La Panne s'étendent des dunes dont une partie forme, à l'Ouest, le Westhoek, réserve naturelle appartenant à l'État et couvrant 340 ha jusqu'à la frontière. La réserve est traversée par plusieurs sentiers balisés ; des **promenades guidées** y sont régulièrement organisées. Si les oyats ou quelques arbustes (saule rampant, argousier, sureau noir) revêtent généralement les dunes, au centre se trouve une clairière dépourvue de végétation appelée parfois le Sahara.

Oosthoek

Cette réserve naturelle communale s'étend sur 60 ha de dunes et de bois au Sud-Est de la Panne. Tout près se trouve le centre d'accueil « De Nachtegaal », évoquant les différents paysages des dunes, la faune et la flore de la région.

Adinkerke

3 km au Sud.

À Adinkerke se trouve **Plopsaland**, parc à thème de 30 ha, dont les héros sont Samson et Gert (un chien qui parle et son maître) ainsi que le lutin Plop, très connus des plus jeunes en Flandre. *Avr.-oct. : 19,75€ (enfants de < d'1 m : gratuit). Pour plus de renseignements ☎ 058 42 02 02 ; www.plopsaland.be*

Philippeville

Petite cité agréable, Philippeville était jadis réputée pour ses exploitations de marbre rouge. Fondée en 1555 par Charles Quint pour faire face à Mariembourg, tombé aux mains des Français, cette place forte fut appelée Philippeville en l'honneur du fils de l'empereur, le futur Philippe II. Des fortifications, démantelées en 1860, il ne subsiste que les souterrains et un ancien magasin à poudre.

La situation

7 889 habitants – Cartes Michelin n°s 716 G 5 et 534 M 21 – Namur.

Situé dans la région de l'Entre-Sambre-et-Meuse, Philippeville est accessible par la N 5 depuis Charleroi et par la N 97 au départ de Dinant.

ℹ R. des Religieuses 2, ☎ 071 66 89 85 ; www.philippeville.be

visiter

Souterrains

Juil.-août : visite accompagnée (1h) 13h30-17h30 ; sept.-juin sur demande. Fermé 21 juil., Assomption, 25 déc. 2,97€. ☎ 071 66 89 85.

L'ancienne poudrerie, devenue la **chapelle N.-D.-des Remparts**, a conservé ses murs épais où était aménagé un système de ventilation.

On peut visiter une partie des galeries souterraines des 16e et 17e s. qui s'étendent sur 10 km au-dessous de la ville.

alentours

Walcourt

13 km au Nord-Ouest par la N 40, puis à Silenrieux prendre à droite la N 978.

Ce vieux bourg pittoresque est une ancienne place forte. Chaque année se déroule une procession en l'honneur de N.-D.-de-Walcourt ; elle accomplit un périple autour de la ville, appelé **« Le Grand Tour »**. Elle est rehaussée d'une escorte ou **« marche militaire »**, comprenant des soldats de l'époque napoléonienne et des zouaves, accompagnés de fifres et de tambours. Au milieu de la journée, autour d'un bouleau, le « Jeu scénique du Jardinet » commémore le miracle de la statue de la Vierge qui, fuyant la basilique incendiée au 13e s., aurait été retrouvée sur un arbre. Située sur une butte, la **basilique St-Materne**★ (13e-16e s.) est surmontée d'un amusant clocher à bulbe du 17e s. (reconstruit en 1926). L'**intérieur** sobre en pierre grise et brique possède un riche mobilier. Le remarquable **jubé**★ (1531), offert, dit-on, par Charles Quint, est de structure gothique, mais sa décoration Renaissance prodigue des statues, des médaillons et des rinceaux. Les stalles (16e s.) très simples, sont sculptées aux miséricordes de motifs satiriques. Dans le bras gauche du transept se trouve la statue de N.-D.-de-Walcourt (10e s.). Conservé au presbytère, le **trésor**★ contient de précieux objets d'art : Vierge en argent du 14e s., petit reliquaire-tourelle du 13e s., et surtout croix-reliquaire (13e s.), caractéristique du style du célèbre orfèvre Hugo d'Oignies. *Été : 8h-18h ; hiver : 9h-16h30. ☎ 071 61 13 66 (presbytère) ou 071 61 25 26 (Office de tourisme).*

Poperinge

Ancienne ville drapière, Poperinge devient à partir du 15e s. le centre d'une région productrice de houblon. Tous les trois ans, en septembre, la fête du Houblon donne lieu à un pittoresque cortège. Les houblonnières se distinguent dans le paysage légèrement vallonné par leurs hauts poteaux, servant d'attache à la plante grimpante. Situé en zone non occupée pendant la Première Guerre mondiale, Poperinge devient rapidement le lieu de rencontre préféré des Britanniques dont témoigne encore la Talbot House.

La situation

19 258 habitants - Cartes Michelin nos 716 B 3 et 533 C 17 - Flandre Occidentale.
Située entre la frontière française et Ypres, la ville est desservie par la N 38.
Grote Markt 1, ☎ 057 34 66 76 ; www.poperinge.be

se promener

Grote Markt (Grand-Place)

Bordée de terrasses en été, cette jolie place est dominée par l'hôtel de ville (1911) de style néogothique.

Traverser la Grand-Place pour gagner le Vroonhof.

St.-Bertinuskerk (Église St-Bertin)

De type halle, du 15e s., elle renferme en particulier un beau jubé du 17e s. orné de statues de Jésus et des apôtres, une chaire du 18e s. et un confessionnal baroque richement sculpté.

S'engager dans la Gasthuisstraat qui part de la Grand-Place. On passe devant la Talbot House et le musée national du Houblon (voir dans « visiter »). Continuer tout droit par la Casselstraat, puis prendre à droite la St.-Annastraat.

Weeuwhof

Cet hospice du 18e s. ou « cour des veuves », dont les pittoresques maisonnettes s'ordonnent autour d'un jardin, s'ouvre par un petit porche surmonté d'une statuette de la Vierge.

Rejoindre la Casselstraat.

O.-L.-Vrouwekerk (Église Notre-Dame)

Dans cette église du 14e s., également de type halle et flanquée d'une haute tour à flèche de pierre, on peut voir un banc de communion aux remarquables sculptures de bois.

Revenir à la Grand-Place. Prendre la G. Gezellestraat, puis la St.-Janskruisstraat à droite.

St.-Janskerk (Église St-Jean)

Cet édifice, dont la tour massive rappelle le clocher de St-Bertin, contient de belles boiseries du 18e s. et la statue vénérée d'une Vierge portée en procession chaque année, le 1er dimanche de juillet.

visiter

Nationaal Hopmuseum (Musée national du Houblon)

Gasthuisstraat 71. ♿ Juil.-sept. : 14h-18h ; mai-juin : dim. et j. fériés 14h-18h. 1,50€. ☎ 057 34 66 76 ou 057 34 66 77.

Ce musée est installé dans l'ancien Poids public (Stadsschaal) où, jusqu'en 1968, le houblon était pesé, sélectionné, séché et pressé. Outils, machines, photos et montages audiovisuels illustrent la culture et le travail du houblon.

alentours

Lyssenthoek Military Cemetery

3 km au Sud.

Plus de 10 000 soldats de la Première Guerre mondiale, parmi lesquels de nombreux Britanniques, reposent dans cet impressionnant enclos fleuri.

Haringe

11 km au Nord-Ouest par la N 308.

L'intérieur de l'**église St-Martin** (St.-Martinuskerk) possède un charme rustique. Les orgues ont été fabriquées en 1778 par le Gantois Van Peteghem.

Redu-Transinne

Dans une magnifique région vallonnée et boisée, le village de Redu accueille une station spatiale européenne de télémesure et de télécommande de satellites. Le bourg est également un paradis pour les amoureux de livres anciens. Une trentaine de bouquinistes y ont ouvert boutique. Le village vit à l'heure du livre et en été comme pendant les week-ends, les visiteurs se pressent dans les rues. Quelques artisans et restaurateurs ont suivi.

La situation

Cartes Michelin nos 716 I 5 et 534 P 22 – Luxembourg.

Le petit village de Redu-Transinne est d'accès très facile par l'autoroute E 411 (sortie 24) reliant Bruxelles à Arlon ou par la N 40.

Pl. de l'Esro 63, ☎ 061 65 65 16.

visiter

Euro Space Center*

Situé au bord de l'autoroute E 411 à la sortie 24. Avr.-sept. : 10h-17h ; oct.-mars se renseigner. 9,80€. ☎ 061 65 64 65.

Les techniques audiovisuelles les plus récentes ont été utilisées pour présenter la grande aventure de l'espace : projection de films sur les missions spatiales dans l'auditorium, explications sur le futur laboratoire Columbus dans l'holorama, évocation de l'histoire astronomique et des trous noirs dans le planétarium, visite de plusieurs vaisseaux et lanceurs, dont Ariane 4 et 5, reproduits grandeur nature, et, pour terminer, des sensations fortes dans le Space Show qui vous entraîne au moyen de sièges mobiles dans une terrible bataille de vaisseaux de l'espace. Ce centre sert aussi d'entraînement pour des jeunes qui veulent s'initier à l'espace (stages de plusieurs jours).

La Roche-en-Ardenne*

De longues croupes boisées séparées par des vallées profondes convergent vers cette station estivale très touristique dont le site, dans une bouche de l'Ourthe, est remarquable. Centre de nombreuses activités sportives, La Roche est un excellent point de départ pour sillonner la région qui propose un large éventail de promenades balisées et d'excursions.**

La situation

4 031 habitants – Cartes Michelin nos 716 J 5 et 534 S 21 – Plan dans Le Guide Rouge Benelux – Luxembourg.

Au cœur d'une très belle région verdoyante, La Roche-en-Ardenne se trouve sur la N 89.

Pl. du Marché 15, ☎ 084 36 77 36 ; www.mid.be

visiter

Château

Accès par un escalier en face de l'hôtel de ville. Juil.-août : 10h-19h ; de déb. avr. à mi-nov. 10h-12h, 14h-17h ; de mi-nov. à fin mars : 13h30-16h30, w.-end 10h-12h, 13h30-16h30. 3,50€. ☎ 084 36 77 36.

À l'extrémité de l'éperon rocheux du **Deister**, les ruines romantiques de cet imposant château du 11e s., hérissées de sapins centenaires, dominent la ville.

Après le siège de 1680 par Louis XIV, les fortifications furent renforcées. Le château fut démoli sur ordre de Joseph II, au 18e s.

Poterie-musée Les grès de La Roche

R. Rompré, par la place du Bronze. Juil.-août : 10h-12h, 13h30-17h30 ; avr.-oct. : tlj sf lun. 10h-12h, 13h30-17h30 ; nov.-mars : w.-end et vac. scol 10h-12h, 13h30-17h30. Fermé janv. 4€. ☎ 084 41 18 78 ; www.mid.be/gdlr

Cette fabrique produit des objets en grès, au décor gravé rehaussé de bleu, spécialité de La Roche. On découvre l'ancien four à bois, puis on visite des ateliers de tournage et de décoration ainsi que le musée de la fabrique.

carnet pratique

Restauration

• *À bon compte*

Le fou du Roy – *R. Comte Th. d'Ursel 4 – 6940 Durbuy – ☎ 086 21 08 68 – fermé lun. et mar. sf en juil.-août – 20€ déj. - 25€.* Le fou du Roy vous accueille à une pirouette du pont de Durbuy, dans une jolie maison de pays s'appuyant aux contreforts du château. Croquignolettes salles à manger superposées et terrasse estivale cachée. Menus multi-choix au goût du jour.

• *Valeur sûre*

Le Moulin – *Pl. aux Foires 17 – 6940 Durbuy – ☎ 086 21 29 70 – fermé 1re sem. en sept., 1re sem. en janv. et lun. sf fériés et vac. scol. - 20€ déj. - 26/32€.* Au cœur de la « plus petite ville du monde », ancien moulin à eau ayant troqué roue, engrenages et meules contre fourneaux, casseroles et spatules. Cuisine du marché servie dans un décor « Sud ». Terrasse agréable dressée à la belle saison.

Hébergement

• *À bon compte*

Moulin de la Strument – *Petite Strument 62 – ☎ 084 41 15 07 – strument@skynet.be – fermé janv. ; restaurant fermé lun., mar., et mer. sf fériés, juil.-août – P – 8 ch. : 65/71€ ☕ - restaurant 26/35€.* Jadis moulin à eau, cette grosse auberge très typée s'adosse à une colline plantée d'une dense sapinière. Accueil gentil, chambres de bon séjour, salle des petits déjeuners où ronfle un feu dans l'âtre, repas traditionnel. La roue à aubes s'anime encore.

Les Tilleuls – *Clos des Champs 11 – 6987 Hodister – ☎ 084 47 71 31 – reservation@les-tilleuls.be – fermé janv. ; restaurant fermé dim. soir, lun. et mar. hors sais.- ⊠ - 8 ch. : 55/72€ ☕ - restaurant 34/52€.* En pleine nature, dominant un méandre de l'Ourthe, revigorante étape où vous trouverez le gîte et le couvert. Un grand jardin avec terrasse d'été et pièce d'eau entoure la villa. Chambres tranquilles. Spécialité de gibier en saison de chasse.

Achats

Spécialité – N'oubliez pas de goûter les baisers de La Roche, meringues fourrées de crème, qui rivalisent avec les excellentes tartes aux fruits ou au sucre. La traditionnelle poterie de grès bleu est réputée.

alentours

Chapelle Ste-Marguerite

Suivre l'Ourthe vers Houffalize et prendre une route en montée à gauche.

La chapelle est accrochée à la colline de Deister, au-dessus du château. Plus haut, un belvédère accessible par un petit sentier suivant la crête de l'éperon offre un superbe **panorama**★★ sur la ville.

Parc du Deister

Poursuivre la route au-delà de la chapelle Ste-Marguerite jusqu'au sommet de la côte.

Sur le plateau du Deister s'étend, sur 15 ha, le **parc forestier** aménagé pour la promenade.

Houffalize

25 km à l'Est par la N 860.

Au cœur de l'Ardenne, à 370 m d'altitude, ce centre de villégiature animé occupe un joli **site**★ dans la verdoyante vallée de l'Ourthe orientale. Détruit en 1944 pendant la bataille des Ardennes, le bourg a été reconstruit. Les routes qui viennent du Sud et de l'Ouest offrent de beaux points de vue sur ses toits d'ardoise.

circuits

L'OURTHE SUPÉRIEURE★★

Circuit de 36 km – 4h

L'Ourthe est le résultat de la réunion, vers Nisramont, de deux cours d'eau : l'Ourthe orientale, née près du village d'Ourthe à la frontière luxembourgeoise, et l'Ourthe occidentale, venue d'Ourt, village situé au Sud de St-Hubert. En amont de La Roche-en-Ardenne, c'est une rivière torrentueuse s'écoulant dans des paysages sauvages d'une grande beauté.

Quitter La Roche-en-Ardenne au Sud-Est par la N 834 en direction de Bastogne.

La route gravit les pentes du plateau d'où l'on bénéficie de vues dégagées sur la campagne vallonnée.

Tourner à gauche vers Nisramont. Franchir le pont sur l'Ourthe et prendre à gauche vers Nadrin.

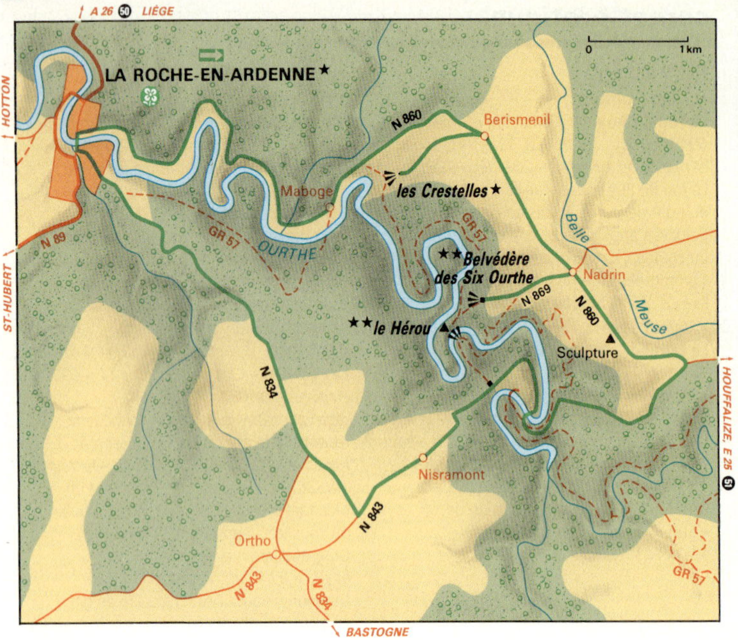

À gauche de la route s'élève une **sculpture en marbre** représentant un portique stylisé en forme de menhir. Cette œuvre du sculpteur portugais João Charters de Almeida fut réalisée en 1991 à l'occasion du festival Europalia Portugal.

À Nadrin, prendre à gauche la N 869. Laisser la voiture sur le parking du Belvédère des Six Ourthe.

Belvédère des Six Ourthe★★

Fermé mar. hors saison, janv. 1€. ☎ *084 44 41 93.*

Une **tour** a été construite à la racine du Hérou, éperon schisteux de 1 400 m de longueur. Du sommet de la tour *(120 marches)*, on contemple un grandiose panorama d'une beauté sauvage, un des plus caractéristiques de l'Ardenne. Autour des éperons boisés, l'Ourthe a creusé une vallée aux méandres compliqués. Elle s'y engage, disparaît derrière les buttes, puis réapparaît scintillante en plusieurs endroits, ce qui a valu au belvédère son nom de Six Ourthe.

Le Hérou★★

Compter 30mn AR pour être en vue de l'abrupt. D'agréables sentiers de promenade balisés, dont le GR 57, parcourent cette masse formidable dont le sol rocheux, masqué par une abondante végétation, apparaît dans l'abrupt qui plonge dans la rivière à l'Est. Au pied du Hérou, la rivière s'écoule dans un paysage sauvage. Cet endroit est fréquenté par les écoles d'escalade.

Regagner Nadrin, puis prendre à gauche vers Berismenil. Prendre la 2e route à gauche dans Berismenil, en direction des Crestelles.

Point de vue des Crestelles★

Un point de vue étonnant s'offre sur un méandre de l'Ourthe 200 m plus bas. C'est un point de départ pour les deltaplanes et les parapentes.

Regagner la N 860. On traverse Maboge (jolie vue du pont, puis l'on revient à La Roche-en-Ardenne.

L'OURTHE INFÉRIEURE★

95 km – compter une journée

Quitter La Roche-en-Ardenne par la N 833.

De La Roche-en-Ardenne à Liège, la vallée de l'Ourthe est riante et douce, çà et là bordée de rochers escarpés, parfois creusés de grottes calcaires.

La route suit l'Ourthe jusqu'à Melreux. Après Hampteau, un chemin à gauche mène aux grottes de Hotton.

Grottes de Hotton★★

Juil.-août : visite accompagnée (1h15) 10h-18h (avr.-oct. 17h), nov.-mars : w.-end et j. fériés 14h-15h30. 7€. ☎ *084 46 60 46.*

Une partie des grottes, formées par une rivière qui s'est enfouie progressivement, a été découverte de 1958 à 1964. Seule la grotte des Mille et Une Nuits constituant la fin du réseau prospecté est ouverte au public. La succession des salles étroites offre des concrétions extrêmement variées. La délicatesse de leurs formes, macaronis transparents, excentriques, draperies ondulées, est remarquable, mais c'est surtout la splendeur de leurs coloris naturels qui retient l'attention : blanc pur de la calcite, rouge, orange éclatant, rose délicat des traces de fer. Dans la galerie de l'Amitié, cette féerie est accentuée par le reflet limpide des « gours ». Au terme du parcours, un balcon domine de 28 m un gouffre où gronde une lointaine chute d'eau, au fond du grand couloir du Spéléo-Club.

Hotton

Dans la plaine de Famenne, ce bourg typique aligne ses toits d'ardoise au bord de l'Ourthe qui forme ici une île.
En amont, sur la route d'Érezée, moulin à eau du 18e s. En aval du pont, un barrage retient un plan d'eau.

Suivre la N 833.

Durbuy★

On retrouve l'Ourthe vers Durbuy. Situé dans une belle région de forêts, Durbuy est l'un des lieux de villégiature les plus agréables de l'Ardenne. Cette bourgade, qui fut érigée au titre de ville dès 1331, fut jusqu'en 1977, date à laquelle elle fusionna avec d'autres communes, la plus petite ville du monde avec moins de 400 habitants. Durbuy a conservé son caractère ancien avec son dédale de ruelles médiévales, son château du 17e s., son vieux pont, sa halle aux blés à colombages. Au charme de ses rues et de ses maisons en pierre, où de nombreux artisans et artistes se sont installés, s'ajoute la beauté du site au pied d'une paroi rocheuse présentant un plissement très spectaculaire, la Falize.

Gagner Barvaux par la N 983.

Barvaux

Autre centre touristique de la vallée de l'Ourthe qui coule, en aval, au pied des fameux **rochers de Glawans**.

2 km après Barvaux, prendre une route à gauche vers Tohogne.

Tohogne

Ce village possède une **église romane** bien restaurée dans laquelle on peut admirer quelques œuvres d'art, dont une cuve baptismale de l'école mosane du 13e s. et un calvaire du 14e s.

Revenir à la N 86.

Les amateurs de vieux tramways et de monuments mégalithiques peuvent faire un crochet dans la vallée de l'Aisne. À Bomal prendre la N 806 en direction d'Aisne.

Aisne

Ce village qui a donné son nom à la rivière possède des sources thermales. On remarque, à gauche, la gigantesque muraille de grès de **la Roche à Frêne**.

La route emprunte la vallée de l'Aisne.

Erezée

Depuis Erezée, le pittoresque **Tramway Touristique de l'Aisne** remonte le cours de l'Aisne en suivant le Val sauvage jusqu'au village de Lamormenil. *Juil.-août : mar., jeu., w.-end et j. fériés 14h, 15h, 16h et 17h ; de fin mars à mi-oct. : w.-end 14h, 15h, 16h et 17h. 6/10€ selon le trajet. ☎ 086 47 72 69.*

Durbuy.

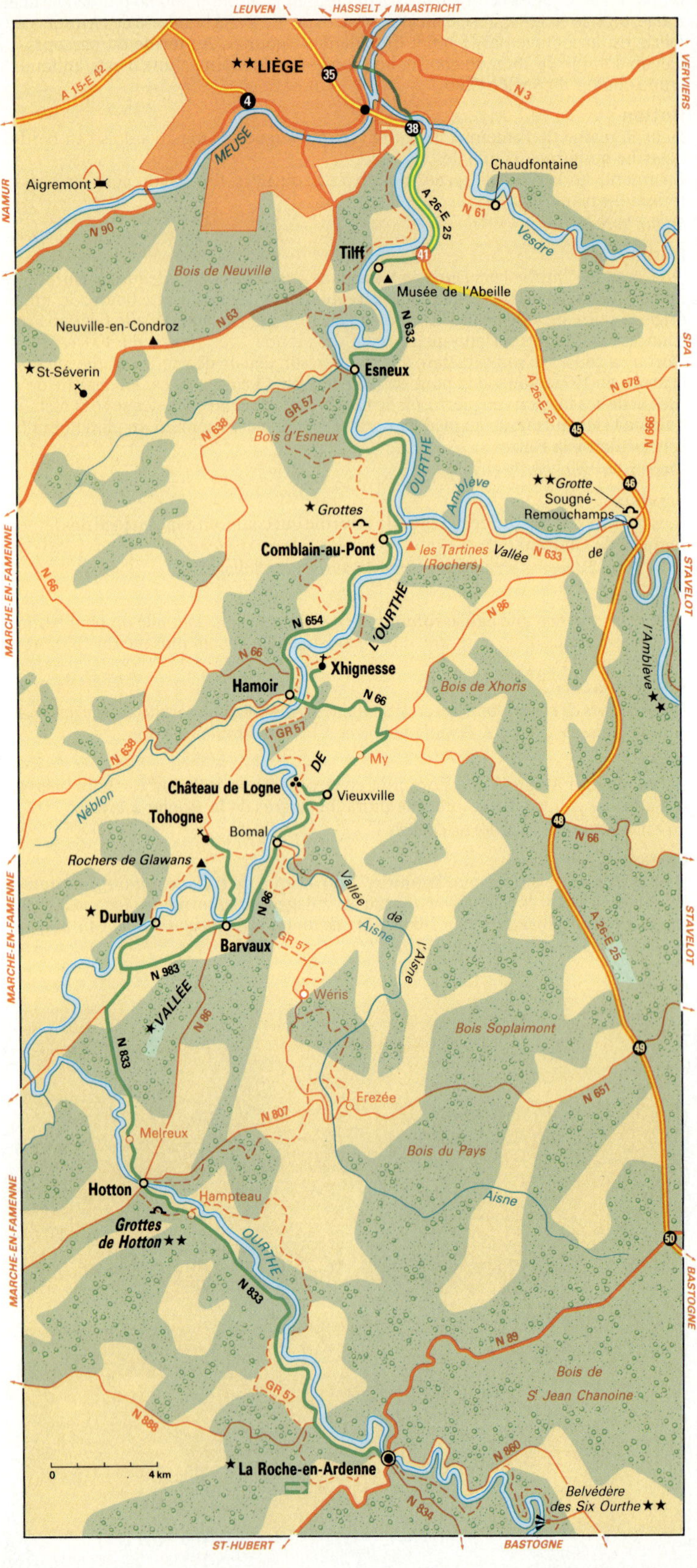
LEUVEN
HASSELT
MAASTRICHT
VERVIERS
NAMUR
SPA
STAVELOT
MARCHE-EN-FAMENNE
BASTOGNE
ST-HUBERT
★★ LIÈGE
MEUSE
A 15-E 42
N 3
Aigremont
Chaudfontaine
A 26-E 25
N 61
Vesdre
N 90
Tilff
Musée de l'Abeille
Bois de Neuville
Neuville-en-Condroz
N 63
★ St-Séverin
N 633
Esneux
GR 57
N 638
Bois d'Esneux
OURTHE
N 678
N 666
Amblève
★★ Grotte
Sougné-
Remouchamps
★ Grottes
Comblain-au-Pont
les Tartines
(Rochers)
Vallée
de
N 66
N 86
N 654
L'OURTHE
l'Amblève ★★
Xhignesse
Hamoir
Bois de Xhoris
DE
My
Château de Logne
Vieuxville
Néblon
Tohogne
Bomal
Rochers de Glawans
Vallée
de
l'Aisne
Aisne
★ Durbuy
Barvaux
N 983
★ VALLÉE
Wéris
Bois Soplaimont
N 833
Erezée
N 651
N 807
Melreux
Bois du Pays
Hotton
Hampteau
Grottes
de Hotton ★★
N 89
Bois de
St Jean Chanoine
N 888
N 860
★ La Roche-en-Ardenne
N 834
Belvédère
des Six Ourthe ★★
0
4 km

Prendre la N 841 pour gagner Wéris.

Wéris

À Wéris, la charmante **église Ste-Walburge**, fondée au 11e s., repose sur des piliers d'ardoise ; à droite du maître-autel, tabernacle sculpté du 16e s., nommé « théothèque ». Wéris conserve plusieurs mégalithes, en particulier un **dolmen**, dont les blocs sont taillés dans le poudingue local *(au Nord-Ouest, en allant vers Barvaux, non loin de la route à gauche).*

Regagner Bomal en passant par Barvaux.

Bomal

Le petit village est situé au confluent de l'Aisne et de l'Ourthe. Jolie **vue★** sur la vallée resserrée par un bloc rocheux derrière lequel sont perchées les ruines du château de Logne.

Château de Logne

Juil.-août : 10h30-18h30 ; avr.-oct. : w.-end 13h-18h (dernière entrée 1h av. fermeture). 2,97€. ☎ 086 21 20 33.

Propriété des moines de Stavelot puis de la puissante famille de La Marck, ce « nid d'aigle » était l'un des premiers châteaux adaptés aux armes à feu. Il fut détruit en 1521 sur l'ordre de Charles Quint. Les objets trouvés lors des fouilles qui se poursuivent dans son enceinte sont exposés dans le **musée archéologique** à Vieuxville. Le village de Logne est un important centre de tourisme sportif. *Juil.-août : 13h-18h ; avr.-oct. : w.-end 14h-18h. 1,98€. ☎ 086 21 20 33.*

Après My, tourner à gauche.

Hamoir

Petite cité sur les bords de l'Ourthe. Sur la place centrale se dresse une statue de Jean Delcour, né ici en 1627. L'hôtel de ville occupe un charmant manoir du 17e s. dissimulé sur la rive gauche dans un joli parc.

4 km aller-retour depuis Hamoir.

Xhignesse

L'église St-Pierre, de style roman mosan, est remarquable par son abside ornée d'arcatures aveugles surmontées de niches.

Suivre la N 654.

Comblain-au-Pont

Cette localité est située au confluent de l'Ourthe et de l'Amblève que surplombe un imposant rocher nommé les Tartines, en raison de sa forme en tranches bien particulière.

À 1 km à l'Ouest se trouve sur une petite colline la **grotte★** de Comblain. *De Pâques à la Toussaint : visite accompagnée (1h) 10h-17h. 6€. ☎ 04 369 41 33.*

Poursuivre son chemin.

Esneux

Cette petite ville s'étage sur un versant contourné par une boucle de l'Ourthe.

Emprunter la N 633 pour gagner Tilff.

Tilff

Tilff possède un **musée de l'Abeille** situé dans une ancienne ferme du château. On y trouve une intéressante documentation sur l'apiculture, des collections d'instruments, de ruches (dans certaines, on peut observer des abeilles en activité), et des documents sur la biologie de l'abeille. *Juil.-août : 10h-12h, 14h-18h ; avr.-sept. : w.-end et j. fériés 10h-12h, 14h-18h. 2,50€. ☎ 04 388 22 63.*

Liège★★ *(voir ce nom)*

Rochefort★

Dominée par les ruines du château comtal, la petite ville de Rochefort est un centre de villégiature très animé. À 2 km, les moines de l'abbaye Notre-Dame de St-Rémy, fondée au 13e s., fabriquent encore la bière trappiste de Rochefort ; à proximité étaient exploitées les célèbres carrières de marbre de St-Rémy (15e s.). En août 1792, La Fayette, menacé pour avoir défendu Louis XVI, quitte l'armée et prend la fuite. Il est hébergé, avec Chateaubriand, à l'ancien hôtel « Au Pélican » de la rue Jacquet, avant d'être arrêté par les Autrichiens. À côté, un monument a été élevé en l'honneur de La Fayette.

La situation

11 767 habitants - Cartes Michelin nos 716 I 5 et 534 Q 22 - Namur.

Situé en bordure du Parc national de Lesse et Lomme, Rochefort est desservi par l'autoroute E 411 (sortie 22) ; ensuite prendre la N 911.

R. de Behogne 5, ☎ 084 21 25 37 ; www.tourismerochefort.be

carnet pratique

RESTAURATION

• *Valeur sûre*

Aux Menus Plaisirs – *R. du Manoir 2 – 6900 Marche-en-Famenne – ☎ 084 31 38 71 – fermé dim. soir, lun. - 20€ déj. - 26/39€.*
Vous clôturerez dignement la visite de la capitale de la Famenne en vous offrant quelques « menus plaisirs » de table dans ce vieux manoir agrémenté d'un délicieux jardin d'hiver coiffé d'une coupole. Registre culinaire de base classique.

HÉBERGEMENT

• *À bon compte*

Le Vieux Logis – *R. Jacquet 71 – ☎ 084 21 10 24 – fermé dim., de mi-janv. à fin janv., de mi-sept. à fin sept. - 10 ch. : 48/58€.*
Halte idéale pour rayonner dans le Parc national de Lesse et Lomme, ce « vieux logis » rochefortois (17e s.) établi au pied du château comtal abrite un hôtel familial de caractère. La proximité de la grotte de Lorette enchantera petits et grands.

visiter

Grotte de Lorette★

Mai-juin : visite accompagnée (45mn à 1h) tlj sf mer. 10h-11h30, 12h30-17h ; juil.-août : 11h-17h ; mars-oct. : tlj sf mer. 10h, 11h30, 13h30, 15h, 16h30. 5,95€. ☎ 084 21 20 80.

Découverte en 1865, cette grotte, creusée par la Lomme, présente un aspect plus sauvage que celle de Han ; sa température est plus fraîche : 8 °C.

Après un couloir de marbre non poreux, percé artificiellement, apparaissent les premières concrétions. Sur un fond musical, un jeu de lumière fait surgir de l'ombre un chaos étonnant. Plus bas, on aperçoit le cours actuel de la rivière souterraine et ses lits successifs. La petite salle des Arcades est creusée à 80 m sous le château de Beauregard.

La **salle du Sabbat** est la plus impressionnante par ses dimensions : 60 m sur 125 m ; une montgolfière lumineuse lâchée jusqu'au sommet permet d'en apprécier la hauteur (85 m). On revient par une galerie artificielle s'ouvrant sur une jolie vue de la vallée de la Lomme.

alentours

Grupont

10 km au Sud-Est par la N 803.

Grupont conserve une pittoresque **maison espagnole** dite aussi maison du Bourgmestre, à colombages et encorbellement, datée de 1590.

Chevetogne

15 km au Nord-Ouest par la N 949, puis à gauche par la N 929.

Monastère de Chevetogne – En 1939 s'installe, dans un château du 19e s., une communauté œcuménique célébrant la liturgie dans les rites latin et byzantin. Construite dans le style byzantin de Novgorod, l'**église orientale** (1957) est un édifice carré, précédé d'un vaste narthex et surmonté d'une petite coupole sur tambour. À l'intérieur, murs et voûtes sont couverts de peintures murales. Au sommet de la coupole domine l'effigie du Christ Pantocrator. L'iconostase, dont la fonction est d'isoler le sanctuaire, est ornée d'icônes. De l'église, on descend à la salle de vente : belle exposition de copies d'objets d'art religieux orthodoxe anciens.

Domaine provincial Valéry Cousin★ – Autour d'un château et d'un chapelet d'étangs, ce vaste parc récréatif, boisé et fleuri, est remarquablement équipé pour les sports, les distractions et les promenades *(circuits fléchés). Visite du domaine 10h-19h. Visite des jardins de fin mars à fin sept. ; 3,72€. ☎ 083 68 72 11.*

Lessive

6 km au Sud-Ouest, par Éprave.

Un site boisé au Sud du petit village de Lessive a été choisi pour l'installation de la **station terrienne belge de télécommunications par satellites**. Cette station, équipée de trois antennes et d'une tour hertzienne aux dimensions impressionnantes, joue, depuis 1972, le rôle d'échangeur entre le secteur spatial et le réseau de télécommunications national.

Château de Jannée

19 km au Nord par les N 949, N 929 et N 4. Visite du parc juil.-août : 10h-18h. 2,50€. ☎ 083 68 86 31.

Le château de Jannée, entouré de son parc, remonte au 12e s. ; des reconstructions aux 17e et 19e s. lui ont donné son aspect actuel.

circuit

LA FAMENNE

12 km au Nord-Est par la N 86.

Hargimont

Le **château de Jemeppe** a été construit au 17e s. autour d'un donjon massif du 13e s.

Suivre la N 86, puis prendre une petite route à droite.

Waha

Ce village possède une charmante **église romane** en grès dédiée à saint Étienne et consacrée en l'an 1050. Sa tour (12e s.) est surmontée d'un élégant clocher du 16e s. dont les plans carrés se superposent d'une manière originale. L'intérieur, sobre, aux piliers massifs, conserve d'intéressants objets d'art.

Ch. Bastin – J. Evrard/MICHELIN

L'église romane de Waha.

Sous le porche se remarquent plusieurs pierres tombales. Au-dessus de l'arc triomphal, beau calvaire de la fin de l'époque gothique (16e s.). Dans le bas-côté droit, fonts baptismaux (1590) portant quatre têtes sculptées. Près de l'entrée du chœur se trouve, scellée à la paroi de l'un des piliers, la pierre dédicatoire de l'église, de 1050. Une vitrine renferme des reliquaires, des livres et missels anciens, des chasubles. L'église contient également de belles statues d'art populaire : saint Nicolas (15e s.), Madame sainte Barbe (16e s.) et saint Roch, en bois polychrome (17e s.).

Revenir sur la N 86.

Marche-en-Famenne

C'est la capitale de la Famenne. En 1577, Don Juan d'Autriche, gouverneur des Pays-Bas, y signa l'Édit Perpétuel qui confirmait la Pacification de Gand, libérant le pays des troupes espagnoles.

Ronse

Renaix

Renaix est situé parmi les collines des « Ardennes flamandes », près de la frontière linguistique. Le samedi qui suit l'Épiphanie ont lieu les festivités du Lundi des fous, grande fête populaire dont les vedettes sont les personnages masqués, appelés « Bommels ». Le dimanche de la Trinité se déroule le Fiertel, procession en l'honneur de saint Hermès : le reliquaire est porté sur un parcours de 32,6 km.

La situation

23 941 habitants – Cartes Michelin nos 716 D 3 et 533 G 18 – Flandre Orientale.

Renaix s'entoure d'un paysage ondulant de collines boisées. Accès par l'autoroute A 8/E 429 qui relie Bruxelles à Tournai. Prendre la sortie 31, puis la N 60.

Hoge Mote, De Biesestraat 2, ☎ 055 23 28 16.

visiter

St.-Hermes Collegiaal (Collégiale St-Hermès)

De mi-avr. à fin oct. : tlj sf lun. 10h-12h, 13h30-17h, w.-end et j. fériés 10h-12h, 14h30-17h30 ; de déb. nov. à mi-avr. sur demande. 2,50€. Renseignements au Musée du Folklore, Bruulplein (à 20 m). ☎ 055 23 28 12.

L'église actuelle date des 15e et 16e s. ; le bras droit du transept est voué au culte de saint Hermès.

Elle est édifiée sur une belle **crypte★** (1089), d'origine romane ; très vaste, celle-ci compte 32 piliers. Malgré une restauration au 13e s. et une extension orientale dans le style gothique (16e s.), l'ensemble est très harmonieux. Deux portes latérales, murées, rappellent la vocation première du lieu : au Moyen Âge, les pèlerins tournaient autour des reliques de saint Hermès, exposées ici. À Ronse, ce saint était invoqué contre les maladies mentales.

La belle maison (17e-18e s.) voisine de la collégiale était celle du chanoine du chapitre de Saint-Hermès (musée du folklore).

circuit

LES ARDENNES FLAMANDES

15 km au Nord-Ouest.

Du Parc de l'Arbre situé au Nord de Renaix, jolie vue sur la ville.

Prendre la N 60 vers Audenarde, puis, au sommet de la côte, tourner à gauche vers Kluisbergen.

À droite de la route, près d'une auberge, se dresse sur une colline de 150 m d'altitude le **moulin du Hotond**, édifice tronqué dont le sommet offre un vaste panorama sur la région et le mont de l'Enclus *(table d'orientation). Tlj sf mar. 9h-24h. Fermé Nouvel An. ☎ 055 21 33 05.*

Kluisberg (Mont de l'Enclus) – À 141 m d'altitude, ce mont, à cheval sur la frontière linguistique et sur les provinces de Flandre Orientale et de Hainaut, couvert de pinèdes, est un centre de villégiature apprécié.

St-Hubert★

Jolie petite ville touristique, St-Hubert se trouve sur un plateau (435 m) au centre des forêts étendues de l'Ardenne. Les maisons du bourg se groupent autour de la basilique, lieu de pèlerinage à saint Hubert, patron des chasseurs et des bouchers. St-Hubert est la ville natale du peintre Pierre Joseph Redouté (1759-1840), appelé « le Raphaël des Fleurs ».

La situation

5 737 habitants – Cartes Michelin nos 716 J 5 et 534 L 22 – Luxembourg.

St-Hubert se niche dans une des plus belles régions que compte la Belgique. On y arrive en empruntant l'autoroute A 4/E 411 reliant Bruxelles à Arlon. Prendre la sortie 25, puis la N 89.

R. Saint-Gilles 12, ☎ 061 61 30 10.

comprendre

Le saint et sa légende

Un Vendredi saint de l'an 683, **Hubert**, gendre du comte de Louvain, chasse dans les forêts. Les chiens lancent un grand cerf. Sur le point d'être forcée, la bête se retourne et dans sa ramure apparaît une image éblouissante du Christ en croix. Une voix reproche alors à saint Hubert sa passion immodérée pour la chasse et lui dit d'aller trouver son ami Lambert, évêque de Tongres-Maastricht, pour être instruit dans la prière et le sacerdoce.

À Rome, Hubert apprend le martyre de Lambert dont le pape lui propose la succession. Hubert refuse, alléguant son indignité. Un ange descend alors du ciel et lui remet l'étole blanche, insigne de l'épiscopat, tissée d'or par la Vierge elle-même. Hubert, devenu évêque de Maastricht, transfère à Liège le siège épiscopal.

La ville des chasseurs

Chaque année, le premier week-end de septembre, ont lieu les **Journées internationales de la Chasse et de la Nature**. Dès le samedi après-midi, les sonneries de trompes de chasse retentissent. Le dimanche, après la messe solennelle et la bénédiction des animaux, a lieu l'après-midi un grand cortège historique qui raconte la vie de saint Hubert et l'histoire de l'abbaye. Plus de 500 personnes en costumes y participent. Le **3 novembre**, jour de la Saint-Hubert, la grand-messe solennelle est suivie par la bénédiction des animaux et des animations diverses.

B. Roland/EUREKA SLIDE

L'ouverture de la chasse à Saint-Hubert.

visiter

Basilique St-Hubert★

Visite (30mn) 9h-18h (hiver 17h). ☎ 061 61 23 88.

C'est l'ancienne église de l'abbaye bénédictine fondée au 7e s. Les reliques de saint Hubert transférées ici au 9e s. attirèrent de tout temps de nombreux pèlerins. Plusieurs bâtiments se sont succédés à cet emplacement, et de l'église romane subsiste la crypte. L'église actuelle, de style gothique brabançon, a été reconstruite en 1526 à la suite d'un incendie. En contournant l'église par la droite, on peut voir cet ensemble flamboyant, mais la façade a été modifiée au 18e s. Ainsi les deux tours et la façade, au fronton sculpté d'une scène évoquant le miracle de saint Hubert, sont de style baroque.

Intérieur★★

Imposant avec ses 25 m de haut, l'intérieur à cinq nefs présente le plan des églises de pèlerinage avec son déambulatoire et ses chapelles rayonnantes. On est d'abord frappé par les coloris de l'appareil où se mêlent pierre rose, gris et ocre sous des

carnet pratique

RESTAURATION

• *À bon compte*

Le Cor de Chasse – *Av. Nestor Martin 3 – ☎ 061 61 16 44 – fermé de déb. mars à mi-mars, de déb. sept. à mi-sept., mar. sf juil.-août, lun. - 10€ déj. - 21/34€ – 10 ch. : 52/56€* ☕ Auberge immuable postée à un saut de chevreuil de l'église St-Gilles-aux-Prés. En saison de chasse, le gibier est la grande spécialité de la maison, comme l'enseigne le laisse deviner. Petites chambres et salon donnant sur une mini-terrasse plein Sud.

HÉBERGEMENT

• *À bon compte*

du Luxembourg – *Pl. du Marché 7 – ☎ 061 61 10 93 – fermé 1 sem. en juin, 1 sem. en janv., jeu. sf vac. scol. - 🅿 – 16 ch. : 46/70€* ☕ *- restaurant 17/30€.* Sur la pente glissant de l'hôtel de ville vers la basilique, étape au charme gentiment provincial accueillant les voyageurs depuis un quart de siècle. La majorité des chambres, très convenables, dispose de sanitaires complets.

CALENDRIER

Chaque été, dans le cadre du Festival de Wallonie, le **Juillet Musical** organise des concerts dans la ville et les villages voisins.

voûtes en brique qui datent de 1683. Dans le transept gauche, le mausolée de saint Hubert (1847) par Guillaume Geefs est une majestueuse figure un peu hautaine. Dans le chœur sont disposées de belles **stalles** (1733) dont les panneaux évoquent la vie de saint Hubert *(à droite)* et celle de saint Benoît *(à gauche)*. La Vierge du maître-autel est de l'école du sculpteur liégeois Delcour. Dans le transept droit, sur l'autel de saint Hubert, se trouve la sainte Étole tissée de fils d'or au 10e s. Dans la 1re chapelle du déambulatoire, à droite, un retable, aux 24 émaux peints (Limoges) d'après la *Passion* de Dürer, a subi la fureur des Huguenots. La **crypte** romane, sous le chœur, contient des tombes d'abbés dont les visages ont été polis par les pèlerins. Les voûtes sont du 16e s. Avant de sortir, admirer les orgues baroques.

Le palais abbatial

Sur le côté gauche de la place quand on fait face à la basilique.

Construit en 1728, ce palais à la façade élégante et au fronton décoré de rinceaux, abrite le service des Affaires culturelles de la province. À l'intérieur, très belles boiseries.

alentours

Fourneau St-Michel** *(voir ce nom)*

Parc à gibier

2 km au Nord. Mai-sept. : tlj sf ven. 9 h-18h ; oct.-mars : 9h-16h (w.-end et j. fériés 18h). 3€. ☎ 061 25 68 17.

Chevreuils, mouflons et sangliers peuvent être observés le long de trois circuits fléchés. La route traverse de belles forêts de hêtres et de résineux ; la forêt du roi Albert, puis le bois de St-Michel.

Val de Poix

9 km à l'Ouest jusqu'à Smuid. C'est une vallée tranquille et agreste où coule un petit ruisseau, affluent de la Lomme. À 3 km de St-Hubert, à gauche de la route, près d'un petit étang, se dresse une maison à colombages.

Vallée de la Semois★★

Affluent de la Meuse, la Semois (en France : Semoy) prend sa source près d'Arlon, s'engage dans une dépression marneuse de la « Lorraine belge », puis s'aventure au-delà de Florenville, dans les schistes du massif ardennais, en des replis sinueux.

La situation

Cartes Michelin n°s 716 H 6, J 7 et 534 P, Q, S, T 24 – Luxembourg-Namur.
À proximité de la frontière française, la Semois dessine des méandres dans un paysage pittoresque et verdoyant. Accès depuis Bouillon par la N 89.

circuits

DE LA GAUME EN ARDENNE★ 1

65 km – environ 1/2 journée

Chiny

La Semois, en contournant Chiny, s'insinue momentanément dans le massif ardennais boisé. La vallée prend un aspect plus encaissé et plus sauvage, qu'il n'est possible d'apprécier qu'en bateau.

Descente en barque de Chiny à Lacuisine★

8 km. Embarcadère à l'Ouest du village, en aval du pont St-Nicolas. ♿ Juil.-août : 9h-18h ; avr.-oct. : w.-end 9h-18h. 6,20€. ☎ 0495 54 93 72.
Le parcours en bateau *(durée : 1h15)* suit le défilé du Paradis en laissant la côte de l'Écureuil et le rocher du Pinco à droite, et le rocher du Hât à gauche.
On peut revenir à pied *(45mn)* par des pistes balisées à travers bois (promenade n° 8).

Lacuisine

Ici, le cours bouillonnant s'est assagi ; l'eau coule, calme, entre les rives bordées de prairies ; on peut voir un ancien moulin à eau.

Point de vue sur le défilé de la Semois★

2 km au Nord. Route de Neufchâteau puis, à 800 m au Nord de la bifurcation vers Martué, juste après avoir passé un chemin à gauche, prendre un sentier à droite.
En suivant dans les bois les balises blanc et orange, on arrive, après un quart d'heure de marche, à un promontoire équipé d'un banc ; le site procure une **vue** plongeante sur le méandre boisé et sauvage où coule la rivière souvent couverte de fleurs blanches.
Gagner Florenville par la N 85.

Florenville

Proche de la frontière, et perché sur une « côte » gréseuse dominant la vallée de la Semois, c'est un centre de villégiature et d'excursions. Derrière le chevet de l'église se trouve une terrasse, équipée d'une table d'orientation. Cet endroit permet de découvrir la vallée de la Semois qui trace une très large courbe dans une vaste plaine

Le Tombeau du Chevalier à Herbeumont.

Ch. Bastin et J. Evrard/MICHELIN

dont les terres servent à l'agriculture. L'église, dévastée en 1940, a été reconstruite. Du **belvédère** au sommet, **vue** sur les toits d'ardoises, la large vallée de la Semois et la campagne environnante *(220 marches). Juil.-août : 10h-12h (dim. 11h), 14h-18h. Fermé 15 août. 0,74€. ☎ 061 31 12 29.*

Prendre la N 83.

Point de vue sur Chassepierre★

À 5 km de Florenville, un belvédère (où se trouve un globe métallique symbolisant la paix) offre une belle vue sur les toits d'ardoises du village dont les maisons se serrent sur un bloc rocheux, près de l'église à bulbe (1702) ; non loin, la Semois serpente dans la plaine.

Suivre la N 83. Au-delà de Ste-Cécile, on tourne à droite vers Herbeumont.

Avant de traverser la rivière, on aperçoit à droite de la route l'ancien prieuré de Conques (18e s.), qui était au Moyen Âge une dépendance de l'abbaye d'Orval. Il est actuellement occupé par un hôtel.

Gagner Herbeumont par la N 884.

Herbeumont

Les ruines de son château fort du 12e s. se dressent au sommet d'une butte. Il a été détruit par les troupes de Louis XIV. Du sommet, **vue★★** magnifique sur un double méandre de la rivière encerclant le **Tombeau du Chevalier**. Ainsi nommé en raison de sa forme évoquant les tombes médiévales, c'est un éperon boisé très allongé autour duquel la Semois trace une boucle dans un paysage magnifique.

En arrivant sur Mortehan, on suit la rivière. Puis, en montant, avant un virage à droite, jolies vues sur un paysage vallonné et sauvage, et, à 2 km d'un belvédère situé à la pointe des **roches de Dampire**, **vue★** sur une belle boucle de la Semois.

2 km après Dohan, prendre à droite la route des Hayons.

Juste après les Hayons, beau **coup d'œil★** sur la Semois dont la vallée se dessine dans un ample paysage boisé.

Saut des Sorcières

C'est en fait une suite de petites cascades entre des étangs.

Revenir sur la N 865. Par Noirefontaine, on gagne Botassart.

Botassart

À 2 km au-delà du hameau, un belvédère aménagé offre un **point de vue**★★ remarquable sur un site des plus célèbres et des plus caractéristiques de la Semois : la rivière forme une magnifique boucle autour d'une longue colline boisée nommée **Tombeau du Géant**, car ses pentes rappellent, comme celles du Tombeau du Chevalier, les parois d'un sarcophage ; ses bords sont soulignés d'une couronne de pâturages d'un vert plus pâle.

Revenir sur ses pas pour descendre à Bouillon.

DE BOUILLON À BOHAN★★ 2

53 km – environ 1/2 journée

Bouillon★ *(voir ce nom)*

Quitter Bouillon par la route de Corbion, au-delà du tunnel.

À 5 km, belvédère avec vue sur l'abbaye N.-D.-de-Clairefontaine. Puis, 3 km plus loin, panorama sur les crêtes boisées entaillées par la vallée, notamment le Tombeau du Géant.

On atteint Corbion par la N 810.

Corbion

Accessible par un sentier, la **Chaire à prêcher** *(signalée)* est un belvédère naturel. La **vue**★ embrasse un vaste panorama sur Poupehan, village dominant la Semois.

Suivre la N 893.

Rochehaut

De ce village perché, très jolie **vue★★** : la rivière enserre un promontoire ourlé de prairies ; les maisons du village de Frahan s'étagent sur les pentes.
Sur la rive opposée, **Alle** est situé à la racine d'un méandre coupé.
Prendre à droite la route du Petit-Fays.

Gorges du Petit-Fays★

La route grimpe en longeant ces gorges très sauvages et noyées dans la végétation.
La N 914 conduit à Vresse-sur-Semois.

Vresse-sur-Semois

Ici, on retrouve la Semois où vient se jeter le ruisseau du Petit-Fays. Vresse était autrefois un important centre de la culture du tabac. C'est aujourd'hui un rendez-vous pour les vacanciers et pour de nombreux artistes. Dans le centre touristique et culturel, le **musée du Tabac et du Folklore** évoque cette culture. Il subsiste çà et là jusqu'à Bohan de typiques **séchoirs à tabac** en bois.
Prendre la N 914 en direction de Membre.

Membre

Près de cette localité commence le **parc de Bohan-Membre**. Il s'étend sur 177 ha, traversé par la Semois et encerclé par une route pittoresque.
Dans Membre, tourner à droite.
À 3 km, beau **point de vue★★** sur le site nommé **Jambon de la Semois**, échine étroite et boisée.

Bohan

Ce petit centre touristique est situé à proximité de la frontière.

Sint-Niklaas

St-Nicolas

Chef-lieu du Pays de Waas, St-Nicolas est une ville commerçante que l'on visite de préférence le jeudi matin lors du marché qui s'y tient depuis le début du 16e s. Le premier week-end de septembre, la cité est le théâtre des fêtes de la Paix ou Vredesfeesten, marquées par un grand rassemblement de montgolfières sur la Grand-Place, la plus vaste du pays. St-Nicolas possède encore quelques belles maisons de style Art déco, de quoi combler les amateurs d'architecture moderne.

La situation

68 119 habitants – Cartes Michelin nos 716 F 2 et 533 J 15 – Plan dans Le Guide Rouge Benelux – Flandre Orientale.
À mi-chemin entre Gand et Anvers, St-Nicolas est accessible par l'autoroute E 17 (sortie 15), puis la N 16.
Grote Markt 45, ☎ 03 777 26 81 ; www.sint-niklaas.be

se promener

Grote Markt (Grand-Place)

C'est la plus grande de Belgique, elle couvre 3,19 ha. À l'Est se dressent quelques maisons de style Renaissance flamande : de gauche à droite **Parochiehuis** (1663), jadis maison paroissiale, puis hôtel de ville, **Cipierage** (1662), ancienne prison, et, à côté de la poste, **Landhuis** (1637), autrefois gouvernement du pays de Waas. En retrait se trouve l'**église St-Nicolas** (St.-Niklaaskerk) (13e au 18e s.) qui renferme des statues de Luc Fayd'herbe et un Christ attribué à Duquesnoy. *9h-11h. ☎ 03 776 08 22.*
De style néogothique, l'**hôtel de ville**, en face, a été construit entre 1876 et 1878.
La Parklaan mène au beau **parc communal** dont l'étang entoure le **château Walburg** du 16e s., très remanié.

visiter

Mercatormuseum (Musée Mercator)

Zamanstraat 49. ♿ Jeu.-sam. 14h (dim. 10h)-17h. Fermé 1er-2 janv., 25-26 déc. 2,50€. ☎ 03 777 29 42.
Ce musée offre un aperçu de la cartographie de l'Antiquité à nos jours. La section consacrée au célèbre cartographe Mercator comprend quelques pièces de grande valeur, notamment un globe terrestre datant de 1541, un splendide globe céleste restauré (1551), la première édition de son Atlas (1585) et plusieurs atlas Mercator-Hondius.

GÉRARD MERCATOR (1512-1594)

Gérard Mercator ou Gérard de Cremer naît à Rupelmonde, petite ville au Sud-Est de St-Nicolas. Après avoir fait des études à l'université de Louvain, le cartographe publie sa première carte de la Terre sainte en 1537. Afin d'assurer sa propre subsistance, Mercator réalise des instruments scientifiques. En 1540, une carte sur la Flandre est éditée. Son globe terrestre de 1541 divise le monde en cinq continents : l'Europe, l'Asie, l'Afrique, l'Amérique et la région du pôle Sud. Entre-temps, Mercator réalise des instruments astronomiques à la demande de Charles Quint. Suspect d'hérésie en 1544, il est emprisonné à Rupelmonde. En 1551, le cartographe réalise un globe céleste comportant 12 signes du zodiaque et 39 constellations. Il met 16 ans avant d'achever sa carte d'Europe (1554). Quinze ans plus tard, il publie son planisphère utilisé en navigation maritime et fondé sur une nouvelle technique de représentation cartographique, dite « projection de Mercator » : la surface de la Terre est projetée sur un cylindre, les méridiens devenant ainsi parfaitement parallèles. Son Atlas, dont le premier volume paraît en 1585, comprend une série de cartes de France, de Suisse, des Pays-Bas et d'Allemagne, d'Italie et des pays balkaniques. Dix ans plus tard, le dernier volume est publié. Mercator

Collection Mercatormuseum

Globe terrestre (1541) de Mercator.

Stedelijk Museum (Musée municipal)

Regentiestraat 61-63. Accès par le parking Zwijgershoek (Zamanstraat). Le musée regroupe plusieurs collections.

Internationaal ex-libriscentrum (Centre international de l'Ex-libris) – Comparable à une bibliothèque, ce centre possède une collection de près de 140 000 ex-libris (16e-20e s.), dessinés par 6 500 artistes d'origines très diverses. ♿ *Visite sur demande. 1,50€. ☎ 03 777 29 42.*

Afdeling « Van Muziekdoos tot grammofoon » (Section « de la boîte à musique au gramophone ») – Remarquable ensemble comprenant une grande variété de phonographes à cylindre, à disque et de divers instruments de musique mécanique. La visite guidée permet de comprendre l'évolution de ces instruments et d'en écouter certains. *Avr.-sept. : tlj sf lun. 14h (dim. 10h)-17h. Fermé 1er-3 janv., 25-26 déc. 1,50€. ☎ 03 777 29 42.*

Barbierama – Il conserve quatre salons de coiffure du début du siècle (style Art nouveau, style classique), ainsi que de nombreux objets utilisés autrefois par les barbiers, les chirurgiens et les coiffeurs. ♿ *Avr.-sept. : tlj sf lun. 14h (dim. 10h)-17h. Fermé 1er-3 janv., 25-26 déc. 1,50€. ☎ 03 777 29 42.*

Boudelozaal (salle de Boudelo) – La salle présente des objets provenant des fouilles effectuées à l'abbaye de Baudelo ainsi qu'une collection de carreaux médiévaux. Des reconstitutions d'intérieurs donnent un aperçu de la vie quotidienne au Moyen Âge.

Salons voor Schone Kunsten (Salons des Beaux-Arts)

Stationsstraat 85. Jeu.-sam. 14h (dim. et j. fériés 10h)-17h. Fermé 1er-3 janv., 25-26 déc. 1,50€. ☎ 03 777 29 42.

Ce bel hôtel particulier fut édifié en 1928 pour un fabricant de textile. Des salons élégants réunissent meubles et objets d'art du 16e au 20e s., mais le petit musée vaut surtout pour sa collection de peintures. Le 1er salon renferme quelques œuvres d'artistes célèbres : un *Autoportrait* du Liégeois Lambert Lombard, une *Nature morte* un rien austère de Willem Claeszoon Heda, une *Fuite de l'empereur Néron* attribuée à Rubens, et un joli *Paysage montagneux* que Joos de Momper réalise avec Sebastiaan Vrancx. Toujours au rez-de-chaussée : toiles d'Evenepoel, Vogels, Laermans, Artan et J. Stevens. Le 1er étage est consacré à des artistes du Pays de Waas.

circuit

LE LONG DE L'ESCAUT

Circuit de 35 km. Environ 2h (visite du château de Bornem non comprise).
Quitter St-Nicolas au Sud-Est par la N 16.

Temse (Tamise)

Du quai proche de l'église, on peut voir le large fleuve dont la rive opposée est endiguée. Un pont métallique – le plus long de Belgique (365 m) – franchit l'Escaut.

Suivre la N 16 et 5 km plus loin, tourner à droite vers Bornem. Dans le village, suivre les panneaux indiquant Kasteel Bornem.

Kasteel van Bornem

De déb. avr. à mi-oct. : visite accompagnée dim. 15h30, 18h. 1,50€. ☎ 064 31 08 08.

Cet imposant château néogothique (1883-1895) a été réalisé par l'architecte H. Beyaert à l'emplacement d'un château fort, dont l'origine remonterait au 11e s. Les pièces ouvertes à la visite renferment des portraits de famille, de la porcelaine chinoise, du mobilier ancien. L'aile droite est habitée par le comte de Bornem, John de Marnix de Sainte-Aldegonde. Le membre le plus illustre de la famille Marnix fut **Filips de Marnix de Sainte-Aldegonde** (vers 1538-1598), écrivain et diplomate calviniste, et ardent défenseur de Guillaume le Taciturne. Il serait l'auteur de l'hymne national néerlandais. Dans les dépendances du château, un musée expose une belle collection d'attelages européens et américains.

On atteint St.-Amands en passant par Zavelberg et Mariekerke.

St.-Amands (St-Amand)

Depuis la terrasse, on découvre une magnifique **vue**★ sur l'Escaut qui dessine un large coude dans le paysage verdoyant. Il fait bon se promener à pied ou à vélo le long de la digue. Un bac permet de gagner Moerzeke, sur l'autre rive.

Tout près du fleuve repose, aux côtés de son épouse Marthe Massin, le poète **Émile Verhaeren** (1855-1916), dans une sobre tombe de marbre noir. Quelques vers, extraits notamment de son *Hymne à l'Escaut*, sont gravés sur sa tombe. Sur la place a été reconstruite l'ancienne maison du passeur (Het Veerhuis). Le long de l'Escaut se dresse la statue *Le Passeur d'eau*, réalisée par Mark Macken qui s'est inspiré du poème de Verhaeren. Né à St-Amand, la maison natale de l'auteur de *Toute la Flandre* se trouve É. Verhaerenstraat n° 69. À côté, le 1er étage de la maison De Leeuw abrite le **musée provincial Émile Verhaeren**. Photos, portraits, objets personnels et diverses publications retracent la vie et l'œuvre du grand poète. La pièce maîtresse de la collection est incontestablement un petit buste en bronze de Verhaeren réalisé par Ossip Zadkine dans les années 1960. ♿ *De déb. juil. à mi-sept. : tlj sf lun. et ven. 12h-19h ; avr.-oct. : w.-end et j. fériés 12h-19h. Gratuit.* ☎ *052 33 08 05.*

Reprendre la route vers Mariekerke et suivre les bords de l'Escaut en direction de Weert.

Bientôt, la **route**★ longe le Vieil Escaut (Oude Schelde), un ancien bras de l'Escaut, et on aperçoit sur la rive opposée le château de Bornem. Ici s'étend une pittoresque zone marécageuse sillonnée de canaux qui entourent des vergers ou des prés couverts de peupliers, de saules et de roseaux. La culture des asperges et la vannerie sont les principales activités des habitants de cette région aquatique. Le centre en est **Weert**, très fréquenté par les touristes du dimanche.

La route débouche sur la N 16 qui ramène à St-Nicolas.

Sint-Truiden

St-Trond

Au centre de la région fruitière dont les cerises, les poires et les pommes sont réputées, St-Trond s'est développé autour d'une abbaye fondée au 7e s. par saint Trudon (ou saint Trond). Bien située sur la grande voie de Cologne à Bavay, c'était au 13e s. une ville commerçante prospère. La floraison des vergers, en avril, est l'occasion de festivités.

La situation

37 134 habitants – Cartes Michelin nos 716 I 3 et 533 Q 17 – Limbourg.

Au carrefour de la N 3 et de la N 80, St-Trond se blottit dans la jolie région ondulante de la Hesbaye.

🅸 *Stadhuis, Grote Markt,* ☎ *011 70 18 18 ; www.sint-truiden.be*

HÉBERGEMENT

Four Seasons – *Tiensesteenweg 264 –* ☎ *011 69 42 28 – 11 ch. : 50/62€* ☕.
Ce petit pavillon bâti légèrement à l'écart du centre-ville possède des chambres fonctionnelles où vous n'attendrez pas longtemps le marchand de sable ! Chaleureuse salle de breakfast incitant à bien commencer la journée. Accueil familial aimable.

visiter

Grote-Markt (Grand-Place)

Très vaste, elle est dominée par la collégiale Notre-Dame, gothique, surmontée d'une tour du 19e s. et par l'hôtel de ville. Cet imposant mais gracieux édifice, dont la façade en brique est rayée de bandes de pierre blanche, est flanqué d'un beffroi (17e s.). Au pied du beffroi, le perron date de 1596.

En arrière de l'hôtel de ville se dresse le massif clocher roman de l'ancienne abbaye de St-Trond.

Abdij (Ancienne abbaye)

Les bâtiments abbatiaux ont abrité des bénédictins jusqu'en 1794. Un porche du 18e s. (au fronton : saint Trond guérit une femme aveugle) donne accès à la cour d'honneur ; à gauche, dans un bâtiment Louis XVI, on peut voir la salle impériale (Keizerszaal)

Ch. Bastin – J. Evrard/MICHELIN

La Hesbaye en fleurs.

dont les fresques du plafond datent du 18e s. La décoration des murs ainsi que l'escalier sont le résultat de transformations ultérieures. Particulièrement réussie avec son décor de stucs délicats, la salle académique (Academiezaal) du 19e s. accueille des concerts de musique. *Avr.-oct. : w.-end et j. fériés 14h-18h. ☎ 011 70 18 18.*

Begijnhof (Béguinage)

Il a été fondé en 1258. Ses maisons de style mosan des 16e, 17e et 18e s. entourent une place rectangulaire où se dresse l'église.

Église – Cette église des 13e et 15e s. renferme 38 peintures murales restaurées dont l'exécution s'est échelonnée du 13e au 17e s.

Studio Festraets – Il contient en particulier une **horloge astronomique** construite par un horloger de la ville. Quand sonne l'heure apparaît la Mort et défile un cortège de métiers du Moyen Âge. ♿ *Avr.-oct. : tlj sf lun. 13h45-16h45. Gratuit. ☎ 011 70 18 18 (Office de tourisme).*

Brustempoort (Porte de Brustem)

Ce sont des vestiges souterrains (15e s.) des anciennes fortifications rasées par les troupes de Louis XIV. *Momentanément fermé. S'adresser à l'Office de tourisme, ☎ 011 70 18 18.*

St.-Pieterskerk (Église St-Pierre)

Remarquable, comme l'église St-Gingolph (St.-Gangulphuskerk), par ses murs aux teintes contrastées (ocre et brun), cet édifice de la fin du 12e s. est un bon exemple de style roman mosan, précédé d'un large portail à clocheton et terminé par trois absides, la principale portant une galerie à colonnettes. À l'intérieur, les trois nefs sont voûtées d'arêtes.

Kanttentoonstelling (Exposition de dentelle)

Le couvent des Ursulines, ancien refuge de l'abbaye d'Averbode, abrite une exposition de dentelle au fuseau de St-Trond. *Dim. 14h-18h. 1,50€. ☎ 011 68 23 56.*

alentours

Borgloon

12 km à l'Est par la N 79 en direction de Tongeren.

L'ancienne capitale du comté de Loon, dont elle portait le nom, possède un charmant hôtel de ville de style Renaissance mosane (17e s.) à arcades, flanqué d'une tour ; remarquer dans une niche, au coin, une statue de la Vierge.

Près de Borgloon se situe l'**abbaye de Colen** *(par la route de Kerniel au Nord-Est et, avant Kerniel, tourner à gauche)*. Cet ancien couvent de Croisiers, dont l'ordre fut fondé en Belgique au 13e s., est occupé par des cisterciennes. La sacristie renferme la **châsse de sainte Odile** (1292), dont les panneaux de bois peints, d'école mosane, narrent la légende de la sainte, qui est une réplique de celle de sainte Ursule. Les panneaux ont été malheureusement recoupés au 19e s. Le mobilier liégeois de la

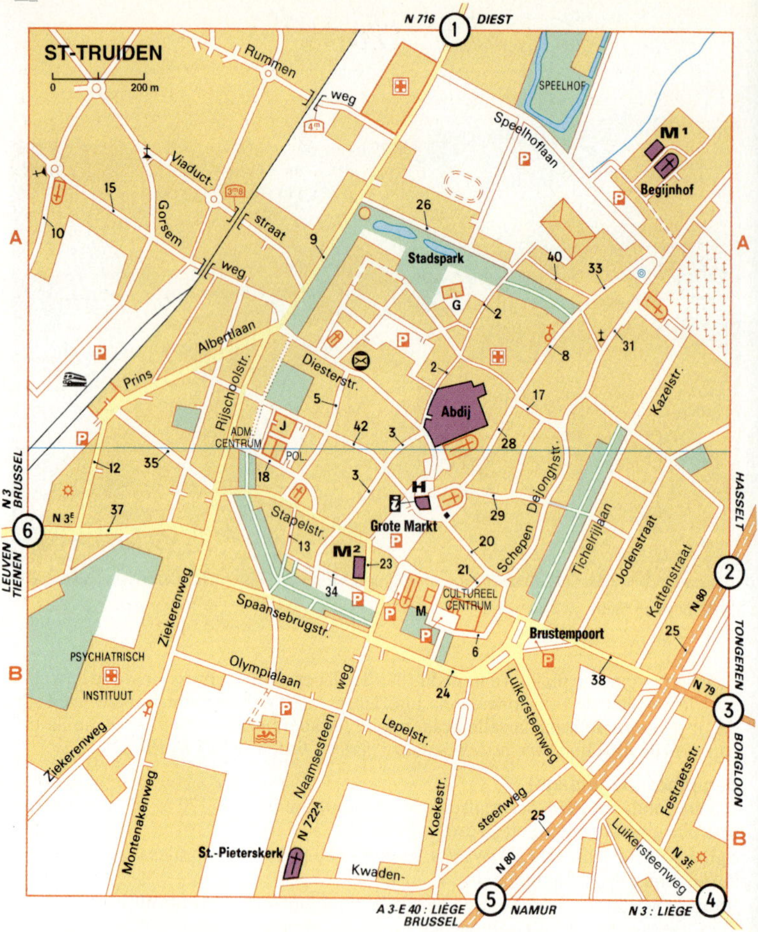

Abdijstraat .... A 2
Beekstraat .... AB 3
Breendonkstraat .... A 5
Capucienessenstraat .... B 6
Cl. Cartuyvelsstraat .... A 8
Diestersteenweg .... A 9
Fabriekstraat .... A 10
Gazometerstr. .... B 12
Gootstraat .... B 13
Grevensmolenweg .... A 15
Grote Markt .... B
Houtmarkt .... A 17
Kazernestraat .... B 18
Luikerstraat .... B 20
Minderbroedersstraat .... B 21
Naamsestr. .... B 23
Naamsevest .... B 24
Noord Oostelijke Omleiding .... B 25
Parkstraat .... A 26
Plankstraat .... AB 28
Ridderstraat .... B 29
Schurhoven .... A 31
Slachthuisstr. .... A 33
Sluisbergstr. .... B 34
Stationsstraat .... AB 35
Tiensesteenweg .... B 37
Tongersesteenweg .... B 38
Vissegatstraat .... A 40
Zoutstraat .... AB 42

Festraetsstudio .... A M¹ — Kanttentoonstelling .... B M² — Oud Stadhuis .... B H

sacristie, de style Louis XV, est d'une élégance remarquable. On visite également l'église, décorée au 18e s. *Tlj sf lun. 14h (dim. 15h)-17h. Fermé Jeu. saint, Ven. saint, Sam. saint, 20 août, déc.-fév. (sf dim.). 1,25€. ☎ 012 74 14 67.*

Kortenbos

6 km au Nord-Est par la N 80 en direction de Hasselt.

La basilique Notre-Dame possède un intérieur baroque richement décoré. La nef est tapissée de lambris de chêne (17e s.) dans lesquels s'intègrent des confessionnaux aux lourdes colonnes torsadées.

Zepperen

3 km à l'Est par ② du plan.

L'**église Ste-Geneviève** (Sint-Genoveva), des 15e et 16e s., précédée d'une tour du 12e s., renferme, dans le bras droit du transept, plusieurs peintures murales datées de 1509 et représentant le Jugement dernier, saint Christophe et la vie de sainte Geneviève.

Soignies★

Située sur la Senne, la ville s'est créée autour d'une abbaye fondée vers 650 par Vincent Madelgaire. En l'honneur de ce saint se déroulent le lundi de Pentecôte le Grand Tour, cortège important, et la procession historique qui effectue un trajet de 15 km. La cité, formée de rues étroites et sinueuses dont les quatre principales convergent vers la collégiale, est un centre important d'extraction de petit granit.

La situation

24 572 habitants – Cartes Michelin nos 716 F 4 et 533 J 19 – Hainaut.
Dans la vallée de la Senne, Soignies est traversé par les N 6 et N 55.
R. du Lombard 2, ☎ 067 34 73 76.

visiter

Collégiale St-Vincent★★

Avr.-sept. : 7h30-18h ; oct.-mars : 8h-17h, dim. 14h-18h. ☎ 067 33 12 10.
Commencée vers 965 par les deux extrémités, narthex et chœur, de style encore carolingien, elle fut continuée dès le 11e s. dans le style roman scaldien, et s'acheva au 13e s. par la construction de la tour occidentale en style gothique. C'est un édifice sévère, principalement construit en moellons de grès, et sobrement décoré d'arcatures lombardes. Son plan en croix latine s'ordonne autour de la cour carrée du transept, ornée de clochetons d'angle. Au cours des siècles s'y sont greffés différents appendices dont la chapelle gothique de St-Hubert (15e s.) et les vestiges d'un cloître du début du 13e s. avec charpente apparente, tous deux situés sur le flanc Sud de l'église.
À l'**intérieur** *(entrée par le bas-côté Nord)*, la nef (28 m de haut et 78 m de long), est impressionnante par l'alternance de ses piliers ronds et tréflés, ses vastes tribunes s'ouvrant sur des arcades cintrées de même dimension, et sa charpente romane venue remplacer la voûte gothique lors de la restauration de 1898 qui visait à restituer à l'édifice son aspect primitif. Les seules voûtes d'origine sont celles des bas-côtés et de la travée carrée du chœur. Le mobilier, essentiellement du 17e s., est marqué par les styles Renaissance et baroque, comme l'atteste l'ambon, sorte de jubé masquant le chœur et pris entre les massifs piliers antérieurs de la croisée du transept : sa conception architecturale formée de trois arcades surbaissées portant une tribune procède de la Renaissance, tandis que sa statuaire et sa décoration sont marquées par le baroque.
Dans la niche de l'autel de droite, remarquer la belle Vierge allaitant en pierre blanche polychromée du 14e s. Après avoir traversé la porte ajourée, on atteint le chœur et l'on découvre, au revers de la tribune de l'ambon, un grand bas-relief en marbre blanc

Intérieur de la collégiale St-Vincent.

représentant la Résurrection du Christ. Derrière le maître-autel s'ouvre une armoire où sont exposés la châsse de saint Vincent et son chef reliquaire du 19e s. qui peuvent descendre sur la table du maître-autel par le biais d'un ingénieux mécanisme.
Dans le couloir longeant le chœur au Sud, on peut voir dans un enfeu une **Mise au tombeau** (15e s.) en pierre, aux figures expressives se détachant sur les restes d'un fond de peinture à la détrempe illustrant une scène de la Passion.

Trésor – Environ 250 pièces : châsses, reliques, calices, ostensoirs, orfèvrerie et vêtements liturgiques sont exposés dans le cloître et l'ancien espace administratif du chapitre, transformés en musée.

À proximité de la collégiale, l'enclos du **Vieux Cimetière** *(accès par la rue Henry Leroy)*, devenu jardin public, renferme une chapelle à la fois romane et gothique. Parce qu'il servait de lieu de repos aux anciens Sonégiens, ce cimetière est jalonné de pierres tombales et de monuments funéraires dont les plus anciens remontent au 14e s. À remarquer, le calvaire (17e s.), et la porte baroque (au fond du cimetière) ayant fait partie de l'ornementation de la collégiale durant deux siècles.

alentours

Horrues

4 km au Nord-Ouest par la N 57.
L'église **St-Martin**, joli petit édifice roman du 12e s. dont le chœur a été construit au 13e s., a été bâtie en grès local tout comme la collégiale. Dans le bas-côté droit, un élégant retable en pierre, sculpté au 15e s. dans le style gothique, illustre la vision de saint Hubert.

Ecaussinnes-Lalaing

15 km à l'Est.
Un imposant **château fort**, perché sur le rocher, domine le bourg et la Sennette. Il a été fondé au 12e s., mais par la suite en partie transformé et agrandi de tours carrées et circulaires. Ses vastes salles aux cheminées sculptées et armoriées abritent des meubles de style, des œuvres d'art, des collections de porcelaines et de verres. La jolie **chapelle**★ en brique renferme une Vierge à l'Enfant attribuée au Valenciennois Beauneveu (14e s.). La cuisine conserve son aspect du 15e s. *Juil.-août : tlj sf mar. et mer. 10h-12h, 14h-18h ; avr.-oct. : w.-end et j. fériés 10h-12h, 14h-18h. 5€. ☎ 067 44 24 90.*

Le lundi de Pentecôte, depuis 1903, a lieu sur la Grand-Place d'Ecaussinnes, au pied du château, un goûter de célibataires dit goûter matrimonial.

Le Rœulx

8 km au Sud par la N 55. Fermé pour cause de restauration.
Héritier fastueux d'une forteresse du 15e s., le **château** des princes de Croÿ présente une façade classique du 18e s. en brique et pierre. Il vit passer des hôtes illustres comme Philippe le Bon, Charles Quint, Philippe II, Marie de Médicis. À l'intérieur, quelques salles voûtées en ogive subsistent des constructions des 15e et 16e s. Les collections sont intéressantes : mobilier ancien, souvenirs historiques, objets d'art, porcelaines, toiles de maîtres (Van Dyck, Van Loo). Le parc, très vaste, possède des arbres magnifiques et une belle roseraie.

Spa

Située dans une des plus belles régions de l'Ardenne, parmi les collines boisées qui prennent des tonalités somptueuses à l'automne, Spa est une station thermale renommée. Ses multiples distractions sportives et culturelles, ses agréables promenades balisées et ses circuits guidés, ses intéressantes excursions aux environs en font aussi un excellent lieu de villégiature.

La situation

10 312 habitants – Cartes Michelin nos 716 K 4 et 534 U 20 – Plan dans Le Guide Rouge Benelux – Liège.
Nichée dans un superbe cadre de verdure, la petite ville de Spa se trouve près de l'autoroute A 27/E 42. Depuis la sortie 8, la N 629 mène au centre.
Pl. Royale 41, ☎ 087 79 53 53 ; www.spa-info.be

séjourner

Hôtes de marque

Les eaux de Spa sont connues depuis l'époque romaine. À partir du 16e s., les bobelins (curistes, de « bibulus » en latin, grand buveur) ne se comptent plus : têtes couronnées comme Marguerite de Valois (la reine Margot), Christine de Suède, Pierre le Grand, Marie-Henriette, écrivains comme Marmontel et Victor Hugo.

Pendant la Première Guerre mondiale, le Kaiser Guillaume II vint s'y installer avec son état-major et c'est ici qu'il abdiqua en 1918. Deux ans plus tard, la conférence de Spa réunissait les Alliés et les Allemands pour une commission d'armistice.

Les sources

Spa possède de nombreuses sources : outre le Pouhon Pierre-le-Grand et le Pouhon Prince de Condé, citons la Géronstère, la Sauvenière, la Fontaine de Groesbeek, la Source de Barisart, le Tonnelet et la Source de la Reine fournissant de l'eau non gazeuse.

Ses eaux ferrugineuses, bicarbonatées, limpides et gazeuses sont employées essentiellement en bains et boissons pour soigner les affections cardiaques, rhumatismales et les troubles respiratoires.

I. Hendrik/GLOBAL PICTURES

carnet pratique

Restauration

• *À bon compte*

La Source de Barisart *–Rte de Barisart 295 – ☎ 087 77 09 88 – p.servais@skynet.be – fermé de mi-mars à fin mars, de déb. oct. à mi-oct., mer. - 19€ déj. - 20/27€.* Taverne-restaurant aménagée dans un pavillon des années 1970 tapi à la lisière d'un sous-bois. Salle à manger d'esprit néo-rustique, mezzanine et grande terrasse verdoyante où l'on dresse le couvert à la belle saison.

Rôtisserie du Porche *– Av. Reine Astrid 48 – ☎ 087 77 33 10 – fermé lun., mar. – ⊄ – 23,55/39,91€.* Dans l'avenue principale, derrière une porte cochère, petite rôtisserie s'ouvrant sur une terrasse verte courtisée aux beaux jours. Longue et étroite salle à manger avec briques apparentes et carrelage en damier. Grillades et plats mijotés.

Hébergement

• *À bon compte*

Le Relais *– Pl. du Monument 22 – ☎ 087 77 11 08 – fr.viteux@skynet.be – fermé de fin nov. à mi-déc. – 12 ch. : 55/67€ ☕ – restaurant 17/38€.* Au cœur de la station thermale, derrière une façade fleurie durant tout l'été, hôtel à taille humaine où vous passerez des nuits sans histoire. Chambres fonctionnelles bien tenues. Restaurant misant sur une carte traditionnelle.

Le Menobu *– R. du Menobu 546 – 4910 La Reid – ☎ 087 37 60 42 – menobu@spainto.be – restaurant fermé 2 sem. en janv., mar. et mer. sf fériés hors sais. – P – 6 ch. : 57/80€ ☕ – restaurant 30€.* Auberge tranquille à débusquer près du parc à gibier de La Reid, au bord d'une petite route agreste. À l'arrière, quelques chambres profitent de la vue sur le jardin et la campagne. Taverne-restaurant et « tea-room ». L'été, repas en plein air.

Petite pause

Le Clair Obscur *– R. Delhasse 32 – ☎ 087 77 51 38 – jeu.-lun. 17h-2h.* Dans les belles caves voûtées de ce bar à vins-restaurant vous dégusterez, devant une assiette de petits fours, des vins français, espagnols ou australiens. Atmosphère quiète.

Sorties

Casino de Spa *– R. Royale – ☎ 087 77 20 52 – 15h-3h, ven.-sam. jusqu'à 4h.* On prétend que ce casino, qui date de 1763, serait le plus vieux du monde. Salle de jeux, bar, restaurant, spectacles de théâtre et variétés. Se renseigner à l'Office de tourisme.

Loisirs

Le **lac de Warfaaz** *(2,5 km au Nord-Est)* est apprécié pour les sports nautiques. En outre, l'hiver, le ski de fond et le ski alpin sont pratiqués au Thier des Raihons *(au Sud)*.

Calendrier

Parmi d'innombrables manifestations sont à signaler les célèbres **Francofolies de Spa** en juillet, le **festival de Théâtre** en août, l'**Automne musical**, et d'importantes expositions temporaires. Un **marché aux puces** se tient le dimanche matin à la Galerie Léopold II.

Ch. Bastin et J. Evrard/MICHELIN

L'Établissement des bains de Spa.

Le quartier thermal

L'**architecture thermale** de la fin du 19e s. et du début du 20e s. est particulièrement bien représentée à Spa. Succès des styles néoclassique et rocaille, utilisation des armatures métalliques et grandes fresques peintes.

Les plus beaux exemples sont : l'**Établissement des bains** construit de 1862 à 1868, le **Casino** dont le bâtiment actuel (1919) a remplacé la « Redoute » construite au 18e s., l'élégante Galerie Léopold II (1878) donnant sur la Place Royale et le **Pouhon Pierre-le-Grand** abrité sous un pavillon néoclassique (1880). ♿ *Avr.-oct. : 10h-12h, 14h-17h30 ; nov.-mars : 13h30-17h, w.-end et j. fériés 10h-12h, 13h30-17h. Dégustation : 0,20€ par verre. ☏ 087 79 53 53 (Office de tourisme).*

visiter

Musée de la Ville d'eaux

Av. Reine Astrid 77 B. Juil.-sept. : 14h30-17h30 ; de mi-mars à fin déc. : w.-end 13h30-17h30. 2,50€. ☏ 087 77 44 86.

Il est situé dans le bâtiment central de la villa royale qui appartenait à la reine Marie-Henriette, princesse des Habsbourg et seconde reine des Belges décédée à Spa en 1902.

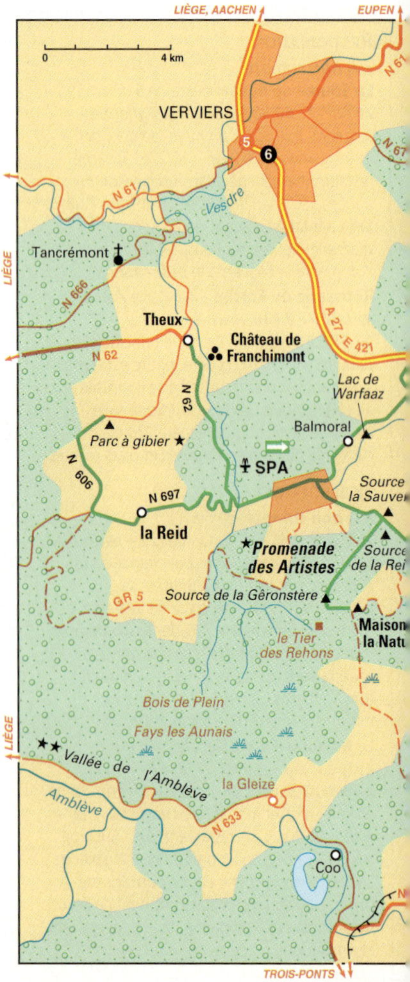

Le musée renferme une riche **collection de « jolités »★**, bibelots de bois peint et spécialité de la ville. Des documents anciens et du mobilier provenant de l'établissement thermal témoignent du passé illustre de la ville.

Musée Spadois du Cheval

Dans les écuries de la villa Marie-Henriette. Mêmes conditions de visite que pour le Musée de la Ville d'eaux.

Ce musée présente à travers ses collections le « passé équestre » de Spa qui vit passer les plus beaux équipages d'Europe et organisa les premières courses.

alentours

Promenade des Artistes★

Sortir par la route de la Sauvenière, la N 62.

À gauche se trouve le faubourg de Neubois où l'empereur Guillaume II installa en 1918 son quartier général. Au carrefour où est située la **source de la Sauvenière**, prendre à droite le chemin des Fontaines. La **source de la Reine** se dissimule dans les bois, à gauche. À 1,3 km du carrefour, un petit ruisseau, la Picherotte, descend vers Spa. Le sentier qui longe ce vallon escarpé, parsemé de rochers, ombragé de magnifiques arbres, a été baptisé promenade des Artistes. En continuant le chemin des Fontaines, on gagne la **source de la Géronstère**.

Maison de la Nature

6 km au Sud à Berinzenne. Juil.-août : sam. 14h-17h ; de déb. mars à mi-nov. : mer., dim. 14h-17h. 2,50€. ☎ 087 77 63 00.

Situé en plein cœur de la forêt spadoise, ce musée, installé dans une ancienne ferme, présente les différents aspects de la nature : végétation, flore, exposition géologique, métiers de la forêt. La faune y est présentée dans de grands dioramas reproduisant le milieu naturel des animaux de l'Ardenne.

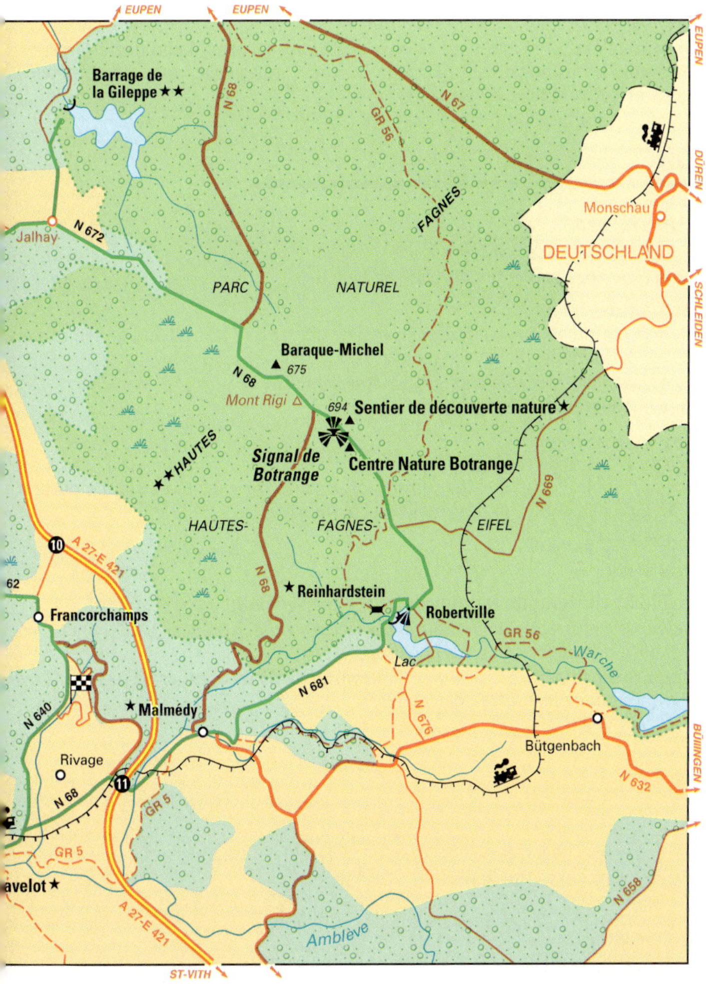

Sart

5 km au Nord-Est par la N 629.

Dominée par l'église flanquée d'une tour du 15e s., entourée d'austères maisons de pierre, la place du Marché s'orne d'un perron, symbole des libertés en pays liégeois.

La vallée de la Hogne

8 km au Nord-Ouest par la N 62.

Château de Franchimont – Sur une butte dominant la vallée de la Hogne, les ruines du château de Franchimont rappellent le souvenir des princes-évêques de Liège qui y résidèrent en été à partir du 16e s. et des 600 hommes qui furent massacrés en 1468 par les troupes de Charles le Téméraire, en tentant de défendre les approches de Liège.

Les altières murailles du donjon sont protégées par une enceinte pentagonale munie de casemates à chaque angle. Le centre d'accueil donne accès à un petit musée. À droite, un escalier mène à une terrasse panoramique. *Avr.-sept. : 9h-19h ; oct.-mars : w.-end 9h-19h. 1,50€. ☎ 087 53 04 89.*

Theux – Un hôtel de ville des 17e et 18e s. et de vieilles maisons entourent la place où se dresse un perron du 18e s. surmonté d'une pomme de pin.

Non loin s'élève l'**église Sts-Hermès-et-Alexandre**. À l'emplacement d'une chapelle mérovingienne et d'une église carolingienne, dotée d'une tour occidentale dont on a retrouvé les vestiges, furent édifiées vers l'an 1000 une nef romane, et peu après une tour fortifiée, actuellement surmontée d'un hourd. Le chœur est gothique (vers 1500).

On remarque sous le porche des bénitiers gothiques sculptés. L'intérieur est particulier : avec ses trois nefs séparées par de hautes arcades sur piliers, c'est la seule église-halle à plafond plat d'époque romane subsistant entre la Loire et le Rhin. Le plafond de la nef centrale a été orné au 17e s. de 110 caissons peints de personnages et de scènes de la vie du Christ. Dans une chapelle à gauche du chœur, *Vierge de Theux* (fin 15e s.) et fonts baptismaux romans intéressants, à quatre têtes d'angle et dragons.

La Reid

5 km à l'Ouest par la N 697.

À l'Ouest du village a été aménagé le **parc à gibier★**. Dans un beau cadre forestier, on peut y voir les principales espèces de la faune ardennaise, ainsi que quelques spécimens de provenances diverses.

circuit

AUTOUR DE SPA★

75 km – environ 2h

Sortir au Sud-Est par la N 62 en direction de Malmédy.

Francorchamps

Le village est connu pour son circuit national de vitesse de 7 km, au Sud de la localité. Une petite église moderne est à signaler.

Emprunter le circuit de vitesse pour gagner Stavelot.

Le **parcours★** traverse un magnifique paysage.

Stavelot★ *(voir ce nom)*

De Stavelot à Malmédy, on suit de nouveau le circuit de Francorchamps, dans un cadre très agréable. À gauche, les collines où est situé le village de **Rivage** portent encore de vieilles fermes traditionnelles à colombages.

Malmédy★ *(voir ce nom)*

Prendre la N 681.

Robertville et château de Reinhardstein★ *(voir Malmédy)*

La route, après Robertville, pénètre sur le plateau des Hautes Fagnes. À Jalhay, tourner à droite pour atteindre le barrage de la Gileppe.

On rentre à Spa par la N 629 au Nord et **Balmoral**, banlieue dont les villas luxueuses se disséminent dans la verdure des collines.

Stavelot*

C'est une petite ville agréable au centre de la magnifique région de la Haute Ardenne. On y découvre des maisons anciennes, certaines à colombages, et de charmantes places, dotées de fontaines. À l'origine de la ville se trouve une abbaye, aujourd'hui superbement restaurée après trois ans de travaux. Mais Stavelot est surtout connu pour son carnaval** traditionnel qui attire chaque année une foule de spectateurs.

La situation

6 501 habitants - Cartes Michelin nos 716 K 4 et 534 U 20 - Schémas voir suivantes et Spa - Liège.

Située sur l'Amblève, l'ancienne principauté est desservie par l'autoroute A 27/E 42. Prendre la sortie 11, puis la N 68.

Abbaye de Stavelot, BP 52, ☎ 080 86 27 06 ; www.stavelot.be

carnet pratique

HÉBERGEMENT

• *À bon compte*

Val de la Cascade – *Petit Coo 1 – ☎ 080 68 40 78 – restaurant fermé mar. et mer. sf fériés d'oct. à mars – P – 20 ch. : 57/73€ – restaurant 20/37€.* En face de la célèbre cascade où l'Amblève déverse ses eaux avec un tendre rugissement, sobres chambres sans reproche et restaurant au décor intérieur rustique. Copieuses préparations traditionnelles, cave bien fournie et terrasse d'été.

CALENDRIER

Chaque année, Stavelot voit défiler plus de 1 500 participants lors du carnaval endiablé du Laetare. Le cortège aux très nombreux chars est animé par des centaines de **Blancs Moussis** au long nez rouge et au très grand habit blanc à capuchon. Plusieurs manifestations, notamment les Vacances Théâtre, le Festival de musique et le Festival du Conte et de la Légende, ont lieu l'été dans l'abbaye.

se promener

Place St-Remacle

La **fontaine du Perron**, datant de 1769, symbolise, comme à Liège, les libertés de la ville.

En bas de la Place St-Remacle, prendre à gauche.

Église St-Sébastien

9h-12h, 14h-18h. ☎ 080 88 01 11.

Construite au 18e s., elle abrite dans le chœur la monumentale **châsse de saint Remacle**** du 13e s. D'école mosane, longue de 2,07 m, en métal doré rehaussé de filigranes et d'émaux, elle est entourée de statuettes : saint Remacle, saint Lambert, les apôtres, d'une facture plus archaïque, et, aux extrémités, le Christ et la Vierge ; sur le toit, scènes du Nouveau Testament. Le **trésor** abrite le buste-reliquaire (17e s.) de saint Poppon, ancien abbé de Stavelot, présentant dans sa main droite une maquette de l'église abbatiale.

Au fond de la place St-Remacle, en haut à droite.

Ph. Gajic/MICHELIN

La châsse de saint Remacle (détail).

Rue Haute

C'est une des rues les plus pittoresques de Stavelot. Elle mène à une charmante placette où l'on peut voir une vieille fontaine et plusieurs maisons anciennes à colombages.

visiter

Ancienne abbaye*

De l'esplanade aménagée en haut de l'ancienne abbaye, on a une très belle vue plongeante sur les vestiges archéologiques de l'église abbatiale du 11e s. Entourant le jardin du cloître, les bâtiments conventuels, réaménagés au 18e s., sont occupés par trois musées.

Musée de la Principauté de Stavelot-Malmédy – *Au rez-de-chaussée.* De nombreux panneaux explicatifs, des présentations audiovisuelles, objets divers et reconstitutions en trois dimensions illustrent de façon claire et captivante les périodes-clés qui ont marquées l'histoire de l'abbaye. Au Moyen Âge, la principauté ecclésiastique fut, sous la direction de l'abbé Wibald, un important centre d'art mosan dont témoignent encore plusieurs chefs-d'œuvre stavelotains actuellement dispersés dans le monde entier. ♿ *Tlj sf lun. 10h-18h (dernière entrée 16h30). Fermé 1er janv., mi-carême, 25 déc. 5,50€.* ☎ *080 88 08 78 ; www.abbayedestavelot.be*

TREIZE SIÈCLES D'HISTOIRE

Fondée vers 650, par saint Remacle, en même temps que celle de Malmédy, l'abbaye suit bientôt la règle bénédictine. Elle devient avec Malmédy, sa rivale, le siège d'une petite principauté ecclésiastique. À l'instar des princes-évêques de Liège, les princes-abbés vivent dans une parfaite indépendance et ne relèvent que de l'Empire. Cependant, en 1795, Stavelot est rattaché à la France.

Musée Guillaume Apollinaire – *Au 1er étage.* Un petit musée fort sympathique invite à la découverte de l'œuvre du célèbre poète français. Le salon de poésie permet même d'écouter quelques poèmes d'Apollinaire. ♿ *Tlj sf lun. 10h-18h (dernière entrée 17h15). Fermé 1er janv., mi-carême, 25 déc. 3€.* ☎ *080 88 08 78.*

HÔTE CÉLÈBRE

Guillaume Apollinaire (1880-1918) passe l'été 1899 à Stavelot à la pension Constant, l'actuel hôtel Ô Mal Aimé situé au nº 12 de la rue Neuve. Il tombe amoureux de la jolie Marie (Mareye) Dubois. De sa rencontre, il tire un poème en wallon conservé au musée.

Musée du Circuit de Spa-Francorchamps – Dans les caves voûtées de l'ancienne abbaye, une exposition présente l'histoire du circuit de vitesse de Spa-Francorchamps de 1896 à nos jours. Voitures de course et motos victorieuses, photos, films ainsi qu'une maquette rappellent les grands moments du fameux circuit. ♿ *Tlj sf lun. 10h-18h (dernière entrée 17h). Fermé 1er janv., mi-carême, 25 déc. 4€.* ☎ *080 88 08 78.*

circuit

LA VALLÉE DE L'AMBLÈVE★★

46 km – environ 2h

Quitter Stavelot par la N 68 en direction de Trois-Ponts. À la hauteur du confluent avec la Salm, on passe à proximité de Trois-Ponts, avant d'atteindre Coo.

L'Amblève prend sa source aux confins du parc naturel Hautes Fagnes-Eifel. Capricieuse et champêtre à ses débuts, elle creuse ensuite dans son cours inférieur une large vallée en V : elle y forme d'amples méandres entre des versants couverts d'un épais tapis de verdure.

Gagner Coo par la N 633.

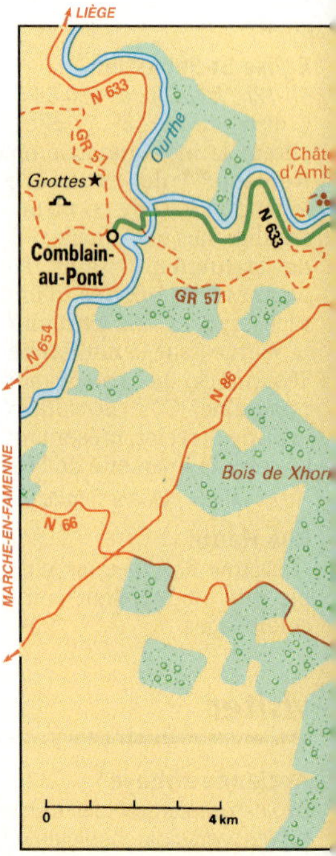

Coo

Dans un cadre montagneux, cette station de villégiature très touristique s'enorgueillit d'une magnifique **cascade★**. Au 18e s., l'Amblève traçait ici un long méandre dont les racines se rejoignaient presque sous l'effet de l'érosion. Les moines de Stavelot ont complété le travail de la nature et une cascade finit par se former, à cause de la dénivellation. De la tour construite au sommet de la **Montagne de Lancre** *(accessible par un télésiège)*, on découvre un vaste **panorama★** sur la vallée de l'Amblève et l'ensemble des installations électriques de pompage de Coo-Trois-Ponts.

Quitter Coo par la N 633 en direction de La Gleize et de Stoumont.

Peu après **Stoumont**, village perché au-dessus de l'Amblève, se trouve à gauche le belvédère Le Congo, offrant un remarquable **point de vue★** sur la vallée, si inhabitée et boisée, l'été, qu'elle a été comparée à la forêt équatoriale.

À partir de Targnon, la route accompagne la rivière jusqu'à son confluent avec l'Ourthe.

Juste après le village de Targnon, à gauche, la N 645 remonte la riante **vallée de la Lienne**.

Suivre la N 633.

Fonds de Quareux*

Un petit pont passant sous le chemin de fer permet d'atteindre *(à pied)* la rive de l'Amblève. La rivière dévale ici en bouillonnant sur un lit encombré de gros blocs de quartzite résistant, détachés du massif rocheux environnant

Ch. Bastin – J. Evrard/MICHELIN

La cascade de Coo.

Nonceveux

Localité établie sur la rive gauche, dans un méandre. La rive droite est devenue un centre de villégiature.

En suivant à pied le torrent du **Ninglinspo** *(départ du grand parking à droite, à l'entrée de l'agglomération)*, on atteint la Chaudière *(15mn)*, cuvette de pierre rougeâtre où se déversent deux petites cascades.

Avant de s'engager sous le viaduc de Remouchamps, on aperçoit, à gauche, le château de Montjardin, perché dans la verdure et dominant la rivière.

Poursuivre en direction de Sougné-Remouchamps.

Sougné-Remouchamps

Remouchamps est un centre de villégiature agréable sur les bords de l'Amblève, où l'on fête la marguerite le dernier week-end de juin. Découvertes en 1828, aménagées en 1912, les **grottes**** offrent un parcours intéressant avec retour en barque, à travers les galeries creusées par le Rubicon, affluent de l'Amblève, et dont les 80 derniers mètres ont dû être creusés à la dynamite. L'entrée circulaire servit d'abri préhistorique ; un large couloir mène à un précipice où l'on descend les escaliers pour

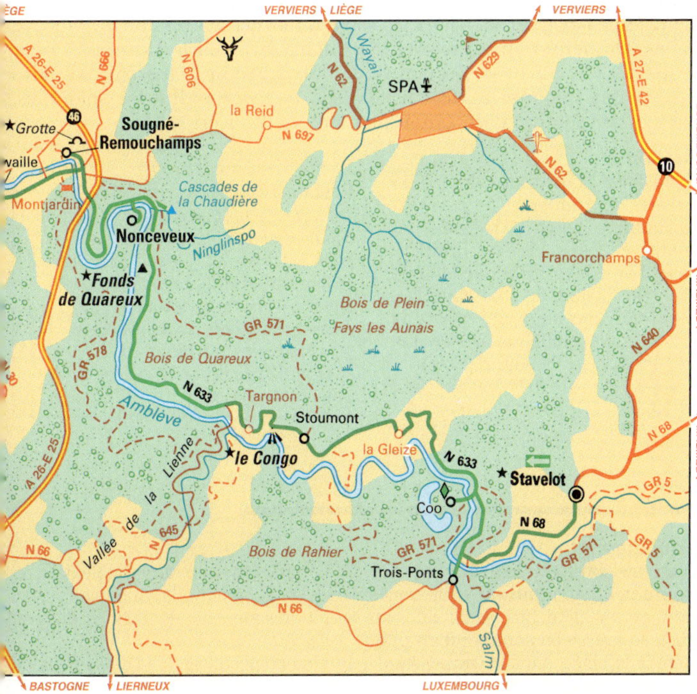

Ph. Gajic/MICHELIN

Grottes de Remouchamps.

rejoindre la rivière. Cascade figée, gours pétrifiés de la Grande Galerie haute de 20 m, descente vers le Rubicon sous une voûte de stalactites étincelantes, « **Cathédrale** » de 40 m avec de belles cascades de cristaux aux trois couleurs se succèdent jusqu'au pont des Titans. C'est alors que s'amorce la descente vers l'embarcadère où les barques vont glisser au fil de l'eau sur 1 km jusqu'à la salle du Précipice, sous des voûtes étranges aux parois colorées. *Fév.-nov. : visite accompagnée (1h15) 9h-18h ; déc. janv. : w.-end et j. fériés 10h-17h. 8,50€. ☎ 04 360 90 70.*

Sur une hauteur en aval d'**Aywaille** se dressait jadis le château d'Amblève où, selon la légende, auraient séjourné les quatre fils Aymon.

On atteint bientôt Comblain-au-Pont et le confluent avec l'Ourthe.

Comblain-au-Pont *(voir La Roche-en-Ardenne, vallée de l'Ourthe inférieure)*

Thuin

Occupant un joli site★, la capitale verte de la Thudinie ne manque pas de charme avec ses sentiers pittoresques reliant la ville haute à la ville basse, ses chemins de halage et ses beaux paysages vallonnés. Possession de l'abbaye de Lobbes, Thuin fut remise en 888 à la principauté de Liège. L'évêque Notger fit fortifier la cité au 10e s. En mai se déroule à Thuin la marche militaire de St-Roch qui remonte à 1654. La ville a pour spécialité les spantôles, biscuits portant le nom d'un canon pris aux Français en 1554.

La situation

14 589 habitants - Cartes Michelin nos 716 F 4 et 534 K 20 - Hainaut.

À mi-chemin entre Charleroi et Beaumont et près de la frontière française, Thuin est une bonne base de départ pour sillonner la Thudinie. S'étageant sur une butte qui sépare la Sambre de la Biesmelle, on accède à la ville par les N 59 et N 559.

ℹ Pl. Albert 2, ☎ 071 59 54 54 ; www.thuin.be

RESTAURATION

Les Caves de la Source – *R. d'Anderlues 55 – ☎ 071 59 31 44 – fermé lun., mar. –* ⌧ *– 30€.* Ce sympathique petit restaurant établi à l'entrée de la ville présente une carte associant un choix de plats traditionnels à une ribambelle de « pastas » et de « pizzas ». Les repas se prennent dans les caves voûtées héritées du 17e s. Accueil gentil.

visiter

Place du Chapitre

Dominée par son haut **beffroi** carré du 17e s., ancienne tour de la collégiale, la place offre une belle **vue** sur la sinueuse vallée de la Sambre, la ville basse, avec son port et ses péniches, ainsi que sur la pittoresque cité de Lobbes dont la collégiale se dresse au sommet d'un piton.

Non loin de la place, dans la **Grand-Rue**, le bureau de poste occupe l'ancien refuge de l'abbaye de Lobbes (16e s.).

La marche militaire de St-Roch.

Remparts du Midi

Dans la Grand-Rue, suivre la pancarte « Panorama », puis la petite rue pittoresque qui longe les remparts (15e s.) et le chevet de l'église.
À gauche, on aperçoit la **tour Notger**, seul vestige des remparts construits par le prince-évêque.

Jardins suspendus

Sortir de la ville en voiture en direction de Biesme. Du jardin public (parc du Chant des oiseaux), situé à droite, jolie **vue** sur les jardins en terrasses de Thuin, les remparts et le beffroi, surplombant la vallée de la Biesmelle. Les jardins, dont les origines remonteraient au 10e s., font actuellement l'objet d'une revalorisation importante.

Écomusée de la Batellerie Thudo

Rive droite au pied du viaduc. Tlj sf lun. et mar. 10h-18h. 2€. ☎ 071 59 54 54.
Situé au bord de la Sambre dans le quartier des Bateliers, ce petit musée sympa est installé dans une ancienne péniche construite à Thuin dans les années 1950. La visite commentée par des anciens bateliers permet de découvrir la vie batelière et la construction navale d'antan. Avec 5 chantiers navals au bord de la Sambre, la ville de Thuin prospéra longtemps grâce au transport fluvial. Sur 5 000 habitants, Thuin comptait 1 104 bateliers en 1936.

alentours

Ragnies

3 km au Sud de Thuin.
Dans un havre de paix, ce petit village pittoresque possède une jolie **église** dont les origines remonteraient au 12e s. Les bâtiments de l'ancienne ferme de la Cour accueillent la **distillerie de Biercée** qui produit de façon artisanale plusieurs eaux-de-vie dont la célèbre Eau de Villée.

circuit

VALLÉE DE LA SAMBRE *26 km*

Quitter Thuin à l'Ouest par la N 559.

Lobbes

Sa célèbre abbaye fondée, comme celle d'Aulne, au 7e s., par saint Landelin, s'élevait près de la Sambre et fut détruite en 1794. Au sommet de la colline, la **collégiale St-Ursmer** a remplacé l'église funéraire élevée par saint Ursmer vers 713. Remontant à l'époque carolingienne, elle a été agrandie au 11e s. : le chœur et la crypte sont romans, ainsi que le porche et la tour Ouest, qui se rattachent à l'école mosane. Au 19e s. a été édifiée la tour de croisée. Dans la crypte dont les piliers ont été refaits au 16e s., remarquer les tombeaux de saint Ursmer et saint Erme.
Prendre la N 59 vers La Louvière, puis une petite route à droite en direction de Hourpes.

Abbaye d'Aulne★

Avr.-sept. : tlj. sf mar. 11h-18h30. ☎ 071 51 52 98.

Au fond de la verdoyante vallée de la Sambre se dressent les ruines imposantes de l'**abbaye d'Aulne**. Fondée au 7e s. par saint Landelin, parmi les aulnes, le monastère dépendait de l'abbaye de Lobbes. Une communauté de cisterciens, venus de Clairvaux, s'y installa en 1147. Incendiée en 1794, l'abbaye fut restaurée pour abriter, en 1896, l'hospice Herset, du nom de son fondateur, le dernier abbé d'Aulne.

Cour centrale – On voit à gauche les écuries encadrant la remise des carrosses, à arcades (18e s.), puis la salle de réception des princes-évêques de Liège (18e s.) ; à la suite et au fond se trouvait le quartier des hôtes, palais abbatial avant 1767 dont il ne subsiste qu'une tour.

À droite, on remarque les arcades du palais abbatial (fin 18e s.) et la façade de l'église.

Église abbatiale – Derrière une façade classique (1728) se dissimule l'imposante église gothique construite au 16e s. Elle conserve un chœur et un transept très beaux : remarquer le remplage de la baie du croisillon droit. Communiquant avec le croisillon gauche, la sacristie, puis la salle capitulaire (18e s.) donnant sur le cloître, dont il reste peu de traces, étaient surmontées par les dortoirs.

Prendre à droite l'allée qui desservait le quartier des vieux moines (à gauche) et l'infirmerie (au fond à droite) : vue remarquable sur l'ensemble élancé et majestueux formé par le **chevet** et le **transept**★★ aux immenses baies lancéolées.

En reprenant l'allée en direction du cloître, on aperçoit à droite l'un des réfectoires (18e s.) : très jolies voûtes de briques sphériques, portées en leur centre par des colonnes renflées. C'était le réfectoire régulier dit du maigre, car on n'y consommait pas de viande.

Poursuivre la route pour atteindre Gozée.

En s'élevant au-dessus de l'abbaye, on a une belle vue d'ensemble des ruines.

Gozée

Au passage, voir la **pierre de Zeupire** *(à gauche en allant vers Beaumont, près d'un grand café)*. C'est un mégalithe en grès rose, pesant 20 t, qui serait le seul vestige d'un ancien cromlech.

Revenir sur ses pas et prendre la N 59 pour regagner Thuin.

Tienen

Tirlemont

Sur la Grande Gette, Tirlemont se dresse dans un paysage vallonné aux confins de la Hesbaye et de la région du Hageland (pays des haies). Cité drapière au Moyen Âge, la ville possède de nos jours la plus grande raffinerie de sucre du pays. C'est la raison pour laquelle on la surnomme à juste titre la « ville sucrière ».

La situation

31 481 habitants – Cartes Michelin nos 716 H 3 et 533 O 18 – Plan dans Le Guide Rouge Benelux – Brabant Flamand.

Entre Louvain et St-Trond, Tirlemont se trouve sur la N 3 et près de l'autoroute E 40 (sortie 25) reliant la capitale au pays de Liège.

ℹ *Grote Markt 4, ☎ 016 80 56 86 ; www.tienen.be*

se promener

O.-L.-Vrouw-ten-Poelkerk★ (Église N.-D.-au-Lac)

9h-16h. ☎ 016 81 20 97.

L'église s'élevait jadis près d'un étang, d'où son nom. L'étang a été asséché, mais l'une des sources qui l'alimentaient demeure un lieu de pèlerinage. De style gothique brabançon, ce monument en pierre, dont la nef n'a jamais été construite, s'élève sur la vaste Grand-Place. Le chœur du 13e s. est sobre et harmonieux. Le transept du 14e s. est surmonté d'une tour carrée à clocher à bulbe. Les beaux **portails**★ profonds exécutés par Jan van Osy datent de 1360 ; remarquer les amusants petits personnages sculptés sur le socle des niches. La Vierge du 14e s. qui ornait le portail central est placée à l'intérieur de l'église, au-dessus du maître-autel.

Prendre la Peperstraat qui part de la Grand-Place.

Wolmarkt

On admire en montant à droite, aux nos 19 et 21, les **maisons Van Ranst**, de style Renaissance flamande, restaurées.

Gagner l'église St-Germain.

St.-Germanuskerk

Bâtie en haut de la colline, l'église St-Germain est située au centre du noyau primitif de la ville près du Veemarkt (Marché aux bestiaux). C'était aux 12e et 13e s. une basilique romane à quatre tours. Des vestiges de l'avant-corps primitif, caractéristique de l'art roman mosan encadrent, depuis le 16e s., une tour massive, elle-même dotée au 18e s. d'un carillon que l'on peut écouter lors des **concerts** donnés en été. L'intérieur est gothique. On peut voir, près de l'autel central, un moulage des fonts baptismaux romans exposés au musée du Cinquantenaire à Bruxelles. Remarquer également un beau lutrin en bronze et *Le Christ miraculeux des Dames Blanches* (15e s.) dans une chapelle à droite.

visiter

Stedelijk Museum Het Toreke (Musée communal)

Tlj sf lun. 10h-17h (dernière entrée 16h30). Fermé de Noël au Nouvel An. 2,46€. ☎ 016 80 56 86.

Ce musée de conception moderne occupe, dans la cour de l'ancienne Justice de Paix, une ancienne prison du 19e s. Il présente des objets archéologiques de l'époque gallo-romaine plaisamment exploités. La construction récente est consacrée à l'histoire de la ville depuis le 16e s. Trois thèmes sont évoqués : la dévotion, les métiers d'autrefois et les fêtes populaires.

alentours

Hakendover

4 km à l'Est par la N 3.

Ce très ancien village est célèbre par sa grande procession du Divin Rédempteur accompagnée de cavaliers. Elle se déroule à travers les prairies et les champs ensemencés qui, malgré le piétinement de la foule, produisent, dit-on, de belles récoltes.

La fondation de l'**église St-Sauveur** (St.-Salvatorskerk) date de 690. Le bâtiment conserve une tour et une partie du transept roman, le chœur ayant été construit au 14e s. La nef fut agrandie au 18e s. Au maître-autel, un célèbre **retable★** brabançon (1400), en bois, illustre de façon vivante et élégante, en treize scènes, l'édification miraculeuse de l'église. Trois vierges entreprirent, au 7e s., d'élever une église que les anges démolissaient la nuit. Le 13e jour après l'Épiphanie, un corbeau indiqua aux vierges l'endroit où devait s'élever l'église. Elles prirent alors 12 ouvriers auxquels vint s'adjoindre un 13e qui n'était autre que le Christ. Ainsi fut terminée l'église. *Visite sur demande, s'adresser à M. Wouters, Van Oudenhovestraat 27, 3300 Hakendover, ☎ 016 78 83 27.*

circuit

DE PART ET D'AUTRE DE LA FRONTIÈRE LINQUISTIQUE

13 km au Sud-Ouest par la N 29.

Hoegaarden

Ce bourg est connu pour sa bière blanche. Un petit musée folklorique (Bier- en Streekmuseum) est installé dans le grenier d'une maison du 17e s. nommée **'t Nieuwhuys** *(Ernest Ourystraat 2)*, qui fut une auberge du temps des Romains. Il renferme des objets concernant l'histoire locale. On visite également l'ancienne cave à bière.

Suivre la N 29.

Jodoigne

Ancienne place forte, sur un versant de la vallée de la Gette, Jodoigne est un important marché agricole. L'**église St-Médard**, bâtie à la fin du 12e s. dans un style de transition, est flanquée à l'Ouest d'une tour carrée massive. L'**abside** est harmonieuse, avec sa double rangée de baies dont les arcades s'appuient sur des colonnettes. Elle est encadrée de deux absidioles isolées du chœur. À l'intérieur, le chœur présente des colonnettes à chapiteaux. On remarque, dans une niche du bras gauche du transept, derrière une grille, la châsse de saint Médard.

Tongeren★

Tongres

La ville d'Ambiorix est une étape conseillée pour les passionnés de l'époque gallo-romaine. En effet, elle est, avec Tournai, la ville la plus ancienne de Belgique et l'une des plus riches en vestiges du passé. Tongres est situé dans la Hesbaye, région légèrement vallonnée et couverte au printemps de magnifiques vergers en fleurs.

La situation

29 798 habitants – Cartes Michelin nos 716 J 3 et 533 R 18 – Limbourg.
Près de la frontière linguistique et des Pays-Bas, Tongres est d'accès facile par l'autoroute A 13/E 313 qui relie Liège à Hasselt. Prendre la sortie 32, puis la N 79.
Stadhuisplein 9, ☎ 012 39 02 55 ; www.tongeren.be

comprendre

Une grande cité romaine

Tongres doit son origine à un camp établi par les lieutenants de César, Sabinus et Cotta, dont les légions sont massacrées à proximité par **Ambiorix**, chef des Éburons, qui soulève une partie de la Gaule belgique contre les armées de César en 54 avant J.-C. Sous l'occupation romaine, Tongres, alors appelée **Atuatuca Tungrorum**, se développe ; elle est alors une étape sur la grande voie romaine de Bavay à Cologne et occupe un emplacement sensiblement plus étendu qu'actuellement, comme le prouvent les restes d'une enceinte de la fin du 2e s. mis au jour sur 4,5 km : on peut voir des traces sur la Legioenenlaan à l'Ouest. À la fin du 3e s., les invasions barbares éprouvent la cité qui se resserre au début du 4e s., dans une enceinte plus petite. Des vestiges de cette seconde enceinte et d'une tour romaine construite à l'emplacement d'une villa gallo-romaine datant des 2e et 3e s., sont visibles au Vrijthof, près de la basilique. Au 4e s., saint Servais est le premier évêque de Tongres mais, par mesure de sécurité, le siège épiscopal est transféré à Maastricht. Peu à peu, sous la protection de la principauté de Liège, Tongres reprend son essor ; elle s'organise administrativement et, au 13e s., se bâtit une troisième enceinte dont des vestiges sont encore visibles le long du Leopoldwal et du 11de Novemberwal.

se promener

O.-L.-Vrouwebasiliek★★ (Basilique Notre-Dame)

Visite (2h) 8h-12h, 13h-18h. ☎ 012 39 40 34.
De la Grand-Place où se dresse la statue d'Ambiorix de 1866, on admire la silhouette imposante de l'église, bel édifice gothique (13e-16e s.) précédé par une impressionnante tour-façade, inachevée.

Ambiorix.

Ph. Gajic/MICHELIN

TONGEREN

Achttiende-Oogstwal . . . . Y 2
Clarissenstraat . . . . . . Y 4
Corversstraat . . . . . . YZ 5
Eeuwfeestwal . . . . . . Y 6
Elisabethwal . . . . Z 9
Hasseltsesteenweg . . Y 10
Grote Markt . . . . Y
Hemelingenstraat . . . Y 12
Hondsstraat . . . . Y 14
Luikerstraat . . . . Z 15
Looierstraat . . . . Z 17
Maastrichterstraat . . . Y 18
Minderbroederstraat . Z 19
Moerenstraat . . . . . . Y 20
Momberstraat . . . . . . Z 23
Muntstraat . . . . Z 24
Nevenstraat . . . . Y 25
Piepelpoel . . . . Y 27
Plein . . . . Y 28
Pliniuswal . . . . Y 30
Predikherenstraat . . . . Y 31
Regulierenplein . . . . . Z 34
Riddersstraat . . . . Y 35
de Schiervelstraat . . . Y 37
St.-Catharinastraat . . . Y 38
St.-Jansstraat . . . . . . Z 39
St.-Maternuswal . . . . Y 41
St.-Truidenstraat . . . . . Y 42
Stationslaan . . . . Y 44
Vermeulenstraat . . . . Y 46
11 Novemberwal . . . . Y 47

Gallo-Romeins Museum Y M¹

Intérieur – *Longer le flanc droit de l'église et pénétrer par le petit portail.* Sous le porche, beau Christ roman en bois polychrome du 11e s. La nef (13e s.) s'appuie sur des piliers cylindriques, à chapiteaux à crochets. Son élégant triforium est surmonté d'une galerie de circulation. À l'Ouest, sous le jubé, belle porte en cuivre de 1711 ; au-dessus, orgue picard du 18e s. Dans le chœur sont rassemblés les objets d'art les plus intéressants. Au maître-autel, un **retable**★ anversois en bois du début du 16e s. représentant la vie de la Vierge ; grand chandelier pascal et lutrin, exécutés en 1372 par un orfèvre de Dinant.

Dans le bras Nord du transept, la **statue**★ miraculeuse en noyer de N.-D.-de-Tongres (1476).

Des fouilles ont mis au jour les vestiges de plusieurs églises médiévales et de nombreuses tombes. Ils pourront sans doute être visités après l'aménagement d'un espace archéologique en sous-sol, faisant partie de la nouvelle salle du trésor.

Schatkamer★★ **(Trésor)** – Parmi les pièces exposées, on remarquera un évangéliaire couvert d'une plaque d'ivoire du 11e s. (calvaire), un diptyque en ivoire du 6e s. (St Paul), une agrafe mérovingienne en or (6e s.), un ostensoir-reliquaire de sainte Ursule (14e s.) au socle garni d'émaux, le reliquaire-triptyque de la Sainte-Croix (12e s.), en argent doré rehaussé d'émaux, une tête de Christ en bois du 11e s., la châsse des Martyrs de Trèves (13e s.), la châsse de saint Remacle du 15e s., ornée de peintures. Tous les sept ans, une centaine de prêtres vêtus d'ornements liturgiques anciens portent en procession les châsses et reliquaires du trésor.

Cloître★ – Charmant cloître où alternent colonnettes simples et colonnettes jumelées ; intéressants chapiteaux dans la rangée près de l'entrée. Aux murs sont apposées des dalles funéraires.

Gagner le béguinage par la Corversstraat et la St.-Catharinastraat.

Begijnhof (Béguinage)

Fondé au 13e s., il a été supprimé à la Révolution française. À l'Ouest, la cour Onder de Linde conserve un certain cachet avec ses jardins précédés d'une porte en plein cintre. Au centre du béguinage s'élève l'**église Ste-Catherine**, de style gothique précoce, dont le mobilier et les peintures sont intéressants. Adossée au béguinage, la **tour des Drapiers** (Lakenmakerstoren) du Moyen Âge tire son nom de la corporation chargée de sa défense. À droite de la tour, la chapelle Ste-Ursule de 1701 ; à gauche, l'infirmerie du 17e s., de style mosan. Cet ensemble pittoresque est blotti au bord du Jeker où s'ébattent de majestueux cygnes.

En sortant du béguinage tourner à droite dans la St.-Catharinastraat. Ensuite, prendre la Kielenstraat qui mène à la Moerenpoort.

Moerenpoort

Mai-sept. : w.-end et j. fériés 11h-17h. 0,75€. ☎ 012 39 02 55.

Cette porte (14e s.) de l'enceinte médiévale qui marque l'accès Est du béguinage est aménagée en **musée** présentant l'histoire militaire de la ville. Une salle est consacrée aux milices communales. Du sommet, vue sur le béguinage, la ville et sa collégiale.

HEBERGEMENT

De Zwarte Stok Chambre d'hôte –
Langstraat 26 – 3770 Millen/Riemst – ☎ 012 63 35 40 – ⊠ – 7 ch. : 30/50€.
Cette jolie ferme bâtie autour d'une cour carrée a bénéficié d'une restauration complète préservant toutefois son charme d'antan. Les chambres, agencées avec goût et d'ampleur convenable, profitent quelquefois d'une belle vue champêtre. Accueil affable.

visiter

Gallo-Romeins Museum★ (Musée gallo-romain)

Petit guide du musée compris dans le billet d'entrée. ♿ 9h (lun. 12h)-17h, w.-end et j. fériés 10h-18h. Fermé Noël et Nouvel An. 5€. ☎ 012 67 03 30.

Gallo-Romeins Museum, Tongeren

Balsamaire en bronze.

D'une présentation remarquable, ce musée d'aspect moderne comprend de riches collections archéologiques de la préhistoire au Moyen Âge. Un espace d'exposition rappelant le monde étrange de Piranesi fut conçu autour du mystérieux dodécaèdre, objet gallo-romain dont on ignore l'usage exact. Au sous-sol, les collections ayant trait à la préhistoire ; la section gallo-romaine, contenant terres cuites, figurines de divinités, verreries, monnaies et bijoux, est particulièrement évocatrice de l'important passé de la ville. Remarquer la belle sculpture de Jupiter écrasant deux hommes à queue de serpent ainsi qu'un joli balsamaire en bronze représentant un jeune Nubien. La visite se complète par de magnifiques objets provenant de tombes mérovingiennes.

alentours

Alden Biesen

10 km au Nord-Est par la N 730. À hauteur de Hoeselt, prendre une petite route à droite vers Alden Biesen.

Au Nord de Rijkhoven, **l'ancienne commanderie Alden Biesen** (les Vieux Joncs) fut fondée par l'ordre teutonique en 1220. Les bâtiments actuels ont été élevés ou modifiés entre les 16e et 18e s. Le château est un imposant édifice en quadrilatère, flanqué de tours et entouré de douves. Dans l'église, Louis XV assista, en 1747, à un Te Deum chanté en remerciement de la victoire de Lawfeld (Lafelt) remportée sur les Autrichiens.

Dans la galerie à côté de l'église, petite exposition.

Tournai★★

Dominée par les cinq tours de sa vaste cathédrale, la ville de Tournai s'est développée le long de l'Escaut qui la sépare en deux parties presque égales. Située au centre d'une région essentiellement agricole, elle a connu un passé prestigieux. C'est la plus vieille cité de Belgique avec Tongres. Tour à tour romaine, franque, anglaise, française et autrichienne, elle fut un foyer d'art important.

La situation

67 611 habitants – Cartes Michelin nos 716 D 4 et 533 F 19 – Hainaut.

Sur l'Escaut, Tournai se trouve près de la frontière française. On y arrive par l'autoroute E 429 depuis Bruxelles ; au départ de Lille, on emprunte l'A 27/E 42.

Vieux Marché-aux-Poteries, ☎ 069 22 20 45 ; www.tournai.be

comprendre

Le berceau de la monarchie française

Tournai est déjà une cité importante au temps des Romains. Au 3e s., saint Piat évangélise la ville qui passe au 5e s. sous la domination des Francs Saliens. C'est le berceau de la dynastie mérovingienne : Childéric y meurt en 481 et **Clovis**, son fils, y naît en 465. Ce dernier fait de Tournai le siège d'un évêché.

Les rois de France ont toujours considéré Tournai comme le berceau de leur monarchie et la ville porte le lys royal dans ses armes. C'est au cours du 9e s. qu'un chapitre de chanoines vint s'installer dans la ville, et que son siège épiscopal fut uni à celui de Noyon (jusqu'en 1146).

Philippe Auguste visita la ville en 1187 et acquit à sa politique l'évêque suzerain. Les 12e s.-13e s. sont de grandes époques de construction dont il subsiste des maisons romanes, des édifices religieux et certaines parties de la deuxième enceinte.

Tournai reste fidèle à la France pendant la guerre de Cent Ans. La ville, qui a reçu le titre de « Chambre du Roy », est isolée dans une Belgique gagnée à la cause anglaise. Les Tournaisiens sont conviés par Jeanne d'Arc à venir assister au sacre de Charles VII à Reims (1429) en tant que « gentilz loiaux Franchois ». Lorsque Jeanne sera faite prisonnière, Tournai lui enverra une escarcelle remplie d'or pour adoucir sa captivité.

carnet pratique

Restauration

• *Valeur sûre*

L'Écurie d'Ennetières – *Ruelle d'Ennetières 7 – ☎ 069 21 56 89 – fermé sem. du carnaval, 3 sem. en juil., lun. et mar. soir – 21€ déj. – 27€.* Une sympathique taverne-restaurant s'est substituée à ces anciennes écuries. En salle, briques rouges, ribambelle de marionnettes, escalier et charpente en bois produisent une atmosphère aussi guillerette que chaleureuse. Plats bourgeois.

Le Pressoir – *Vieux Marché-aux-Poteries 2 – ☎ 069 22 35 13 – le.pressoir@infonie.be – fermé sem. du carnaval, 3 sem. en août – 25€ déj. – 29€.* Jolie maison du 17e s. dont la façade, fleurie presque toute l'année, surveille cathédrale et beffroi. Recettes traditionnelles, cave de connaisseur et décor intérieur soigné : mobilier de style, vieilles pierres, hauts plafonds rythmés de poutres.

Hébergement

• *À bon compte*

d'Alcantara – *R. Bouchers St-Jacques 2 – ☎ 069 21 26 48 – hotelalcantara@hotmail.com – fermé Noël – P – 15 ch. : 72/104€* ☕. Au centre-ville, demeure patricienne judicieusement transformée en hôtel. Les communs, de même que les chambres, bien dimensionnées, associent le confort moderne à des éléments architecturaux anciens. Salon coquet et terrasse d'été dans la cour.

Ferme du Sart – *Rte de Grandmetz 13 – 7911 Moustier – ☎ 069 87 50 98 – detheux.xavier@worldonline.be – fermé de mi-janv. à mi-fév. – ⊠ – 3 ch. : 65/130€* ☕. Au voisinage du château de Moustier, majestueuse ferme carrée du 18e s. accessible par un porche monumental surmonté d'un donjon abritant un carillon. Les chambres, bien tenues, se regroupent à l'annexe. Produits maison au breakfast.

Le temps d'un verre

Le Contre Quai – *Quai du Marché-au-Poisson 16 – ☎ 069 84 05 01 – 11h-1h, sam.-lun. à partir de 17h.* Petit bar tranquille au bord de l'Escaut, où une clientèle d'habitués entretient une ambiance chaleureuse.

Calendrier

Folklore et traditions – Lors de la **fête de la Nativité** de Notre-Dame *(2e dim. de sept. 15h)* qui a pour origine la grande peste de 1090, la châsse de saint Éleuthère et les pièces du trésor de la cathédrale sont portées en procession.

Les **Journées des quatre cortèges** associent la publicité et le folklore avec des géants comme Childéric ou Louis XIV qui ont marqué l'histoire de la cité, un défilé carnavalesque, un corso fleuri et un festival de musiques militaires.

Un intense rayonnement artistique

Déjà connue pour son orfèvrerie à l'époque mérovingienne, la ville devint à la fin du Moyen Âge un centre artistique de grande importance. Avec la châsse de saint Éleuthère (13e s.), les orfèvres tournaisiens se distinguent de nouveau dans l'art des métaux ; au 15e s., les dinandiers de Tournai concurrencent ceux du pays mosan.
Dès le 12e s., l'emploi de la pierre locale dans l'architecture a donné naissance à une florissante école de sculpture : au 15e s., fonts baptismaux et monuments funéraires sont taillés de façon magistrale dans cette pierre au grain très fin et à la couleur gris bleuté, voire dans une pierre blanche importée.
Au 15e s., **Robert Campin** (mort à Tournai en 1444), contemporain de Van Eyck, et que certains identifient avec le **maître de Flémalle**, est l'auteur anonyme d'un groupe de peintures découvertes dans cette localité vers 1900. Les œuvres de cet artiste charment par leur coloris, par la précision avec laquelle sont dépeints les intérieurs et les objets, et par leur sérénité. Dans les sujets les plus graves apparaît une expression plus dramatique, qui a fait rapprocher Robert Campin de son élève **Rogier de La** (ou Le) **Pasture**. Connu également sous le nom de **Van der Weyden**, ce dernier, né à Tournai (1399-1464), devint peintre de la ville de Bruxelles en 1436.
Né à Tournai en 1855, le poète belge **Georges Rodenbach** s'installera à Paris dès 1887.

Une place forte disputée

De 1513 à 1518, Tournai passe à Henri VIII, roi d'Angleterre, qui y fait construire un quartier fortifié par un donjon, actuelle **tour Henri VIII**.
Puis la ville passe sous la tutelle de Charles Quint et perd nombre de privilèges.
En proie à des troubles religieux, Tournai résiste deux mois, en 1581, à Alexandre Farnèse sous le commandement héroïque de **Christine de Lalaing**.
Sous le règne de Louis XIV, de 1667 à 1709, la ville est rattachée à la France. Ses fortifications sont renforcées et les remparts du 13e s. bastionnés par Vauban. De cette époque datent de nombreuses maisons en brique et chaînage de pierre à grandes baies et toits débordants. Malgré les bombardements de 1940, il en subsiste par endroits, notamment sur le quai Notre-Dame.
Tournai est alors le siège du Parlement de Flandre, représentant la justice du souverain. Tombée aux mains des Autrichiens après le traité d'Utrecht (1713), elle revient aux Français après la bataille de **Fontenoy** (1745) *(8 km à l'Est)*, puis de nouveau aux Autrichiens en 1748.
Au 18e s., Tournai se signale par la renaissance de son industrie du cuivre et de la fabrication de la tapisserie.
Sa manufacture de porcelaine, fondée en 1751 par François-Joseph Peterinck, connaît une vogue exceptionnelle. On y fabrique une porcelaine tendre aux riches coloris et aux décors les plus variés, où le style chinois intervient pour une large part. La manufacture disparaît en 1891.

découvrir

CATHÉDRALE NOTRE-DAME***

Pour connaître les horaires de visite, prière de se renseigner au ☎ 069 22 20 45 (Office de tourisme).

En plein centre de Tournai, non loin du beffroi, s'élève le plus imposant, le plus original monument religieux de la Belgique. Figurant depuis l'an 2000 sur la liste du patrimoine mondial de l'Unesco, il a influencé de nombreuses églises de la ville, puis, le diocèse de Tournai couvrant jadis la plus grande partie de la Flandre, s'est répandu dans toute la vallée de l'Escaut, donnant naissance à l'art scaldien.
Extérieurement, les proportions gigantesques de l'édifice (134 m de longueur, 66,5 m de largeur au transept) et les silhouettes massives de ses cinq célèbres tours produisent un effet impressionnant.
Les cinq **tours**, toutes différentes, se dressent à la croisée du transept ; la plus ancienne, au centre, repose sur les piliers de la croisée qu'elle devait éclairer.
La nef et le transept aux extrémités en hémicycle datent du 12e s. Plus élevé que la nef et presque aussi long, un chœur gothique très élancé a remplacé au 13e s. le chœur roman. Cette différence de style est perceptible tant à l'extérieur qu'à l'intérieur de l'édifice.

De la place P.-E. Janson, on a une des meilleures vues d'ensemble de la cathédrale.

Porte Mantile

Située au Nord, elle doit son nom à Mantilius, un aveugle guéri par saint Éleuthère en ces lieux. Ce portail latéral conserve de remarquables sculptures romanes, principalement sur le bandeau encadrant le sommet de la porte (lutte entre les rois Sigebert et Chilpéric) et les montants (combat des vices et des vertus).

Contourner ensuite l'église par le chevet.

Porte du Capitole

De style roman, semblable à la porte Mantile, elle est malheureusement très détériorée, et l'on devine à peine le cycle de la fin du monde sculpté sur le bandeau. L'archivolte est soutenue par deux chevaliers munis d'un haut bouclier.

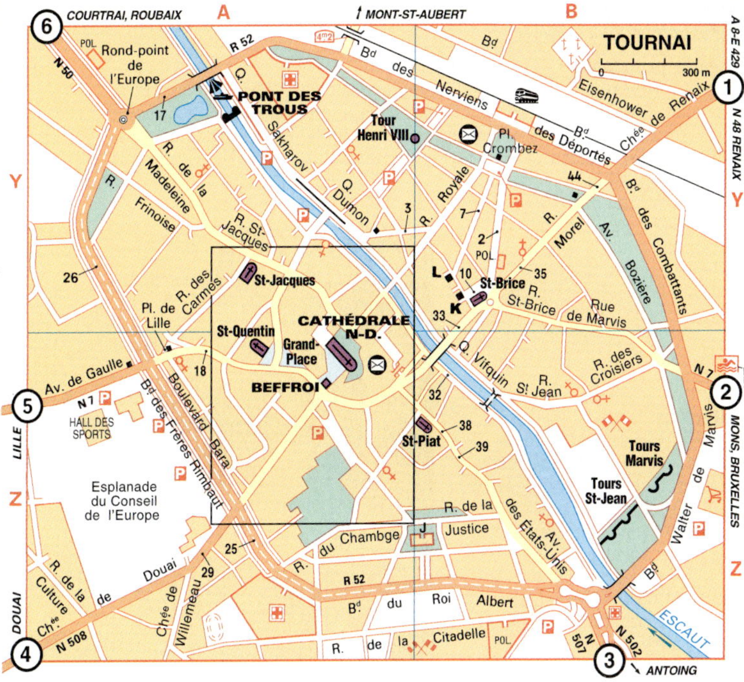

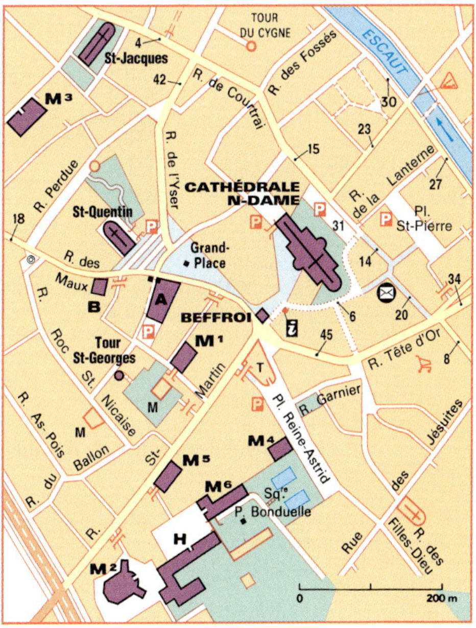

As-Pois (R.) C
Athénée (R. de l') . . . . BY 2
Ballon (R. du) C
Bara (Bd) . . . . AZ
Becquerelle (R. du) . . . . . AY 3
Bonduelle (Square P.) C
Bourdon-St-Jacques (R. du) . C 4
Bozière (Av.) . . . . BY
Carmes (R. des) . . . . AY
Chambge (R. du) . . . . AZ
Chapeliers (R. des) . . . . . . C 6
Childeric (R.) . . . . BY 7
Citadelle (R. de la) . . . . . ABZ
Clairisses (R. des) . . . . C 8
Clovis (Pl.) . . . . BY 10
Combattants (Bd des) . . . BY
Conseil de l'Europe
(Espl. du) . . . . AZ
Cordonnerie (R. de la) . . . . C 14
Courtrai (R. de) C
Croisiers (R. des) . . . . BZ
Crombez (Pl.) . . . . BY
Culture (R. de la) . . . . AZ
Curé-N.-Dame (R. du) . . . . . C 15
Delwart (Bd) . . . . AY 17
Déportés (Bd des) . . . . . . BY
Dorez (R.) . . . . AZ 18
Douai (Chaussée de) . . . . AZ
Dumon (Quai) . . . . AY
Eisenhower (Bd) . . . . BY
États-Unis (Av. des) . . . . . BZ
Europe (Rd-Pt de l') . . . . . AY
Filles-Dieu (R. des) C
Fossés (R. des) C
Frères Rimbaut (Bd des) . AZ
Frinoise (R.) . . . . AY
Gallait (R.) . . . . C 20
Garnier (R.) C
Gaulle (Av de) . . . . AZ
Grand Place C
Hôpital Notre-Dame (R. de l') C 23
Jésuites (R. des) C
Justice (R. de la) . . . . BZ
Lalaing (Bd) . . . . AZ 25
Lanterne (R. de la) C
Léopold (Bd) . . . . AY 26
Lille (Pl. de) . . . . AYZ
Madelaine (R. de la) . . . . AY
Marché au Poisson
(Quai du) . . . . C 27
Marvis (Bd Walter de) . . . BZ
Marvis (R. de) . . . . BY
Maux (R. des) C
Montgomery (Av.) . . . . . . AZ 29
Morel (R.) . . . . BY
Nerviens (Bd des) . . . . . ABY
Notre-Dame (Quai) . . . . . . C 30
Paul-E.-Janson (Pl.) . . . . . . C 31
Perdue (R.) C
Poissonsceaux (Quai des) . BZ 32
Pont (R. de) . . . . BYZ 33
Puits d'Eau (R. des) . . . . . . C 34
Quesnoy (R. du) . . . . BY 35
Reine-Astrid (Pl.) C
Renaix (Chaussée de) . . . BY
Roc-Saint-Nicaise (R.) C
Roi Albert (Bd du) . . . . . ABZ
Royale (R.) . . . . BY
Saint-Brice (R.) . . . . BY
Saint-Jacques (R.) . . . . . . AY
Saint-Jean (R.) . . . . BZ
Saint-Martin (R.) C
Saint-Piat (R.) . . . . BZ 38
Saint-Pierre (Pl.) C
Sainte-Catherine (R.) . . . . BZ 39
Sakharov (Quai) . . . . AY
Tête d'Argent (R.) . . . . C 42
Tête d'Or (R.) C
Vifquin (Quai) . . . . BZ
Volontaires (R. des) . . . . . BY 44
Wallonie (R. de la) . . . . C 45
Willemeau (Chaussée de) AZ

Ancienne grange des dîmes C B
Beffroi C
Cathédrale Notre-dame . C
Halle aux draps . . . . C A
Hôtel de ville . . . . C H
Maison gothique . . . . . BY L
Maisons romanes . . . . . BY K
Musée d'Archéologie . . . C M3
Musée d'Histoire naturelle
et Vivarium . . . . C M6
Musée de la Tapisserie . . C M4
Musée d'Histoire et
des Arts décoratifs . . . C M5
Musée des Beaux-Arts . . C M2
Musée du Folklore . . . . . C M1
Pont des Trous . . . . AY
Saint-Brice . . . . BY
Saint-Jacques C
Saint-Piat . . . . BZ
Saint-Quentin C
Tour Henri VIII . . . . AY
Tour Saint-Georges C
Tours Marvis . . . . BZ
Tours Saint-Jean . . . . . . BZ

Passer sous la « Fausse Porte » surmontée de la chapelle St-Vincent : arche reliant la cathédrale au palais épiscopal.

Façade principale

Elle est entourée d'une part de l'Hôtel des Anciens Prêtres (18e s.) et de l'autre par l'Évêché. Remaniée au 14e s., elle est masquée par un **porche** (modifié au 16e s.), sous lequel se superposent trois registres sculptés : en bas, des hauts-reliefs du 14e s. ont trait au drame du paradis terrestre ; au milieu, du 16e s., des bas-reliefs, à gauche la procession de Tournai, à droite la lutte entre Sigebert et Chilpéric ; au sommet, une rangée de statues d'apôtres et de saintes du 17e s. Au pilier central, une belle statue de la Vierge (14e s.), patronne de la cathédrale, est vénérée sous le nom de Notre-Dame-des-Malades.

Ph. Gajic/MICHELIN

Détail d'un vitrail : l'impôt sur la bière.

Intérieur

Vaste vaisseau de dix travées, la nef centrale s'élève sur quatre étages : ses grandes arcades à triples rouleaux sont supportées par de courts piliers aux beaux chapiteaux sculptés. Au-dessus, les tribunes sont surmontées d'un triforium à arcatures en plein cintre abritant une baie aveugle en leur centre. Le dernier étage est percé de fenêtres hautes. Les voûtes du 18e s. ont remplacé un plafond de bois. Un jubé, exécuté en 1572, coupe la perspective de la nef centrale. Le mur du **collatéral droit** est orné d'épitaphes.

Remarquer les **chapiteaux** jadis polychromés des piliers de la nef : décoration végétale, animale, figures humaines, souvent fantaisistes.

Dans la chapelle St-Louis ou chapelle du St-Sacrement, *Crucifixion* de Jordaens et panneaux en bois finement sculptés au 18e s., provenant d'une abbaye (scènes de la vie de saint Benoît et de saint Ghislain). Dominé par une haute lanterne, le **transept** est d'une majesté et d'une ampleur imposantes ; c'est une « cathédrale au travers d'une cathédrale ».

Son plan est très original : les croisillons se terminent par un hémicycle qu'entoure un déambulatoire. L'ordonnance à quatre étages superposés reprend celle de la nef. Le transept contient des vestiges de fresques (12e s.) et de précieux vitraux du 16e s.

Dans le **bras droit du transept**, les vestiges d'une fresque représentent la Jérusalem céleste au-dessus de l'autel de Notre-Dame de Tournai. Les vitraux racontent la lutte entre Sigebert et son frère Chilpéric, qui est à l'origine du pouvoir temporel de l'évêque (à l'étage supérieur, privilèges épiscopaux, comme l'impôt sur la bière).

Le **jubé**, œuvre de Cornelis Floris De Vriendt, est une pièce magnifique de la Renaissance anversoise aux marbres polychromes : des médaillons et des panneaux en albâtre mettent en parallèle des épisodes de l'Ancien et du Nouveau Testament.

Très long, le **chœur** (1243), à sept travées, contraste par sa légèreté avec la robustesse un peu austère de la nef. L'influence française est manifeste (Soissons). Le **déambulatoire** est terminé à son extrémité par cinq chapelles rayonnantes. Sont à signaler dans la 1re chapelle latérale droite la châsse dite *des Damoiseaux* (1572), puis dans une petite chapelle une *Résurrection de Lazare* par Pourbus le Vieux et une peinture de Cobergher ; dans la chapelle axiale des *Scènes de la Vie de la Vierge*, par Martin De Vos, offrant un décor italianisant. À l'arrière du jubé, la 1re partie du chœur est occupée par des stalles des chanoines (18e s.), et le sanctuaire proprement dit par un maître-autel (1727) de style classique. Dans les chapelles du déambulatoire Nord sont conservés des monuments et dalles funéraires de l'école tournaisienne des 14e et 15e s. Au-dessus de la porte donnant accès à la salle d'accueil ou « chauffoir des pèlerins », le *Purgatoire* (1635) de Rubens, et lui faisant face, trois tableaux superposés en grisaille de Piat Sauvage (18e s.).

Dans le **bras gauche du transept**, les restes de fresques narrent la vie et le martyre de sainte Marguerite. Ici, les vitraux représentent la séparation du diocèse de Tournai de celui de Noyon en France auquel il avait été rattaché au 7e s.
Parmi les chapiteaux du **collatéral gauche**, on remarque des cygnes, des animaux fantastiques ; une femme dévorée par un monstre, au verso, (visible seulement sous le porche), Frédégonde et Chilpéric et des oiseaux buvant.

Trésor★★

La salle voûtée (15e s.) est dominée par les deux grands coffres reliquaires du 13e s. : la **châsse de Notre-Dame** (1205) en argent et cuivre doré, œuvre de Nicolas de Verdun, ornée de sujets en relief au superbe modelé, placés sous de riches arcatures et des médaillons évoquant la vie et la Passion du Christ. La **châsse de saint Éleuthère** (1247) est décorée avec une profusion et une finesse extraordinaires de statues d'apôtres ressortant sur un fond de filigrane, d'émaux et de pierres précieuses ; aux pignons, on voit, le Christ et saint Éleuthère portant dans sa main la cathédrale. Parmi de nombreuses œuvres d'art se distinguent : *Les Sept Joies de Marie* (vers 1546) de Pierre Pourbus ; le reliquaire de la vraie croix dit « croix byzantine » d'origine orientale du 5e ou 6e s. ; un coffret à reliques en ivoire dit « de Cologne » (13e s.) gardant des traces de polychromie ; un fermail de chape avec jeune femme symbolisant la ville fortifiée de Tournai (15e s.) ; le manteau impérial porté dans la cathédrale par Charles Quint en 1531.
Dans la chapelle du St-Esprit (17e s.), une longue **tapisserie** illustre la légende de saint Piat, apôtre du Tournaisis, et de saint Éleuthère, premier évêque de la ville ; tissée à Arras, elle fut offerte en 1402 par un ancien chapelain du duc de Bourgogne. Dans la **salle du chapitre**, les lambris en chêne d'époque Régence (18e s.) ont été ciselés avec élégance et minutie et retracent la vie de saint Ghislain.

se promener

Grand-Place

Triangulaire, elle est dominée par les tours de la cathédrale. Au centre, une statue de Christine de Lalaing ainsi qu'une fontaine conçue de façon originale. À une extrémité se dresse le beffroi, à l'autre l'**église St-Quentin**, qui abrite dans sa chapelle circulaire gauche un tombeau au gisant (14e s.) surmonté d'une statue en argent de Notre-Dame-de-la-Treille, portée en procession lors de la fête de la Nativité. Détruite en 1940, la place a retrouvé quelques belles maisons, réédifiées, telles la **halle aux draps** (1610), d'un style composite allant du gothique au baroque, et plus loin, à droite, une demeure baroque de brique, l'**ancienne grange des dîmes**.
Prendre la rue de l'Yser qui part de la Grand-Place ; s'engager dans la rue de la Tête d'Argent et tourner à gauche dans la rue du Bourdon St-Jacques.

Église St-Jacques

C'est un édifice de transition entre le roman et le gothique dont le porche est surmonté d'une épaisse tour carrée à tourelles. À l'extérieur de la nef court une galerie à arcades ; à l'intérieur, cette galerie forme, au-dessus de la croisée du transept, un pont ajouré d'un gracieux effet et se prolonge dans la nef par un triforium.
Prendre la rue du Cygne qui mène à l'Escaut. Traverser le pont et tourner à gauche.

Pont des Trous.

Pont des Trous★

Porte d'eau, vestige de l'architecture militaire, il faisait partie de la seconde enceinte communale (13e s.) et défendait l'entrée de la ville par l'Escaut, qui la traverse. Du pont voisin *(boulevard Delwart)*, on a une belle **vue★** sur cet ouvrage qui présente de ce côté les faces arrondies de ses tours (plates du côté de la ville) et la silhouette de la cathédrale qui se détache au loin. En 1948, il a été rehaussé de 2,40 m pour faciliter la circulation fluviale.

Revenir sur ses pas et un peu avant le pont prendre la rue du Château.

Tour Henri VIII

Cette puissante tour du 16e s. fut construite sous Henri VIII.

Suivre la rue du Rempart et traverser la place Verte. Par la rue du Sondart, on arrive à la rue Royale. Tourner à droite, puis, prendre immédiatement à gauche. On passe devant une maison gothique (13e-15e s.).

Maisons romanes

Près de l'église St-Brice, deux maisons ont conservé leur façade de la fin du 12e s. Avec leurs fenêtres à colonnette centrale, alignées entre deux cordons de pierre, elles sont un des rares exemples d'architecture civile romane scaldienne.

Prendre la rue de Pont, traverser le pont et prendre à gauche. S'engager dans la rue Madame.

Église St-Piat

Cette église du 12e s. a été édifiée à l'emplacement d'une basilique mérovingienne (6e s.). Elle doit son nom à saint Piat, premier missionnaire chrétien à Tournai, qui fonda la première église de la ville, dont l'évêque sera saint Éleuthère.

Revenir sur ses pas, longer l'Escaut et traverser un petit pont. S'engager dans la rue St-Jean et prendre la 1re rue à droite.

Tours Marvis et tours St-Jean

Sur le boulevard Walter de Marvis, ces quatre tours, vestiges de l'enceinte du 13e s., dominent de jolis jardins.

visiter

Beffroi★

Tlj sf lun. 10h-12h, 14h-17h. 3€. ☎ 069 22 20 45 (Office de tourisme).

C'est le plus ancien de Belgique. Le soubassement date du 12e s. ; en 1294, le beffroi est rehaussé et renforcé par des tourelles polygonales. Les parties hautes sont reconstruites après un incendie survenu en 1391. Jusqu'en 1817, une partie du beffroi servait de prison. Une petite exposition et une présentation audiovisuelle illustrent l'histoire de cette tour municipale inscrite sur la liste du patrimoine mondial de l'Unesco depuis 1999. Dès le 1er étage, on a une **vue** intéressante sur la cathédrale. Du sommet *(70 m de hauteur, 257 marches)*, belle **vue** sur la ville. Un carillon de 43 cloches donne de beaux **concerts**.

Musée des Beaux-Arts★

Avr.-oct. : tlj sf mar. 10h-13h, 14h-17h30 ; nov.-mars : tlj sf mar. et dim. matin 10h-12h, 14h-17h. Fermé 1er-2 janv., Ven. saint, 1er, 2, 11 et 15 nov., 24, 25, 26 et 31 déc. 3€. ☎ 069 22 20 45 (Office de tourisme).

Ce musée (1928) fut conçu par le célèbre architecte Art nouveau **Victor Horta** qui lui donna un plan en étoile dont les salles rayonnantes convergent vers le hall de sculptures. Ce plan central, recouvert de larges verrières, est délimité par une façade aux formes souples, surmontée d'un groupe en bronze de Guillaume Charlier, « La Vérité, impératrice des Arts ». Devant le flanc gauche du musée, une sculpture féminine de Georges Grard (20e s.). Il abrite des œuvres du 15e s. à nos jours, et en particulier les **collections impressionnistes** du mécène bruxellois Henri Van Cutsem. Parmi la série de **peintures anciennes** se distinguent *La Vierge et l'Enfant* de Rogier de La Pasture (Van der Weyden), le *Saint Donatien* de Gossaert, et de délicats paysages de Bruegel de Velours.

Une section didactique présente, avec des photographies du format des originaux, tout l'œuvre peint de Rogier de La Pasture à travers le monde.

Du 17e s., des toiles de Jordaens, et une nature morte de Snyders ; et du 18e s., deux petites pastorales de Watteau. Une salle entière est réservée aux tableaux romantiques, historiques et sombres du Tournaisien Louis Gallait (1810-1887). La peinture belge des 19e et 20e s. est bien représentée : Henri De Braekeleer et son intimisme réaliste, Charles De Groux, Meunier, Joseph Stevens (peintre animalier), Hippolyte Boulenger (paysagiste), Ensor et Émile Claus ; tout comme la sculpture (Charlier, Rousseau, Van der Stappen). Les œuvres impressionnistes sont dominées par deux compositions célèbres de **Manet** : *Argenteuil* (1874) et *Chez le Père Lathuille* (1879). Dans la même salle figurent aussi des œuvres de Monet, Fantin-Latour et Seurat. Le musée possède également une importante collection de dessins (Van Gogh, Toulouse-Lautrec, Khnopff).

Ch. Bastin et J. Evrard/MICHELIN

Musée des Beaux-Arts.

En face du musée, on pénètre dans la cour d'honneur de l'**hôtel de ville** qui occupe l'emplacement de l'ancienne abbaye St-Martin (11e s.), dont il subsiste la crypte romane. L'ancien **palais abbatial** (1763), édifié sur les plans de Laurent Dewez, présente de belles façades néoclassiques.

Musée d'Histoire naturelle et Vivarium

Avr.-oct. : tlj sf mar. 10h-13h, 14h-17h30 ; nov.-mars : tlj sf mar. et dim. matin 10h-12h, 14h-17h. Fermé 1er-2 janv., Ven. saint, 1er, 2, 11 et 15 nov., 24, 25, 26 et 31 déc. 2,50€. ☎ 069 22 20 45 (Office de tourisme).

Donnant dans la cour d'honneur de l'hôtel de ville, son architecture intérieure néoclassique est celle des cabinets d'histoire naturelle propres au 19e s. De belles collections d'animaux naturalisés sont réunies dans la grande galerie. La salle carrée du fond est occupée par une série de dioramas, et l'on terminera volontiers la visite par l'observation de certaines espèces vivantes (lézards, serpents, poissons, tortues...) regroupées au sein d'un vivarium.

Musée de la Tapisserie

♿ *Mêmes conditions de visite que pour le Musée des Beaux-Arts. 2,50€. ☎ 069 23 42 65.*

Derrière une élégante façade donnant sur la place Reine Astrid, ce musée évoque une activité qui fut florissante à Tournai du 15e au 18e s. L'apogée de la tapisserie tournaisienne se situe entre 1450 et 1550, et les quelques tapisseries de cette période exposées ici en montrent les principales caractéristiques : les thèmes variés (histoire, mythologie, héraldique) sont traités avec des coloris éclatants et une grande élégance de trait. De nombreux personnages en costumes du 15e s., rivalisant de magnificence, se pressent dans des compositions très animées où plusieurs scènes se superposent comme dans la **Bataille de Roncevaux** ou la **Famine à Jérusalem**.

> La **tapisserie** de haute lisse de Tournai supplante celle d'Arras sa rivale et des autres ateliers flamands. Ses réalisations sont appréciées dans toute l'Europe. Elles se caractérisent par de vastes compositions sans bordure aux nombreux personnages et au dessin très stylisé.

Une large part est laissée à la tapisserie moderne avec le groupe « Force murale » des années 1940 (Louis Delfour, Edmond Dubrunfaut et Roger Somville), ainsi qu'à la tapisserie contemporaine où les jeux de texture évoquent souvent la sculpture. Le musée possède aussi un atelier où l'on peut voir des liciers au travail.

Musée du Folklore

De la Grand-Place, on y accède par le Réduit des Sions. Avr.-oct. : tlj sf mar. 10h-13h, 14h-17h30 ; nov.-mars : tlj sf mar. et dim. matin 10h-12h, 14h-17h. Fermé 1er-2 janv., Ven. saint, 1er, 2, 11 et 15 nov., 24, 25, 26 et 31 déc. 2,50€. ☎ 069 22 40 69.

Présentées dans la « Maison tournaisienne » (façades de 1673), caractéristique de l'architecture espagnole, les collections évoquent les arts et traditions populaires de la ville et du Tournaisis, ainsi que la vie quotidienne. Au rez-de-chaussée, on voit d'intéressantes reconstitutions : estaminet, atelier du « balotil » (avec sa machine à tricoter), et la salle des métiers dont les mannequins nous font revivre la multiplicité des métiers artisanaux d'autrefois. Au 1er étage, on remarquera la salle du carnaval et la pharmacie. Au 2e étage, la maquette de Tournai au 17e s. est la reproduction de celle exécutée pour Louis XIV.

Non loin se trouvent la **tour St-Georges**, élément de la première enceinte communale (11e-12e s.), et le **musée d'Armes**. *Avr.-oct. : tlj sf mar. 10h-13h, 14h-17h30 ; nov.-mars : tlj sf mar. et dim. matin 10h-12h, 14h-17h. Fermé 1er-2 janv., Ven. saint, 1er, 2, 11 et 15 nov., 24, 25, 26 et 31 déc. 2,50€. ☎ 069 22 20 45 (Office de tourisme).*

Musée d'Histoire et des Arts décoratifs

Avr.-oct. : tlj sf mar. 10h-13h, 14h-17h30 ; nov.-mars : tlj sf mar. et dim. matin 10h-12h, 14h-17h. Fermé 1er-2 janv., Ven. saint, 1er, 2, 11 et 15 nov., 24, 25, 26 et 31 déc. 2€. ☎ 069 33 23 53.

Il possède une importante collection de porcelaines provenant de la manufacture impériale et royale établie à Tournai au 18e s. Remarquer le service aux oiseaux d'après Buffon, commande du duc d'Orléans. Au 1er étage, une collection de monnaies de Tournai, et de remarquables pièces d'argenterie, dont une soupière et sa rarissime doublure en vermeil datant de 1787.

Musée d'Archéologie

Avr.-oct. : tlj sf mar. 10h-13h, 14h-17h30 ; nov.-mars : tlj sf mar. et dim. matin 10h-12h, 14h-17h. Fermé 1er-2 janv., Ven. saint, 1er, 2, 11 et 15 nov., 24, 25, 26 et 31 déc. 2€. ☎ 069 22 16 72.

Il occupe l'ancien Mont-de-Piété construit par Cobergher au 17e s. Au rez-de-chaussée, l'époque gallo-romaine est évoquée par des objets trouvés lors des fouilles : on y remarquera un riche ensemble de céramique, de verrerie, dont un biberon (4e s.), et un **sarcophage en plomb★** du 3e-4e s. découvert en 1989 dans une rue voisine du musée, ainsi qu'un **puits romain** creusé dans un tronc de chêne évidé. Au 1er étage, la section mérovingienne présente des objets trouvés autour de la tombe royale de Childéric découverte en 1653, dont le squelette d'un des chevaux sacrifiés lors des funérailles. Au 2e étage, préhistoire et protohistoire.

alentours

Château d'Antoing

6 km au Sud-Est par la N 507. De mi-mai à fin sept. : visite accompagnée (2h) dim. 15h, 16h. 3€. ☎ 069 44 17 29.

Quelques vestiges de l'enceinte du 12e s., le donjon du 15e s. et la façade Renaissance rappellent l'origine ancienne de ce château reconstruit au 19e s. dans le style néogothique. Une partie des communs fut prêtée aux Jésuites lorsqu'ils durent quitter la France ; Charles de Gaulle y fut leur élève en 1907-1908. La **chapelle** conserve une riche collection de pierres tombales sculptées, notamment celles des de Melun (début du 15e s.). Du haut du **donjon**, dont on visite les salles, on bénéficie d'une belle **vue** sur la région.

Mont-St-Aubert

6 km au Nord.

Cette butte s'élevant à 149 m d'altitude est devenue un centre de villégiature. Du cimetière près de l'église, on a un beau **panorama★** sur la plaine des Flandres. On distingue, au Sud derrière les arbres, Tournai et sa cathédrale, à l'horizon à l'Ouest, l'agglomération de Roubaix-Tourcoing.

Pierre Brunehault

10 km au Sud par la N 507 ; à la sortie de Hollain, tourner à droite.

Près de l'ancienne voie romaine ou « chaussée Brunehault », allant de Tournai à Bavay, la pierre Brunehault est un menhir de 4,50 m en forme de trapèze.

Leuze-en-Hainaut

13 km à l'Est par la N 7.

La vaste **collégiale St-Pierre** a été édifiée en 1745 à l'emplacement de l'ancienne église gothique détruite par un incendie. À la sobriété de sa façade s'oppose la majesté de son intérieur. On y admire en particulier de belles boiseries du 18e s. : les lambris de style Louis XV où s'incorporent les confessionnaux, et qui sont sculptés de motifs tous différents, la chaire sous laquelle est représenté un saint Pierre enchaîné et le buffet d'orgue.

Trois-Ponts

À proximité de Coo et de Stavelot, Trois-Ponts est un petit village pittoresque au confluent de la Salm et de l'Amblève. Centre d'activités sportives, le bourg est un excellent point de départ pour découvrir les richesses paysagères de la région.

La situation

2 315 habitants - Cartes Michelin nos 716 K 4 et 534 U 20 - Liège.

Les pieds dans l'eau, ce lieu de villégiature se trouve sur la N 68 allant de Stavelot à Vielsalm.

Pl. Communale 10, ☎ 080 68 40 45.

circuits

VALLÉE DE LA SALM

13 km au Sud par la N 68.

Cette vallée champêtre constituait autrefois une principauté sur laquelle régnaient les princes de Salm et qui dépendait du duché de Luxembourg. La Salm, sinueuse et rapide, dans une vallée encaissée, est longée par la route bordée de beaux arbres.

Grand-Halleux

À proximité se trouve le **domaine de Monti**.

En sortant de Grand-Halleux, prendre un chemin à gauche en suivant la signalisation.

Ce domaine présente dans un vaste cadre forestier la faune de l'Ardenne luxembourgeoise (cerfs, daims, chevreuils, sangliers) ainsi que des mouflons.

Suivre la N 68.

Vielsalm

Le 20 juillet, le sabbat des Macralles (sorcières) se déroule le soir dans un bois proche de la localité. Il est suivi, le lendemain, de la fête des Myrtilles.

Si vous n'êtes pas pressés, vous pouvez faire un crochet jusqu'à Reuland. Continuer sur la N 68. À Beho, prendre à gauche la N 827, puis la N 62.

Reuland

Ce village pittoresque est dominé par les ruines de son « Burg » du 11e s. Du donjon, **vue★** ravissante sur les maisons blanches aux lourdes toitures d'ardoise, groupées autour du clocher à bulbe. Reuland se trouve dans les limites du Parc naturel Hautes Fagnes-Eifel.

CIRCUIT DES PANORAMAS★

44 km. Une brochure détaillée est disponible auprès de l'Office de tourisme.

Cet itinéraire touristique balisé est formé de deux boucles et serpente à travers les collines, offrant des panoramas étendus, des vues tantôt sur l'Amblève, tantôt sur la Salm. Au Sud-Est, la « **boucle de Wanne** » *(23 km)* suit la Salm dans son cours inférieur. La route quitte la forêt aux abords de Henumont, avant de descendre puis remonter à Wanne parmi d'agréables paysages. On gagne ensuite Aisomont ; avant ce village a été aménagée à droite une piste de ski (Val de Wanne). Puis on descend sur Trois-Ponts.

À l'Ouest, par la « **boucle de Basse-Bodeux** » *(21 km)*, on s'élève entre les vallées de la Salm et du Baleur (direction Basse-Bodeux), puis on tourne à gauche vers Mont-de-Fosse. Après St-Jacques, Fosse et Reharmont, traverser la nationale pour gagner Haute-Bodeux. Un peu avant d'atteindre Basse-Bodeux, tourner à gauche. La route traverse une belle forêt près des deux bassins supérieurs de la centrale d'accumulation par pompage. On redescend sur Trois-Ponts en traversant le hameau de Brume.

Turnhout

Principale ville de la Campine anversoise, Turnhout a pour spécialité la fabrication des cartes à jouer. Elle appartient au Brabant du 12e au 18e s. et Charles Quint en fait une seigneurie qu'il offre à sa sœur Marie de Hongrie. Après le traité de Münster en 1648, Turnhout devient un fief tenu par les Orange-Nassau jusqu'en 1753. La bataille de Turnhout en octobre 1789 reste célèbre. Elle permet à la Révolution brabançonne de chasser provisoirement du pays les Autrichiens. À la fin de 1790, ceux-ci occupent de nouveau le pays.

La situation

38 518 habitants - Cartes Michelin n°s 716 H 2 et 533 O 15 - Anvers.
À un jet de pierre de la Hollande, Turnhout se situe au Nord-Est de la province d'Anvers. Accès par l'autoroute A 21/E 34 (sortie 24).
Grote Markt 44, ☎ 014 44 33 55 ; www.turnhout.be

se promener

Grote Markt (Grand-Place)

Au centre se dresse l'**église St-Pierre (St.-Pieterskerk)** des 15e et 18e s. Elle contient une intéressante chaire du 19e s., des stalles (1713) provenant de l'ancien prieuré de Corsendonk (à Oud-Turnhout, à l'Est de la ville), et des confessionnaux baroques de 1740.
L'**hôtel de ville** a été inauguré en 1961.

S'engager dans la Warandestraat, puis prendre immédiatement à droite la Begijnenstraat. La 1re rue à gauche mène au château des ducs de Brabant.

Kasteel « Hertogen van Brabant » (Ancien château des ducs de Brabant)

Datant du 13e au 17e s., cette solide construction en quadrilatère entourée d'eau était, au Moyen Âge, le pavillon de chasse des ducs de Brabant attirés par le gibier des forêts de la Campine. Marie de Hongrie, qui partageait son temps entre Turnhout et Binche, en fit une somptueuse résidence. Le château est occupé par le palais de justice.
À proximité a été édifié en 1972 le **centre culturel**, De Warande.

Poursuivre son chemin.

Begijnhof (Béguinage)

Fondé probablement au 13e s. et reconstruit aux 16e s. à la suite d'un incendie, c'est un charmant enclos dont les maisons s'ordonnent autour d'une place où se dresse l'église baroque.

TURNHOUT

Baron Fr. Du Fourstr. . . Y 2
Begijnenstr. . . . . Y 4
Beekstr. . . . . Z 3
Deken Adamsstr. . . . . . Z 5
Druivenstr. . . . . Z 6
Gasthuisstr. . . . . Z 7
Graatakker . . . . Z 8
Guldensporenlei . . . . . Y 9
Hannuitstr. . . . . Y 12
Hofpoort . . . . Z 13
Kasteelstr. . . . . Y 14
Koningin Elisabethlei . . . . Y 16
Korte Gasthuisstr. . . . . Z 17
Kwakkelstr. . . . . Z 18
Mermansstr. . . . . Z 19
Otterstr. . . . . Z 21
Oude Vaartstr. . . . . . . Y 22
Renier Sniedersstr. . . . . Z 23
Sint Antoniusstr. . . . . . Z 25
Spoorwegstr. . . . . Z 26
Veldstr. . . . . Z 28
Victoriestr. . . . . Z 29
Wezenstr. . . . . Y 31

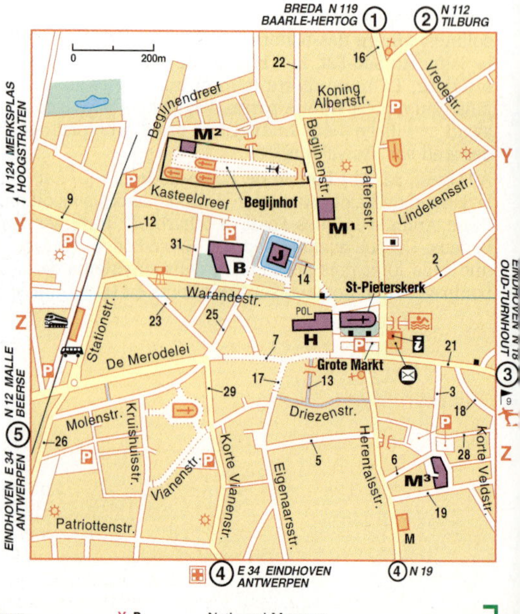

Cultuur- en ontmoetingscentrum . . . . Y B
Kasteel „Hertogen van Brabant" (Gerechtshof) . Y J
Museum . . . . Y M²
Nationaal Museum van de Speelkaart . . . . Z M³
Taxandriamuseum . . . . Y M¹

Dans la maison du nº 56, un petit **musée** est consacré à la vie dans le béguinage. ♿ *Tlj sf lun. 14h (dim. et j. fériés 11h)-17h. Fermé 1er-2 janv., 25-26 déc. 1,74 €. ☎ 014 43 63 35.*

Revenir à la Grand-Place. Prendre la Otterstraat, puis par ③ du plan.

Windmolen (Moulin à vent)

Ce joli moulin édifié en 1848 a été restauré. Il est dénommé « De Grote Bentel ».

visiter

Taxandriamuseum (Musée)

♿ *Tlj sf lun. 14h (dim. et j. fériés 11h)-17h. Fermé 1er-2 janv., 25-26 déc. 1,74 €. ☎ 014 43 63 35.*
Installé dans une très belle maison patricienne du 16e s., ce musée est consacré à l'archéologie, à l'histoire, à l'art et au folklore de la Campine, appelée dans l'Antiquité Toxandrie (Taxandria en néerlandais). Il renferme de riches collections (remarquer un Bacchus en bronze de l'époque romaine) et une reconstitution d'une cuisine campinoise.

Cartes à jouer.

Nationaal Museum van de Speelkaart, Turnhout

Nationaal Museum van de Speelkaart (Musée national de la Carte à jouer)

Réouverture prévue pour fin avr. 2003. ☎ 014 41 56 21.
Une ancienne usine de cartes à jouer abrite le musée consacré à cette industrie exercée à Turnhout depuis 1826. Outre d'anciennes machines ayant servi à fabriquer ou à imprimer les cartes, il présente une riche collection de jeux de cartes de tous pays.

alentours

Hoogstraten

18 km au Nord-Ouest par la N 124.
Une grande avenue plantée de tilleuls traverse cette localité dominée par la magnifique tour-porche de son **église Ste-Catherine** (St.-Catharinakerk), en brique, rayée de bandes de pierre blanche. Reconstruite après sa destruction en 1944, elle reste imposante avec ses 105 m de haut. L'église est l'œuvre de Rombaut Keldermans au 16e s. À l'intérieur, on voit en particulier, dans le chœur, de pittoresques stalles du 16e s. et le tombeau d'Antoine de Lalaing et de son épouse Élisabeth de Culembourg par Jean Mone. On admire également 14 vitraux du 16e s. et une série de tapisseries (16e s.). *De Pâques à la Toussaint : 9h-18h. ☎ 03 340 19 55 (Office de tourisme).*
Fondé probablement à la fin du 14e s., le **béguinage** fut reconstruit après avoir été incendié en 1506. C'est un très joli enclos récemment restauré avec ses maisons basses, simples, entourant une pelouse ombragée. L'église baroque du 17e s. est précédée d'un gracieux portail.

Baarle-Hertog (Baarle-Duc)

14 km au Nord par la N 119.
Baarle-Hertog est un village enclavé en territoire néerlandais. Au 12e s., le village de Baarle fut divisé en deux. Une partie revint au duc de Brabant (Baerle-Duc ou Baarle-Hertog), l'autre, rattachée à la seigneurie de Breda, fut nommée **Baarle-Nassau** lorsque Breda, au début du 15e s., devint le fief de la famille de Nassau. De nos jours, chacun possède sa mairie, son église, sa police, son école, son bureau de poste. La frontière établie en 1831 a scrupuleusement respecté les limites des communes. À l'exception de la Grand-Place où se tient le marché, qui est située aux Pays-Bas, le territoire des deux communes est très enchevêtré. Si l'on reconnaît l'église belge à son bulbe bien caractéristique, le pays auquel appartiennent les maisons n'apparaît que sur les plaques portant leur numéro : les couleurs nationales y figurent.

Verviers

Située sur les rives de la Vesdre, Verviers est une ville industrielle jadis spécialisée dans l'industrie textile et le commerce de la laine. Après des années de déclin économique, la cité prend petit à petit un nouvel élan. Reconnue comme ville en 1651 seulement, elle renferme peu de monuments anciens. Au Sud, la ville haute forme un beau quartier aux maisons cossues dispersées dans la verdure. Verviers est la ville natale du violoniste Henri Vieuxtemps (1820-1881) et de Henri Pirenne (1862-1935), auteur d'une « Histoire de la Belgique ».

La situation

53 065 habitants – Cartes Michelin nos 716 K 4 et 533 U 19 – Plan d'agglomération dans Le Guide Rouge Benelux – Liège.
À proximité des Fagnes, on atteint Verviers par l'A 27/E 42 (sortie 4).
R. de la Chapelle 24, ☎ 087 30 79 26.

carnet pratique

Restauration

• Valeur sûre

Chez Paul – *Pl. Albert Ier 5 – ☎ 087 23 22 21 – fermé 1 sem. en fév., de mi-juil. à fin juil., mer. et jeu. soir – 26/47€.* Cette belle demeure néoclassique entourée d'un parc paisible est un ancien cercle littéraire ayant tourné la page pour devenir restaurant ! Pimpante salle à manger au décor « classico-actuel » assez léché ; chambres d'un luxe discret et terrasse d'été.

Hébergement

• À bon compte

des Ardennes – *Pl. de la Victoire 15 – ☎ 087 22 39 25 – 10 ch. : 29/55€ – ☕ 5€.* Hôtel de confort simple, mais bien commode pour les utilisateurs du rail, car situé à un jet de vapeur de la gare. Chambres fonctionnelles distribuées sur trois étages et café au rez-de-chaussée. On petit-déjeune sous le regard des trophées de chasse.

Spécialités

N'oubliez pas de goûter la succulente **tarte au riz**, le **gâteau de Verviers**, sorte de cramique brioché et le **leftgot**, un boudin de foie aux raisins !

VERVIERS

Brou (R. du) . . . . . C 4
Carmes (R. des) . . . . . D 6
Chêne (Pont du) . . . . . C 8
Coronmeuse (R.) . . . . . D 10
Crapaurue . . . . . D
Grandjean (R.) . . . . . C 18
Harmonie (Av. de l') . . . . . C 22
Lions (Pont aux) . . . . . D 25
Maçons (Quais des) . . . . . D 27
Martyr (Pl. du) . . . . . C 28
Namur (R. de) . . . . . C 29
Ortmans-Hauzeur (R.) . . . . . D 30
Palais de Justice (Pl. du) . . . . . D 31
Paroisse (R. de la) . . . . . D 33
Raines (R. des) . . . . . D 34
Récollets (Pont des) . . . . . C 36
Saint-Laurent (Pont) . . . . . C 37
Sommeleville (Pl.) . . . . . D 39
Sommeleville (Pont) . . . . . D 40
Spintay (R.) C
Théâtre (R. du) . . . . . C 42
Thier-Mère-Dieu (R.) . . . . . D 43
Tribunal (R. du) . . . . . D 45
Verte (Pl.) C

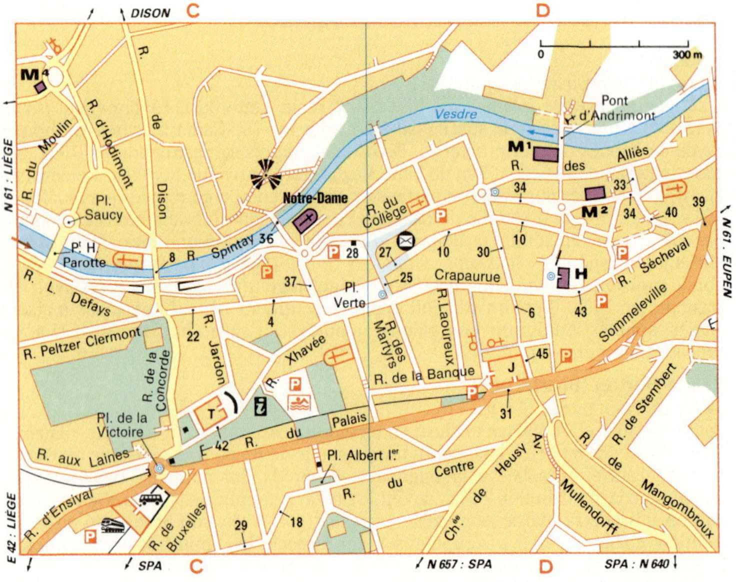

Centre touristique de la Laine et de la Mode . . . . . C M4
Hôtel de Ville . . . . . D H
Musée d'Archéologie et du Folklore . . . . . D M2
Musée des Beaux-Arts et de la Céramique . D M1

visiter

Hôtel de ville

18e s. Situé sur une butte, cet élégant édifice aux nombreuses fenêtres rehaussées est précédé d'un **perron**.

Musée des Beaux-Arts et de la Céramique*

Lun., mer. et sam. 14h-17h, dim. 15h-18h. Fermé 1er janv. 1,75€. ☏ 087 33 16 95.
Installé dans un ancien hospice des vieillards du 17e s., il abrite de riches collections de porcelaines, faïence belge et étrangère, grès anciens de Raeren, des peintures et sculptures du 14e s. à nos jours, notamment un *Paysage avec St-Christophe*, aux tons bleuâtres et un très joli panneau attribué à Pietro Lorenzetti. Des gravures liégeoises du 16e s. à nos jours sont classées dans un meuble à tiroirs. À l'étage, collection d'œuvres modernes (Tytgat, Magritte).

Musée d'Archéologie et du Folklore

Tlj sf lun. et ven. 14h-17h, sam. 9h-12h, dim. 10h-13h. Fermé 1er janv. 1,75€. ☏ 087 33 16 95.
Situé dans un hôtel particulier du 18e s., aux meubles de styles variés (Louis XIII et Charles X), il renferme un ensemble hollandais (Grand Salon) et des souvenirs du violoniste Henri Vieuxtemps ; au 1er étage, un salon Louis XV liégeois ; au 2e étage, des objets provenant des fouilles de la région. Une intéressante section de **dentelles*** est présentée par tiroirs et des agrandissements photographiques permettent d'apprécier la finesse du travail.

Église Notre-Dame

Reconstruite au 19e s., elle est depuis le 17e s. le siège d'un pèlerinage à la Vierge noire des Récollets, dont la statue, lors d'un tremblement de terre (1692), se retrouva dans une attitude étrangement modifiée.

Centre touristique de la Laine et de la Mode

♿ *Avr.-oct. : 10h-18h ; nov.-mars : tlj sf lun. 10h-17h. Fermé 1er janv., 25 déc. 5€. ☏ 087 35 57 03.*
Construite au début du 19e s., l'ancienne manufacture Dethier, joliment restaurée, abrite un musée dynamique évoquant le passé prestigieux de Verviers comme métropole de la laine. Le centre permet au visiteur de suivre à l'aide d'un audioguide le processus de fabrication du drap de laine. Le 2e étage accueille des métiers, machines, outils, gravures et présentations audiovisuelles illustrant le travail de la laine, du fil et du tissu. Le 1er étage présente l'histoire de la mode, de l'Antiquité à nos jours (extraits de films, mannequins, planches de BD).

A. Kouprianoff/MICHELIN
Maison fleurie à Limbourg.

alentours

Limbourg*

7,5 km au Nord-Est par la N 61.
Perchée sur un rocher au-dessus de Dolhain qui s'étale dans la vallée de la Vesdre, Limbourg fut la capitale d'un duché jusqu'au 13e s. : après la bataille de **Worringen**, en 1288, le Limbourg est rattaché au Brabant dont il partage le destin jusqu'à la fin du 18e s. Importante place forte, Limbourg fut maintes fois assiégé, notamment par Louis XIV.
Ses remparts, sa vieille église St-Georges, de style gothique, ses ruelles tranquilles et sa place centrale pavée et plantée de tilleuls forment un ensemble très pittoresque.

Ch. Bastin et J. Evrard/MICHELIN

Barrage de la Gileppe.

Barrage de la Gileppe★★

13 km à l'Est par la N 61, puis la N 620.

Il a été édifié sur cet affluent de la Vesdre, de 1869 à 1876, et surélevé de 1967 à 1971. Haut de 67 m, long de 320 m sur une base rocheuse de 235 m, il a vu sa capacité doubler et s'élever à 26 millions de m^3. Il alimente la région en eau potable et industrielle.

Du belvédère, **vue★★** splendide sur ce vallon boisé, le lion qui domine la crête du barrage et la retenue *(activités sportives interdites sur le lac et ses rives).*

De Verviers à Val-Dieu

15 km au Nord. Sortir par l'E 42. À Battice, prendre la N 627, puis à droite vers Charneux. À Charneux, se diriger vers Thimister et tourner à gauche 1 km après un petit pont.

Croix de Charneux – Cette grande croix en béton a été édifiée sur une colline de 269 m d'où la vue sur la région est belle. À côté subsiste la coupole d'un poste d'observation (1932-1935) du fort de Battice qui défendait Liège.

En continuant vers le Nord, gagner le Val-Dieu.

Abbaye du Val-Dieu – Située dans la charmante vallée de la Berwinne, cette abbaye, fondée vers 1216, est occupée par des cisterciens depuis 1844. La vaste cour de la ferme abbatiale précède l'ancien quartier des hôtes de 1732, à gauche duquel s'étendent les bâtiments abbatiaux et l'église. Reconstruite en 1934, celle-ci conserve un chœur gothique. À l'intérieur, belles stalles Renaissance.

De Verviers à Deigné

11 km au Sud-Ouest. Quitter Verviers par la N 61. À Pepinster, prendre la N 666.

Tancrémont – Une chapelle, lieu de pèlerinage, abrite une belle **statue★** du Christ en bois, fort vénérée. Découverte dans la terre vers 1830, cette effigie couronnée, vêtue d'une robe à manches traduisant une influence orientale, remonterait au 12e s.

Banneux-Notre-Dame – C'est un lieu international de pèlerinage à la Vierge des Pauvres depuis les huit apparitions faites à Mariette Beco, âgée de 11 ans, pendant l'hiver de 1933. La source miraculeuse, les chemins de croix, les chapelles sont dispersés dans la forêt de pins avoisinante.

Deigné – À Deigné a été aménagé le **parc safari du Monde Sauvage**. La partie de ce parc où hippopotames, zèbres, chameaux, girafes, buffles, rhinocéros et gazelles vivent en liberté se visite en voiture ou en petit train *(toutes les heures à côté de la ferme)*. La section composée d'enclos et d'îlots se parcourt à pied. Le parc comprend en outre un bassin avec des otaries, une ferme pour enfants avec une plaine de jeux, une volière exotique et une salle de projection pour films en trois dimensions.
♿ *De mi-mars à mi-nov. : 10h-18h. 10,50€. ☎ 04 360 90 70 ; www.mondesauvage.be*

Veurne★

Furnes

Petite ville charmante, Furnes groupe ses monuments autour d'une magnifique Grand-Place où le luxe de la décoration flamande est tempéré par une dignité un peu solennelle et tout espagnole. C'est, en effet, pendant le règne des archiducs Albert et Isabelle, période de prospérité, que sont construits la plupart des monuments. La cité était le quartier général de l'armée belge en 1914, lors de la bataille de l'Yser. Chaque année, en juillet, se déroule la célèbre procession des Pénitents★★, impressionnante manifestation de ferveur religieuse.

La situation

11 764 habitants – Cartes Michelin n°s 716 B 2 et 533 B 16 – Flandre Occidentale.
Près de la côte belge, aux confins de la France, Furnes se niche dans la plaine flamande. On y arrive en empruntant l'A 18/E 40 (depuis Bruges ou la frontière française) ou par la N 8 (au départ de Coxyde ou d'Ypres).
Grote Markt 29, ☎ 058 33 05 31 ; www.veurne.be

carnet pratique

RESTAURATION

• ***À bon compte***

Olijfboom – *Noordstraat 3 – ☎ 058 31 70 77 – fermé 3 sem. en sept., 3 sem. en janv., dim., lun. – 21/42€.* Cet « Olivier » donne de bien beaux fruits ; jugez-en vous-mêmes : avenante salle à manger garnie d'œuvres d'art contemporain, carte flirtant avec les saveurs du moment, cave intéressante et additions sans sel, pour ne pas gâter la bonne ambiance.

• ***Valeur sûre***

Driekoningen – *Wulveringemstraat 40 – ☎ 058 29 90 12 – info@driekoningen.be – fermé de déb. mars à mi-mars, 1 sem. en juin, de mi-sept. à déb. oct., de mi-janv. à déb. fév., lun. soir et mar. midi d'oct. à mars, mar. soir et mer. – 25€ déj. – 30/45€.* Auberge vénérable (17e s.) blottie au sein d'un ravissant village de l'arrière-pays de Furnes. Le gîte y est très correct, de même que le couvert et l'éventail de plats classiques. En saison, clientèle majoritairement touristique.

HÉBERGEMENT

• ***À bon compte***

de Loft – *Oude Vestingstraat 36 – ☎ 058 31 59 49 – deloft@pi.be – 8 ch. : 52/62€ ☕.* Un « loft-hotel » créé à partir d'une forge se cache dans cette rue proche du centre, mais épargnée par les hordes de touristes. Chambres fonctionnelles et claires.
Pour les petites fringales, « tea-room » et restauration sous forme de snacks.

• ***Valeur sûre***

Landgoed de Kastanjeboom
Chambre d'hôte – *Lekestraat 10 – 8433 Schore – ☎ 051 55 59 17 – de.kastanjeboom@belgacom.net – ⊭ – 3 ch. : 80€ ☕ – repas 35€.* Dans les polders, ferme restaurée proposant le gîte et le couvert. Chambres douillettes, cour intérieure aussi mignonne que reposante, salle de breakfast ouverte sur les champs et table d'hôte gentiment « potagère », dressée dans le jardin les soirs d'été.

CALENDRIER

Chaque année ont lieu, le lundi de Pentecôte, un **grand marché aux fleurs** et, en août, la **fête « Anno 1900 »** avec des représentations en costumes anciens et des démonstrations d'artisanats d'antan. Le dernier dimanche de juillet, la confrérie de la Sodalité, fondée en 1637, organise dans la ville la **procession des Pénitents**, un défilé de chars où des groupes représentent la vie et la mort du Christ, suivi d'un cortège de pénitents, vêtus d'une sombre robe de bure, coiffés d'une cagoule, allant pieds nus et portant une lourde croix. La confrérie de la Sodalité participe également à un chemin de croix dans les rues tous les vendredis soir pendant le carême, tous les soirs pendant la Semaine sainte et le Jeudi saint à minuit.

se promener

GROTE MARKT★★ (GRAND-PLACE) *2h*

Très vaste, la Grand-Place de Furnes s'entoure de beaux monuments et de maisons anciennes, surmontées d'imposants pignons, frontons et corniches, et datant pour la plupart du début du 17e s.

Stadhuis

Fermé pour cause de restauration. ☎ 058 33 05 31.
Construit en 1596 (partie gauche) et 1612 (partie droite), dans le style Renaissance flamande, avec une façade à deux frontons précédée d'une élégante loggia, l'hôtel de ville possède à l'arrière-plan une tourelle d'escalier se terminant par un petit bulbe.

À l'**intérieur**, on voit des murs tendus de magnifiques **cuirs★** de Cordoue (salle de réception) ou de Malines (salle du conseil et des mariages). La salle du collège est garnie de velours bleu d'Utrecht. Des meubles du 18e s., des tableaux parmi lesquels une nature morte attribuée à Paul De Vos sont aussi à signaler. On visite également, en général, la salle d'audience de l'ancien palais de justice qui communique avec l'hôtel de ville.

Basis van een toren. . . E
Belfort . . . . A
Vijf huizen. . . . . F
Monument . . . . B
Stadhuis. . . . . H

Landhuis

Jadis châtellenie (1618), l'ancien palais de justice est inspiré de l'hôtel de ville d'Anvers. Derrière le bâtiment se dresse le **beffroi** (1628) **(A)**, gothique mais surmonté d'un couronnement baroque.

Au Nord de la Grand-Place, se dressent un ensemble de **cinq maisons (F)** à beaux pignons agrémentés de lourdes fenêtres à pilastres.

Spaans Paviljoen

À l'angle de la Grand-Place et de la rue de l'Est (Ooststraat), le pavillon espagnol, élevé au 15e s., servit d'hôtel de ville jusqu'en 1586. C'était le quartier général des officiers espagnols au 17e s.

Oud Vleeshuis

Cette halle aux viandes, édifiée en 1615, présente une jolie façade. Restaurée, l'ancienne boucherie est occupée par la bibliothèque municipale.

Hoge Wacht (Grand'Garde)

Au fond de la Grand-Place, au Sud, une maison à arcades construite en 1636 abritait l'ancien corps de garde.

Pour gagner l'église Ste-Walburge, prendre une ruelle à droite de l'ancien palais de justice.

St.-Walburgakerk (Église Ste-Walburge)

Avr.-oct. : 8h-18h. ☎ 058 33 05 31.

La première église, détruite par les Normands, fut reconstruite au 12e s., dans le style roman. Un nouvel édifice, entrepris au 13e s. sur des plans ambitieux, ne fut jamais terminé. Seuls furent réalisés le chœur, particulièrement impressionnant avec ses 27 m de haut et ses multiples arcs-boutants, et, au 14e s., la base d'une tour **(E)**, située dans le square voisin. La partie romane de l'église a été refaite au 20e s.

À l'intérieur, les proportions sont harmonieuses et imposantes. On remarque les stalles Renaissance flamande (1596), une chaire de H. Pulinx (1727) représentant la vision de saint Jean à Patmos, des orgues et un jubé du 18e s. ; peintures flamandes du 17e s.

Dans le square à l'Ouest de l'église se trouvait le château fort construit par le comte Baudouin Bras-de-Fer.

Prendre à droite la Pannestraat, puis emprunter la Noordstraat.

Noordstraat

Dans l'ancienne auberge de la Noble Rose, Die Nobele Rose (1572), transformée en banque, logea en 1906 l'écrivain autrichien Rainer Maria Rilke. En face, un petit monument **(B)** a été érigé à la mémoire de l'éclusier de Nieuport qui provoqua des inondations en 1914.

Revenir à la Grand-Place que l'on traverse, puis prendre à gauche l'Appelmarkt.

St.-Niklaaskerk

8h-18h. ☎ 058 33 05 31 (Office de tourisme).

L'église St-Nicolas est dominée par une belle **tour** massive en brique, du 13e s., gardienne d'une des plus anciennes cloches flamandes, la Bomtje (1379). L'intérieur est du type halle, avec trois vaisseaux d'égale hauteur. Sur le maître-autel, un intéressant triptyque (1534), attribué par certains à Van Aemstel, beau-frère de Pieter Coecke, par d'autres à Van Orley, représente la Crucifixion.

Bakkerijmuseum (Musée de la Boulangerie)

Albert I-laan 2, près de l'autoroute E 40-A 18, sortie Veurne. Avr.-sept. : lun.-jeu. et ven. (juil.-août) 10h-12h, 14h-18h, w.-end et j. fériés 14h-18h ; oct.-mars : tlj sf ven. et sam. 14h-17h. Fermé 1er janv., 25 déc. 3€. ☎ 058 31 38 97.

Le jardin didactique de la Zuidgasthoeve (17e s.) présente plusieurs variétés de céréales servant à la fabrication du pain, ainsi qu'un petit moulin à pivot. Une petite boulangerie et une confiserie ont été reconstituées dans le corps d'habitation. La section consacrée au « pain dans l'art » réunit des figurines en chocolat, massepain et pain d'épice. Dans les autres pièces sont exposés des ustensiles utilisés pour la cuisson du pain et du spéculoos, et la préparation de la crème glacée et des gaufres. La cafétéria et la section dédiée aux pains du monde entier sont installées dans l'ancienne étable. Un 3e bâtiment abrite des charrettes à pain des 19e et 20e s.

Lo

15 km au Sud-Est par la N 8, puis la N 364.

Cette petite ville a gardé de ses remparts du 14e s. une porte flanquée de tourelles. Sa belle **église** du 14e s., de type halle, surmontée d'une flèche à crochets, a été en partie reconstruite en 1924. Elle abrite un intéressant mobilier des 17e et 18e s.

De Veurne à Izenberge

12 km au Sud par la N 8.

Wulveringem

Le **château Beauvoorde** a été construit aux 16e s. et 17e s. C'est un charmant édifice à pignons à redans, entouré d'eau et dissimulé derrière les grands arbres d'un parc. À la fin du 19e s., le dernier propriétaire du château, Arthur Merghelynck, fait restaurer le bâtiment en profondeur. L'intérieur renferme de riches collections de meubles anciens et d'objets d'art. Ornée de cuirs dorés, la salle des Chevaliers présente de belles boiseries du 17e s. provenant d'une église d'Oudenburg. *Juil.-août : visite accompagnée (1h) tlj sf lun. et ven. 15h, dim. 14h30, 16h ; juin et sept. : mar. et jeu. 15h, dim. 14h30, 16h. 3€. ☎ 058 29 92 29.*

Izenberge

Le **musée de plein air Bachten de Kupe** comprend plusieurs bâtiments reconstitués (magasins, ferme, auberge faisant également office de maison communale) illustrant la vie d'antan dans la région. *De mi-nov. à fin mars : tlj sf w.-end 10h30-17h ; de déb. avr. à mi-nov. : w.-end et j. fériés 14h-18h. Fermé Noël et Nouvel An. 3,50€. ☎ 058 29 80 90.*

Au centre du bourg, une église gothique, dont l'intérieur s'agrémente de boiseries anciennes et une petite chapelle de pèlerinage du 17e s.

Villers-la-Ville★★

Au cœur d'une région vallonnée et verdoyante, la petite ville paisible de Villers est surtout connue pour son abbaye cistercienne dont les admirables ruines sont les plus importantes de Belgique. En été, le site abbatial accueille des représentations théâtrales et des concerts.

La situation

9 116 habitants – Cartes Michelin nos 716 G 4 et 533 M 19 – Brabant Wallon.
Situé sur la Thyle, Villers se trouve à mi-chemin entre Bruxelles et Charleroi. Accès par la N 25, puis la N 275.
Porte de Namur, r. de l'Abbaye 53, ☎ 071 87 98 98.

carnet pratique

Restauration

• À bon compte

L'Auberge du Moulin – *R. de l'Abbaye 55 – ☎ 071 87 70 57 – auberge@cigalon.be – fermé mar. – 16/35€.* Jadis moulin à eau, cette taverne-restaurant postée en face de l'abbaye tombera à point nommé pour combler les appétits creusés par la visite des vestiges du monastère cistercien. Vaste salle à manger rustique. Choix de préparations traditionnelles.

le Cigalon – *Av. Arsène Tournay 40 – ☎ 071 87 85 54 – cigalon@cigalon.be – fermé lun. – 17€ déj. – 22/38€.* Non loin des remarquables ruines monastiques, restaurant au décor intérieur d'esprit provençal. Carte bourgeoise accompagnée d'une bonne sélection de vins des régions de France et de Suisse. Belle terrasse estivale ombragée.

visiter

Ruines de l'abbaye★★

Avr.-oct. : 10h-18h ; nov.-mars : tlj sf mar. 10h-17h. Fermé 1er janv., 24, 25 et 31 déc. 3,80€. ☎ 071 88 09 80.
Dès 1147, saint Bernard avait posé les fondations de l'abbaye. Mais c'est seulement de 1198 à 1209 que furent construits église et cloître. Le couvent, ravagé au 16e s. par les Espagnols et les Gueux, s'entoura d'une enceinte fortifiée en 1587. En 1789, les Autrichiens mirent à sac les bâtiments qu'occupèrent les Français en 1795.
Face à l'entrée des ruines se trouve l'ancien **moulin** à eau du 13e s. transformé en restaurant.
Suivre le circuit fléché.
Cour d'honneur – Elle est bordée de bâtiments du 18e s., en ruine : à droite, le palais abbatial.
Cloître – Immense, remanié au 14e s. puis au 16e s., il est d'une élégance robuste avec ses arcades surmontées d'un oculus.
Les bâtiments qui l'entourent sont disposés suivant la formule presque immuable des maisons cisterciennes : à l'Est, la **salle capitulaire** refaite au 18e s., non loin de

Ruines de l'abbaye de Villers-la-Ville.

Ch. Bastin – J. Evrard/MICHELIN

laquelle se voit le gisant de Gobert d'Aspremont (13e s.) ; au-dessus, les dortoirs également refaits au 18e s. ; au Sud, le chauffoir, le réfectoire, perpendiculaire au cloître, et la cuisine ; à l'Ouest, les celliers au-dessus desquels se trouvent les dortoirs des convers dont le nombre s'élevait à 300 au 13e s.

Église – Du début du 13e s., elle s'est effondrée en 1884. Elle est d'une sobriété à la fois robuste et émouvante, tout à fait cistercienne. L'abside et le transept étaient éclairés par des oculi de l'école d'Île-de-France, d'un effet original.
Sortant de l'église par la façade, on visite la **brasserie** (13e s.), puis on contourne le chevet pour traverser le **quartier abbatial** des 17e et 18e s.

Église de la Visitation

Visite accompagnée et sur demande préalable auprès de l'Animation Chrétienne et Tourisme, r. du Sart 20, 1495 Villers-la-Ville, ☎ 071 87 72 85.
Elle abrite en particulier deux beaux **retables** brabançons des 15e et 16e s. ; une chaire du 17e s. ; un Christ au tombeau de 1607 ; des portraits des abbés de Villers ; le monument funéraire des seigneurs de Marbais (17e s.). Les onze vitraux modernes sont signés F. Crickx et G. Massinon.

Virton

Tout au Sud de la Belgique, aux confins de la Lorraine française, Virton est une localité pittoresque, capitale du pays de Gaume, région accidentée dont le climat est plus doux que dans le massif ardennais voisin. Contrairement aux zones situées à l'Est, on parle en Gaume un dialecte roman.

La situation

11 038 habitants – Cartes Michelin nos 716 J 7 et 534 S 25 – Luxembourg.
Près de la France, la petite ville sympathique de Virton se niche dans un joli paysage vallonné. Elle est accessible depuis Montmédy par la D 981 et la N 871 ou par l'autoroute A 4/E 25 qui va de Namur à Arlon. Prendre la sortie 29, puis la N 87.
i *Pavillon, r. des Grasses Oies 2b, ☎ 063 57 89 04.*

visiter

Musée gaumais

R. d'Arlon. Avr.-nov. et vac. scol. en hiver et au printemps : tlj sf mar. (juin-août) 9h30-12h, 14h-18h. 3€. ☎ 063 57 03 15.
Installé dans l'ancien couvent des Récollets qui possède un jaquemart, ce musée régional est consacré à l'archéologie et à l'ethnographie locales. On peut y voir des reconstitutions d'intérieurs (cuisine gaumaise) et d'ateliers d'artisans. Parmi les collections d'art populaire industriel, on remarquera celle des pièces de fonte ornementales (taques, chenets), rappelant que la Gaume était jadis connue pour ses forges.

alentours

Montauban

10 km au Nord. Prendre la N 82 en direction d'Arlon, puis, dans Ethe, une route à gauche vers Buzenol.
Au Sud de Buzenol, près d'anciennes forges installées au bord du ruisseau, ce promontoire boisé de 340 m d'altitude a été occupé pendant les époques préhistorique et romaine et au Moyen Âge. On y voit les vestiges des différentes fortifications. Le petit **musée des Sculptures romaines** renferme de nombreux bas-reliefs gallo-romains découverts sur le site. Le plus célèbre représente la partie avant du « vallus », moissonneuse celtique décrite par Pline l'Ancien. Sa reconstitution a pu être effectuée d'après un bas-relief du Musée luxembourgeois d'Arlon où figure le conducteur d'un « vallus ».

De Virton à Torgny

9 km au Sud par la route de Montmédy. Tourner à droite à Dampicourt.
Montquintin – Le village est perché sur une crête à plus de 300 m d'altitude. Près de l'église, une ferme de 1765 abrite le **musée de la Vie paysanne**. Ce témoin de l'architecture rurale traditionnelle évoque la vie d'antan en Gaume. Outre l'habitation, on visite la grange et l'étable surmontée du fenil abritant des véhicules ruraux et des instruments agricoles. *Juil.-août : 14h-18h ; mars-oct. sur demande. 1,50€. ☎ 063 57 03 15.*
Rejoindre la route de Montmédy puis prendre à gauche vers Torgny.
Torgny – C'est la localité la plus méridionale de Belgique.
Très fleuries, ses maisons en pierre un peu dorée, parfois crépies, au toit de tuiles romaines, s'alignent sur le versant bien exposé d'une vallée dont le climat, particulièrement doux, permet la culture de la vigne.

Waterloo★

« Waterloo ! Waterloo ! Waterloo ! morne plaine ! ... » Comme a si bien su l'exprimer Victor Hugo dans ses « Châtiments », c'est le 18 juin 1815 que les Alliés anglo-hollandais, commandés par le duc de Wellington, et les Prussiens, dirigés par le feld-maréchal Blücher, surnommé le maréchal « En-Avant », mirent un terme à l'épopée napoléonienne.

La situation

28 958 habitants - Cartes Michelin nos 716 G 3 et 533 L 18 - Brabant Wallon.
Au Sud de Bruxelles, les monuments et le champ de bataille se trouvent sur le territoire de Waterloo, Braine-l'Alleud et Genappe. Accès depuis Bruxelles par la N 5.
Chaussée de Bruxelles 149, ☎ 02 354 99 10.

comprendre

La bataille

Menacée d'encerclement par le traité de Vienne du 25 mars, la France voyait le danger se préciser, surtout au Nord où deux armées alliées étaient déjà présentes. **Napoléon**, à marches forcées, s'avance à leur rencontre et conçoit le plan audacieux de les écraser séparément. Le 14 juin, il s'arrête à Beaumont. Le 16, l'Empereur remporte sa dernière victoire sur Blücher, à **Ligny** *(au Nord-Est de Charleroi)*. Le maréchal Ney s'est battu sans succès contre les Anglais aux Quatre-Bras. Le 17, Napoléon part à la rencontre de Wellington, arrive dans la plaine du mont St-Jean et, la nuit tombée, occupe la **ferme du Caillou**. Wellington a installé son quartier général au village de **Waterloo**. Le 18 juin, le mauvais temps ayant retardé l'arrivée de certaines troupes françaises, le combat ne s'engage que vers midi.
Tandis que près du relais de la **Belle Alliance** sont installés l'artillerie française et le poste d'observation de Napoléon, la ferme au Goumont dite **Hougoumont** est le lieu d'une rencontre meurtrière entre les Anglais et les Français, qui durera jusqu'à la nuit. Puis c'est le tour de la **ferme de la Haie-Sainte**, remportée par les Français après des combats acharnés, et de la **ferme de la Papelotte**. Enfin, vers 16 h, sous un soleil de plomb, les Français s'engagent dans le fameux **« chemin creux »** où se brisent les furieuses charges de cavalerie conduites par Ney et Kellerman. Napoléon attend le renfort de 30 000 hommes de Grouchy, devant arriver de Wavre à l'Est. Mais Blücher, ayant regroupé ses troupes et échappant à Grouchy, tourne la droite française pour opérer sa jonction avec l'armée anglaise : les premières troupes prussiennes s'emparent alors de **Plancenoit**. Napoléon, cerné, envoie la Vieille

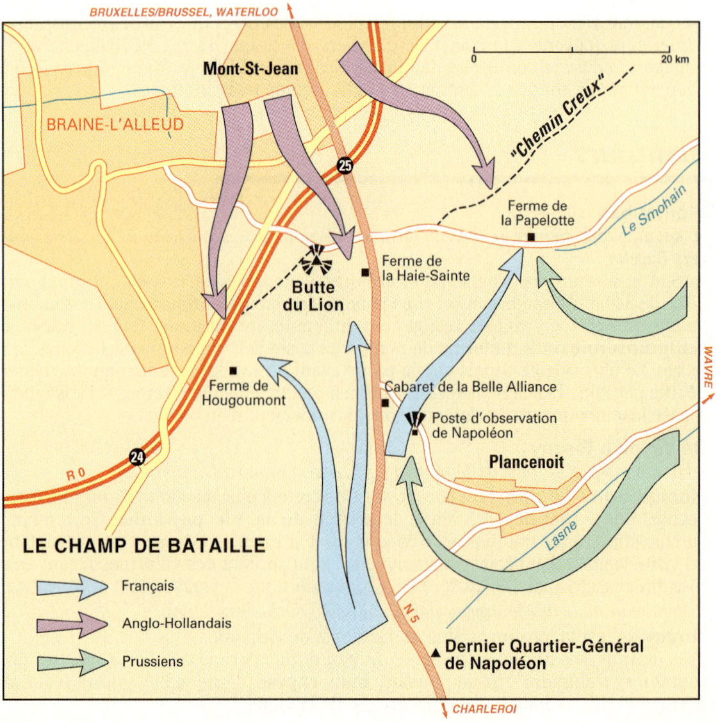

Ch. Bastin et J. Evrard/MICHELIN

La butte du Lion.

Garde à la rencontre des troupes anglaises. Au passage du chemin creux, c'est le massacre. À la nuit tombante, dans un champ de bataille jonché de 49 000 morts et blessés, s'effectue la retraite des troupes françaises, en déroute malgré les efforts héroïques de Ney. Dans la nuit, Napoléon disparaît vers Genappe et Wellington rencontre Blücher à la Belle Alliance.

visiter

LE CHAMP DE BATAILLE

En 1861, Victor Hugo séjourna à l'hôtel des Colonnes à Mont-St-Jean, aujourd'hui disparu, pour écrire le chapitre des *Misérables* concernant la bataille, déjà évoquée par Stendhal dans les premières pages de *La Chartreuse de Parme* (1839).
Le paysage du champ de bataille a subi de nombreuses transformations depuis 1815 (une autoroute et une nationale le traversent), il est constellé de bâtiments historiques et de monuments commémoratifs. Tous les cinq ans a lieu une reconstitution à laquelle participent plus de 2 000 figurants.

Centre du Visiteur

♿ *Avr.-oct. : 9h30-18h30 (oct. 17h30) ; nov.-fév. : 10h30-16h ; mars : 10h-17h. Fermé 1er janv., 25 déc. 4,96€. ☎ 02 385 19 12.*
Installé au pied de la butte du Lion, ce centre offre au public un programme audiovisuel plongeant le spectateur au cœur des événements du 18 juin 1815. Une maquette situe les lieux stratégiques de la bataille et en évoque les phases majeures. La seconde partie consiste en un film d'agrément qui fait revivre la célèbre bataille.

Butte du Lion

Avr.-oct. : 9h30-18h30 (oct. 17h30) ; nov.-fév. : 10h30-16h ; mars : 10h-17h. Fermé 1er janv., 25 déc. 0,99€. ☎ 02 385 19 12.
Haute de 45 m, elle a été élevée en 1826 par le royaume des Pays-Bas, à l'endroit présumé où le prince d'Orange fut blessé en combattant la Vieille Garde. La butte est surmontée d'un lion en fonte pesant 28 t. Une légende erronée veut que celui-ci ait été coulé avec les canons ramassés sur le champ de bataille.
Du sommet, on a une bonne **vue** d'ensemble du site. Au pied, au Sud, le fameux chemin creux a été fortement nivelé, la terre environnante ayant servi à constituer la butte.

Panorama de la Bataille

Avr.-oct. : 9h30-18h30 (oct. 17h30) ; nov.-fév. : 10h30-16h ; mars : 10h-17h. Fermé 1er janv., 25 déc. 2,73€. ☎ 02 385 19 12.
Au pied de la butte, cet édifice circulaire construit en 1912 abrite une toile de 110 m de circonférence et 12 m de hauteur réalisée par Louis Dumoulin, peintre français, en collaboration avec cinq autres artistes. Elle représente quelques épisodes saisissants de la bataille au moment où Ney engage la cavalerie dans le chemin creux. Au rez-de-chaussée, une salle d'exposition permanente complète la visite par la présentation de divers costumes, armes et autres documents.

Musée de Personnages de Cire

♿ *Avr.-sept. : 9h30-19h ; oct. : 10h-18h ; nov.-mars : w.-end et j. fériés 10h-17h. 1,75€. ☎ 02 384 67 40.*
Presque en face du Panorama, c'est un petit musée un peu vieillot où quelques personnages en cire évoquent le dernier conseil tenu par Napoléon et son état-major dans la ferme du Caillou ; on peut également y voir les trois commandants des forces alliées : le prince d'Orange, Wellington et Blücher.

Prendre la N 5 en direction de Charleroi pour atteindre le Dernier Quartier-Général de Napoléon à 4 km.

Dernier Quartier-Général de Napoléon

♿ *Avr.-oct. : 10h-18h30 ; nov.-mars : 13h-17h. Fermé 1er janv., 25 déc. 2€. ☎ 02 384 24 24.*
Située tout au Sud du champ de bataille, l'ancienne ferme du Caillou fut le quartier général de Napoléon à la veille des combats. La chambre de l'Empereur conserve un de ses lits de camp et quelques souvenirs (masque mortuaire en bronze de l'Empereur à Ste-Hélène). Les autres salles abritent des autographes de généraux français relatifs à la campagne de 1815, des cartes, et des reliques du champ de bataille. Dans le jardin, outre un ossuaire datant de 1912, on remarquera la présence du véritable balcon de l'hôtel des Colonnes où séjourna Victor Hugo en 1861. Dans le verger, un monument rappelle l'ultime veillée du bataillon de la Garde Impériale.

Reprendre la N 5 en direction de Waterloo.

LA VILLE

Du 15e au milieu du 17e s., ce hameau se forme le long de la voie reliant Genappe à Bruxelles.

Wellington Museum (Musée Wellington)

Chaussée de Bruxelles 147 (N 5). Avr.-sept. : 9h30-18h30 ; oct.-mars : 10h30-17h. Fermé 1er janv., 25 déc. 5€. ☎ 02 354 78 06.
L'auberge où Wellington avait installé son quartier général a été transformée en musée comprenant trois sections : le QG proprement dit, un musée illustrant l'histoire de Waterloo et une bibliothèque.
Dans une succession de petites salles dont la chambre de Wellington, des gravures, des armes, des tableaux, des documents et autres souvenirs évoquent l'histoire de l'Europe en 1815. Après avoir traversé le jardinet, la grande salle des plans lumineux retrace l'évolution de la bataille, à côté de pièces historiques comme « La Suffisante », canon fabriqué à Douai (1813) et pris à Waterloo.

Église Saint-Joseph

En face du musée Wellington. 8h30-19h. ☎ 02 354 00 11.
À l'origine, cette église n'était qu'une chapelle forestière (1690) de plan central. Toujours debout, elle sert d'entrée à la nouvelle église qui renferme de nombreuses dalles commémoratives d'officiers et de soldats tombés à Waterloo.

Zoutleeuw★

Léau

Située sur la Petite Gette, Léau, petite ville flamande silencieuse et pittoresque, se pare d'une magnifique église, fleuron d'architecture gothique. Jadis place forte protégée par de puissantes murailles et centre drapier, elle fut une des villes franches du duché de Brabant. Pillée en 1678 et 1701 par les troupes de Louis XIV, ses fortifications furent démolies au 18e s.

La situation

7 767 habitants – Cartes Michelin nos 716 I 3 et 533 P 18 – Brabant Flamand.
Aux confins des provinces du Brabant Flamand et du Limbourg, la cité se dresse dans la région vallonnée du Hageland. Accès par la N 3, reliant Tirlemont à St-Trond.
Grote Markt 11, ☎ 011 78 12 88 ; www.zoutleeuw.be

visiter

St.-Leonarduskerk★★ (Église St-Léonard)

Avr.-sept. : visite (45mn) tlj sf lun. 14h-17h ; oct. : dim. 14h-17h. 1,25€. ☎ 011 78 12 88 (Office de tourisme).
C'est un bel édifice dont la construction s'est étalée sur plusieurs siècles : au 13e s. sont édifiés le chevet, qu'entoure un passage extérieur à colonnettes, et le bras Nord du transept, puis au 14e s. la nef et le bras Sud du transept. Au 15e s., Mathieu de Layens construit la charmante sacristie flamboyante qui fait face à l'hôtel de ville. Le clocher du 16e s., reconstruit en 1926, abrite un carillon de 39 cloches.
L'**intérieur**, qui a échappé aux iconoclastes du 16e s., est un véritable **musée**★★ d'art religieux.
Dans la nef est suspendu un « marianum » de 1533, statue de la Vierge à deux faces. Dans le **bas-côté droit**, on trouve, dans la 2e chapelle, le retable de sainte Anne, en bois, à volets peints (1565) ; en face, un triptyque, du 16e s., en bois doré, à volets peints, dont le sujet est la Glorification de la Sainte-Croix. Dans la 3e chapelle, triptyque peint par Pieter Aertsen en 1575 : les médaillons représentent les Sept Douleurs de la Vierge. Un intéressant Christ roman du 11e s. surmonte la porte de la sacristie.
Le **bras droit du transept** conserve le plus beau retable sculpté par le Bruxellois Arnould de Maelder, vers 1478, œuvre qui conte la vie de saint Léonard : une statue du saint plus ancienne (1300) a été placée au centre. L'ancienne chapelle Saint-Léonard, à l'extrémité du transept, renferme une belle collection de statues des 16e et 17e s. ainsi qu'un intéressant **trésor** : orfèvrerie, dinanderie, ornements liturgiques.
Le long du **déambulatoire** est disposée une exceptionnelle série de statues du 12e au 16e s. Dans le **bras gauche du transept** se trouve le magnifique **tabernacle**★★ en pierre d'Avesne, chef-d'œuvre réalisé en 1551 par l'Anversois Cornelis Floris. Haut de 18 m et à 9 étages, il est orné de groupes comprenant environ 200 statuettes, remarquables par la vérité de leur expression et la spontanéité de leurs attitudes. Si la facture pittoresque de celles-ci atteste encore l'art gothique, la décoration et la composition marquent l'influence italienne. À la base sont représentées des offrandes de l'Ancien Testament, au-dessus des scènes du Paradis terrestre, puis, surmontant la niche du tabernacle, la Cène et des épisodes de l'Ancien Testament. Aux étages supérieurs figure une multitude de personnages (Pères de l'Église et prophètes) ; au sommet, la Vierge.
Près du tabernacle, on admire un superbe chandelier pascal à 6 branches en cuivre, exécuté par Renier de Tirlemont en 1482 et au sommet duquel figure un Calvaire aux personnages d'une émouvante sobriété.
Frans Floris, frère de Cornelis, est l'auteur présumé d'un triptyque, Baptême du Christ, faisant face au tabernacle.
Dans les chapelles du **bas-côté gauche**, on remarque des statues et, dans l'avant-dernière chapelle (Notre-Dame), des médaillons peints représentant les Sept Joies de la Vierge (10), par Pieter Aertsen (1554).

Stadhuis (Hôtel de ville)

Construit sous Charles Quint, sur des plans attribués au Malinois Rombaut II Keldermans, c'est un charmant édifice à cheval sur le gothique et la Renaissance (1530-1538) ; précédée d'un perron ouvragé, la façade surmontée d'un pignon à redans s'ouvre par de hautes baies en anse de panier. À droite, la **halle aux draps**, dont la façade de brique est striée de bandes de pierre blanche, date du 14e s.

Le château de Vianden de nuit.

Grand-Duché de Luxembourg

Berdorf

Au cœur de la Petite Suisse luxembourgeoise, c'est un centre d'excursions situé sur un plateau dont les rebords en « côtes » dominent la vallée de la Sûre et le Mullerthal. Une école d'escalade s'y exerce. Dans l'église, le maître-autel a pour socle un bloc sculpté romain où sont représentées quatre divinités : Minerve, Junon, Apollon et Hercule.

La situation

973 habitants – Cartes Michelin nos 716 M 6 et 717 X 24 – Schéma voir Petite Suisse luxembourgeoise.

Dans un cadre de verdure, Berdorf se trouve à 6 km d'Echternach par la N 10 et la CR 364.

R. Laach 7, ☏ 79 06 43.

se promener

De nombreux sentiers de promenade peuvent être empruntés au départ de Berdorf. Ils sont indiqués sur un panneau installé au Centre récréatif, près du minigolf.

Promenade B

Ce sentier, qui au Nord-Ouest de Berdorf suit le rebord de la « côte » puis descend vers Grundhof, est ici particulièrement remarquable. Il relie des points de vue qu'on peut atteindre également par des routes venant de Berdorf :

Île du Diable★★ – *Laisser la route de Mullerthal à gauche et continuer vers le cimetière. Au-delà, prendre à gauche un chemin pédestre longeant à droite le terrain de camping.*

En traversant à pied d'agréables pinèdes, on atteint *(5mn)* le rebord de la « côte » : **vues magnifiques** sur le Mullerthal et un arrière-pays boisé et sauvage où se situe Beaufort.

Sieweschluff★ (Les Sept Gorges) – *Prendre la route de Hammhof (ferme de Hamm) au Nord, puis à gauche.*

Suivre la promenade F 2, puis le sentier menant au plateau *(10mn)* : magnifique **point de vue** sur la vallée de la Sûre et ses abords boisés.

Kasselt★ – Au Nord des Sept Gorges, c'est un promontoire de 353 m d'altitude offrant une **vue** étendue sur la vallée de la Sûre, qui forme ici un méandre à son confluent avec l'Ernz Noire, et sur le site du Grundhof.

Werschrumschluff★

2 km au Sud par la route de Mullerthal.

À gauche, un rocher surplombant la chaussée porte le nom de **chaire à prêcher** (« Predigtstuhl » en allemand et « Predigstull » en luxembourgeois). Au-delà, on peut parcourir la **Werschrumschluff**★, immense crevasse entre deux hautes parois rocheuses.

Clervaux★

Clervaux est un important centre touristique, bâti dans un site★★ remarquable au cœur de la région très boisée de l'Oesling. Ses toits d'ardoise se groupent sur un promontoire formé par la Clerve, autour de son château féodal et de l'église paroissiale Sts-Côme-et-Damien, construite en 1910 dans le style roman rhénan. À l'Ouest, sur la colline, l'abbaye de St-Maurice-et-St-Maure domine la vallée de ses toits enfouis dans les arbres. Clervaux est intégré dans le Parc naturel germano-luxembourgeois.

La situation

1 641 habitants – Cartes Michelin nos 716 L 5 et 717 V 22.

Niché dans un paysage idyllique et vallonné, Clervaux se trouve près de la Belgique. Accès depuis Bastogne par la N 874 et la N 18 ou par la N 7 au départ de Luxembourg. De la route venant de Luxembourg, deux belvédères offrent de bonnes **vues**★★ d'ensemble sur le site de la ville.

Château (en saison), ☏ 90 00 72.

visiter

Château★

C'est une forteresse du 12e s. remaniée au 17e s. et flanquée de plusieurs tours : au Sud, tour de Bourgogne, surmontée d'un tout petit clocheton, et tour de Brandebourg, plus trapue, à droite. Détruit en grande partie lors de la Bataille des Ardennes, le château a été restauré après la Seconde Guerre mondiale.

Eugène Harris, Popular Photography © Violet M. Olsen, Oakland, USA

Photo de la collection d'E. Steichen The Family of Man, Château de Clervaux.

Dans l'aile Renaissance, **exposition de maquettes★** des manoirs et forteresses du Grand-Duché. *De déb. juil. à mi-sept. : 11h-18h ; mai : dim. 11h-18h ; juin : 13h-17h, dim. 11h-18h ; de mi-sept. à fin avr. : dim. 13h-17h. 1,25€. ☏ 92 10 48-1.*

Les 1er et 2e étages abritent l'exposition des photographies, **The Family of Man★.** Cet ensemble de photos en noir et blanc a été rassemblé par Edward Steichen, artiste américain d'origine luxembourgeoise. Plusieurs thèmes universels (naissance, mort, travail, etc.) évoquent de manière très émouvante « l'humanité » des années 1950. ♿ *De mi-avr. à fin déc. : tlj lun. (de mi-sept. à fin déc.) 10h-18h. Fermé Noël. 3,72€. ☏ 52 24 24 23.*

Dans l'aile Sud se trouve le petit **musée de la bataille des Ardennes**. *De déb. juil. à mi-sept. : 11h-18h ; mai : dim. 11h-18h ; juin : 13h-17h, dim. 11h-18h ; de mi-sept. à fin avr. : dim. 13h-17h. Fermé janv.-mars. 2,50€. ☏ 92 10 48-1.*

Abbaye St-Maurice-et-St-Maur

Fondée en 1910 par des bénédictins de Solesmes, abbaye française de la vallée de la Sarthe, c'est un vaste ensemble néo-roman en schiste brun reconstruit en 1945.

L'**église abbatiale** est précédée d'une belle tour octogonale d'aspect roman bourguignon, rappelant le clocher de l'Eau-Bénite de l'ancienne abbaye de Cluny.

L'intérieur, qui a la sobriété caractéristique des édifices romans, s'éclaire de vitraux chatoyants. À gauche, près de l'entrée, une Pietà du 15e s. Le maître-autel a été réalisé par le sculpteur français Kaeppelin. Dans les croisillons, deux retables rhénans du 16e s., mais encore gothiques, finement travaillés, se font face. Dans la crypte, une exposition fait connaître la vie monastique jusqu'au 21e s.

carnet pratique

Restauration

• *Valeur sûre*

du Vieux Château – *Montée du Château 4 – ☏ 92 00 12 – fermé de mi-nov. à mi-déc., mar. et mer. midi – 20€ déj. – 30/35€.*
Recluse dans l'ancienne tour de garde du château fort de Clervaux, cette petite taverne-restaurant offre l'occasion de s'attabler dans un lieu chargé d'histoire. Salle à manger d'esprit rustique et terrasse d'été sur cour.

Hébergement

• *À bon compte*

Koener – *Grand-Rue 14 – ☏ 92 10 02 – mail@koenerclervaux.lu – fermé fév. ; restaurant fermé ap. 20h – P – 37 ch. : 50/80€ ☕ – restaurant 16/27€.*
Hôtel familial implanté à flanc de coteau, au centre de Clervaux. Chambres actuelles de bonne ampleur, équipées à l'identique. Cuisine sans prétention. Les beaux jours, couvert dressé en terrasse, sur l'agréable place piétonne.

alentours

A. Kouprianoff/MICHELIN

L'abbaye St-Maurice-et-St-Maur.

Vallée de la Clerve

11 km au Sud jusqu'à Wilwerwiltz.

Agréable vallée où la rivière, qui a donné son nom à Clervaux, coule parmi les prairies au pied de collines boisées.

De Clervaux à Troisvierges par Hachiville

23 km au Nord-Ouest par la N 18, suivre la N 12 puis une route à gauche.

Hachiville – Près de la frontière belgo-luxembourgeoise, Hachiville est un village typique de l'Oesling.

Dans l'église paroissiale, on verra le **retable** sculpté au début du 16e s. dans le style brabançon. Il représente, en des scènes d'une facture pittoresque, les joies et les souffrances de la Vierge.

À 2 km au Nord-Ouest, dans les bois, la **chapelle-ermitage**, construite près d'une source, est, depuis 500 ans, un lieu de pèlerinage à la Vierge.

De Hachiville, rejoindre la N 12 et la prendre en direction de Troisvierges.

Troisvierges – Située sur le plateau à plus de 400 m d'altitude, traversée par la Woltz (qui devient la Clerve à Clervaux), la localité est dominée par une **église** à bulbe, édifiée par les récollets au 17e s. L'intérieur est orné d'un beau mobilier baroque : chaire, confessionnaux. La nef est séparée du chœur par deux autels monumentaux. Dans le retable de gauche, des niches abritent les statues de trois Vierges – l'Espérance, la Foi, la Charité – que l'on vénère lors d'un pèlerinage. Au maître-autel, *Érection de la Croix*, de l'école de Rubens.

Diekirch

Diekirch, centre culturel et commercial, s'allonge, aux confins du Gutland et de l'Oesling, dont le Herrenberg (394 m d'alt.) dominant la ville, représente le premier contrefort. Elle est connue pour sa brasserie produisant la fameuse bière de Diekirch. C'est aussi un agréable centre touristique doté d'un quartier réservé aux piétons. Les berges de la Sûre ont été aménagées en parc et les environs de Diekirch comptent de nombreuses promenades balisées.

La situation

5 666 habitants – Cartes Michelin nos 716 L 6 et 717 V 23.

Dans la basse vallée de la Sûre, Diekirch est desservi par la N 7 depuis Luxembourg.

🅱 *Esplanade 1, ☎ 80 30 23 ; www.diekirch.lu*

visiter

Musée

Pl. Guillaume, où se dresse l'église décanale. De mi-avr. à fin oct. : tlj sf jeu. 10h-12h, 14h-18h. 1,30€. ☎ 80 30 23.

Ce petit musée situé derrière le kiosque renferme en particulier des **mosaïques romaines** du 3e s. Le plus remarquable de ces pavements (3,50 m sur 4,75 m) montre au centre une tête de Méduse, à deux faces.

Église St-Laurent

Accès à pied au départ de l'église décanale par l'Esplanade et la 4e rue à droite. De mi-avr. à fin oct. : 10h-12h, 14h-18h. ☎ 80 30 23.

Dans les vieux quartiers, cette petite église se dissimule derrière une couronne de maisons. Dès le 5e s. se trouvait ici un lieu de culte. La nef droite, romane, est construite sur un édifice romain ; la nef gauche, gothique, renferme des fresques des 15e s. (au-dessus de l'autel) et 16e s. (dans le chœur). On a découvert dans le sous-sol de l'église, en 1961, lors de fouilles, une trentaine de sarcophages, datant pour la plupart de l'époque mérovingienne.

alentours

Deiwelselter (Autel du Diable)

2 km au Sud par la route de Larochette.
Après un virage en épingle à cheveux et avant la route de Gilsdorf, emprunter à droite le sentier de la promenade D. Il mène, à travers bois, à ce petit monument dont les pierres proviendraient d'un ancien dolmen.
En dehors du bois, on a de belles vues sur la ville.

Brandenbourg

9 km par la route de Reisdorf à l'Est, puis la première à gauche.
Dans la vallée de la Blees, affluent de la Sûre, c'est une pittoresque localité dominée par les ruines d'un château du 12e s. qui couronnent une colline.
Un petit musée rural a été aménagé dans la **maison Al Branebuurg** : documents sur la région et collection d'objets de la vie quotidienne d'autrefois. *Fermé pour cause de travaux. ☎ 80 38 03.*

Echternach★

Située sur la Sûre, aux confins de l'Allemagne, la petite ville jouit d'une position attrayante. Centre touristique animé, elle est la capitale de la Petite Suisse luxembourgeoise. Le bourg est dominé par son abbaye, fondée en 698 par saint Willibrord. Cet Anglo-Saxon, nommé archevêque des Frisons par le pape, réside à Utrecht aux Pays-Bas, puis se retire à Echternach où il meurt en 739. La rue des Redoutes, la rue Hoovelecker Burchmauer et la rue Brimmeyer (près d'un hospice) conservent encore quelques tours des remparts du Moyen Âge.

La situation

4 367 habitants – Cartes Michelin nos 716 M 6 et 717 X 24 – Schéma voir Petite Suisse luxembourgeoise.
Situé à la frontière germano-luxembourgeoise, Echternach se trouve au croisement des N 10 et N 11.
i *Porte St-Willibrord, Parvis de la Basilique, ☎ 72 02 30 ; www.echternach.lu*

carnet pratique

Restauration

• Une petite folie !

Au Vieux Moulin – *Maison 6 – 6562 Lauterborn – ☎ 720 06 81 – fermé janv., lun., ap. 20h30 – 26€ déj. – 46/62€.* Née d'un « vieux moulin » dont il ne reste que le souvenir, cette hostellerie de caractère a conquis les fines fourchettes de la région. Appétissante carte au goût du jour, plaisante salle de restaurant, terrasse, jardin et alentours verdoyants. Chambres bien tenues.

Hébergement

• À bon compte

Le Petit Poète – *Pl. du Marché 13 – ☎ 72 00 72 – lepetitpoete@vip.lu – fermé déc.-janv., mar. hors sais. – 12 ch. : 39/57€ ☕ – restaurant 22/38€.* Au cœur d'Echternach, devant l'ancien palais de justice (15e s.), établissement proposant de sobres chambres bien calibrées, réparties sur trois étages. Au rez-de-chaussée, un café-brasserie quelquefois animé s'ouvre sur la place du Marché.

Calendrier

Echternach est renommé pour sa procession dansante qui se déroule le mardi de Pentecôte depuis le haut Moyen Âge en l'honneur de saint Willibrord. Les danseurs traversent la ville en sautillant, reliés entre eux par des mouchoirs blancs, sur un air de marche-polka. Au début de l'été, pendant le Festival international d'Echternach, des manifestations musicales se déroulent dans la basilique ou dans l'église Sts-Pierre-et-Paul.

visiter

Place du Marché★
Sur l'un des côtés de cette pittoresque place bordée de maisons traditionnelles se dresse l'ancien palais de justice ou **Dënzelt**, charmant édifice du 15e s., avec arcades, statues et tourelles d'angle. La croix de justice est une reconstruction du monument d'origine médiévale.

A. Kouprianoff/MICHELIN

La place du Marché.

Abbaye★
Ce monastère bénédictin, qui eut un grand rayonnement culturel au Moyen Âge grâce à son célèbre scriptorium, fut abandonné en 1797. Les bâtiments abbatiaux (1727-1731) constituent avec la basilique et les dépendances un ensemble majestueux.

Basilique St-Willibrord – Elle fut édifiée au 11e s. à l'emplacement d'une église carolingienne dont elle conserve la crypte. Détruite en grande partie en décembre 1944 lors de la bataille des Ardennes, elle a retrouvé, après sa reconstruction, son allure d'origine. Dans la crypte, une châsse néogothique en marbre surmonte le sarcophage en pierre contenant les reliques de saint Willibrord. La voûte en berceau du chœur présente des vestiges de fresques illustrant des scènes de la vie de la Vierge.

Musée de l'Abbaye – Installé en sous-sol, il évoque le riche passé d'Echternach depuis l'époque romaine, la personnalité de St-Willibrord et surtout le rôle du scriptorium de l'abbaye dont les moines réalisèrent de très beaux manuscrits enluminés du 9e au 11e s. Une exposition montre les différentes étapes de l'élaboration de ces manuscrits dont on peut voir quelques fac-similés. Le plus célèbre était le *« Codex Aureus Epternacensis »*, célèbre évangéliaire d'or d'Echternach (11e s.), conservé aujourd'hui au Musée germanique de Nuremberg. Dans l'atelier d'écriture, les scribes copiaient scrupuleusement les textes, tandis que les enlumineurs dotaient les manuscrits de somptueuses miniatures et de lettrines très fines. Comme les premiers moines étaient originaires des îles anglo-saxonnes, le style du scriptorium d'Echternach est proche de l'enluminure insulaire, caractérisée par de nombreux entrelacs de motifs abstraits. *Juil.-août : 10h-18h ; de fin mars à fin oct. : 10h-12h, 14h-17h (juin 18h). 2€. ☎ 72 95 37.*

En face de l'abbaye, un square abrite une belle orangerie, dont les statues de la façade représentent les quatre saisons. Au Nord-Est, un parc s'étend jusqu'à la Sûre, près de laquelle s'élève un élégant pavillon de style Louis XV.

Villa romaine
1 km par l'E 29, direction Luxembourg. Quitter Echternach par la rue de Luxembourg ; suivre les panneaux Lac/See. À la sortie de la ville, tourner à gauche sur un grand parking.
On peut voir les vestiges d'une importante villa romaine, dont la construction date du 1er s. La villa, d'aspect symétrique à l'origine, a été agrandie et modifiée au cours des trois siècles suivants.

alentours

Wolfschlucht★★ (Gorge du Loup)
Promenade à pied (45mn AR). En voiture, suivre la rue André Duscher qui part de la place du Marché, puis après le cimetière, tourner à droite vers Troosknepchen. Accès à pied par un sentier partant de la rue Emersinde près de la gare des autobus.
Le sentier suit le tracé de la promenade B. Il monte au pavillon du **belvédère de Troosknepchen** : belles **vues★** sur Echternach dans sa vallée. En suivant les indications de la promenade B, on atteint, à travers la forêt de hêtres, la gorge du Loup. À l'entrée, à gauche, se dresse un grand roc pointu surnommé l'aiguille de Cléopâtre. Un escalier traverse de part en part cette crevasse impressionnante et sombre, découpée entre deux parois rocheuses ruiniformes de 50 m de haut. À la sortie de la gorge, à droite, un escalier conduit au **belvédère de Bildscheslay** d'où l'on a une jolie vue sur la Sûre qui coule dans un paysage verdoyant.

Vallée de l'Eisch★

La rivière déroule ses replis sinueux au milieu des prairies, des forêts et de hautes murailles rocheuses boisées. La route longe la rivière, permettant de découvrir les six châteaux qui subsistent dans cette vallée appelée aussi vallée des Sept Châteaux. Un sentier pédestre et un itinéraire cycliste la parcourent également de Koerich à Mersch.

La situation

Cartes Michelin n°s 716 K 6-L 6 et 717 U 25-V 24.

La vallée traverse un paysage vallonné, parsemé de petits villages charmants. Accès depuis Luxembourg-ville par la N 6 et la CR 110.

Hôtel de ville (Château), 7501 Mersch ; ☎ 32 50 23.

circuit

LA VALLÉE DES SEPT CHÂTEAUX

26 km - environ 1h30

Koerich

Perchée sur la colline, l'**église** possède un beau mobilier baroque, en particulier dans le chœur. Près de la rivière se dressent les ruines du **château** féodal remanié à la Renaissance (remarquer la cheminée).

Prendre la CR 110, puis à la bifurcation, prendre à droite la CR 105.

Septfontaines

Pittoresque localité accrochée aux pentes qui dégringolent vers l'Eisch et dominée par les ruines de son **château** (13e-15e s.).

L'**église** abrite une intéressante Mise au Tombeau.

Dans le **cimetière** autour de l'église ont été placées plusieurs stèles d'un chemin de croix baroque élégamment sculpté. Au pied du château coulent les sept fontaines qui ont donné leur nom au village.

Poursuivre par la CR 105.

Ansembourg

Le bourg possède deux **châteaux** : sur la colline, celui du 12e s. a été remanié aux 16e et 18e s. ; dans la vallée, le château du 17e s., ancienne demeure d'un maître de forges, est précédé d'un portail à tourelles et entouré de beaux jardins du 18e s. On aperçoit ensuite, au sommet d'une crête, le **château de Hollenfels**, agrandi au 18e s. autour d'un donjon du 13e s. Il est occupé par une auberge de jeunesse.

Après le pont sur l'Eisch, prendre un chemin à droite.

Hunnebour

Au pied d'un haut rebord rocheux, le Hunnebour est une source située dans un **cadre★** ombragé reposant.

Continuer sur la CR 105.

Mersch

Son **château** féodal, très restauré, est un haut édifice carré précédé d'un portail flanqué de petites tourelles. À proximité se dresse la **tour St-Michel**, à bulbe, vestige d'une église disparue.

Esch-sur-Alzette

Deuxième ville du Grand-Duché, Esch-sur-Alzette est la capitale des « Terres rouges », région qui doit son nom à la présence de minerais de fer en son sous-sol. Jadis grand centre sidérurgique du pays, cette ville cosmopolite – plus de 30 % de ses habitants sont des étrangers – connaît une importante activité commerciale. La rue de l'Alzette dans le centre-ville est bordée de belles demeures de style Art nouveau et Art déco.

La situation

24 564 habitants – Cartes Michelin nos 716 K 7 et 717 U 26 – Plan dans Le Guide Rouge Benelux.

Au Sud de la capitale et à un jet de pierre de la frontière franco-luxembourgeoise, on arrive à Esch-sur-Alzette en empruntant l'A 4, l'A 13 ou la D 16.

Hôtel de ville, ☎ 54 73 83.

carnet pratique

RESTAURATION

• *Valeur sûre*

Bec Fin – *Pl. Norbert Metz 15 – ☎ 54 33 22 – 22€ déj. – fermé 1re sem. sept., 1re sem. janv., dim. soir, lun. – 38€.* Ce restaurant situé sur une place bordée par le ring se signale par une coquette façade. Salle à manger bourgeoise où les « fins becs » se laisseront tenter par de savoureuses recettes classiques. Le nombre de couverts étant limité, il est préférable de réserver.

HÉBERGEMENT

• *À bon compte*

De Foetz – *R. Avenir 1 – 3895 Foetz – ☎ 57 25 45 – hfoetz@pt.lu – fermé vac. scol. Noël ; restaurant fermé dim. – P – 40 ch. : 42/62€ – restaurant 22€.* Hôtel récent à débusquer dans la zone commerciale de Foetz. Les chambres sont fonctionnelles et pratiques pour la clientèle touristique. Préparations sagement classiques au restaurant.

Acacia – *R. de la Libération 10 – ☎ 54 10 61 – hacacia@pt.lu – fermé de Noël au Nouvel An ; restaurant fermé dim. et j. fériés – 23 ch. : 62/84€ – restaurant 55€.* Établissement tenu en famille depuis plus de vingt ans. Son emplacement, proche de la gare, rassurera les usagers du rail anxieux de rater leur train. Menues chambres avant tout pratiques. Salle des repas animée d'une belle cheminée. Carte traditionnelle.

visiter

Parc de la ville

Par la route de Dudelange, puis prendre la 1re rue à droite après le tunnel.

Ce vaste parc fleuri de 57 ha est étagé sur la colline qui domine la ville à l'Est de la gare. Au sommet (alt. 402 m), dans le centre de plein air **Galgenberg**, petit parc à gibier.

Musée de la Résistance

Pl. de la Résistance. Jeu., w.-end et j. fériés 15h-18h. Gratuit. ☎ 54 84 72.

Ce petit musée a été édifié en 1956, au cœur de la ville, pour commémorer l'héroïsme des Luxembourgeois face à l'occupant (1940-1944) : le travail dans les mines et les usines, la grève générale de 1942, la lutte des maquisards, les déportations sont évoqués par des bas-reliefs, des fresques, des statues et des documents.

alentours

Rumelange

6 km au Sud-Est par la N 33.

Près de la frontière, cette cité minière possède un intéressant **musée national des Mines**. Une partie des mines de fer exploitées jusqu'en 1958 dans la colline traversée par la frontière est accessible au public. La visite de 900 m de galeries (par 12 °C de température), qui se fait partiellement en petit train, documente sur les différentes opérations d'extraction et sur l'évolution des techniques et du matériel utilisés depuis l'origine de la mine. *De mi-avr. à fin oct. : visite accompagnée (2h) 14h-17h ; de déb. nov. à mi-avr. : 2e dim. du mois 14h-17h. 4,96€. ☎ 56 56 88.*

Rodange

12 km au Nord-Ouest. Prendre la N 31, la route de Differdange, puis la N 5.

C'est une petite localité industrielle. Un train touristique *(à 2 km au Sud de l'église par la rue de Lasauvage jusqu'à « Bois de Rodange »)*, remorqué par des locomotives à vapeur du début du siècle, parcourt environ 6 km dans la vallée de **Fond de Gras**, que domine le Titelberg. Un autorail assure la navette entre la route et l'ancienne gare de Fond de Gras : jadis centre d'extraction de minerai de fer, celle-ci est devenue le point de départ du trajet ferroviaire. *Départs de Petange mai-sept. : dim. et j. fériés. Fermé 23 juin. 7€ AR en 1re classe ; 7,50€ AR en 2e classe. ☎ 31 90 69.*

Bascharage

14 km au Nord-Ouest par l'A 13 ou la CR 110.

La **Brasserie nationale**, installée dans cette localité, fabrique de la bière blonde, distribuée principalement dans le Grand-Duché.

Dans la **Taillerie luxembourgeoise de pierres précieuses** *(rue de la Continentale, à l'Est de la gare)* sont traitées un grand nombre de pierres précieuses venues de tous les continents. On peut voir les tailleurs de pierre ainsi qu'une riche exposition de minéraux et de bijoux. *Visite accompagnée (30mn) tlj sf lun. et dim.. 8h30 (sam. 8h)-12h, 13h-17h. Fermé j. fériés. ☎ 50 90 32.*

Larochette★

Dans la vallée de l'Ernz Blanche, la petite ville de Larochette est dominée par de hautes parois rocheuses en grès de Luxembourg dont l'une porte les ruines impressionnantes de deux châteaux. Ce centre de villégiature agréable est un excellent point de départ pour découvrir la région dotée de paysages boisés et de nombreux sentiers de promenade.

La situation

1 416 habitants – Cartes Michelin nos 716 L 6 et 717 W 24.

En bordure de la Petite Suisse luxembourgeoise, Larochette est traversé par la N 14 vers Diekirch et par la N 8 en direction de Mersch.

Hôtel de ville, ☎ 83 76 76.

visiter

Châteaux

Accès par la route de Nommern. De mi-avr. à fin oct. : 10h-18h. 1,50€. ☎ 268 70 206.

Sur le plateau se dressent les ruines de deux édifices : dominant le bourg, le palais des Créhange, gothique, du 14e s., et, à proximité, au-dessus de la route de Mersch, le palais des Hombourg, plus ancien.

alentours

LES ROCHERS EN GRÈS

Circuit de 12 km. Environ 30mn. Prendre la direction de Nommern.

En sortant des forêts de conifères, on trouve à gauche une réserve naturelle : dans les landes à genêts se dissimule, à environ 150 m de la route, le **Champignon**, beau rocher en grès de Luxembourg. En descendant sur **Nommern**, vues sur la localité.

À Nommern, prendre la route de Larochette.

Dans un virage à gauche s'amorce le sentier du circuit auto-pédestre no 2. Il permet d'atteindre, dans la forêt, les magnifiques roches dites **Nommerlayen★** murs de grès aux formes les plus variées, dispersés parmi les arbres.

On rentre à Larochette par la N 8.

Luxembourg★★

Établie sur un plateau entrecoupé de ravins franchis par une multitude de ponts, Luxembourg donne une curieuse impression : la ville apparaît tantôt citadine, tantôt campagnarde ou militaire selon l'angle d'où on la découvre. Cette ville où les places ressemblent à des décors de théâtre, avec leurs élégantes façades peintes de couleurs pastel, où l'on a sans cesse des points de vue sur des vallées verdoyantes, cache sous son air tranquille toutes les activités et l'animation qui vont de pair avec son rôle de capitale, de place financière et sa fonction de siège d'institutions européennes.

La situation

78 290 habitants – Cartes Michelin nos 716 L 7 et 717 V 25.

Important nœud autoroutier, on arrive à Luxembourg-ville par l'E 25 depuis Thionville, par l'autoroute A 6 (l'A 4/E 25/E 411 en Belgique) depuis Arlon.

Pl. d'Armes, BP 181, ☎ 22 28 09 ; www.luxembourg-city.lu

comprendre

L'histoire de la ville se confond avec celle du pays. À l'époque romaine, Luxembourg est situé à l'intersection de deux voies romaines, l'une allant de Trèves à Reims par Arlon (actuelle Grand-Rue), l'autre reliant Metz à Aix-la-Chapelle. Le rocher du Bock est déjà fortifié. Au 10e s., un château est édifié près de la ville haute, sur le Bock, par le comte mosellan Sigefroi qui s'intitule comte de Luxembourg. La ville haute reçoit sa première enceinte qui sera doublée au siècle suivant.

Au 12e s., la ville passe avec le comté de Luxembourg sous la domination de Henri V l'Aveugle, comte de Namur. Son petit-fils **Henri VII** devient **empereur germanique** en 1308. La maison de Luxembourg occupe le trône impérial jusqu'en 1437. En 1346, le fils de l'empereur Henri VII, **Jean l'Aveugle**, roi de Bohême et comte de Luxembourg, est tué à la bataille de Crécy, dans les rangs français. Au 14e s., une troisième enceinte est construite autour de la ville haute tandis que les villes basses sont fortifiées.

Un territoire convoité

Au 15e s., le Luxembourg passe à la maison de Bourgogne. Il échoit ensuite à Charles Quint (1555) qui fortifie la ville, puis à Philippe II.

La ville devient française en 1684, après le siège savamment conduit par **Vauban** qui en consolide les fortifications. Retombée en 1698 aux mains des Espagnols, elle est occupée de nouveau en 1701 par les Français qui à leur tour sont remplacés par les Autrichiens de 1714 à 1795. Malgré le renforcement considérable des fortifications et le creusement des casemates, la ville se rend à Carnot en 1795 et fait partie du département des Forêts jusqu'en 1814. Après la défaite napoléonienne, le traité de Vienne érige le duché en **grand-duché**, relevant de la Confédération germanique, mais appartenant à la maison d'Orange-Nassau et gouverné par Guillaume Ier, roi des Pays-Bas. La ville est alors occupée par une garnison prussienne qui quitte Luxembourg seulement en 1867 : le traité de Londres ayant proclamé la neutralité du pays, les trois ceintures de fortifications sont démantelées.

En 1914 comme en 1940, le Luxembourg, bien que neutre, fut envahi par les armées allemandes, puis libéré le 10 septembre 1944 par l'armée américaine du général Patton.

Les institutions européennes

Luxembourg devient en 1952 le siège de la CECA, Communauté européenne du charbon et de l'acier, premier organisme devant ouvrir la voie à une fédération européenne. L'homme d'État français **Robert Schuman** (1886-1963), né à Luxembourg, en est le promoteur, **Jean Monnet** (1888-1979) l'animateur. Six nations y participent : Belgique, Luxembourg, Pays-Bas, Allemagne, Italie, France.

Depuis la signature du traité de Rome en 1957, Luxembourg héberge le **Secrétariat du Parlement européen** dont les sessions se tiennent à Strasbourg et à Luxembourg. En 1966 est inauguré sur le Kirchberg le Centre Européen, édifice destiné à réunir les divers services du Secrétariat du Parlement européen.

Depuis 1967, date de la fusion des exécutifs des trois communautés – CECA, Euratom, U.E. – en une Commission siégeant à Bruxelles, de nombreuses institutions se sont installées sur le plateau du Kirchberg : Banque européenne d'investissement, services de la Commission de l'Union Européenne (notamment l'Office de statistique), école européenne, Cour de justice (créée en 1952) et Cour des comptes de l'Union Européenne. L'Office des publications officielles de l'Union Européenne est quant à lui implanté à Luxembourg-Gare.

Depuis 1965, le Conseil des ministres, organe suprême de décision de l'Union Européenne, tient ses sessions à Luxembourg trois mois par an (avril, juin, octobre). Aujourd'hui, Luxembourg compte environ 7 000 fonctionnaires européens.

Visites

Visites guidées de la ville – D'avril à octobre, l'Office de tourisme propose tous les jours (lundi, mercredi, samedi et dimanche le reste de l'année) à 14h une « City Promenade » (2h) dans la vieille ville, animée par un guide. Il existe également d'autres parcours qui peuvent se faire seul ou accompagné d'un guide. Les brochures correspondantes sont disponibles à l'Office de tourisme et sont indispensables pour ceux qui effectuent seuls la promenade. Le *circuit Wenzel* sillonne les quartiers anciens de la ville tandis que le *circuit Mansfeld* emmène le touriste pour une escapade historique dans le quartier Clausen.

Petit train touristique – Le Petrusse Express effectue de mi-mars à octobre un circuit à travers la ville basse et la vallée de la Pétrusse. Départ et billets : place de la Constitution.

Restauration

• *À bon compte*

Il Cherubino – *R. Notre-Dame 10 – ☎ 47 17 94 – fermé sam. soir, dim. – ✉ – 20/32€.* Un chérubin vous convie à cette petite table postée à deux pas de l'ancien collège des jésuites et de la cathédrale Notre-Dame. Attrayant choix de préparations transalpines escortées de vins reçus en direct de la Botte. Ambiance « simpatico ».

Caves Gourmandes – *R. Eau 32 – ☎ 46 11 24 – fermé sam. midi, dim. – 20€ déj. – 24/50€.* Gourmands, laissez-vous donc tenter par l'ambiance de cette belle cave voûtée à dénicher dans une ruelle du centre-ville, non loin du palais Grand-Ducal. Savoureuse cuisine de terroir, manifestant un fort penchant pour le Sud-Ouest de la France.

Hébergement

• *À bon compte*

Trust Inn – *R. Neudorf 679 (par rte de Trèves) – ☎ 423 05 11 – trustinn@pt.lu – P – 7 ch. : 55/79€ ☕.* Ce petit hôtel vous ouvre les portes de ses coquettes chambres où, en l'absence de salle des petits-déjeuners, vous sera livré votre breakfast. Bonne isolation phonique, ce qui permet d'oublier la dense circulation du quartier. L'accueil est avenant.

Vasco da Gamma – *R. Joseph Junck 27 – ☎ 49 30 70 – ✉ – 28 ch. : 59,49/81,80€ ☕ – restaurant 13,39/39,66€.* Escale pour les « grands voyageurs », proche de la gare, dans un quartier un peu interlope. Le décor intérieur évoque la vie du célèbre navigateur lusitanien. Chambres correctement équipées. À table, spécialités portugaises et méditerranéennes.

• *Valeur sûre*

Sieweburen – *R. Septfontaines 36 – 2534 Rollingergrund – ☎ 44 23 56 – fermé de mi- déc.à mi-janv. ; restaurant fermé mer. – P – 14 ch. : 80/110€ ☕ – restaurant 26€.* À quelques minutes seulement de la capitale, grande maison à colombages nichée dans un paisible environnement boisé. Chambres sans reproche, quelquefois mansardées. Repas au goût de Monsieur Tout-le-monde et sélection vineuse franco-luxembourgeoise.

Casanova – *Pl. Guillaume II 10 – ☎ 22 04 93 – ✉ – 17 ch. : 85/110€ ☕ – restaurant 24,55/39,65€.* Au centre-ville, hôtel situé sur la place que domine la statue équestre de Guillaume II. Actuelles et d'un niveau de confort très correct, les chambres ont récemment retrouvé l'éclat du neuf. Taverne-restaurant complétée aux beaux jours d'une terrasse.

Petite pause

Namur – *R. des Capucins 27 – ☎ 22 34 08.* Fournisseur de la Cour ducale, cette maison née en 1863 est un must pour les amateurs de petites douceurs. Pâtisseries, chocolats, confiseries et glaces de préparation artisanale, où transparaît un réel souci esthétique. Salon de thé conventionnel au rez-de-chaussée et plus sélect à l'étage.

Caves vinicoles de Wormeldange – *Rte du Vin 115 – 5482 Wormeldange – mai-août : 10h-17h ; sept.-avr. sur demande ; Wäistuff mai-oct. : 11h-20h, w.-end et j. fériés 10h30-20h ; nov.-avr. : sam. 15h-20h, dim. et j. fériés 10h30-12h30, 15h-20h.* Le centre d'élaboration des crémants Poll-Fabaire est installé dans les caves de Wormeldange fondées en 1930. Les explications sur l'élaboration du crémant sont suivies d'une dégustation dans le Wäistuff de tradition luxembourgeoise. Vin dansant le dimanche après-midi.

Le temps d'un verre

Brasserie Mansfeld – *R. de la Tour Jacob 3 – ☎ 43 34 86 – mar.-dim. 10h-1h.* Cette très belle brasserie au style rustique avec ses murs aux pierres apparentes offre à sa clientèle, en bordure de l'Alzette, une des plus agréables terrasses de la ville. Clientèle internationale.

Taverne « Wëlle Mann » – *R. Wiltheim 12 – ☎ 47 17 83 – mar.-dim. 10h-19h.* Taverne traditionnelle officiant de longue date au voisinage du musée national d'Histoire et d'Art. Un beau buffet sculpté et une superbe fresque en céramique agrémentent la salle. Terrasse panoramique dominant la verdoyante vallée de l'Alzette.

Loisirs, détente, spectacles

Utopolis – *Av. J.-F. Kennedy 45 – ☎ 22 46 11 – www.pt.lu/infoweb/cinema/index.htm.* Au Kirchberg, quartier en pleine mutation, vaste complexe voué au septième art et aux loisirs. Boutiques, restaurants et bars à thème, dont le Bistropolis et le Coyote Café (où vous croiserez Alien et Predator), se regroupent autour d'un cinéma « high tech ». L'ensemble jouxte un immense centre commercial.

Achats

Commerces – Réservées aux piétons, les rues commerçantes autour de la place d'Armes (Grand-Rue, rue des Capucins, rue Chimay, etc.) incitent à la flânerie. Le quartier de la gare se prête également au shopping. Attention : de nombreux magasins sont fermés le lundi matin.

Calendrier

Festivals et festivités – La fête populaire ancestrale de l'**Emais'chen**, où les jeunes amoureux s'échangent des objets en terre cuite vendus à cette occasion, se déroule le lundi de Pâques sur la place du Musée.
Au printemps, le festival **Printemps Musical-Festival de Luxembourg** est le théâtre de concerts très divers, allant de la musique classique au jazz. À partir de la fin août a lieu, sur la place du Glacis, la grande kermesse du Luxembourg ou **Schueberfouer** qui remonte à l'an 1340.

Un site exceptionnel

La ville et les fortifications occupent le sommet d'un rocher de grès aux bords escarpés, que contournent deux rivières, l'Alzette et la Pétrusse. La vieille ville est séparée de la nouvelle au Sud par la profonde entaille du ravin de la Pétrusse que franchissent des ponts, tel le fameux **pont Adolphe** (1899-1903), d'une hardiesse impressionnante. Au Nord, elle est reliée au plateau de Kirchberg par le **pont Grande-Duchesse Charlotte** (1964), peint en rouge, qui enjambe l'Alzette. Trois quartiers occupent les vallées : Grund, Clausen et Pfaffenthal.
Au détour des corniches se révèlent de magnifiques **points de vue** sur les différents aspects de la ville.
En saison, le site est mis en valeur par les illuminations nocturnes.

se promener

LA VIEILLE VILLE★★ *visite : 1/2 journée*

Partir de la place d'Armes.

Place d'Armes

Carrée et ombragée, c'est le centre animé de la ville. En saison, elle est garnie de terrasses de café. À l'arrière du kiosque, une colonne en l'honneur de Michel Lentz, auteur du texte de l'hymne national, et d'Edmond de la Fontaine, auteur et compositeur luxembourgeois. La place est dominée par le **palais municipal**, élevé en 1907, qui abrite le bureau du syndicat d'initiative. Au coin, sur la rue du Curé, dans un bâtiment, est présentée la **maquette** de la forteresse de Luxembourg. *Pdt vac. scol. : 10h-17h. 1,49€. ☎ 22 28 09.*

En empruntant la rue du Curé, un agréable passage donne accès à la place Guillaume II.

Place Guillaume II

Ici se dresse la statue équestre de Guillaume II des Pays-Bas (1792-1849), grand-duc de Luxembourg. L'**hôtel de ville** a été édifié à partir de 1830 dans le style régional.

Prendre la rue Chimay qui mène à la place de la Constitution.

Place de la Constitution

De cet ancien bastion Beck où s'élève un obélisque (monument du souvenir) s'offrent des **vues★★** remarquables sur le ravin de la Pétrusse, aménagé en jardins, et sur le pont Adolphe. C'est là que se situe l'entrée des casemates de Pétrusse.

Par le boulevard Roosevelt, gagner le plateau St-Esprit.

Sur le boulevard Roosevelt, on longe les bâtiments de l'**ancien collège des jésuites** comprenant la nouvelle partie de la cathédrale Notre-Dame.

La Place d'Armes.

A. Kouprianoff/MICHELIN

Plateau St-Esprit
Sur cette formidable citadelle dessinée par Vauban se trouve le monument de la Solidarité nationale. De la crête de la citadelle, **vues★★** sur les vallées de la Pétrusse et de l'Alzette ainsi que sur le plateau de Rham et la ville basse de Grund avec l'église St-Jean.

Du plateau St-Esprit, descendre vers le parking. Là, prendre l'escalier ou, dans un bâtiment moderne, l'ascenseur qui rejoint le niveau du chemin de la corniche et le faubourg du Grund.

Chemin de la Corniche★★
Appelée « le plus beau balcon d'Europe » pour ses **vues★★**, cette promenade passe d'abord devant la vieille bâtisse abritant les Archives de l'État, puis atteint le chemin qui suit les anciens remparts, en bordure de l'escarpement de l'Alzette, et parvient à l'immense **porte de Grund** (1632). Ce chemin est bordé d'élégantes façades de maisons nobiliaires faisant face à la vallée où se situe la ville basse du Grund avec la flèche de l'église St-Jean.

Le Bock
Cet éperon rocheux relié jadis à la ville par un pont-levis (actuel pont du Château) a été un peu aplani par la création de la montée de Clausen. Il supporte les ruines du château de Luxembourg, édifié au 10e s., démoli en 1555 et transformé en fortin au 17e s. Détruit en 1684, lors du siège de la ville par les Français, il fut reconstruit par Vauban.

En 1745, les Autrichiens entreprirent l'aménagement des fortifications et creusèrent des casemates. Le Bock a été rasé en 1875 : il ne subsiste en surface que la tour nommée « **Dent Creuse** ». Du sommet des ruines, **vues★★** sur le plateau du Rham où était située une villa gallo-romaine. À gauche, la massive porte carrée est la **tour Jacob** ou Dinselpuert, ancienne porte de Trèves, qui faisait partie de l'enceinte du 14e s. Les bâtiments à droite sont des casernes construites par Vauban (hospices). Au pied du Bock, côté Nord, s'étend l'ancien couvent du St-Esprit (17e s.).

Casemates du Bock★★
Mars-oct. : 10h-17h. 1,74€. ☎ 22 28 09.

On peut parcourir une section de ce labyrinthe défensif creusé en 1745 dans le grès constituant le sol de la ville. C'est l'infime partie d'un réseau de 23 km qui permettait la communication entre les différents ouvrages de la forteresse. Ces couloirs servirent aussi d'abri pendant la Seconde Guerre mondiale. Dans la crypte archéologique, des vestiges, ainsi qu'un montage audiovisuel retracent l'histoire du site. Certaines ouvertures offrent des vues sur le ravin et sur le quartier du Rham.

À l'entrée de la ville haute, à droite, un **monument** a été érigé en l'honneur de plusieurs célébrités qui séjournèrent à Luxembourg, notamment Goethe en 1792. À proximité se trouve le bâtiment à portique du **Conseil d'État**.

Par la rue Sigefroi, on gagne la place du Marché.

Place du Marché
Jadis carrefour de voies romaines, cette place, ancien Marché-aux-Poissons, est entourée de demeures anciennes. La maison dite « Sous les piliers » présente, au-dessus d'un portique Renaissance, des baies de style gothique flamboyant et une niche de même style abritant une statue de sainte Anne, la Vierge à l'Enfant. Plus à gauche se trouve une pittoresque maison à tourelle en encorbellement.

Boulevard Victor Thorn
Il offre des **vues★** sur la vallée de l'Alzette où se blottit le faubourg de Pfaffenthal et que franchit le pont Vauban. Au-dessus, le pont Grande-Duchesse Charlotte relie la ville au plateau de Kirchberg où se dresse le Centre Européen ; on aperçoit le fort des Trois Glands à travers une trouée dans les bois.

Porte des Trois Tours
Située à l'emplacement de la deuxième enceinte de la ville, elle est composée en fait d'une porte flanquée de deux tours.

On entre ensuite en ville par la première **porte de Pfaffenthal** (17e s.).

Prendre la rue de la Boucherie et la rue du Marché-aux-Herbes pour gagner la place Clairefontaine.

Place Clairefontaine
Sur cette jolie place s'élève le monument dédié à la grande-duchesse Charlotte.

Cathédrale Notre-Dame★
Avec ses fines flèches du 20e s., cette ancienne église des jésuites date du 17e s. et s'ouvre au Nord par un intéressant **portail** aux motifs Renaissance et baroques.

Ses trois nefs de la même hauteur sont un bon exemple d'église-halle. L'ensemble reste gothique, mais les piliers sont ornés d'originales arabesques en relief et la tribune au-dessus de l'entrée est finement travaillée dans un style mi-Renaissance mi-baroque. À gauche de la nef, on remarque la tribune réservée à la famille grand-ducale. Le chœur, de style néogothique, a été ajouté au 20e s. La statue miraculeuse de la Consolatrice des Affligés (patronne nationale depuis 1678) fait l'objet d'une dévotion toute particulière, et un grand pèlerinage a lieu pendant la troisième semaine après Pâques.

LUXEMBOURG
0
400 m
ETTELBRUCK
ECHTERNACH
C
D
Y
Z
WILTZ
ARLON
LONGWY
E 25 ESCH-SUR-ALZETTE
E 25, THIONVILLE
THIONVILLE
MONDORF-LES-BAINS
LIMPERTSBERG
CIMETIÈRE ISRAÉLITE
Square Édouard André
R. F. Seimetz
Av. du Bois
Av. Victor Hugo
Av. Pasteur
Av. Henri VII
Av. de la Faïencerie
CHAMP DES GLACIS
Bd de la Foire
R. des Glacis
Côte d'Eich
Rue Laurent Ménager
R. St. Mathieu
Avenue J. F. Kennedy
BANQUE EUROPÉENNE D'INVESTISSEMENT
Cour de Justice Européenne
Centre R. Schuman
Bâtiment Tour
Les Trois Glands
TOUR MALAKOFF
PONT GRANDE-DUCHESSE CHARLOTTE
Val des Bons Malades
Bd Konrad
CLAUSEN
R. Vauban
Alzette
Montée de Clausen
Rue de Trèves
PALAIS Gd-DUCAL
CATHÉDRALE N.-DAME
Av. de la Porte Neuve
Bd Royal
Av. E. Reuter
Av. Monterey
Bd Prince Henri
Bd Grande-Duchesse Charlotte
Bd Joseph II
Av. Marie Thérèse
Bd de la Pétrusse
Av. de la Liberté
Viaduc
Bd d'Avranches
R. d'Anvers
Rue de Strasbourg
Pétrusse
Boulevard de la Vallée
Route d'Esch
R. E. Lavandier
Rue de Hollerich
HOLLERICH
Pl. de la Gare
Bd de la Pétrusse
Rue des Trévires
Bd Charles
POL.
N 7
N 12
N 6
N 5
N 5A
N 4
N 51
N 52
N 56
N 3
N 1
N 2
CR 218
M2
T
S
3m2

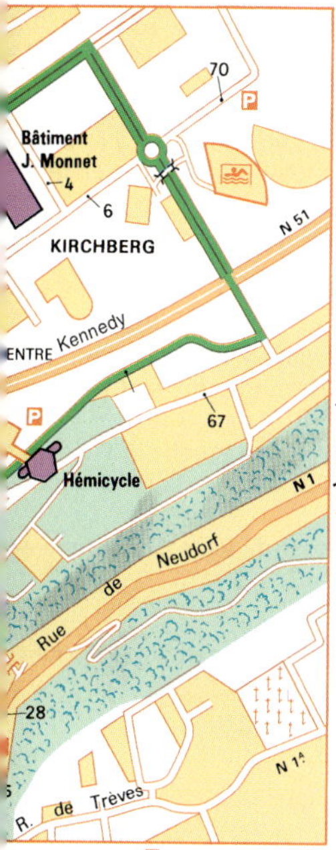

Ancien collège des Jésuites	F	V
Bâtiment J. Monnet	EY	
Cathédrale Notre-Dame	F	
Centre Robert Schuman	DY	
Conseil d'État	G	D
Cour de Justice Européenne	DY	
« Dent Creuse »	G	A
Hémicycle	EY	
Hôtel de ville	F	H
Le Bock	G	
Les Trois Glands	DY	
Maison natale de R. Schuman	DY	Z
Monument Robert Schuman	CY	S
Musée J.-P. Pescatore	CY	M²
Musée National d'Histoire et d'Art	G	M¹
Musée d'Histoire de la Ville de Luxembourg	G	M³
Natur Musée	G	M⁴
Palais Grand-Ducal	G	
Palais municipal	F	N
Plateau du Saint-Esprit	G	
Porte Pfaffenthal	G	
Porte de Grund	G	E
Porte des Trois Tours	G	
Saint-Jean du Grund	G	
Théâtre municipal	CY	T
Tour Jacob	G	B

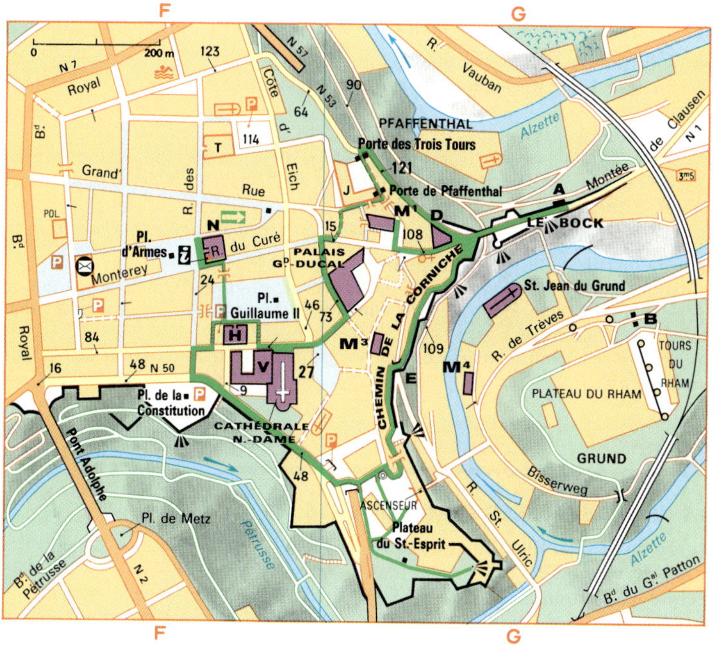

Joseph II (Bd)	CYZ	
Jules-Wilhem (R.)	EY	67
Kennedy (Av. J. F.)	DEY	
Laboratoire (R. du)	DZ	69
Lavandier (R. E.)	CZ	
Léon-Hengen (R.)	EY	70
Liberté (Av. de la)	CDZ	
Marché (Pl. du)	G	72
Marché aux Herbes (R. du)	FG	73
Marie-Thérèse (Av.)	CZ	
Martyrs (Pl. des)	CZ	75
Menager (R. Laurent)	CDY	
Metz (Pl. de)	F	
Michel-Rodange (R.)	CZ	78
Monterey (Av.)	F	
Münster (R.)	G	79
Nancy (Pl. de)	CZ	81
Nassau (R. de)	CZ	82
Neudorf (R. de)	EY	
Notre-Dame (R.)	F	84
Paris (Pl. de)	DZ	85
Pasteur (Av.)	CY	
Patton (Bd du Général)	G	86
Paul-Eyschen (R.)	CY	87
Pescatore (Av.)	CY	88
Pétrusse (Bd de la)	F	
Pfaffenthal (Montée de)	FG	90
Philippe II (R.)	F	91
Pierre-de-Mansfeld (Allée)	DY	93
Pierre et Marie Curie (R.)	DZ	94
Pierre-Hentges (R.)	DZ	96
Porte Neuve (Av. de la)	CY	
Prague (R. de)	DZ	97
Prince Henri (Bd du)	CYZ	
Reuter (Av. E.)	CYZ	
Robert-Schuman (Bd)	CY	99
Robert-Schuman (Rond-Point)	CY	100
Royal (Bd)	F	
Saint-Mathieu (R.)		
Saint-Ulric (R.)	G	
Sainte-Zithe (R.)	CZ	103
Scheffer (Allée)	CY	105
Seimetz (R. F.)	CY	
Semois (R. de la)	CZ	106
Sigefroi (R.)	G	108
Sosthène Weis (R.)	G	109
Stavelot (R. de)	DY	110
Strasbourg (R. de)	CDZ	
Théâtre (Pl. du)	F	114
Tour Jacob (Av. de la)	DEY	115
Trèves (R. de)	G	
Trévires (R. des)	DZ	
Trois Glands (R. des)	DY	117
Vallée (R. de la)	CZ	
Vauban (Pont)	DY	118
Vauban (R.)	G	
Verger (R. du)	DZ	120
Viaduc	DZ	
Victor-Hugo (Av.)	CY	
Victor-Thorn (Bd)	G	121
Willy-Georgen (R.)	F	123
Wilson (R.)	CZ	124
Winston-Churchill (Pl.)	CZ	126
10-Septembre (Av. du)	CZ	127

En sortant par la porte à droite du chœur, on accède à la chapelle du Trésor et à la **crypte**. La première contient le cénotaphe de Jean l'Aveugle, mort à Crécy en 1346. Ce tombeau réalisé en 1688 représente une Mise au tombeau. La crypte abrite d'intéressantes œuvres d'art moderne. C'est à Notre-Dame qu'eut lieu, en avril 1953, le mariage de Joséphine-Charlotte de Belgique avec Jean de Luxembourg, devenu grand-duc en 1964 à la suite de l'abdication de sa mère la grande-duchesse Charlotte. Le collège des jésuites, contigu à la cathédrale, est devenu Bibliothèque nationale.

De la cathédrale, on rejoint la place d'Armes.

LE KIRCHBERG *visite : 30mn*

Secteur en travaux.

Sur le plateau de Kirchberg, traversé par une autoroute, se sont installées les institutions européennes, ce qui a entraîné un important mouvement d'urbanisation (hôtels, école européenne, etc.). Au-delà, à l'extrémité de l'autoroute, se trouve le parc des expositions.

Avant d'emprunter le pont conduisant au Kirchberg, remarquer à gauche le **Théâtre municipal**. Construit en 1964, il présente une longue façade dont les baies forment une composition géométrique.

À l'entrée du pont, à droite, le monument érigé en l'honneur de Robert Schuman a été réalisé par l'architecte Robert Lentz.

Pont Grande-Duchesse Charlotte★

En acier, symbole de la CECA, hardiment peint en rouge, il a été inauguré en 1966. Il franchit l'Alzette sur 300 m.

Prendre à la sortie du pont la 2e route à droite vers le Centre Européen.

Centre Européen du Kirchberg

Le **bâtiment-tour** de 22 étages, inauguré en 1965, est occupé par le Secrétariat du Parlement européen ; le Conseil des ministres y siège trois mois par an. Il a été doublé d'un bâtiment plus petit, le **Centre Robert Schuman**. Une troisième construction, l'**Hémicycle**, terminée en 1979, sert de centre de conférences.

Par la route qui s'enfonce dans le bois derrière le Centre Européen, gagner les Trois Glands.

Les Trois Glands

C'est, dans un bois, l'ancien fort Thungen, aux tours surmontées de pierres en forme de gland.

À l'extrémité de la pelouse, obliquer vers la gauche.

Un petit belvédère domine Clausen et son église : sur la gauche, une maison à tourelle est celle où naquit Robert Schuman. À droite, **vue★** sur la ville de Luxembourg, le Bock et le quartier du Rham avec ses tours.

Revenir vers le Centre Européen et passer sous l'autoroute pour gagner la Cour de justice.

Cour de justice de l'Union Européenne

Le bâtiment à quatre étages de la C.J.C.E., construit en 1970, étale ses structures d'acier peint en marron foncé, sur une vaste terrasse où se remarquent deux sculptures de Henry Moore et Lucien Wercollier.

À proximité, le **bâtiment Jean Monnet**, aux parois de verre fumé, abrite des services administratifs.

visiter

LES GRANDS MUSÉES ET MONUMENTS

Musée national d'Histoire et d'Art★

Tlj sf lun. 10h-17h. Fermé 1er janv., 1er nov., 25 déc. 4,90€. ☎ 47 93 30-1 ; www.mnha.lu

Section gallo-romaine★ – Installée principalement au rez-de-chaussée, elle est extrêmement riche. Les fouilles effectuées dans le Sud du pays (Dalheim, Titelberg) ont révélé une intense occupation à l'époque romaine. Les objets sont bien mis en valeur : bronzes, terres cuites, verreries délicates. De nombreux monuments funéraires sont à comparer avec ceux de Trèves et d'Arlon. Les petites stèles en forme de maison, qui abritaient peut-être des urnes et les pierres sculptées de quatre divinités, étaient très répandues au Sud du Luxembourg. L'époque mérovingienne a laissé en particulier des armes et de beaux bijoux. La **salle des médailles** ou trésor présente des pièces rares de toutes les époques et le remarquable **masque en bronze de Hellange** datant du 1er s.

Section des Beaux-Arts – Une série de sculptures religieuses (11e au 18e s.) se trouve répartie dans diverses salles de cette section, ainsi que dans la section gallo-romaine et dans la section de la Vie luxembourgeoise.

L'**art ancien** *(3e étage)* est représenté essentiellement par les œuvres provenant de trois collections : la collection Edmond Reiffers (peintures italiennes du 13e au 16e s.), la collection Wilhelmy-Hoffmann (écoles du Nord et œuvres flamandes des 16e et 17e s. ; remarquer une *Charité* de Cranach l'Ancien et une copie du retable de Hachiville) et la collection Bentinck-Thyssen (exposée temporairement).

Musée national d'Histoire et d'Art, Luxembourg

Une taque de cheminée de 1588.

L'**art moderne** *(1er et 2e étages)* comprend, outre quelques sculptures (Rodin, Maillol, Lobo, Hadju), des toiles, des tapisseries figuratives ou abstraites de l'école de Paris (Bertholle, Bissière, Borès, Chastel, Estève, Fautrier, Gilioli, Lurçat, Pignon, Soulages, Tàpies, Vieira da Silva) et des œuvres du peintre expressionniste luxembourgeois Joseph Kutter (1894-1941).

Section Vie luxembourgeoise★★ (arts décoratifs, arts et traditions populaires) – *Accès par le 1er étage du musée d'Histoire et d'Art.* Cette section remarquable, aménagée dans quatre anciennes maisons bourgeoises, évoque la vie au Luxembourg du 17e au 19e s. : intérieurs ornés d'un beau mobilier, faïence Boch (Septfontaines) et poteries de Nospelt, étains, importante collection de peintures sous verre. Dans les caves voûtées sont exposées des taques de cheminée. Une partie des caves est consacrée à la viticulture mosellane réputée pour son vin blanc, ses vins mousseux et ses crémants.

Palais Grand-Ducal★

De mi-juil. fin août : visite accompagnée (50mn) lun.-ven. ap.-midi et sam. matin. Pour plus d'information, prière de se renseigner auprès de l'Office de tourisme. Le visiteur individuel doit acheter son ticket d'entrée à l'Office de tourisme situé place d'Armes. 5,45€. ☎ 22 28 09.

L'aile gauche, ancien hôtel de ville, remonte au 16e s. Sa façade flanquée de gracieuses tourelles est décorée de bas-reliefs aux motifs géométriques.

L'aile droite, ou « la Balance », a été ajoutée en 1741 et l'aile arrière, donnant sur le jardin, en 1891. L'édifice situé à droite de la Balance (1859) abrite la Chambre des députés. Depuis 1895, une grande partie des activités officielles se déroulent dans ce palais. Dans la salle des gardes sont conservées de belles armes. L'escalier d'honneur, dont l'élégante balustrade s'orne du monogramme d'Adélaïde-Marie, épouse du grand-duc Adolphe, mène aux appartements.

L'ancienne salle des Nobles, ou **salon des Rois**, où sont exposés les portraits des grands-ducs du passé, est utilisée pour les audiences officielles. Dans la salle à manger, quatre tapisseries, offertes par Napoléon après son séjour au palais en 1804, illustrent l'histoire de Télémaque.

Musée d'Histoire de la Ville de Luxembourg★

Visite tlj sf lun. 10h-18h (jeu. 20h). Fermé 1er janv., 1er nov., 25 déc. 2,40€. ☎ 47 96 30 61.

De conception remarquable, ce musée est installé dans 4 maisons restaurées depuis peu, datant des 17e, 18e et 19e s. Les origines des bâtiments remontent au Moyen Âge ; au 18e s., ils abritèrent un refuge de l'abbaye d'Orval. Le musée présente d'une façon passionnante l'histoire de la ville de Luxembourg. Bornes interactives, présentations audiovisuelles, documents anciens, plans manuscrits, sceaux, armes, heaumes, dont un magnifique morion gravé (16e s.), et peintures retracent l'évolution de la ville depuis ses origines à nos jours. Six très belles maquettes en érable (1/666) illustrent le développement urbain de la cité. L'accent est mis sur la ville-forteresse que se disputent les puissances européennes. Le parcours insiste également sur les aspects économique (entre autres ARBED), politique (indépendance du Luxembourg en 1890), religieux (culte marial) et culturel (de nombreux artistes se sont passionnés pour la ville fortifiée) de la capitale du Grand-Duché. Les étages supérieurs sont consacrés aux changements remarquables qu'a subis la société depuis le siècle dernier, notamment la naissance de la bourgeoisie moderne, la vie quotidienne dans la capitale, les loisirs et la scolarité.

Casemates de la Pétrusse

Pl. de la Constitution. Pdt vac. de Pâques, de Pentecôte, d'été : visite accompagnée (50mn) 11h-16h. 1,74€. ☎ 22 28 09.

Créées en 1746 par les Autrichiens pour améliorer les défenses sur le flanc Sud du plateau, elles forment un important réseau souterrain ouvrant sur la vallée de la Pétrusse.

Villa Vauban

Visite (uniquement lors des expositions temporaires) tlj sf lun. 10h-18h (jeu. 20h). Fermé 1er janv., Toussaint, 25 déc. 2,40€. ☎ 47 96 30 61.

L'intérieur raffiné du 19e s. de la villa Vauban abrite trois legs de collectionneurs concernant la peinture belge, hollandaise et française du 17e s. à nos jours.

Après quelques tableaux attribués à Canaletto (salle 3), on remarque parmi les toiles flamandes des œuvres de David Teniers le Jeune, du 17e s. *(Scène d'intérieur, Le Fumeur)*.

La riche collection hollandaise du 17e s. comprend plusieurs scènes de genre *(L'Empirique* de Gérard Dou, *La Fête des Rois* de Jan Steen) et une marine de Van de Capelle.

La peinture française du 19e s. est représentée notamment par un Delacroix *(Jeune Turc caressant son cheval)* et un Courbet *(Marine)*.

Le musée organise également des expositions temporaires.

LES FAUBOURGS

Une promenade en voiture en longeant la rive droite de l'Alzette, à travers les faubourgs du bas Grund, Pfaffenthal et Clausen, permet de découvrir un tout autre aspect de la ville avec ses quartiers les plus populaires, ses maisonnettes, ses brasseries où sont encore confectionnées les bières locales. De ces quartiers installés au fond des ravins, des points de vue très différents s'offrent sur la ville ancienne et ses fortifications.

Natur Musée

♿ De mi-mai à mi-sept. : tlj sf lun. 10h-18h ; de mi-sept. à mi-mai : tlj sf lun. 14h (w.-end 10h)-18h. Fermé 1er janv., 1er nov., 24, 25 et 31 déc. 4,50€. ☎ 46 22 33-1.

Superbement situé dans le quartier ancien du Grund inscrit sur la liste du patrimoine mondial de l'Unesco, l'hospice St-Jean (14e s.) abrite le musée national d'Histoire naturelle. Servant à l'origine d'asile et d'orphelinat, l'hospice fut transformé en prison de femmes au 19e s. Au rez-de-chaussée, des bornes interactives et des vitrines didactiques fournissent des informations sur le corps humain dans toute sa complexité, l'évolution de l'homme de la cellule œuf à la naissance, la position que l'homme occupe dans le monde. Des dioramas aux animaux naturalisés et des écrans interactifs présentent les différentes régions luxembourgeoises. Le 1er étage est consacré aux planètes de notre système solaire, au big bang, ainsi qu'à la parenté entre homme et animal.

Église St-Jean-du-Grund

Cette église appartint jusqu'à la Révolution française à l'abbaye bénédictine de Munster. L'édifice actuel date de 1705. L'intérieur est rehaussé par les trois retables du chœur, de style baroque flamand. Sont à signaler également : un chemin de croix en émail de Limoges du 16e s., signé Léonard Limosin, des orgues du 18e s., des fonts baptismaux gothiques, et, dans une chapelle à gauche de la nef, une gracieuse Vierge noire à l'Enfant, de l'école de Cologne, sculptée vers 1360 et objet d'une grande vénération.

alentours

Cimetières militaires

5 km à l'Est. Sortir par le bd du Général Patton.

Parmi les treize cimetières américains de la Seconde Guerre mondiale aménagés outre-Atlantique, celui de **Hamm** (Luxembourg American Cemetery), aux portes de la capitale, rappelle la gratitude du Grand-Duché pour ses libérateurs. Au milieu des bois, cet ensemble impressionnant de 20 ha, dominé par une chapelle-mémorial érigée en 1960, groupe 5 076 tombes. Face aux croix blanches alignées en arc de cercle, celle du général Patton, mort en décembre 1945, se dresse identique aux autres.

Plus à l'Est *(accès par la route de Contern)*, le **cimetière allemand de Sandweiler**, inauguré en 1955, se découvre au détour d'une allée forestière. Sur 4 ha s'ouvrent de vastes pelouses plantées d'arbres où des groupes de cinq croix trapues, en granit sombre de la Forêt-Noire, sont disséminés. Une croix monumentale surmonte la fosse commune où reposent 4 829 soldats sur les 10 885 inhumés dans cette nécropole.

De Luxembourg à Bettembourg

15 km au Sud, direction Thionville.

Hespérange est un pittoresque bourg situé au bord de l'Alzette et dominé par les ruines de son château des 13e et 14e s. entre lesquelles se sont édifiées de petites habitations précédées de jardinets.

Bettembourg possède un important parc récréatif, le **Parc Merveilleux**. Des animaux, de nombreuses attractions pour enfants, en particulier des reconstitutions de contes de fées, animent ce vaste jardin de 30 ha. ♿ *De fin mars à mi-oct. : 9h30-18h. 6€. ☎ 51 10 48 24.*

De Luxembourg à Junglinster

13 km au Nord, direction Echternach.

Par une belle route tracée au cœur d'une épaisse forêt, on atteint Eisenborn, sur l'Ernz Blanche, et à droite **Bourglinster**, pittoresque village au pied d'un vieux château restauré.

Junglinster possède une charmante **église** du 18e s. en pierre crépie de beige, rehaussée de peintures aux tons pastel. Elle est entourée d'un ancien **cimetière** dont les croix, pour la plupart du 19e s., conservent un aspect archaïque.

Mondorf-les-Bains★

Près de la frontière française, c'est une ville d'eaux fréquentée dont les sources sortant à 24 °C, conviennent surtout aux affections hépatiques, intestinales et rhumatismales. Édifiée à l'Est de l'ancien village, son établissement thermal est équipé d'installations modernes. L'avenue des Bains qui mène au domaine thermal présente quelques belles façades de style Art nouveau.

La situation

3 292 habitants – Cartes Michelin nos 716 L 7 et 717 W 25.

Au Sud-Est du pays, jouxtant la petite ville de Mondorff en France, Mondorf-les-Bains est reliée à la vallée de la Moselle par la N 16 et à Thionville par la D 1.

ℹ *Av. des Bains, 26 ☎ 66 75 75 ; www.mondorf-info.lu*

carnet pratique

Hébergement

• *À bon compte*

Grand Chef – *Av. des Bains 36 – ☎ 66 80 12 – granchef@pt.lu – ouv. de mi-mars à fin nov. – restaurant fermé mer. midi sf j. fériés – P – 35 ch. : 61/95€ ☕ – restaurant 21/36€.* Attenant aux installations thermales de la localité, cet ancien hôtel particulier met à votre disposition des chambres spacieuses et confortables. Bar et salons cossus. Grand parc agrémenté d'une pièce d'eau. Une affaire presque centenaire !

Petite pause

Propriété Viticole Schumacher-Knepper – *Rte du Vin 28 – 5495 Wintrange – ☎ 66 40 08 – www.schumacher-knepper.lu – toute l'année sur demande.* Le domaine viticole Schumacher-Knepper propose une visite de ses caves avec explication sur l'élevage du vin et dégustation de crus, dont le crémant cuvée Alexandre de Musset.

visiter

Parc★

Près de l'établissement thermal, ce parc de 36 ha aux belles frondaisons et aux parterres fleuris s'étend sur le versant d'une colline, offrant quelques échappées sur la campagne. Au centre se trouve le pavillon de la source Kind (1963).

Église St-Michel

8h-18h.

Sur une colline dominant le vieux bourg, cette église au crépi rose, élevée en 1764 et entourée d'un cimetière, possède un riche **mobilier★** Louis XV. Orgues sur tribune sculptée d'emblèmes musicaux, confessionnaux, autels, chaire étonnante sont en harmonie avec les stucs et fresques peints en trompe-l'œil par Weiser (1766), originaire de Bohême.

Vallée de la **Moselle luxembourgeoise**★

Depuis la frontière française jusqu'à Wasserbillig, la Moselle (du romain Mosella, petite Meuse), dont la largeur atteint une centaine de mètres, sépare le Luxembourg de l'Allemagne. Un paysage lumineux, de nombreux coteaux plantés de vignes et de pittoresques villages viticoles sont les principaux attraits du parcours. Dans les principales caves coopératives, on peut déguster les bons crus de la Moselle luxembourgeoise : vins blancs (rivaner, auxerrois, pinot blanc, pinot gris, riesling, gewürztraminer, elbling), crémants, vins mousseux et quelques vins rosés (pinot noir).

La situation

Cartes Michelin n°s 716 M 6-7 et 717 X 25-26.

Accès depuis Mondorf-les-Bains par la CR 152, depuis Luxembourg par l'E 29 et la N 2.

comprendre

Faisant suite à une convention internationale signée par la France, l'Allemagne fédérale et le Grand-Duché de Luxembourg, des travaux de canalisation, achevés en 1964, ont considérablement amélioré la navigabilité de la rivière. Elle est ainsi devenue accessible aux bateaux de 3 200 t entre Thionville et Coblence.

Les deux barrages de Grevenmacher et de Stadtbredimus, équipés chacun d'une écluse et d'une centrale hydro-électrique, interrompent le cours de la rivière. Afin de ne pas défigurer les sites, ils ont été construits au ras de l'eau.

carnet pratique

VISITES

Promenades à pied – Le sentier de la Moselle longe, sur 40 km environ, le cours de la rivière, du Stromberg, colline située au Sud de Schengen, à Wasserbillig.

Promenades en bateau – Une descente de la Moselle entre Wasserbillig et Schengen permet d'admirer le joli paysage de cette région parsemée de villages viticoles.

RESTAURATION

• À bon compte

Pavillon St Martin – *Rte de Stadtbredimus 53 – 5570 Remich – ☎ 23 66 91 02 – fermé de mi-déc. à fin janv., lun. – ⊭ – 25/44€.* Alangui sur les rives la Moselle, ce restaurant avec terrasse d'été présente une carte combinant tradition et diversité : de la petite assiette vigneronne jusqu'au coq au riesling, en passant par la grande salade gourmande. Le tout s'accommode de vins du cru.

• Valeur sûre

Côté Moselle – *Rte du vin 3 – 5445 Schengen – ☎ 266 66 21 – fermé mar. hors sais. – ⊭ – 10€ déj. – 34,50/40,50€.* Au cœur d'un nouveau quartier, dans un pavillon moderne, brasserie-restaurant maniant un répertoire culinaire exempt de complication. Lorsque la météo est au beau fixe, le couvert est dressé sur une terrasse herbue offrant une échappée vers la Moselle.

HÉBERGEMENT

• À bon compte

l'Écluse – *Rte du Vin 29 – 5450 Stadtbredimus – ☎ 236 19 11 – restaurant fermé 2 sem. à Noël, 2 sem. en juin, mer. midi, jeu. – P – 16 ch. : 45/60€ ☕ – restaurant 22/35€.* Petite affaire familiale implantée en face d'une écluse sur la Moselle. D'ampleur modeste, les chambres sont fonctionnelles et parfois pourvues de balcons. Une véranda lumineuse abrite la salle de restaurant. Terrasse et jardin agréables.

de l'Esplanade – *Esplanade 5 – 5533 Remich – ☎ 23 66 91 71 – esplanade@pt.lu – fermé déc.-janv., lun. sf de mi-juin à mi-août – 18 ch. : 51/73€ ☕ – restaurant 16/37€.* Belle construction regardant la Moselle, à deux pas du centre. Menues chambres au décor assez sobre, certaines profitant d'une vue sur l'eau. Salle à manger classiquement aménagée, agrandie d'une terrasse estivale dressée sous des stores.

circuit

LA ROUTE DU VIN

46 km – environ 1/2 journée

La N 10 longe la Moselle sur tout le trajet.

Schengen

C'est dans ce village-frontière, première localité viticole de la Moselle luxembourgeoise (caves), que, le 14 juin 1985, se réunirent à bord du bateau de plaisance *Marie-Astrid* les représentants des gouvernements luxembourgeois, allemand, français, belge et néerlandais. Ils signèrent alors **les accords de Schengen**

A. Kouprianoff/MICHELIN

La vallée de la Moselle luxembourgeoise.

reconnaissant l'abolition progressive des frontières intérieures entre ces États. Au début des années 1990, l'Italie, l'Espagne, le Portugal et la Grèce se sont joints à cette convention.

Remerschen

Un peu à l'écart de la rivière, ce bourg est situé au pied des coteaux du Kapberg, couverts de vignes sur échalas, dont un calvaire, desservi par un escalier raide, escalade la pente.

Schwebsange

À droite de la route, dans un jardin, a été installé un pressoir du 15e s. et un broyeur à fruits. Quelques pressoirs sont également à signaler, face à l'église, ainsi qu'une charmante **fontaine des Enfants aux raisins** où se déroule chaque année la fête du vin. Schwebsange possède l'unique port de plaisance du Grand-Duché.

Bech-Kleinmacher

Les anciennes maisons de vignerons « A Possen » (1617) et « Muedelshaus » ont été transformées en **Musée folklorique et viticole**. De petites pièces au mobilier rustique (cuisine à feu ouvert) y évoquent la vie d'antan. Les activités traditionnelles sont présentées dans des ateliers, une laiterie, un musée viticole et une cave conservant une cuve à fouler le raisin. *Mai-oct. : tlj sf lun. 14h-19h ; mars-déc. : ven.-dim. 14h-19h. Fermé 25 déc. 4€. ☎ 23 69 73 53.*

Prendre la route de Wellenstein qui passe devant le musée.

Wellenstein

À l'entrée de ce beau village, entouré de 70 ha de vignobles, se trouvent les plus grandes **caves coopératives** du Grand-Duché. ♿ *Mai-août : visite accompagnée (1h) tlj sf lun. 9h-12h, sam. 11h-18h, dim. et j. fériés 14h-19h. 1,75€. ☎ 23 6966-1.*

La route gravit le **Scheuerberg** (vues sur les vignobles), puis descend sur Remich : vues sur la Moselle.

À Remich, regagner la Moselle.

Remich

La ville de Remich possède plusieurs caves. À la sortie Nord de la ville, les **caves St-Martin** creusées dans le roc sont consacrées à l'élaboration d'un vin champagnisé. ♿ *Fév.-nov. : visite accompagnée (1h) 10h-12h, 13h30-18h. 2,55€. ☎ 23 69 97 74.*

Ici, la rive de la Moselle, aménagée, constitue une longue promenade pour piétons.

Stadtbredimus

Importantes caves coopératives.

Peu après Stadtbredimus, prendre à gauche la route de Greiveldange.

Elle offre, à la montée, de belles **vues★** sur le méandre de la Moselle, le coteau luxembourgeois abrupt couvert d'échalas, et la rive allemande, vers Palzem, plus adoucie mais également plantée de vignobles.

Après le village de **Greiveldange** qui possède une grande cave coopérative, revenir dans la vallée.

Ehnen

Ce village de vignerons cerné par les échalas conserve un quartier ancien aux rues pavées, au centre duquel se dresse une église de plan circulaire, construite en 1826, et flanquée d'une tour romane. Une maison vigneronne a été aménagée en **musée du Vin**. Des outils, en usage jusqu'aux années 1960, et des photos illustrent agréablement les travaux de la vigne et du vin mosellans d'autrefois. Les métiers annexes (tonnelier) sont également évoqués et la visite se termine par une dégustation. *Avr.-oct. : tlj sf lun. 9h30-11h30, 14h-17h. 3€. ☎ 76 00 26.*

Wormeldange

C'est la capitale du riesling luxembourgeois. À la sortie à gauche se situent ses grandes **caves coopératives**. *Mai-oct. : visite accompagnée (1h) tlj sf dim. 13h-18h. Fermé j. fériés. 2€. ☎ 23 69 66-1 ; www.vinsmoselle.lu.*

Au sommet du plateau, au lieu dit **Koeppchen**, à l'emplacement d'un ancien burg, se dresse la chapelle St-Donat. Belle **vue** sur le fleuve et Wormeldange.

Machtum

Petite localité située dans un coude de la rivière. Sur une pelouse sont disposés un pressoir et un broyeur à fruits.

À la fin du méandre se trouve le grand **barrage-écluse** de Grevenmacher, doté d'une centrale électrique.

Grevenmacher

Entourée de vignobles et de vergers, cette petite ville est un important centre viticole doté de caves coopératives et d'une cave privée. Les **caves coopératives** sont situées au Nord de la localité *(rue des Caves).* ♿ *Mai-août : visite accompagnée (1h) tlj sf dim. 10h-17h. 1,75€. ☎ 23 69 66-1.* Au Sud du pont, les **caves Bernard Massard**, fondées en 1921, produisent du vin mousseux méthode champenoise. La visite des caves inférieures est complétée par la projection d'un film documentaire sur le Grand-Duché, la Moselle, le travail de la vigne et l'élaboration du vin mousseux. ♿ *Avr.-oct. : visite accompagnée (1h) 9h30-18h. 2,50€. ☎ 750 54 51.*

Mertert

Port fluvial actif, relié à Wasserbillig par un sentier pour piétons bien aménagé au bord de la Moselle.

Wasserbillig

Au confluent de la Moselle et de la Sûre, ce nœud routier international est aussi un centre touristique. C'est le point de départ des promenades en bateau.

Petite Suisse luxembourgeoise★★★

Cette région très pittoresque, qu'on nomme Petite Suisse luxembourgeoise à cause de son paysage accidenté et verdoyant, est riche en beautés naturelles. Forêts touffues de hêtres, charmes, pins, bouleaux, chênes, sous-bois couverts de fougères, bruyères, myrtilles, mousses, torrents bouillonnants dévalant leur lit encombré de rochers, pâturages humides, telle est la physionomie de la Petite Suisse luxembourgeoise. La présence de rochers étranges, dissimulés au cœur de la forêt, ajoute au charme du paysage.

La situation

Cartes Michelin nos 716 L 6-M 6 et 717 X 24.

Appartenant au Parc naturel germano-luxembourgeois, cette région, où éperons rocheux alternent avec forêts étendues, se situe entre Echternach, Beaufort, Larochette et Consdorf. Accès depuis Echternach par la N 10.

🅸 *Porte St-Willibrord, Parvis de la Basilique, ☎ 72 02 30 ; www.echternach.lu*

circuit

34 km au départ d'Echternach – compter une journée

Echternach★ *(voir ce nom)*

Sortir d'Echternach par la N 10 en direction de Diekirch.

La route, qui longe la Sûre, passe à proximité de la gorge du Loup.

Prendre tout de suite à gauche vers Berdorf.

À 1 km de la bifurcation, la route est longée par le sentier de la **promenade B** qui, descendant de la Gorge du Loup, s'engage dans la vallée de l'Aesbach.

Le Perekop

C'est un rocher ruiniforme d'environ 40 m de haut surplombant la route, à droite. Un escalier aménagé dans une crevasse mène au sommet : vue sur les bois.

Promenade à pied★★ – Au Perekop, le sentier de la **promenade B** (d'Echternach à Grundhof) se retrouve au niveau de la route. Le parcours vers l'Ouest, le long du

carnet pratique

Restauration

• Valeur sûre

Le Cigalon – *R. Ernz Noire 1 – 6245 Müllerthal – ☎ 79 94 95 – le_cigalon@internet.lu – hébergement fermé janv.-fév. ; restaurant fermé mar. – 27/49€.*
Blottie dans un environnement forestier, hostellerie dont les chambres et le restaurant sont agencés dans l'esprit provençal, « Cigalon » oblige ! Belle terrasse et parc dévoilant une vue plaisante sur les alentours verdoyants. Salle de fitness.

• Une petite folie !

Reilander Millen – *Rte Juglinster-Müllerthal – 7639 Reuland – ☎ 83 72 52 – fermé 3 sem. carnaval, de mi-août à mi-sept., lun. et sam. midi – 12€ déj. – 45/55€.*
Un moulin du 18e s. et sa vallée boisée servent d'écrin à ce restaurant. On prend place dans une jolie salle rustique où une carte assez succincte, mais appétissante et recomposée au fil des saisons, s'emploie à combler votre appétit. Bonne sélection de vins.

Hébergement

• À bon compte

de la Station – *Rte d'Echternach 10 – 6250 Scheidgen – ☎ 79 08 91 – info@hoteldelastation.pt.lu – ouv. de déb. avr. à mi-mars – restaurant fermé lun., mar. – P – 25 ch. : 47/75€ ☕ – restaurant 43€.*
Point de chute où vous serez hébergés dans des chambres bien tenues profitant d'une échappée agreste. Leur bonne isolation phonique fait vite oublier la rumeur de la route passante. Jardin arboré. Salle à manger typiquement luxembourgeoise.

ruisseau Aesbach jusqu'à l'endroit où le sentier s'en éloigne, *(30mn)* est des plus pittoresques.
On remarque des rochers travaillés par l'érosion : la tour Malakoff, puis le Chipkapass. La route, émergeant des bois, fait découvrir Berdorf, sur le plateau.

Des rochers multiformes

Le grès de Luxembourg, conglomérat de sable et de calcaire, appartenant à l'une des principales « côtes » du Gutland, a été sculpté par la nature de façon étonnante.
Striées par l'érosion, les roches présentent souvent l'aspect d'une muraille ruiniforme. Lorsque, désagrégé par l'eau, le plateau gréseux s'est fendu, formant des « diaclases », d'énormes blocs se sont détachés et se sont mis à glisser sur leur assise argilocalcaire vers la vallée.
La nappe d'eau qui s'est formée à la partie inférieure du grès a donné naissance à des sources nombreuses. Entre les parois du bloc peut apparaître alors une sorte de gorge ou de crevasse dite « **Schluff** » ; si les parois sont inclinées, il se crée une véritable grotte (schlucht).
Une quinzaine de promenades pédestres balisées permettent de parcourir la Petite Suisse et d'en découvrir les plus beaux recoins.

Rochers de la Petite Suisse luxembourgeoise.

Ph. Gajic / MICHELIN

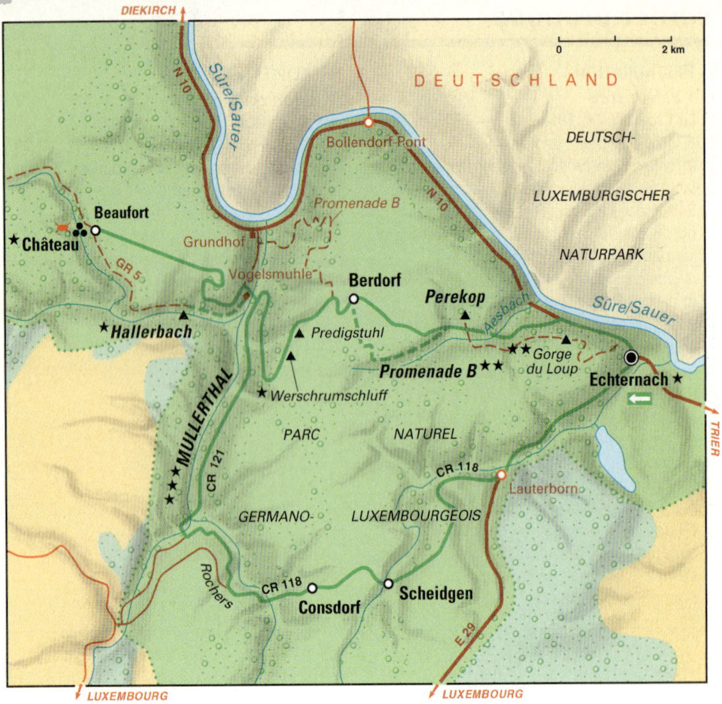

Berdorf *(voir ce nom)*

À Berdorf, prendre la direction du Müllerthal.

À gauche de la route apparaît bientôt le **Predigstuhl**, rocher en arrière duquel se dissimule en particulier la **Werschrumschluff★**.

La route descend rapidement vers le Müllerthal. À Vugelsmullen (ou Vogelsmuhle) dans le Müllerthal, prendre à droite, puis aussitôt après à gauche vers Beaufort.

Beaufort

Située sur une éminence, c'est une petite localité où est fabriquée une liqueur au cassis nommée Cassero.

Château de Beaufort★

Avr.-oct. : 9h-18h. 2€. ☎ 83 60 02.

Dans un vallon boisé, près d'un étang, s'élèvent les ruines romantiques de ce château fort (12e-16e s.) dont Victor Hugo écrivait en 1871 : « Il apparaît à un tournant, dans une forêt, au fond d'un ravin ; c'est une vision. Il est splendide. » Le château ancien est une énorme tour-donjon se rattachant à une forteresse. Une restauration en 1930 en a dégagé les abords et consolidé les accès. Le château voisin a été construit en 1647 par le seigneur de Beaufort. Le sentier pédestre qui s'amorce à l'Ouest de l'étang conduit vers le Hallerbach.

Revenir en voiture à Vogelsmuhle. Peu avant d'atteindre ce hameau s'embranche à droite une petite route longeant le Müllerthal. À 300 m, laisser la voiture et prendre le sentier du Hallerbach.

Hallerbach★

À travers les bois, ce torrent dévale parmi les éboulis moussus où s'égrènent de charmantes cascatelles *(30mn AR environ).*

Revenir à Vogelsmuhle et tourner à droite.

Müllerthal★★★ (Vallée des Meuniers)

C'est le nom donné à la **vallée de l'Ernz Noire**. La rivière y coule, coupée de cascades, entre deux rives tapissées de prairies, et encaissées entre des versants boisés où surgissent de spectaculaires amoncellements de grès.

À 200 m du Müllerthal, tourner à gauche vers Consdorf.

Pour remonter sur le plateau, la route emprunte une petite vallée bordée de part et d'autre par un pittoresque alignement de rochers.

Consdorf

À l'orée du bois, c'est une localité touristique fréquentée l'été.

Scheidgen

Centre de villégiature.

Par Lauterborn, on regagne Echternach.

Rindschleiden★

Au Sud d'Esch-sur-Sûre, dans un havre de paix, ce hameau se niche au creux d'un vallon verdoyant, autour de son église d'origine romane dont l'intérieur est remarquable pour ses peintures murales. Dans un petit jardin proche de l'église, le puits miraculeux de saint Willibrord est le but d'un pèlerinage annuel. À côté ont été placés d'anciens fonts baptismaux, datés du 15e s.

La situation

Cartes Michelin nos 716 pli 18 et 717 U 23 – Schéma voir Vallée de la Sûre.
Rindschleiden se trouve sur la CR 308, entre Martelange en Belgique et Ettelbrück.

visiter

Église paroissiale★

Le chœur de l'église a été modifié à l'époque gothique tardive. La nef fut agrandie au 16e s. et pourvue de trois voûtes d'égale hauteur.
À l'**intérieur**, toutes les voûtes, ainsi que les parois du chœur, sont couvertes de **fresques**. Datant de la 1re moitié du 15e s. (chœur) et du 16e s. (nef), elles représentent, dans des teintes claires, rehaussées d'un contour noir, une multitude de personnages, saints ou personnages royaux, et des scènes religieuses.
On remarque également des statues en bois des 17e et 18e s., et quelques sculptures en pierre : l'armoire eucharistique surmontée d'un oculus (15e s.), des clefs de voûte, des chapiteaux et des statues à la retombée de la voûte (16e s.).

Vallée de la Sûre★★

La Sûre, née en Belgique entre Neufchâteau et Bastogne, traverse le Grand-Duché jusqu'à la Moselle et la frontière allemande dont elle marque les limites de Wallendorf à Wasserbillig. Une grande partie de la vallée peut être parcourue en suivant des sentiers pédestres balisés.

La situation

Cartes Michelin nos 716 K 6- L 6-M 6 et 717 plis 3, 4.
Au cœur des Ardennes luxembourgeoises, la vallée de la Sûre se caractérise par des paysages verdoyants et des collines escarpées. Accès par la N 15 reliant Bastogne en Belgique à Ettelbrück.
🛈 Maison du Parc, route de Lultzhausen 15, 9650 Esch-sur-Sûre, ☎ 899 33 11 ; www.naturpark-sure.lu

HÉBERGEMENT
Naturpark-H. Zeimen – *Am Enneschtduerf 2 – 9662 Kaundorf – ☎ 83 91 72 – hozeimen@pt.lu – 🅿 – 9 ch. : 51/66€ – restaurant 29€.* Dans un village typique de l'Oesling, près du lac de la Haute-Sûre, hôtel où la même famille se relaye depuis quatre générations derrière le comptoir de la réception. Chambres actuelles, salle à manger classiquement aménagée et vue champêtre.

circuit

LA HAUTE VALLÉE★★ 1

68 km – environ 1/2 journée
C'est la partie la plus spectaculaire où la rivière entaille profondément le massif ancien de l'Oesling. La vallée, dans laquelle s'enfonce la route, est suivie également par le sentier pédestre de la Haute-Sûre qui relie Martelange, à la frontière, à Ettelbruck, 60 km plus loin.

Hochfels★

Des abords du chalet situé sur cette crête de 460 m d'altitude, on a une **vue plongeante** sur la vallée sinueuse aux versants boisés.
Par Boulaide, on gagne Insenborn, en traversant la Sûre à **Pont-Misère** dans un joli paysage.
En remontant sur le plateau, on découvre de jolies **vues** sur une partie du lac de la Haute-Sûre, en aval du pont, puis sur la rivière en amont, au pied du Hochfels, avec Boulaide à l'horizon.

Esch-sur-Sûre.

Insenborn

Située sur le **lac de la Haute-Sûre★**, cette localité est un centre de sports nautiques *(voile, planche à voile, canotage, baignade, pêche, plongée sous-marine)* qui y sont autorisés en amont de Lultzhausen.

D'Insenborn à Esch-sur-Sûre, la route longe le lac de la Haute-Sûre : **points de vues★** remarquables sur ses rives sinueuses et verdoyantes couvertes de genêts et hérissées de sapins.

Barrage d'Esch-sur-Sûre

Haut de 48 m, d'une capacité de 62 millions de m^3, il comprend une usine hydro-électrique située à la base ; il se complète de deux barrages secondaires : celui de Bavigne *(au Nord-Ouest)* et celui de Pont-Misère *(en amont)*, destinés à régulariser les crues de la rivière.

On a une bonne **vue★** sur le lac depuis la route de Kaundorf, dans un virage à 800 m au-delà du barrage.

Esch-sur-Sûre★

C'est une localité pittoresque dont les maisons étagées, couvertes d'ardoise, composent un joli site à l'intérieur d'un méandre presque recoupé, autour d'un promontoire portant les ruines d'un château. Depuis la tour de guet circulaire au

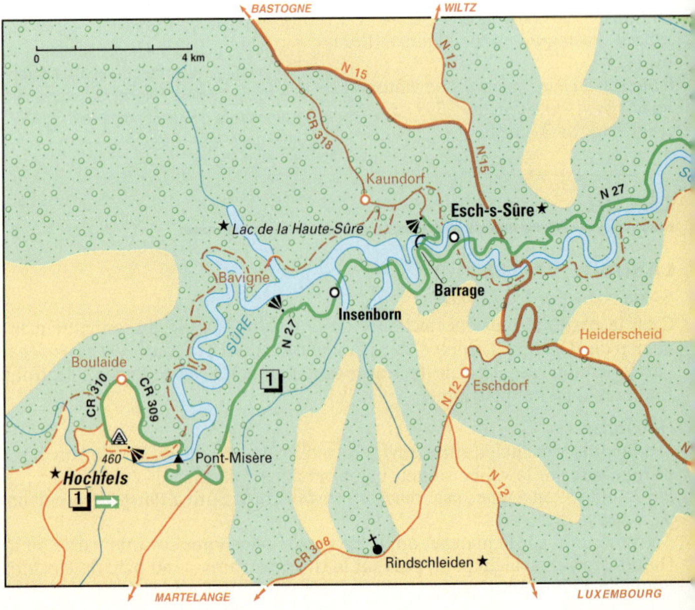

sommet de la colline, **vue★** superbe sur le site avec, au premier plan, le donjon et la chapelle du château. Celui-ci remonte au 10e s. et fut démoli en 1795. Le bourg conserve quelques vestiges de son enceinte médiévale.

D'Esch-sur-Sûre à Göbelsmuhle, on retrouve la Sûre par endroits, dans des gorges très boisées.

Après avoir pénétré dans le parc naturel de la Haute-Sûre et avoir traversé Göbelsmuhle, on arrive en vue du château de Bourscheid, perché sur la hauteur.

Prendre la route à gauche au départ de Lipperscheid.

Point de vue de Grenglay★★

15mn à pied AR par un chemin à travers champs signalé « Point de vue ».

Du haut de cet escarpement impressionnant, un belvédère permet d'admirer un beau **point de vue** sur le site du château de Bourscheid, perché sur un long promontoire contourné par un méandre de la Sûre.

Revenir à la N 27, puis prendre à droite la route vers le château de Bourscheid.

Château de Bourscheid★

Avr. : 11h-17h ; mai-juin : 10h-18h ; juil.-sept. : 10h-19h ; oct. : 11h-16h ; nov.-mars : w.-end et j. fériés 11h-16h. 3€. ☎ 99 05 70.

À 150 m au-dessus de la Sûre se dressent les **ruines★** du château de Bourscheid, en schiste brun. Du vieux burg ou château supérieur, il subsiste un donjon du 11e s. et une cheminée gothique. Le château inférieur comprenant la maison de Stolzembourg a été édifié au 14e s. et maintes fois remanié jusqu'au 18e s. Au 19e s., la maison tombait en ruine ; restaurée depuis 1972, elle abrite un musée qui présente les résultats des fouilles du château (poteries, fragments architecturaux) et des expositions temporaires. Au rez-de-chaussée, on remarque des reproductions de dessins du château.

Des tours d'enceinte et du donjon, **points de vue★** variés sur la vallée et le plateau.

À 800 m au-delà du château, on peut gagner, sur un terrain de camping, (tout de suite à gauche de l'entrée), une petite terrasse aménagée procurant un joli **coup d'œil★★** sur les ruines et la vallée.

Regagner la vallée.

La rivière descend désormais vers le Sud en direction d'Erpeldange. Le **cadre★** de bosquets et de prairies est ravissant.

LA BASSE VALLÉE★ 2

57 km – environ 1/2 journée

La Basse-Sûre est moins austère et plus champêtre. Au sortir du massif ardennais, les versants de la Sûre s'adoucissent et les prairies se font plus larges. La route longe presque continuellement la rivière jusqu'à son confluent avec la Moselle.

Après Erpeldange, on remarque au-delà du pont sur la Sûre, vers Ettelbruck, le monument au général Patton.

Ettelbruck

Au confluent de la Sûre et de l'Alzette, c'est un nœud routier et ferroviaire, ainsi qu'un centre commercial et agricole.

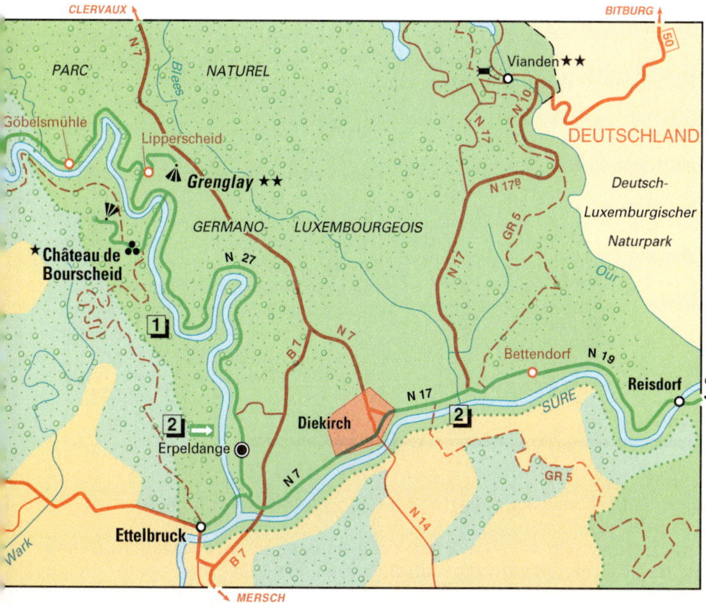

Diekirch *(voir ce nom)*

Prendre la N 17, puis la N 19 en direction de Reisdorf.

Reisdorf

Ce coquet village est bâti au débouché de la jolie vallée de l'Ernz Blanche. Peu après, l'Our se joint à la Sûre, près de Wallendorf.

Par la N 10, on gagne Echternach.

Echternach★ *(voir nom)*

Poursuivre son chemin sur la N 10.

Barrage de Rosport

En aval de Rosport, la Sûre forme une gigantesque boucle. Elle est retenue par un important barrage équipé d'une centrale hydro-électrique, alimentée par une conduite forcée installée à la racine du méandre. Le cours de la rivière est ainsi accéléré par une dénivellation artificielle.

À **Wasserbillig**, la Sûre se jette dans la Moselle.

Vianden★★

Dans un site remarquable★★, la petite ville pittoresque de Vianden se dresse au bord de l'Our. Accrochées aux pentes, les vieilles maisons sont dominées par la silhouette romantique et impressionnante du château des comtes de Vianden. C'est là que Victor Hugo séjourna quelques temps en mai 1871 après avoir été expulsé de Belgique.

La situation

1 501 habitants - Cartes Michelin nos 716 L 6 et 717 W 23.

Aux confins de l'Allemagne, on accède au village par la N 10 (depuis Clervaux) qui longe l'Our ou par la N 17 en venant de Diekirch. Les collines dominant la ville à l'Ouest offrent de belles vues sur le site de Vianden. Ainsi, par la route du mont St-Nicolas, on atteint un intéressant belvédère, accessible également par télésiège et par un sentier partant du château : vaste **panorama★★** sur la ville, le château et la vallée.

R. du Vieux Marché 1, ☎ 83 42 57.

carnet pratique

RESTAURATION

• À bon compte

Aub. Aal Veinen « Beim Hunn » – *Grand-Rue 114 – ☎ 83 43 68 – ahahn@pt.lu – fermé de fin nov. à déb. déc., lun. soir et mar. sf juil.-sept. – 9€ déj. – 15/27€.* Cette auberge très typique se dresse au pied du château de Vianden. Elle abrite un restaurant à grillades où flotte une chaleureuse ambiance rustique, ainsi que quelques chambres garnies d'un robuste mobilier en bois.

HÉBERGEMENT

• À bon compte

Victor Hugo – *R. Victor Hugo 1 – ☎ 83 41 60 – www.hotel-victor-hugo.lu – – 14 ch. : 45€ – restaurant 33€.* L'enseigne rappelle que l'auteur des *Misérables* passa quelque temps à Vianden. Choix de préparations au goût de Monsieur Tout-le-monde. Dès l'arrivée des beaux jours, la salle à manger d'esprit brasserie s'agrandit, à l'arrière, d'une agréable terrasse.

Heintz – *Grand-Rue 55 – ☎ 83 41 55 – hoheintz@pt.lu – ouv. de mi-avr. à déb. nov. – restaurant fermé mer. et jeu. midi sf juil.-août – – 26 ch. : 51/74€ – restaurant 22/30€.* Juste à côté de l'église des Trinitaires, hôtellerie traditionnelle exploitée de longue date en famille. Les chambres situées à l'arrière profitent d'un balcon avec vue sur la colline. Par beau temps, jardinet et terrasse d'été invitant au farniente.

visiter

Château★★

Mars-avr. : 10h-17h ; mai-oct. : 10h-18h ; nov.-fév. : 10h-16h. Fermé 1er janv., 2 nov., 25 déc. 4,50€. ☎ 84 92 91.

Construit par les comtes de Vianden, le château fut propriété de la famille d'Orange-Nassau dès 1417, excepté un court intermède, au début du 19e s., pendant lequel il fut racheté par un spéculateur qui le dévasta. En 1977, le grand-duc Jean le céda à

l'État luxembourgeois, et depuis, il a fait l'objet d'une remarquable restauration lui rendant son aspect à la fin du 18e s.
Les fouilles ont permis de découvrir la présence d'un fortin construit sous le Bas-Empire et une première enceinte médiévale carolingienne élevée au 9e s. L'apogée des comtes de Vianden se situe du 12e au 13e s., et c'est de cette période, transition entre roman et gothique, que datent la plupart des bâtiments du château.
Visite – *Un parcours fléché où les salles sont numérotées conduit le visiteur dans le dédale de couloirs, d'escaliers et de terrasses du château.*
Le château comprend le Petit Palais (12e s.) et l'impressionnant Grand Palais. Les salles romanes du premier édifice présentent des fenêtres en ogive gothique (salle d'armes et salle byzantine). Une exposition dans la crypte archéologique évoque les différentes étapes de la construction du château. La base à dix pans de la chapelle, d'époque carolingienne, est surmontée d'un étage hexagonal à colonnettes polychromes. Le Grand Palais abrite la gigantesque **salle des Chevaliers** et, au-dessus, la salle des Comtes comprenant une belle collection de tapisseries.
Du chemin de ronde et du jardin, **vues★** sur la vallée de l'Our et sur la ville.

Musée d'Art rustique

Grand-Rue 98. De mi-avr. à déb. oct. : tlj sf lun. hors saison 11h-17h. 2,50€. ☎ 83 45 91.
Dans une vieille maison bourgeoise, c'est un ravissant intérieur régional garni d'un mobilier rustique. On y voit une belle collection de « taques » de cheminée et une collection de poupées.

Église des Trinitaires

Grand-Rue.
De style gothique, cette ancienne abbatiale à deux nefs, date du 13e s. La nef gauche abrite le gisant de Marie de Vianden. Le joli cloître du 13e s. est également restauré.

Pont sur l'Our

De ce pont protégé par une statue de saint Jean Népomucène, protecteur des ponts, la **vue** sur la ville et le château est agréable.

Maison de Victor Hugo

Tlj sf lun. 10h-17h. 4€.
Après plusieurs passages à Vianden, Victor Hugo, exilé, séjourna ici en 1871 du 8 juin au 22 août. Transformée en musée, la demeure reconstruite après la Deuxième Guerre mondiale présente la vie et l'œuvre du grand écrivain. En face de la maison, buste de Victor Hugo par Rodin.

alentours

LE BARRAGE ET SA CENTRALE *visite : 2h*

Barrage de Lohmühle

1 km au Nord.
Il constitue le bassin inférieur d'une importante installation hydro-électrique. La retenue, d'une capacité de 10 millions de m^3, s'allonge sur 8 km. Sur la rive droite, au pied du barrage, se blottit l'**église Neuve**, construite en 1770 dans l'ancien quartier des pestiférés.

Centrale hydro-électrique de pompage

5 km au Nord du barrage, au-delà de Bivels.
Creusée dans la roche, la salle des machines assure la liaison souterraine entre les bassins supérieurs du mont St-Nicolas et la retenue inférieure de l'Our. Aux heures creuses, l'eau de la retenue est pompée dans les bassins supérieurs et réutilisée aux heures de pointe. La production annuelle d'énergie peut atteindre 1 600 millions de kWh.
La **galerie des visiteurs** abrite des maquettes et des tableaux lumineux explicatifs.

Bassins supérieurs du mont St-Nicolas

5 km à l'Ouest par la route de Diekirch, puis à droite.
Après le carrefour, on jouit d'une belle **vue★★** sur le château et les toits de la ville. Entourés de 4,6 km de digue, les **bassins supérieurs** forment un lac artificiel étranglé en son milieu. Profond de 14 à 35 m, il a une capacité de 6,6 millions de m^3.
On accède par un escalier à une section de la digue : **vue** sur le bassin et sa tour de prise d'eau, reliée au bord par une passerelle.
Du pied des bassins, **vue★** sur la vallée de l'Our, creusée dans le plateau cultivé de l'Oesling et sur les collines en Allemagne.

circuit

VALLÉE DE L'OUR★★

20 km jusqu'à Dasburg en Allemagne.
Des environs d'Ouren en Belgique à Wallendorf, l'Our forme frontière entre l'Allemagne et le Grand-Duché. Il creuse dans le massif ancien une vallée profonde et sinueuse, parfois resserrée entre des rochers abrupts.

Quitter Vianden par le Nord.
La route passe d'abord sur la crête du **barrage de Lohmühle** *(voir dans « alentours »).*
Bivels – Ce village occupe un **site★** remarquable au centre d'une gigantesque boucle de l'Our.
Centrale hydro-électrique de pompage *(voir dans « alentours »)*
Stolzembourg – Au-dessus du village se perchent les ruines romantiques d'un château.
Dasburg – Bourg coquet, agréablement situé sur le versant allemand.

Wiltz

Située à 315 m d'altitude, sur le plateau de l'Oesling, Wiltz est une localité commerçante, un centre touristique et une cité internationale de scoutisme. La ville basse s'allonge sur les rives de la Wiltz, tandis que la ville haute forme un quartier pittoresque serré sur un éperon rocheux, entre son église et le vieux château. Les jardins du château servent de cadre, chaque année, à un festival européen de théâtre en plein air et de musique.

La situation

4 277 habitants - Cartes Michelin nos 716 K 6 et 717 U 23.
Située dans la vallée du Wiltz, au cœur des Ardennes luxembourgeoises, cette petite ville est accessible par la N 15 depuis Bastogne et Ettelbrück, puis par la N 26 ou la N 12.
ℹ *Château, ☎ 95 74 44.*

HÉBERGEMENT
Aux Anciennes Tanneries – *R. Jos Simon 42a – 9550 Wiltz – ☎ 95 75 99 – tannerie@pt.lu – fermé 2 sem. fin août et mi-déc. ; restaurant fermé mer. soir, jeu. – P – 12 ch. : 65/87€ ☕ – restaurant 31/40€.*
Adresse dont l'enseigne résume la vocation initiale, une activité qui fit d'ailleurs la renommée de Wiltz. Vous séjournerez dans des chambres de bon confort et prendrez vos repas dans une salle voûtée. Très belle terrasse d'été au bord de la rivière.

visiter

Église décanale

Dans la ville basse, cette église du 16e s. a été agrandie et restaurée au 20e s. Ses deux nefs de style gothique abritent les pierres tombales des seigneurs de Wiltz. Une belle grille de style Louis XV ferme la chapelle comtale.
En montant vers la ville haute, on remarque au passage à gauche un **monument** rappelant que c'est à Wiltz que débuta la première grève générale contre l'occupant allemand en septembre 1942.

Château

Le château des comtes de Wiltz conserve une tour carrée du 13e s., remaniée en 1722. L'aile principale date de 1631. Au pied de l'escalier d'honneur ajouté en 1727 a été aménagé en 1954 un amphithéâtre où se déroulent les représentations du festival.

Croix de justice

Du 16e s., elle s'est substituée à la croix érigée au Moyen Âge pour symboliser les droits obtenus par la ville (justice, franchise, marché). On y voit les statues de la Vierge et de saint Jean Népomucène, qui aurait sauvé la ville d'un incendie.

Monument N.-D.-de-Fatima

Accès par la route de Noertrange, à l'Ouest, la CR 329.
On passe devant une brasserie dont les chaudières en cuivre sont visibles. Du monument (1952), **vue** intéressante sur la ville blanche aux toits d'ardoise étagés sur le versant de la colline. Le sanctuaire est un lieu de pèlerinage des immigrés portugais.

alentours

Vallée de la Wiltz

11 km à l'Est par la N 25 jusqu'à Kautenbach.
Agréable vallée sinueuse, encaissée entre des collines boisées.

Notes

Notes

Notes

Index

Aalst, Aisnes (Vallée) — Villes, sites, curiosités et régions touristiques.
Hainaut — Nom de la province belge dans laquelle se trouve la localité.
Ambiorix — Noms historiques et termes faisant l'objet d'une explication.

Luxembourg

Manufacture française des pneumatiques Michelin
Société en commandite par actions au capital de 304 000 000 EUR
Place des Carmes-Déchaux – 63 Clermont-Ferrand (France)
R.C.S. Clermont-Fd B 855 200 507

Dépôt légal avril 2003 – ISSN 0293-9436
Printed in Singapore 12-2006/5.1

Compogravure : Maury, Malesherbes
Impression et brochage : KHL Printing, Singapour

Conception graphique : Christiane Beylier à Paris 12e
Maquette de couverture extérieure : Agence Carré Noir à Paris 17e